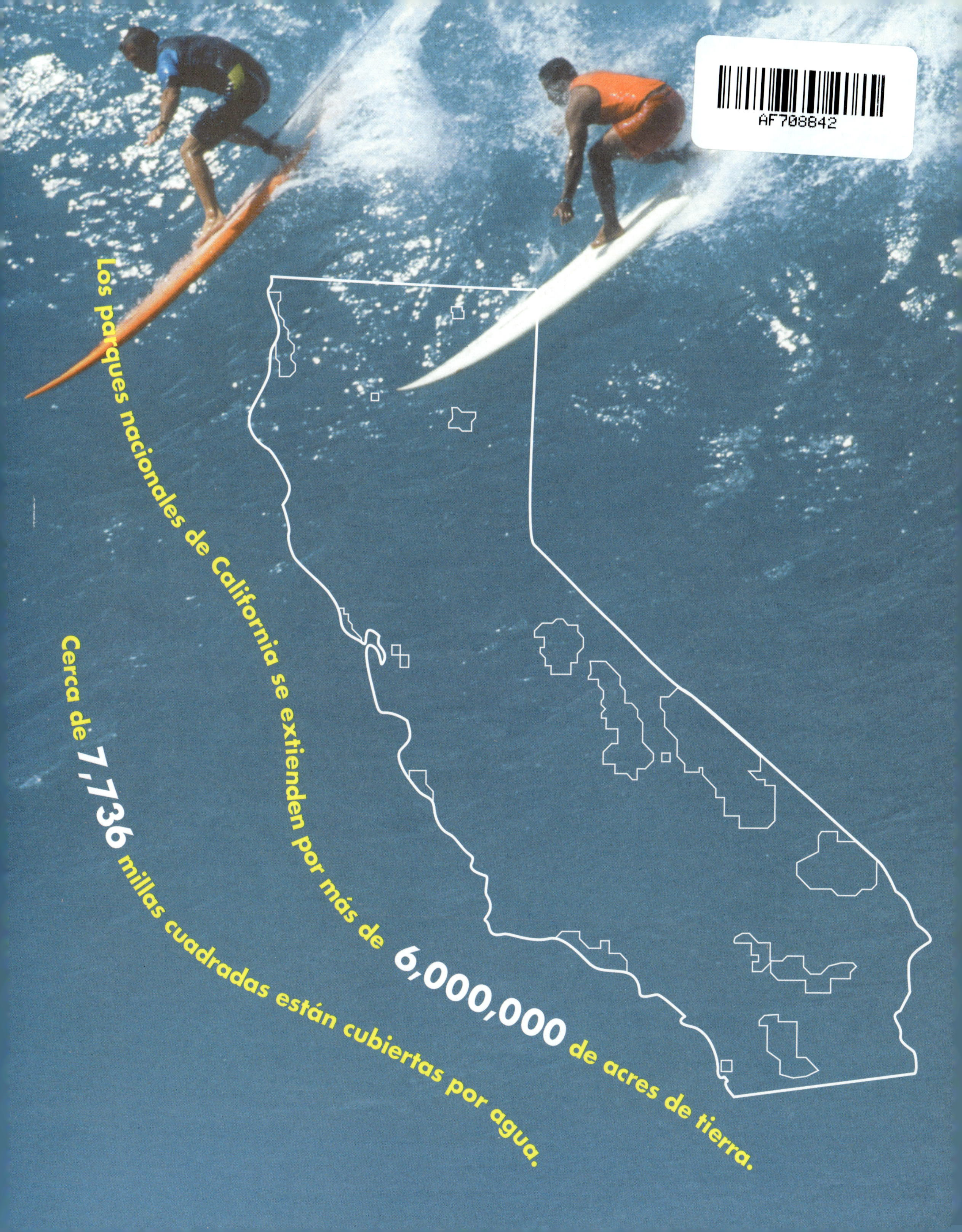
Los parques nacionales de California se extienden por más de 6,000,000 de acres de tierra.
Cerca de 7,736 millas cuadradas están cubiertas por agua.

AF708842

Las tablas cortas de surf miden menos de 7 pies de largo.

Las tablas regulares miden de 7 a 8 pies de largo.

Las tablas largas miden más de 8 pies de largo.

CALIFORNIA
HSP Matemáticas

Harcourt
SCHOOL PUBLISHERS

¡Visite *The Learning Site!*
www.harcourtschool.com

Harcourt
SCHOOL PUBLISHERS

PARTNER The FUTURES Channel

PARTNER THE WORLD ALMANAC FOR KIDS

Copyright © 2009 by Harcourt, Inc.

All rights reserved. No part of this publication may be reproduced or transmitted in any form or by any means, electronic or mechanical, including photocopy, recording, or any information storage and retrieval system, without permission in writing from the publisher.

Requests for permission to make copies of any part of the work should be addressed to School Permissions and Copyrights, Harcourt, Inc., 6277 Sea Harbor Drive, Orlando, Florida 32887-6777.
Fax: 407-345-2418.

HARCOURT and the Harcourt Logo are trademarks of Harcourt, Inc., registered in the United States of America and/or other jurisdictions.

Mathematics Content Standards for California Public Schools reproduced by permission, California Department of Education, CDE Press, 1430 N Street, Suite 3207, Sacramento, CA 95814.

Printed in the United States of America

ISBN 13: 978-0-15-375094-6
ISBN 10: 0-15-375094-4

If you have received these materials as examination copies free of charge, Harcourt School Publishers retains title to the materials and they may not be resold. Resale of examination copies is strictly prohibited and is illegal.

Possession of this publication in print format does not entitle users to convert this publication, or any portion of it, into electronic format.

---

1 2 3 4 5 6 7 8 9 10 032 16 15 14 13 12 11 10 09 08

Mathematics Advisor

David G. Wright
Professor
Department of Mathematics
Brigham Young University
Provo, UT

Senior Authors

Evan M. Maletsky
Professor Emeritus
Montclair State University
Upper Montclair, New Jersey

Joyce McLeod
Visiting Professor, Retired
Rollins College
Winter Park, Florida

Authors

Angela G. Andrews
Assistant Professor,
Math Education
National-Louis University
Lisle, Illinois

Juli K. Dixon
Associate Professor of
Mathematics Education
University of Central Florida
Orlando, Florida

Vicki Newman
Classroom Teacher
McGaugh Elementary School
Los Alamitos Unified
School District
Seal Beach, California

Robin C. Scarcella
Professor and Director,
Program of Academic English
and ESL
University of California, Irvine
Irvine, California

Tom Roby
Associate Professor
of Mathematics
Director, Quantitative
Learning Center
University of Connecticut
Storrs, Connecticut

Jennie M. Bennett
Mathematics Teacher
Houston Independent
School District
Houston, Texas

Lynda Luckie
Director, K–12 Mathematics
Gwinnett County Public Schools
Suwanee, Georgia

Karen S. Norwood
Associate Professor of
Mathematics Education
North Carolina State University
Raleigh, North Carolina

Janet K. Scheer
Executive Director
Create-A-Vision
Foster City, California

David G. Wright
Professor
Department of Mathematics
Brigham Young University
Provo, Utah

Program Consultants and Specialists

Russell Gersten
Director, Instructional
Research Group
Long Beach, California
Professor Emeritus of
Special Education
University of Oregon
Eugene, Oregon

Michael DiSpezio
Writer and On-Air Host,
JASON Project
North Falmouth, Massachusetts

Tyrone Howard
Assistant Professor,
UCLA Graduate School
of Education—
Information Studies
University of California
at Los Angeles
Los Angeles, California

Lydia Song
Program Specialist, Mathematics
Orange County Department
of Education
Costa Mesa, California

Rebecca Valbuena
Language Development Specialist
Stanton Elementary School
Glendora, California

UNIDAD 1

Valor posicional, suma y resta

1 Comprender el valor posicional 2

2 Comparar, ordenar y redondear números 24

UNIDAD 2

Conceptos y operaciones de multiplicación

5 Comprender la multiplicación 100

6 Operaciones de multiplicación 126

7 Operaciones y estrategias 148

8 Álgebra: Operaciones y propiedades 170

MATH ON LOCATION

APRENDE en línea **Tecnología**

Harcourt Mega Math en español: Capítulo 5, pág. 106; Capítulo 6, pág. 135; Capítulo 7, pág. 153; Capítulo 8, pág. 175; Práctica adicional págs.: 120, 142, 164, 182

The Harcourt Learning Site: www.harcourtschool.com

Glosario multimedia de Matemáticas: www.harcourtschool.com/hspmath

UNIDAD 3

Conceptos y operaciones de la división

9 Comprender la división 192

10 Operaciones de división 216

11 Operaciones hasta el 10 236

MATH ON LOCATION

APRENDE en línea **Tecnología**

Harcourt Mega Math en español: Capítulo 9, pág. 201; Capítulo 10, pág. 226; Capítulo 11, pág. 250; Práctica adicional, págs.: 210, 230, 256
The Harcourt Learning Site: www.harcourtschool.com
Glosario multimedia de Matemáticas: www.harcourtschool.com/hspmath

UNIDAD 4

Geometría y medidas

12 Figuras planas 266

13 Cuerpos geométricos 294

14 Perímetro, área y volumen 314

MATH ON LOCATION

APRENDE en línea **Tecnología**

Harcourt Mega Math en español: Capítulo 12, pág. 280; Capítulo 13, pág. 305; Capítulo 14, pág. 324; Práctica adicional, págs.: 288, 308, 332
The Harcourt Learning Site: www.harcourtschool.com
Glosario multimedia de Matemáticas: www.harcourtschool.com/hspmath

UNIDAD 5

Multiplicar y dividir por números de 1 dígito

15 Multiplicar por números de 1 dígito 342

16 Multiplicar por números más grandes 366

17 Dividir entre números de 1 dígito 384

MATH ON LOCATION

APRENDE en línea **Tecnología**

Harcourt Mega Math en español: Capítulo 15, pág. 355; Capítulo 16, pág. 369; Capítulo 17, pág. 393; Práctica adicional, págs.: 360, 378, 400

The Harcourt Learning Site: www.harcourtschool.com

Glosario multimedia de Matemáticas: www.harcourtschool.com/hspmath

The World Almanac para niños

UNIDAD 6

Fracciones y decimales

18 Comprender las fracciones 410

19 Sumar y restar fracciones semejantes 438

20 Comprendre los decimales 456

MATH ON LOCATION

APRENDE en línea **Tecnología**

Harcourt Mega Math en español: Capítulo 18, pág. 414; Capítulo 19, pág. 445; Capítulo 20, pág. 463; Práctica adicional, págs.: 432, 450, 476

The Harcourt Learning Site: www.harcourtschool.com

Glosario multimedia de Matemáticas: www.harcourtschool.com/hspmath

The World Almanac para niños

UNIDAD 7

Datos y probabilidad, dinero y la hora

22 Dinero y la hora 518

MATH ON LOCATION

APRENDE en línea **Tecnología**

Harcourt Mega Math en español: Capítulo 21, pág. 500; Capítulo 22, pág. 536; Práctica adicional, págs.: 512, 548
The Harcourt Learning Site: www.harcourtschool.com
Glosario multimedia de Matemáticas: www.harcourtschool.com/hspmath

UNIDAD 8

Medidas del sistema usual y del sistema métrico

23 Medidas del sistema usual 558

24 Sistema métrico 586

Manual del estudiante

MATH ON LOCATION

APRENDE en línea **Tecnología**

Harcourt Mega Math en español: Capítulo 23, pág. 564; Capítulo 24, pág. 595; Práctica adicional, págs.: 580, 602
The Harcourt Learning Site: www.harcourtschool.com
Glosario multimedia de Matemáticas: www.harcourtschool.com/hspmath

COMENTA, LEE y ESCRIBE

acerca de las Matemáticas

Las matemáticas son un lenguaje de números, palabras y símbolos.

Este año aprenderás maneras de expresarte con las matemáticas a medida que **comentas**, **lees** y **escribes** sobre lo que aprendes.

La tabla de conteo y la gráfica de barras muestran el número de diferentes animales marinos que el Sr. Johnson y su hijo, Kevin, vieron en un viaje para ver ballenas en el Océano Pacífico

Animales marinos en el Océano Pacífico

Nombre	Marcas
Tiburón blanco	卌
Tiburón ballena	||
Delfín nariz de botella	卌 ||||
Ballena gris	卌 ||

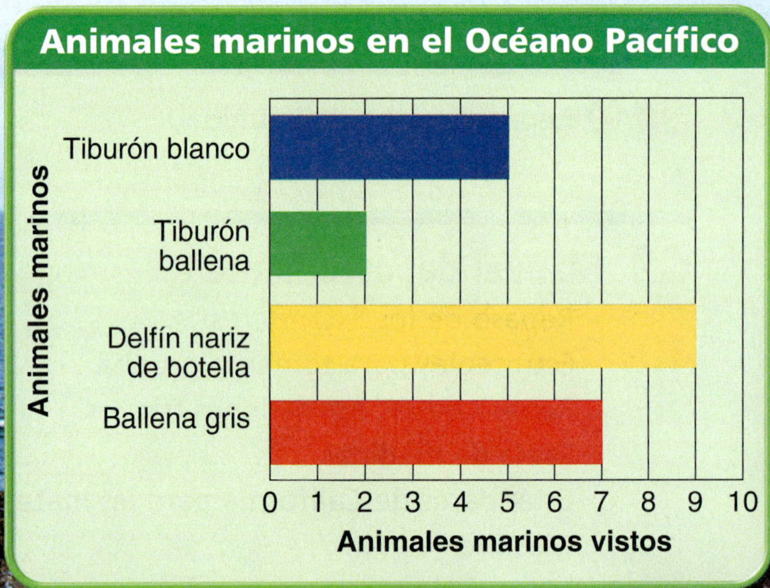

COMENTA

Comenta la tabla de conteo y la gráfica de barras.

1. ¿Por qué son iguales los títulos de la tabla de conteo y de la gráfica de barras?
2. ¿En qué se parece la información de la tabla de conteo y de la gráfica de barras? ¿En que se diferencia?
3. ¿Cómo usas los números que aparecen en la parte de abajo de la gráfica de barras?

LEE

Lee los datos en la gráfica de barras.

4. ¿Cuántas ballenas grises fueron vistas?

5. ¿Vieron más tiburones blancos o más tiburones ballena?

6. ¿Cuántos más delfines nariz de botella que tiburones blancos fueron vistos?

7. ¿Cuántos animales marinos vieron en total en el viaje?

ESCRIBE

Escribe un problema sobre la gráfica.

Este año escribirás muchos problemas. Cuando encuentres **Formula un problema**, leerás un problema en la página y lo usarás como modelo para escribir tu propio problema.

En tu problema puedes
- cambiar los números o parte de la información.
- intercambiar la información conocida y la desconocida.
- escribir un problema abierto que puede tener más de una respuesta correcta.

Estos problemas son ejemplos de maneras en las que puedes formular tus propios problemas. Resuelve cada problema.

Problema ¿Cuántos más delfines nariz de botella que ballenas grises fueron vistos?

- **Cambia los números o la información.**
  El Sr. Johnson y Kevin vieron una ballena gris más. Kevin olvidó colocar una marca en la tabla de conteo. ¿Cuántos más delfines nariz de botella que ballenas grises vieron?
- **Intercambia la información conocida y desconocida.**
  El Sr. Johnson y Kevin contaron 2 animales marinos de un tipo y 9 animales marinos de otro tipo. ¿Qué dos animales marinos contaron?
- **Problema abierto**
  El Sr. Johnson y Kevin fueron a otro viaje para ver ballenas. Vieron 6 animales marinos menos de los que contaron en su primer viaje. ¿Qué animales marinos pueden haber visto?

Formula un problema Elige una de las tres maneras de escribir un nuevo problema. Usa la información de la tabla de conteo y de la gráfica de barras.

UNIDAD

1 Valor posicional, suma y resta

Math on Location

1

Los biólogos visitan miles de acres de refugios en aerobotes para llevar un registro de los pájaros y otros animales.

2

La bióloga cuenta y registra el número de garcetas para saber si ha aumentado o disminuido.

3

Una gran cantidad de pájaros y patos llegan a diario, por lo tanto, se hace una estimación del total.

Enriquece tu vocabulario

COMENTA

¿Qué operación matemática ves en las fotografías de **Math on Location**?

LEE

REPASO DEL VOCABULARIO Las palabras siguientes las aprendiste cuando estudiaste el valor posicional el año pasado. ¿De qué manera se relacionan estas palabras con **Math on Location**?

comparar Determinar si un número es igual a, menor que o mayor que otro.

estimar hallar aproximadamente qué cantidad o cuánto

valor posicional el valor que se le da a un dígito en un número, basándose en la posición del dígito.

ESCRIBE

Copia y completa un diagrama de árbol como el de abajo. Usa lo que sabes sobre el valor posicional para rellenar los espacios en blanco.

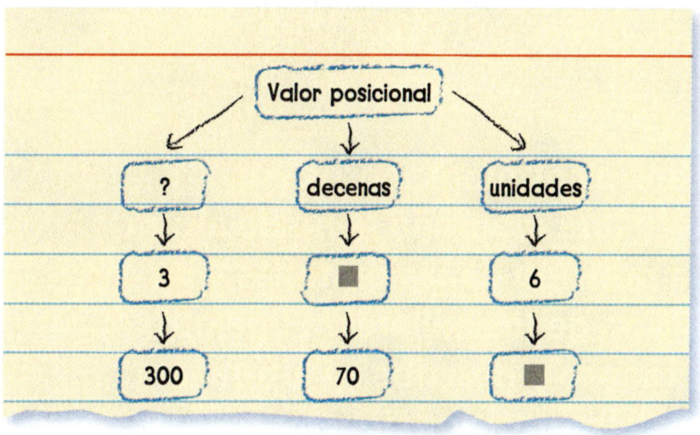

APRENDE en línea

Tecnología
Glosario multimedia de Matemáticas
www.harcourtschool.com/hspmath

CAPÍTULO

1 Comprender el valor posicional

La idea importante La posición de un dígito determina su valor.

CALIFORNIA DATO BREVE

El monte Shasta mide catorce mil ciento sesenta y dos pies de alto. Es el segundo pico más alto de la cordillera Cascade.

Investiga

Hay muchos picos montañosos en California. ¿Qué montaña tiene de altura un 5 en la posición de las centenas y un 4 en la posición de los millares? Elige otro pico montañoso y describe su altura usando el valor posicional.

Picos montañosos de California

Nombre	Altura en pies
Pico Anthony	6,954
Pico Blue Angels	4,548
Pico Eagle	9,892
Pico Santiago	5,687

Muestra lo que sabes

Comprueba si has aprendido las destrezas importantes que se necesitan para completar exitosamente el Capítulo 1.

▶ Valor posicional: Decenas y unidades hasta el 100

Escribe el valor del dígito en azul.

1. 37 **2.** 81 **3.** 53 **4.** 29 **5.** 14

▶ Comprender el valor posicional

Escribe el número que se muestra.

6.
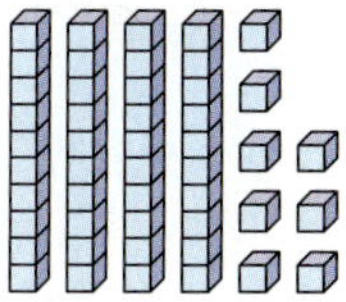

7.
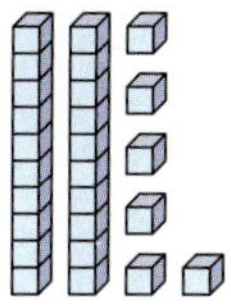

8.
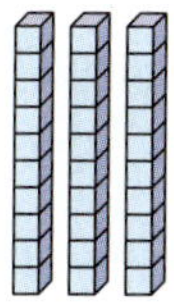

9.
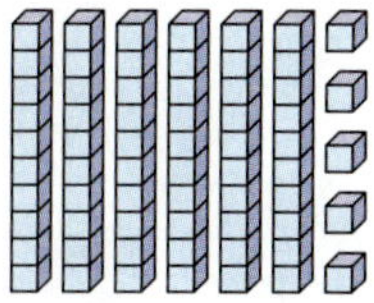

10.
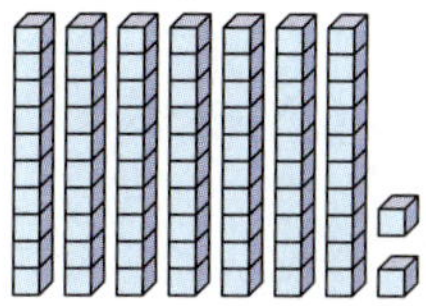

11.
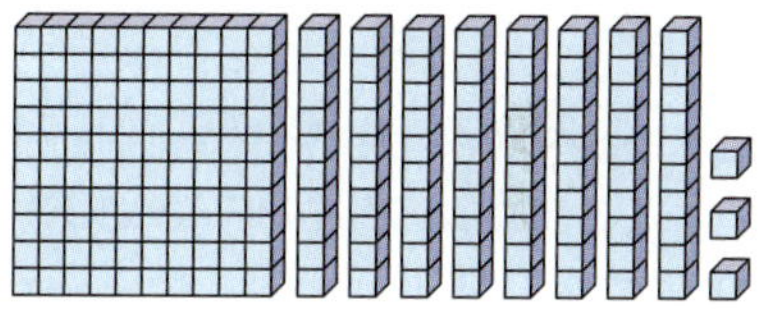

▶ Decenas y unidades

Escribe cada número.

12. 90 + 3

13. 20 + 6

14. diecisiete

15. treinta y uno

Enriquece tu vocabulario

VOCABULARIO DEL CAPÍTULO

dígitos
par
forma desarrollada
impar
forma normal
en palabras

PREPARACIÓN

par Un número entero que tiene un 0, 2, 4, 6 u 8 en la posición de las unidades

impar Un número entero que tiene un 1, 3, 5, 7 o 9 en la posición de las unidades

dígitos Los símbolos 0, 1, 2, 3, 4, 5, 6, 7, 8 y 9

LECCIÓN MANOS A LA OBRA

1 ÁLGEBRA
Patrones en una tabla con los números hasta el 100

OBJETIVO: Hallar patrones de números en una tabla con los números hasta el 100.

Repaso rápido

Halla la suma.

1. 5 + 5 **2.** 10 + 5
3. 15 + 5 **4.** 20 + 5
5. 25 + 5

Vocabulario

par impar

Investigar

Materiales ■ tabla con los números hasta el 100

Puedes usar una tabla con los números hasta el 100 para hallar patrones de números.

A Elige un número del 2 al 5.

B Sombrea esa casilla en la tabla con los números hasta el 100.

C Cuenta salteado según tu número y sombrea cada casilla en la que te detengas.

B

C

Sacar conclusiones

1. Describe el patrón que veas en tu tabla con los números hasta el 100.

2. Compara tu tabla con los números hasta el 100 con las de tus compañeros. ¿Qué observas en los patrones? ¿En qué se parecen? ¿En qué se diferencian?

3. **Análisis** Mira una tabla con los números hasta el 100. ¿Qué patrón obtendrás si empiezas en el 10 y cuentas salteado de diez en diez?

NS 1.1 Contar, leer y escribir los números enteros hasta el 10,000. *también* **MR 1.1, MR 2.0, MR 2.3, MR 2.4**

Relacionar

Puedes usar una tabla con los números hasta el 100 para identificar números pares e impares.

Paso 1

Comienza en el 2. Sombrea la casilla en la tabla con los números hasta el 100.

1	2	3	4	5	6	7	8	9	10
11	12	13	14	15	16	17	18	19	20
21	22	23	24	25	26	27	28	29	30
31	32	33	34	35	36	37	38	39	40
41	42	43	44	45	46	47	48	49	50
51	52	53	54	55	56	57	58	59	60
61	62	63	64	65	66	67	68	69	70
71	72	73	74	75	76	77	78	79	80
81	82	83	84	85	86	87	88	89	90
91	92	93	94	95	96	97	98	99	100

Paso 2

Cuenta salteado de 2 en 2. Sombrea cada casilla en la que te detengas. ¿Qué patrón ves?

1	2	3	4	5	6	7	8	9	10
11	12	13	14	15	16	17	18	19	20
21	22	23	24	25	26	27	28	29	30
31	32	33	34	35	36	37	38	39	40
41	42	43	44	45	46	47	48	49	50
51	52	53	54	55	56	57	58	59	60
61	62	63	64	65	66	67	68	69	70
71	72	73	74	75	76	77	78	79	80
81	82	83	84	85	86	87	88	89	90
91	92	93	94	95	96	97	98	99	100

Los números que están sombreados son números **pares**. Los números pares terminan en 2, 4, 6, 8 o 0.

Los números que no están sombreados son números **impares**. Los números impares terminan en 1, 3, 5, 7 o 9.

- ¿De qué manera te ayuda una tabla con los números hasta el 100 a identificar los números pares e impares?

COMENTA

¿Cómo puedes saber si un número es par o impar?

Practicar

Usa la tabla con los números hasta el 100. Halla el número que sigue en el patrón.

1. 10, 20, 30, 40, ■

2. 5, 10, 15, 20, ■

3. 77, 75, 73, 71, ■

4. 3, 6, 9, 12, ■

Usa la tabla con los números hasta el 100.
Di si cada número es *par* o *impar*.

5. 16

6. 25

7. 34

8. 23

9. 81

10. 92

11. 47

12. 78

13. **ESCRIBE** Si comienzas en el 3 y cuentas salteado de dos en dos, ¿incluirá el patrón números pares, números impares o ambos? **Explica**.

LECCIÓN 2

Valor posicional hasta 1,000

OBJETIVO: Usar el valor posicional para leer, escribir y representar números hasta el 1,000.

Repaso rápido

Escribe el valor del dígito subrayado.

1. $1\underline{8}$
2. $\underline{2}5$
3. $\underline{1}0$
4. $\underline{6}1$
5. $4\underline{2}$

Vocabulario

dígitos

forma normal **en palabras**

Aprende

Los símbolos 0, 1, 2, 3, 4, 5, 6, 7, 8 y 9 son **dígitos**. Los números están compuestos por dígitos.

PROBLEMA La familia Otto visitó la cueva más larga del mundo en el parque nacional Mammoth Cave. La cueva mide 367 millas de largo. ¿Cuál es el valor del dígito 6 en 367?

Puedes mostrar el número 367 con bloques de base diez y una tabla de valor posicional.

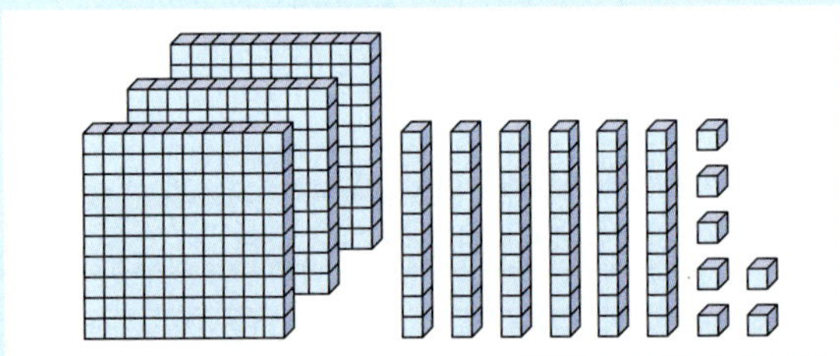

CENTENAS	DECENAS	UNIDADES
3	6	7

3 centenas o 300 — 6 decenas o 60 — 7 unidades o 7

Por lo tanto, el valor del dígito 6 en 367 es 6 decenas o 60.

▲ El parque nacional Mammoth Cave está ubicado en Kentucky.

Puedes escribir un número de diferentes maneras.

Forma normal: 367

En palabras: trescientos sesenta y siete

LEE

El número 367 se lee "trescientos sesenta y siete".

Práctica con supervisión

1. Escribe el valor de cada dígito en la tabla.

CENTENAS	DECENAS	UNIDADES
4	9	5

Escribe el valor del dígito subrayado.

2. $9\underline{2}1$
3. $53\underline{7}$
4. $\underline{6}24$
5. $75\underline{0}$

6. **COMENTA** La gerencia del campamento tiene 109 lugares para acampar. **Explica** lo que indica el 0 en la posición de las decenas en 109.

NS 1.3 Identificar el valor posicional de cada dígito en los números hasta el 10,000. *también* **NS 1.1, MR 2.3, MR 2.4, MR 3.1, MR 3.2**

Práctica independiente y resolución de problemas

Escribe el valor del dígito subrayado.

7. $58\underline{1}$	**8.** $6\underline{7}2$	**9.** $\underline{1}20$	**10.** $\underline{2}08$
11. $91\underline{4}$	**12.** $\underline{8}45$	**13.** $7\underline{1}3$	**14.** $6\underline{9}3$

Escribe cada número en forma normal.

15. 7 centenas 8 decenas 1 unidad **16.** doscientos diecinueve **17.** seiscientos cuarenta y tres

18. trescientos ochenta y cinco **19.** 5 centenas 4 unidades **20.** ochocientos nueve

USA LOS DATOS **Para los ejercicios 21 y 22, usa la tabla.**

21. ¿Cuál es la longitud de la cueva Fisher Ridge en palabras?

22. ¿La longitud de cuál cueva tiene un 1 en la posición de las decenas?

23. ***DATO BREVE*** La cueva Jewel en South Dakota tiene una profundidad de 632 pies. ¿Cuál es el valor del dígito 3 en 632?

25. ESCRIBE **¿Cuál es el error?** Tanya escribió cuatrocientos siete como 470. Explica su error. Escribe el número en forma normal.

Cuevas de los Estados Unidos

Cueva	Longitud (en millas)
Cueva Jewel	129
Cueva Wind	116
Cueva Fisher Ridge	107

24. **Razonamiento** Escribe tantos números de 3 dígitos como puedas con los dígitos 1, 2 y 3 en cada número.

Comprensión de los Estándares

26. Jordan tiene tres billetes de dólar y una moneda de 25¢. ¿Cuánto dinero tiene? (Grado 2 O-π NS 5.1)

27. ¿Qué dígito en 32 está en el lugar de las decenas? (Grado 2 O-π NS 1.1)

28. $43 - 28 =$ (Grado 2 NS 2.2)

29. **Preparación para la prueba** ¿Cómo se escribe ochocientos seis en forma normal?

A 860 **C** 608

B 806 **D** 86

Práctica adicional en la página 18, Grupo A

LECCIÓN 3

Valor posicional hasta 10,000

OBJETIVO: Usar el valor posicional para leer, escribir y representar números hasta 10,000.

Repaso rápido

Escribe el valor del dígito subrayado.

1. 825 **2.** 417
3. 251 **4.** 198
5. 634

Aprende

PROBLEMA La mayor parte del maní cultivado en los Estados Unidos se usa para hacer mantequilla de maní. ¡Se necesitan alrededor de 1,000 maníes para hacer un frasco de mantequilla de maní! ¿Cómo se ven 1,000 maníes?

▲ ¿Sabías que el maní no es una nuez? El maní es una verdura.

MANOS A LA OBRA

Actividad

Materiales ■ clips

Haz un modelo de 1,000 con clips.

Paso 1

Haz una cadena con 10 clips enlazados. Luego haz 9 cadenas más de 10 clips.

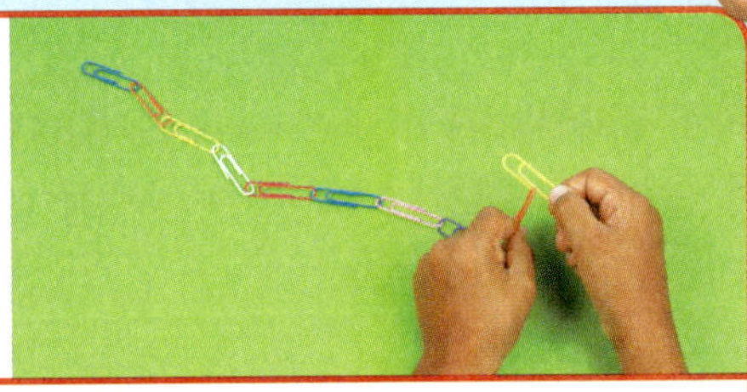

Paso 2

Cuenta salteado de 10 en 10. ¿Cuántos clips has usado?

Paso 3

Ahora enlaza tus 10 cadenas para hacer una cadena larga de 100 clips.

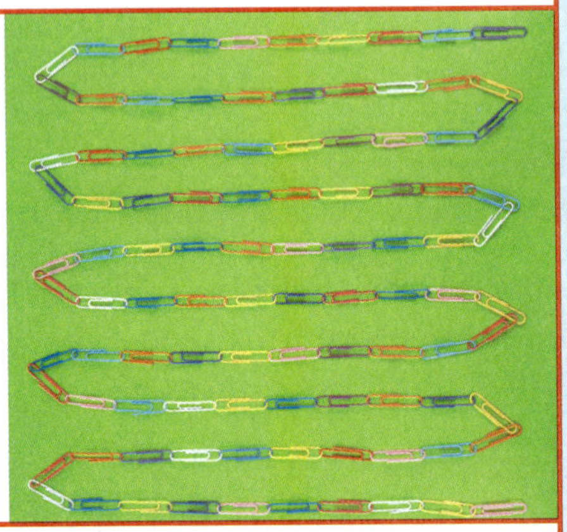

Paso 4

Combina tu cadena de 100 clips con las cadenas de otros 9 grupos.

- ¿Cuántas cadenas de 100 clips fueron necesarias para formar 1,000?

Por lo tanto, ahora ya sabes cómo se ve 1,000.

NS 1.3 Identificar el valor posicional de cada dígito en los números hasta el 10,000. *también* **NS 1.1, MR 2.3, MR 2.4, MR 3.0, MR 3.1, MR 3.2, MR 3.3**

Comprender los millares

Los bloques de base diez te pueden ayudar a comprender los millares.

Hay 10 unidades en 10.

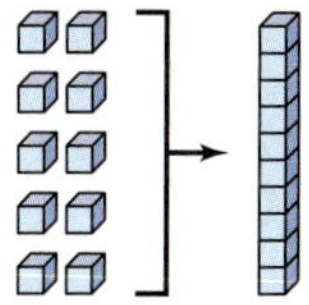

Hay 10 decenas en 100.

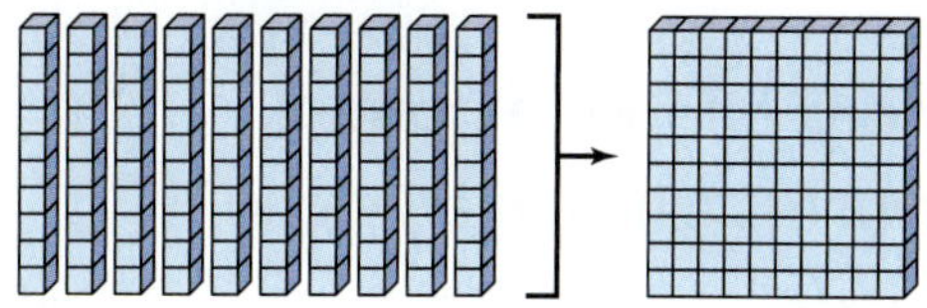

Hay 10 centenas en 1,000.

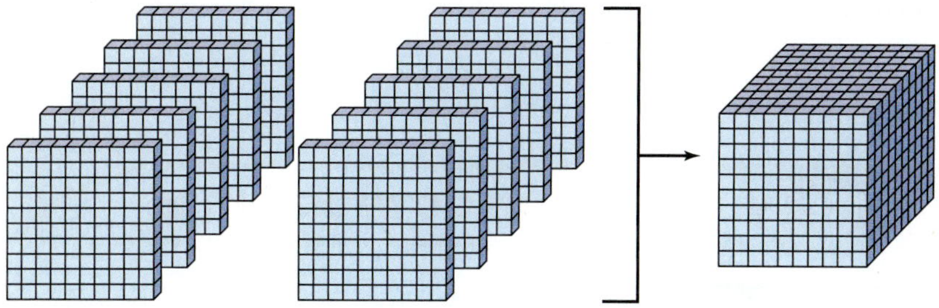

• ¿Cuántas centenas hay en 3,000?

El Sr. Jackson vendió 2,186 frascos de mantequilla de maní hecha en casa. ¿Cuál es el valor del dígito 2 en 2,186?

Puedes usar bloques de base diez.

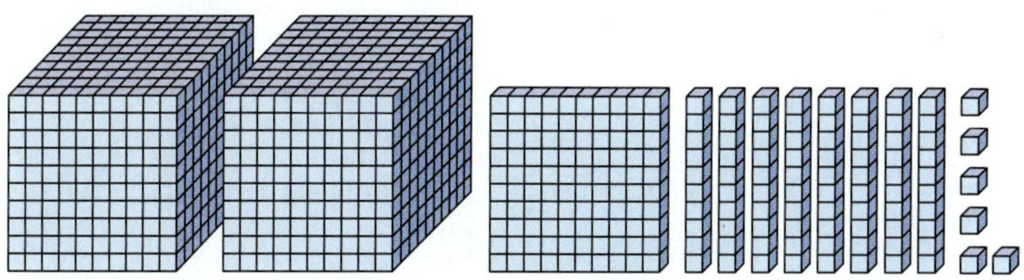

Puedes usar una tabla de valor posicional.

MILLARES	CENTENAS	DECENAS	UNIDADES
2,	1	8	6

↑ 2 millares o 2,000 ↑ 1 centena o 100 ↑ 8 decenas o 80 ↑ 6 unidades o 6

Por lo tanto, el valor del dígito 2 en 2,186 es 2 millares o 2,000.

Éstas son diversas maneras de escribir este número.

Forma normal: 2,186
En palabras: dos mil ciento ochenta y seis

Idea matemática
Se usa la coma para separar los millares de las centenas.

Práctica con supervisión

1. Escribe este número en forma normal.

MILLARES	CENTENAS	DECENAS	UNIDADES
1,	3	4	7

Escribe cada número en forma normal.

2. ocho mil doscientos cincuenta y ocho
3. tres mil ciento catorce
4. mil trescientos ocho
5. dos mil treinta y cuatro
6. COMENTA **Explica** cómo hallar el valor de cada dígito en el número 9,248.

Práctica independiente y resolución de problemas

Escribe cada número en forma normal.

7. nueve mil setecientos treinta y uno
8. mil veinticuatro
9. ocho mil quinientos dos
10. siete mil trescientos noventa y uno
11. seis mil cincuenta y cuatro
12. dos mil trescientos ochenta y nueve

Escribe el valor del dígito subrayado.

13. $\underline{6},452$
14. $3,\underline{8}01$
15. $\underline{5},018$
16. $7,3\underline{1}4$
17. $4,51\underline{6}$
18. $\underline{2},970$
19. $8,\underline{2}73$
20. $1,9\underline{5}9$
21. Escribe un número de 4 dígitos que tenga un 7 en la posición de las centenas.
22. Escribe un número que tenga 1,000 más que 6,243.
23. ¿Cuántas centenas hay en 6,000? ¿Cuántas decenas hay?
24. ESCRIBE **¿Tiene sentido o no?** Brett dice que el número más grande posible de 4 dígitos es 9,000. ¿Tiene sentido la afirmación de Brett? **Explica**.

CD ROM **Tecnología**
Usa Harcourt Mega Math en español, Juegos de números, *Los cálculos de Tiny*, nivel A; Cuenta en el campo, *Cuentabloques*, nivel T.

Práctica adicional en la página 18, Grupo B

USA LOS DATOS **Para los ejercicios 25 y 26, usa la gráfica.**

25. Usa la forma normal para escribir el número de frascos de mantequilla de maní que se vendieron en 2005.

26. ESCRIBE **¿Cuál es la pregunta?** La respuesta es 3,500. ¿Cuál es la pregunta?

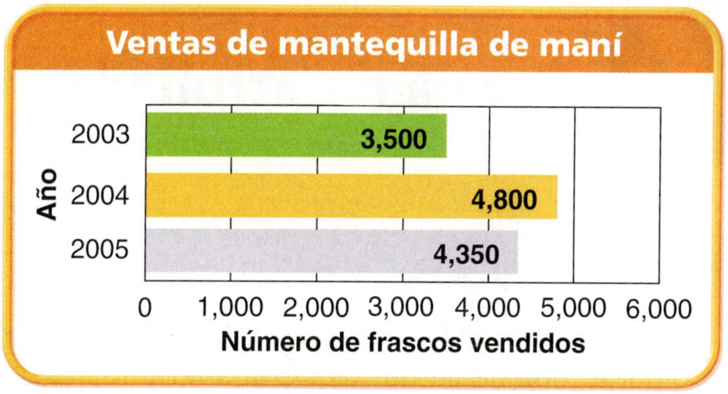

Comprensión de los Estándares

27. Maggie quiere comprar una cometa que cuesta 67¢. Ella tiene 65¢. ¿Cuánto dinero más necesita? (Grado 2 NS 2.2)

28. ¿Qué figura tiene tres lados y tres vértices? (Grado 2 🗝 MG 2.1)

29. El entrenamiento de fútbol comienza a las 3:30. Termina a las 5:30. ¿Cuánto tiempo ha pasado? (Grado 2 MG 1.5)

30. **Preparación para la prueba** ¿Qué número muestra ocho mil noventa?

A 8,009 **C** 8,090
B 8,019 **D** 8,900

31. **Preparación para la prueba** ¿Qué dígito está en el lugar de las decenas en el número 6,072?

A 0 **C** 6
B 2 **D** 7

PODER MATEMÁTICO Resolución de problemas y razonamiento

PERCEPCIÓN NUMÉRICA Puedes usar bloques de base diez para mostrar un número de diferentes maneras. El modelo a la derecha es una manera de mostrar el número 128.

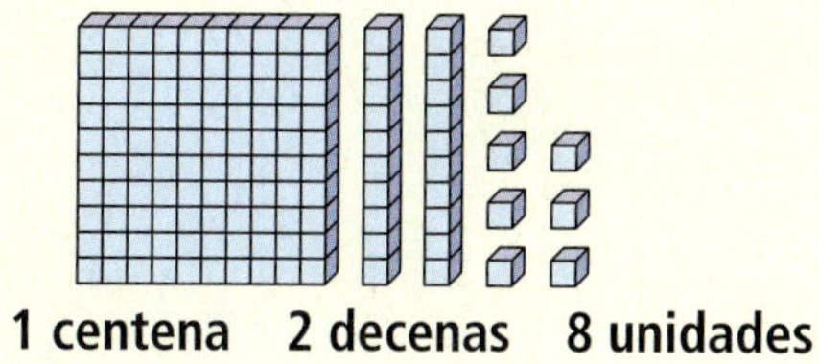

Éstas son otras dos maneras de mostrar el número 128.

DE UNA MANERA

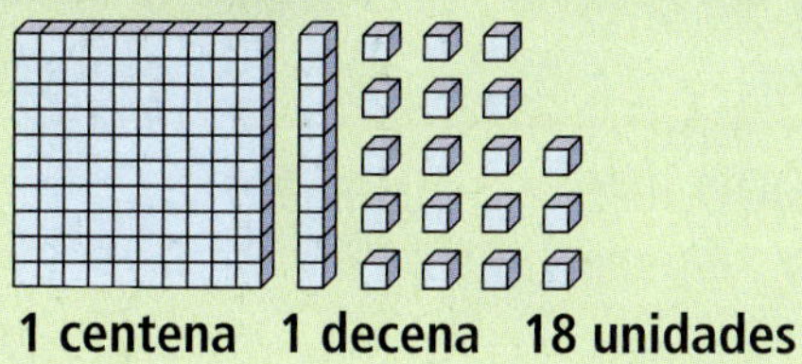

DE OTRA MANERA

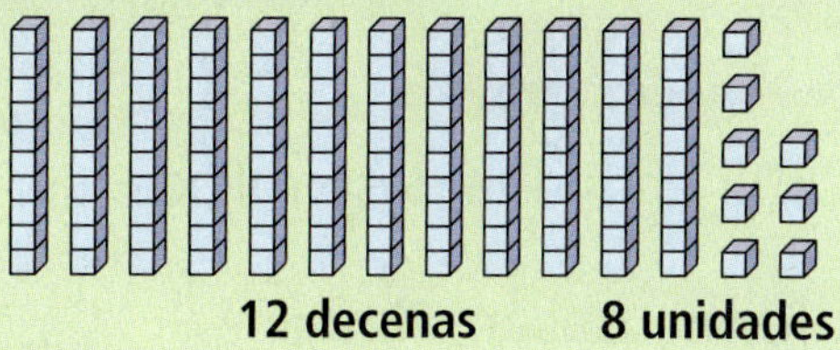

Dibuja bloques de base diez para mostrar cada número de dos maneras diferentes. Rotula tus dibujos.

1. 75 **2.** 94 **3.** 37 **4.** 322 **5.** 243

LECCIÓN 4

Forma desarrollada

OBJETIVO: Escribir números en forma desarrollada.

Repaso rápido

Escribe el valor del dígito subrayado.

1. 6$\underline{7}$2
2. $\underline{1}$,056
3. $\underline{9}$80
4. 2,36$\underline{2}$
5. 9,$\underline{0}$05

Vocabulario

forma desarrollada

Aprende

PROBLEMA El árbol más grande del mundo es una secoya gigante que se llama "General Sherman". Pesa más de 6,167 toneladas, tanto como 41 ballenas azules o 740 elefantes.

Puedes escribir estos números en **forma desarrollada** para mostrar el valor de cada dígito.

Ejemplo

A	**B**
41 40 + 1	740 700 + 40
C 6,167 6,000 + 100 + 60 + 7	

- En el ejemplo B, ¿por qué no hay un dígito después del 40?
- **¿Qué pasaría si...** la secoya gigante pesara 6,067 toneladas? ¿Cómo se escribe 6,067 en forma desarrollada?

▶ **El árbol General Sherman está en el Parque Nacional Secoya, en California.**

Práctica con supervisión

1. Completa el número 1,598 en forma desarrollada. 1,000 + ■ + 90 + ■

Escribe cada número en forma desarrollada.

2. 4,278
3. 2,507
4. ✓ 3,890
5. ✓ 5,032
6. **COMENTA** **Explica** cómo hallar el valor de cada dígito en el número 3,714.

NS 1.5 Usar la notación desarrollada para representar números (por eje., 3,206 = 3,000 + 200 + 6).
también **NS 1.3, MR 2.3, MR 2.4, MR 3.2**

Práctica independiente y resolución de problemas

Escribe cada número en forma desarrollada.

7. 2,594 **8.** 6,847 **9.** 3,026 **10.** 8,401

11. 4,763 **12.** 1,590 **13.** 5,207 **14.** 7,185

Escribe cada número en forma normal.

15. 6,000 + 700 + 30 + 8 **16.** 9,000 + 100 + 2

Álgebra **Halla el número que falta.**

17. 1,000 + ■ + 40 + 8 = 1,748 **18.** 5,000 + 200 + ■ + 7= 5,297

19. 4,000 + 600 + ■ = 4,620 **20.** ■ + 500 + 40 + 3 = 8,543

USA LOS DATOS **Para los ejercicios 21 y 22, usa el dibujo.**

21. ¿Cuál es la altura del árbol General Sherman en forma desarrollada?

22. ESCRIBE **¿Cuál es el error?** Brooke dice que la distancia alrededor del árbol, escrita en forma desarrollada, es 1,000 + 200. ¿Cuál es su error?

23. **Razonamiento** Tammy horneó 21 galletas. Comió 2 galletas y colocó el resto en bolsas de 3 galletas cada una. ¿Cuántas galletas no están en una bolsa?

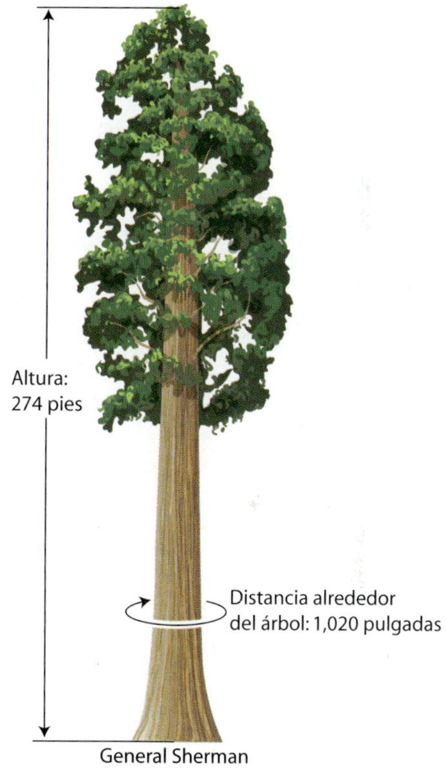

General Sherman

Comprensión de los Estándares

24. ¿Cuál es el valor del 9 en 968? (NS 1.3, pág. 6)

25. ¿Cómo se escribe dos mil treinta en forma desarrollada? (NS 1.1, pág. 8)

26. Clay montó bicicleta por una hora. ¿Cuántos minutos montó bicicleta? (Grado 2, MG 1.4)

27. ¿Qué número es igual a 1,349?

A 1 + 3 + 4 + 9

B 9,000 + 400 + 30 + 1

C 1,000 + 300 + 40 + 9

D 1,000 + 30 + 400 + 9

Práctica adicional en la página 18, Grupo C

LECCIÓN 5

Taller de resolución de problemas
Estrategia: Usar el razonamiento lógico

OBJETIVO: Resolver problemas usando la estrategia *usar el razonamiento lógico*.

Aprende la estrategia

Usar el razonamiento lógico te puede ayudar a resolver problemas. Cuando usas el razonamiento lógico, comparas datos y piensas en pistas.

A veces, los datos o pistas se pueden organizar en una lista.

Vince juega fútbol. Los jugadores de su equipo tienen los números 1 a 11 en sus uniformes.

El uniforme de Vince tiene un número impar.

Su número es mayor que 6.

Puedes contar salteado de tres en tres para hallar su número.

¿Cuál es el número de Vince?

A veces, los datos y las pistas se pueden poner en una tabla.

Sue, Rick y Heather corrieron en una carrera.

Sue terminó primero.

Rick no terminó de segundo.

¿En qué lugar terminó Heather?

	1ro	2do	3ro
Sue	sí	no	no
Rick	no	no	sí
Heather	no	sí	no

COMENTA

Explica por qué hay un *sí* para Heather en la segunda columna.

NS 1.1 Contar, leer y escribir los números enteros hasta el 10,000. *también* NS 1.3, NS 2.1, MR 1.0, MR 1.1, MR 2.0, MR 2.3, MR 2.4, MR 3.0, MR 3.1, MR 3.2, MR 3.3

Usa la estrategia

PROBLEMA Anna usó una adivinanza en las invitaciones de su fiesta de cumpleaños. Sus amigos tenían que usar las pistas para hallar la dirección en la calle Pine.

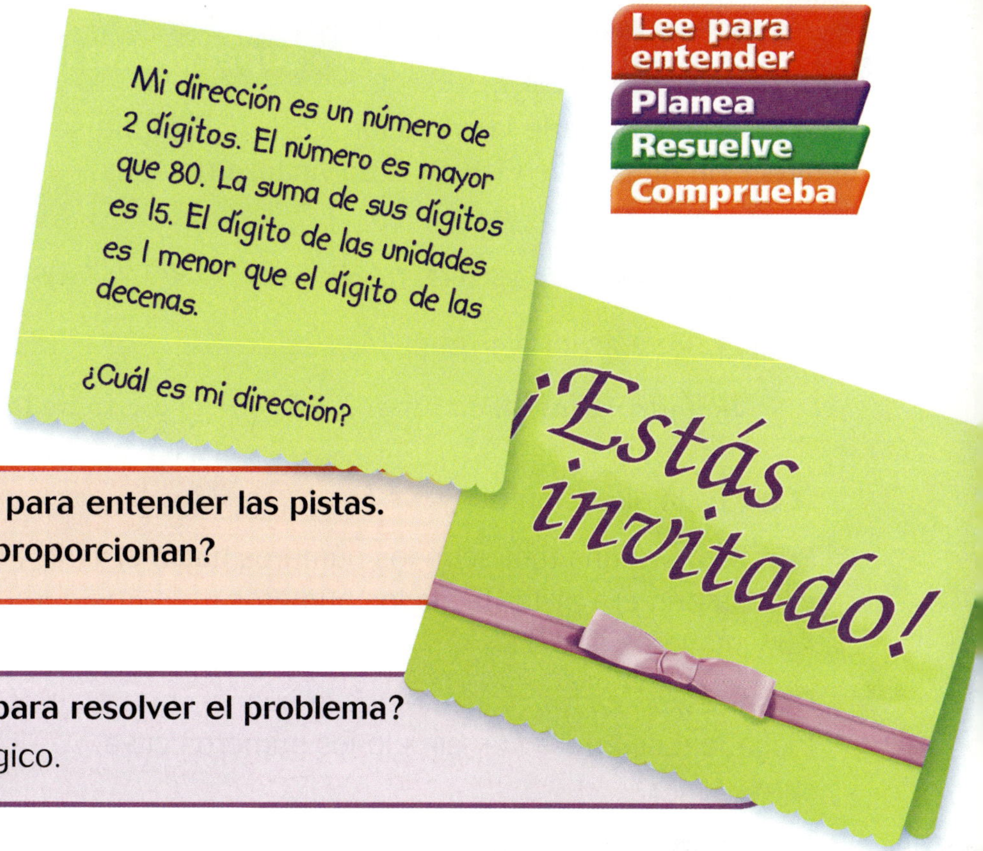

Lee para entender

Destreza de lectura

- **Usa un recurso visual para entender las pistas.**
- **¿Qué información te proporcionan?**

Planea

- **¿Qué estrategia puedes usar para resolver el problema?**
  Puedes usar el razonamiento lógico.

Resuelve

- **¿Cómo puedes usar la estrategia para resolver el problema?**
  Mira una pista a la vez. Usa una tabla con los números hasta el 100.

  El número tiene dos dígitos, entonces tacha de 1 a 9 y 100. El número es mayor que 80, entonces tacha 80 y todos los números menores que 80.

~~1~~	~~2~~	~~3~~	~~4~~	~~5~~	~~6~~	~~7~~	~~8~~	~~9~~	~~10~~
~~11~~	~~12~~	~~13~~	~~14~~	~~15~~	~~16~~	~~17~~	~~18~~	~~19~~	~~20~~
~~21~~	~~22~~	~~23~~	~~24~~	~~25~~	~~26~~	~~27~~	~~28~~	~~29~~	~~30~~
~~31~~	~~32~~	~~33~~	~~34~~	~~35~~	~~36~~	~~37~~	~~38~~	~~39~~	~~40~~
~~41~~	~~42~~	~~43~~	~~44~~	~~45~~	~~46~~	~~47~~	~~48~~	~~49~~	~~50~~
~~51~~	~~52~~	~~53~~	~~54~~	~~55~~	~~56~~	~~57~~	~~58~~	~~59~~	~~60~~
~~61~~	~~62~~	~~63~~	~~64~~	~~65~~	~~66~~	~~67~~	~~68~~	~~69~~	~~70~~
~~71~~	~~72~~	~~73~~	~~74~~	~~75~~	~~76~~	~~77~~	~~78~~	~~79~~	~~80~~
81	82	83	84	85	86	87	88	89	90
91	92	93	94	95	96	97	98	99	~~100~~

  Suma los dígitos de cada número que no esté tachado. Encierra en un círculo los número cuyos dígitos suman 15.

81	82	83	84	85	86	(87)	88	89	90
91	92	93	94	95	(96)	97	98	99	~~100~~

  Halla el número encerrado en un círculo cuyo dígito de las unidades sea 1 menor que el dígito de las decenas.

  $96 \rightarrow 9 - 6 = 3$ ✗
  $87 \rightarrow 8 - 7 = 1$ ✓

  Por lo tanto, la dirección de Anna es 87 de la calle Pine.

Comprueba

- **¿Cómo puedes comprobar tu respuesta?**

Resolución de problemas con supervisión

Lee para entender
Planea
Resuelve
Comprueba

1. Anna quiere enviarle la invitación a Steve. Él le dio su dirección de la calle Oak en la adivinanza de abajo.

- Mi dirección es un número de 2 dígitos entre 46 y 64.
- La suma de los dígitos es 12.
- El dígito de las unidades es 2 más que el dígito de las decenas.

¿Cuál es la dirección de Steve?

Primero, usa una tabla con los números hasta el 100 y lee la primera pista. Tacha los números menores que 46 y mayores que 64.

Después, suma los dígitos de cada número que no esté tachado. Encierra en un círculo los números cuya suma es 12.

Por último, usa la última pista para hallar la dirección de Steve.

1	2	3	4	5	6	7	8	9	10
11	12	13	14	15	16	17	18	19	20
21	22	23	24	25	26	27	28	29	30
31	32	33	34	35	36	37	38	39	40
41	42	43	44	45	46	47	48	49	50
51	52	53	54	55	56	57	58	59	60
61	62	63	64	65	66	67	68	69	70
71	72	73	74	75	76	77	78	79	80
81	82	83	84	85	86	87	88	89	90
91	92	93	94	95	96	97	98	99	100

2. **¿Qué pasaría si...** la suma de los dígitos fuera 10? ¿Cuál sería la dirección de Steve?

3. Julie está pensando en un número par entre 12 y 29. La suma de los dígitos es igual que el dígito en la posición de las decenas. ¿Cuál es el número de Julie?

Resolución de problemas • Práctica de estrategias

Usa el razonamiento lógico para resolver.

4. Usa la tabla con los números hasta el 100 y las pistas. Cary está pensando en un número impar entre 32 y 48. La suma de los dígitos es 5. ¿Cuál es el número de Cary?

5. Copia la tabla y usa las pistas. Andy, Beth, Mary y Rod compraron regalos para Anna.

El regalo de Rod hay que armarlo.
El regalo de Beth no era el oso de peluche ni la pelota de fútbol.
El regalo de Andy no fueron los patines.
El regalo de Mary fue la pelota de fútbol.

¿Cuál fue el regalo de Andy?

	patines	rompecabezas	oso de peluche	pelota de fútbol
Andy		no		
Beth		no		
Mary		no		
Rod	no	sí	no	no

Práctica de estrategias mixtas

USA LOS DATOS Para los ejercicios 6 a 11, usa los calendarios.

6. El cumpleaños de Jami es un sábado de julio. No es el 7 de julio. No es un número par. ¿Cuál es la fecha del cumpleaños de Jami?

7. Las invitaciones para el cumpleaños de Carl tienen una adivinanza. Él quiere que sus amigos hallen la fecha de la fiesta. Les dio las siguientes pistas.

   > Mi fiesta es un viernes de julio.
   > La fecha de mi fiesta es un número par de dos dígitos.

   ¿Cuál es la fecha de la fiesta de Carl?

8. El cumpleaños de Michelle es el 22 de junio. El de Kim es 9 días antes que el de Michelle. ¿Cuál es la fecha del cumpleaños de Michelle?

9. El cumpleaños de Jon es el 30 de junio. El de Rachel es 12 días después que el de Jon. ¿Cuál es la fecha del cumpleaños de Rachel?

10. **Problema abierto** El cumpleaños de Shawn es el 16 de junio. El de Mark es dos semanas después. Di dos maneras de hallar la fecha del cumpleaños de Mark.

11. **Formula un problema** Vuelve a ver el problema 9. Escribe un problema similar pero cambia el cumpleaños de Rachel a 3 semanas antes que el de Jon.

ELIGE UNA ESTRATEGIA

- Hacer un diagrama o dibujo
- Hacer un modelo o una dramatización
- Hacer una lista organizada
- Buscar un patrón
- Hacer una tabla o gráfica
- Predecir y probar
- Trabajar desde el final hasta el principio
- Resolver un problema más sencillo
- Escribir un enunciado numérico
- Usar el razonamiento lógico

Junio

dom	lun	mar	mié	jue	vie	sáb
					1	2
3	4	5	6	7	8	9
10	11	12	13	14	15	16
17	18	19	20	21	22	23
24	25	26	27	28	29	30

Julio

dom	lun	mar	mié	jue	vie	sáb
1	2	3	4	5	6	7
8	9	10	11	12	13	14
15	16	17	18	19	20	21
22	23	24	25	26	27	28
29	30	31				

ESFUÉRZATE

Trece niños de la clase de Kim cumplen años en junio, julio o agosto.

12. Dos niños más cumplen años en julio que en junio. Hay la misma cantidad de cumpleaños en julio que en agosto. ¿Cuántos niños cumplen años en agosto?

13. El cumpleaños de Michael es un jueves de agosto. La suma de los dígitos del día de su cumpleaños es 5. **Explica** cómo sabes la fecha del cumpleaños de Michael.

Práctica adicional

Grupo A **Escribe el valor del dígito subrayado.** (págs. 6 y 7)

1. $67\underline{2}$ **2.** $\underline{1}58$ **3.** $8\underline{9}0$ **4.** $\underline{4}35$

Escribe cada número en forma normal.

5. seiscientos ochenta y uno

6. cuatrocientos cuatro

7. Hay doscientos cincuenta y tres estudiantes en la escuela de Talia. ¿Cómo escribes ese número en forma normal?

8. Hay 922 asientos en el teatro. ¿Cuál es el valor del dígito 9 en 922?

Grupo B **Escribe el valor del dígito subrayado.** (págs. 8 a 11)

1. $4{,}\underline{2}60$ **2.** $\underline{3}{,}108$ **3.** $7{,}6\underline{4}5$ **4.** $2{,}97\underline{4}$

Escribe cada número en forma normal. (págs. 8 a 11)

5. dos mil novecientos ochenta y cuatro

6. tres mil doscientos seis

7. siete mil cincuenta y nueve

8. ocho mil doscientos cuatro

9. El Sr. Price condujo 2,947 millas en una semana. ¿Cuál es el valor del dígito 2 en 2,947?

10. La biblioteca tiene 7,163 libros infantiles. ¿Cuál es el valor del dígito 6 en 7,163?

Grupo C **Escribe cada número en forma desarrollada.** (págs. 12 y 13)

1. 5,780 **2.** 4,023 **3.** 2,984 **4.** 6,617

Escribe cada número en forma normal.

5. 100 + 70 + 6 **6.** 300 + 9 **7.** 200 + 70 **8.** 400 + 40 + 7

9. 4,000 + 800 + 10 + 3

10. 9,000 + 600 + 50 + 2

11. ocho mil setecientos novena y seis

12. cinco mil treinta

CD ROM **Tecnología**
Usa Harcourt Mega Math en español, Cuenta en el campo, *Las ofertas de Buggy*, niveles S, T.

PRÁCTICA CON UN JUEGO

Sendero de patrones del picnic

¡Prepárate!

2 jugadores

¡Empaca!

- cubo numerado
- tarjetas con números (4 de cada una: 2, 3, 4, 5 y 20)
- Tarjetas de Lluvia y Sol (2 de cada una)
- 2 fichas de distintos colores

1	2	3	4	5	6	7	8	9	10
11	12	13	14	15	16	17	18	19	20
21	22	23	24	25	26	27	28	29	30
31	32	33	34	35	36	37	38	39	40
41	42	43	44	45	46	47	48	49	50
51	52	53	54	55	56	57	58	59	60
61	62	63	64	65	66	67	68	69	70
71	72	73	74	75	76	77	78	79	80
81	82	83	84	85	86	87	88	89	90
91	92	93	94	95	96	97	98	99	100

¡Picnic!

- Baraja las tarjetas y colócalas boca abajo en un montón.
- Túrnense para sacar la primera tarjeta del montón y lanzar el cubo numerado.
- Cuenten salteado según el número que aparece en la tarjeta. El número de saltos es el número que aparece en el cubo numerado.
- Si sacas una tarjeta de Lluvia, pierdes un turno. Si sacas una tarjeta de Sol, vuelves a jugar.
- Si te saltas el 100 sin detenerte en él, debes mover la ficha al 50 e intentarlo de nuevo.
- ¡Gana el primer jugador que se detenga en el 100!

Repaso/Prueba del Capítulo 1

Repasar el vocabulario y los conceptos

VOCABULARIO
- dígitos
- par
- impar

Elige el mejor término del recuadro.

1. Todo número que termine en 2, 4, 6, 8 o 0 es un número ___?___. (NS 1.1, pág. 5)
2. Hay cuatro ___?___ en el número 7,390. (NS 1.3, pág. 6)

Repasar las destrezas

Usa una tabla con los números hasta el 100. Halla el número que sigue en el patrón. (NS 1.1, págs. 4 y 5)

3. 3, 6, 9, 12, ■
4. 65, 70, 75, 80, ■

Di si cada número es *impar* o *par*. (NS 1.1, págs. 4 y 5)

5. 92
6. 21
7. 65
8. 80

Escribe el valor del dígito subrayado. (NS 1.3, págs. 6 y 7, 8 a 11)

9. $\underline{7}$,521
10. 1,$\underline{9}$64
11. $\underline{3}$,795
12. 4$\underline{2}$8

Escribe cada número en forma normal. (NS 1.1, págs. 6 y 7, 8 a 11)

13. quinientos treinta y dos
14. siete mil trescientos cinco

Escribe cada número en forma desarrollada. (NS 1.3, págs. 12 y 13)

15. 5,148
16. 3,827
17. 3,206
18. 4,017

Repasar la resolución de problemas

Resuelve. (NS 1.1, MR 2.3, MR 2.4, págs. 14 a 17)

19. Jack jugo un videojuego con tres amigos. Sus puntuaciones se muestran en la tabla. La puntuación de Jack es un número de 4 dígitos. El dígito de las centenas es un número par. El dígito de las decenas en un número impar. ¿Cuál es la puntuación de Jack?

Puntuaciones

Jugadores	Puntuación
Jugador A	2,183
Jugador B	4,602
Jugador C	897
Jugador D	3,415

20. ESCRIBE Beth, Sasha, Jake y Tyrone compitieron en una carrera. Tyrone llegó de primero. Sasha no llegó de segunda. Beth llegó de última. **Explica** cómo sabes en qué lugar llegó Jake.

Enriquecimiento • Más patrones

Diseño con números

Has hallado **patrones de columnas** y **patrones diagonales** en una tabla con los números hasta el 100.

También puedes usar otros tipos de tablas numéricas para hallar patrones.

1	2	3
4	5	6
7	8	9

patrón de columna ▲

1	2	3	4	5
6	7	8	9	10
11	12	13	14	15

▲ patrón diagonal

Materiales ■ Tablas A, B y C

Mira la tabla A. Tiene 5 números en cada hilera. Cuenta salteado de tres en tres. Sombrea cada casilla en la que caigas.

- ¿Qué casillas sombreaste?
- ¿Es tu patrón de columna o diagonal?

A

1	2	3	4	5
6	7	8	9	10
11	12	13	14	15
16	17	18	19	20
21	22	23	24	25

Elige otro número del 2 al 5. Úsalo para contar salteado en la tabla A.

- ¿Qué patrón ves?
- ¿Es el mismo tipo de patrón que hiciste cuando contaste salteado de tres en tres?

Ahora mira la tabla B. Tiene 4 números en cada hilera. Cuenta salteado de tres en tres. Sombrea cada casilla en la que caigas.

- ¿Es tu patrón de columna o diagonal?
- ¿En qué se parece este patrón al que hiciste cuando contaste salteado de tres en tres en la tabla A? ¿En qué se diferencia?

B

1	2	3	4
5	6	7	8
9	10	11	12
13	14	15	16
17	18	19	20
21	22	23	24

Inténtalo

Usa la tabla B para resolver.

1. Cuenta salteado de dos en dos. ¿Qué tipo de patrón hiciste?
2. ¿Con qué otro número podrías contar salteado para hacer un patrón diagonal?

Resuelve

ESCRIBE Usa la tabla C. ¿Con qué números puedes contar salteado para hacer un patrón diagonal? **Explica**.

C

1	2	3	4	5	6
7	8	9	10	11	12
13	14	15	16	17	18
19	20	21	22	23	24

Comprensión de los Estándares
Capítulo 1

Percepción numérica

1. Lily colocó 43 canicas en un frasco. José colocó 28 canicas en el frasco. ¿Cuántas canicas colocaron Lily y José en total en el frasco? (Grado 2 NS 2.2)

A 15

B 25

C 61

D 71

Pista

Elige la respuesta.

Mira el problema 2. Si tu respuesta no coincide con ninguna de las opciones, revisa tus cálculos.

2. $53 - 26 =$ (Grado 2 NS 2.2)

A 23 **C** 33

B 27 **D** 79

3. ¿Qué parte fraccionaria de esta figura está sombreada? (Grado 2 NS 4.2)

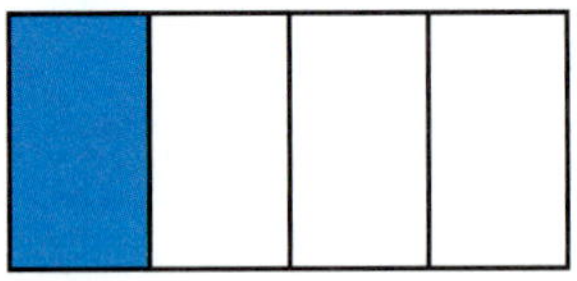

A $\frac{1}{4}$ **C** $\frac{1}{2}$

B $\frac{1}{3}$ **D** $\frac{3}{4}$

4. ESCRIBE **Explica** cómo puedes hallar el valor del dígito 6 en el número 6,782. (NS 1.3)

Álgebra y funciones

5. Mira el enunciado numérico del recuadro.

8 + 9 = 17

¿Qué otro enunciado numérico tiene el mismo valor? (Grado 2 AF 1.1)

A $8 \times 9 = 72$ **C** $17 - 9 = 8$

B $9 + 8 = 17$ **D** $17 - 8 = 9$

6. ¿Qué número pondrías en el recuadro para hacer verdadero el enunciado numérico? (Grado 2 AF 1.1)

$$16 + 7 = \blacksquare + 16$$

A 5 **C** 9

B 7 **D** 23

7. Mark tenía 9 peces. Luego atrapó algunos más. Ahora tiene 14. ¿Qué enunciado numérico muestra cómo hallar el número de peces que atrapó? (Grado 2 AF 1.2)

A $9 + 14 = \blacksquare$ **C** $14 - 14 = \blacksquare$

B $9 + \blacksquare = 14$ **D** $\blacksquare - 9 = 14$

8. ESCRIBE Mira el problema de suma del recuadro.

5 + 3 + 7 = 15

Explica cómo puedes comprobar la respuesta. (Grado 2 AF 1.1)

Medición y geometría

9. Mira los dos rectángulos. ¿Qué figura se puede formar con los dos rectángulos? (Grado 2 🔑 MG 2.2)

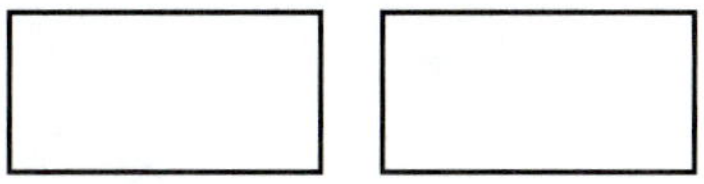

A hexágono

B octágono

C trapecio

D cuadrado

10. Usa la regla en pulgadas. Aproximadamente, ¿cuánto mide este clavo? (Grado 2 🔑 MG 1.3)

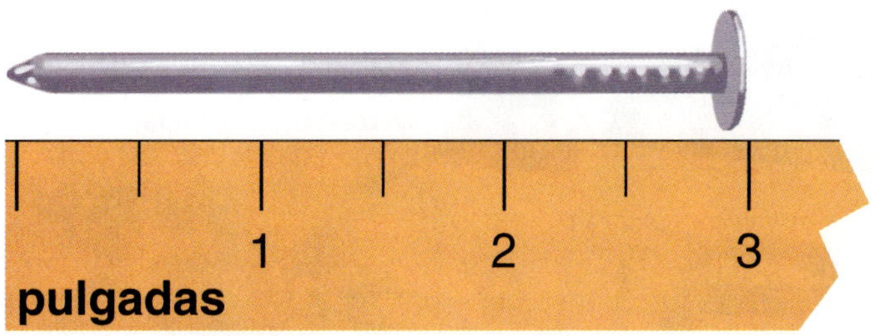

A 1 pulgada

B 2 pulgadas

C 3 pulgadas

D 4 pulgadas

11. ESCRIBE Aproximadamente, ¿cuánto pesa una bolsa de manzanas, 5 onzas o 5 libras? **Explica** cómo lo sabes. (Grado 2 MG 1.0)

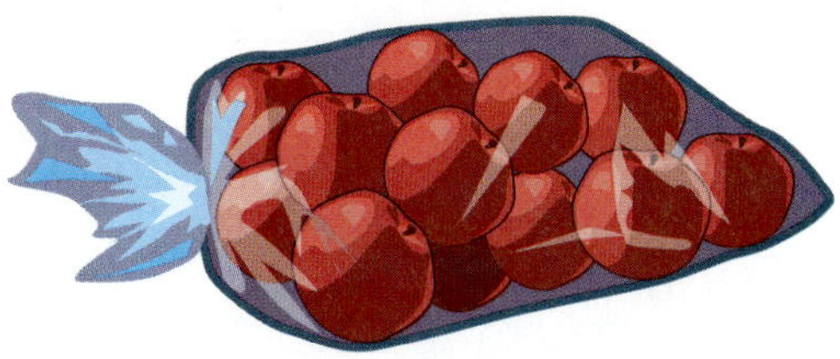

Estadísticas, análisis de datos y probabilidad

12. ¿Cuántas más bolsas de galletas se vendieron en la semana 2 que en la semana 3? (Grado 2 🔑 SDAP 1.4)

Venta de galletas

Semana	Número de cajas vendidas
1	15
2	25
3	20
4	10

A 5

B 10

C 15

D 20

13. ESCRIBE **Explica** cómo puedes hallar cuántos estudiantes en total votaron por su fruta favorita. (Grado 2 🔑 SDAP 1.4)

Fruta favorita

Fruta	Marcas
Banana	卌 卌 |
Uvas	卌 卌 卌
Manzana	卌 卌 |||

CAPÍTULO

2 Comparar, ordenar y redondear números

La idea importante El valor posicional se usa para comparar, ordenar y redondear números.

CALIFORNIA DATO BREVE

El edificio más alto en la Costa Oeste es la torre U.S. Bank en Los Ángeles, California. Mide 1,018 pies de altura y tiene 73 pisos.

Investiga

Hay muchos edificios altos en California. Redondea la altura de cada edificio a la centena más cercana. Después ordena las alturas de los edificios de menor a mayor. Explica cómo ordenar los números redondeados puede ser engañoso.

Alturas de los edificios de California

Edificio	Altura en pies
Centro Aon	858
Torre Chevron	573
Torre Gas Company	749
Torre 777	725
Edificio TCW	517

Muestra lo que sabes

Comprueba si has aprendido las destrezas importantes que se necesitan para completar exitosamente el Capítulo 2.

▶ Ordenar en una recta numérica hasta 100

Escribe los números en orden de menor a mayor.

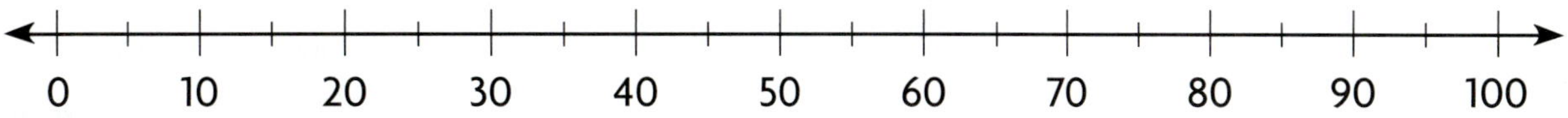

1. 27, 34, 22

2. 41, 38, 50

3. 80, 90, 60

4. 83, 86, 72

5. 20, 14, 19

6. 61, 52, 68

▶ Comparar números de dos dígitos usando el valor posicional.

Escribe <, > o = para cada ●.

7. 15 ● 23

8. 77 ● 58

9. 31 ● 34

10. 82 ● 82

11. 91 ● 19

12. 46 ● 61

13. 27 ● 28

14. 45 ● 40

15. 53 ● 63

Enriquece tu vocabulario

VOCABULARIO DEL CAPÍTULO

comparar
igual a =
mayor que >
menor que <
ordenar
redondear

PREPARACIÓN

comparar Determinar si un número es igual a, menor que o mayor que otro

mayor que > Un símbolo que se usa para comparar dos números, enumerando primero el número mayor

menor que < Un símbolo que se usa para comparar dos números, enumerando primero el número menor

LECCIÓN 1

Comparar números

OBJETIVO: Usar modelos, el valor posicional y rectas numéricas para comparar números de 3 y 4 dígitos.

Repaso rápido

Escribe el número mayor.

1. 9 o 12 **2.** 8 o 3

3. 22 o 25 **4.** 29 o 39

5. 68 o 91

Vocabulario

comparar **igual a =**

menor que < **mayor que >**

Aprende

PROBLEMA El edificio State Capitol en Springfield, Illinois, mide 361 pies de alto. El edificio United Status Capitol en Washington, D.C., mide 288 pies de alto. ¿Cuál edificio es más alto?

Puedes **comparar** números de diferentes maneras para hallar cuál número es mayor.

mayor que > **menor que <** **igual a =**

▲ El edificio State Capitol de Illinois

DE UNA MANERA **Usa bloques de base diez.**

Compara de izquierda a derecha.

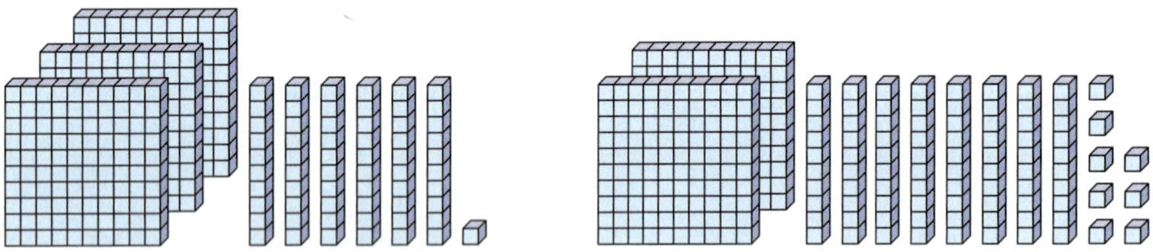

361 288

3 centenas es mayor que 2 centenas. 361 > 288

Por lo tanto, el edificio State Capitol de Illinois es más alto.

OTRAS MANERAS

A **Usa una recta numérica.**

Los números están en orden de menor a mayor.

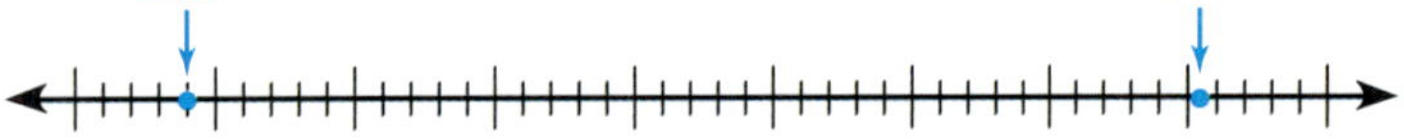

361 está a la derecha de 288. 361 > 288

B **Usa una tabla de valor posicional.**

Compara, de izquierda a derecha, los dígitos que tienen el mismo valor posicional.

CENTENAS	DECENAS	UNIDADES
3	6	1
2	8	8

↑

3 centenas es mayor que 2 centenas. 361 > 288.

NS 1.2 Comparar y ordenar los números enteros hasta el 10,000. *también* **AF 1.1, AF 1.2, MR 2.3, MR 2.4, MR 3.1, MR 3.2**

Comparar números de 4 dígitos

Ejemplo

Compara 1,324 y 1,249.

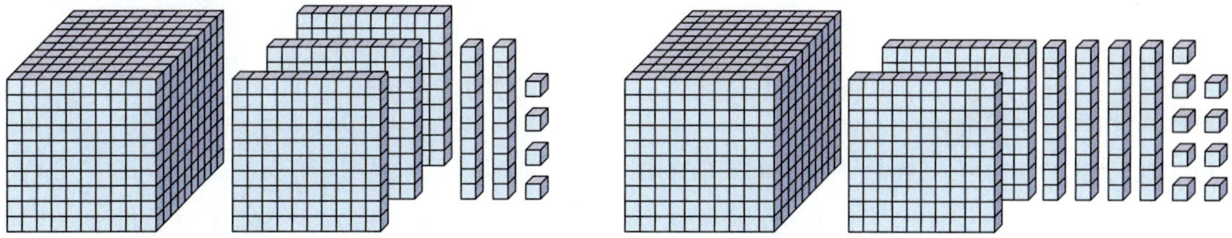

Los millares son iguales, por lo tanto, compara las centenas. 3 centenas es mayor que 2 centenas. Por lo tanto, $1{,}324 > 1{,}249$.

Más ejemplos

A Compara 3,158 y 3,372.

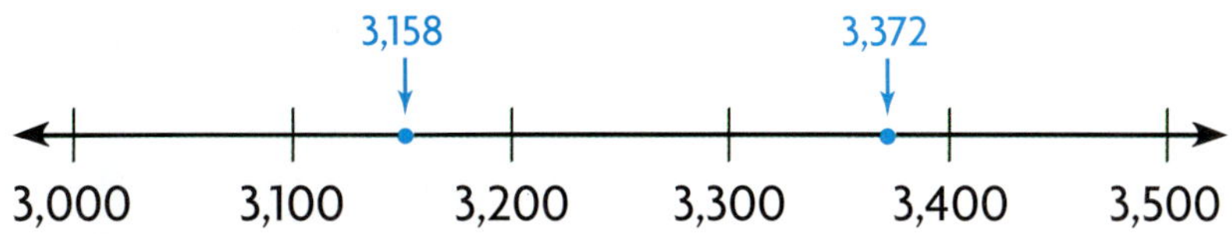

3,158 está a la izquierda de 3,372. Por lo tanto, $3{,}158 < 3{,}372$.

B Compara 4,639 y 4,672.

MILLARES	CENTENAS	DECENAS	UNIDADES
4,	6	3	9
4,	6	7	2

↑ Los millares son iguales. ↑ Las centenas son iguales. ↑ $3 < 7$

Por lo tanto, $4{,}639 < 4{,}672$.

C Compara 2,743 y 956.

MILLARES	CENTENAS	DECENAS	UNIDADES
2,	7	4	3
	9	5	6

956 no tiene millares.
Por lo tanto, $2{,}743 > 956$.

- En el ejemplo C, ¿por qué no necesitas comparar las centenas, las decenas o las unidades?

Práctica con supervisión

1. ¿Qué número tiene más centenas? ¿Qué número es mayor?

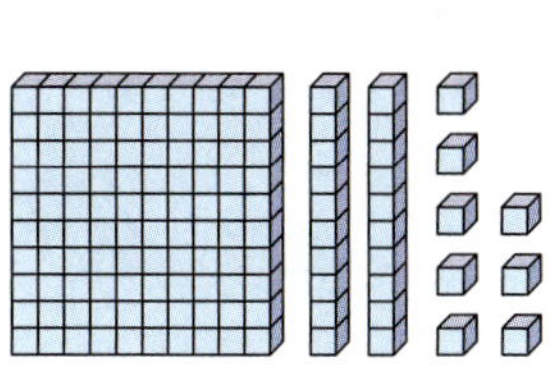

128

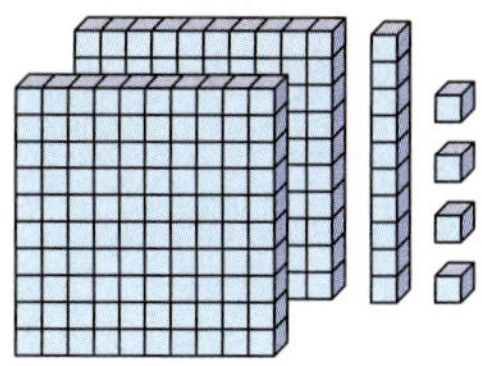

214

Compara los números. Escribe $<$, $>$ o $=$ para cada ●.

2. 567 ● 567 | 3. 5,228 ● 5,628 | 4. 1,004 ● 789

5. **COMENTA** **Explica** dos maneras de comparar 368 y 386.

Práctica independiente y resolución de problemas

Compara los números. Escribe $<$, $>$ o $=$ para cada ●.

6. 485 ● 98
7. 6,598 ● 6,587
8. 4,165 ● 4,327
9. 2,000 ● 487
10. 521 ● 521
11. 7,536 ● 7,365
12. 3,446 ● 3,446
13. 389 ● 391
14. 8,389 ● 8,398

USA LOS DATOS **Para los ejercicios 15 y 16, usa la tabla.**

15. Compara las alturas de los edificios más altos de Texas y California.
16. Compara las alturas de la torre Ke y de One Liberty Place.
17. ***DATO BREVE*** • El edificio más alto de Indiana, la torre Chase mide 811 pies de altura. El edificio más alto de New Jersey, la torre Goldman Sachs mide 781 pies de altura. Compara las alturas.
18. **ESCRIBE** **¿Cuál es el error?** Dana comparó 693 y 4,071. Dice que 693 es mayor que 4,071 porque 6 es mayor que 4 ¿Cuál es el error de Dana?

Edificios más altos en 4 estados

Estado	Edificio	Altura en pies
Texas	Torre JPMorgan Chase	1,002
Ohio	Torre Key	947
California	Torre U.S. Bank	1,018
Pennsylvania	One Liberty Place	945

Comprensión de los Estándares

19. ¿Cómo se escribe 278 en forma desarrollada? (NS 1.5, pág. 12)
20. Brian tiene 72 monedas de 10¢, 70 monedas de 5¢ y 75 monedas de 1¢. Escribe los números de monedas en orden de mayor a menor. (Grado 2 NS 1.3)
21. ¿Es 1,036 un número par o impar? (NS 1.1, pág. 4)
22. **Preparación para la prueba** ¿Qué número es mayor que 822?

    A 637 **C** 798

    B 743 **D** 826

CD ROM Tecnología
Usa Harcourt Mega Math en español, Cuenta en el campo, *Harrison Compara,* niveles L y M; Acciones con fracciones, *Cuenta en la mina,* nivel B.

Práctica adicional en la página 40, Grupo A

Escribe para explicar

ESCRIBE TALLER

Justin está usando datos de la tabla para comparar las alturas del edificio Chrysler y del Centro John Hancock. Quiere saber qué edificio es más alto.

Así explicó Justin cómo comparó las alturas de los edificios.

Edificios altos en Estados Unidos

Edificio	Ciudad	Altura (en pies)
Centro Aon	Chicago	1,136
Edificio Chrysler	New York	1,046
Edificio Empire State	New York	1,250
Centro John Hancock	Chicago	1,127
Torre Sears	Chicago	1,450

Primero, miré la tabla para encontrar las alturas del edificio Chrysler y del Centro John Hancock

Después, registré las alturas de los edificios.

Edificio Chrysler 1,046 pies
Centro John Hancock 1,127 pies

Luego, comparé las alturas. Como los dos números tienen un 1 en la posición de los millares, comparé los dígitos de las centenas. El Centro John Hancock tiene un 1 y el edificio Chrysler tiene un 0 en la posición de las centenas. Como 1 > 0, sé que el Centro John Hancock es más alto que el edificio Chrysler.

Pistas

Para escribir una explicación:

- Escribe los pasos que seguiste para resolver el problema.
- Usa palabras como primero, después y luego.
- Expresa tu respuesta en la última oración de tu explicación.

Resolución de problemas **Usa los datos de la tabla. Explica cómo resolver cada problema.**

1. ¿Qué edificio es más alto: el Centro Aon o el Centro John Hancock?

2. ¿Qué edificio es más alto: la torre Sears o el edificio Empire State?

LECCIÓN 2

Ordenar números

OBJETIVO: Usar una recta numérica y el valor posicional para ordenar números de 3 y 4 dígitos.

Repaso rápido

Compara. Escribe $<$, $>$ o $=$ para cada ●.

1. 435 ● 657
2. 319 ● 310
3. 858 ● 886
4. 5,498 ● 5,498
5. 2,000 ● 999

Vocabulario

ordenar

Aprende

Al **ordenar** números, los escribes de menor a mayor o de mayor a menor.

PROBLEMA Para un proyecto de ciencias, Ben registró en una tabla el número de huesos que tienen un gato, un ser humano y un perro. ¿Qué animal tiene el mayor número de huesos?

Huesos

Animal	Número
Gato	230
Ser humano	206
Perro	321

DE UNA MANERA **Usa una recta numérica.**

Como 321 está a la derecha de los otros números, es el número mayor. Por lo tanto, un perro tiene el mayor número de huesos.

DE OTRA MANERA **Usa el valor posicional.**

Ejemplo 1 **Ordena 708, 659 y 683 de mayor a menor.**

Paso 1	Paso 2
708 659 683 Compara las centenas. $7 > 6$	708 659 683 Compara las decenas. $8 > 5$

Por lo tanto, 708 es el número mayor. El orden es 708, 683, 659.

Por lo tanto, $683 > 659$.

Ejemplo 2 **Ordena 2,387; 2,475; y 2,190 de menor a mayor.**

Paso 1	Paso 2
2,387 2,475 2,190 Compara los millares. $2 = 2 = 2$	2,387 2,475 2,190 Compara las centenas. $1 < 3 < 4$

Por lo tanto, el orden es 2,190; 2,387; 2,475.

ADVERTENCIA

Compara primero los dígitos con el mayor valor posicional.

NS 1.2 Comparar y ordenar los números enteros hasta el 10,000. *también* **AF 1.1, AF 1.2, MR 2.3, MR 2.4, MR 3.1, MR 3.2**

Práctica con supervisión

1. Usa la recta numérica para ordenar 851, 912 y 796 de menor a mayor.

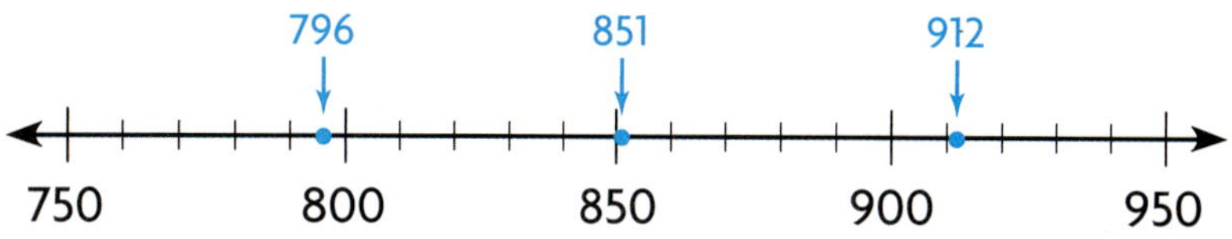

Escribe los números en orden de mayor a menor.

2. 540, 527, 536
3. 784, 699, 808
4. 2,079; 2,178; 2,122
5. COMENTA **Explica** cómo sabes que 458, 572 y 613 están en orden de menor a mayor.

Práctica independiente y resolución de problemas

Escribe los números en orden de mayor a menor.

6. 310, 440, 390
7. 914, 896, 910
8. 993; 1,399; 949
9. 5,091; 5,136; 5,109
10. 3,403; 3,430; 3,034
11. 7,988; 7,918; 7,889

Escribe los números en orden de menor a mayor.

12. 645, 456, 654
13. 372, 452, 289
14. 898; 3,786; 3,981
15. 4,570; 4,550; 4,660
16. 9,223; 9,280; 9,275
17. 6,321; 6,314; 6,276

Para los ejercicios 18 y 19, usa los dibujos.

18. Ordena los pesos del tigre, del león y del panda gigante de mayor a menor.
19. ESCRIBE **¿Cuál es el error?** Alex ordenó los pesos de los tres animales de menor a mayor. Él escribió 220, 330, 250. ¿Cuál es el error de Alex? Escribe los pesos en el orden correcto.

Tigre | León | Panda gigante

220 libras | 330 libras | 250 libras

Comprensión de los Estándares

20. ¿Está el 33 más cerca de 30 o más cerca de 40? (Grado 2 NS 1.0)
21. Escribe cinco mil noventa y ocho en forma normal. (NS 1.1, pág. 12)
22. Casey, Ben y Ted participaron en una carrera. Casey no fue el último en llegar a la meta. Ted llegó antes que Casey. ¿Quién llegó primero? (MR 2.0, pág. 14)
23. **Preparación para la prueba** ¿Qué número es menor que 408 pero mayor que 390?

A 400 **B** 408 **C** 410 **D** 480

Práctica adicional en la página 40, Grupo B

LECCIÓN 3

Taller de resolución de problemas
Destreza: Usar un modelo

OBJETIVO: Resolver problemas usando la destreza *usar un modelo.*

Lee para entender
Planea
Resuelve
Comprueba

Usa la destreza

PROBLEMA Un zoológico tiene un rinoceronte que pesa 2,812 libras, un camello que pesa 1,520 libras, una jirafa que pesa 2,233 libras y un oso polar que pesa 1,450 libras. ¿Qué animal tiene el segundo peso mayor?

Los pesos de los animales se muestran en la recta numérica.

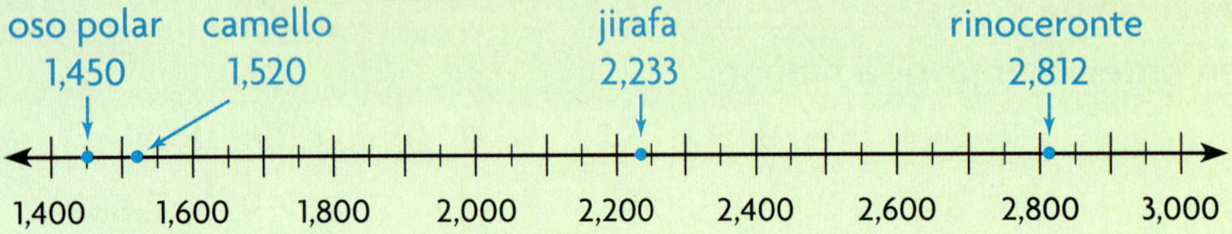

El animal con el peso mayor está a la derecha.

El rinoceronte tiene el peso mayor.
Por lo tanto, la jirafa tiene el segundo peso mayor.

Piensa y comenta

Usa la recta numérica para resolver el problema.

a. El puesto del zoológico vendió 399 refrescos, 438 bolsas de palomitas, 384 manzanas acarameladas y 420 conos de helado. ¿Qué artículo fue el segundo que se vendió menos?

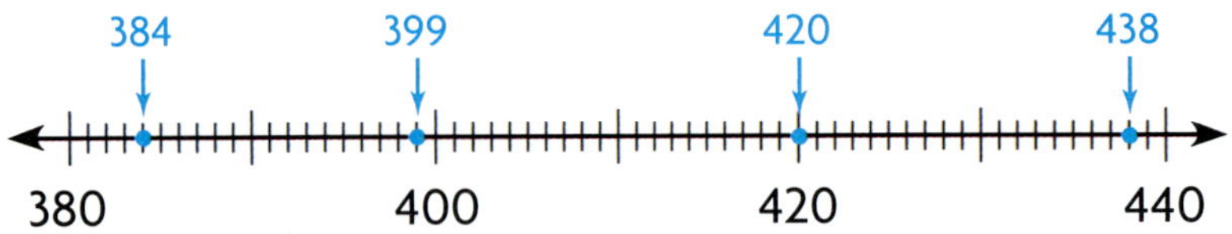

b. El zoológico de mascotas tuvo 1,038 visitantes en mayo, 1,240 en junio, 1,287 en julio y 952 en agosto. Haz una lista del número de visitantes del zoológico de mascotas en orden de mayor a menor.

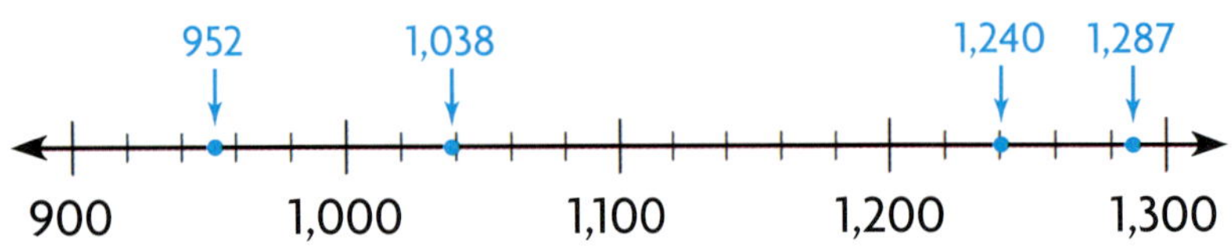

NS 1.2 Comparar y ordenar los números enteros hasta el 10,000. *también* **MR 1.0, MR 1.1, MR 2.0, MR 2.3, MR 2.4, MR 3.0, MR 3.1, MR 3.2, MR 3.3**

Resolución de problemas con supervisión

Usa la recta numérica para resolver el problema.

1. El zoológico tuvo 2,918 visitantes en mayo, 3,976 en junio, 3,298 en julio y 2,287 en agosto. ¿En qué mes hubo el menor número de visitantes?

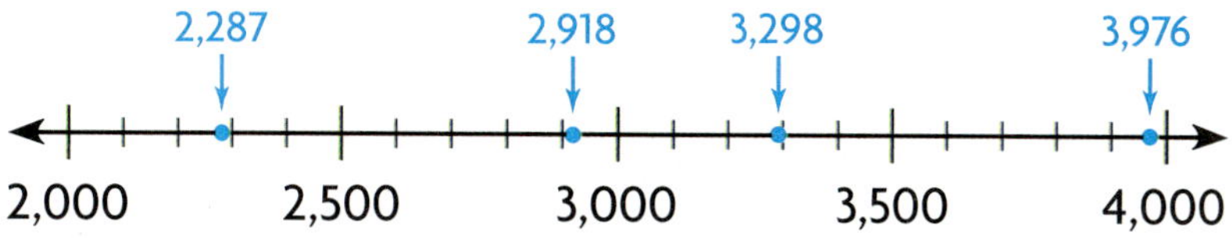

Usa la recta numérica.

Piensa: ¿Dónde está el número menor en la recta numérica?

2. **¿Qué pasaría si** hubiera habido 2,238 visitantes en septiembre? ¿En qué mes habría habido el menor número de visitantes?

3. El espectáculo de aves tuvo 2,498 visitantes en junio, 2,675 visitantes en julio y 2,189 visitantes en agosto. Escribe el número de visitantes en el espectáculo de aves en orden de mayor a menor.

Aplicaciones mixtas

USA LOS DATOS **Para los ejercicios 4 y 5, usa la tabla.**

4. Escribe los nombres de los animales en orden de menor a mayor según los minutos que duermen cada día.

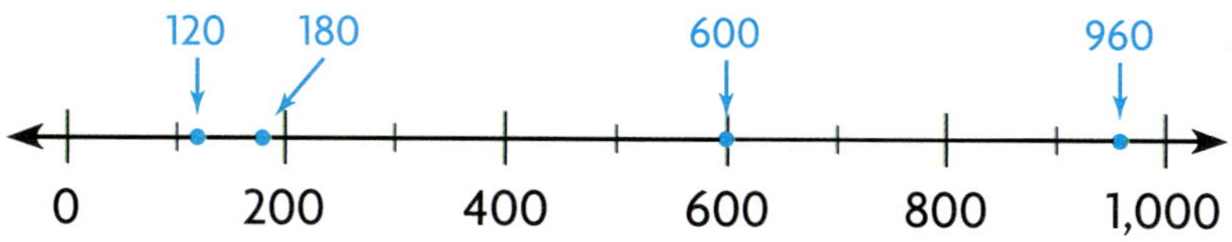

Cuánto tiempo duermen los animales

Animal	Minutos cada día
elefante	180
chimpancé	600
jirafa	120
tigre	960

5. ¿Cuántos minutos más duerme un tigre que un chimpancé cada día?

6. Kelly compró 2 lápices por 25¢ cada uno y una goma de borrar por 50¢ en la tienda de regalos del zoológico. ¿Cuánto gastó Kelly en total?

7. La familia de Héctor vive a 46 millas del zoológico. Han conducido 28 millas. ¿Cuántas millas más tienen que conducir para llegar al zoológico?

LECCIÓN 4

Redondear a la decena más cercana

OBJETIVO: Usar la recta numérica y las reglas de redondeo para redondear números a la decena más cercana.

Repaso rápido

1. ¿17 está más cerca de 10 o de 20?
2. ¿42 está más cerca de 40 o de 50?
3. ¿76 está más cerca de 70 o de 80?
4. ¿33 está más cerca de 30 o de 40?
5. ¿88 está más cerca de 80 o de 90?

Vocabulario

redondear

Aprende

Al **redondear** un número, hallas un número que te dice *aproximadamente* cuánto o qué cantidad.

PROBLEMA Las tiendas de mascotas venden muchos tipos de peces de agua dulce. Una tienda vendió 253 guppys y 268 tetras brillantes. A la decena más cercana, aproximadamente, ¿cuántos peces de cada tipo vende la tienda de mascotas?

DE UNA MANERA **Usa una recta numérica.**

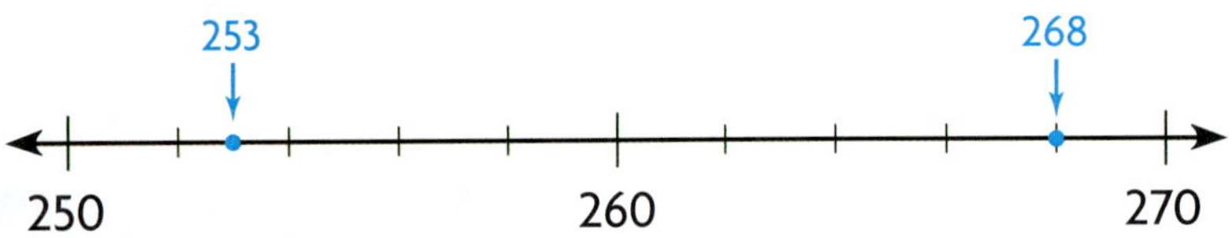

253 está más cerca de 250 que de 260. 268 está más cerca de 270 que de 260.

Por lo tanto, la tienda de mascotas vendió aproximadamente 250 guppys y 270 tetras brillantes.

DE OTRA MANERA

Usa las reglas de redondeo.

- Halla la posición a la cual quieres redondear.
- Mira el dígito a la derecha.
- Si el dígito es menor que 5, el dígito en la posición de redondeo permanece igual.
- Si el dígito es 5 o más, el dígito en la posición de redondeo aumenta en 1.
- Escribe un cero en el dígito de la derecha.

Ejemplos

Redondea 253 a la decena más cercana.
Mira el dígito de las unidades.

253
↑

Como el dígito de las unidades es menor que 5, el dígito de las decenas permanece igual. Escribe un cero en el dígito de la derecha. Por lo tanto, 253 se redondea a 250.

Redondea 268 a la decena más cercana.
Mira el dígito de las unidades.

268
↑

Como el dígito de las unidades es mayor que 5, el dígito de las decenas aumenta en 1. Escribe un cero en el dígito de la derecha. Por lo tanto, 268 se redondea a 270.

NS 1.4 Redondear los números hasta el 10,000 a la decena, centena y millar más proóximos. *también* **NS 1.2, MR 2.3, MR 2.4, MR 3.2**

Práctica con supervisión

1. Escribe las dos decenas entre las cuales está el número 318. Luego di cuál decena está más cerca.

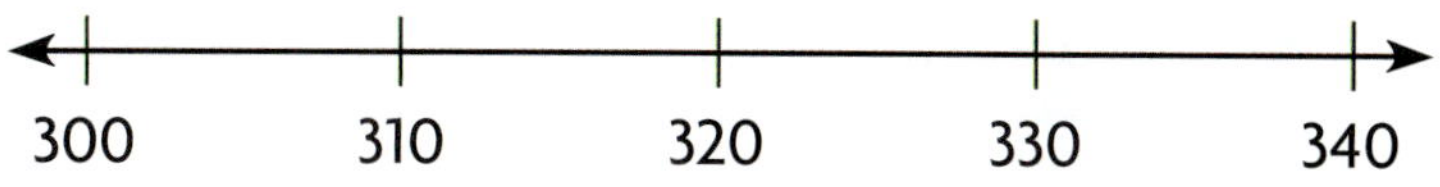

Redondea el número a la decena más cercana.

2. 364 **3.** 283 **4.** 467 **5.** 981 **6.** 736

7. COMENTA **Explica** cómo se redondea 546 a la decena más cercana.

Práctica independiente y resolución de problemas

Redondea el número a la decena más cercana.

8. 152 **9.** 576 **10.** 298 **11.** 392 **12.** 178

13. 516 **14.** 843 **15.** 609 **16.** 290 **17.** 844

USA LOS DATOS Para los ejercicios 18 a 20, usa la tabla.

18. A la decena más cercana en libras, aproximadamente, ¿cuánto pesa el marlin rayado?

19. ¿El peso récord registrado de qué pez se redondea a 220 libras?

Pesos récord registrados de peces de agua salada

Pez	Peso en libras
Marlin rayado	494
Pez vela del Pacífico	221
Atún del Pacífico	435

20. ESCRIBE **Explica** cómo redondearías el peso del atún del pacífico, en libras, a la decena más cercana.

21. **Razonamiento** Cuando los números se redondean a la decena más cercana, ¿cuál es el número menor que se redondea a 100? ¿Cuál es el número mayor?

Comprensión de los Estándares

22. Soy un número impar de 3 dígitos. La suma de mis dígitos es 17. Mi dígito de las centenas es 2 más que mi dígito de las decenas. Mi dígito de las decenas es 4. ¿Qué número soy? (NS 1.3)

23. Hay 428 estudiantes en la escuela de Bart. ¿Qué dígito en 428 está en el lugar de las decenas? (NS 1.3, pág. 6)

24. Escribe 3,708 en forma desarrollada. (NS 1.5, pág. 12)

25. **Preparación para la prueba** Redondeado a la decena más cercana, Stella tiene 520 caracoles. ¿Cuántos caracoles tendrá Stella?

A 552 **B** 531 **C** 527 **D** 522

Práctica adicional en la página 41, Grupo C

LECCIÓN 5

Redondear a la centena más cercana

OBJETIVO: Usar la recta numérica y el valor posicional para redondear números a la centena más cercana.

Repaso rápido

Redondea a la decena más cercana.

1. 28 **2.** 35
3. 104 **4.** 532
5. 697

Aprende

PROBLEMA Texas tiene 624 millas de costa. A la centena más cercana, ¿cuántas millas de costa tiene Texas?

▼ **La costa es el borde de un cuerpo de agua.**

DE UNA MANERA **Usa una recta numérica.**

Redondea 624 a la centena más cercana.

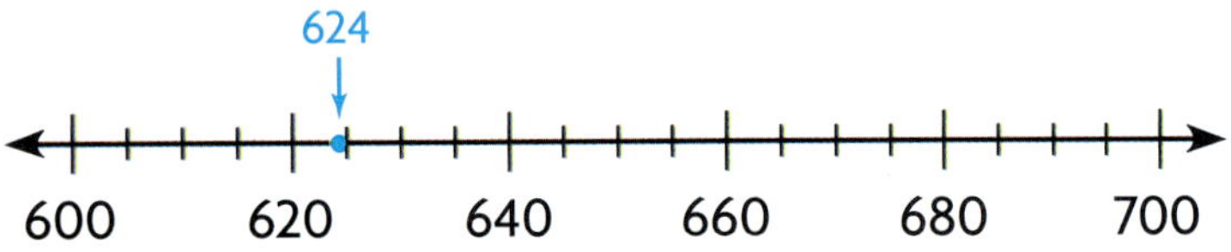

367 está más cerca de 600 que de 700.

Por lo tanto, Texas tiene aproximadamente 600 millas de costa.

DE OTRA MANERA **Usa reglas de redondeo.**

Redondea 1,356 a la centena más cercana.
Mira el dígito de las decenas.

1,356
↑

Como el dígito de las decenas es 5, el dígito de las centenas aumenta 1. Escribe un cero para cada dígito a la derecha.

Por lo tanto, 1,356 se redondea a 1,400.

Redondea 2,437 a la centena más cercana.
Mira el dígito de las decenas.

2,437
↑

Como el dígito de las decenas es menor que 5, el dígito de las centenas permanece igual. Escribe un cero para cada dígito a la derecha.

Por lo tanto, 2,437 se redondea a 2,400.

- **¿Qué pasaría si** el número que se está redondeando a la centena más cercana fuera 968? Explica cómo se redondea 968 usando reglas de redondeo.

Práctica con supervisión

1. ¿Entre qué dos centenas está 687? ¿De qué centena está más cerca?

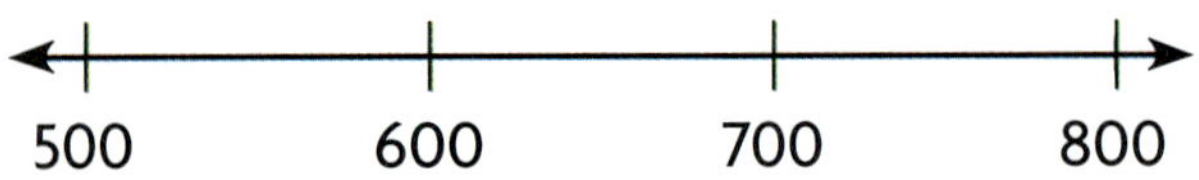

NS 1.4 Redondear los números hasta el 10,000 a la decena, centena y millar más próximos.
también **NS 1.2, MR 2.3, MR 2.4, MR 3.2**

Redondea el número a la centena más cercana.

2. 218   3. 764   4. 4,555   5. 3,366   6. 8,205

7. COMENTA **Explica** cómo se redondea 396 a la centena más cercana.

Práctica independiente y resolución de problemas

Redondea el número a la centena más cercana.

8. 473   9. 894   10. 2,637   11. 7,849   12. 518

13. 332   14. 6,652   15. 721   16. 5,361   17. 956

Álgebra **Escribe el número que falta para hacer verdadero el enunciado.**

18. 5■6 se redondea a 520. 19. ■82 se redondea a 400. 20. 3,■21 se redondea a 3,400.

USA LOS DATOS **Para los ejercicios 21, 22 y 25, usa la tabla.**

Millas de costa

Estado	Numero
Oregon	1,410
Washington	3,026
California	3,427

21. Redondeado a la centena más cercana, ¿cuántas millas de costa tiene Oregon?

22. ESCRIBE ¿Cuál es la pregunta? La respuesta es 3,400.

23. **Razonamiento** Un número de 4 dígitos tiene los digitos 2, 4, 6 y 7. El número redondeado a la centena más cercana es 7,500. ¿Cuál es el número?

24. **Razonamiento** ¿Cuál es el mayor número de 3 dígitos que puedes escribir y redondear a 600 si usas tres de los dígitos 4, 5, 6 y 8?

Comprensión de los Estándares

25. Escribe las millas de costa en orden de mayor a menor. (NS 1,2, PAG. 30)

26. ¿Cómo puedes comprobar la respuesta de este problema? 5 + 9 = 14 (Grado 2 NS 2.1)

27. Cuál es el valor de 7 en 3,764? (NS 1.3, pág. 12)

28. **Preparación para la prueba** ¿Qué número NO so redondea a 300 cuando se redondea a la centena más cercana?

A 350   **B** 325   **C** 300   **D** 284

Práctica adicional en la página 41, Grupo D

LECCIÓN 6

Redondear al millar más cercano

OBJETIVO: Usar la recta numérica y las reglas del redondeo para redondear números al millar más cercano.

Repaso rápido

Redondea a la centena más cercana.

1. 514
2. 459
3. 4,387
4. 7,428
5. 3,982

Aprende

PROBLEMA Había 2,773 personas en la pelea de almohadazos más grande del mundo en 2004. Aproximadamente al millar más cercano, ¿cuántas personas había en la pelea de almohadazos?

Redondea 2,773 al millar más cercano.

▲ La pelea de almohadazos más grande del mundo sucedió en Dodgeville, Wisconsin, en 2004

DE UNA MANERA **Usa una recta numérica.**

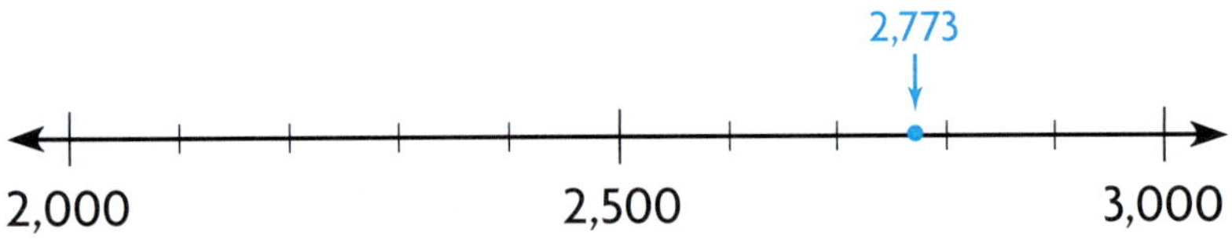

2,773 está más cerca de 3,000 que de 2,000.
2,773 se redondea a 3,000.

Por lo tanto, había aproximadamente 3,000 personas en la pelea de almohadazos.

DE OTRA MANERA **Usa las reglas del redondeo.**

Mira el dígito de las centenas.

2,773
↑

Como 7 > 5, el dígito de los millares aumenta 1.
Escribe un cero para cada dígito a la derecha.

Por lo tanto, 2,773 se redondea a 3,000.

Idea matemática
Siempre mira el dígito a la derecha del dígito que estás redondeando.

Ejemplos

A **Redondea 6,429 al millar más cercano.**
Mira el dígito de las centenas.

6,429
↑

Como el dígito de las centenas es menor que 5, el dígito de los millares permanece igual.

Por lo tanto, 6,429 se redondea a 6,000.

B **Redondea 4,591 al millar más cercano.**
Mira el dígito de las centenas.

4,591
↑

Como el dígito de las centenas es 5, el dígito de los millares aumenta 1.

Por lo tanto, 4,591 se redondea a 5,000.

NS 1.4 Redondear los números hasta el 10,000 a la decena, centena y millar más próximos. *también* **NS 1.2, MR 2.2, MR 2.3, MR 2.4, MR 3.2**

Práctica con supervisión

1. ¿Entre cuáles dos millares está 8,714? ¿A cuál millar está más cercano?

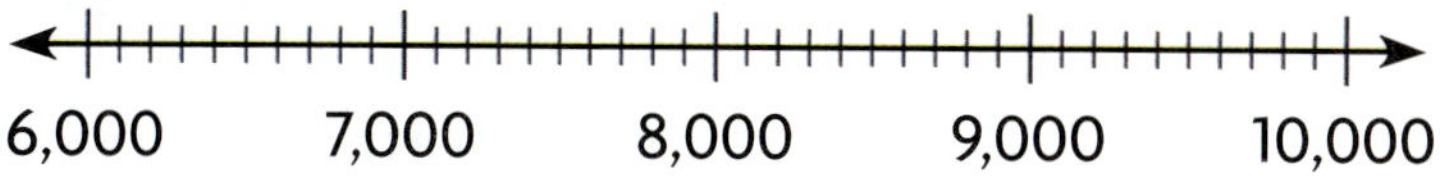

Redondea al millar más cercano.

2. 1,403 3. 5,148 4. 8,747 5. 2,501 6. 3,274

7. COMENTA **Explica** cómo redondear 4,681 al millar más cercano.

Práctica independiente y resolución de problemas

Redondea al millar más cercano.

8. 5,484 9. 8,273 10. 4,593 11. 1,935 12. 2,222

Redondea al millar más cercano, a la centena más cercana y a la decena más cercana.

13. 1,376 14. 2,632 15. 6,648 16. 7,051 17. 8,475

USA LOS DATOS **Para los ejercicios 18 y 19, usa la tabla.**

18. Al millar más cercano, ¿cuántas personas jugaron a las sillas musicales?

19. Al millar más cercano, ¿cuántas personas tuvieron una pelea de bolas de nieve?

Récords mundiales Guiness

La mayor cantidad de personas que...	
han jugado a las sillas musicales	8,238
han peleado con bolas de nieve	2,473
han bailado tap	6,952

20. ESCRIBE **¿Cuál es la pregunta?** Un total de 1,927 personas interpretaron una canción con lenguaje de señas. La respuesta es 2,000.

21. **Razonamiento** Cuando redondeas al millar más cercano, ¿cuál es el mayor número que redondeas a 6,000? ¿Cuál es el menor número?

Comprensión de los Estándares

22. ¿Cómo se escribe seis mil, doscientos ocho en forma normal? (NS 1.1, pág. 8)

23. Kevin estará de vacaciones 2 semanas. ¿Cuántos días son? (Grado 2 MG 1.4)

24. 38 + 46 = ■ (Grado 2 NS 2.2)

25. **Preparación para la prueba** ¿Cuánto es 6,871 redondeado al millar más cercano?

A 6,000 **C** 6,900

B 6,870 **D** 7,000

Práctica adicional en la página 41, Grupo E

Práctica adicional

Grupo A **Compara los números. Escribe <, > o = para cada ●.** (págs. 26 a 29)

1. 867 ● 904
2. 5,003 ● 940
3. 3,281 ● 3,281
4. 4,317 ● 4,771
5. 218 ● 218
6. 5,450 ● 5,389
7. 386 ● 386
8. 8,641 ● 8,461
9. 717 ● 771
10. 1,882 ● 1,828
11. 4,156 ● 6,514
12. 998 ● 1,002
13. Wooded Knoll, una colina cerca de San Francisco, mide 1,520 pies de altura. La colina Cardiac mide 1,360 pies de altura ¿Qué colina es más alta?
14. Martin y James reúnen tarjetas de béisbol. Martin tiene 132 tarjetas en su colección. James tiene 123 en su colección. ¿Quién tiene menos tarjetas?

Grupo B **Escribe los números en orden de mayor a menor.** (págs. 30 y 31)

1. 260, 899, 624
2. 728, 717, 731
3. 8,015; 9,317; 6,273
4. 3,956; 1,516; 3,870
5. 2,719; 3,818; 1,011
6. 8,102; 5,973; 7,318
7. 709, 789, 800
8. 204, 300, 201
9. 5,047; 5,040; 4,998

Escribe los números en orden de menor a mayor.

10. 729, 785, 734
11. 7,359; 9,420; 3,991
12. 810, 719, 914
13. 2,597; 4,605; 3,956
14. 7,315; 8,769; 2,898
15. 3,918; 1,821; 4,376
16. 4,567; 5,100; 3,988
17. 1,014; 989; 1,002
18. 7,032; 7,320; 7,203
19. En junio, un granjero vendió 1,099 libras de cerezas. Vendió 998 libras de cerezas en julio y otras 901 libras en agosto. ¿En qué mes vendió más cerezas el granjero?
20. La clase de Ryan reunió 598 monedas de 1¢ para recaudar fondos para el patio de juegos. La clase de Allen reunió 618 monedas de 1¢ y la clase de Marla reunió 600 monedas de 1¢. Ordena el número de monedas de 1¢ de menor a mayor.

CD ROM

Tecnología

Usa Harcourt Mega Math en español, Cuenta en el campo, *Harrison compara*, niveles K, L, M.

Grupo C Redondea el número a la decena más cercana. (págs. 34 y 35)

1. 867 **2.** 985 **3.** 642 **4.** 109 **5.** 759

6. 234 **7.** 456 **8.** 373 **9.** 711 **10.** 544

Grupo D Redondea el número a la centena más cercana. (págs. 36 y 37)

1. 875 **2.** 907 **3.** 189 **4.** 1,296 **5.** 7,557

6. 8,432 **7.** 562 **8.** 4,209 **9.** 6,750 **10.** 9,917

Álgebra Escribe el dígito que falta para hacer verdadero el enunciado.

11. 3■6 se redondea a 320.

12. 5,■41 se redondea a 5,900.

13. 6,■39 se redondea a 6,000.

14. La distancia conduciendo entre Sacramento, California, y Washington, D.C., es de 2,737 millas. ¿Cuál es la distancia redondeada a la centena más cercana?

15. Había 4,546 personas en el concierto de verano. A la centena más cercana, ¿cuántas personas asistieron al concierto?

Grupo E Redondea el número al millar más cercano. (págs. 38 y 39)

1. 3,333 **2.** 6,590 **3.** 4,938 **4.** 1,526 **5.** 2,712

6. 8,784 **7.** 7,447 **8.** 2,489 **9.** 5,356 **10.** 3,851

Redondea el número al millar más cercano, a la centena más cercana y a la decena más cercana.

11. 4,902 **12.** 7,938 **13.** 3,488 **14.** 8,112 **15.** 2,550

16. 5,267 **17.** 6,753 **18.** 9,004 **19.** 1,155 **20.** 4,482

21. En 2000, la población de Canyon Lake, California, era de 9,952 habitantes. ¿Cuál era la población redondeada al millar más cercano?

22. Sarah redondeó 4,046 a la centena más cercana. Leti lo redondeó a otra posición y obtuvo la misma respuesta. ¿A qué posición redondeó Leti 4,046?

Repaso/Prueba del Capítulo 2

Repasar el vocabulario y los conceptos

VOCABULARIO
comparar
ordenar
redondear

Elige el mejor término del recuadro.

1. Una manera de __?__ números es usar $<$, $>$ o $=$. (NS 1.2, pág. 26)
2. Puedes __?__ un número para hallar *aproximadamente* cuánto o qué cantidad. (NS 1.4, pág. 34)

Repasar las destrezas

Compara los números. Escribe $<$, $>$ o $=$ para cada ●. (NS 1.2, págs. 26 a 29)

3. 5,329 ● 5,498
4. 600 ● 500
5. 3,867 ● 3,867
6. 268 ● 218
7. 980 ● 890
8. 1,226 ● 1,490
9. 2,996 ● 2,696
10. 585 ● 585

Escribe los números en orden de mayor a menor. (NS 1.2, págs. 30 y 31)

11. 498, 569, 389
12. 1,267; 1,098; 1,330
13. 240, 221, 320
14. 8,780; 8,870; 8,078
15. 843, 627, 762
16. 6,636; 6,950; 5,910

Redondea al millar más cercano, a la centena más cercana y a la decena más cercana. (NS 1.4, págs. 34 a 39)

17. 8,687
18. 2,341
19. 7,924
20. 4,567
21. 1,212
22. 6,478
23. 3,633
24. 5,295
25. 9,526
26. 2,877

Repasar la resolución de problemas

Resuelve. Usa una recta numérica. (NS 1.2, AF 1.2, MR 2.3, MR 2.4, págs. 32 y 33)

27. El zoológico vendió 378 boletos el lunes, 389 boletos el martes y 369 boletos el miércoles. ¿Qué día se vendió el menor número de boletos?
28. El puesto del zoológico vendió 1,483 jugos, 1,347 batidos de fruta y 1,429 sándwiches. Ordena los números de menor a mayor.
29. **ESCRIBE** Jenny, Todd y Gene reúnen estampillas. Jenny tiene 220 estampillas, Todd tiene 216 estampillas y Gene tiene 261 estampillas. **Explica** cómo puedes hallar quién tiene la segunda mayor cantidad de estampillas.

Enriquecimiento • Percepción numérica

¿Que Número Soy?

Usa las pistas para resolver el acertijo.

1. • Soy un número impar.
   • Cuando me redondean a la decena más cercana, me redondeo hasta 60.
   • Soy mayor que 61.
   ¿Qué número soy?

2. • Soy un número impar de 4 dígitos.
   • Dos de mis dígitos son ceros.
   • Soy menor que 5,000.
   • La diferencia entre mi dígito de las unidades y mi dígito de los millares es de 7.
   ¿Qué número soy?

3. • Soy un número par.
   • Soy mayor que 5,685 y menor que 5,691.
   • Mi dígito de las unidades es menor que mi dígito de las centenas.
   ¿Qué número soy?

4. • Soy un número de 3 dígitos.
   • Mi dígito de las unidades es el doble de mi dígito de las centenas.
   • Cuando me redondean a la centena más cercana, me redondeo hasta 500.
   • Mi dígito de las decenas es menor que 6.
   ¿Qué número soy?

5. • Soy un número impar.
   • Mi dígito de las centenas es 4.
   • Mi dígito de las decenas de millar es 2 más que mi dígito de las centenas.
   • Mi dígito de los millares es 3 menos que mi dígito de las centenas.
   • Mi dígito de las decenas es el doble de mi dígito de las centenas.
   • La suma de mis dígitos es 22.
   ¿Qué número soy?

6. • Soy un número de 4 dígitos.
   • Todos mis dígitos son números pares.
   • La suma de mis dígitos de las unidades y de las decenas es 8.
   • Mis dígitos de las centenas y de las unidades son ambos 4.
   • La suma de mis dígitos es 18.
   ¿Qué número soy?

ESCRIBE Escribe un acertijo numérico. Intercambia tu acertijo con el de un compañero de la clase. **Explica** cómo resolviste el acertijo de tu compañero.

Comprensión de los Estándares
Capítulo 1 y 2

Percepción numérica

1. ¿Cómo se escribe dos mil quinientos cuatro en forma normal?
(NS 1.1, pág. 12)

   A 2,045

   B 2,054

   C 2,504

   D 2,540

2. La maestra Davis entregó 2 hojas de papel a cada estudiante del grupo. ¿Cuántas hojas de papel entregó en total a los 5 estudiantes?
(Grado 2 NS 3.3)

Estudiantes	1	2	3	4	5
Hojas de papel	2	4	6	8	■

   A 7

   B 9

   C 10

   D 12

3. **ESCRIBE** Cara tiene 187 fotos y Molly tiene 178 fotos. ¿Quién tiene más fotos? Escribe un enunciado numérico que compare el número de fotos. **Explica** cómo el valor posicional te puede ayudar a resolver el problema. (NS 1.2. pág. 26)

Álgebra y funciones

4. ¿Cuál de las siguientes opciones tiene el mismo valor que $8 + 7$?
(Grado 2 AF 1.1)

   A $7 + 15$

   B $7 + 8$

   C 8×7

   D $8 - 7$

5. ¿Qué número va en el cuadro para hacer verdadero este enunciado numérico? (Grado 2 AF 1.1)

$$17 + 4 = \blacksquare + 17$$

   A 21

   B 17

   C 13

   D 4

Pista **Busca palabras importantes.**

Lee el problema 6. Busca pistas para determinar si necesitas un enunciado de suma o un enunciado de resta.

6. **ESCRIBE** Bobby tenía 14 libros. Le regaló algunos a Susie. Ahora tiene 8. **Explica** cómo puedes escribir un enunciado numérico para hallar cuántos libros le regalo Bobby a Susie. (Grado 2 AF 1.2)

Medición y geometría

7. Mary tiene tres triángulos. ¿Qué figura se puede formar con tres triángulos? (Grado 2 MG 2.2)

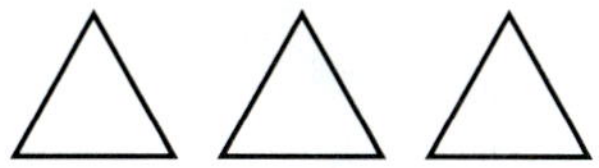

A 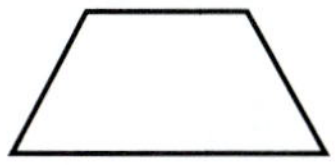

B 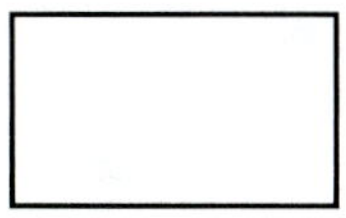

C 

D 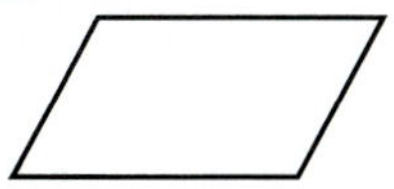

8. ¿Cuántas caras tiene un prisma rectangular? (Grado 2 MG 2.1)

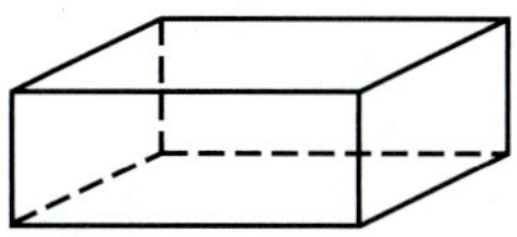

A 4

B 6

C 7

D 8

9. ESCRIBE ¿Qué cuerpo geométrico tiene más caras: una pirámide cuadrada o un cubo? **Explica** cómo lo sabes.
(Grado 2 MG 2.1)

Estadísticas, análisis de datos y probabilidad

Para los ejercicios 10 y 11, usa la gráfica Jugo favorito.

10. La clase del maestro Parker hizo una gráfica de barras para mostrar los resultados de la encuesta de su clase. ¿Qué jugo eligieron más los estudiantes? (Grado 2 SDAP 1.3)

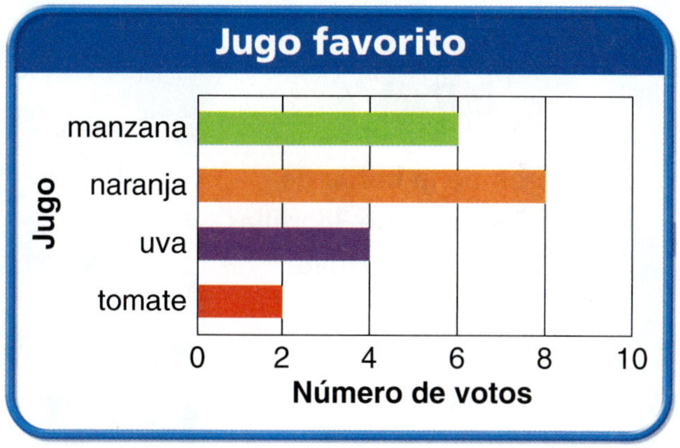

A manzana

B naranja

C uva

D tomate

11. ESCRIBE ¿Cuál es la diferencia entre el mayor número de votos y el menor número de votos? **Explica** cómo hallaste tu respuesta.
(Grado 2 SDAP 1.4)

CAPÍTULO

3 La Suma

La idea importante La suma de números de varios dígitos se basa en operaciones de suma de un solo dígito y en los conceptos de base 10 y de valor posicional.

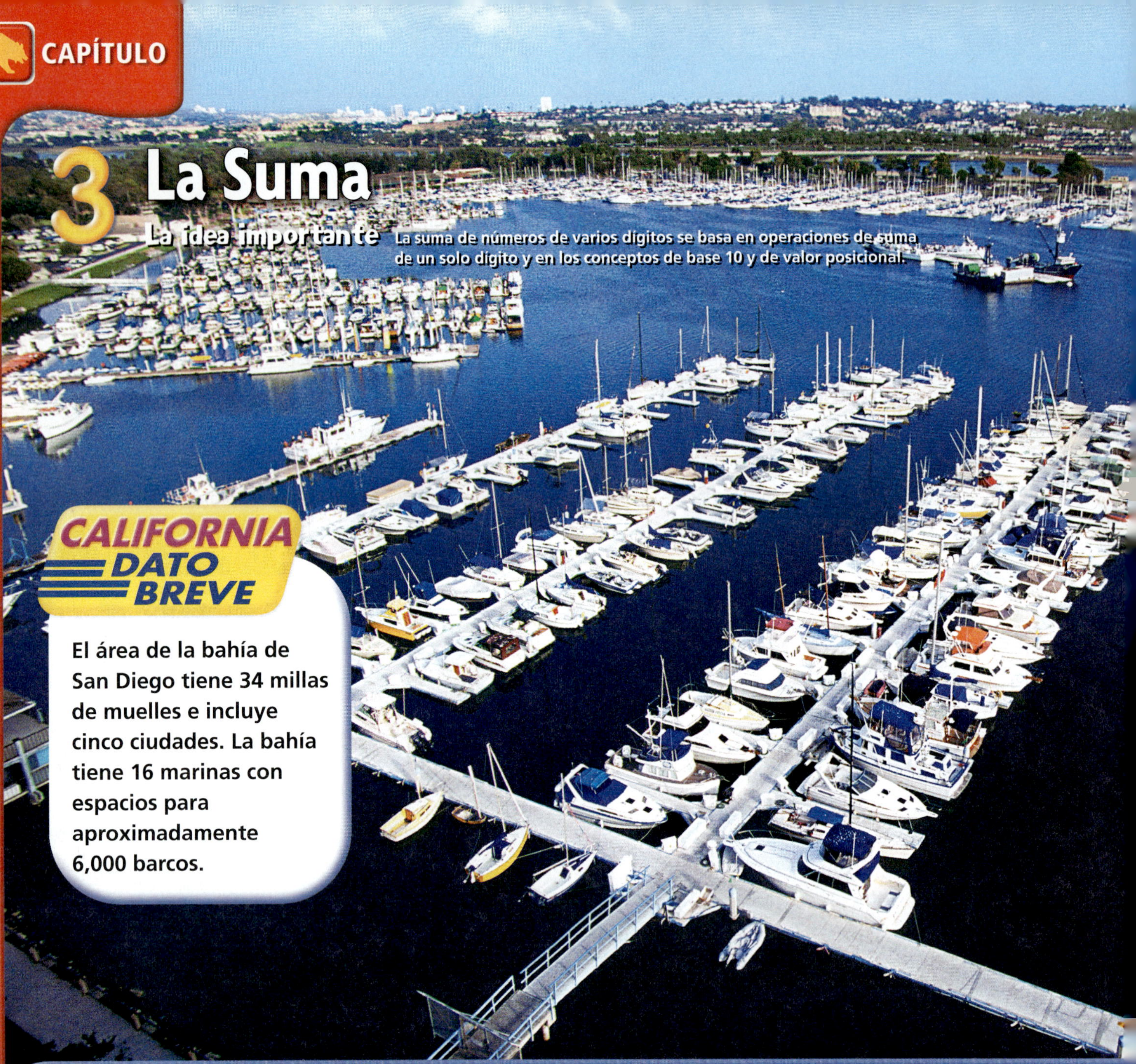

CALIFORNIA DATO BREVE

El área de la bahía de San Diego tiene 34 millas de muelles e incluye cinco ciudades. La bahía tiene 16 marinas con espacios para aproximadamente 6,000 barcos.

Investiga

Una marina tiene varios muelles para barcos. La pictografía muestra el número de barcos que hay en cada muelle. Elige tres de los muelles y di cuántos botes hay en esos tres muelles en total.

Muestra lo que sabes

Comprueba si has aprendido las destrezas importantes que se necesitan para completar exitosamente el Capítulo 3.

▶ Sumar números de 1 dígito.

Suma.

1. $\begin{array}{r} 5 \\ +2 \\ \hline \end{array}$ **2.** $\begin{array}{r} 3 \\ +7 \\ \hline \end{array}$ **3.** $\begin{array}{r} 8 \\ +6 \\ \hline \end{array}$ **4.** $\begin{array}{r} 9 \\ +4 \\ \hline \end{array}$ **5.** $\begin{array}{r} 1 \\ +8 \\ \hline \end{array}$

▶ Representar la suma de números de 2 dígitos.

Usa los modelos. Halla la suma.

6. $15 + 18 = \blacksquare$

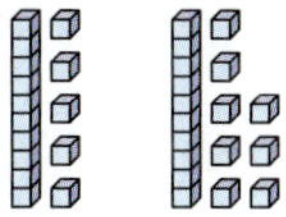

7. $27 + 31 = \blacksquare$

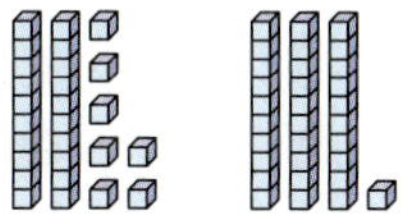

8. $45 + 19 = \blacksquare$

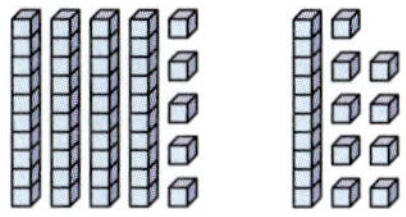

9. $50 + 24 = \blacksquare$

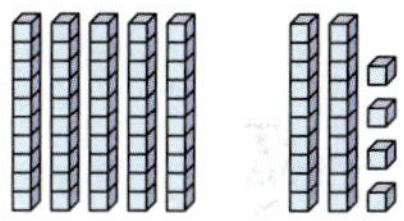

▶ Sumar números de 2 dígitos sin reagrupación.

Suma.

10. $\begin{array}{r} 14 \\ +11 \\ \hline \end{array}$ **11.** $\begin{array}{r} 32 \\ +24 \\ \hline \end{array}$ **12.** $\begin{array}{r} 27 \\ +62 \\ \hline \end{array}$ **13.** $\begin{array}{r} 48 \\ +30 \\ \hline \end{array}$ **14.** $\begin{array}{r} 34 \\ +15 \\ \hline \end{array}$

Enriquece tu vocabulario

VOCABULARIO DEL CAPÍTULO

propiedad asociativa de la suma
propiedad conmutativa de la suma
estimar
propiedad de identidad de la suma
sumando que falta
enunciado numérico

PREPARACIÓN

propiedad conmutativa de la suma La propiedad que establece que se pueden sumar dos o más números en cualquier orden y obtener la misma suma

propiedad de identidad de la suma La propiedad que establece que cuando se le suma cero a un número, el resultado es el mismo número

propiedad asociativa de la suma La propiedad que establece que aunque se agrupen los sumandos de cualquier manera, la suma seguirá siendo la misma

LECCIÓN 1

ÁLGEBRA

Propiedades de la suma

OBJETIVO: Usar las propiedades de la suma para resolver problemas.

Repaso rápido

1. 5 + 8
2. 6 + 6
3. 7 + 3
4. 8 + 7
5. 9 + 6

Vocabulario

propiedad conmutativa de la suma

propiedad de identidad de la suma

propiedad asociativa de la suma

Aprende

PROBLEMA Ana vio 9 gaviotas el lunes y 5 gaviotas el martes. ¿Cuántas gaviotas vio en total?

Propiedad conmutativa de la suma

Puedes sumar números en cualquier orden y obtener la misma suma.

9	+	5	=	14
↑		↑		↑
sumando	+	sumando	=	suma

5	+	9	=	14
↑		↑		↑
sumando	+	sumando	=	suma

Por lo tanto, 9 + 5 = 5 + 9. Ana vio 14 pájaros.

Propiedad de identidad de la suma

Ana vio 8 peces. Beth no vio ninguno. ¿Cuántos peces en total vieron las niñas?

Si sumas cero a cualquier número, el resultado es el mismo número.

8 + 0 = 8

Por lo tanto, las niñas vieron 8 peces en total.

Propiedad asociativa de la suma

Ana recogió 7 caracoles marrones, 4 caracoles blancos y 6 caracoles grises. ¿Cuántos caracoles recogió en total?

Puedes agrupar los sumandos de diferentes maneras y la suma será la misma.

$(7 + 4) + 6 = 7 + (4 + 6)$

$11 + 6 = 7 + 10$

$17 = 17$

Idea matemática
Los paréntesis ( ) muestran qué números debes sumar primero.

Por lo tanto, Ana recogió 17 caracoles en total.

NS 2.1 Hallar la suma o la diferencia de dos números enteros entre 0 y 10,000. *también* **AF 1.0, MR 2.3, MR 2.4, MR 3.2**

Práctica con supervisión

1. ¿Cuál es el total cuando sumas 0 a 6?
   6 tortugas + 0 tortugas = ■ tortugas

Halla cada suma. Nombra la propiedad usada.

2. $8 + 4 = ■$
   $4 + 8 = ■$
3. $0 + 23 = ■$
   $23 + 0 = ■$
4. $6 + 3 = ■$
   $3 + 6 = ■$
5. $(2 + 7) + 1 = ■$
   $2 + (7 + 1) = ■$

6. **COMENTA** **Explica** cómo puedes usar la propiedad asociativa de la suma para hallar $15 + 7 + 3$.

Práctica independiente y resolución de problemas

Halla cada suma. Nombra la propiedad usada.

7. $10 + 2 = ■$
   $2 + 10 = ■$
8. $1 + (16 + 4) = ■$
   $(1 + 16) + 4 = ■$
9. $6 + 0 = ■$
   $0 + 6 = ■$
10. $3 + (5 + 9) = ■$
    $(3 + 5) + 9 = ■$

Halla cada suma de dos maneras diferentes. Usa paréntesis para mostrar qué números sumaste primero.

11. $8 + 9 + 1 = ■$
12. $25 + 25 + 15 = ■$
13. $30 + 70 + 15 = ■$
14. Una pecera de agua salada tiene 2 estrellas de mar, 3 caballitos de mar y 5 peces payaso. ¿Cuántos animales en total hay en la pecera? Haz un dibujo y escribe un enunciado numérico.
15. **¿Qué pasaría si** se añadieran en la pecera 4 de cada animal? ¿Cuántos animales hay en total ahora?
16. **ESCRIBE** ¿Crees que exista una propiedad conmutativa de la resta? **Explica** por qué sí o por qué no.

Comprensión de los Estándares

17. ¿Cuánto es 759 redondeado a la centena más cercana? (NS 1.4, pág. 36)
18. Los resultados de la prueba de matemáticas de Jack son 82, 96 y 88. ¿Cuál es el rango de estos resultados? (Grado 2 SDAP 1.3)
19. En la clase de Amy, 6 niñas y 5 niños tienen ojos azules. ¿Cuántos estudiantes tienen ojos azules en total? (Grado 2 NS 2.2)
20. **Preparación para la prueba** ¿Cuál es la suma?

$$(6 + 6) + 7 = ■$$

A 12 **B** 13 **C** 19 **D** 20

Práctica adicional en la página 64, Grupo A

LECCIÓN 2

ÁLGEBRA

Sumandos que faltan

OBJETIVO: Identificar los sumandos que faltan en los enunciados de suma.

Repaso rápido

1. 4 + 7
2. 5 + 9
3. 8 + 4
4. 9 + 3
5. 7 + 6

Aprende

PROBLEMA La familia de Nick pasó el día en un parque de diversiones. Se subieron a las montañas rusas un total de 12 veces. Se subieron a las montañas rusas 7 veces antes del almuerzo. ¿Cuántas veces se subieron después del almuerzo?

DE UNA MANERA **Usa una operación de suma.**

7	+	■	=	12
↑		↑		↑
sumando veces antes del almuerzo		sumando que falta veces después del almuerzo		suma total de veces

7 + 5 = 12

DE OTRA MANERA **Usa una operación relacionada de resta.**

12	−	7	=	■
↑		↑		↑
suma total de veces		sumando veces antes del almuerzo		sumando que falta veces después del almuerzo

12 − 7 = 5

Por lo tanto, la familia de Nick se subió a las montañas rusas 5 veces después del almuerzo.

- **¿Qué pasaría si** la familia de Nick se hubiera subido a las montañas rusas 3 veces antes del almuerzo? ¿Cuántas veces se habría subido después del almuerzo?

Práctica con supervisión

1. ¿Qué operación de suma puede ayudarte a hallar 3 + ■ = 10? ¿Qué operación relacionada de resta te puede ayudar?

AF 1.2 Resolver problemas con ecuaciones o con desigualdades numéricas. *también* **NS 2.1, AF 1.1, MR 2.3, MR 2.4, MR 3.2**

Halla el sumando que falta. Puedes usar fichas.

2. $4 + \blacksquare = 12$ **3.** $\blacksquare + 6 = 6$ **4.** $8 + \blacksquare = 10$ **5.** $\blacksquare + 5 = 11$

6. **COMENTA** **Explica** cómo usar una operación de resta relacionada para hallar $8 + \blacksquare = 13$.

Práctica independiente y resolución de problemas

Halla el sumando que falta. Puedes usar fichas.

7. $6 + \blacksquare = 16$ **8.** $\blacksquare + 5 = 12$ **9.** $\blacksquare + 17 = 17 + 6$ **10.** $\blacksquare + 9 = 9$

11. $6 + \blacksquare = 20$ **12.** $19 + 12 = 12 + \blacksquare$ **13.** $5 + \blacksquare = 13$ **14.** $\blacksquare + 3 = 18$

Halla el número que falta.

15. $7 + 8 = \blacksquare$ **16.** $9 + \blacksquare = 18$ **17.** $\blacksquare + 8 = 14$ **18.** $10 + 0 = \blacksquare$

USA LOS DATOS Para los ejercicios 19 a 21, usa la tabla.

19. La tabla muestra la cantidad de comida vendida en un parque de diversiones el viernes. ¿Cuántos perros calientes y nachos más se vendieron que hamburguesas?

Comida vendida

Comida	Cantidad vendida
Hamburguesas	41
perros calientes	29
Nachos	35

20. **Formula un problema** Vuelve a leer el problema 19. Escribe un problema similar cambiando el número de artículos vendidos a números menores que 20 y cambiando la pregunta.

21. **ESCRIBE** Si la familia de Sue compró 8 perros calientes, ¿cuántos perros calientes compraron otras personas? **Explica** cómo lo sabes.

Comprensión de los Estándares

22. ¿Cuánto es 64 redondeado a la decena más cercana? (NS 1.4, pág. 34)

23. Dan atrapó 12 pelotas de béisbol. Jim no atrapó ninguna. ¿Qué propiedad de la suma muestra este ejemplo?
$12 + 0 = 12$ (AF 1.0, pág. 48)

24. ¿Cómo se escribe ocho mil trescientos cuatro en forma normal? (NS 1.1, pág. 8)

25. **Preparación para la prueba** ¿Qué sumando falta?

$12 + \blacksquare = 17$?

A 3 **B** 4 **C** 5 **D** 6

Práctica adicional en la página 64, Grupo B

LECCIÓN 3

Estimar sumas

OBJETIVO: Estimar sumas de números de 2, 3 y 4 dígitos usando el redondeo.

Repaso rápido

Redondea cada número al valor posicional mayor.

1. 37 **2.** 96
3. 623 **4.** 809
5. 2,174

Vocabulario

estimar

Aprende

PROBLEMA Una semana, un grupo de pescadores pescó 255 peces. La semana siguiente, el grupo pescó 121 peces. Aproximadamente, ¿cuántos peces pescaron los pescadores en las dos semanas?

Para hallar *aproximadamente* cuántos, puedes **estimar**.

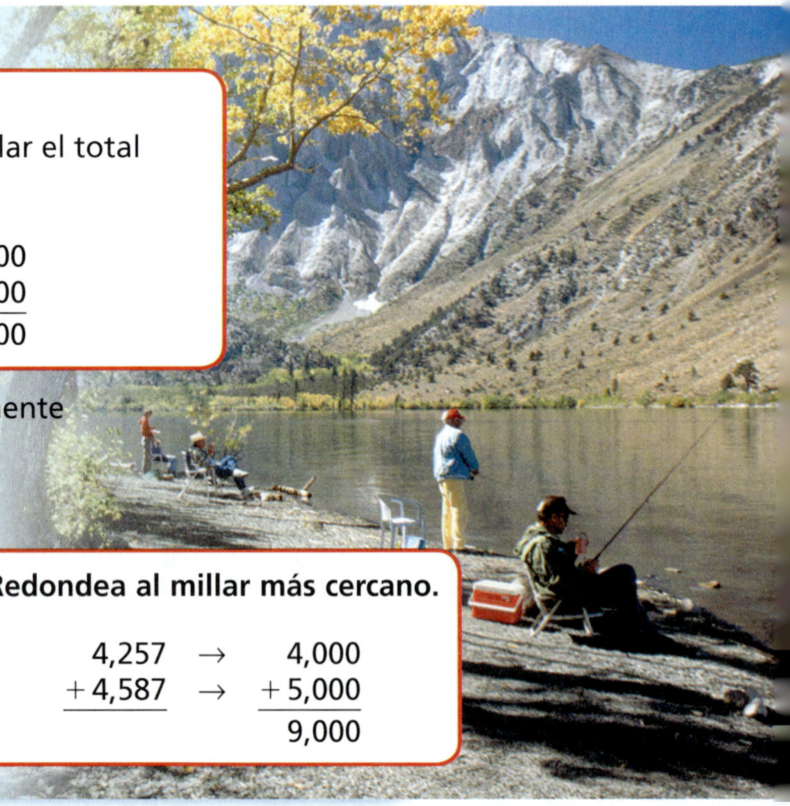

Ejemplo **Estima.** 255 + 121

Paso 1

Redondea cada número a la centena más cercana.

$$\begin{array}{r} 255 \\ +121 \\ \hline \end{array} \rightarrow \begin{array}{r} 300 \\ +100 \\ \hline \end{array}$$

Paso 2

Suma para hallar el total estimado.

$$\begin{array}{r} 300 \\ +100 \\ \hline 400 \end{array}$$

Por lo tanto, los pescadores pescaron aproximadamente 400 peces.

Más ejemplos

A **Redondea a la decena más cercana.**

$$\begin{array}{r} 129 \\ +\ 78 \\ \hline \end{array} \rightarrow \begin{array}{r} 130 \\ +\ 80 \\ \hline 210 \end{array}$$

B **Redondea al millar más cercano.**

$$\begin{array}{r} 4{,}257 \\ +4{,}587 \\ \hline \end{array} \rightarrow \begin{array}{r} 4{,}000 \\ +5{,}000 \\ \hline 9{,}000 \end{array}$$

Práctica con supervisión

1. Redondea 24 y 88 a la decena más cercana. Después estima su suma.

Estima cada suma.

2. $\begin{array}{r} 32 \\ +49 \\ \hline \end{array}$ **3.** $\begin{array}{r} 101 \\ +\ 72 \\ \hline \end{array}$ ✓**4.** $\begin{array}{r} 363 \\ +129 \\ \hline \end{array}$ ✓**5.** $\begin{array}{r} 2{,}617 \\ +4{,}251 \\ \hline \end{array}$

6. COMENTA **Explica** cómo estimarías 5,136 + 1,188.

NS 1.4 Redondear los números hasta el 10,000 a la decena, centena y millar más próximos. *también* **NS 1.0, NS 1.3, NS 2.1, MR 2.3, MR 2.4, MR 3.2**

Práctica independiente y resolución de problemas

Estima cada total.

7. $\begin{array}{r} 37 \\ +12 \\ \hline \end{array}$ **8.** $\begin{array}{r} 22 \\ +29 \\ \hline \end{array}$ **9.** $\begin{array}{r} 83 \\ +18 \\ \hline \end{array}$ **10.** $\begin{array}{r} 24 \\ +65 \\ \hline \end{array}$

11. $\begin{array}{r} 113 \\ +\ 29 \\ \hline \end{array}$ **12.** $\begin{array}{r} 425 \\ +260 \\ \hline \end{array}$ **13.** $\begin{array}{r} 392 \\ +417 \\ \hline \end{array}$ **14.** $\begin{array}{r} 607 \\ +\ 84 \\ \hline \end{array}$

15. $\begin{array}{r} 295 \\ +\ 32 \\ \hline \end{array}$ **16.** $\begin{array}{r} 780 \\ +322 \\ \hline \end{array}$ **17.** $\begin{array}{r} 2{,}458 \\ +1{,}982 \\ \hline \end{array}$ **18.** $\begin{array}{r} 1{,}360 \\ +3{,}622 \\ \hline \end{array}$

19. $\begin{array}{r} 3{,}420 \\ +5{,}908 \\ \hline \end{array}$ **20.** $\begin{array}{r} 3{,}567 \\ +1{,}990 \\ \hline \end{array}$ **21.** $\begin{array}{r} 5{,}800 \\ +1{,}192 \\ \hline \end{array}$ **22.** $\begin{array}{r} 8{,}844 \\ +\ 363 \\ \hline \end{array}$

USA LOS DATOS **Para los ejercicios 23 a 26, usa la tabla.**

Orillas de los lagos de California

Lago	Distancia en millas
Lago Oroville	167
Lago Tahoe	72
Lago Trinity	145
Lago Shasta	370

23. Usa la estimación para determinar cuál es mayor: la distancia alrededor del lago Shasta y del lago Tahoe o la distancia alrededor del lago Oroville y del lago Trinity.

24. **Razonamiento** Si recorrieras la orilla del lago Tahoe dos veces, ¿esa distancia sería aproximadamente la misma que recorrer una vez la orilla del lago Trinity? **Explica**.

25. ***DATO BREVE*** El lago Tahoe es el más grande de California. Estima la suma de las orillas del lago Tahoe y del lago Oroville.

26. **ESCRIBE** **¿Cuál es la pregunta?** Leah estimó la suma de las orillas de dos lagos. La respuesta es 500 millas.

Comprensión de los Estándares

27. ¿Qué figura tiene 6 lados? (Grado 2 MG 2.1)

28. Nelly tenía 20 caracoles. Su amiga le regaló 14 caracoles más. ¿Cuántos caracoles tiene Nelly ahora? (Grado 2 NS 2.2)

29. $250 + 100 =$ (Grado 2 NS 2.2)

30. ¿Qué número hace verdadero a este enunciado numérico? (AF 1.2, pág. 50)

$$6 + \blacksquare = 13$$

31. **Preparación para la prueba** ¿Cuál es una suma estimada de 732 + 470?

A 1,000 **C** 1,300

B 1,200 **D** 1,400

Práctica adicional en la página 64, Grupo C

LECCIÓN 4

Sumar con reagrupación

OBJETIVO: Sumar números de 2 dígitos con y sin reagrupación.

Repaso rápido

1. $6 + 8$
2. $8 + 9$
3. $7 + 7$
4. $8 + 4$
5. $6 + 4 + 5$

Aprende

PROBLEMA Shannon recogió 29 manzanas rojas en el huerto. Katrina recogió 57 manzanas verdes. ¿Cuántas manzanas recogieron en total Shannon y Katrina?

Ejemplo 1 **Suma.** 29 + 57 **Estima.** 30 + 60 = 90

DE UNA MANERA **Usa el valor posicional.**

Paso 1

Suma las unidades.
9 + 7 = 16 unidades
Reagrupa 16 unidades
como 1 decena 6 unidades.

$$\begin{array}{r} {}^{1} \\ 29 \\ +\,57 \\ \hline 6 \end{array}$$

Paso 2

Suma las decenas.
1 + 2 + 5 = 8 decenas

$$\begin{array}{r} {}^{1} \\ 29 \\ +\,57 \\ \hline 86 \end{array}$$

DE OTRA MANERA **Usa el cálculo mental.**

	Suma las decenas.	Suma las unidades.	Suma los totales.
$\begin{array}{r} 29 \\ +\,57 \\ \hline \end{array}$	$\begin{array}{r} 20 \\ +\,50 \\ \hline 70 \end{array}$	$\begin{array}{r} 9 \\ +\,7 \\ \hline 16 \end{array}$	$\begin{array}{r} 70 \\ +\,16 \\ \hline 86 \end{array}$

Por lo tanto, Shannon y Katrina recogieron 86 manzanas en total. Como 86 está cerca de la estimación de 90, la respuesta es razonable.

Algunas veces cuando sumas 3 sumandos, puedes formar una decena.

ADVERTENCIA

Recuerda sumar la decena reagrupada.

Ejemplo 2 **Suma.** 35 + 26 + 54

Paso 1

Suma las unidades.
5 + 6 + 4 = 15 unidades
Reagrupa 15 unidades
como 1 decena 5 unidades.

$$\begin{array}{r} {}^{1} \\ 35 \\ 26 \\ +\,54 \\ \hline 5 \end{array}$$

Forma una decena.

Paso 2

Suma las decenas.
1 + 3 + 2 + 5 = 11 decenas
Reagrupa 11 decenas
como 1 centena 1 decena.

$$\begin{array}{r} {}^{1} \\ 35 \\ 26 \\ +\,54 \\ \hline 115 \end{array}$$

- ¿Cómo puedes usar el cálculo mental para hallar 43 + 22 + 18?

NS 2.1 Hallar la suma o la diferencia de dos números enteros entre 0 y 10,000. *también* **MR 2.1, MR 2.3, MR 2.4, MR 3.2**

Práctica con supervisión

1. Halla 45 + 68 usando el cálculo mental. Completa estos enunciados numéricos.

$\begin{array}{r} 45 \\ +\,68 \\ \hline \end{array}$ 40 + 60 = ■
5 + ■ = 13

Estima. Luego halla cada suma usando el valor posicional o el cálculo mental.

2. $\begin{array}{r} 17 \\ +\,54 \\ \hline \end{array}$ **3.** $\begin{array}{r} 22 \\ 48 \\ +\,13 \\ \hline \end{array}$ **4.** $\begin{array}{r} 84 \\ +\,35 \\ \hline \end{array}$ ✓**5.** $\begin{array}{r} 24 \\ +\,39 \\ \hline \end{array}$ ✓**6.** $\begin{array}{r} 47 \\ 23 \\ +\,28 \\ \hline \end{array}$

7. COMENTA **Explica** cómo usarías el valor posicional para hallar 56 + 19 + 31.

Práctica independiente y resolución de problemas

Estima. Luego halla cada suma usando el valor posicional o el cálculo mental.

8. $\begin{array}{r} 98 \\ +\,36 \\ \hline \end{array}$ **9.** $\begin{array}{r} 19 \\ +\,42 \\ \hline \end{array}$ **10.** $\begin{array}{r} 53 \\ +\,29 \\ \hline \end{array}$ **11.** $\begin{array}{r} 16 \\ 12 \\ +\,28 \\ \hline \end{array}$ **12.** $\begin{array}{r} 33 \\ 10 \\ +\,85 \\ \hline \end{array}$

13. 66 + 35 = ■ **14.** 21 + 46 = ■ **15.** 18 + 18 = ■ **16.** 21 + 37 + 19 = ■

Para los ejercicios 17 a 19, usa el dibujo.

17. Para la fiesta de la clase, Carlos compró 2 galones de jugo de manzana. ¿Cuántas tazas puede llenar?

18. Kate compró 2 docenas de manzanas para la fiesta de la clase. Sólo se comieron 22 manzanas. ¿Cuántas manzanas quedaron?

19. ESCRIBE Sarah compró 3 docenas de manzanas para hacer salsa de manzana. ¿Cuántas manzanas compró Sarah? **Explica** cómo lo sabes.

Comprensión de los Estándares

20. Estima el total 314 + 268 = ■
(NS 1.4, pág. 52)

21. Kyle dividió un cuadrado. ¿Qué figuras formó?
(Grado 2 MG 2.2)

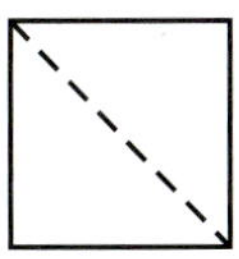

22. ¿Cuánto es 2,000 + 60 escrito en forma normal? (NS 1.3, pág. 8)

23. **Preparación para la prueba**

56 + 41 + 73 = ■

A 160 **B** 161 **C** 170 **D** 171

Práctica adicional en la página 64, Grupo D

LECCIÓN MANOS A LA OBRA

5 Representar la suma de 3 dígitos

OBJETIVO: Explorar la suma de números de 3 dígitos con y sin reagrupación.

Repaso rápido

Reagrupa.

1. 10 unidades = ■ decenas 0 unidades
2. 17 unidades = 1 decena ■ unidades
3. ■ unidades = 1 decena 4 unidades
4. 12 decenas = ■ centena 2 decenas
5. 19 decenas = 1 centena ■ decenas

Investigar

Materiales ■ bloques de base diez

Puedes usar bloques de base diez para ayudarte a sumar números.

A Haz un modelo de los números 246 y 175.

Usa tu modelo para hallar la suma de 246 y 175.
Suma las unidades, decenas y centenas.
Reagrupa los bloques cuando sea necesario.

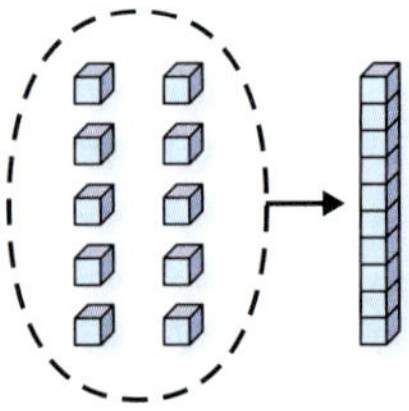

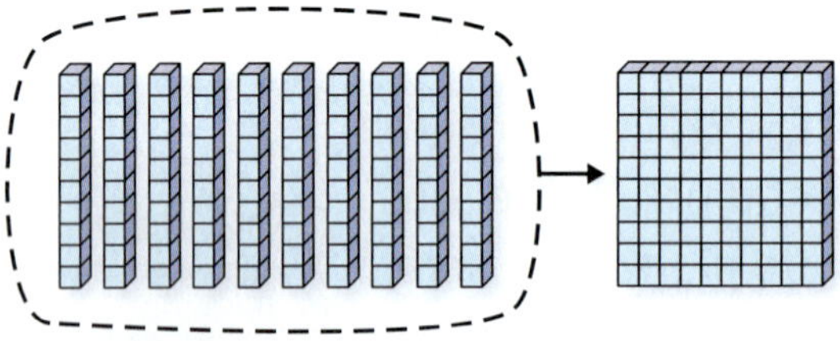

B Haz un dibujo para mostrar la suma.
Registra tu respuesta.

Sacar conclusiones

1. Explica cómo te ayudó tu modelo a hallar el total.
2. ¿Cuándo necesitas reagrupar?
3. **Análisis** ¿Puede la suma de dos números de 3 dígitos ser igual a un número de 4 dígitos? Explica. Da un ejemplo.

NS 2.1 Hallar la suma o la diferencia de dos números enteros entre 0 y 10,000. *también* MR 2.0, MR 2.3, MR 2.4, MR 3.2

Relacionar

Ésta es una manera de registrar la suma.

Para sumar 138 y 267, primero alinea las centenas, decenas y unidades.

$$\begin{array}{rrr} C & D & U \\ 1 & 3 & 8 \\ +2 & 6 & 7 \\ \hline \end{array}$$

Paso 1

Suma las unidades.
8 + 7 = 15 unidades
Reagrupa. 15 unidades = 1 decena 5 unidades

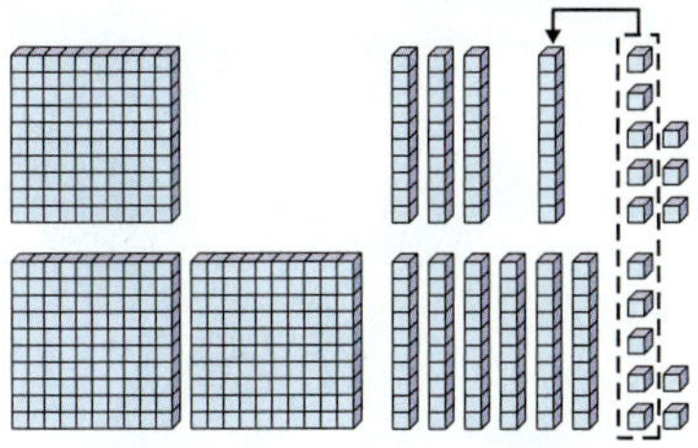

$$\begin{array}{r} ^{1} \\ 138 \\ +267 \\ \hline 5 \end{array}$$

Paso 2

Suma las decenas.
1 + 3 + 6 = 10 decenas
Reagrupa. 10 decenas = 1 centena 0 decenas

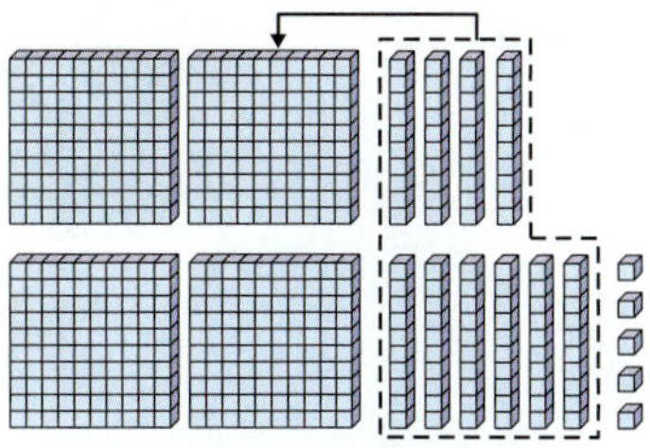

$$\begin{array}{r} ^{1\,1} \\ 138 \\ +267 \\ \hline 05 \end{array}$$

Paso 3

Suma las centenas.
1 + 1 + 2 = 4 centenas

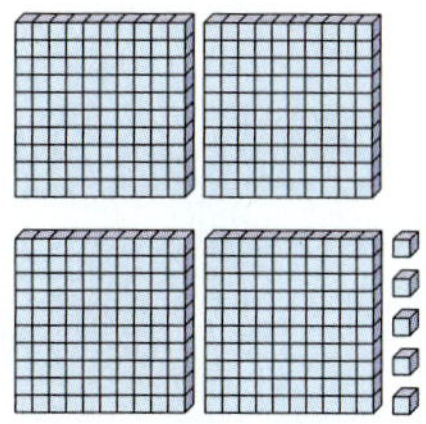

$$\begin{array}{r} ^{1\,1} \\ 138 \\ +267 \\ \hline 405 \end{array}$$

Por lo tanto, 138 + 267 = 405.

COMENTA **Explica** cómo hallar la suma de 485 y 429. Di si necesitas reagrupar.

Practicar

Usa bloques de base diez para hallar cada suma.

1. 511 + 253 = ■
2. 183 + 214 = ■
3. 455 + 346 = ■
4. 268 + 258 = ■
5. 123 + 155 = ■
6. 352 + 191 = ■

Halla cada suma.

7. $\begin{array}{r} 434 \\ +517 \\ \hline \end{array}$ 8. $\begin{array}{r} 185 \\ +309 \\ \hline \end{array}$ 9. $\begin{array}{r} 594 \\ +156 \\ \hline \end{array}$ 10. $\begin{array}{r} 233 \\ +128 \\ \hline \end{array}$ 11. $\begin{array}{r} 457 \\ +465 \\ \hline \end{array}$

12. $\begin{array}{r} 193 \\ +796 \\ \hline \end{array}$ 13. $\begin{array}{r} 216 \\ +261 \\ \hline \end{array}$ 14. $\begin{array}{r} 377 \\ +140 \\ \hline \end{array}$ 15. $\begin{array}{r} 615 \\ +284 \\ \hline \end{array}$ 16. $\begin{array}{r} 545 \\ +389 \\ \hline \end{array}$

17. **Razonamiento** ¿Será la suma de 625 y 718 mayor o menor que 1,000? ¿Cómo lo sabes?

18. **ESCRIBE** **Explica** cómo usar bloques de base diez para representar 182 + 376. ¿Cuál es el total?

CD ROM Tecnología
Usa Harcourt Mega Math en español, Cuenta en el campo, *Cuentabloques*, niveles U, V.

LECCIÓN 6

Sumar números de 3 y 4 dígitos

OBJETIVO: Sumar números de 3 y 4 dígitos con y sin reagrupación.

Repaso rápido

1. 12 + 14 **2.** 13 + 18
3. 20 + 35 **4.** 36 + 17
5. 68 + 29

Aprende

PROBLEMA Mia está planeando un viaje a Los Angeles, California. Su avión sale de la cuidad de New York y se detiene en Salt Lake City, Utah. Después vuela de Salt Lake City a Los Angeles. ¿Cuál es la distancia total que recorre Mia en su viaje?

Ejemplo **Suma.** 1,972 + 579 **Estima.** 2,000 + 600 = 2,600

Paso 1

Suma las unidades.
Reagrupa.
11 unidades =
1 decena 1 unidad

$$\begin{array}{r} {\scriptstyle 1} \\ 1{,}972 \\ +\ \ 579 \\ \hline 1 \end{array}$$

Paso 2

Suma las decenas.
Reagrupa.
15 decenas =
1 centenas
5 decenas

$$\begin{array}{r} {\scriptstyle 1\,1} \\ 1{,}972 \\ +\ \ 579 \\ \hline 51 \end{array}$$

Paso 3

Suma las centenas.
Reagrupa.
15 centenas =
1 millare
5 centenas

$$\begin{array}{r} {\scriptstyle 1\ 1\,1} \\ 1{,}972 \\ +\ \ 579 \\ \hline 551 \end{array}$$

Paso 4

Suma los millares.

$$\begin{array}{r} {\scriptstyle 1\ 1\,1} \\ 1{,}972 \\ +\ \ 579 \\ \hline 2{,}551 \end{array}$$

Por lo tanto, las distancia total del viaje de Mia es 2,551 millas.

Más ejemplos

A Con reagrupación

$$\begin{array}{r} {\scriptstyle 1} \\ 436 \\ +182 \\ \hline 618 \end{array}$$

B Sin reagrupación

$$\begin{array}{r} 5{,}242 \\ +654 \\ \hline 5{,}896 \end{array}$$

C Con reagrupación

$$\begin{array}{r} {\scriptstyle 1\ 1\,1} \\ 2{,}764 \\ +6{,}648 \\ \hline 9{,}412 \end{array}$$

NS 2.1 Hallar la suma o la diferencia de dos números enteros entre 0 y 10,000. *también* **MR 2.1, MR 2.3, MR 2.4, MR 3.2**

Práctica con supervisión

1. Copia el problema de la derecha. ¿Tienes que reagrupar? Halla la suma.

$$\begin{array}{r} 534 \\ +319 \\ \hline \end{array}$$

Estima. Después halla cada suma.

2. $\begin{array}{r} 604 \\ +263 \\ \hline \end{array}$

3. $\begin{array}{r} 532 \\ +419 \\ \hline \end{array}$

4. $\begin{array}{r} 3,163 \\ +3,644 \\ \hline \end{array}$

✓5. $\begin{array}{r} 2,833 \\ +\ \ 175 \\ \hline \end{array}$

✓6. $\begin{array}{r} 1,825 \\ +4,617 \\ \hline \end{array}$

7. **COMENTA** **Explica** cómo usar el valor posicional para sumar 1,258 y 1,376.

Práctica independiente y resolución de problemas

Estima. Después halla cada suma.

8. $\begin{array}{r} 479 \\ +352 \\ \hline \end{array}$

9. $\begin{array}{r} 241 \\ +325 \\ \hline \end{array}$

10. $\begin{array}{r} 5,963 \\ +\ \ 778 \\ \hline \end{array}$

11. $\begin{array}{r} 2,071 \\ +1,985 \\ \hline \end{array}$

12. $\begin{array}{r} 3,729 \\ +4,541 \\ \hline \end{array}$

13. 643 + 167 = ■

14. 469 + 860 = ■

15. 9,514 + 2,858 = ■

USA LOS DATOS **Para los ejercicios 16 y 17, usa la tabla.**

16. La señora Sloan vuela de Boston a Washington, D.C. Luego, vuela de Washington, D.C. a Atlanta. Vuela la misma distancia para regresar a su casa. ¿Cuál es la distancia total que vuela?

17. **ESCRIBE** **¿Cuál es el error?** Un avión vuela de Philadelphia a Chicago y después a las Vegas. Keith dice que la distancia total del vuelo es de 1,191 millas. Describe su error. Halla la distancia correcta.

Distancias de vuelo entre ciudades

Ciudades	Distancia en millas
De Boston a Washington, D.C.	394
De Washington, D.C. a Atlanta	541
De Philadelphia a Chicago	665
De Chicago a Las Vegas	1,526

Comprensión de los Estándares

18. ¿Cuál es la moda? (Grado 2 SDAP 1.3)

4, 3, 9, 6, 3, 2, 8

19. Escribe <, > o = para comparar. (NS 1.2, pág. 26)

2,178 ● 2,187

20. 14 − 8 = (Grado 2 O‑n NS 2.2)

21. **Preparación para la prueba**
3,579 + 453 = ■

A 4,032
B 3,932
C 3,922
D 3,126

Práctica adicional en la página 64, Grupo E

LECCIÓN 7

Taller de resolución de problemas
Estrategia: Predecir y probar

OBJETIVO: Resolver problemas usando la destreza *predecir y probar.*

Aprende la estrategia

A veces la mejor manera de resolver un problema es predecir y probar. Después de leer el problema, predices cuál podría ser la respuesta. Luego usas la información en el problema para probar, si tu respuesta es demasiado baja, demasiado alta o es correcta.

Predice y prueba para hallar números cuya suma es 39.

Tres números en una hilera suman 39. ¿Cuáles son los números?

Predice	Prueba	Notas
9, 10, 11	9 + 10 + 11 = 30	demasiado bajo
13, 14, 15	13 + 14 + 15 = 42	demasiado alto
12, 13, 14	12 + 13 + 14 = 39	correcto

Predice y prueba para hallar el número de libros que tiene cada niño.

Mark tiene 3 libros más que Chad. Entre los dos tienen 25 libros. ¿Cuántos libros tiene cada niño?

Predice: 12 y 9 Prueba: 12 + 9 = 21 demasiado bajo	Predice: 16 y 13 Prueba: 16 + 13 = 29 demasiado alto	Predice: 14 y 11 Prueba: 14 + 11 = 25 correcto

Predice y prueba para hallar la cantidad de tiempo dedicado a cada actividad.

Melanie pasa 60 minutos leyendo y haciendo ejercicio. Hace ejercicio 10 minutos más de lo que lee. ¿Cuánto tiempo pasa Melanie haciendo cada actividad?

Predice		Prueba	
Lee	Hace ejercicio	Total	Notas
30	30 + 10 = 40	30+40=70	demasiado alto
20	20 + 10 = 30	20+30=50	demasiado bajo
25	25 + 10 = 35	25+35=60	correcto

COMENTA

Explica cómo puedes usar los resultados de una predicción para hacer otra predicción.

NS 2.1 Hallar la suma o la diferencia de dos números enteros entre 0 y 10,000. *también* MR 1.0, MR 2.0, MR 2.3, MR 2.4, MR 2.6, MR 3.0, MR 3.1, MR 3.2, MR 3.3

Usa la estrategia

PROBLEMA Jacob y Gabe juegan en diferentes equipos de fútbol americano. El equipo de Jacob anotó 7 puntos más que el equipo de Gabe. Se anotaron en total 35 puntos en el partido. ¿Cuántos puntos anotó cada equipo?

Lee para entender
Planea
Resuelve
Comprueba

Lee para entender

Destreza de lectura

- **Usa recursos visuales para organizar tus predicciones y probar los resultados.**
- **¿Qué información te proporcionan?**
- **¿Hay información que no usarás? Si es así, ¿cuál es?**

Planea

- **¿Qué estrategia puedes usar para resolver el problema?**
  Puedes predecir y probar como ayuda para resolver el problema.

Resuelve

- **¿Cómo puedes usar la estrategia para resolver el problema?**

Haz una tabla para organizar tus predicciones y probar los resultados.

Predice el número de puntos anotados por el equipo de Gabe. Suma 7 a ese número para hallar los puntos anotados por el equipo de Jacob. Luego prueba para ver si la suma de los números es 35.

Predice		Prueba	
Equipo de Gabe	Equipo de Jacob	Total	Notas
11	11 + 7 = 18	11 + 18 = 29	demasiado bajo
16	16 + 7 = 23	16 + 23 = 39	demasiado alto
14	14 + 7 = 21	14 + 21 = 35	correcto

Por lo tanto, el equipo de Gabe anotó 14 puntos y el equipo de Jacob anotó 21 puntos.

Comprueba

- **¿Cómo sabes que tu respuesta es correcta?**

Resolución de problemas con supervisión

Lee para entender
Planea
Resuelve
Comprueba

1. Cincuenta niños se inscribieron en la liga de básquetbol juvenil. Había 20 niños más que niñas. ¿Cuántas niñas y cuántos niños se inscribieron en la liga de básquetbol?

Primero, predice el número de niñas.

Después, suma 20 a ese número para hallar el número de niños.

Por último, prueba para ver si la suma es 50. Si la suma no es 50, prueba otros números.

Predice		Prueba	
Niñas	Niños	Total	Notas
20	20 + 20 = 40	20 + 40 = 60	demasiado alto
10	10 + 20 =		

2. **¿Qué pasaría si** 72 niños se inscribieran en la liga y aún hubiera 20 niños más que niñas? ¿Cuántas niñas y cuántos niños habría inscritos?

3. En una encuesta, se pidió a 100 estudiantes que eligieran entre natación o fútbol como su deporte favorito. De ellos, 14 más eligieron fútbol que natación. ¿Cuántos estudiantes eligieron fútbol?

Resolución de problemas • Práctica de estrategias

Predice y prueba para resolver.

4. Se vendieron 200 boletos para un juego de voleibol. Se vendieron 70 boletos más de estudiantes que de adultos. ¿Cuántos boletos de cada tipo se vendieron?

5. La cafetería en el campo de fútbol tiene 500 tazas. Hay 80 tazas pequeñas más que tazas grandes. ¿Cuántas tazas pequeñas hay?

6. La liga de softball juvenil ordenó 48 camisetas en dos colores. Había 10 camisetas rojas menos que azules. ¿Cuántas de cada color ordenó?

7. ESCRIBE Durante la práctica de básquetbol, Jacob intentó 40 tiros libres. Anotó 6 más de los que falló. ¿Cuántos tiros libres anotó Jacob? **Explica** cómo lo sabes.

Práctica de estrategias mixtas

USA LOS DATOS Para los ejercicios 8 a 10, usa la gráfica.

8. Para el partido 1, el número de aficionados del equipo local fue 200 más que el número de aficionados del equipo visitante. ¿Cuántos aficionados visitantes hubo en el partido 1?

9. El entrenador dijo que el número de aficionados en el partido 2 fue 235 menos de lo que esperaba. ¿Cuántos aficionados esperaba el entrenador en el partido 2?

10. **Formula un problema** Vuelve a leer el problema 9. Escribe un problema parecido cambiando el número de aficionados que espera el entrenador a un número mayor que 300.

11. **Problema abierto** En el partido 3, cada aficionado recibió un número de 3 dígitos para participar en una rifa. El número de Justin tenía tres dígitos pares. El dígito en el lugar de las decenas era mayor que el dígito en el lugar de las unidades. El dígito en el lugar de las centenas era mayor que el dígito en el lugar de las decenas. ¿Qué número podría haber tenido Justin?

ESFUÉRZATE

En los primeros tres partidos de la temporada, Sam anotó 23, 18 y 26 puntos.

12. En el partido 4, Sam anotó 5 puntos más de los que anotó en los primeros tres partidos. Anotó menos de 94 puntos en total en los primeros cuatro juegos. ¿Cuántos puntos anotó en el partido 4?

13. Sam anotó más de 100 puntos en los primeros 5 partidos. Anotó el mismo número de puntos en los partidos 4 y 5. ¿Cuál es el menor número de puntos que pudo haber anotado en el partido 5?

ELIGE UNA ESTRATEGIA

- Hacer un diagrama o dibujo
- Hacer un modelo o una dramatización
- Hacer una lista organizada
- Buscar un patrón
- Hacer una tabla o gráfica
- Predecir y probar
- Trabajar desde el final hasta el principio
- Resolver un problema más sencillo
- Escribir una ecuación
- Usar el razonamiento lógico

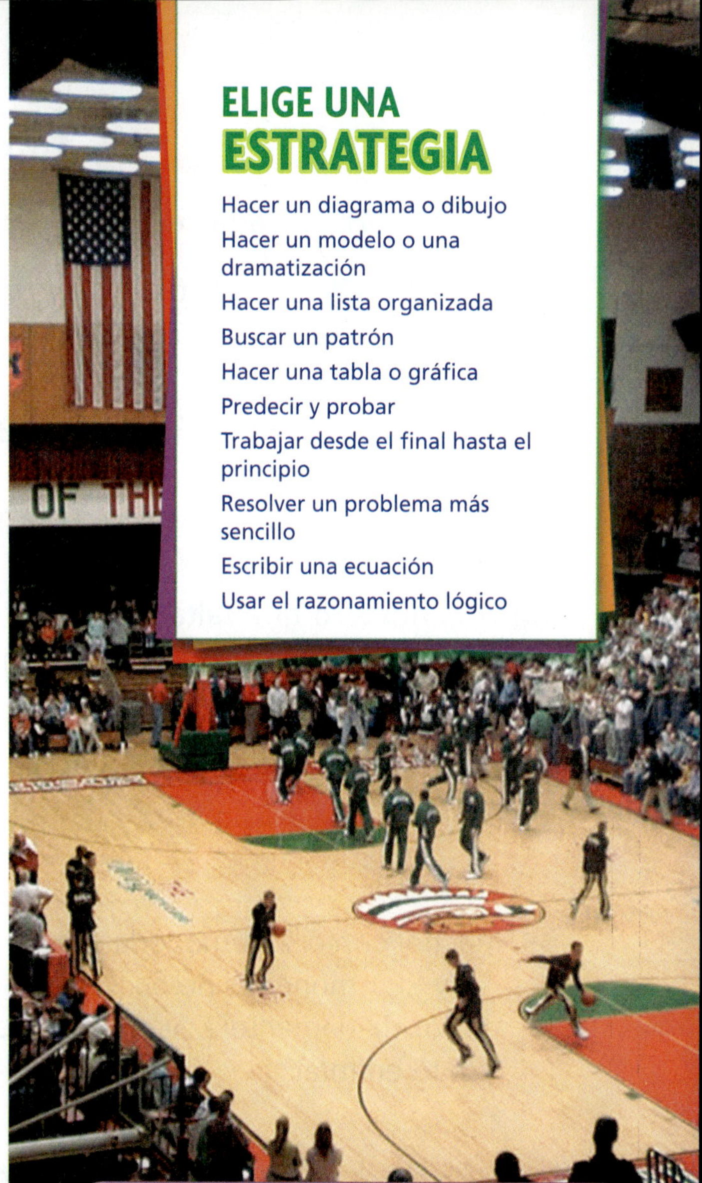

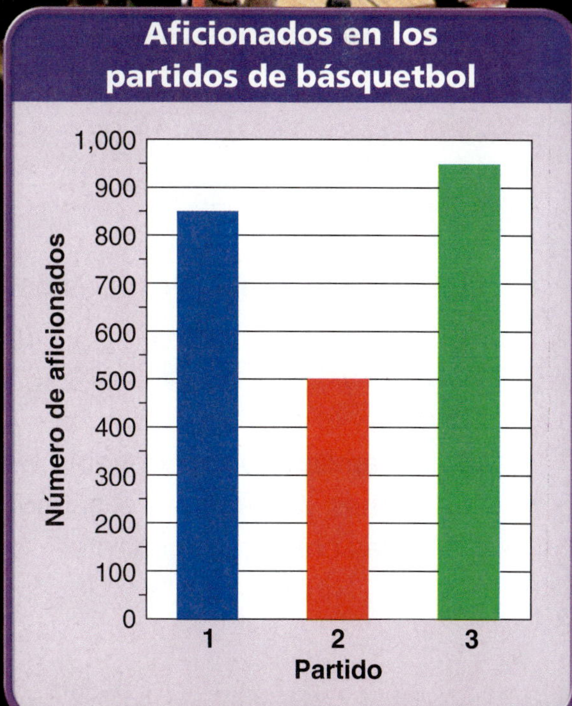

Práctica adicional

Grupo A Halla cada suma. Nombra la propiedad usada. (págs. 48 y 49)

1. $8 + 3 = \blacksquare$
   $3 + 8 = \blacksquare$

2. $0 + 14 = \blacksquare$
   $14 + 0 = \blacksquare$

3. $13 + 5 = \blacksquare$
   $5 + 13 = \blacksquare$

4. $(4 + 2) + 3 = \blacksquare$
   $4 + (2 + 3) = \blacksquare$

Grupo B Halla el sumando que falta. Puedes usar fichas. (págs. 50 y 51)

1. $\blacksquare + 2 = 8$
2. $9 + \blacksquare = 10$
3. $\blacksquare + 5 = 22$
4. $15 + \blacksquare = 2 + 15$

Halla el número que falta.

5. $3 + 9 = \blacksquare$
6. $12 + \blacksquare = 12$
7. $9 + 7 = \blacksquare$
8. $\blacksquare + 8 = 16$

Grupo C Estima cada suma. (págs. 52 y 53)

1. $\begin{array}{r} 51 \\ +47 \\ \hline \end{array}$

2. $\begin{array}{r} 89 \\ +56 \\ \hline \end{array}$

3. $\begin{array}{r} 678 \\ +113 \\ \hline \end{array}$

4. $\begin{array}{r} 2{,}436 \\ +6{,}824 \\ \hline \end{array}$

5. Rachel contó 174 monedas de 1¢ y 281 monedas de 5¢. Aproximadamente, ¿cuántas monedas contó en total?

6. Miguel tiene 92 libros. Sue tiene 86 libros. Aproximadamente, ¿cuántos libros tienen entre los dos?

Grupo D Estima. Después halla cada suma usando el valor posicional o el cálculo mental. (págs. 54 y 55)

1. $\begin{array}{r} 46 \\ 31 \\ +22 \\ \hline \end{array}$

2. $\begin{array}{r} 38 \\ +93 \\ \hline \end{array}$

3. $\begin{array}{r} 86 \\ 64 \\ +54 \\ \hline \end{array}$

4. $\begin{array}{r} 27 \\ +18 \\ \hline \end{array}$

5. $\begin{array}{r} 53 \\ +67 \\ \hline \end{array}$

Grupo E Estima. Después halla cada suma. (págs. 58 y 59)

1. $\begin{array}{r} 367 \\ +243 \\ \hline \end{array}$

2. $\begin{array}{r} 5{,}742 \\ +2{,}961 \\ \hline \end{array}$

3. $\begin{array}{r} 890 \\ +539 \\ \hline \end{array}$

4. $\begin{array}{r} 6{,}502 \\ +3{,}419 \\ \hline \end{array}$

5. La famlia de Andy condujo 214 millas el viernes y 329 millas el sábado. ¿Cuántas millas condujeron en total?

6. Una biblioteca tiene 4,284 libros en el primer piso y 5,199 libros en el segundo piso. ¿Cuántos libros hay en total en los dos pisos?

CD ROM Tecnología
Usa Harcourt Mega Math en español, Cuenta en el campo, *Cuentabloques*, niveles U, V.

PRÁCTICA CON UN JUEGO Auto suma

¡Sube al carro!
2 jugadores

¡Enciende tus motores!
- 2 fichas de colores diferentes

¡Conduce hasta el picnic!

- Cada jugador selecciona una ficha de diferente color y la coloca en el punto de SALIDA correspondiente.
- Los jugadores siguen la autopista del color de su ficha.
- Los jugadores completan el problema de suma para llegar a la primera señal de Pare. Usa papel y lápiz para resolver la suma. Cada jugador comprobará las respuestas del otro.
- Si la respuesta de un jugador a un problema no es correcta, el jugador no se mueve. Debe esperar a su próximo turno para intentar resolver el problema de nuevo.
- Cada jugador continúa resolviendo los problemas de suma para moverse a la siguiente señal de Pare.
- El primer jugador en llegar al picnic gana el juego.

Repaso/Prueba del Capítulo 3

Repasar el vocabulario y los conceptos

Elige el mejor término del recuadro.

VOCABULARIO
- propiedad asociativa de la suma
- propiedad conmutativa de la suma
- propiedad de identidad de la suma

1. La __?__ establece que cuando se le suma cero a un número, el resultado es el mismo número (NS 2.1, pág. 48)
2. La __?__ establece que se pueden sumar dos o más números en cualquier orden y obtener la misma suma (NS 2.1, pág. 48)

Repasar las destrezas

Halla cada suma. (NS 2.1, págs. 48 y 49)

3. $4 + 0 = \blacksquare$
   $0 + 4 = \blacksquare$
4. $8 + (2 + 4) = \blacksquare$
   $(8 + 2) + 4 = \blacksquare$
5. $7 + 6 = \blacksquare$
   $6 + 7 = \blacksquare$

Halla el sumando que falta. (AF 1.2, págs. 50 y 51)

6. $\blacksquare + 8 = 13$
7. $5 + \blacksquare = 9 + 5$
8. $6 + \blacksquare = 12$
9. $\blacksquare + 3 = 12$

Estima cada suma. (NS 1.4, págs. 52 y 53)

10. $\begin{array}{r} 35 \\ +42 \\ \hline \end{array}$
11. $\begin{array}{r} 581 \\ +626 \\ \hline \end{array}$
12. $\begin{array}{r} 2{,}109 \\ +4{,}577 \\ \hline \end{array}$
13. $\begin{array}{r} 8{,}463 \\ +1{,}750 \\ \hline \end{array}$

Estima. Después halla cada suma. (NS 2.1, págs. 54 y 55, 58 y 59)

14. $\begin{array}{r} 57 \\ +24 \\ \hline \end{array}$
15. $\begin{array}{r} 782 \\ +119 \\ \hline \end{array}$
16. $\begin{array}{r} 394 \\ +278 \\ \hline \end{array}$
17. $\begin{array}{r} 4{,}213 \\ +1{,}732 \\ \hline \end{array}$

Repasar la resolución de problemas

Resuelve. (NS 2.1, MR 2.0, págs. 60 a 63)

18. Había 150 aficionados en el partido de fútbol. Había 30 niños más que padres. ¿Cuántos niños había en el partido?
19. Caleb y Mary anotaron un total de 14 puntos en el partido de básquetbol. Mary anotó 6 puntos más que Caleb. ¿Cuántos puntos anotó cada jugador?
20. ESCRIBE **¿Tiene sentido o no?** Tres números en fila suman 45. Kathy dice que los números son 15, 16 y 17. ¿Tiene sentido su afirmación? **Explica.**

Enriquecimiento • Hallar sumas

CUADRADOS Mágicos

Los cuadrados mágicos son una forma divertida de practicar la suma de tres números. En un cuadrado mágico, el total de cada columna, hilera y diagonal es igual.

¿Cómo hacerlo?

El cuadrado mágico a la derecha se llama Cuadrado Mágico *Lo Shu*. Para hallar la respuesta a este cuadrado mágico, sigue estos pasos.

4	9	2
3	5	7
8	1	6

Paso 1 Halla las sumas de las hileras horizontales.
$4 + 9 + 2 =$ ■, $3 + 5 + 7 =$ ■, $8 + 1 + 6 =$ ■

Paso 2 Halla las sumas de las columnas verticales.
$4 + 3 + 8 =$ ■, $9 + 5 + 1 =$ ■, $2 + 7 + 6 =$ ■

Paso 3 Halla las sumas de las diagonales.
$4 + 5 + 6 =$ ■, $8 + 5 + 2 =$ ■

Por lo tanto, la respuesta al cuadrado mágico es 15.

Hazlo tú mismo

Copia y completa el cuadrado mágico usando los números de abajo. La respuesta es 15.

1 2 4 5 8 9

■	■	6
3	■	7
■	■	■

Resuelve

ESCRIBE Trabaja con un compañero para hallar la suma de una hilera del Cuadrado Mágico de Benjamin Franklin. **Explica** cómo hallaste tu respuesta.

Cuadrado Mágico de Benjamin Franklin

14	3	62	51	46	35	30	19
52	61	4	13	20	29	36	45
11	6	59	54	43	38	27	22
53	60	5	12	21	28	37	44
55	58	7	10	23	26	39	42
9	8	57	56	41	40	25	24
50	63	2	15	18	31	34	47
16	1	64	49	48	33	32	17

Comprensión de los Estándares
Capítulos 1 a 3

Percepción numérica

1. Amber tiene 395 estampillas en su colección. ¿Cuál de estas opciones es igual a 395? (NS 1.5)

   A $3 + 9 + 5$

   B $3 + 90 + 500$

   C $300 + 90 + 5$

   D $300 + 9 + 5$

Pista

Elimina opciones.

Lee el problema 2. Primero, estima la suma. Después, halla las opciones de respuesta que están cerca de tu estimación. Finalmente, suma para hallar la opción de respuesta correcta.

2. La biblioteca de la escuela tiene 289 libros de ciencias y 332 libros de animales. ¿Cuántos libros de ciencias y animales tiene la biblioteca en total? (NS 2.1)

   A 511

   B 521

   C 611

   D 621

3. **ESCRIBE** Durante el fin de semana había 8,643 visitantes en la feria. Michael dice que el dígito 8 está en el lugar de las centenas. **Explica** su error y da la respuesta correcta. (NS 1.3)

Álgebra y funciones

4. Greg vio 8 ardillas en el parque. Vio más ardillas de camino a casa. ¿Cuál enunciado numérico muestra cuántas ardillas vio Greg en total? (AF 1.1)

Ardillas que vio Greg	
En el parque	**De camino a casa**
8	■

   A $8 + 6 = 14$

   B $14 - 8 = 6$

   C $8 + 14 = 22$

   D $8 - 6 = 2$

5. ¿Qué número hace verdadero este enunciado numérico? (AF 1.2)

$$6 + \blacksquare = 13$$

   A 6

   B 7

   C 8

   D 9

6. **ESCRIBE** Brad tenía 4 carritos de juguete y le dieron 3 más. Pete tenía 3 carritos de juguetes y le dieron 4 más. Escribe enunciados numéricos para hallar quién tiene más carritos de juguete. **Explica** qué propiedad de la suma te puede ayudar a resolver el problema. (AF 1.1)

Medición y geometría

7. ¿Qué hora muestra el reloj? (Grado 2 MG 1.4)

A 3:30

B 6:15

C 6:30

D 7:15

8. ¿Cuántos vértices tiene un cubo? (Grado 2 O━ MG 2.1)

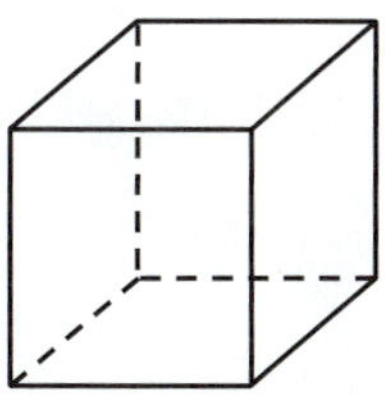

A 12 C 8

B 10 D 6

9. ESCRIBE Mira el dibujo del clip. ¿Cuál es la longitud del clip en centímetros? **Explica** cómo cambiaría tu medición si midieras en pulgadas. (Grado 2 O━ MG 1.3)

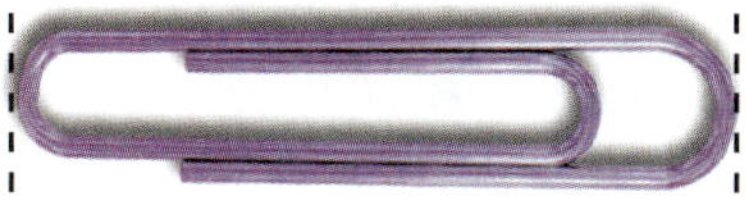

Estadísticas, análisis de datos y probabilidad

10. La tabla muestra el número de orejas que tienen diferentes números de gatos.

número de gatos	1	2	3	4
número de orejas	2	4	6	■

¿Cuántas orejas tienen 4 gatos? (Grado 2 SDAP 2.1)

A 7 C 10

B 8 D 12

11. La clase de la Sra. Totten hizo una tabla de conteo para mostrar el número de libros que leyeron de cada materia. ¿Cuántos libros de ciencia y estudios sociales leyeron en total? (Grado 2 O━ SDAP 1.0)

Libros leídos	
Materia	Número de libros
Estudios sociales	||||
Ciencia	~~||||~~ |||
Música	||

A 4

B 6

C 11

D 12

12. ESCRIBE Si la clase de la Sra. Totten quisiera hacer una pictografía usando los datos mostrados en el problema 11, ¿qué clave podrían usar? **Explica**. (Grado 2 O━ SDAP 1.0)

CAPÍTULO

4 La resta

La idea importante La resta de números de varios dígitos se basa en operaciones de resta de un solo dígito y en los conceptos de base 10 y valor posicional

CALIFORNIA DATO BREVE

El oso grizzly es el animal del estado de California. Estos grandes osos pueden pesar más de 1,000 libras. Pueden correr a una velocidad de 35 millas por hora.

Investiga

Mira los datos de los animales que aparecen en la tabla. Elige dos animales y compáralos con el oso grizzly. Escribe sobre las diferencias en velocidad y altura.

Datos de animales

Animal	Altura en pies	Velocidad en millas por hora
Elefante	13	25
Guepardo	3	70
Antílope	6	61
León	4	50
Oso grizzly	6	35

Muestra lo que sabes

Comprueba si has aprendido las destrezas importantes que se necesitan para completar exitosamente el capítulo 4.

▶ Restar números de 1 dígito de números de 2 dígitos.

Resta.

1. $\begin{array}{r} 12 \\ -\ 8 \\ \hline \end{array}$ **2.** $\begin{array}{r} 7 \\ -7 \\ \hline \end{array}$ **3.** $\begin{array}{r} 15 \\ -\ 6 \\ \hline \end{array}$ **4.** $\begin{array}{r} 5 \\ -0 \\ \hline \end{array}$ **5.** $\begin{array}{r} 18 \\ -9 \\ \hline \end{array}$

▶ Representar la resta de números de 2 dígitos.

Usa los modelos. Halla la diferencia.

6. $35 - 12 = $ ■

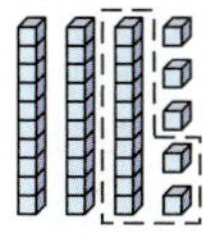

7. $48 - 26 = $ ■

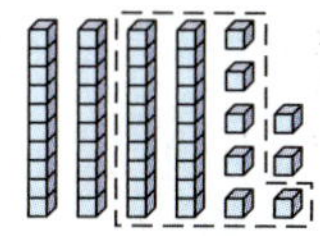

8. $53 - 43 = $ ■

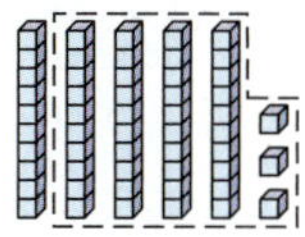

9. $69 - 23 = $ ■

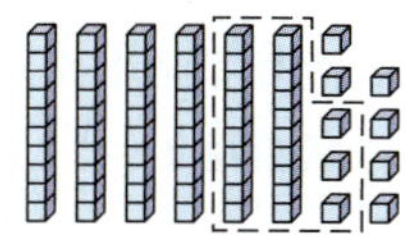

▶ Restar números de 2 dígitos sin reagrupación.

Resta.

10. $\begin{array}{r} 76 \\ -32 \\ \hline \end{array}$ **11.** $\begin{array}{r} 29 \\ -13 \\ \hline \end{array}$ **12.** $\begin{array}{r} 65 \\ -54 \\ \hline \end{array}$ **13.** $\begin{array}{r} 92 \\ -50 \\ \hline \end{array}$ **14.** $\begin{array}{r} 38 \\ -18 \\ \hline \end{array}$

Enriquece tu vocabulario

VOCABULARIO DEL CAPÍTULO

forma desarrollada
patrón

PREPARACIÓN

forma desarrollada Una manera de escribir los números que muestra el valor de cada dígito

patrón Un conjunto ordenado de números u objetos; el orden te ayuda a predecir qué viene después

LECCIÓN 1

Estimar diferencias

OBJETIVO: Estimar diferencias de números de 2, 3 y 4 dígitos usando el redondeo.

Repaso rápido

Redondea cada número al valor posicional mayor.

1. 42 **2.** 86
3. 269 **4.** 514
5. 755

Aprende

PROBLEMA El bagre gigante del Mekong más grande atrapado por los pescadores pesaba 646 libras. El bagre azul más grande atrapado pesaba 124 libras. Aproximadamente, ¿cuántas libras más pesaba el bagre gigante del Mekong que el bagre azul?

Para hallar *aproximadamente* cuánto más, puedes estimar.

▲ El bagre gigante del Mekong es el mayor pez de agua dulce conocido y es una especie en peligro.

Ejemplo **Estima.** 646 − 124

Paso 1

Redondea cada número a la centena más cercana.

$$\begin{array}{rcr} 646 & \rightarrow & 600 \\ -\,124 & \rightarrow & -\,100 \\ \hline \end{array}$$

Paso 2

Resta para hallar la estimación.

$$\begin{array}{r} 600 \\ -\,100 \\ \hline 500 \end{array}$$

Por lo tanto, el bagre gigante del Mekong pesaba aproximadamente 500 libras más que el bagre azul.

Más ejemplos

A Redondea a la decena más cercana.

$$\begin{array}{rcr} 87 & \rightarrow & 90 \\ -\,19 & \rightarrow & -\,20 \\ \hline & & 70 \end{array}$$

B Redondea al millar más cercano.

$$\begin{array}{rcr} 6{,}105 & \rightarrow & 6{,}000 \\ -\,1{,}934 & \rightarrow & -\,2{,}000 \\ \hline & & 4{,}000 \end{array}$$

• ¿Por qué es más fácil restar números que están redondeados?

Práctica con supervisión

1. Copia el problema de la derecha. Redondea 592 y 233 a la centena más cercana. Después estima su diferencia.

$$\begin{array}{r} 592 \\ -\,233 \\ \hline \end{array}$$

NS 1.4 Redondear los números hasta el 10,000 a la decena, centena y millar más próximos.
también **NS 1.0, NS 1.3, NS 2.1, MR 2.3, MR 2.4, MR 3.2**

Estima cada diferencia.

2. $\begin{array}{r} 52 \\ -\ 24 \\ \hline \end{array}$ **3.** $\begin{array}{r} 371 \\ -\ 163 \\ \hline \end{array}$ ✔**4.** $\begin{array}{r} 749 \\ -\ 321 \\ \hline \end{array}$ ✔**5.** $\begin{array}{r} 8{,}890 \\ -\ 3{,}205 \\ \hline \end{array}$

6. **COMENTA** **Explica** por qué la respuesta estimada para $487 - 219$ es mayor que la respuesta estimada para $447 - 219$.

Práctica independiente y resolución de problemas

Estima cada diferencia.

7. $\begin{array}{r} 88 \\ -\ 41 \\ \hline \end{array}$ **8.** $\begin{array}{r} 65 \\ -\ 19 \\ \hline \end{array}$ **9.** $\begin{array}{r} 98 \\ -\ 67 \\ \hline \end{array}$ **10.** $\begin{array}{r} 493 \\ -\ 129 \\ \hline \end{array}$

11. $\begin{array}{r} 691 \\ -\ 432 \\ \hline \end{array}$ **12.** $\begin{array}{r} 936 \\ -\ 422 \\ \hline \end{array}$ **13.** $\begin{array}{r} 508 \\ -\ 390 \\ \hline \end{array}$ **14.** $\begin{array}{r} 9{,}495 \\ -\ 4{,}201 \\ \hline \end{array}$

15. $\begin{array}{r} 6{,}112 \\ -\ 5{,}293 \\ \hline \end{array}$ **16.** $\begin{array}{r} 8{,}504 \\ -\ 6{,}872 \\ \hline \end{array}$ **17.** $\begin{array}{r} 7{,}688 \\ -\ 2{,}100 \\ \hline \end{array}$ **18.** $\begin{array}{r} 6{,}130 \\ -\ 2{,}865 \\ \hline \end{array}$

USA LOS DATOS **Para los ejercicios 19 y 20, usa la tabla.**

19. ***DATO BREVE*** Una tonelada son 2,000 libras. Redondea cada peso en la tabla a la centena más cercana. Después estima cuánto menos que una tonelada pesan los tres peces de la tabla.

20. **ESCRIBE** **¿Cuál es la pregunta?** Jonathan usó la tabla. La respuesta es aproximadamente 300 libras.

Peces de agua salada más grandes atrapados

Tipo de pez	Peso en libras
 Halibut del Pacífico	459
 Congrio	133
 Atún de aleta amarilla	388

Comprensión de los Estándares

21. ¿Qué número es 18 más que 87? (NS 2.1, pág. 54)

22. $25 - 14 = \blacksquare$ (Grado 2 NS 2.2)

23. Usa la propiedad asociativa para completar el enunciado numérico.
$3 + (2 + 5) = (\blacksquare + \blacksquare) + 5$
(AF 1.1, pág. 48)

24. **Preparación para la prueba** Fred estimó $871 - 198$. Redondeó cada número a la centena más cercana y después restó. ¿Cuál fue su estimación?

A 600 **C** 800

B 700 **D** 900

Práctica adicional en la página 90, Grupo A

LECCIÓN 2

Restar con reagrupación

OBJETIVO: Restar números de 2 dígitos con y sin reagruación.

Repaso rápido

1. 9 − 4 **2.** 12 − 5
3. 18 − 9 **4.** 7 − 3
5. 15 − 7

Aprende

PROBLEMA Ken vio un oso pardo que medía 39 pulgadas de altura. Vio un oso polar que medía 62 pulgadas de altura. ¿Cuánto más alto era el oso polar que el oso pardo?

▲ Cuando está parado en las cuatro patas, un oso polar puede medir hasta 64 pulgadas de altura.

Ejemplo 1 **Resta.** 62 − 39 **Estima.** 60 − 40 = 20

DE UNA MANERA Usa el valor posicional.

Paso 1

Como 9 > 2, reagrupa 62 como 5 decenas 12 unidades.

$$\begin{array}{r} \scriptstyle 5\,12 \\ \not{6}\not{2} \\ -\,3\,9 \\ \hline \end{array}$$

Paso 2

Resta las unidades.
Resta las decenas.

$$\begin{array}{r} \scriptstyle 5\,12 \\ \not{6}\not{2} \\ -\,3\,9 \\ \hline 2\,3 \end{array} \qquad \begin{array}{r} 23 \\ +39 \\ \hline 62 \end{array}$$

Suma para comprobar.

DE OTRA MANERA Usa el cálculo mental.

Paso 1

Suma al número más pequeño para formar una decena.

$$\begin{array}{r} 62 \\ -39 \\ \hline \end{array} \rightarrow 40$$

Piensa: 39 + 1 = 40

Paso 2

Suma el mismo número al número más grande.

62 → 63
−39 → 40

Piensa: 62 + 1 = 63

Paso 3

Resta las respuestas.

$$\begin{array}{r} 62 \\ -39 \\ \hline \end{array} \rightarrow \begin{array}{r} 63 \\ -40 \\ \hline 23 \end{array}$$

Por lo tanto, el oso polar medía 23 pulgadas más que el oso pardo.

Como 23 está cerca de la estimación de 20, la respuesta es razonable.

Idea matemática
Sumar la misma cantidad a los dos números no cambia la diferencia.

Ejemplo 2 **Resta.** 43 − 16

Usa el valor posicional.
Reagrupa 43 como 3 decenas 13 unidades.
Resta las unidades.
Resta las decenas.

$$\begin{array}{r} \scriptstyle 3\,13 \\ \not{4}\not{3} \\ -\,1\,6 \\ \hline 2\,7 \end{array}$$

Usa el cálculo mental.
Piensa: 16 + 4 = 20
43 + 4 = 47

$$\begin{array}{r} 43 \\ -16 \\ \hline \end{array} \rightarrow \begin{array}{r} 47 \\ -20 \\ \hline 27 \end{array}$$

NS 2.1 Hallar la suma o la diferencia de dos números enteros entre 0 y 10,000. *también* **MR 2.1, MR 2.3, MR 2.4, MR 3.2**

Práctica con supervisión

1. Para hallar 31 − 17 usando el cálculo mental, ¿qué número deberías sumarle tanto a 17 como a 31?

Estima. Luego halla cada diferencia.

2. $94 - 15$ **3.** $58 - 29$ **4.** $87 - 54$ ✓**5.** $72 - 24$ ✓**6.** $79 - 36$

7. COMENTA **Explica** cómo usar el valor posicional para hallar 93 − 68.

Práctica independiente y resolución de problemas

Estima. Luego halla cada diferencia.

8. $61 - 48$ **9.** $46 - 23$ **10.** $77 - 19$ **11.** $51 - 34$ **12.** $45 - 27$

Halla cada diferencia. Usa la suma para comprobar.

13. 55 − 31 = ■ **14.** 86 − 28 = ■ **15.** 68 − 14 = ■ **16.** 93 − 76 = ■

USA LOS DATOS **Para los ejercicios 17 y 18, usa la gráfica.**

17. Un oso pardo creció 6 pulgadas más que la altura promedio. Un oso negro americano creció 3 pulgadas más que la altura promedio. ¿Cuál es la diferencia entre las dos alturas?

18. ESCRIBE **Explica** cómo puedes usar el cálculo mental para hallar cuánto más alto es el oso polar que el oso pardo.

Comprensión de los Estándares

19. ¿Cuánto es 5,399 redondeado al millar más cercano? (NS 1.4, pág. 38)

20. Reagrupa. (Grado 2 NS 1.2)

5 decenas 3 unidades = 4 decenas ■ unidades

21. 748 + 272 = (NS 2.1, pág. 58)

22. **Preparación para la prueba** Craig vendió 54 camisas. Ya envió 17 de estas. ¿Cuántas camisas le faltan por enviar?

A 71 **B** 47 **C** 43 **D** 37

Práctica adicional en la página 90, Grupo B

3 Representar la resta de 3 dígitos

OBJETIVO: Explorar la resta de números de 3 dígitos con y sin reagrupación.

Repaso rápido

Escribe los números en forma desarrollada.

1. 656
2. 703
3. 182
4. 599
5. 250

Investigar

Materiales ■ bloques de base diez

Puedes usar bloques de base diez para restar números.

A Haz un modelo del número 345.

B Usa tu modelo para hallar 345 − 158. Resta las unidades, decenas y centenas. Reagrupa los bloques cuando sea necesario.

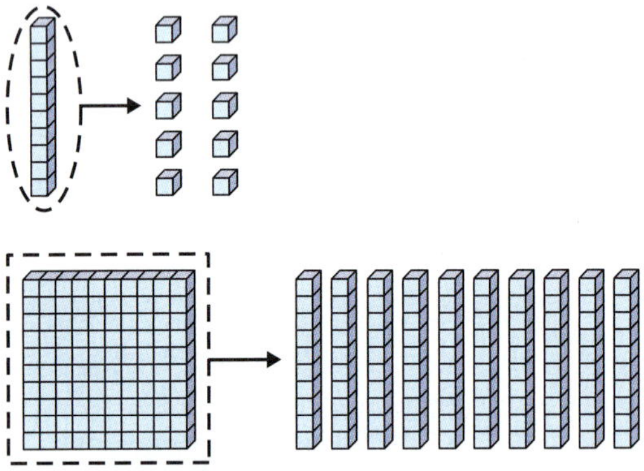

C Mira los bloques de base diez que quedan. Estos bloques representan la diferencia. Haz un dibujo para registrar tu respuesta.

A

B

Sacar conclusiones

1. **Explica** por qué hay 3 centenas, 3 decenas y 15 unidades en el dibujo B.
2. ¿Cómo sabías que tenías que reagrupar una de las centenas?
3. **Síntesis** ¿Cómo usarías los bloques de base diez y la suma para comprobar tu respuesta?

NS 2.1 Hallar la suma o la diferencia de dos números enteros entre 0 y 10,000. *también* MR 2.0, MR 2.3, MR 2.4, MR 3.2

Relacionar

Puedes registrar los pasos con papel y lápiz.

Ejemplo **Resta.** 221 − 146

Paso 1

Resta las unidades.
Como 6 > 1, reagrupa.
2 decenas 1 unidad =
1 decena 11 unidades

$$\begin{array}{r} {\scriptstyle 1\ 11} \\ 2\,\not{2}\,\not{1} \\ -\,1\,4\,6 \\ \hline 5 \end{array}$$

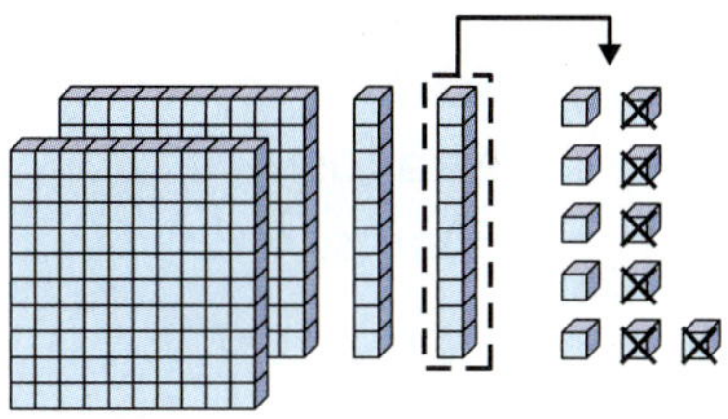

Paso 2

Resta las decenas.
Como 4 > 1, reagrupa.
2 centenas 1 decena =
1 centena 11 decenas

$$\begin{array}{r} {\scriptstyle 11} \\ {\scriptstyle 1\ \not{1}\ 11} \\ \not{2}\,\not{2}\,\not{1} \\ -\,1\,4\,6 \\ \hline 7\,5 \end{array}$$

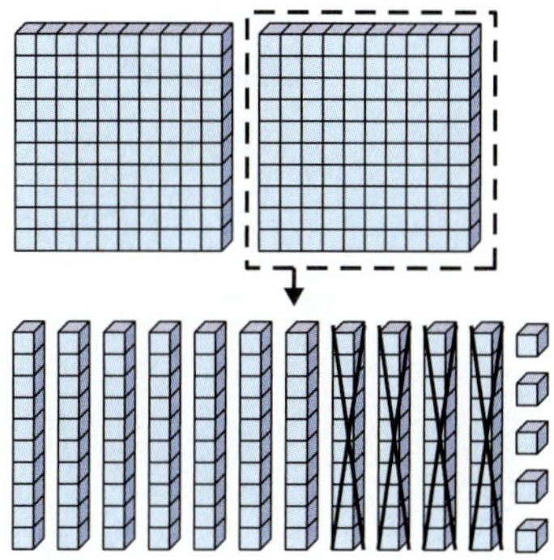

Paso 3

Resta las centenas.

$$\begin{array}{r} {\scriptstyle 11} \\ {\scriptstyle 1\ \not{1}\ 11} \\ \not{2}\,\not{2}\,\not{1} \\ -\,1\,4\,6 \\ \hline 7\,5 \end{array}$$

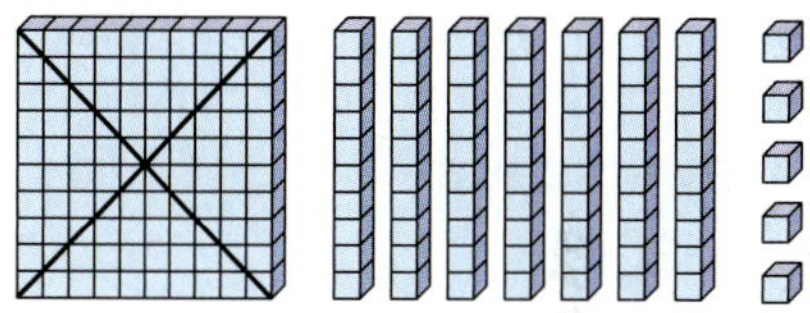

Por lo tanto, 221 − 146 = 75.

COMENTA

Explica cómo hallar 462 − 299.

Practicar

Usa bloques de base diez para hallar cada diferencia.

1. 299 − 186 = ■
2. 309 − 281 = ■
3. 443 − 267 = ■

Halla cada diferencia.

4. $\begin{array}{r} 435 \\ -\,319 \\ \hline \end{array}$
5. $\begin{array}{r} 585 \\ -\,124 \\ \hline \end{array}$
6. $\begin{array}{r} 458 \\ -\,283 \\ \hline \end{array}$
7. $\begin{array}{r} 796 \\ -\,435 \\ \hline \end{array}$
8. $\begin{array}{r} 851 \\ -\,615 \\ \hline \end{array}$
9. $\begin{array}{r} 909 \\ -\,350 \\ \hline \end{array}$
10. $\begin{array}{r} 374 \\ -\,126 \\ \hline \end{array}$
11. $\begin{array}{r} 614 \\ -\,327 \\ \hline \end{array}$
12. $\begin{array}{r} 451 \\ -\,286 \\ \hline \end{array}$
13. $\begin{array}{r} 640 \\ -\,337 \\ \hline \end{array}$

14. **ESCRIBE** **Explica** cómo hacer modelos con bloques de base diez te ayuda a ver cuándo necesitas reagrupar en la resta.

CD ROM **Tecnología**
Usa Harcourt Mega Math en español, Cuenta en el campo, *Cuentabloques* niveles, X, Y.

LECCIÓN 4

Restar números de 3 y 4 dígitos

OBJETIVO: Restar números de 3 y 4 dígitos con y sin reagrupación.

Repaso rápido

1. 25 − 12
2. 68 − 34
3. 37 − 16
4. 52 − 25
5. 83 − 59

Aprende

PROBLEMA Lenna está investigando sobre los tigres en peligro de extinción. Hay 1,785 tigres de Indochina y 426 tigres de Siberia en su hábitat natural. ¿Cuántos tigres de Indochina más que de Siberia hay en su hábitat natural?

Resta. 1,785 − 426 **Estima.** 1,800 − 400 = 1,400

DE UNA MANERA Usa el valor posicional.

Paso 1

Resta las unidades.
Reagrupa.
8 decenas 5 unidades = 7 decenas 15 unidades

```
     7 15
  1,7 8 5
−   4 2 6
---------
        9
```

Paso 2

Resta las decenas.

```
     7 15
  1,7 8 5
−   4 2 6
---------
      5 9
```

Paso 3

Resta las centenas.

```
     7 15
  1,7 8 5
−   4 2 6
---------
    3 5 9
```

Paso 4

Resta los millares.

```
     7 15
  1,7 8 5
−   4 2 6
---------
  1,3 5 9
```

DE OTRA MANERA Usa la forma desarrollada.

Escribe cada número en forma desarrollada.
Reagrupa. Resta cada parte. Halla el total.

```
                            70      15
  1,785 = 1,000 +  700  +  80   +   5
−   426 =          400  +  20   +   6
--------------------------------------
          1,000 +  300  +  50   +   9 = 1,359
```

Por lo tanto, hay 1,359 tigres de Indochina más que de Siberia en su hábitat natural. Como 1,359 está cerca de la estimación de 1,400, la respuesta es razonable.

▲ Los tigres de Indochina viven en bosques tropicales de siete países diferentes.

Práctica con supervisión

1. Copia el problema de la derecha. ¿Tienes que reagrupar? Halla la diferencia de dos maneras distintas.

```
  562
− 295
-----
```

NS 2.1 Halla la suma o diferencia de dos números enteros entre 0 y 10,000. *también* **MR 2.1, MR 2.3, MR 2.4, MR 3.2**

Estima. Después halla la diferencia.

2. $654 - 544$

3. $425 - 248$

4. $5{,}867 - 2{,}998$

✓ **5.** $7{,}404 - 781$

✓ **6.** $8{,}153 - 4{,}322$

7. **COMENTA** Halla la diferencia entre 3,695 y 1,486. **Explica** el método que usaste.

Práctica independiente y resolución de problemas

Estima. Después halla la diferencia.

8. $518 - 305$

9. $304 - 124$

10. $671 - 268$

11. $948 - 659$

12. $1{,}632 - 546$

13. $2{,}519 - 1{,}400$

14. $6{,}187 - 2{,}275$

15. $9{,}346 - 4{,}419$

16. $4{,}710 - 2{,}547$

17. $659 - 424$

Álgebra **Compara. Escribe <, > o = para cada ●.**

18. 732 − 284 ● 824 − 392

19. 5,476 − 2,132 ● 8,288 − 4,502

20. 481 − 256 ● 629 − 404

21. 9,109 − 8,387 ● 3,637 − 2,543

USA LOS DATOS **Para los ejercicios 22 a 24, usa la tabla.**

22. ¿Cuál es la diferencia entre el número de tigres de Bengala y el número de tigres de indochina?

23. ¿Qué pasa si el número de cada tipo de tigre aumentara 150? ¿Cuántos tigres habría en total?

24. **ESCRIBE** **Explica** cómo hallarías cuántos tigres de Bengala más hay que tigres de Siberia.

Tigres en peligro de extinción en la naturaleza

Tipo	Número
Tigre de Sumatra	500
Tigre de Bengala	4,556
Tigre de Indochina	1,785
Tigre de Siberia	426

Comprensión de los Estándares

25. ¿Qué sumando falta? (AF 1.2, pág. 50)

$$23 + \blacksquare = 41$$

26. ¿Cuál es el rango de los números? 6, 4, 8, 5, 7, 5 (Grado 2 SDAP 1.3)

27. 50 − 16 = (NS 2.1, pág. 74)

28. **Preparación para la prueba**
2,345 − 1,695 =

A 1,650 **C** 750

B 1,350 **D** 650

Práctica adicional en la página 90, Grupo C

LECCIÓN 5

Restar con ceros

OBJETIVO: Restar números de 3 y 4 dígitos con ceros.

Repaso rápido

1. 700 − 200
2. 516 − 300
3. 324 − 102
4. 479 − 281
5. 815 − 347

Aprende

PROBLEMA Colin está jugando videojuegos para ganar boletos. Quiere reunir 300 boletos para intercambiarlos por un libro para colorear. Ya tiene 184 boletos. ¿Cuántos boletos más necesita Colin?

Ejemplo 1 **Resta.** 300 − 184 **Estima.** 300 − 200 = 100

	HAZ UN MODELO	PIENSA	REGISTRA
Paso 1	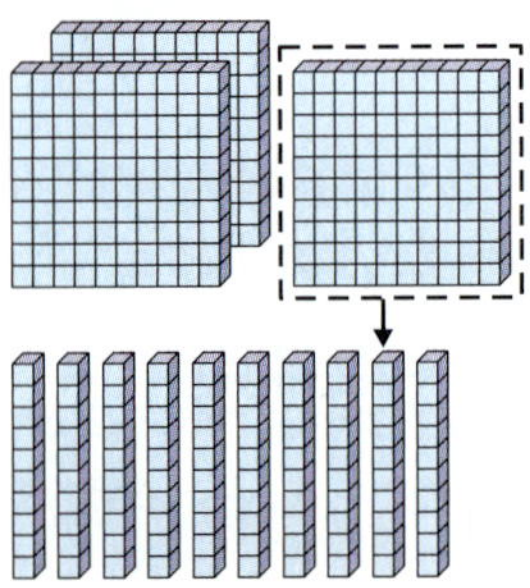	Como 4 > 0, reagrupa las decenas. Hay 0 decenas; por lo tanto, reagrupa las centenas. 3 centenas 0 decenas = 2 centenas 10 decenas	2 10 ~~3~~~~0~~0 − 184
Paso 2	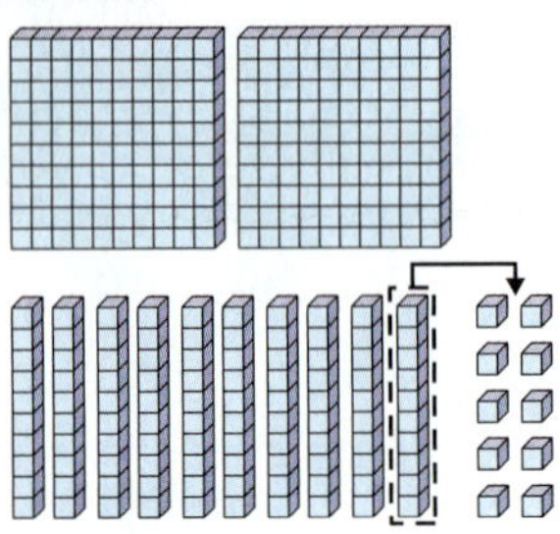	Ahora puedes reagrupar las decenas. 10 decenas 0 unidades = 9 decenas 10 unidades	9 2 ~~10~~ 10 ~~3~~~~0~~~~0~~ − 184
Paso 3	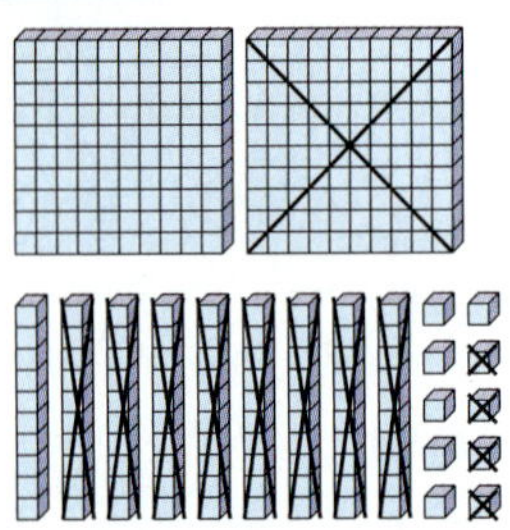	Resta las unidades. Resta las decenas. Resta las centenas.	9 2 ~~10~~ 10 ~~3~~~~0~~~~0~~ − 184 116

Por lo tanto, Colin necesita reunir 116 boletos más. Como 116 está cerca de la estimación de 100, la respuesta es razonable.

- Explica por qué necesitas reagrupar dos veces para hallar 300 − 184.

NS 2.1 Halla la suma o la diferencia de dos números enteros entre 0 y 10,000. *también* **MR 2.1, MR 2.3, MR 2.4, MR 3.0, MR 3.2, MR 3.3**

Ejemplo 2

Anita y Jim necesitan 2,000 boletos para comprar un juego de mesa. Tienen 1,273 boletos. ¿Cuántos boletos más necesitan?

Resta. 2,000 − 1,273 **Estima.** 2,000 − 1,300 = 700

Paso 1

Como 3 > 0, reagrupa las decenas. No hay decenas o centenas; por lo tanto, reagrupa los millares.
2 millares 0 centenas =
1 millar 10 centenas

$$\begin{array}{r} {\scriptstyle 1\ 10} \\ \not{2},\not{0}00 \\ -1,273 \\ \hline \end{array}$$

Paso 2

Reagrupa las centenas.
10 centenas 0 decenas =
9 centenas 10 decenas

$$\begin{array}{r} {\scriptstyle 9} \\ {\scriptstyle 1\ \not{10}\ 10} \\ \not{2},\not{0}\not{0}0 \\ -1,273 \\ \hline \end{array}$$

Paso 3

Reagrupa las decenas.
10 decenas 0 unidades =
9 decenas 10 unidades

$$\begin{array}{r} {\scriptstyle 9\ 9} \\ {\scriptstyle 1\ \not{10}\ \not{10}\ 10} \\ \not{2},\not{0}\not{0}\not{0} \\ -1,273 \\ \hline \end{array}$$

Paso 4

Resta las unidades.
Resta las decenas.
Resta las centenas.
Resta los millares.

$$\begin{array}{r} {\scriptstyle 9\ 9} \\ {\scriptstyle 1\ \not{10}\ \not{10}\ 10} \\ \not{2},\not{0}\not{0}\not{0} \\ -1,273 \\ \hline 727 \end{array}$$

Por lo tanto, Anita y Jim necesitan 727 boletos más. Como 727 está cerca de la estimación de 700, la respuesta es razonable.

Más ejemplos

A

$$\begin{array}{r} {\scriptstyle 9} \\ {\scriptstyle 3\ \not{10}\ 10} \\ \not{4}\not{0}\not{0} \\ -235 \\ \hline 165 \end{array} \qquad \begin{array}{r} 165 \\ +235 \\ \hline 400 \end{array}$$

Suma para comprobar

B

$$\begin{array}{r} {\scriptstyle 9\ 9} \\ {\scriptstyle 8\ \not{10}\ \not{10}\ 18} \\ \not{9},\not{0}\not{0}\not{8} \\ -4,569 \\ \hline 4,439 \end{array}$$

C

$$\begin{array}{r} {\scriptstyle 9} \\ {\scriptstyle 5\ \not{10}\ 15} \\ \not{6}\not{0}\not{5} \\ -317 \\ \hline 288 \end{array}$$

ADVERTENCIA

No olvides reagrupar las decenas después de reagrupas las centenas.

Práctica con supervisión

1. Mira el modelo para 203. ¿Qué necesitas hacer para hallar 203 − 174?

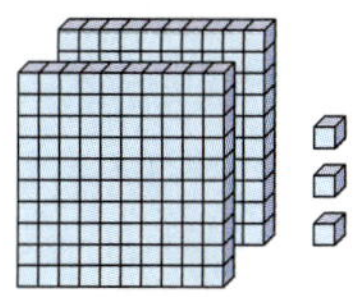

Estima. Después halla cada diferencia.

2. $\begin{array}{r} 506 \\ -457 \\ \hline \end{array}$
3. $\begin{array}{r} 700 \\ -374 \\ \hline \end{array}$
4. $\begin{array}{r} 3,070 \\ -1,832 \\ \hline \end{array}$
5. $\begin{array}{r} 5,004 \\ -1,286 \\ \hline \end{array}$
6. $\begin{array}{r} 6,500 \\ -2,144 \\ \hline \end{array}$

7. **COMENTA** **Explica** cómo hallar 900 − 658.

Práctica independiente y resolución de problemas

Estima. Después halla cada diferencia.

8. $402 - 165$ **9.** $758 - 442$ **10.** $600 - 227$ **11.** $4{,}400 - 3{,}215$ **12.** $8{,}000 - 2{,}480$

13. $5{,}075 - 2{,}012$ **14.** $201 - 173$ **15.** $3{,}711 - 3{,}520$ **16.** $900 - 677$ **17.** $6{,}070 - 1{,}463$

Halla cada diferencia. Usa la suma para comprobar.

18. 805 − 346 = ■ **19.** 4,002 − 2,105 = ■ **20.** 7,000 − 2,259 = ■

Álgebra Copia y completa cada tabla.

	Resta 436.	
21.	957	■
22.	708	■
23.	500	■

	Resta 3,045.	
24.	5,179	■
25.	4,000	■
26.	8,450	■

	Resta 1,823.	
27.	3,902	■
28.	6,456	■
29.	2,000	■

USA LOS DATOS **Para los ejercicios 30 y 31, usa la ilustración.**

30. ¿Cuántos boletos más se necesitan para una mochila que para un rompecabezas?

31. Shelia tiene 100 boletos. Tim le regala 54 boletos. ¿Cuántos boletos más necesita Shelia para obtener un sombrero?

32. ESCRIBE **¿Cuál es el error?** Oscar escribió este problema de resta. **Explica** su error. Halla la diferencia correcta.

```
  9
 10 10
 8 0 0
− 5 7 9
 3 2 1
```

Comprensión de los Estándares

33. ¿Cómo se escribe 8,729 en forma desarrollada? (NS 1.5, pág. 12)

34. ¿Cuál es el siguiente número en el patrón? (Grado 2 SDAP 2.1)
9, 12, 15, 18, ■

35. ¿Cuántos vértices tiene un rectángulo? (Grado 2 MG 2.1)

36. **Preparación para la prueba**
5,002 − 3,416 = ■

A 2,696 **C** 1,696
B 2,414 **D** 1,586

 Práctica adicional en la página 90, Grupo D

LEE TALLER

Las aves más grandes del mundo

Destreza de lectura **Comparar y contrastar**

▲ Los emúes comen a veces cosas como uñas, llaves y tapas de botellas

◀ ¡El tamaño de 1 huevo de avestruz es igual al de 24 huevos de gallina!

Los emúes viven en Australia y pesan aproximadamente de 120 libras. Pueden crecer hasta alcanzar aproximadamente 6 pies de altura y pueden correr a una velocidad de 40 millas por hora.

Los avestruces viven en África y pesan aproximadamente 300 libras. Pueden crecer hasta aproximadamente 9 pies de altura y pueden correr a una velocidad de 40 millas por hora.

Cuando comparas cosas, decides en qué se parecen. Cuando contrastas cosas, decides en qué se diferencian. Usa la tabla para comparar y contrastar estas aves. ¿En qué se diferencian?

	Emúes	Avestruces
¿Dónde viven?	Australia	África
¿Cuánto pesan?	120 libras	300 libras
¿Cuál es su altura?	6 pies de altura	9 pies de altura
¿Qué tan rápido corren?	40 millas por hora	40 millas por hora

Resolución de problemas **Compara y contrasta para resolver.**

1. Resuelve el problema anterior usando la tabla para decir en qué se diferencian las aves.
2. Los avestruces tienen 2 dedos en cada pata. Se protegen golpeando con sus dedos. Los emúes tienen 3 dedos en cada pata. Los usan para protegerse. ¿En qué se parecen estas aves?

LECCIÓN 6

Taller de resolución de problemas
Destreza: Elegir la operación

OBJETIVO: Resolver problemas usando la destreza *elegir la operación.*

Lee para entender
Planea
Resuelve
Comprueba

Usa la destreza

PROBLEMA La Sra. Wells contó libros en la biblioteca de la escuela. Contó 123 libros de animales en una sección. Contó 305 libros de deportes en otra sección. ¿Cuántos más libros de deportes que de animales contó la señora Wells?

Esta tabla te ayudará a decidir qué operación puedes usar para resolver el problema.

Sumar	Unir grupos para hallar cuántos hay en total o el total.
Restar	Quitar o comparar para hallar cuántos más, cuántos menos o cuántos quedan.

Como la pregunta te pide que halles cuántos libros de deportes más que libros de animales contó la señora Wells, puedes restar.

número de libros de deportes		número de libros de animales		cuántos libros de deportes más que libros de animales
↓		↓		↓
305	−	123	=	182

$$\begin{array}{r} \overset{2\ 10}{\cancel{3}\cancel{0}5} \\ -\,123 \\ \hline 182 \end{array}$$

Por lo tanto, la Sra. Wells contó 182 libros de deportes más que libros de animales.

Piensa y comenta

Di qué operación usarías. Luego resuelve el problema.

a. La familia de Gina tiene 165 libros en estantes. También tienen 277 libros en el ático. ¿Cuántos libros tiene la familia de Gina en total?

b. A Carlos le gustan los crucigramas. Compró un libro de crucigramas que tiene 275 crucigramas. Le faltan 132 crucigramas por completar. ¿Cuántos crucigramas ha completado Carlos?

AF 1.1 Representar relaciones de cantidades en forma de expresiones, ecuaciones o desigualdades matemáticas. *también* **AF 1.0, AF 1.2, AF 1.3, MR 1.0, MR 1.1, MR 2.0, MR 2.3, MR 2.4, MR 3.0, MR 3.1, MR 3.2, MR 3.3**

Resolución de problemas con supervisión

1. Zack tiene 65 fotos de sus vacaciones y 48 fotos de su familia en su álbum de fotos. Tiene espacio para 137 fotos más. ¿Cuántas fotos caben en el álbum de Zack en total?

   Copia y completa la tabla.

Pistas	Esto significa que
tiene ■ fotos de sus vacaciones y ■ fotos de su familia	tiene un total de ■ fotos
tiene espacio para ■ fotos más	caben ■ fotos más en el álbum
¿Cuántas fotos caben en el álbum de Zack en total?	¿Cuál es el número total de __?__ que caben en el álbum?

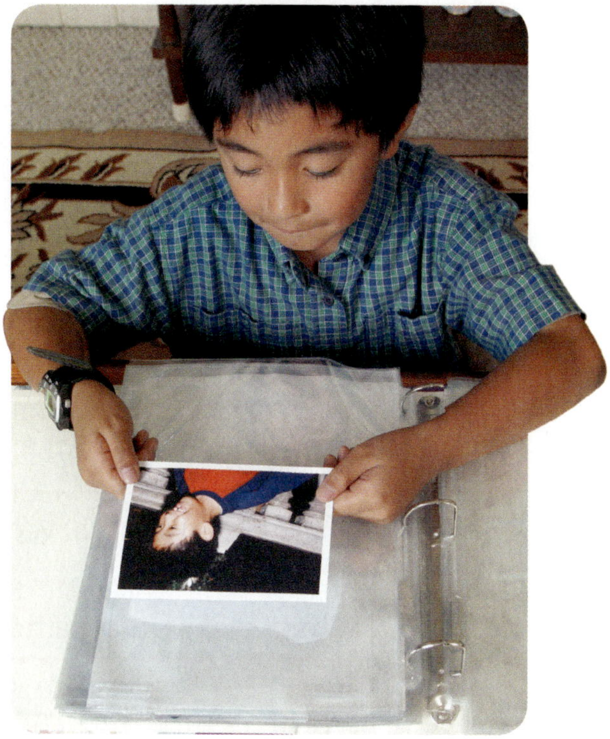

   ¿Qué operación puedes usar para hallar cuántas hay en total? Escribe un enunciado numérico que muestre la respuesta.

2. **¿Qué pasaría si** Zack tuviera espacio sólo para 175 fotos más? ¿Cuántas fotos cabrían en el álbum de Zack en total?

3. Brad tiene espacio para 100 tarjetas de béisbol en su carpeta. Ya tiene 64 tarjetas. ¿Cuántas tarjetas más necesita para llenar su carpeta?

Aplicaciones mixtas

4. Erin colecciona estampillas. Tiene 279 estampillas en un álbum. Regala 47 estampillas a sus amigos. ¿Cuántas estampillas le quedan a Erin?

5. Kyle y Josh tiene un total de 64 discos compactos. Kyle tiene 12 discos compactos más que Josh. ¿Cuántos discos compactos tiene cada niño?

6. Joseph tiene 2 monedas en el bolsillo. Suman en total 30¢. ¿De cuánto es cada moneda?

7. La Sra. Gregory tiene 189 libros en su oficina. La señora Moore tiene 168 libros en su oficina. ¿Quién tiene más libros? ¿Cuántos más?

8. **ESCRIBE** Kim está leyendo un libro que tiene 382 páginas. Lee 28 páginas cada noche. ¿Cuántas páginas más le quedarán por leer después de 3 noches? **Explica** cómo lo sabes.

9. **Razonamiento** En el álbum de Brad caben 225 fotos. Tiene 144 fotos en el álbum. Quiere poner 79 fotos más. **Explica** cómo sabes si le queda suficiente espacio para las fotos.

LECCIÓN 7

ÁLGEBRA

Patrones de números

OBJETIVO: Describir, ampliar, crear y predecir patrones de suma y resta.

Repaso rápido

Contar salteado

1. 3, 6, 9, 12, ■
2. 2, 4, 6, 8, ■
3. 18, 16, 14, 12, ■
4. 7, 11, 15, 19, ■
5. 25, 20, 15, 10, ■

Vocabulario

patrón

Aprende

Un **patrón** es un conjunto ordenado de números u objetos. El orden te ayuda a predecir qué viene después.

PROBLEMA La tabla muestra el número total de veces que Alex parpadeó cada minuto durante 4 minutos. ¿Cuántas veces crees que parpadeará Alex después de 5 minutos?

Parpadeos por minuto

Minutos	Parpadeos
1	40
2	80
3	120
4	160

Ejemplo 1

40, 80, 120, 160, ■
+40 +40 +40

El número siguiente será 160 + 40 o 200.

Por lo tanto, Alex parpadeará 200 veces después de 5 minutos.

Ejemplo 2 Predice el siguiente número en el patrón.

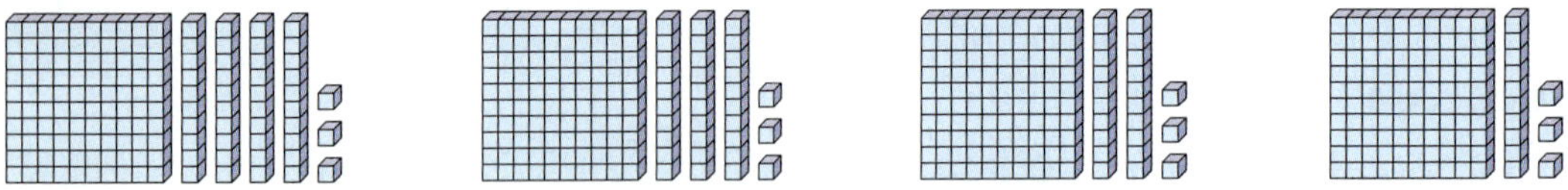

143 133 123 113

Los números disminuyen de diez en diez; por lo tanto, el número siguiente será 113 − 10 o 103.

Práctica con supervisión

1. Usa los bloques de base 10 para hallar el siguiente número en este patrón. 16, 21, 26, 31, ■

Predice el siguiente número en cada patrón. Explica.

2. 520, 500, 480, 460, ■
3. 20, 22, 24, 26, ■
4. 48, 44, 40, 36, ■

5. **COMENTA** **Explica** cómo sabes qué bloques de base diez se necesitan para el siguiente número en el patrón del problema 1.

AF 2.2 Ampliar y reconocer un patrón lineal por sus reglas (por ejemplo, el número de patas en un número dado de caballos puede calcularse contando de 4 en 4 o multiplicando el número de caballos por 4). *también* **NS 1.1, MR 1.1, MR 2.2, MR 2.3, MR 2.4, MR 3.2**

Práctica independiente y resolución de problemas

Predice el siguiente número en cada patrón. Explica.

6. 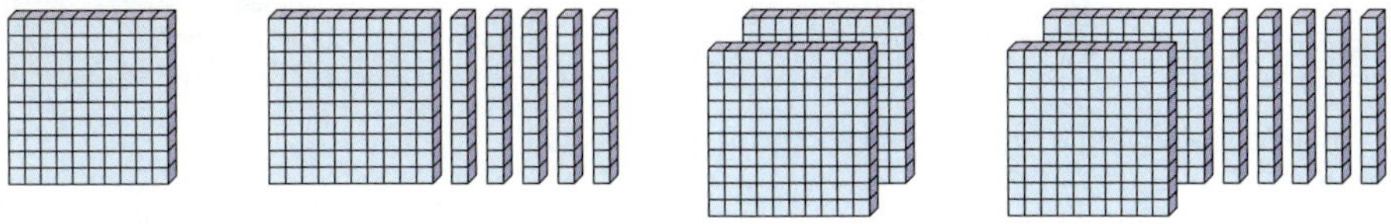

7. 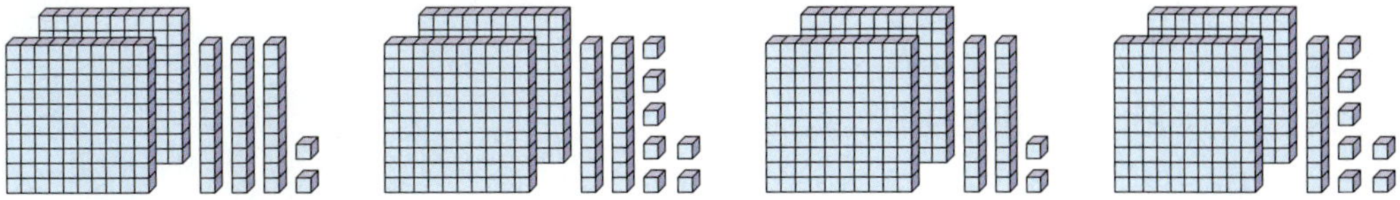

8. 6, 10, 14, 18, ■

9. 75, 65, 55, 45, ■

10. 50, 70, 90, 110, ■

11. 380, 390, 400, 410, ■

12. 723, 721, 719, 717, ■

13. 962, 862, 762, 662, ■

14. 630, 655, 680, 705, ■

15. 92, 95, 98, 101, ■

USA LOS DATOS Para los ejercicios 16 y 17, usa la tabla.

Latidos por minuto

Minutos	Latidos
1	75
2	150
3	225

16. Jordan contó cuántas veces latió su corazón. Predice el número de latidos del corazón después de 4 minutos. Describe el patrón.

17. **ESCRIBE** ¿Cuántas veces más latirá el corazón de Jordan en 5 minutos que en 3 minutos? **Explica** cómo lo sabes.

18. **Razonamiento** Si el corazón de Laura late 80 veces cada minuto, ¿cuántas veces latirá su corazón en 3 minutos?

19. **Formula un problema** Vuelve a leer el problema 18. Escribe un problema parecido cambiando el número de latidos del corazón y los minutos.

Comprensión de los Estándares

20. El monte Rogers, en Virginia, tiene 5,729 pies de altura. Redondea la altura al millar en pies más cercano. (NS 1.4, pág. 38)

21. ¿Cuál es la diferencia entre 321 y 164? (O━ NS 2.1, pág. 78)

22. 2 + 2 + 2 + 2 = (Grado 2 O━ NS 3.1)

23. **Preparación para la prueba** ¿Cuál es el siguiente número en el patrón? 46, 39, 32, 25, ■

A 22 **B** 20 **C** 18 **D** 15

Práctica adicional en la página 90, Grupo E

LECCIÓN 8

Taller de resolución de problemas
Destreza: Estimación o respuesta exacta

OBJETIVO: Resolver problemas usando la estrategia de *estimación o respuesta exacta*.

Lee para entender
Planea
Resuelve
Comprueba

Usa la estrategia

PROBLEMA Un avión Boeing 757, que puede transportar 208 pasajeros, vuela de Dallas a St. Louis varias veces al día. El viaje de 547 millas dura 95 minutos.

A veces, necesitas una respuesta exacta para resolver un problema. Otras veces, una estimación es todo lo que necesitas.

Ejemplos

A ¿Puede el avión transportar 418 pasajeros en 2 viajes?

Como la pregunta te pide que digas si el avión puede transportar un número exacto de pasajeros, se necesita una respuesta exacta.

$$\begin{array}{r} 208 \\ +\,208 \\ \hline 416 \end{array}$$

Por lo tanto, el avión no puede transportar 418 pasajeros en 2 viajes.

B Aproximadamente, ¿cuántos minutos durarán 2 viajes?

Como la pregunta te pide que digas *aproximadamente* cuántos, puedes estimar para resolver.

$$\begin{array}{r} 95 \\ +\,95 \\ \hline \end{array} \;\rightarrow\; \begin{array}{r} 100 \\ +\,100 \\ \hline 200 \end{array}$$

Por lo tanto, 2 viajes durarán aproximadamente 200 minutos.

Piensa y comenta

Di si necesitas una respuesta exacta o una estimación. Después resuelve.

a. Un Boeing 747 tiene 416 asientos. Un Boeing 767 tiene 245 asientos. ¿Cuál es el máximo número de pasajeros que los dos aviones pueden transportar en total?

b. Wendy y su familia volaron en un Boeing 727 la semana pasada. Volaron 422 millas a Tulsa, Oklahoma, desde Jackson, Mississippi. Aproximadamente, ¿cuántas millas son un viaje de ida y vuelta?

MR 2.5 Indicar las ventajas relativas de obtener soluciones exactas o aproximadas a problemas, y expresar las respuestas en los términos matemáticos que se especifiquen. *también* **NS 2.1, MR 1.0, MR 1.1, MR 2.0, MR 2.3, MR 2.4, MR 3.0, MR 3.1, MR 3.2, MR 3.3**

Resolución de problemas con supervisión

1. Woodfield Mall es el centro comercial más grande de Illinois. Tiene 294 tiendas. El centro comercial más grande del país es el Mall of America en Minnesota. Tiene 520 tiendas. Aproximadamente, cuántas tiendas más tiene el Mall of America que el Woodfield Mall?

   ¿Necesitas una estimación o una respuesta exacta? Para saberlo, ve si el problema te está pidiendo aproximadamente cuánto o una repuesta exacta.

2. **¿Qué pasaría si** el Mall of America tuviera 568 tiendas? Aproximadamente, ¿cuántas tiendas más tendría el Mall of America que el Woodfield Mall?

3. Un Boeing 777, que puede transportar 368 pasajeros, está viajando de Dallas a Chicago. En un viaje sólo de ida se recorren 803 millas. ¿Puede el avión transportar 1,080 personas en 3 viajes sólo de ida? Explica.

Aplicaciones mixtas

4. Randy escribió una historia de 2 páginas para un concurso. Su historia debe tener 1,000 palabras o menos. La primera página de Randy tiene 372 palabras. ¿Cuántas palabras puede tener su segunda página?

5. Un vivero en Florida tiene 782 robles. Un vivero en South Carolina tiene 319 robles. Aproximadamente, ¿cuántos robles menos tiene el vivero de South Carolina que el vivero de Florida?

6. **Razonamiento** El dibujo muestra tres casas de la calle Main Street. Hank, Derek y Jill viven en las casas. Derek no vive al lado de Jill. La suma de los dígitos del número de la casa de Jill es 12. ¿Quién vive en 2041 Main Street? **Explica** tu respuesta.

7. Joel leyó 10 páginas de su libro el lunes, 15 páginas el martes y 20 páginas el miércoles. Si el patrón continúa, ¿cuántas páginas leerá el viernes?

8. **ESCRIBE** Cada estudiante escribió sobre aproximadamente un año en la historia para la clase de estudios sociales. Katie eligió 1812. El año de Josh fue 96 años después. ¿Qué año eligió Josh? **Explica** cómo lo sabes.

Práctica adicional

Grupo A Estima cada diferencia. (págs. 72 y 73)

1.	2.	3.	4.	5.
$59 - 12$	$78 - 23$	$684 - 194$	$406 - 235$	$8{,}947 - 3{,}311$

6. Maggie leyó 87 páginas de su libro. Alan leyó 51 páginas de su libro. Aproximadamente, ¿cuántas páginas más leyó Maggie?

Grupo B Estima. Después halla cada diferencia. (págs. 74 y 75)

1.	2.	3.	4.	5.
$61 - 48$	$73 - 21$	$80 - 39$	$96 - 37$	$45 - 18$

Halla cada diferencia. Usa la suma para comprobar.

6. $78 - 29 = ■$ 7. $93 - 12 = ■$ 8. $56 - 48 = ■$ 9. $88 - 35 = ■$

Grupo C Estima. Después halla cada diferencia. (págs. 78 y 79)

1.	2.	3.	4.	5.
$973 - 572$	$386 - 107$	$619 - 285$	$8{,}272 - 1{,}481$	$7{,}617 - 3{,}953$

6. Sabrina está ahorrando dinero para comprar una bicicleta de $220. Hasta ahora, ha ahorrado $136. ¿Cuánto dinero más necesita ahorrar Sabrina?

Grupo D Estima. Después halla cada diferencia. (págs. 80 a 83)

1.	2.	3.	4.	5.
$802 - 419$	$500 - 239$	$6{,}055 - 3{,}674$	$3{,}090 - 1{,}851$	$7{,}000 - 2{,}302$

Halla cada diferencia. Usa la suma para comprobar.

6. $900 - 535 = ■$ 7. $407 - 316 = ■$ 8. $8{,}050 - 4{,}178 = ■$

Grupo E Predice el número siguiente en cada patrón. Explica. (págs. 86 y 87)

1.

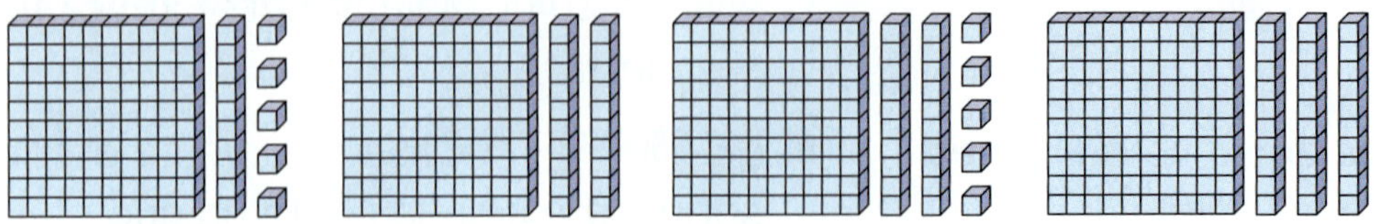

2. 44, 36, 28, 20, ■ 3. 33, 44, 55, 66, ■ 4. 917, 817, 717, 617, ■

CD ROM Tecnología
Usa Harcourt Mega Math en español, Cuenta en el campo, *Cuentabloques*, niveles X, Y.

PRÁCTICA CON UN JUEGO

Hora de restar

¡En sus marcas!
2 jugadores

¡Listos!
- conómetro

¡Juega!

- Cada jugador elige un tipo de animal. Cada jugador usa los 6 números de sus animales para escribir y resolver problemas.
- Usando sus 6 números, los jugadores escriben y resuelven tantos problemas de resta como puedan en 2 minutos.
- Cuando ambos jugadores estén listos, programa el cronómetro para 2 minutos y comienza.
- Después de los 2 minutos, los jugadores intercambian las hojas y cada uno revisa las respuestas del otro.
- El jugador con más repuestas correctas recibe un punto.
- Cada jugador elige un animal diferente y continúa el juego.
- El primer jugador en llegar a 3 puntos gana.

Repaso/Prueba del Capítulo 4

Repasar el vocabulario y los conceptos

VOCABULARIO
- estimación
- forma desarrollada
- patrón

Elige el mejor término del recuadro.

1. La __?__ es una manera de escribir los números que muestra el valor de cada dígito. (NS 1.5, pág. 78)
2. Un __?__ es un conjunto ordenado de números u objetos. (AF 2.2, pág. 86)

Repasar las destrezas

Estima cada diferencia. (NS 1.4, págs. 72 y 73)

3. $56 - 19$ **4.** $64 - 23$ **5.** $661 - 185$ **6.** $4{,}970 - 3{,}416$

Estima. Después halla cada diferencia. (NS 2.1, págs. 74 y 75, 78 y 79, 80 a 83)

7. $48 - 17$ **8.** $77 - 49$ **9.** $80 - 35$ **10.** $95 - 23$

11. $374 - 251$ **12.** $502 - 418$ **13.** $767 - 349$ **14.** $600 - 126$

15. $9{,}833 - 927$ **16.** $4{,}525 - 1{,}195$ **17.** $7{,}000 - 2{,}038$ **18.** $5{,}046 - 3{,}414$

Predice el número siguiente en cada patrón. Explica. (AF 2.2, págs. 86 y 87)

19. 86, 76, 66, 56, ■

20. 152, 172, 192, 212, ■

21. 609, 615, 621, 627, ■

22. 950, 900, 850, 800, ■

Repasar la resolución de problemas

Resuelve. (AF 1.1, MR 1.1, MR 2.5, págs. 84 y 85, 88 y 89)

23. El Sr. Patrick leyó 216 páginas de su libro. La Sra. Wu leyó 197 páginas de su libro. ¿Cuántas páginas han leído entre los dos?

24. Una exhibición de automóviles tuvo 559 visitantes. De los visitantes, 165 eran niños y el resto eran adultos. Aproximadamente, ¿cuántos visitantes eran adultos?

25. ESCRIBE ¿Necesitas una estimación o una respuesta exacta para el problema 24? **Explica** cómo lo sabes.

Enriquecimiento • Sumas y diferencias

¿Par o impar?

Todos los números son **pares** o **impares**.

Los números impares terminan en 1, 3, 5, 7 o 9.

41, 197 y 1,433 son impares.

Los números pares terminan en 0, 2, 4, 6 u 8.

28, 374 y 4,562 son pares.

Puedes buscar patrones para predecir si la suma o la diferencia de dos números será par o impar.

▲ El mancala es uno de los juegos de mesa más viejos del mundo. El juego tiene 6 agujeros pequeños de cada lado. ¿Es el número total de agujeros un número par o impar?

Ejemplos

Suma Completa la tabla para hallar cada respuesta.

NÚMEROS	EJEMPLO	SUMA	¿PAR O IMPAR?
Par + par	2 + 6	8	par
Impar + impar	73 + 7	■	■
Impar + par	45 + 30	■	■
Par + impar	2,116 + 517	■	■

Resta Completa la tabla para hallar cada respuesta.

NÚMEROS	EJEMPLO	DIFERENCIA	¿PAR O IMPAR?
Par − par	8 − 4	4	par
Impar − impar	87 − 49	■	■
Impar − par	835 − 22	■	■
Par − impar	474 − 367	■	■

Recuerda
El dígito de las unidades te ayuda a determinar si un número es par o impar.

Inténtalo

Halla la suma o la diferencia. Escribe *par* o *impar*.

1. 7 + 3 **2.** 1 + 12 **3.** 84 + 18 **4.** 734 + 15 **5.** 565 + 259

6. 10 − 5 **7.** 33 − 12 **8.** 196 − 80 **9.** 775 − 401 **10.** 9,827 − 6,378

ESCRIBE Elige dos números y súmalos. ¿Es la suma de tus números par o impar? **Explica** cómo sabes.

Repaso/Prueba de la unidad
Capítulos 1 a 4

Opción múltiple

1. El Centro Aon en California mide 858 pies de altura. El US Bank Plaza en Idaho mide 267 pies de altura. Aproximadamente, ¿cuántos pies más alto es el Centro Aon que el US Bank Plaza? (NS 2.1, pág. 72)

   A 400 pies
   B 500 pies
   C 600 pies
   D 700 pies

2. Gavin obtiene una puntuación de 300 en un juego de computadora. Ben necesita 188 puntos más para empatar con Gavin. ¿Cuál es la puntuación de Ben? (NS 2.1, pág. 80)

   A 112
   B 122
   C 212
   D 222

3. En 2006, la población estimada de Emeryville, California, era de 8,537 habitantes. ¿Qué opción muestra este número redondeado al millar más cercano? (NS 1.4, pág. 38)

   A 8,000
   B 8,500
   C 8,540
   D 9,000

4. El martes, 879 personas visitaron el museo de historia. Hubo 452 visitantes el miércoles. ¿Cuántos visitantes hubo el martes y el miércoles en total? (NS 2.1, pág. 58)

   A 427
   B 1,221
   C 1,231
   D 1,331

5. ¿Qué conjunto de números está en orden de mayor a menor? (NS 1.2, pág. 30)

   A 475, 466, 584, 568
   B 568, 584, 466, 475
   C 584, 568, 475, 466
   D 466, 475, 568, 584

6. ¿Cuál será el siguiente número en este patrón? (AF 2.2, pág. 86)

   14, 24, 34, 44, ■

   A 48 C 58
   B 54 D 64

7. ¿Qué dígito está en el lugar de las centenas en el número 6,794? (NS 1.3, pág. 8)

   A 9 C 6
   B 7 D 4

8. ¿Qué número es igual a $4{,}000 + 80 + 6$? (🔑 NS 1.5, pág. 12)

A 486

B 4,086

C 4,806

D 4,860

9. $5{,}209 + 3{,}881 =$ (🔑 NS 2.1, pág. 58)

A 9,090

B 9,080

C 8,090

D 8,080

10. ¿Qué número tiene un 5 en la posición de las decenas y un 7 en la posición de las centenas? (🔑 NS 1.3, pág. 8)

A 1,575

B 5,478

C 7,725

D 8,752

Respuesta breve

11. Las clases de tercer grado reunieron 3,694 monedas de 1¢ para la recaudación de fondos de la escuela. Las clases de cuarto grado reunieron 3,496 monedas de 1¢. ¿Qué grado reunió más monedas? (NS 1.2, pág. 26)

12. Escribe el número 5,102 en forma desarrollada. (🔑 NS 1.5, pág. 12)

13. Había 1,268 personas en un juego de fútbol americano. Redondea este número a la centena más cercana y al millar más cercano. (NS 1.4, pág. 38)

14. La familia de Juan está viajando 365 millas para visitar a la abuela. Ya han conducido 179 millas. ¿Cuántas millas más necesitan conducir? (🔑 NS 2.1, pág. 78)

Respuesta desarrollada ESCRIBE

15. La tabla muestra los pesos de los peces que algunos amigos pescaron en un torneo de pesca. ¿Quién pescó peces que pesaban 500 gramos más que los peces de Paul? **Explica** cómo hallaste tu respuesta. (🔑 NS 2.1, pág. 58)

Nombre	Peso en gramos
Paul	2,340
Andrew	3,080
Donna	2,790
Ted	2,930

16. Usando cada uno de los dígitos 2, 4, 6 y 8 una vez, ¿cuál es la mayor suma posible que puedes formar con dos números de 2 dígitos? **Explica** cómo hallaste tu respuesta. (🔑 NS 2.1, pág. 54)

California

Resolución de problemas

de THE WORLD ALMANAC PARA NIÑOS

Ríos del mundo

Agua Serpenteante

Hay ríos en todos los continentes. Los ríos pueden usarse para el trasporte, para generar electricidad, regar los cultivos, para beber agua y divertirse. Tras miles de años, los ríos pueden abrirse camino a través de las rocas. En Estados Unidos, el río Colorado labró el Gran Cañón, que tiene aproximadamente una milla de profundidad.

APLÍCALO

Usa los datos de la tabla para responder las preguntas.

Ríos más largos en seis continentes		
Continente	Río	Longitud
África	Nilo	4,160 millas
Asia	Chang (Yangtze)	3,964 millas
Australia	Murray-Darling	2,310 millas
Europa	Volga	2,290 millas
América del Norte	Mississippi	2,340 millas
América del Sur	Amazonas	4,000 millas

1. ¿Cuántos ríos son más largos que el río Mississippi?
2. ¿Qué río mide más de 1,800 millas más largo que el río Mississippi?
3. Escribe las longitudes de los ríos en orden, del más largo al más corto.
4. Dos ríos diferentes miden exactamente 4,600 millas de largo entre los dos. ¿Qué ríos son?

Acertijos de los Ríos de California

Todos los ríos tienen una desembocadura. Los ríos fluyen hacia otra masa de agua por su desembocadura. Los ríos comienzan en las cabeceras. Las cabeceras pueden ser un manatial subterráneo o un lugar alto en las montañas donde la lluvia o la nieve que se derrite se acumulan para formar un pequeño arroyo.

Dato del ALMANAQUE

El río Sacramento es el río más largo de California. Su longitud es de aproximadamente 380 millas.

Algunos ríos de California

Nombre del río	Desembocadura	Longitud
American	Río North Fork American	30 millas
Carson	Carson Sink	150 millas
Fall	Río Middle Fork Feather	25 millas
Kern	Lago Buena Vista	155 millas
Mokelumne	Río San Joaquín	80 millas
Owens	Lago Owens	120 millas
San Gabriel	Bahía de Alamitos	75 millas
San Joaquin	Río Sacramento	380 millas
Tule	Lago Tulare	50 millas

El río Sacramento

APLÍCALO

Usa los datos de la tabla para responder las preguntas.

1. Mi nombre tiene dos palabras. Mi longitud tiene un 7 en la posición de las decenas. ¿Qué río soy?
2. Mi desembocadura es un lago. Cuando se redondea a la centena más cercana, mi longitud es de 200 millas. ¿Qué río soy?
3. **Formula un problema** Escribe tres acertijos usando las longitudes de los ríos de California. Pide a un compañero de la clase que resuelva tus acertijos.

UNIDAD

2 Conceptos y operaciones de multiplicación

Math on Location

1

Un juguete nuevo se inventa comenzando con una idea, haciendo un dibujo y combinando piezas para un kit.

2

El kit sin armar contiene un diverso número de piezas diferentes.

3

Los diseñadores usan la imaginación y la creatividad cuando diseñan juguetes pequeños o juguetes grandes movibles.

Enriquece tu vocabulario

COMENTA

¿Qué operaciones matemáticas muestran las fotografías de **Math on Location**? ¿Cómo puedes usar la multiplicación para decir cuántas piezas hay?

LEE

REPASO DEL VOCABULARIO Aprendiste las palabras de abajo cuando estudiaste la multiplicación el año pasado. ¿Cómo se relacionan estas palabras con **Math on Location**?

factor un número que se multiplica por otro número para hallar un producto

multiplicar combinar grupos iguales para determinar cuántos hay en total

producto el resultado de un problema de multiplicación

ESCRIBE

Copia y completa un Mapa de definición de palabras como el de abajo. Usa lo que sabes sobre la multiplicación.

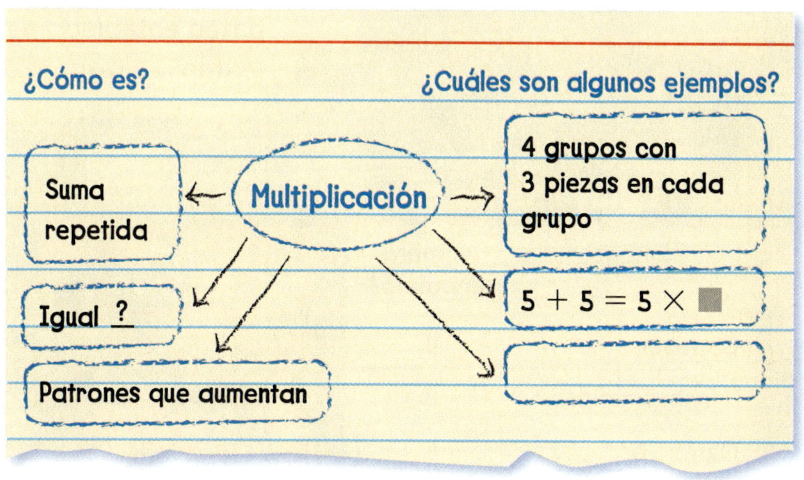

APRENDE en línea

Tecnología
Glosario multimedia de Matemáticas
www.harcourtschool.com/hspmath

CAPÍTULO

5 Comprender la multiplicación

La idea importante La multiplicación está relacionada con la suma repetida e indica cuántos grupos iguales hay.

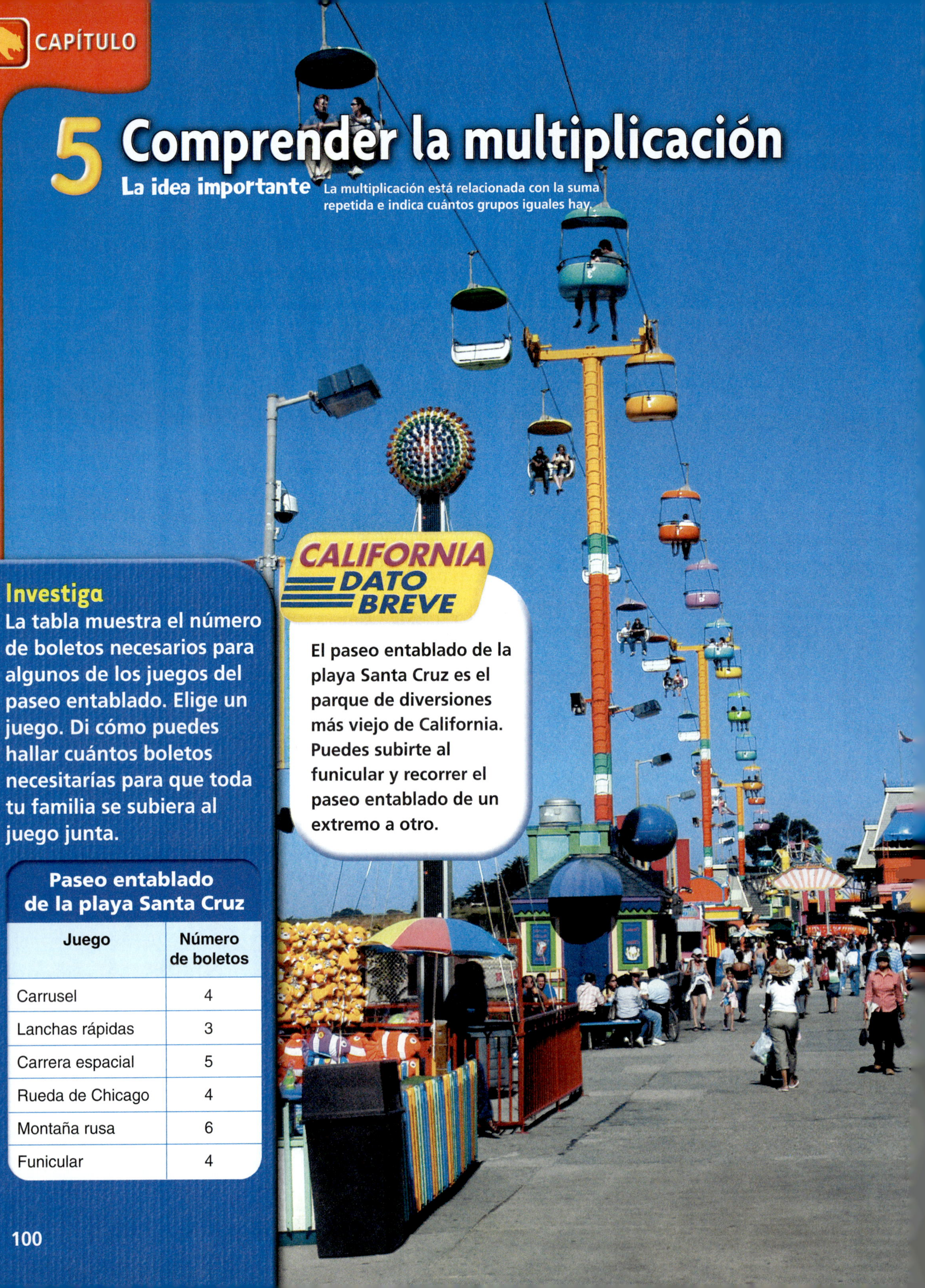

Investiga

La tabla muestra el número de boletos necesarios para algunos de los juegos del paseo entablado. Elige un juego. Di cómo puedes hallar cuántos boletos necesitarías para que toda tu familia se subiera al juego junta.

Paseo entablado de la playa Santa Cruz

Juego	Número de boletos
Carrusel	4
Lanchas rápidas	3
Carrera espacial	5
Rueda de Chicago	4
Montaña rusa	6
Funicular	4

CALIFORNIA DATO BREVE

El paseo entablado de la playa Santa Cruz es el parque de diversiones más viejo de California. Puedes subirte al funicular y recorrer el paseo entablado de un extremo a otro.

Muestra lo que sabes

Comprueba si has aprendido las destrezas importantes que se necesitan para completar exitosamente el Capítulo 5.

▶ Contar salteado

Cuenta salteado para hallar los números que faltan.

1. 2, 4, 6, 8, ■, ■, ■

2. 3, 6, 9, ■, ■, ■

3. 5, 10, 15, ■, 25, ■, ■

4. 10, 20, ■, ■, 50, ■, ■

▶ Grupos iguales

Escribe cuántos hay en total.

5.

4 grupos de 3 = ■

6.

5 grupos de 2 = ■

7.

2 grupos de 4 = ■

Halla cuántos hay en total. Puedes hacer un dibujo.

8. 3 grupos de 6

9. 2 grupos de 2

10. 4 grupos de 5

11. 2 grupos de 4

12. 4 grupos de 3

13. 5 grupos de 6

Enriquece tu vocabulario

VOCABULARIO DEL CAPÍTULO

matriz
propiedad conmutativa de la multiplicación
factor
propiedad de identidad de la multiplicación
multiplicar
producto
número cuadrado
propiedad del cero de la multiplicación

PREPARACIÓN

matriz Un conjunto de objetos colocados en hileras y columnas.

factor Un número que se multiplica por otro número para hallar un producto.

producto El resultado de un problema de multiplicación.

LECCIÓN 1

ÁLGEBRA

Relacionar la suma y la multiplicación

OBJETIVO: Relacionar la suma y la multiplicación.

Repaso rápido

Suma.

1. $4 + 4 + 4$
2. $5 + 5 + 5 + 5$
3. $7 + 7 + 7$
4. $2 + 2 + 2$
5. $3 + 3 + 3$

Vocabulario

multiplicación   multiplicar

Aprende

PROBLEMA Jasmine necesita 3 bananas para hacer 1 pan de banana. En cada pan hay el mismo número de bananas. ¿Cuántas bananas necesita Jasmine para hacer 4 panes?

▲ Hay unas 200 bananas en algunos racimos.

DE UNA MANERA **Usa la suma.**

Usa fichas para mostrar las bananas.
Muestra 3 fichas por cada pan.
Haz 4 grupos para mostrar los 4 panes.

Halla el número total de fichas.
Escribe el enunciado de suma.

3 + 3 + 3 + 3 = 12

Por lo tanto, Jasmine necesita 12 bananas para hacer 4 panes.

DE OTRA MANERA **Usa la multiplicación.**

Cuando los grupos son iguales, puedes usar la **multiplicación** para hallar el total. Cuando **multiplicas**, combinas grupos iguales para hallar cuántos hay en total.

Piensa: 4 grupos de 3

Escribe: $4 \times 3 = 12$ **Lee:** 4 veces 3 es igual a 12.

Una tabla puede mostrar la suma y la multiplicación.

Grupos iguales	Piensa:	Enunciado de suma	Enunciado de multiplicación
	4 grupos de 3	$3 + 3 + 3 + 3 = 12$	$4 \times 3 = 12$

- **¿Qué pasaría si** Jasmine hiciera 5 panes? ¿Cuántas bananas necesitaría? Usa la multiplicación para mostrar tu respuesta.

NS 2.2 Memorizar la tabla de multiplicación del 1 al 10. *también* **MR 1.1, MR 2.3, MR 2.4, MR 3.2**

Práctica con supervisión

1. Escribe un enunciado de multiplicación que muestre $2 + 2 + 2 + 2 + 2 = 10$. 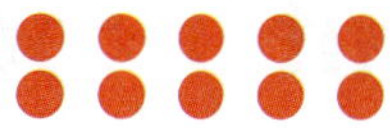

Usa fichas para hacer un modelo. Luego, escribe un enunciado de suma y un enunciado de multiplicación para cada uno.

2. 2 grupos de 4
3. 3 grupos de 2
4. 5 grupos de 4
5. 3 grupos de 3
6. COMENTA **Explica** cómo sabes que $3 + 3$ y 2×3 son iguales a 6.

Práctica independiente y resolución de problemas

Usa fichas para hacer un modelo. Luego, escribe un enunciado de suma y un enunciado de multiplicación para cada uno.

7. 3 grupos de 4
8. 2 grupos de 5
9. 4 grupos de 6
10. 3 grupos de 7

Escribe un enunciado de multiplicación para cada uno.

11. 
12. 
13. 
14. 
15. $2 + 2 + 2 + 2 = 8$
16. $4 + 4 + 4 + 4 = 16$
17. $9 + 9 + 9 = 27$

USA LOS DATOS Para los ejercicios 18 y 19, usa la tabla.

Peso de las frutas	
Fruta	**Peso en onzas**
Manzana	6
Naranja	5
Banana	4

18. John compró 3 naranjas. ¿Cuánto pesan las naranjas en total?
19. ¿Qué pesa más, 3 manzanas o 4 bananas? ¿Cuánto más?
20. ESCRIBE **¿Tiene sentido o no?** Jared dice que puede escribir un enunciado de multiplicación y un enunciado de suma para $5 + 4 + 4$. ¿Tiene sentido la afirmación de Jared? **Explica.**

Comprensión de los Estándares

21. Molly dibujó una figura de seis lados. ¿Qué figura dibujó Molly? (Grado 2 MG 2.1)
22. ¿Qué número hace verdadero a este enunciado numérico? $7 + 7 + \blacksquare = 21$ (NS 2.1, p. 50)
23. $489 - 223 =$ (NS 2.1, pág. 78)
24. **Preparación para la prueba** ¿Cuál es otra manera de mostrar $2 + 2 + 2 + 2$?

A 2×2 **C** 4×2
B 6×2 **D** 2×8

Práctica adicional en la página 120, Grupo A

LECCIÓN 2

ÁLGEBRA

Representar con matrices

OBJETIVO: Usar matrices para comprender la multiplicación y la propiedad conmutativa de la multiplicación.

Repaso rápido

Halla cuántos hay en total.

1. 3 grupos de 2
2. 2 grupos de 6
3. 4 grupos de 3
4. 3 grupos de 5
5. 5 grupos de 2

Vocabulario

matriz

factor **producto**

propiedad conmutativa de la multiplicación

Aprende

PROBLEMA Mark tiene un jardín. Él sembró 2 hileras de plantas de tomate con 3 plantas en cada hilera. ¿Cuántas plantas de tomate sembró Mark en su jardín?

Una **matriz** es un conjunto de objetos colocados en hileras y columnas.

MANOS A LA OBRA Actividad

Materiales ■ fichas cuadradas

Haz una matriz con 2 hileras y 3 columnas para mostrar las plantas de tomate de Mark.

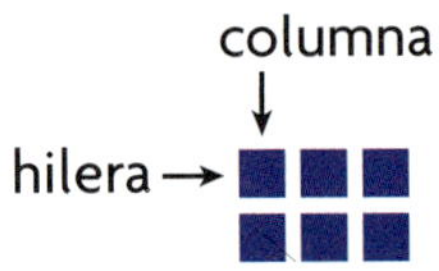

2 hileras de 3 = ■

Ahora halla el número total de fichas.

Suma.	Multiplica.
$3 + 3 = 6$	$2 \times 3 = 6$

Por lo tanto, Mark sembró 6 plantas de tomate en su jardín.

Puedes girar tu matriz para mostrar 3 hileras de 2.

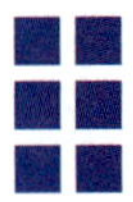

3 hileras de 2 = ■

Halla el número total de fichas.

Suma.	Multiplica.
$2 + 2 + 2 = 6$	$3 \times 2 = 6$

- ¿Qué sucedió con el número de fichas en la matriz cuando la giraste?

▲ Los tomates son una buena fuente de vitaminas.

Propiedad conmutativa de la multiplicación

Los números que multiplicas en una multiplicación se llaman **factores**. La respuesta se llama **producto**.

2	×	3	=	6
↑		↑		↑
factor		factor		producto

La **propiedad conmutativa de la multiplicación**, o la propiedad de orden de la multiplicación, establece que se pueden multiplicar dos factores en cualquier orden y obtener el mismo producto.

Puedes usar una tabla para ver la propiedad conmutativa.

Modelo	Dibuja	Escribe un enunciado de multiplicación
2 hileras de 3		$2 \times 3 = 6$
3 hileras de 2		$3 \times 2 = 6$
2 hileras de 5	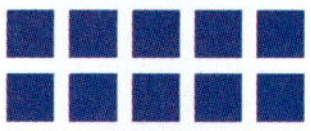	$2 \times 5 = 10$
5 hileras de 2		$5 \times 2 = 10$
3 hileras de 4		$3 \times 4 = 12$
4 hileras de 3		$4 \times 3 = 12$

Práctica con supervisión

1. Escribe los enunciados de multiplicación que muestran estas matrices.

Escribe un enunciado de multiplicación para cada matriz.

2. 

3. 

4. 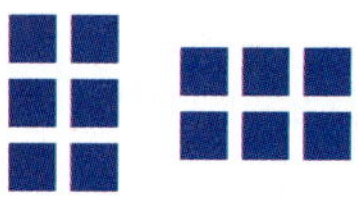

5. COMENTA **Explica** por qué la propiedad conmutativa también se llama propiedad de orden.

Práctica independiente y resolución de problemas

Escribe un enunciado de multiplicación para cada matriz.

6. 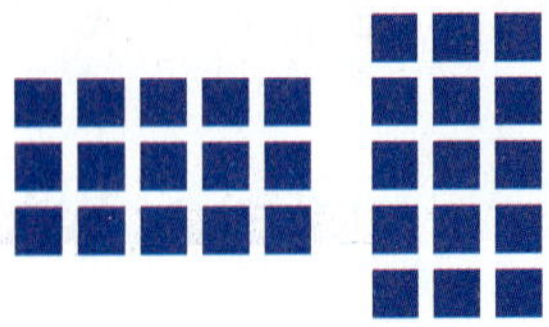

7. 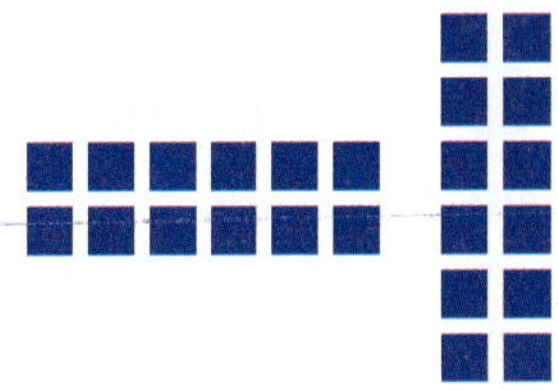

8. 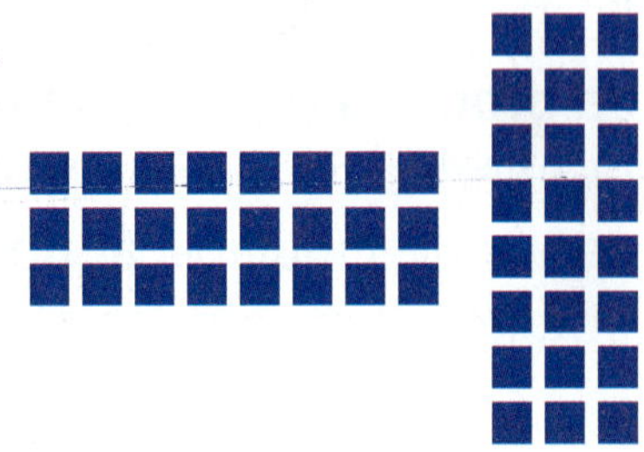

9. 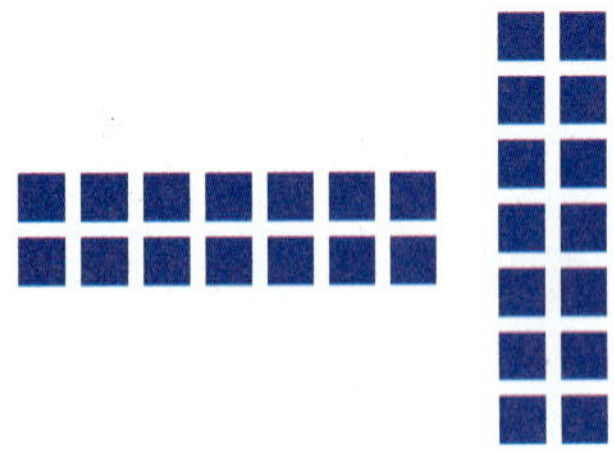

10. 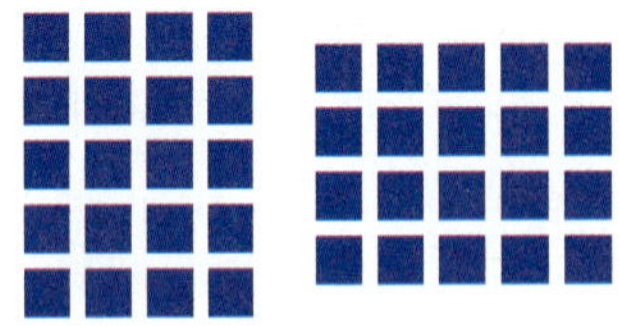

11. 

Escribe el enunciado de multiplicación para cada matriz.
Luego dibuja la matriz que muestre la propiedad conmutativa.

12. 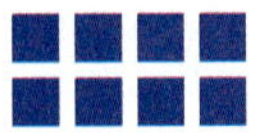

13. 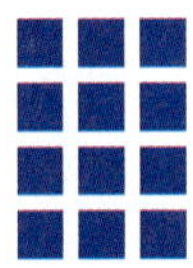

14. 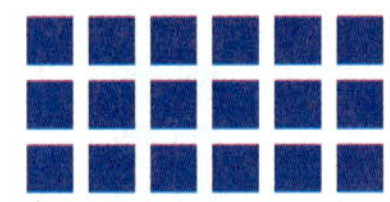

15. Mary puso 24 latas de salsa de tomate en 6 hileras. ¿Cuántas latas había en cada hilera?

6 hileras de ■ = 24

16. Mark recogió 5 pimientos de cada una de las 2 hileras en su jardín. Usó 3 pimientos para hacer una ensalada. ¿Cuántos pimientos le quedan?

17. **Razonamiento** Jenna y su mamá hornearon pasteles de manzana. Recogieron 18 manzanas y pusieron el mismo número de manzanas en cada uno de los 3 pasteles. Dibuja una matriz para mostrar cuántas manzanas pusieron en cada pastel.

18. John sembró 4 hileras de fresas. Hay 8 plantas en cada hilera. ¿Cuántas plantas de fresa sembró John? Dibuja una matriz para mostrar tu respuesta.

19. ESCRIBE Eddie y Jackie usaron 12 fichas cada uno para hacer una matriz. La matriz de Eddie tenía 4 hileras. La matriz de Jackie tenía 3 hileras. ¿Es esto posible? **Explica**.

CD ROM **Tecnología**
Usa Harcourt Mega Math en español, Cuenta en el campo, *Cuentabloques*, nivel W.

Práctica adicional en la página 120, Grupo B

Comprensión de los Estándares

20. El frasco de catsup más grande del mundo mide ciento setenta pies de altura. Escribe este número en forma normal. (NS 1.1, pág. 6)

21. Un cuaderno tiene 2 bolsillos para papeles sueltos. ¿Cuántos bolsillos tendrán 4 cuadernos? (O-π NS 2.1, pág. 102)

22. $5 + 5 + 5 = \blacksquare \times 5$ (O-π NS 2.1, pág. 102)

23. **Preparación para la prueba** ¿Cuál es un ejemplo de la propiedad conmutativa de la multiplicación?

A $6 + 4 = 2 + 4$ **C** $4 \times 6 = 6 \times 4$

B $4 \times 6 = 4 + 6$ **D** $4 \times 6 = 3 \times 8$

24. **Preparación para la prueba** Hay 5 hileras con 6 pinturas en cada hilera. ¿Cuántas pinturas hay en total?

A 11 **B** 30 **C** 35 **D** 56

PODER MATEMÁTICO Resolución de problemas y razonamiento

PERCEPCIÓN NUMÉRICA Si ambos factores son iguales, el producto se llama **número cuadrado**. Una matriz cuadrada tiene el mismo número de hileras y de columnas.

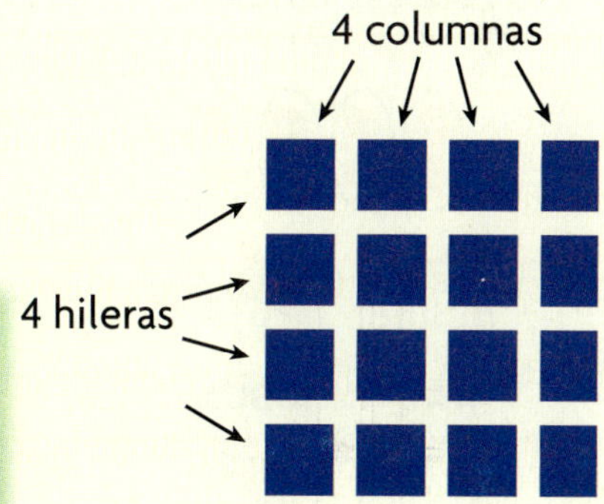

$4 \times 4 = 16$

16 es un número cuadrado.

Trabaja con un compañero para dibujar matrices que muestren números cuadrados.

Usa fichas para hacer una matriz cuadrada con 3 hileras y 3 columnas.

Dibuja la matriz y escribe el enunciado de multiplicación.

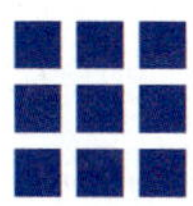

$3 \times 3 = 9$

Por lo tanto, 9 es un número cuadrado.

Dibuja cada matriz. Escribe el enunciado de multiplicación. Luego, encierra en un círculo el número cuadrado en cada enunciado.

1. 5×5 **2.** 7×7 **3.** 8×8

4. 6×6 **5.** 9×9

6. **Razonamiento** ¿Es 10 un número cuadrado? ¿Cómo lo sabes?

LECCIÓN 3

Multiplicar con 2

OBJETIVO: Multiplicar con el factor 2.

Repaso rápido

1. 3 + 3
2. 4 + 4
3. 8 + 8
4. 6 + 6
5. 9 + 9

Aprende

PROBLEMA Cuatro estudiantes están preparando una obra de teatro para la clase. Cada uno de los 4 estudiantes tiene 2 disfraces. ¿Cuántos disfraces tienen los estudiantes en total?

Halla $4 \times 2 = \blacksquare$.

MANOS A LA OBRA

Actividad

Materiales ■ fichas

Usa fichas.

HAZ UN MODELO	PIENSA	REGISTRA
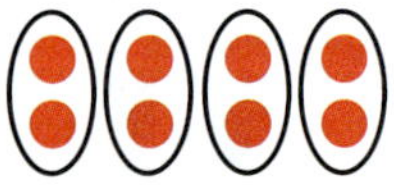	4 grupos de 2 2 + 2 + 2 + 2	$4 \times 2 = 8$ $\quad \begin{array}{r} 2 \\ \times 4 \\ \hline 8 \end{array}$

Haz un dibujo.

HAZ UN DIBUJO	PIENSA	REGISTRA
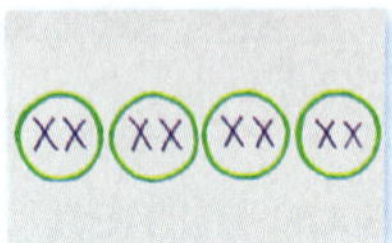	4 grupos de 2 2 + 2 + 2 + 2	$4 \times 2 = 8$ $\quad \begin{array}{r} 2 \\ \times 4 \\ \hline 8 \end{array}$

Por lo tanto, los estudiantes tienen 8 disfraces en total.

Ejemplo

También puedes multiplicar por 2 duplicando el otro factor.

$3 \times 2 = 2 \times 3 = 3 + 3 = 6$

$4 \times 2 = 2 \times 4 = 4 + 4 = 8$

$5 \times 2 = 2 \times 5 = 5 + 5 = 10$

Práctica con supervisión

1. Escribe el enunciado de multiplicación que muestra el dibujo.

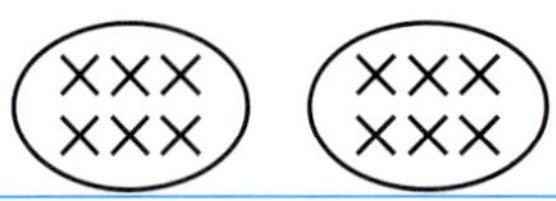

NS 2.2 Memorizar la tabla de multiplicación del 1 al 10. *también* NS 2.0, AF 1.1, MR 1.1, MR 2.3, MR 2.4, MR 3.2

Escribe un enunciado de multiplicación para cada uno.

2. 

3. 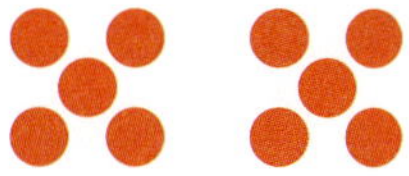

4. 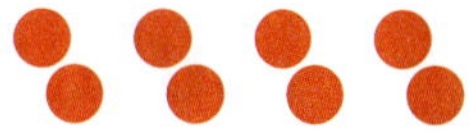

5. **COMENTA** **Explica** cómo 6×2 te puede ayudar a hallar el producto de 2×6.

Práctica independiente y resolución de problemas

Escribe un enunciado de multiplicación para cada uno.

6. 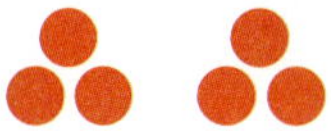

7. 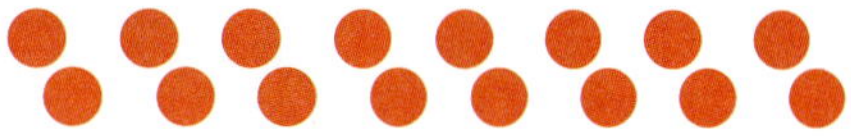

8. 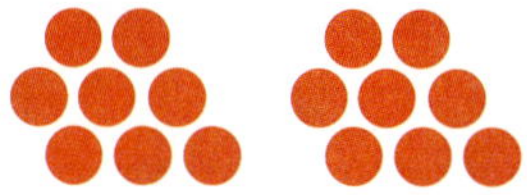

Halla el producto.

9. $\begin{array}{r} 1 \\ \times 2 \\ \hline \end{array}$ 10. $\begin{array}{r} 2 \\ \times 2 \\ \hline \end{array}$ 11. $\begin{array}{r} 4 \\ \times 2 \\ \hline \end{array}$ 12. $\begin{array}{r} 2 \\ \times 9 \\ \hline \end{array}$ 13. $\begin{array}{r} 6 \\ \times 2 \\ \hline \end{array}$ 14. $\begin{array}{r} 2 \\ \times 7 \\ \hline \end{array}$

Copia y completa.

15.

×	1	2	3	4	5	6	7	8	9
2	■	■	■	■	■	■	■	■	■

USA LOS DATOS **Para los ejercicios 16 y 17, usa la gráfica.**

16. ¿Cuántos boletos vendieron en total Tyrone y Julia?

17. **ESCRIBE** **Explica** cómo hallarías cuántos boletos vendió Li para la obra de teatro.

Boletos para la obra

Nombre	Boletos vendidos
Tyrone	
Julia	
Li	

Clave: Cada  = 2 boletos

Comprensión de los Estándares

18. Describe el patrón de Tom. ¿Cuál es el siguiente número? (AF 2.2, pág. 86)

6, 12, 18, 24, ■

19. $7{,}000 - 2{,}438 =$ (NS 2.1, pág. 58)

20. Halla el total. $7 + 7 + 7 + 7$ (NS 2.1, pág. 102)

21. **Preparación para el prueba** Jenna y Matt se ponen 5 disfraces cada uno. ¿Cuál muestra su número total de disfraces?

A $2 + 5 = 7$

B $5 + 2 = 7$

C $2 \times 2 = 4$

D $2 \times 5 = 10$

Práctica adicional en la página 120, Grupo C

LECCIÓN 4

Multiplicar con 4

OBJETIVO: Multiplicar con el factor 4.

Repaso rápido

1. 2×3
2. 2×5
3. 8×2
4. 2×6
5. 10×2

Aprende

PROBLEMA En 1952 Jack Odell inventó los carros Matchbox®. Caleb tiene 3 carros Matchbox. Cada carro tiene 4 ruedas. ¿Cuál es el número total de ruedas de los carros de Caleb?

Halla $3 \times 4 = \blacksquare$.

MANOS A LA OBRA **Actividad** **Materiales** ■ fichas, recta numérica

DE UNA MANERA Usa fichas.

HAZ UN MODELO	PIENSA	REGISTRA
	3 grupos de 4 4 + 4 + 4	$3 \times 4 = 12$ $\begin{array}{r} 4 \\ \times 3 \\ \hline 12 \end{array}$

Por lo tanto, los carros de Caleb tienen un total de 12 ruedas.

OTRAS MANERAS Usa una recta numérica.

HAZ UN MODELO	PIENSA	REGISTRA
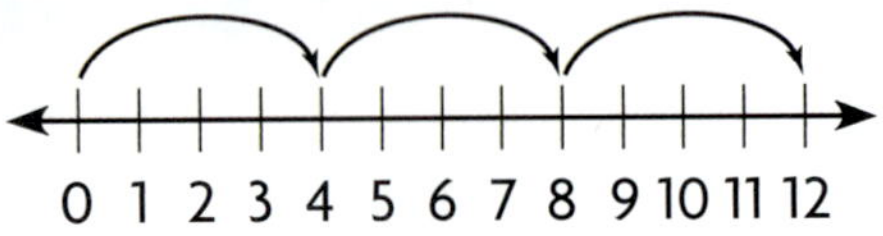	Cuenta salteado de 4 en 4. 4, 8, 12	$3 \times 4 = 12$ $\begin{array}{r} 4 \\ \times 3 \\ \hline 12 \end{array}$

Usa dobles.

Multiplicar por 4 es lo mismo que multiplicar por 2 y duplicar el producto.

	Multiplica por 2.	Duplica el producto.
$3 \times 4 = \blacksquare$ Piensa: 2 + 2	$3 \times 2 = 6$	$6 + 6 = 12$, por lo tanto, $3 \times 4 = 12$
$5 \times 4 = \blacksquare$ Piensa: 2 + 2	$5 \times 2 = 10$	$10 + 10 = 20$, por lo tanto, $5 \times 4 = 20$

- ¿Cómo puedes duplicar una operación con el 2 para hallar 6×4?

NS 2.2 Memorizar la tabla de multiplicación del 1 al 10. *también* MR 1.1, MR 2.3, MR 2.4, MR 3.2

Práctica con supervisión

1. ¿Cómo puedes usar esta recta numérica para hallar 4×4?

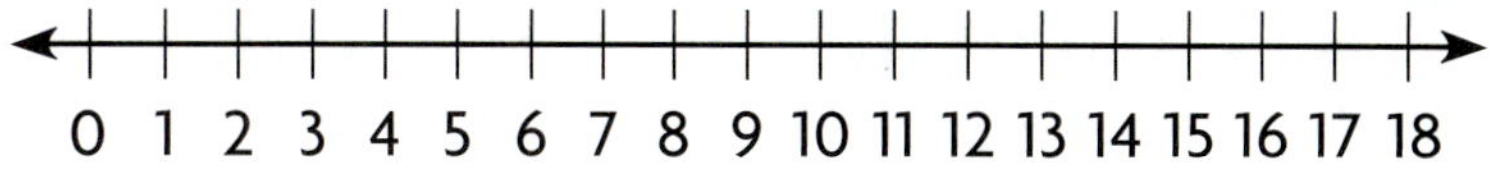

Halla el producto.

2. $6 \times 4 =$ ■
3. $3 \times 4 =$ ■
4. ✓ $5 \times 4 =$ ■
5. ✓ $8 \times 4 =$ ■

6. **COMENTA** **Explica** cómo saber la respuesta de 2×8 te puede ayudar a hallar la respuesta de 4×8.

Práctica independiente y resolución de problemas

Halla el producto.

7. $4 \times 4 =$ ■
8. $7 \times 4 =$ ■
9. $6 \times 4 =$ ■
10. $4 \times 5 =$ ■

Copia y completa.

	×	1	2	3	4	5	6	7	8	9	10
11.	2	■	■	■	■	■	■	■	■	■	■
12.	4	■	■	■	■	■	■	■	■	■	■

USA LOS DATOS **Para los ejercicios 13 y 14, usa la gráfica.**

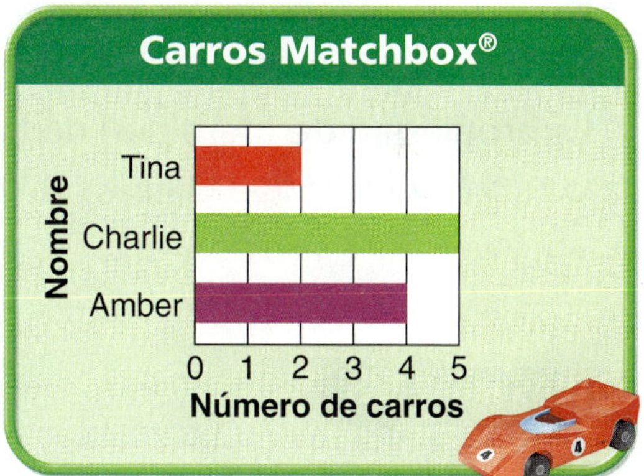

13. Tina, Charlie y Amber tienen carros Matchbox. ¿Cuántas ruedas tienen sus carros en total?

14. **ESCRIBE** **¿Cuál es el error?** Charlie dice que como $5 \times 2 = 10$, sus carros tienen un total de 10 ruedas. ¿Cuál es el error de Charlie?

Comprensión de los Estándares

15. Max tenía 200 caracoles. Le regaló 134 a Ted. ¿Cuántos tiene Max ahora? (NS 2.1, pág. 80)

16. ¿Qué figura tiene 4 lados iguales y 4 ángulos rectos? (Grado 2 MG 2.1)

17. $8 + 8 + 8 + 8 + 8 =$ ■ (NS 2.1, pág. 102)

18. **Preparación para la prueba** Hay 5 hileras de 4 carros en la repisa de juguetes. ¿Qué enunciado muestra cuántos carros hay en total?

A $5 + 4 = 9$ **C** $5 \times 4 = 20$

B $4 \times 4 = 16$ **D** $5 \times 5 = 25$

Práctica adicional en la página 121, Grupo D

LECCIÓN 5

ÁLGEBRA

Multiplicar con 1 y 0

OBJETIVO: Multiplicar con los factores 1 y 0.

Repaso rápido

1. 6 + 1 **2.** 5 + 0
3. 1 + 4 **4.** 7 + 0
5. 9 + 1

Vocabulario

Propiedad de identidad de la multiplicación

Propiedad del cero de la multiplicación

Aprende

PROBLEMA Luke vio 4 casas para perros. En cada casa había 1 perro. ¿Cuántos perros había en total?

DE UNA MANERA **Haz un dibujo.**

Paso 1

Paso 2

Escribe el enunciado de multiplicación.

4	×	1	=	4
↑		↑		↑
número de grupos		número en cada grupo		número en total

Por lo tanto, hay 4 perros en total.

La **propiedad de identidad de la multiplicación** establece que el producto de cualquier número por 1 es ese número.

$7 \times 1 = 7$ $6 \times 1 = 6$
$1 \times 7 = 7$ $1 \times 6 = 6$

OTRAS MANERAS

A **Usa fichas.**

4 grupos
1 en cada grupo
4 en total
$4 \times 1 = 4$

B **Usa una recta numérica.**

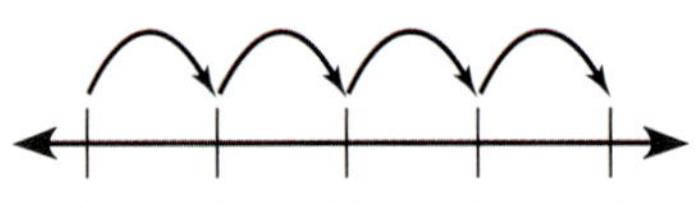

4 saltos de 1
4 en total
$4 \times 1 = 4$

ADVERTENCIA

Asegúrate de mirar con atención los signos de las operaciones.

$4 + 1 = 5$
$4 \times 1 = 4$
$1 + 5 = 6$
$1 \times 5 = 5$

NS 2.6 Comprender las propiedades especiales de 0 y 1 en la multiplicación y division. *también* **NS 2.2, MR 1.1, MR 2.3, MR 2.4, MR 3.2**

Multiplicar con cero

Lilly vio 4 casas para perros. Había 0 perros en cada casa. ¿Cuántos perros había en total?

DE UNA MANERA **Haz un dibujo.**

$$4 \times 0 = 0$$

↑ número de grupos — ↑ número en cada grupo — ↑ número en total

Por lo tanto, hay 0 perros en total.

La **propiedad del cero de la multiplicación** establece que el producto de cero y cualquier otro número es cero.

$$0 \times 10 = 0 \qquad 5 \times 0 = 0$$

DE OTRA MANERA **Usa una tabla de multiplicar**

Mira la hilera y la columna del 0.

- ¿Qué notas en los productos que tienen 0 como factor?

Mira la hilera y la columna del 1.

- ¿Qué notas en los productos que tienen 1 como factor?

×	0	1	2	3	4	5	6	7	8	9	10
0	0	0	0	0	0	0	0	0	0	0	0
1	0	1	2	3	4	5	6	7	8	9	10
2	0	2									
3	0	3									
4	0	4									
5	0	5									
6	0	6									
7	0	7									
8	0	8									
9	0	9									
10	0	10									

Práctica con supervisión

1. ¿Qué enunciado de multiplicación se muestra en este dibujo? Halla el producto.

2. $3 \times 1 = \blacksquare$ **3.** $0 \times 2 = \blacksquare$ ✓**4.** $4 \times 0 = \blacksquare$ ✓**5.** $1 \times 6 = \blacksquare$

6. COMENTA **Explica** en qué se diferencian 3×1 y $3 + 1$. Haz un dibujo para mostrar tu respuesta.

Práctica independiente y resolución de problemas

Halla el producto.

7. $5 \times 1 = ■$ **8.** $8 \times 0 = ■$ **9.** $1 \times 9 = ■$ **10.** $0 \times 7 = ■$ **11.** $1 \times 1 = ■$

12. $\begin{array}{r} 1 \\ \times 0 \\ \hline \end{array}$ **13.** $\begin{array}{r} 1 \\ \times 7 \\ \hline \end{array}$ **14.** $\begin{array}{r} 0 \\ \times 6 \\ \hline \end{array}$ **15.** $\begin{array}{r} 2 \\ \times 1 \\ \hline \end{array}$ **16.** $\begin{array}{r} 8 \\ \times 1 \\ \hline \end{array}$ **17.** $\begin{array}{r} 0 \\ \times 5 \\ \hline \end{array}$

Escribe un enunciado de multiplicación que se muestre en cada recta numérica.

18.

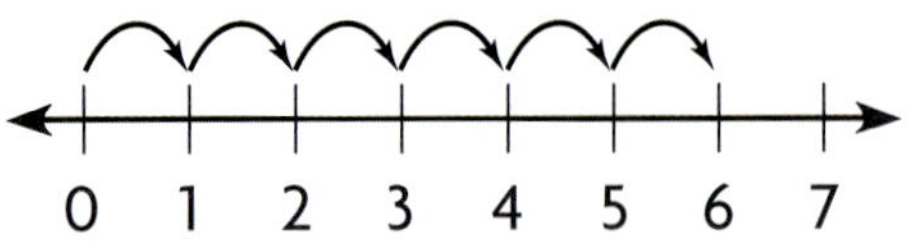

19.

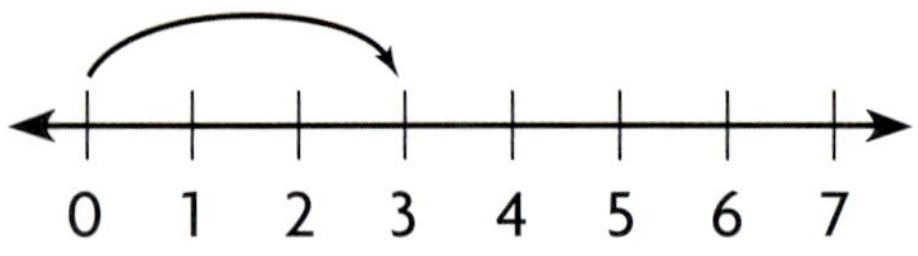

Halla el número que falta.

20. $3 \times ■ = 0$ **21.** $5 \times 1 = ■ \times 5$ **22.** $■ \times 28 = 28$ **23.** $0 \times 46 = ■$

USA LOS DATOS **Para los ejercicios 24 a 26, usa la tabla.**

Vehículo	Número de ruedas
Carro	4
Triciclo	3
Bicicleta	2
Monociclo	1

24. Jon vio 5 monociclos en el circo. ¿Cuántas ruedas hay en total en los monociclos? Haz un dibujo y escribe un enunciado de multiplicación.

25. La familia de Brian tiene 3 bicicletas y un triciclo. ¿Cuántas ruedas hay en total?

26. ESCRIBE **¿Cuál es la pregunta?** Josh usó la multiplicación por 1 y la información en la tabla. La respuesta es 6.

Comprensión de los Estándares

27. Sue tiene 6 bolsas de canicas con 4 canicas en cada bolsa. ¿Cuántas canicas tiene Sue en total?
(NS 2.2, pág. 110)

28. El perro de Amy pesa 112 libras. El cachorro de Kim pesa 16 libras. ¿Cuánto más pesa el perro de Amy?
(NS 2.1, pág. 78)

29. $4 + 4 + 4 + 4 =$ (NS 2.1, pág. 102)

30. **Preparación para la prueba** Eric tiene 6 cajas con 1 lápiz en cada una. ¿Cuál muestra cuántos lápices tiene Eric?

A $6 + 1 = 7$ **C** $0 \times 6 = 0$

B $6 - 1 = 5$ **D** $6 \times 1 = 6$

31. **Preparación para la prueba** ¿Qué enunciado numérico es correcto?

A $3 \times 1 = 0$ **C** $1 \times 3 = 0$

B $0 \times 3 = 0$ **D** $0 \times 1 = 3$

Práctica adicional en la página 121, Grupo E

ESCRIBE TALLER

Formula un problema

Escribir un problema te ayuda a mejorar tus destrezas para resolver problemas. Sarah está aprendiendo a multiplicar con 1 y 0. Su maestra le pidió que escribiera un problema sobre multiplicar con 1 y otro problema sobre multiplicar con 0. Sarah escribió estos problemas.

Marcos compró una caja de crayolas. Hay 8 crayolas en la caja. ¿Cuántas crayolas tiene Marcos?

Marcos tenía una caja con 8 crayolas. Perdió su caja de crayolas cuando iba a la escuela. ¿Cuántas crayolas tiene Marcos ahora?

Pistas

Para formular un problema, piensa en lo siguiente:

- la información que darás
- la pregunta que harás
- la idea matemática de tu problema
- los números que usarás en el problema
- cómo resolver el problema

Resolución de problemas **Escribe problemas para mostrar que entiendes cómo multiplicar con 1 y 0.**

1. Multiplica con 1.
2. Multiplica con 0.

LECCIÓN 6

Taller de resolución de problemas
Estrategia: Hacer un dibujo

OBJETIVO: Resolver problemas usando la estrategia *hacer un dibujo*.

Aprende la estrategia

Hacer un dibujo te puede ayudar a comprender un problema y a ver cómo resolverlo. Puedes hacer dibujos para resolver deferentes tipos de problemas.

Un dibujo puede mostrar cuántos hay en total.

En la entrada a la casa de los Lang hay 4 macetas. La Sra. Lang quiere sembrar 3 flores en cada maceta. ¿Cuántas flores sembrará en total?

Un dibujo puede mostrar como dividir un entero.

Lucy compró un sándwich. Quiere compartirlo con 3 amigos para el almuerzo. ¿En cuántas partes debe Lucy cortar el sándwich? ¿Cuántos cortes deberá hacer?

Un dibujo puede mostrar orden.

Morgan hizo un muñeco de nieve. Le puso 5 botones. El botón azul estaba debajo del botón rojo. El botón verde estaba arriba del botón rojo. El botón negro estaba entre el botón rojo y el botón azul. El botón amarillo estaba justo arriba del botón verde. ¿Qué botón estaba de primero?

Para hacer un dibujo, lee con atención la información en el problema. Haz un dibujo simple.

COMENTA

Elige uno de los problemas. Di de qué manera te ayuda a resolverlo el dibujo.

NS 2.2 Memorizar la tabla de multiplicación del 1 al 10. *también* **MR 1.1, MR 2.3, MR 2.4, MR 3.2**

Usa la estrategia

PROBLEMA En la sección de tambores de la banda hay 2 hileras de percusionistas. Hay 7 percusionistas en cada hilera. ¿Cuántos percusionistas hay en total?

Lee para entender

Destreza de lectura

- **Haz un resumen de lo que te piden que busques.**
- **¿Qué información usarás?**

Planea

- **¿Qué estrategia puedes usar para resolver el problema?**
  Puedes hacer un dibujo para ayudarte a resolver el problema.

Resuelve

- **¿Cómo puedes usar la estrategia para resolver el problema?**
  Haz un dibujo con muñecos de palitos para mostrar a los percusionistas.

Dibuja 2 hileras.
Muestra 7 muñecos de palitos en cada hilera.

Suma o multiplica para hallar el número total de percusionistas.

$$7 + 7 = 14$$
$$2 \times 7 = 14$$

Por lo tanto, hay 14 percusionistas en toda la sección de tambores.

Comprueba

- **¿Cómo puedes comprobar tu respuesta?**
- **¿De qué otras maneras podrías resolver el problema?**

Resolución de problemas con supervisión

Lee para entender
Planea
Resuelve
Comprueba

1. La banda tiene 6 grupos de 4 personas que tocan la trompeta. ¿Cuántas personas tocan la trompeta?

Primero, haz un dibujo del problema. Muestra 6 círculos con 4 puntos en cada círculo.

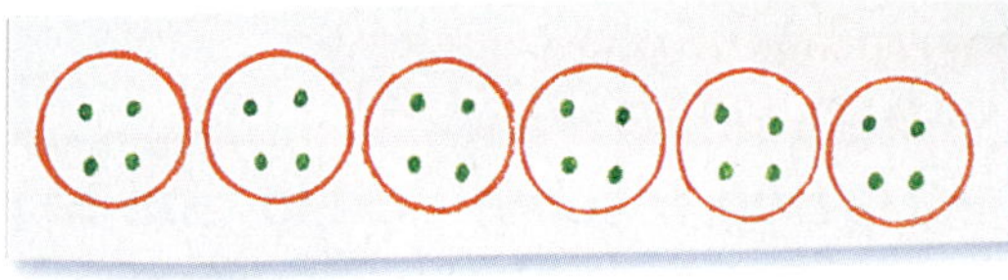

Después, halla el número total de puntos.

$6 \times 4 = \blacksquare$

2. **¿Qué pasaría si** en el problema 1 hubiera 5 grupos en lugar de 6? ¿Cuántas personas tocarían la trompeta?

3. Hay 7 hileras de flautistas en la banda. Hay 5 personas en cada hilera. ¿Cuántos flautistas hay en la banda?

Resolución de problemas • Práctica de estrategias

Para los ejercicios 4 a 6, haz un dibujo para resolver.

4. Cada percusionista necesita 2 baquetas. ¿Cuántas baquetas necesitan 6 percusionistas?

5. Durante el ensayo de la banda, cada uno de 7 estudiantes hizo ondear una bandera. ¿Cuántas banderas en total hicieron ondear los estudiantes?

6. En la clase de la Sra. Taylor doce estudiantes quieren formar una banda. Siete de los estudiantes hicieron tambores. Los demás hicieron 2 maracas cada uno. ¿Cuántas maracas hicieron en total?

USA LOS DATOS **Para los ejercicios 7 y 8, usa la tabla.**

Materiales necesarios para hacer instrumentos

Tambor	Maracas
1 lata de café	2 botellas de plástico de agua
1 liga grande	1 rollo de cinta adhesiva
1 bolsa de basura	frijoles secos

7. ¿Cuántas ligas necesitarán siete estudiantes para hacer sus tambores?

8. ESCRIBE Tres estudiantes quieren tocar maracas en la banda de la clase. ¿Cuántas botellas de agua necesitan en total para hacer las maracas? Explica cómo puedes hacer un dibujo para hallar la respuesta.

9. **Razonamiento** La banda de la clase tiene 12 estudiantes. Muestra dos maneras diferentes en que los miembros de la banda se pueden colocar en hileras iguales para marchar.

Práctica de estrategias mixtas

USA LOS DATOS **Para los ejercicios 10 a 12, usa la encuesta de instrumentos favoritos.**

10. La tabla muestra cómo votaron los estudiantes de la clase de Jillian. ¿Cuántos estudiantes votaron por la guitarra? Haz un dibujo para mostrar tu respuesta.

11. El día de la encuesta de Jillian, dos estudiantes de la clase estuvieron ausentes. La tabla muestra los votos de todos los demás estudiantes de la clase, incluyendo a Jillian. ¿Cuántos estudiantes hay en total en la clase de Jillian?

12. **Razonamiento** Jillian sumó el número de votos de dos instrumentos y obtuvo un total de 12 estudiantes. ¿Cuáles dos instrumentos sumó?

13. ***≡DATO BREVE*** La guitarra eléctrica se inventó en 1931. ¿Hace cuántos años fue eso?

14. **Problema abierto** Tony y Mike encuestaron a 50 estudiantes acerca de su instrumento favorito: flauta, trompeta, tambor o guitarra. Elige una clave y muestra los resultados posibles de una encuesta en una tabla como la que se muestra.

Encuesta del instrumento favorito

Instrumento	Número de niños
flauta	🙂🙂
trompeta	🙂🙂🙂
tambor	🙂🙂🙂🙂
guitarra	🙂🙂🙂🙂🙂

Clave: Cada 🙂 = 2 niños.

ELIGE UNA ESTRATEGIA

- Hacer un diagrama o dibujo
- Hacer un modelo o una dramatización
- Hacer una lista organizada
- Buscar un patrón
- Hacer una tabla o gráfica
- predecir y probar
- Trabajar desde el final hasta el principio
- Resolver un problema más sencillo
- Escribir una ecuación
- Usar el razonamiento lógico

ESFUÉRZATE

Ari, Beth, Corey y Dan tocan cada uno un instrumento diferente. Uno toca la flauta, uno toca la trompeta, uno toca el tambor y uno toca la guitarra. Lee las pistas para hallar qué instrumento toca cada uno.

15. ¿Quién toca la guitarra? ¿Quién toca la trompeta?

16. Explica cómo sabes qué instrumento toca Ari.

Pistas

a. El instrumento de Ari no tiene cuerdas.
b. Beth usa la boca para tocar su instrumento.
c. Corey no usa baquetas con su instrumento.
d. El instrumento de Dan tiene la forma de un cilindro.
e. El instrumento de Ari es más ancho en un extremo que en el otro.

Práctica adicional

Grupo A **Usa fichas para hacer modelos. Después, escribe un enunciado de suma y un enunciado de multiplicación para cada uno.** (págs. 102 y 103)

1. 4 grupos de 3 **2.** 2 grupos de 2 **3.** 2 grupos de 3 **4.** 5 grupos de 2

5. 6 grupos de 1 **6.** 4 grupos de 5 **7.** 3 grupos de 6 **8.** 7 grupos de 3

Escribe un enunciado de multiplicación para cada uno.

9. $3 + 3 + 3 = 9$ **10.** $2 + 2 + 2 + 2 = 8$ **11.** $4 + 4 = 8$

12. $7 + 7 + 7 + 7 = 28$ **13.** $1 + 1 + 1 = 3$ **14.** $6 + 6 + 6 + 6 = 24$

15. $5 + 5 + 5 = 15$ **16.** $3 + 3 = 6$ **17.** $8 + 8 + 8 = 24$

Grupo B **Escribe un enunciado de multiplicación para cada matriz.** (págs. 104 a 107)

1. 

2. 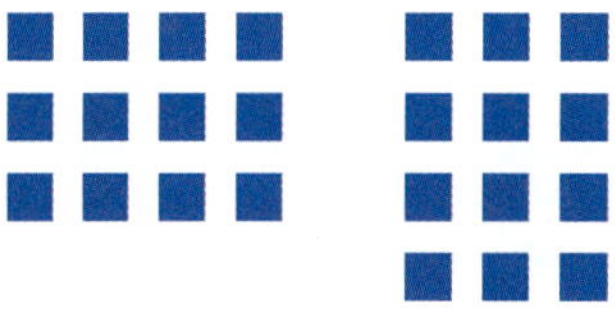

3. 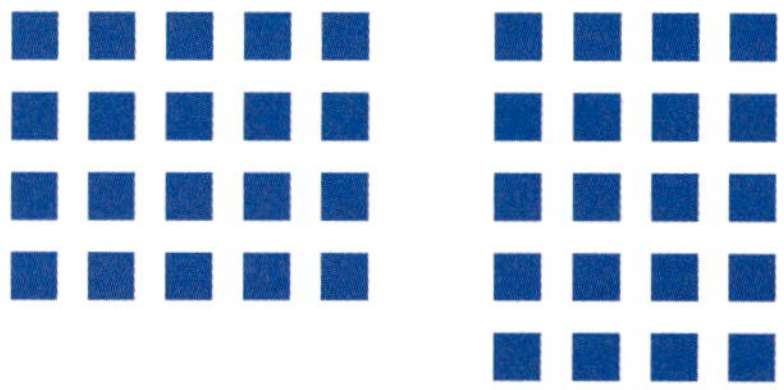

4. Jamal pone 20 carros Matchbox® en 5 hileras. ¿Cuántos carros había en cada hilera?
5 hileras de ■ carros = 20

5. Mary recogió 6 tomates de cada una de las 3 hileras en su huerto. Usó 4 tomates para hacer salsa. ¿Cuántos tomates le quedan?

Grupo C **Halla el producto.** (págs. 108 y 109)

1. $2 \times 4 =$ ■ **2.** $9 \times 2 =$ ■ **3.** $2 \times 2 =$ ■ **4.** $2 \times 1 =$ ■

5. $2 \times 3 =$ ■ **6.** $5 \times 2 =$ ■ **7.** $2 \times 7 =$ ■ **8.** $8 \times 2 =$ ■

9. $3 \times 2 =$ ■ **10.** $2 \times 6 =$ ■ **11.** $2 \times 9 =$ ■ **12.** $4 \times 2 =$ ■

13. $\begin{array}{r} 2 \\ \times 7 \\ \hline \end{array}$ **14.** $\begin{array}{r} 5 \\ \times 2 \\ \hline \end{array}$ **15.** $\begin{array}{r} 2 \\ \times 2 \\ \hline \end{array}$ **16.** $\begin{array}{r} 6 \\ \times 2 \\ \hline \end{array}$ **17.** $\begin{array}{r} 2 \\ \times 4 \\ \hline \end{array}$ **18.** $\begin{array}{r} 3 \\ \times 2 \\ \hline \end{array}$

19. $\begin{array}{r} 8 \\ \times 2 \\ \hline \end{array}$ **20.** $\begin{array}{r} 2 \\ \times 1 \\ \hline \end{array}$ **21.** $\begin{array}{r} 9 \\ \times 2 \\ \hline \end{array}$ **22.** $\begin{array}{r} 2 \\ \times 8 \\ \hline \end{array}$ **23.** $\begin{array}{r} 4 \\ \times 2 \\ \hline \end{array}$ **24.** $\begin{array}{r} 7 \\ \times 2 \\ \hline \end{array}$

CD ROM

Tecnología
Usa Harcourt Mega Math en español, Cuenta en el campo, *Cuentanimales*, niveles V, Z.

Grupo D Halla el producto. (págs. 110 y 111)

1. $2 \times 4 = \blacksquare$ 2. $9 \times 4 = \blacksquare$ 3. $4 \times 4 = \blacksquare$ 4. $4 \times 1 = \blacksquare$

5. $4 \times 3 = \blacksquare$ 6. $5 \times 4 = \blacksquare$ 7. $4 \times 7 = \blacksquare$ 8. $8 \times 4 = \blacksquare$

9. $1 \times 4 = \blacksquare$ 10. $4 \times 6 = \blacksquare$ 11. $4 \times 9 = \blacksquare$ 12. $4 \times 2 = \blacksquare$

13. $\begin{array}{r} 4 \\ \times 4 \\ \hline \end{array}$ 14. $\begin{array}{r} 5 \\ \times 4 \\ \hline \end{array}$ 15. $\begin{array}{r} 4 \\ \times 2 \\ \hline \end{array}$ 16. $\begin{array}{r} 2 \\ \times 4 \\ \hline \end{array}$ 17. $\begin{array}{r} 4 \\ \times 6 \\ \hline \end{array}$ 18. $\begin{array}{r} 3 \\ \times 4 \\ \hline \end{array}$

19. $\begin{array}{r} 9 \\ \times 4 \\ \hline \end{array}$ 20. $\begin{array}{r} 2 \\ \times 4 \\ \hline \end{array}$ 21. $\begin{array}{r} 7 \\ \times 4 \\ \hline \end{array}$ 22. $\begin{array}{r} 8 \\ \times 4 \\ \hline \end{array}$ 23. $\begin{array}{r} 1 \\ \times 4 \\ \hline \end{array}$ 24. $\begin{array}{r} 6 \\ \times 4 \\ \hline \end{array}$

25. Marla tiene 4 cajones. Hay 2 cuerdas de brincar en cada cajón. ¿Cuántas cuerdas de brincar tiene Marla?

26. Arwin tiene 3 cajas de lápices. Tiene 4 lápices en cada caja. ¿Cuántos lápices tiene Arwin en total?

Copia y completa.

	$\times$	1	2	3	4	5	6	7	8	9	10
27.	2	■	■	■	■	■	■	■	■	■	■
28.	4	■	■	■	■	■	■	■	■	■	■

Grupo E Halla el producto. (págs. 112 a 115)

1. $6 \times 0 = \blacksquare$ 2. $4 \times 1 = \blacksquare$ 3. $3 \times 0 = \blacksquare$ 4. $0 \times 1 = \blacksquare$

5. $1 \times 5 = \blacksquare$ 6. $0 \times 9 = \blacksquare$ 7. $1 \times 1 = \blacksquare$ 8. $4 \times 0 = \blacksquare$

9. $\begin{array}{r} 2 \\ \times 0 \\ \hline \end{array}$ 10. $\begin{array}{r} 7 \\ \times 1 \\ \hline \end{array}$ 11. $\begin{array}{r} 8 \\ \times 0 \\ \hline \end{array}$ 12. $\begin{array}{r} 6 \\ \times 1 \\ \hline \end{array}$ 13. $\begin{array}{r} 0 \\ \times 3 \\ \hline \end{array}$ 14. $\begin{array}{r} 9 \\ \times 1 \\ \hline \end{array}$

15. $\begin{array}{r} 1 \\ \times 2 \\ \hline \end{array}$ 16. $\begin{array}{r} 0 \\ \times 0 \\ \hline \end{array}$ 17. $\begin{array}{r} 0 \\ \times 5 \\ \hline \end{array}$ 18. $\begin{array}{r} 5 \\ \times 1 \\ \hline \end{array}$ 19. $\begin{array}{r} 4 \\ \times 0 \\ \hline \end{array}$ 20. $\begin{array}{r} 0 \\ \times 7 \\ \hline \end{array}$

Halla el número que falta.

21. $5 \times \blacksquare = 0$ 22. $3 \times 1 = \blacksquare \times 3$ 23. $\blacksquare \times 14 = 14$ 24. $0 \times 89 = \blacksquare$

25. $\blacksquare \times 8 = 8$ 26. $24 \times 0 = \blacksquare$ 27. $11 \times \blacksquare = 11$ 28. $1 \times 7 = \blacksquare \times 1$

29. Tom tenía 4 cajas. Puso 1 carro en cada caja. ¿Cuántos carros tiene en total?

30. Lucy tiene 2 peceras. No hay peces en las peceras. ¿Cuántos peces tiene en total?

Repaso/Prueba del Capítulo 5

Repasar el vocabulario y los conceptos

Elige el mejor término del recuadro.

VOCABULARIO
- matriz
- propiedad de identidad de la multiplicación
- multiplicar
- propiedad del cero de la multiplicación

1. Al _?_, combinas grupos iguales para determinar cuántos hay en total. (NS 2.2, pág. 102)

2. La _?_ establece que el producto de cualquier número por 1 es ese número. (NS 2.6, pág. 112)

Repasar las destrezas

Usa fichas para hacer un modelo. Después escribe un enunciado de suma y un enunciado de multiplicación para cada modelo. (NS 2.2, págs. 102 y 103)

3. 7 grupos de 3 **4.** 1 grupo de 6 **5.** 4 grupos de 5 **6.** 2 grupos de 8

Escribe un enunciado de multiplicación para cada matriz. (NS 2.2, págs. 104 a 107)

7. 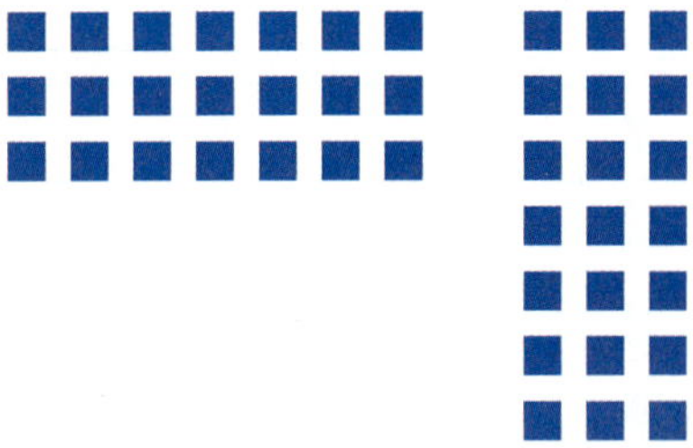

8. 

9. 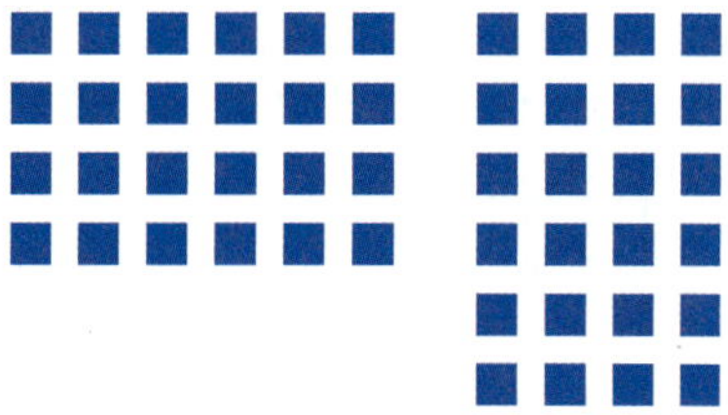

Halla el producto. (NS 2.2, NS 2.6, págs. 108 y 109, 110 y 111, 112 a 115)

10. $5 \times 2 = ■$ **11.** $4 \times 1 = ■$ **12.** $0 \times 7 = ■$ **13.** $4 \times 4 = ■$

14. $2 \times 8 = ■$ **15.** $9 \times 0 = ■$ **16.** $1 \times 1 = ■$ **17.** $9 \times 4 = ■$

18. 2×2 **19.** 0×6 **20.** 7×1 **21.** 6×2 **22.** 4×3 **23.** 0×0

Repasar la resolución de problemas

Resuelve. (NS 2.2, MR 2.3, págs. 116 a 119)

24. Diez estudiantes participan en la obra de la escuela. Cuatro estudiantes cantarán una canción. Cada uno de los demás estudiantes hará 2 disfraces. ¿Cuántos disfraces harán los estudiantes en total?

25. ESCRIBE Tres estudiantes vendieron boletos para la obra. Cada uno vendió 10 boletos. ¿Cuántos boletos vendieron en total? **Explica** cómo lo sabes.

Enriquecimiento • Valor de las figuras

Problemas con figuras

Usar figuras en lugar de números puede ayudarte a practicar operaciones de suma, resta y multiplicación.

Ecuaciones de figuras

Halla el valor de ❤ y ✿ al responder a las preguntas.

❤ − ✿ = 3
✿ × ✿ = 16

Paso 1	**Paso 2**
La ✿ está en ambos problemas, por lo tanto, halla el valor de la primera ✿. **Piensa:** ¿Qué número multiplicado por sí mismo es igual a 16? 4 × 4 = 16, por lo tanto, ✿ = 4.	Ahora puedes hallar el valor de ❤. Usando el valor de ✿, sabes que ❤ − 4 = 3. Halla el valor de ❤ al sumar. 4 + 3 = 7. 7 − 4 = 3, por lo tanto, ❤ = 7.

Por lo tanto, ✿ = 4 y ❤ = 7.

Inténtalo

Halla el valor de cada figura en los acertijos de abajo.

1. ▲ + ⬢ = 8
⬢ × ▲ = 12

▲ = ■
⬢ = ■

2. ⬟ + ⬟ = 6
⬟ × ⬟ = 9

⬟ = ■

3. 🍁 − 🌳 = 5
🍁 × 🌳 = 24

🍁 = ■
🌳 = ■

ESCRIBE ¿Cómo saber que ★ = 3 puede ayudarte a resolver el acertijo de abajo? **Explica**.

★ + ⏢ = 12
★ × ★ = ⏢

Comprensión de los Estándares
Capítulos 1 a 5

Percepción numérica

1. La familia de Johann condujo 618 millas durante sus vacaciones. ¿Qué dígito está en la posición de las decenas en el número 618? (NS 1.3)

   A 1

   B 6

   C 8

   D 18

Pista

Comprueba tu trabajo.

Lee el problema 2. Asegúrate de restar correctamente, en especial si necesitas reagrupar.

2. Peggy y George coleccionan animales de juguete. Peggy tiene 28 leones. George tiene 34 elefantes. ¿Cuántos animales de juguete más que Peggy tiene George? (NS 2.1)

   A 16

   B 8

   C 6

   D 4

3. **ESCRIBE** **Explica** cómo saber la respuesta de 9×2 te ayuda a hallar la respuesta de 9×4. (NS 2.2)

Álgebra y funciones

4. La tabla muestra el número de ruedas de diferentes números de bicicletas.

Número de bicicletas	Número de ruedas
1	2
2	4
4	8
8	■

¿Cuántas ruedas hay en 8 bicicletas? (AF 2.1)

A 10 **C** 16

B 14 **D** 18

5. ¿Qué enunciado de multiplicación representa la matriz? (AF 1.1)

   A $4 \times 4 = 16$

   B $4 \times 3 = 12$

   C $2 \times 8 = 16$

   D $4 \times 2 = 8$

6. **ESCRIBE** Escribe el enunciado de multiplicación para $5 + 5 + 5 + 5 = 20$. **Explica** cómo lo sabes. (AF 1.1)

Medición y geometría

7. Mira el dibujo de la crayola. Mide la longitud de la crayola en pulgadas. Aproximadamente, ¿cuánto mide de largo la crayola? (Grado 2 MG 1.3)

A 1 pulgada

B 2 pulgadas

C 3 pulgadas

D 4 pulgadas

8. Mira el dibujo del peine. Mide la longitud del peine en centímetros. Aproximadamente, ¿cuánto mide de largo el peine? (Grado 2 MG 1.3)

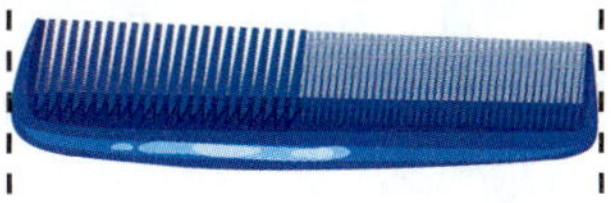

A 1 centímetro

B 2 centímetros

C 3 centímetros

D 4 centímetros

9. ESCRIBE Judy fue de compras con su mamá de las 10:00 a.m. hasta el mediodía. ¿Durante cuántos minutos fueron de compras? **Explica**.
(Grado 2 MG 1.5)

Estadísticas, análisis de datos y probabilidad

10. Randy sacó una canica de una bolsa 15 veces. Sus resultados se muestran en la tabla de conteo. ¿Qué color sacó con más frecuencia? (Grado 2 SDAP 1.0)

A azul

B verde

C roja

D anaranjada

Canicas sacadas

Canica	Número de veces sacadas
anaranjada	|||
roja	||
verde	~~||||~~ |||
azul	||

11. Ernesto sacó las siguientes calificaciones en la clase de matemáticas. (Grado 2 SDAP 1.3)

98	91	100
75	88	98

¿Cuál es el rango de sus calificaciones?

A 25

B 88

C 91

D 98

12. ESCRIBE La pictografía muestra los colores favoritos de algunos estudiantes. ¿Qué color eligió el menor número de estudiantes? **Explica** cómo lo sabes.
(Grado 2 SDAP 1.0)

CAPÍTULO

6 Operaciones de multiplicación

La idea importante Las estrategias de operaciones básicas para la multiplicación se basan en propiedades, patrones y relaciones de números.

CALIFORNIA DATO BREVE

Las mariposas monarca emigran al sur durante el invierno. Puedes ver estas mariposas cada invierno en el Natural Bridges State Beach, un parque de California.

Investiga

Puedes atraer mariposas a tu patio al plantar un jardín de mariposas y construir una casa de mariposas. Imagina que quieres hacer más de una casa de mariposas. ¿Cómo puedes saber cuántos pies de madera necesitarías?

Casa de mariposas

Materiales	Cantidad
Tiras de madera	6 pies
Tornillos	12
Corteza de árbol	1 pieza

Muestra lo que sabes

Compureba si has aprendido las destrezas importantes que se necesitan para completar exitosamente el Capitulo 6.

▶ Grupos iguales

Escribe cuántos hay en total.

1. 

2 grupos de 7 = ■

2. 

3 grupos de 4 = ■

3. 

6 grupos de 2 = ■

▶ Matrices

Halla el producto.

4. 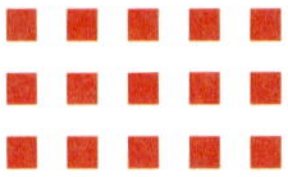

$3 \times 5 =$ ■

5. 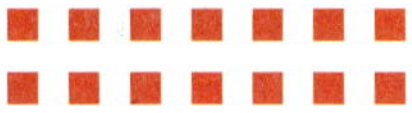

$2 \times 7 =$ ■

6. 

$3 \times 3 =$ ■

7. 

$4 \times 6 =$ ■

▶ Multiplicar con 2 y 4

Multiplica.

8. $4 \times 4 =$ ■ **9.** $3 \times 2 =$ ■ **10.** $5 \times 4 =$ ■ **11.** $2 \times 9 =$ ■

Enriquece tu vocabulario

VOCABULARIO DEL CAPÍTULO

matriz
factor
múltiplo
multiplicación
multiplicar
producto
número cuadrado

PREPARACIÓN

múltiplo Un número que es el producto de un número dado y un número entero

multiplicar Cuando combinas grupos iguales, puedes multiplicar para determinar cuántos hay en total.

LECCIÓN 1

Multiplicar con 5 y 10

OBJETIVO: Multiplicar con los factores 5 y 10.

Repaso rápido

1. 5 + 5
2. 10 + 10
3. 5 + 5 + 5 + 5
4. 10 + 10 + 10 + 10
5. 5 + 5 + 5 + 5 + 5

Aprende

PROBLEMA Mandi canta en el coro de la escuela. Para la primera canción hay 3 hileras con 5 estudiantes en cada hilera. ¿Cuántos estudiantes cantan la primera canción?

Multiplica. $3 \times 5 = \blacksquare$

DE UNA MANERA **Haz una matriz.**

Usa fichas para hacer una matriz con 3 hileras de 5.

Cuenta las fichas. $3 \times 5 = 15$

Por lo tanto, 15 estudiantes cantan la primera canción.

DE OTRA MANERA **Usa una recta numérica.**

Empieza en 0. Da 3 saltos de 5 espacios cada uno.

$3 \times 5 = 15$

$$\begin{array}{r} 5 \\ \times 3 \\ \hline 15 \end{array}$$

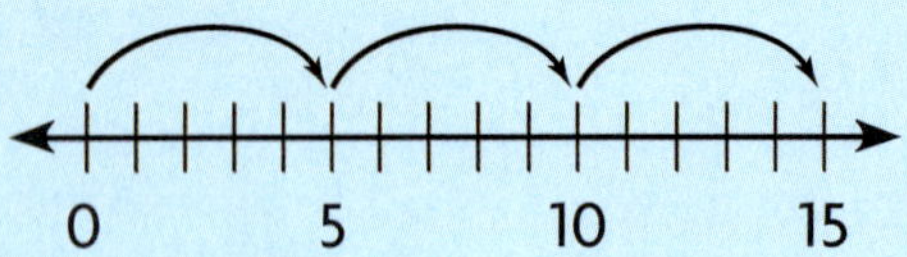

Piensa: 5, 10, 15

Para la última canción hay 3 hileras con 10 estudiantes en cada hilera. ¿Cuántos estudiantes cantan la última canción?

Multiplica. $3 \times 10 = \blacksquare$

Idea matemática
El producto de 10 y cualquier factor siempre es igual al otro factor seguido de un cero.

DE UNA MANERA **Usa ceros.**

Para hallar un producto de 10, escribe un cero después del producto de 1.

$1 \times 1 = 1$	$1 \times 10 = 10$
$2 \times 1 = 2$	$2 \times 10 = 20$
$3 \times 1 = 3$	$3 \times 10 = 30$

Por lo tanto, 30 estudiantes cantan la última canción.

DE OTRA MANERA **Usa dobles.**

Halla el producto de 5. $3 \times 5 = 15$
Duplica ese producto. $15 + 15 = 30$
Por lo tanto, $3 \times 10 = 30$.

NS 2.2 Memorizar la tabla de multiplicación del 1 al 10. *también* MR 1.1, MR 2.3, MR 2.4, MR 3.2

Práctica con supervisión

1. ¿Cómo puedes usar esta recta numérica para hallar 4×10?

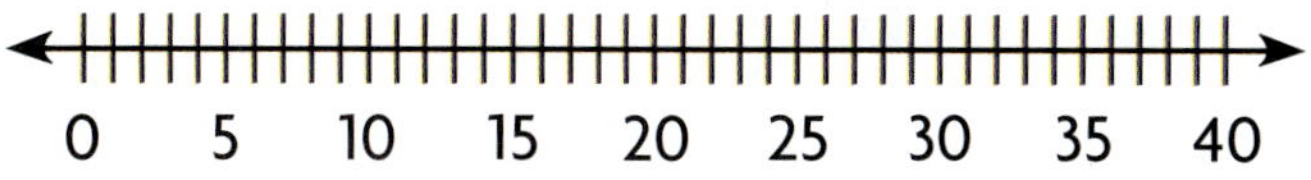

Halla el producto.

2. $2 \times 5 = ■$ 3. $■ = 6 \times 10$ ✓4. $■ = 5 \times 5$ ✓5. $10 \times 7 = ■$

6. **COMENTA** **Explica** cómo 4×5 puede ayudarte a hallar 4×10.

Práctica independiente y resolución de problemas

Halla el producto

7. $10 \times 2 = ■$ 8. $■ = 5 \times 3$ 9. $■ = 10 \times 10$ 10. $6 \times 5 = ■$

11. $10 \times 5 = ■$ 12. $9 \times 5 = ■$ 13. $■ = 2 \times 10$ 14. $■ = 5 \times 9$

15. 10×0 16. 7×5 17. 5×8 18. 10×9 19. 5×6 20. 10×8

USA LOS DATOS Para los ejercicios 21 y 22, usa la tabla.

21. Haz un dibujo para mostrar cuántas cuerdas tienen 4 banjos. Después escribe un enunciado de multiplicación.

22. El Sr. Case tiene 2 guitarras, 4 banjos y 1 mandolina. ¿Cuántas cuerdas en total tienen los instrumentos del Sr. Case?

Instrumentos de cuerda

Instrumento	Número de cuerdas
Guitarra	6
Banjo	5
Mandolina	8
Violín	4

Mandolina

23. **ESCRIBE** Cuando multiplicas por 5, ¿los productos son impares o pares? **Explica** cómo lo sabes.

Comprensión de los Estándares

24. Una tienda de música vendió 586 libros de guitarra y 297 libros de piano. ¿Cuántos más libros de guitarra vendió? (NS 2.1, pág. 78)

25. ¿Qué símbolo hace que este enunciado numérico sea verdadero? (AF 1.3, pág. 110)

$7 ● 4 = 28$

26. $7 + 7 + 7 =$ (NS 2.1, pág. 102)

27. **Preparación para la prueba** Una juguetería exhibe juguetes en 5 estantes. Hay 5 juguetes en cada estante. ¿Cuántos juguetes hay en total?

A 10 **B** 15 **C** 20 **D** 25

Práctica adicional en la página 142, Grupo A

LECCIÓN 2

Multiplicar con 3

OBJETIVO: Multiplicar con el factor 3.

Repaso rápido

1. $3 + 3 + 3 = \blacksquare$
2. $3 + 3 + 3 + 3 = \blacksquare$
3. $5 \times 3 = \blacksquare \times 5$
4. $1 \times 7 = \blacksquare \times 1$
5. $\blacksquare \times 2 = 2 \times 6$

Aprende

PROBLEMA Paula hace un diseño con 4 triángulos. ¿Cuántos lados tienen 4 triángulos?

$$4 \times 3 = \blacksquare$$

Un triángulo tiene 3 lados. Para hallar el número de lados en 4 triángulos, halla 4×3.

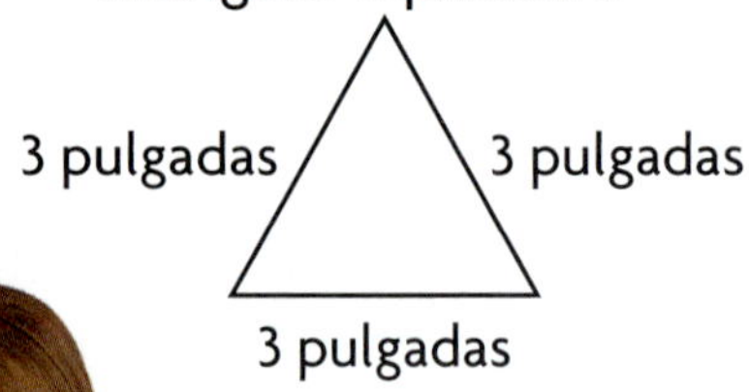

DE UNA MANERA **Haz un dibujo.**

Paso 1 **Dibuja 4 triángulos.**

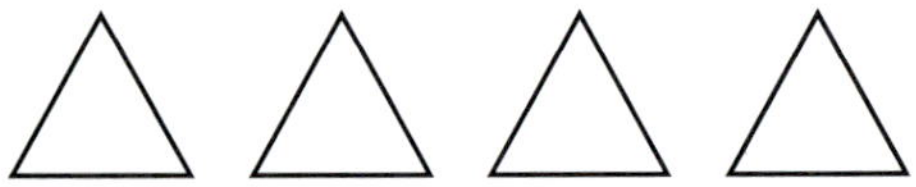

Paso 2 **Cuenta los lados.**

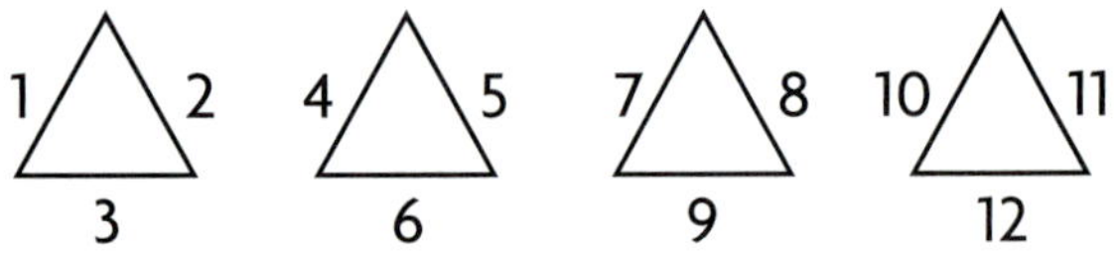

$4 \times 3 = 12$

Por lo tanto, 4 triángulos tienen 12 lados.

OTRAS MANERAS

A **Usa fichas.**

Forma 4 grupos de 3.

$4 \times 3 = 12$

B **Busca un patrón.**

Triángulos	Lados	Total
1	3	3
2	3	6
3	3	9
4	3	12

$4 \times 3 = 12$

Práctica con supervisión

1. Usa el dibujo y di cómo hallas el número de lados en 6 triángulos.

NS 2.2 Memorizar la tabla de multiplicación del 1 al 10. *también* **MG 2.2, MR 1.1, MR 2.3, MR 2.4, MR 3.2**

Halla el producto.

2. $3 \times 5 = \blacksquare$ 3. $\blacksquare = 3 \times 6$ ✓4. $\blacksquare = 7 \times 3$ ✓5. $9 \times 3 = \blacksquare$

6. **COMENTA** **Explica** cómo puedes usar fichas para hallar 5×3.

Práctica independiente y resolución de problemas

Halla el producto

7. $6 \times 3 = \blacksquare$ 8. $\blacksquare = 8 \times 3$ 9. $\blacksquare = 3 \times 0$ 10. $3 \times 3 = \blacksquare$

11. $2 \times 3 = \blacksquare$ 12. $\blacksquare = 9 \times 3$ 13. $\blacksquare = 3 \times 1$ 14. $3 \times 7 = \blacksquare$

15. $\begin{array}{r} 3 \\ \times 6 \\ \hline \end{array}$ 16. $\begin{array}{r} 8 \\ \times 3 \\ \hline \end{array}$ 17. $\begin{array}{r} 5 \\ \times 3 \\ \hline \end{array}$ 18. $\begin{array}{r} 3 \\ \times 2 \\ \hline \end{array}$ 19. $\begin{array}{r} 7 \\ \times 3 \\ \hline \end{array}$ 20. $\begin{array}{r} 3 \\ \times 9 \\ \hline \end{array}$

Álgebra **Completa.**

21. $2 \times 3 = \blacksquare \times 2$ 22. $8 \times 1 = \blacksquare \times 8$ 23. $5 \times 2 = \blacksquare \times 5$

24. $2 \times 3 = \blacksquare + 1$ 25. $8 \times 1 = \blacksquare + 1$ 26. $5 \times 2 = \blacksquare + 1$

27. Un cuadrado tiene 4 lados. ¿Cuál tiene más lados, 5 cuadrados o 6 triángulos? Muestra tu trabajo.

28. **Razonamiento** Usa los factores 3 y 4 para mostrar la propiedad conmutativa de la multiplicación. Haz un dibujo.

USA LOS DATOS Para los ejercicios 29 y 30, usa la tabla.

29. ¿Cuántos cuadrados hay en 3 pedazos del patrón de la colcha? Haz un dibujo para mostrar tu respuesta.

30. **ESCRIBE** **Explica** cómo hallar el número total de lados de todas las figuras en el patrón de la colcha. Algunos lados se contarán más de una vez.

Patrón de colcha

Figura	Número en 1 pedazo del pátrón
Cuadrado	6
Triángulo	4
Rectángulo	4

Patrón Amish usado para hacer colchas.

Comprensión de los Estándares

31. Hay 4 galletas en un paquete. ¿Cuántas galletas hay en 3 paquetes? (NS 2.2, pág. 110)

32. Ryan tiene 8 hojas de calcomanías. Cada hoja tiene 2 calcomanías. ¿Cuántas calcomanías tiene Ryan? (NS 2.2, pág. 108)

33. $6 \times 5 =$ (NS 2.2, pág. 128)

34. **Preparación para la prueba** Hay 9 lápices de colores en cada uno de los 3 paquetes. ¿Cuántos lápices de colores hay en total?

A 6 **B** 12 **C** 24 **D** 27

Práctica adicional en la página 142, Grupo B

LECCIÓN 3

Multiplicar con 6

OBJETIVO: Multiplicar con el factor 6.

Repaso rápido

1. 3 × 2
2. 9 × 3
3. 5 × 3
4. 3 × 4
5. 6 × 3

Vocabulario

múltiplo

Aprende

PROBLEMA Una luciérnaga tiene 6 patas. ¿Cuántas patas tienen 5 luciérnagas?

$$5 \times 6 = \blacksquare$$

DE UNA MANERA **Usa una matriz.**

Haz 5 hileras con 6 fichas en cada hilera.

Cuenta las fichas.

5 × 6 = 30

$$\begin{array}{r} 6 \\ \times 5 \\ \hline 30 \end{array}$$

Por lo tanto, 5 luciérnagas tienen 30 patas.

▲ Las luciérnagas también se conocen como "cocuyos".

OTRAS MANERAS

A Usa una recta numérica.

Da 5 saltos de 6 espacios cada uno.

5 × 6= 30

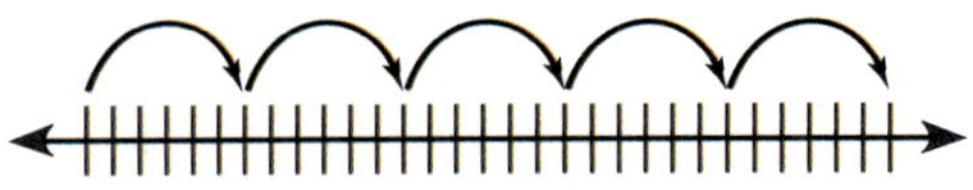

Piensa: 6, 12, 18, 24, 30

Un **múltiplo** de 6 es cualquier producto que tenga un 6 como uno de sus factores. Algunos múltiplos de 6 son 6, 12, 18, 24 y 30.

B Usa una tabla de multiplicación.

Halla el producto de 5 × 6 donde se encuentran la hilera 5 y la columna 6. 5 × 6 = 30

columna ↓

hilera →

×	0	1	2	3	4	5	6	7	8	9
0	0	0	0	0	0	0	0	0	0	0
1	0	1	2	3	4	5	6	7	8	9
2	0	2	4	6	8	10	12	14	16	18
3	0	3	6	9	12	15	18	21	24	27
4	0	4	8	12	16	20	24	28	32	36
5	0	5	10	15	20	25	30	35	40	45
6	0	6	12	18	24	30	36	42	48	54
7	0	7	14	21	28	35	42	49	56	63
8	0	8	16	24	32	40	48	56	64	72
9	0	9	18	27	36	45	54	63	72	81

C Usa dobles.

Primero halla el producto de 3. 5 × 3 = 15

Después duplica ese producto. 15 + 15 = 30

Por lo tanto, 5 × 6 = 30.

- Mira en la tabla las columnas del 3 y del 6. ¿Qué notas en los productos?

NS 2.2 Memorizar la tabla de multiplicación del 1 al 10. *también* MR 1.1, MR 2.3, MR 2.4, MR 3.2

Práctica con supervisión

1. Usa la matriz para hallar 3×6.

Halla el producto.

2. $6 \times 1 =$ ■
3. ■ $= 3 \times 6$
4. ■ $= 6 \times 4$
5. $6 \times 8 =$ ■

6. **COMENTA** Nombra un producto que sea múltiplo de 3 y 6. **Explica** cómo lo sabes.

Práctica independiente y resolución de problemas

Halla el producto.

7. $6 \times 5 =$ ■
8. ■ $= 8 \times 6$
9. ■ $= 6 \times 6$
10. $0 \times 6 =$ ■
11. $10 \times 6 =$ ■
12. $4 \times 5 =$ ■
13. ■ $= 1 \times 6$
14. ■ $= 5 \times 5$
15. $\begin{array}{r} 6 \\ \times 5 \\ \hline \end{array}$
16. $\begin{array}{r} 3 \\ \times 5 \\ \hline \end{array}$
17. $\begin{array}{r} 9 \\ \times 6 \\ \hline \end{array}$
18. $\begin{array}{r} 6 \\ \times 7 \\ \hline \end{array}$
19. $\begin{array}{r} 6 \\ \times 6 \\ \hline \end{array}$
20. $\begin{array}{r} 6 \\ \times 3 \\ \hline \end{array}$

Álgebra Copy and complete each table.

	Multiplicar por 3.	
21.	6	■
22.	■	30
23.	8	■

	Multiplicar por 6.	
24.	3	■
25.	7	■
26.	■	48

27.

Multiplicar por ■.	
6	30
5	25
9	45

USA LOS DATOS **Para los ejercicios 28 a 30, usa la tabla.**

28. ¿Cuántas alas tienen 6 abejas?
29. ¿Cuántas alas más tienen 6 escarabajos que 6 moscas?
30. **ESCRIBE** Escribe un enunciado numérico que muestre cuántas alas tienen 3 moscas. **Explica** cómo te ayuda esta operación a hallar el número de alas que tienen 6 moscas.

Insectos alados

Insecto	Número de alas
Mosca	2
Escarabajo	4
Abeja	4

Comprensión de los Estándares

31. Aaron vio 4 catarinas. Cada una tiene 10 manchas. ¿Cuántas manchas en total tienen las catarinas? (NS 2.2, pág. 128)
32. $8{,}000 - 4{,}781 =$ (NS 2.1, pág. 80)
33. $8 \times 4 =$ (NS 2.2, pág. 110)
34. **Preparación para la prueba** Sean vio 8 catarinas. Cada una tenía 6 patas. ¿Cuántas patas en total tienen las 8 catarinas?

A 12 **B** 16 **C** 48 **D** 54

Práctica adicional en la página 142, Grupo C

LECCIÓN 4

ÁLGEBRA

Practicar las operaciones

OBJETIVO: Practicar las operaciones de multiplicación con los factores 0, 1, 2, 3, 4, 5, 6 y 10.

Repaso rápido

1. 6×5
2. 4×4
3. 3×7
4. 9×2
5. 4×8

Aprende

PROBLEMA La familia de Stephen vive en una granja lechera. Una de las vacas de la granja produce 3 galones de leche al día. ¿Cuántos galones de leche produce la vaca en 6 días?

$6 \times 3 = \blacksquare$

◀ **¡Una vaca lechera puede producir 200,000 vasos de leche en un año!**

DE UNA MANERA **Usa una tabla de multiplicar.**

Halla el número donde se encuentran la hilera del 6 y la columna del 3.
$6 \times 3 = 18$

Por lo tanto, la vaca produce 18 galones de leche en 6 días.

La parte sombreada en color gris de la tabla muestra los productos de las operaciones de multiplicación que ya has aprendido.

×	0	1	2	3	4	5	6	7	8	9	10
0	0	0	0	0	0	0	0	0	0	0	0
1	0	1	2	3	4	5	6	7	8	9	10
2	0	2	4	6	8	10	12	14	16	18	20
3	0	3	6	9	12	15	18	21	24	27	30
4	0	4	8	12	16	20	24	28	32	36	40
5	0	5	10	15	20	25	30	35	40	45	50
6	0	6	12	18	24	30	36	42	48	54	60
7	0	7	14	21	28	35	42	49	56	63	70
8	0	8	16	24	32	40	48	56	64	72	80
9	0	9	18	27	36	45	54	63	72	81	90
10	0	10	20	30	40	50	60	70	80	90	100

ADVERTENCIA

Para ubicar el número donde se encuentran una hilera y una columna en la tabla de multiplicar, asegúrate de seguir los números en línea recta.

OTRAS MANERAS

A **Usa una recta numérica.**

Cuenta salteado de 3 en 3. $6 \times 3 = 18$

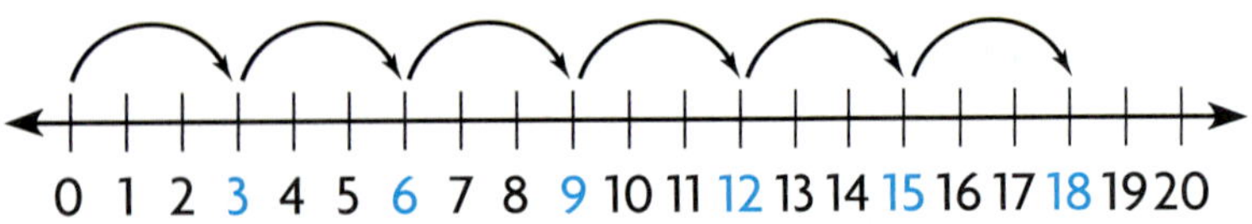

Piensa: 3, 6, 9, 12, 15, 18

B **Usa fichas.**

Forma 6 grupos de 3.

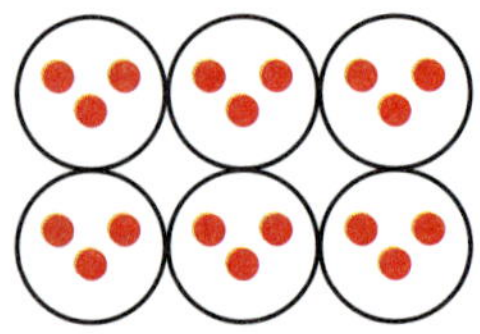

$6 \times 3 = 18$

NS 2.2 Memorizar la tabla de multiplicación del 1 al 10. *también* **MR 1.1, MR 2.3, MR 2.4, MR 3.2**

C **Haz una matriz.**

Haz 6 hileras de 3 fichas.

$6 \times 3 = 18$

D **Haz un dibujo.**

Dibuja 6 grupos de 3.

$6 \times 3 = 18$

$$\begin{array}{r} 3 \\ \times 6 \\ \hline 18 \end{array}$$

E **Usa dobles.**

Halla el producto de 3. $3 \times 3 = 9$

Duplica ese producto. $9 + 9 = 18$

Por lo tanto, $6 \times 3 = 18$.

F **Usa la propiedad conmutativa.**

Cambia el orden de los factores.

$3 \times 6 = 18$, por lo tanto, $6 \times 3 = 18$.

- ¿Cómo hallarías 3×6 usando una recta numérica?

Práctica con supervisión

1. Escribe el enunciado de multiplicación que representan estas fichas.

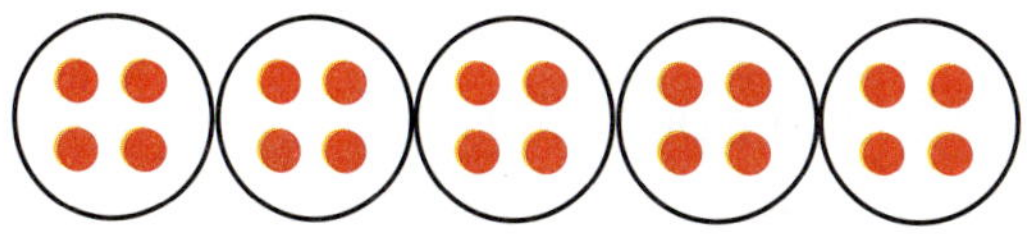

Halla el producto.

2. $4 \times 8 = ■$ **3.** $■ = 7 \times 3$ ✓**4.** $■ = 9 \times 4$ ✓**5.** $6 \times 6 = ■$

6. COMENTA **Explica** dos maneras de hallar 7×5.

Práctica independiente y resolución de problemas

Halla el producto.

7. $6 \times 8 = ■$ **8.** $■ = 5 \times 6$ **9.** $■ = 4 \times 2$ **10.** $0 \times 9 = ■$

11. $4 \times 7 = ■$ **12.** $2 \times 6 = ■$ **13.** $■ = 5 \times 5$ **14.** $■ = 6 \times 7$

15. $■ = 10 \times 1$ **16.** $7 \times 2 = ■$ **17.** $8 \times 3 = ■$ **18.** $6 \times 9 = ■$

19. $\begin{array}{r} 5 \\ \times 6 \\ \hline \end{array}$ **20.** $\begin{array}{r} 10 \\ \times\ 8 \\ \hline \end{array}$ **21.** $\begin{array}{r} 1 \\ \times 9 \\ \hline \end{array}$ **22.** $\begin{array}{r} 7 \\ \times 5 \\ \hline \end{array}$ **23.** $\begin{array}{r} 6 \\ \times 6 \\ \hline \end{array}$ **24.** $\begin{array}{r} 7 \\ \times 4 \\ \hline \end{array}$

25. $\begin{array}{r} 8 \\ \times 2 \\ \hline \end{array}$ **26.** $\begin{array}{r} 4 \\ \times 4 \\ \hline \end{array}$ **27.** $\begin{array}{r} 3 \\ \times 6 \\ \hline \end{array}$ **28.** $\begin{array}{r} 4 \\ \times 2 \\ \hline \end{array}$ **29.** $\begin{array}{r} 3 \\ \times 3 \\ \hline \end{array}$ **30.** $\begin{array}{r} 4 \\ \times 8 \\ \hline \end{array}$

Práctica adicional en la página 142, Grupo D

CD ROM **Tecnología**
Usa Harcourt Mega Math en español, Juegos de números, *De todo un poco*, niveles A y B.

Muestra dos maneras diferentes de hallar cada producto.

31. $3 \times 2 = \blacksquare$ **32.** $1 \times 7 = \blacksquare$ **33.** $9 \times 6 = \blacksquare$

34. $4 \times 9 = \blacksquare$ **35.** $10 \times 6 = \blacksquare$ **36.** $8 \times 2 = \blacksquare$

37. $3 \times 6 = \blacksquare$ **38.** $7 \times 5 = \blacksquare$ **39.** $5 \times 9 = \blacksquare$

USA LOS DATOS Para los ejercicios 40 a 42 y 44, usa la receta.

Macarrones con queso

- 3 tazas de macarrones crudos
- $\frac{1}{2}$ taza de mantequilla
- 6 cucharadas de harina
- 3 cucharaditas de mostaza seca
- 6 tazas de leche
- 4 tazas de queso americano (en cubos)
- 2 tazas de queso cheddar (rayado)
- sal y pimienta al gusto

12 porciones

40. Molly preparó macarrones con queso 3 veces el mes pasado. ¿Cuántas tazas de macarrones usó? Escribe un enunciado de multiplicación que muestre tu respuesta.

41. Sasha duplicó la receta de macarrones con queso para el picnic. ¿Cuántas tazas de queso usó en total?

42. **Razonamiento** Paul multiplicó la receta de macarrones con queso. Él usó en total 12 cucharadas de harina. ¿Cuántas personas podrían comer en total?

43. Elige una operación de multiplicación. Muestra tres maneras diferentes de hallar el producto.

44. ESCRIBE **¿Cuál es el error?** Sasha dice que usará 24 tazas de leche para duplicar la receta. Describe su error.

Comprensión de los Estándares

45. Corey va a la práctica de fútbol a la hora que muestra el reloj. Corey cena dos horas depués. ¿A qué hora cena Corey? (Grado 2 MG 1.5)

46. $\blacksquare \times 5 = 40$ (NS 2.2, pág. 128)

47. Aidan compró 8 pizzas pequeñas. Cada pizza está dividida en 4 rebanadas. ¿Cuántas rebanadas de pizza tiene Aidan en total? (NS 2.2, pág. 110)

48. **Preparación para la prueba** ¿Qué operación de multiplicación muestra el dibujo?

A $3 \times 4 = 12$ **C** $4 \times 6 = 24$

B $3 \times 6 = 18$ **D** $4 \times 8 = 32$

LEE TALLER

Alimentos sanos para una buena salud

Destreza de lectura **Usar recursos visuales**

▶ **La pirámide alimenticia muestra las cantidades de los diferentes grupos de alimentos que necesitan las personas para tener una buena salud. La persona que sube las escaleras nos recuerda que es importante hacer ejercicio, como también comer alimentos sanos.**

Para permanecer saludable debes seguir una dieta balanceada y hacer ejercicio todos los días. La tabla muestra las porciones diarias recomendadas para un estudiante de tercer grado. Para tener una buena salud, debes comer las cantidades adecuadas de cada grupo de alimentos. Para permanecer saludable, también debes limitar la cantidad de alimentos que contienen mucha grasa y azúcar.

Porciones diarias recomendadas

Grupo de alimentos	Porciones
Granos enteros (pan, cereal)	6 onzas
Vegetales (frijol, maíz)	2 tazas
Frutas (manzanas, naranjas)	1 taza
Lácteos (leche, queso)	3 tazas
Carnes, frijoles, pescado, huevos, nueces	5 onzas
8 onzas = 1 taza	

Resolución de problemas **Mira los recursos visuales. Usa la información para resolver los problemas.**

1. Una rebanada de pan integral pesa aproximadamente 1 onza. ¿Cuántas onzas de granos enteros, como pan y cereal, debería comer un estudiante de tercer grado en 1 semana? Piensa: 1 semana = 7 días.
2. ¿Cuántas tazas de vegetales y frutas debería comer un estudiante de tercer grado en 1 día? ¿Y en 1 semana?
3. ¿Cuántas tazas de lácteos, como leche y queso, debería consumir un estudiante de tercer grado en 1 día? ¿Y en 10 días?
4. ESCRIBE **¿Cuál es la pregunta?** Kendra comió las porciones diarias recomendadas de vegetales por 7 días. La respuesta es 14 tazas.

LECCIÓN 5

Taller de resolución de problemas
Estrategia: Hacer una dramatización

OBJETIVO: Resolver problemas usando la estrategia *hacer una dramatización.*

Aprende la estrategia

Hacer una dramatización de un problema puede ayudarte a entenderlo y a encontrar la solución.

Hacer una dramatización de un problema con vasos y fichas.

Stacy tiene 3 floreros. Ella pone 5 flores en cada uno. ¿Cuántas flores tiene Stacy en total?

Hacer una dramatización de un problema con compañeros de clase.

Cuatro amigos están en fila para almorzar. Abby está delante de Max. Nicky está detrás de Max. Abby está detrás de Kim. ¿Quién está de primero en la fila?

Hacer una dramatización de un problema con monedas.

Emily tiene 2 monedas de 25¢, 2 monedas de 10¢ y 1 moneda de 5¢. Tom tiene la misma cantidad de monedas, en monedas de 10¢ y 5¢. Tom tiene 9 monedas. ¿Cuántas monedas de cada tipo tiene Tom?

COMENTA

¿De qué otras maneras puedes hacer una dramatización para los problemas anteriores?

NS 2.2 Memorizar la tabla de multiplicación del 1 al 10. *también* **NS 3.3, MR 1.0, MR 1.1, MR 2.0, MR 2.3, MR 2.4, MR 3.0, MR 3.2, MR 3.3**

Usa la estrategia

PROBLEMA Jamie está planeando una fiesta. Ella quiere darle 4 galletas a cada persona. ¿Cuántas galletas deberá hornear si asistirán 5 personas a la fiesta?

Lee para entender
Planea
Resuelve
Comprueba

Lee para entender

Destreza de lectura

- **Identifica los detalles en el problema.**
- **¿Qué información te proporcionan?**

Planea

- **¿Qué estrategia puedes usar para resolver el problema?**

  Puedes hacer una dramatización del problema para hallar la solución.

Resuelve

- **¿Cómo puedes usar la estrategia para resolver el problema?**

  Puedes usar platos deschables y fichas para representar el problema.

  Coloca 5 platos deschables en tu escritorio que representen a cada persona en la fiesta.

  Coloca 4 fichas en cada plato que representen 4 galletas para cada persona.
  Escribe el enunciado de multiplicación.

$$5 \times 4 = 20$$

  Por to tanto, Jamie debe hornear 20 galletas.

Comprueba

- **¿Cómo puedes comprobar tu respuesta?**

Resolución de problemas con supervisión

Lee para entender
Planea
Resuelve
Comprueba

1. Kim hará una fiesta. Todos los invitados recibirán 3 regalos. Irán 6 personas a la fiesta. Haz una dramatización del problema para hallar cuántos regalos necesitará Kim.

   Primero, decide cómo hacer una dramatización del problema. Puedes usar fichas para los regalos. Haz una dramatización del problema usando las fichas.

   Después, halla el número total de fichas.

   $$6 \times 3 = \blacksquare$$

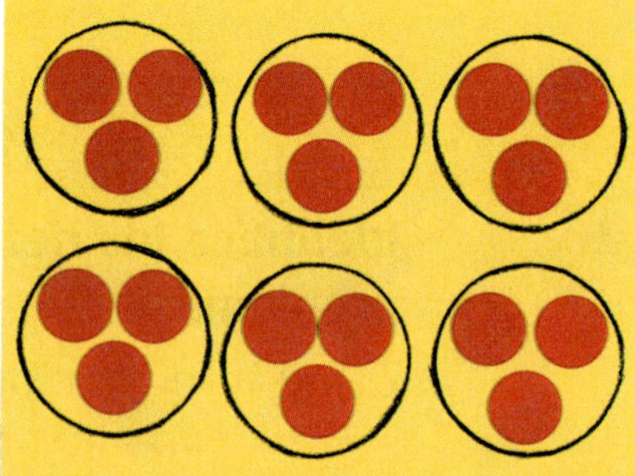

6 personas con 3 regalos cada una.

2. **¿Qué pasaría si** fueran 7 personas a la fiesta de Kim? ¿Cuántos regalos necesitaría?

3. En la fiesta de Kim, los niños hacen fila para jugar. Lisa está delante de Tim. Matt está detrás de Avery, pero delante de Lisa. Kim está delante de Brett. Brett está delante de Avery. ¿En qué orden están los niños en la fila?

Resolución de problemas • Práctica de estrategias

Haz una dramatización del problema para resolverlo.

4. Ed hizo 10 sándwiches para una fiesta. Usó dos rebanadas de pan para cada sándwich. ¿Cuántas rebanadas de pan usó Ed en total?

5. Ed arregló 3 mesas para la fiesta. Él amarró 4 globos a cada mesa. ¿Cuántos globos amarró Ed en las mesas?

USA LOS DATOS Para los ejercicios 6 a 8, usa la tabla.

6. Carol compró 4 paquetes de platos. ¿Cuántos platos compró Carol?

7. Jason necesita 17 bolsas para regalo. Él compra dos paquetes de bolsas para regalo. ¿Cuántas bolsas para regalo le sobrarán a Jason?

8. ¿Què tiene más artículos, 2 paquetes de servilletas o 3 paquetes de vasos?

9. ESCRIBE Sierra jugó 8 juegos en su fiesta. Cada juego duró aproximadamente 6 minutos. Aproximadamente, ¿cuánto tardó en jugar todos los juegos? **Explica** tu respuesta.

Artículos para la fiesta

Artículo	Cantidad en el paquete
Bolsas para regalo	10
Platos	8
Mantel	1
Servilletas	9
Vasos	6

Práctica de estrategias mixtas

USA LOS DATOS Para los ejercicios 10 a 12, usa la información de la receta.

10. Miriam sólo tiene una taza para medir los ingredientes de la receta. ¿Cuántas tazas de jugo de uva necesita para hacer el ponche de frutas?

11. **Razonamiento** Miriam mezcla todos los ingredientes en un gran tazón. ¿Cuántas tazas de ponche puede servir?

12. **Razonamiento** La mamá de Tommy duplicó 3 veces la receta de ponche de fruta para la fiesta de la escuela. ¿Cuánto jugo de uva usó en total?

13. Mary, John, Peter y David están haciendo fila. Mary está detrás de John. John no es el primero. Peter es el último. ¿En qué orden están los niños?

14. **Formula un problema** Vuelve a leer el problema 13. Escribe y resuelve un problema similar cambiando el número de niños.

15. **Problema abierto** Hay 12 galletas en un plato. ¿Cuántos números diferentes de estudiantes pueden compartirlas por igual sin partir ninguna de las galletas? Haz un dibujo para mostrar tu trabajo.

ELIGE UNA ESTRATEGIA

- Hacer un modelo o una dramatización
- Hacer un diagrama o dibujo
- Hacer una lista organizada
- Buscar un patrón
- Hacer una tabla o gráfica
- Predecir y probar
- Trabajar desde el final hasta el principio
- Resolver un problema más sencillo
- Escribir una ecuación
- Usar el razonamiento lógico

Receta del ponche de frutas

1 taza de limonada
1 cuarto de soda
1 taza de jugo de naranja
2 cuartos de jugo de uva
1 cuarto de ginger ale

ESFUÉRZATE

Collin tiene una fiesta en la sala de videojuegos. La tabla muestra el número de fichas necesarias para participar en cada uno de sus juegos favoritos.

Videojuegos

Juego	Fichas necesarias
Arctic Racer	3
Space Quest	4
Adventurer	2

16. ¿Cuántas fichas más necesitaría para jugar 8 juegos de Space Quest que para jugar 6 juegos de Arctic Racer y 2 juegos de Adventurer?

17. Collin empezó con 28 fichas. Él jugó un juego 6 veces y otro juego 4 veces. Todavía le quedan fichas. ¿Qué 2 juegos pudo haber jugado? **Explica** cómo lo sabes.

Práctica adicional

Grupo A Halla el producto. (págs. 128 y 129)

1. $4 \times 5 = ■$ 2. $■ = 3 \times 10$ 3. $■ = 5 \times 2$ 4. $■ = 6 \times 10$

5. $10 \times 7 = ■$ 6. $■ = 2 \times 5$ 7. $■ = 5 \times 10$ 8. $5 \times 5 = ■$

9. $\begin{array}{r} 9 \\ \times 5 \\ \hline \end{array}$ 10. $\begin{array}{r} 10 \\ \times\ 0 \\ \hline \end{array}$ 11. $\begin{array}{r} 8 \\ \times 5 \\ \hline \end{array}$ 12. $\begin{array}{r} 10 \\ \times\ 2 \\ \hline \end{array}$ 13. $\begin{array}{r} 5 \\ \times 6 \\ \hline \end{array}$ 14. $\begin{array}{r} 3 \\ \times 10 \\ \hline \end{array}$

15. Una tienda de música tiene CD en 10 cajas. Hay 8 CD en cada caja. ¿Cuántos CD hay en total?

16. Un almacén tiene cajas de cereal en 5 estantes. Hay 6 cajas en cada estante. ¿Cuántas cajas de cereal hay en total?

Grupo B Halla el producto. (págs. 130 y 131)

1. $3 \times 5 = ■$ 2. $■ = 4 \times 3$ 3. $■ = 3 \times 10$ 4. $7 \times 3 = ■$

5. $3 \times 9 = ■$ 6. $■ = 3 \times 2$ 7. $■ = 4 \times 6$ 8. $3 \times 3 = ■$

9. $\begin{array}{r} 5 \\ \times 3 \\ \hline \end{array}$ 10. $\begin{array}{r} 3 \\ \times 4 \\ \hline \end{array}$ 11. $\begin{array}{r} 9 \\ \times 3 \\ \hline \end{array}$ 12. $\begin{array}{r} 3 \\ \times 1 \\ \hline \end{array}$ 13. $\begin{array}{r} 0 \\ \times 3 \\ \hline \end{array}$ 14. $\begin{array}{r} 6 \\ \times 3 \\ \hline \end{array}$

Grupo C Halla el producto. (págs. 132 y 133)

1. $7 \times 6 = ■$ 2. $■ = 3 \times 6$ 3. $■ = 5 \times 6$ 4. $6 \times 2 = ■$

5. $4 \times 6 = ■$ 6. $1 \times 7 = ■$ 7. $■ = 2 \times 5$ 8. $■ = 1 \times 6$

9. $\begin{array}{r} 6 \\ \times 6 \\ \hline \end{array}$ 10. $\begin{array}{r} 5 \\ \times 6 \\ \hline \end{array}$ 11. $\begin{array}{r} 6 \\ \times 8 \\ \hline \end{array}$ 12. $\begin{array}{r} 6 \\ \times 4 \\ \hline \end{array}$ 13. $\begin{array}{r} 1 \\ \times 6 \\ \hline \end{array}$ 14. $\begin{array}{r} 10 \\ \times\ 6 \\ \hline \end{array}$

Grupo D Halla el producto. (págs. 134 a 137)

1. $7 \times 6 = ■$ 2. $■ = 3 \times 1$ 3. $■ = 2 \times 8$ 4. $0 \times 8 = ■$

5. $6 \times 9 = ■$ 6. $4 \times 9 = ■$ 7. $■ = 8 \times 9$ 8. $■ = 5 \times 5$

9. $\begin{array}{r} 5 \\ \times 9 \\ \hline \end{array}$ 10. $\begin{array}{r} 10 \\ \times\ 9 \\ \hline \end{array}$ 11. $\begin{array}{r} 1 \\ \times 4 \\ \hline \end{array}$ 12. $\begin{array}{r} 3 \\ \times 7 \\ \hline \end{array}$ 13. $\begin{array}{r} 4 \\ \times 4 \\ \hline \end{array}$ 14. $\begin{array}{r} 8 \\ \times 3 \\ \hline \end{array}$

15. María tiene 6 brazaletes. Hay 7 cuentas en cada brazalete. ¿Cuántas cuentas hay en total?

16. Neil tiene 3 libreros. En cada librero hay 8 libros. ¿Cuántos libros tiene Neil en total?

CD ROM **Tecnología**
Usa Harcourt Mega Math en español, Juegos de números, *De todo un poco*, nivel C.

PRÁCTICA CON UN JUEGO

Súper flechas giratorias

¡Preparados!
2 jugadores

¡Listos!
- 1 flecha giratoria azul y 1 roja

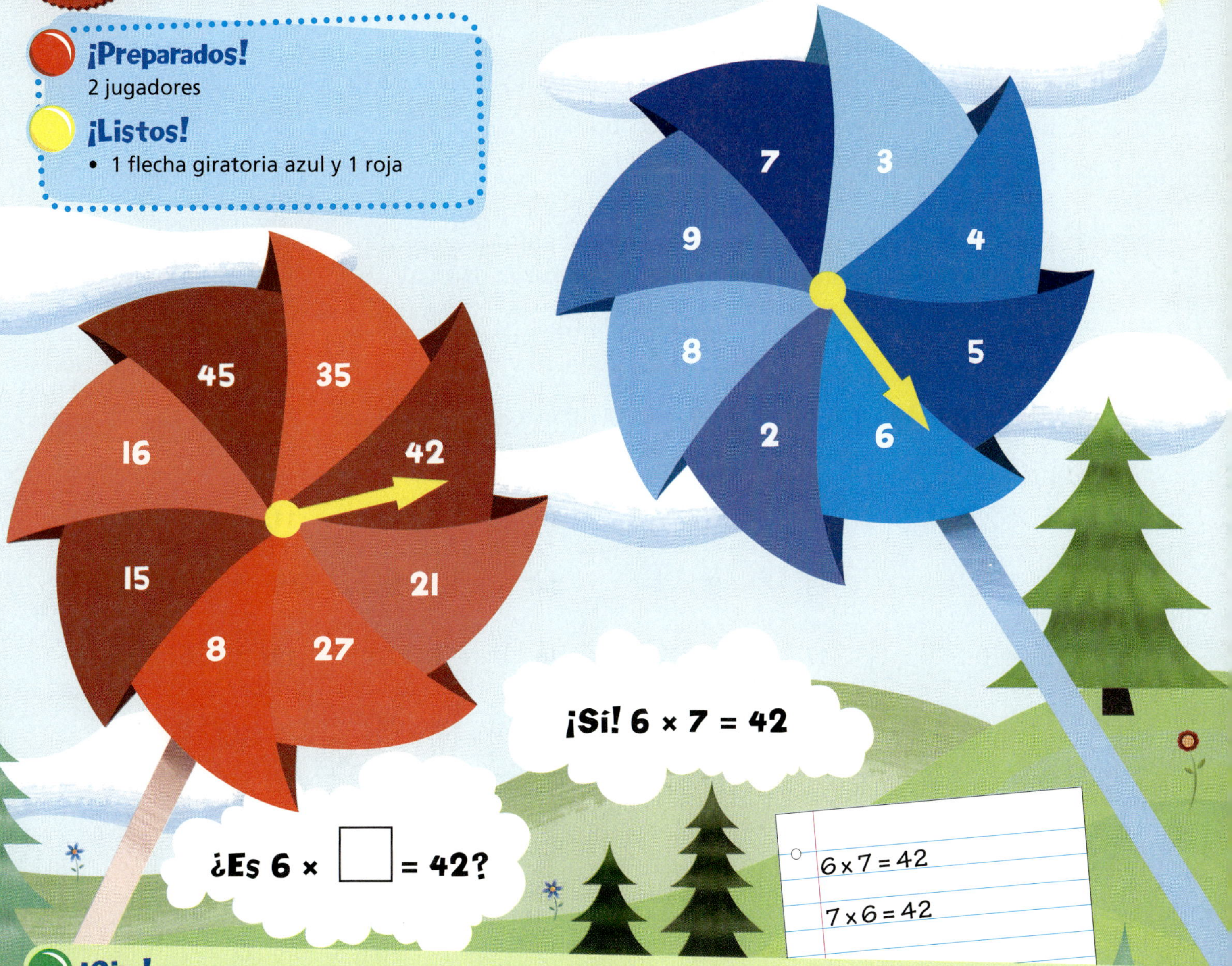

¡Gira!

- Los jugadores se turnan para girar ambas flechas.
- El primer jugador decide si el número azul puede multiplicarse por algún número para obtener un número igual al número rojo.
- Entonces, el primer jugador escribe los dos enunciados de multiplicación que puedan hacerse con los números indicados en ambas flechas giratorias.
- Si el número azul no puede multiplicarse por ningún número para obtener un número igual al número rojo, el turno pasa al próximo jugador.
- ¡Después de 5 rondas, el jugador con más enunciados numéricos gana!

Repaso/Prueba del Capítulo 6

Repasar los conceptos

1. Explica cómo saber 3×5 te puede ayudar a hallar 3×10. (NS 2.2, págs. 128 y 129)

2. Explica cómo puedes usar el dibujo para hallar cuántos lados tienen 4 triángulos. (NS 2.2, págs. 130 y 131)

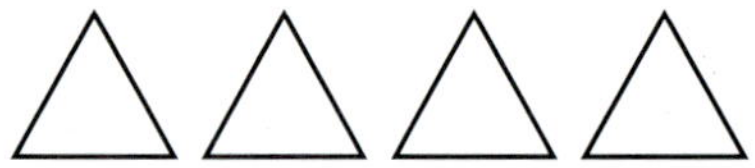

3. Una abeja tiene 6 patas. Dibuja una matriz para mostrar cuántas patas tienen 3 abejas. (NS 2.2, págs. 132 y 133)

Repasar las destrezas

Halla el producto. (NS 2.2, págs. 128 y 129, 130 y 131, 132 y 133, 134 a 137)

4. $4 \times 6 =$ ■ **5.** $2 \times 10 =$ ■ **6.** $6 \times 3 =$ ■ **7.** $5 \times 3 =$ ■

8. $6 \times 2 =$ ■ **9.** $6 \times 5 =$ ■ **10.** $10 \times 8 =$ ■ **11.** $3 \times 1 =$ ■

12. $9 \times 10 =$ ■ **13.** ■ $= 3 \times 4$ **14.** $6 \times 6 =$ ■ **15.** ■ $= 3 \times 7$

16. ■ $= 9 \times 6$ **17.** $5 \times 10 =$ ■ **18.** ■ $= 3 \times 3$ **19.** $8 \times 6 =$ ■

20. $\begin{array}{r} 3 \\ \times 3 \\ \hline \end{array}$ **21.** $\begin{array}{r} 10 \\ \times 10 \\ \hline \end{array}$ **22.** $\begin{array}{r} 6 \\ \times 4 \\ \hline \end{array}$ **23.** $\begin{array}{r} 8 \\ \times 3 \\ \hline \end{array}$ **24.** $\begin{array}{r} 6 \\ \times 9 \\ \hline \end{array}$ **25.** $\begin{array}{r} 10 \\ \times 1 \\ \hline \end{array}$

26. $\begin{array}{r} 7 \\ \times 4 \\ \hline \end{array}$ **27.** $\begin{array}{r} 2 \\ \times 5 \\ \hline \end{array}$ **28.** $\begin{array}{r} 8 \\ \times 8 \\ \hline \end{array}$ **29.** $\begin{array}{r} 0 \\ \times 3 \\ \hline \end{array}$ **30.** $\begin{array}{r} 4 \\ \times 10 \\ \hline \end{array}$ **31.** $\begin{array}{r} 6 \\ \times 5 \\ \hline \end{array}$

Repasar la resolución de problemas

Resuelve. (NS 2.2, MR 2.3, págs. 138 a 141)

32. Matt, Joe, Bryan y Rick están parados en fila. Bryan está delante de Joe. Matt está detrás de Rick pero delante de Bryan. ¿En qué orden están parados los niños?

33. ESCRIBE Irene tiene 4 flores en una maceta. Cada flor tiene 6 pétalos. ¿Cuántos pétalos hay en 4 flores? **Explica** cómo lo sabes.

Enriquecimiento • Operaciones de multiplicación

Círculos de multiplicación

Un círculo de multiplicación tiene un producto en el cuadrado del centro. Se escriben operaciones de multiplicación en las secciones alrededor del círculo. Su producto es el número del centro.

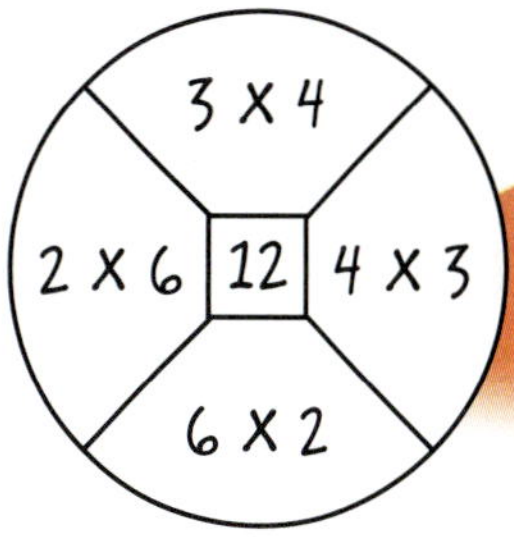

Moverse en círculos

El cuadrado del centro muestra el producto 30.

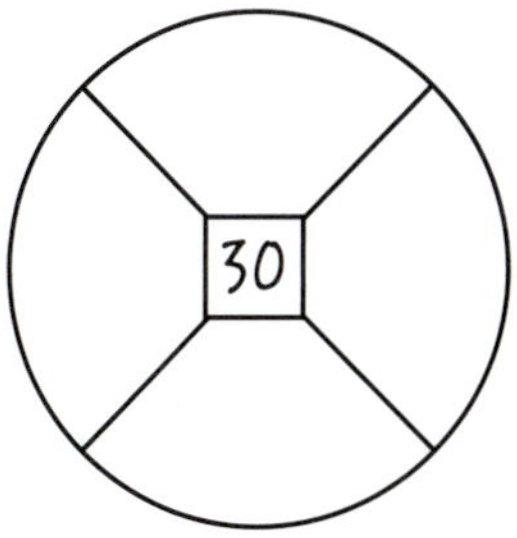

Piensa en una operación cuyo producto sea 30. Luego usa la propiedad conmutativa para hallar la operación inversa.

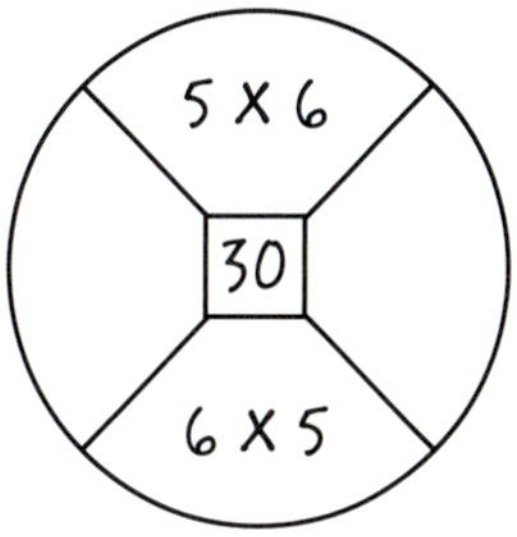

Piensa en otra operación y completa el círculo.

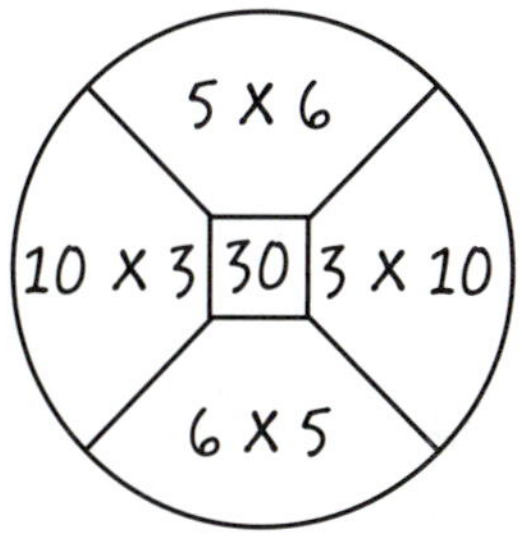

Inténtalo

Copia y completa cada círculo de multiplicación.

1.

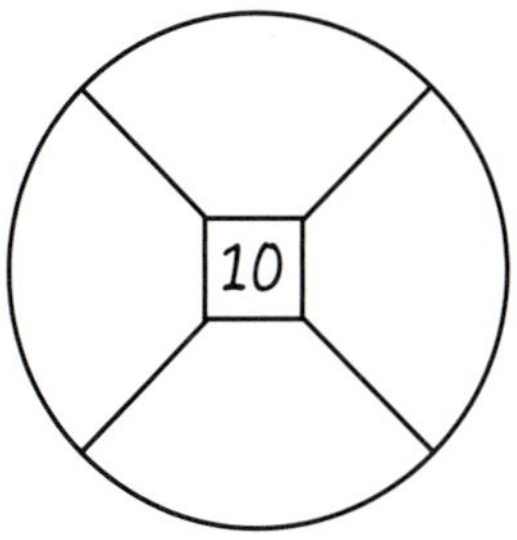

2.

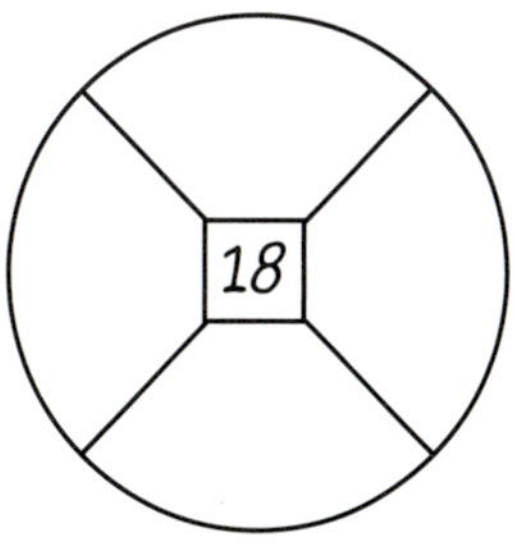

3.

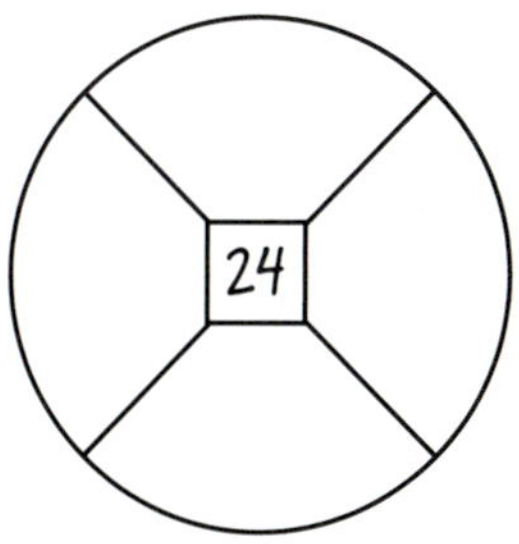

Piénsalo

ESCRIBE Copia este círculo. Piensa en un producto que puedas escribir en el cuadrado del centro. ¿Qué operaciones puedes usar para completar tu círculo? **Explica** cómo lo sabes.

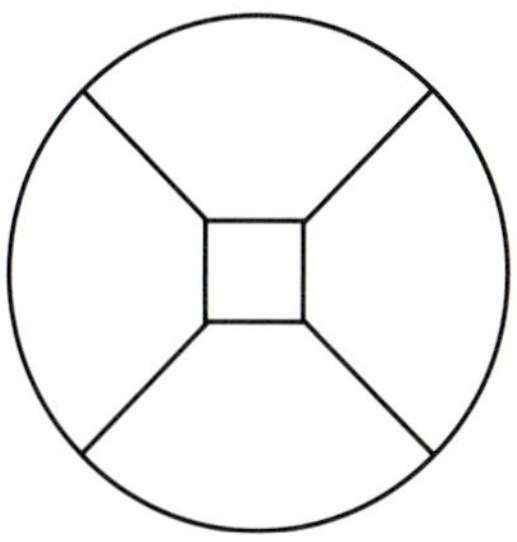

Comprensión de los Estándares
Capítulos 1 a 6

Percepción numérica

1. La escuela de Jody está organizando una feria de artesanías. Hay 7 hileras de mesas con 5 mesas en cada hilera. ¿Cuántas mesas se pusieron para la feria de artesanías? (NS 2.2)

A 25 **C** 35

B 30 **D** 40

Pista

Comprueba tu trabajo.

Lee el problema 2. Decide qué letra muestra la notación desarrollada correcta. Suma los números de nuevo para asegurarte de que elegiste correctamente.

2. Las secoyas de California son los árboles más altos del mundo. Pueden crecer hasta una altura de aproximadamente 367 pies. ¿Cuál de estos es igual a 367? (NS 1.5)

A $300 + 60 + 70$

B $300 + 60 + 7$

C $30 + 60 + 7$

D $30 + 6 + 7$

3. ESCRIBE **Explica** cómo este dibujo te puede ayudar a hallar 4×6. (NS 2.2)

Álgebra y funciones

4. La tabla muestra el número de minutos que Rose paseó a su perro en dos días.

Día	Número de minutos
Domingo	67
Lunes	45

¿Qué enunciado numérico muestra cómo hallar la cantidad total de tiempo que Rose paseó a su perro? (AF 1.1)

A $67 - 45 = ■$

B $67 + 45 = ■$

C $67 \times 45 = ■$

D $67 \div 45 = ■$

5. Tammi tiene 8 novelas. Ella coloca todas sus novelas en 1 montón. ¿Qué enunciado numérico muestra el número de novelas que tiene Tammi? (AF 1.1)

A $1 \times 8 = 8$ **C** $2 \times 4 = 8$

B $1 + 8 = 9$ **D** $2 + 6 = 8$

6. ESCRIBE **Explica** cómo sabes qué símbolo va en el recuadro para que este enunciado numérico sea verdadero. (AF 1.3)

$$3 ■ 5 = 15$$

Medición y geometría

7. ¿Cuántos lados tiene un trapecio? (Grado 2 MG 2.1)

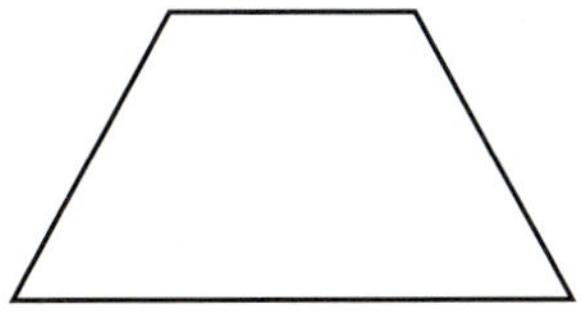

A 2 **C** 4

B 3 **D** 5

8. ¿Cuál es la longitud del lápiz a la pulgada más cercana? (Grado 2 MG 1.3)

A 5 pulgadas

B 4 pulgadas

C 3 pulgadas

D 2 pulgadas

9. ESCRIBE **Explica** cómo puedes hallar la longitud de la hoja al centímetro más cercano. (Grado 2 MG 1.3)

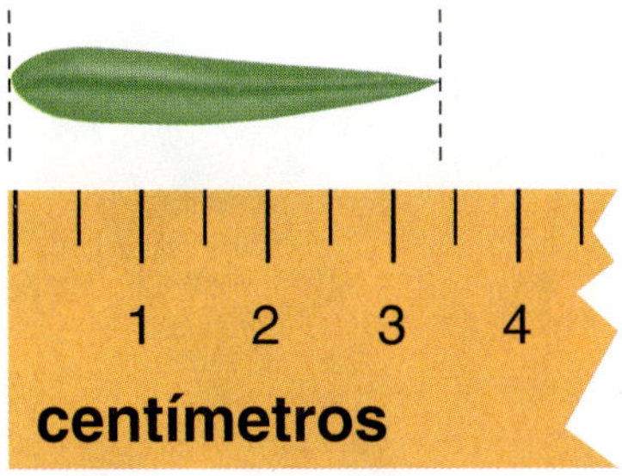

Estadísticas, análisis de datos y probabilidad

10. En la tabla se muestran los resultados de hacer girar 12 veces una flecha giratoria. ¿Cuántas veces se detuvo la flecha en púpura? (Grado 2 SDAP 1.4)

A 5

B 4

C 2

D 1

Resultados de la flecha giratoria	
verde	||
rojo	~~||||~~
púpura	||||
azul	|

11. Mira la gráfica. ¿Cuántos más peces pescó Matt que Tim? (Grado 2 SDAP 1.0)

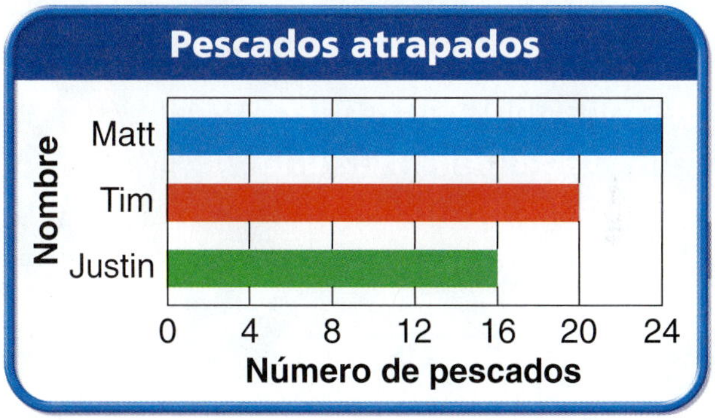

A 4 **B** 6 **C** 8 **D** 12

12. ESCRIBE Mira la pictografía. **Explica** cómo sabes qué mascota es la favorita de la mayoría de los estudiantes. (Grado 2 SDAP 1.0)

7 Álgebra: Operaciones y estrategias

La idea importante Las estrategias para operaciones básicas de multiplicación se basan en propiedades, patrones y relaciones de números.

CALIFORNIA DATO BREVE

Hay aproximadamente 25 parques de diversión y más de 70 montañas rusas en California. ¡Algunas montañas rusas pueden llegar a velocidades de más de 100 millas por hora!

Investiga

En la montaña rusa Flashback, cada tren tiene 5 carros con capacidad para 4 personas cada uno, para un total de 20 personas. Elige una montaña rusa de la gráfica. ¿Cuántos carros y personas por carro puede tener cada tren? Haz una lista de las posibles combinaciones

Montañas rusas de California

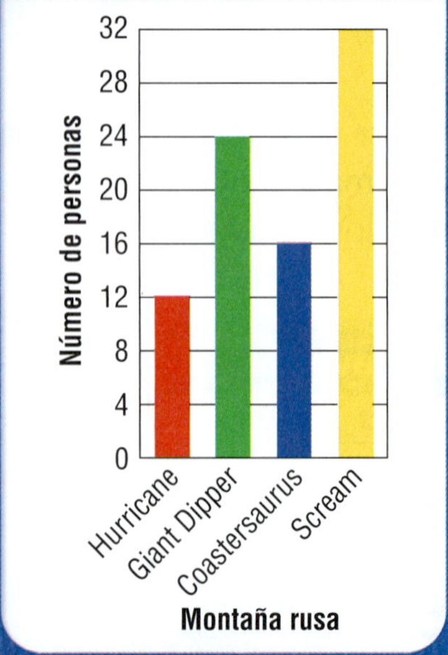

Muestra lo que sabes

Comprueba si has aprendido las destrezas importantes que se necesitan para completar exitosamente el Capítulo 7.

▶ Multiplicar con 2 y 5

Halla el producto.

1. $1 \times 5 = \blacksquare$ **2.** $3 \times 2 = \blacksquare$ **3.** $4 \times 5 = \blacksquare$ **4.** $9 \times 2 = \blacksquare$

5. $\begin{array}{r} 5 \\ \times 5 \\ \hline \end{array}$ **6.** $\begin{array}{r} 8 \\ \times 5 \\ \hline \end{array}$ **7.** $\begin{array}{r} 5 \\ \times 2 \\ \hline \end{array}$ **8.** $\begin{array}{r} 2 \\ \times 2 \\ \hline \end{array}$

▶ Multiplicar con 4

Halla el producto.

9. $4 \times 3 = \blacksquare$ **10.** $7 \times 4 = \blacksquare$ **11.** $4 \times 5 = \blacksquare$ **12.** $9 \times 4 = \blacksquare$

13. $\begin{array}{r} 6 \\ \times 4 \\ \hline \end{array}$ **14.** $\begin{array}{r} 2 \\ \times 4 \\ \hline \end{array}$ **15.** $\begin{array}{r} 8 \\ \times 4 \\ \hline \end{array}$ **16.** $\begin{array}{r} 4 \\ \times 4 \\ \hline \end{array}$

▶ Multiplicar con 6

Halla el producto.

17. $2 \times 6 = \blacksquare$ **18.** $5 \times 6 = \blacksquare$ **19.** $3 \times 6 = \blacksquare$ **20.** $8 \times 6 = \blacksquare$

21. $\begin{array}{r} 9 \\ \times 6 \\ \hline \end{array}$ **22.** $\begin{array}{r} 7 \\ \times 6 \\ \hline \end{array}$ **23.** $\begin{array}{r} 6 \\ \times 6 \\ \hline \end{array}$ **24.** $\begin{array}{r} 1 \\ \times 6 \\ \hline \end{array}$

Enriquece tu vocabulario

VOCABULARIO DEL CAPÍTULO

matriz
Propiedad conmutativa de la multiplicación
múltiplo
número cuadrado

PREPARACIÓN

Propiedad conmutativa de la multiplicación La propiedad que establece que, aunque se cambie el orden de dos factores, el producto será siempre el mismo

número cuadrado El producto de un número por sí mismo

LECCIÓN 1

Multiplicar con 8

OBJETIVO: Multiplicar con el factor 8.

Repaso rápido

1. 2×4 **2.** 8×4
3. 3×4 **4.** 5×4
5. 7×4

Aprende

PROBLEMA Un escorpión tiene 8 patas. ¿Cuántas patas tienen 4 escorpiones?

$$4 \times 8 = ■$$

◀ **Los escorpiones se hallan en lugares calientes y secos, como Arizona, Texas y el centro de Oklahoma.**

DE UNA MANERA **Haz una matriz.**

Usa fichas para hacer una matriz de 4 hileras de 8.
Cuenta las fichas. $4 \times 8 = 32$

Por lo tanto, 4 escorpiones tienen 32 patas.

OTRAS MANERAS

A Usa la propiedad conmutativa.

Usa operaciones que conoces para hallar 4×8.

$8 \times 4 = 32$, por lo tanto, $4 \times 8 = 32$.

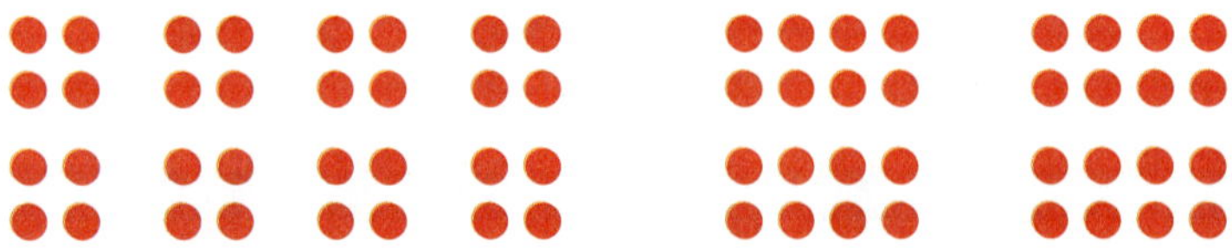

8 grupos de 4 4 grupos de 8

B Usa dobles.

$4 \times 4 = 16$

$16 + 16 = 32$

Por lo tanto, $4 \times 8 = 32$.

Práctica con supervisión

1. **Explica** cómo usarías esta matriz para hallar 7×8.

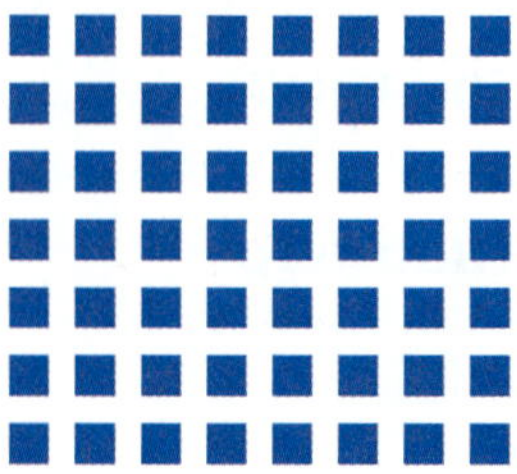

Halla el producto.

2. $6 \times 8 = ■$ **3.** $■ = 3 \times 8$ ✓**4.** $■ = 8 \times 8$ ✓**5.** $9 \times 8 = ■$

6. COMENTA **Explica** cómo puedes usar 5×4 como ayuda para hallar 5×8.

Práctica independiente y resolución de problemas

Halla el producto.

7. $10 \times 8 = ■$ **8.** $2 \times 8 = ■$ **9.** $■ = 3 \times 8$ **10.** $■ = 8 \times 7$

11. $8 \times 4 = ■$ **12.** $■ = 6 \times 8$ **13.** $■ = 0 \times 8$ **14.** $5 \times 8 = ■$

15. $\begin{array}{r} 8 \\ \times 8 \\ \hline \end{array}$ **16.** $\begin{array}{r} 10 \\ \times\ 3 \\ \hline \end{array}$ **17.** $\begin{array}{r} 9 \\ \times 8 \\ \hline \end{array}$ **18.** $\begin{array}{r} 1 \\ \times 8 \\ \hline \end{array}$ **19.** $\begin{array}{r} 8 \\ \times 2 \\ \hline \end{array}$ **20.** $\begin{array}{r} 5 \\ \times 7 \\ \hline \end{array}$

21. $\begin{array}{r} 6 \\ \times 4 \\ \hline \end{array}$ **22.** $\begin{array}{r} 7 \\ \times 3 \\ \hline \end{array}$ **23.** $\begin{array}{r} 5 \\ \times 5 \\ \hline \end{array}$ **24.** $\begin{array}{r} 3 \\ \times 8 \\ \hline \end{array}$ **25.** $\begin{array}{r} 6 \\ \times 5 \\ \hline \end{array}$ **26.** $\begin{array}{r} 7 \\ \times 8 \\ \hline \end{array}$

Álgebra Copia y completa cada tabla.

	Multiplicar por 4.	
27.	9	■
28.	3	■
29.	5	■

	Multiplicar por 8.	
30.	4	■
31.	■	56
32.	■	24

33.	Multiplicar por ■.	
	3	18
	6	36
34.	9	■

USA LOS DATOS Para los ejercicios 35 a 37, usa la tabla.

35. Aproximadamente, ¿cuánta lluvia cae en el desierto de Chihuahua en 4 años? **Explica** cómo puedes usar dobles para hallar la respuesta.

36. ¿Cuántas pulgadas más de lluvia caen en el desierto de Sonora que en el desierto Mojave en dos años?

37. ESCRIBE **Explica** cómo puedes hallar aproximadamente cuántas pulgadas de agua caen en el desierto de Chihuahua en 5 años.

Lluvia promedio anual en los desiertos de América del Norte

Desierto	Pulgadas
Chihuahua	8
Gran Cuenca	9
Mojave	4
Sonora	9

Comprensión de los Estándares

38. Molly tiene 3 monedas de 25¢, 2 monedas de 10¢ y 1 moneda de 1¢. ¿Cuánto dinero tiene ella? (Grado 2 O–π NS 5.1)

39. Carrie tiene 4 bolsas de naranjas. Cada bolsa tiene 3 naranjas. ¿Cuántas naranjas tiene Carrie? (O–π NS 2.2, pág. 130)

40. ¿Qué es menos: 7×4 o 5×5? (O–π NS 2.2, pág. 110, 128)

41. **Preparación para la prueba** Una araña viuda negra tiene 8 patas. ¿Cuántas patas tienen 7 arañas viuda negra?

A 1 **B** 15 **C** 48 **D** 56

Práctica adicional en la página 164, Grupo A

LECCIÓN 2

ÁLGEBRA
Patrones con 9

OBJETIVO: Multiplicar con el factor 9.

Repaso rápido

1. 9×4 **2.** 7×10
3. 6×10 **4.** 9×2
5. 9×3

Aprende

PROBLEMA La clase de Melisa está estudiando el sistema solar. Los estudiantes están haciendo modelos de 9 planetas que orbitan o giran alrededor del Sol. ¿Cuántos planetas hay en 5 modelos del sistema solar?

▲ Los planetas orbitan el Sol.

$$5 \times 9 = \blacksquare$$

DE UNA MANERA **Usa patrones de 9.**

Mira los productos en la tabla de multiplicar del 9.

El dígito de las decenas es 1 menos que el factor que se multiplica por 9.

$5 \times 9 = 4\blacksquare$

$5 - 1 = 4$

La suma de los dígitos en el producto es igual a 9.

$4 + 5 = 9$

Por lo tanto, $5 \times 9 = 45$

Por lo tanto, hay 45 planetas en 5 modelos del sistema solar.

- ¿Cómo puedes usar patrones de 9 para completar la tabla?

Tabla del 9	
Factores	**Producto**
$1 \times 9 =$	9
$2 \times 9 =$	18
$3 \times 9 =$	27
$4 \times 9 =$	36
$5 \times 9 =$	■
$6 \times 9 =$	54
$7 \times 9 =$	63
$8 \times 9 =$	■
$9 \times 9 =$	■
$10 \times 9 =$	■

DE OTRA MANERA **Usa una operación relacionada del 10.**

Para multiplicar por 9, primero multiplica por 10.

$3 \times 10 = 30$

Después resta el primer factor.

$30 - 3 = 27$

Por lo tanto, $3 \times 9 = 27$

Práctica con supervisión

1. ¿Cómo puedes usar una operación relacionada del 10 para hallar 4×9?

NS 2.2 Memorizar la tabla de multiplicación del 1 and 10. *también* **MR 1.1, MR 2.3, MR 2.4, MR 3.2**

Halla cada producto.

2. $9 \times 8 = ■$
3. $■ = 2 \times 9$
4. $■ = 9 \times 6$
5. $9 \times 1 = ■$

6. **COMENTA** **Explica** cómo se puede usar el patrón de 9 como ayuda para hallar 7×9.

Práctica independiente y resolución de problemas

Halla cada producto.

7. $■ = 9 \times 0$
8. $5 \times 9 = ■$
9. $■ = 6 \times 9$
10. $■ = 1 \times 9$
11. $9 \times 2 = ■$
12. $■ = 9 \times 9$
13. $9 \times 4 = ■$
14. $3 \times 9 = ■$
15. $\begin{array}{r} 9 \\ \times 8 \\ \hline \end{array}$
16. $\begin{array}{r} 9 \\ \times 7 \\ \hline \end{array}$
17. $\begin{array}{r} 10 \\ \times \ 5 \\ \hline \end{array}$
18. $\begin{array}{r} 4 \\ \times 6 \\ \hline \end{array}$
19. $\begin{array}{r} 8 \\ \times 4 \\ \hline \end{array}$
20. $\begin{array}{r} 9 \\ \times 5 \\ \hline \end{array}$

Álgebra **Compara. Escribe <, > o = para cada ●.**

21. 2×9 ● 3×6
22. 5×9 ● 6×7
23. 1×9 ● 3×3
24. 9×4 ● 7×5
25. 9×0 ● 2×3
26. 5×8 ● 3×9

USA LOS DATOS **Para los ejercicios 27 a 29, usa la tabla.**

27. El número de lunas de uno de los planetas se puede hallar multiplicando 7×9. ¿Qué planeta es?

28. **Razonamiento** Este planeta tiene 9 veces las lunas que tienen Marte y la Tierra juntos. ¿Qué planeta es? **Explica** tu respuesta.

29. **ESCRIBE** Nueve grupos de estudiantes hicieron modelos de Marte y sus lunas. ¿Cuántas lunas hicieron en total? **Explica** cómo hallar la respuesta.

Lunas

Planeta	Número de lunas
Tierra	1
Marte	2
Júpiter	63
Saturno	47
Urano	27
Neptuno	13

Comprensión de los Estándares

30. Jeremiah tiene 4 grupos de libros sobre el espacio. Hay 6 libros en cada grupo. ¿Cuántos libros tiene Jeremiah? (NS 2.2, pág. 132)

31. Cada uno de diez estudiantes tomó prestados 3 libros de la biblioteca. ¿Cuántos libros tomaron prestados los estudiantes? (NS 2.2, pág. 130)

32. ¿Cuánto es 7×10? (NS 2.2, pág. 128)

33. **Preparación para la prueba** María tiene tres hojas de calcomanías de estrellas. Cada hoja tiene 9 estrellas. ¿Cuántas calcomanías hay en total?

A 50 **B** 45 **C** 36 **D** 14

Práctica adicional en la página 164, Grupo B

CD ROM **Tecnología**
Usa Harcourt Mega Math en español, Juegos de números, *De todo un poco,* niveles B y C.

LECCIÓN 3

Multiplicar con 7

OBJETIVO: Multiplicar con el factor 7.

Repaso rápido

1. 7 × 1
2. 7 × 4
3. 7 × 3
4. 7 × 2
5. 7 × 5

Aprende

PROBLEMA La familia de Jason tiene un cachorro nuevo. Jason pasea al cachorro una vez al día. ¿Cuántas veces pasea Jason al cachorro en 4 semanas?

$4 \times 7 = \blacksquare$

Recuerda
1 semana tiene 7 días

DE UNA MANERA **Haz una matriz.**

Haz cuatro hileras de 7 fichas.

$$\begin{array}{r} 7 \\ \times 4 \\ \hline 28 \end{array}$$

Por lo tanto, Jason paseará al cachorro 28 veces.

OTRAS MANERAS

A Separar una matriz.

Paso 1

Haz una matriz que muestre 4 hileras de 7.

$4 \times 7 = \blacksquare$

Paso 2

Separa la matriz en dos matrices más pequeñas.

$4 \times 5 = 20$ $4 \times 2 = 8$

Paso 3

Suma los productos de las dos matrices.

$$\begin{array}{r} 20 \\ +\ 8 \\ \hline 28 \end{array}$$

Por lo tanto, $4 \times 7 = 28$.

- ¿Cuál es otra manera de separar la matriz 4 × 7?

B Usa la propiedad conmutativa.

Si conoces 7 × 4, usa esa operación para hallar 4 × 7.

$7 \times 4 = 28$, por lo tanto, $4 \times 7 = 28$.

NS 2.2 Memorizar la tabla de multiplicación del 1 and 10. *también* MR 1.1, MR 1.2, MR 2.3, MR 2.4, MR 3.2

Práctica con supervisión

1. **Explica** cómo puedes separar 8×7 en dos matrices para ayudarte a hallar el producto. Usa fichas como ayuda.

Halla el producto.

2. $9 \times 7 = \blacksquare$ 3. $\blacksquare = 6 \times 7$ ✓4. $\blacksquare = 3 \times 7$ ✓5. $7 \times 1 = \blacksquare$

6. **COMENTA** ¿Cómo puedes usar la propiedad conmutativa para hallar 6×7?

Práctica independiente y resolución de problemas

Halla el producto.

7. $\blacksquare = 7 \times 7$ 8. $6 \times 7 = \blacksquare$ 9. $\blacksquare = 1 \times 8$ 10. $\blacksquare = 7 \times 2$

11. $\begin{array}{r} 7 \\ \times 3 \\ \hline \end{array}$ 12. $\begin{array}{r} 10 \\ \times\ 6 \\ \hline \end{array}$ 13. $\begin{array}{r} 9 \\ \times 7 \\ \hline \end{array}$ 14. $\begin{array}{r} 5 \\ \times 7 \\ \hline \end{array}$ 15. $\begin{array}{r} 6 \\ \times 8 \\ \hline \end{array}$ 16. $\begin{array}{r} 7 \\ \times 6 \\ \hline \end{array}$

17. $\begin{array}{r} 8 \\ \times 9 \\ \hline \end{array}$ 18. $\begin{array}{r} 0 \\ \times 7 \\ \hline \end{array}$ 19. $\begin{array}{r} 8 \\ \times 8 \\ \hline \end{array}$ 20. $\begin{array}{r} 7 \\ \times 4 \\ \hline \end{array}$ 21. $\begin{array}{r} 3 \\ \times 6 \\ \hline \end{array}$ 22. $\begin{array}{r} 8 \\ \times 7 \\ \hline \end{array}$

USA LOS DATOS **Para los ejercicios 23 a 25, usa la tabla.**

Cuidado de Medianoche	
Alimento	3 tazas al día
Agua	4 tazas al día
Baño	2 veces al mes

23. Lori tiene un perro llamado Medianoche. ¿Cuántos baños se le darán a Medianoche en 7 meses?

24. ***DATO BREVE*** El latido del corazón de los perros depende de su tamaño. A algunos perros les late 70 veces por minuto. ¿Qué operación del 7 es igual a 70?

25. **ESCRIBE** Sunny, el perro de José, come 4 tazas de alimento al día. En 7 días, ¿Sunny come más o come menos que Medianoche? **Explica**.

Comprensión de los Estándares

26. Hay 3 ranas en cada una de 2 rocas. ¿Cuántas ranas hay en total? (NS 2.2, pág. 130)

27. El alimento para gatos *Purr* cuesta 9¢ por onza. ¿Cuánto cuesta una lata de 5 onzas de ese alimento? (AF 2.1, pág. 152)

28. ¿Cuántas caras tiene un cubo? (Grado 2 MG 2.1)

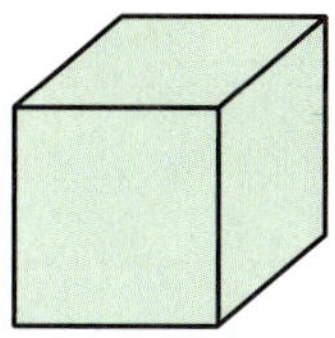

29. **Preparación para la prueba** Sam camina 3 millas diarias. ¿Cuántas millas camina en una semana?

A 3 mi **B** 10 mi **C** 21 mi **D** 28 mi

Práctica adicional en la página 164, Grupo C

LECCIÓN 4

ÁLGEBRA

Practicar las operaciones

OBJETIVO: Practicar operaciones de multiplicación con los factores 0 a 10.

Repaso rápido

1. 5×8 **2.** 7×6
3. 2×4 **4.** 1×8
5. 6×6

Vocabulario

número cuadrado

Aprende

PROBLEMA Un equipo de voleibol tiene 6 jugadores. ¿Cuántos jugadores tienen 8 equipos?

$$8 \times 6 = \blacksquare$$

DE UNA MANERA **Haz un dibujo.**

Dibuja 8 grupos de 6.

$8 \times 6 = 48$

$$\begin{array}{r} 6 \\ \times 8 \\ \hline 48 \end{array}$$

Por lo tanto, 8 equipos tienen 48 jugadores.

OTRAS MANERAS

A Usa una recta numérica.

Cuenta salteado de 6 en 6.

$8 \times 6 = 48$

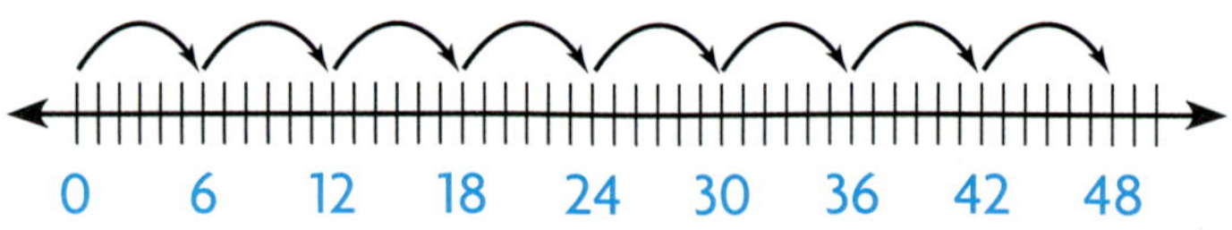

B Usa fichas.

Forma 8 grupos de 6.

$8 \times 6 = 48$

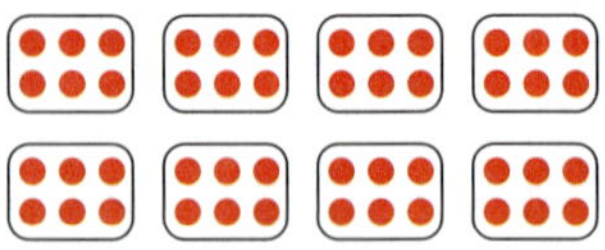

C Haz una matriz.

Haz 8 hileras de 6 fichas.

$$\begin{array}{r} 6 \\ \times 8 \\ \hline 48 \end{array}$$

$8 \times 6 = 48$

- **¿Qué pasaría si** hubiera 10 equipos? ¿Cuántos jugadores habría en total?

Idea matemática
Hay muchas maneras de resolver problemas de multiplicación.

NS 2.2 Memorizar la tabla de multiplicación del 1 and 10. *también* **MR 1.1, MR 2.3, MR 2.4, MR 3.2**

D Usa dobles.

Halla el producto de 3. $8 \times 3 = 24$

Duplica ese producto. $24 + 24 = 48$

Por lo tanto, $8 \times 6 = 48$

E Usa la propiedad conmutativa.

Si conoces 6×8, úsalo para hallar 8×6.

$6 \times 8 = 48$, por lo tanto, $8 \times 6 = 48$.

F Usa una tabla de multiplicar.

Halla el número donde se encuentran la hilera del 8 y la columna del 6.

$8 \times 6 = 48$

- ¿Cómo usarías la tabla de multiplicar para hallar 6×8?

×	0	1	2	3	4	5	6	7	8	9	10	11	12
0	0	0	0	0	0	0	0	0	0	0	0	0	0
1	0	1	2	3	4	5	6	7	8	9	10	11	12
2	0	2	4	6	8	10	12	14	16	18	20	22	24
3	0	3	6	9	12	15	18	21	24	27	30	33	36
4	0	4	8	12	16	20	24	28	32	36	40	44	48
5	0	5	10	15	20	25	30	35	40	45	50	55	60
6	0	6	12	18	24	30	36	42	48	54	60	66	72
7	0	7	14	21	28	35	42	49	56	63	70	77	84
8	0	8	16	24	32	40	48	56	64	72	80	88	96
9	0	9	18	27	36	45	54	63	72	81	90	99	108
10	0	10	20	30	40	50	60	70	80	90	100	110	120
11	0	11	22	33	44	55	66	77	88	99	110	121	132
12	0	12	24	36	48	60	72	84	96	108	120	132	144

Práctica con supervisión

1. ¿Cómo puedes hacer un dibujo para hallar 9×3?

Halla el producto.

2. $■ = 10 \times 8$
3. $3 \times 7 = ■$
4. $■ = 9 \times 5$
5. $7 \times 7 = ■$
6. COMENTA **Explica** dos maneras diferentes de hallar 7×6.

Práctica independiente y resolución de problemas

Halla el producto.

7. $■ = 2 \times 6$
8. $8 \times 7 = ■$
9. $■ = 4 \times 9$
10. $5 \times 1 = ■$
11. $10 \times 7 = ■$
12. $■ = 8 \times 3$
13. $9 \times 5 = ■$
14. $4 \times 6 = ■$
15. $0 \times 10 = ■$
16. $7 \times 9 = ■$
17. $■ = 6 \times 8$
18. $■ = 9 \times 6$
19. 8×8
20. 6×3
21. 2×4
22. 5×5
23. 10×3
24. 7×6
25. 9×8
26. 3×7
27. 6×5
28. 10×6
29. 1×4
30. 2×9

Práctica adicional en la página 164, Grupo D

Halla el número que falta.

31. $5 \times 2 = ■$ **32.** $■ = 3 \times 4$ **33.** $9 \times ■ = 9$

34. $■ \times 6 = 0$ **35.** $5 \times ■ = 35$ **36.** $4 \times ■ = 20$

37. $7 \times ■ = 28$ **38.** $3 \times ■ = 30$ **39.** $■ \times 4 = 24$

Explica dos maneras diferentes de hallar el producto.

40. $9 \times 9 = ■$ **41.** $4 \times 8 = ■$ **42.** $2 \times 5 = ■$

43. $5 \times 10 = ■$ **44.** $10 \times 10 = ■$ **45.** $3 \times 9 = ■$

Compara. Escribe $<$, $>$ o $=$ para cada ●.

46. 2×3 ● 1×6 **47.** 5×6 ● 3×9 **48.** 6×8 ● 7×7

49. 4×9 ● 5×8 **50.** 10×3 ● 6×6 **51.** 4×7 ● 8×3

52. 8×9 ● 9×8 **53.** 6×5 ● 4×8 **54.** 3×9 ● 5×4

55. ¿Cómo saber que $5 \times 8 = 40$ te ayuda a hallar 6×8?

56. **Razonamiento** ¿Es el producto de 6×5 mayor o menor que el producto de 7×4? ¿Cómo lo sabes?

USA LOS DATOS Para los ejercicios 57 a 59 y 61 y 62, usa la tabla.

Equipos de deportes

Deporte	Número de jugadores
Hockey sobre hielo	6
Béisbol	9
Básquetbol	5
Fútbol	11

57. El pueblo de Marianne tiene 10 equipos de béisbol. ¿Cuántos jugadores de béisbol tiene el pueblo?

58. El pueblo de Carl tiene 6 equipos de béisbol y 8 equipos de básquetbol. ¿Hay más jugadores de básquetbol o de béisbol? **Explica** tu respuesta.

59. Steve juega uno de los deportes de la tabla. El número de jugadores en su equipo es un múltiplo tanto de 2 como de 3. ¿Qué deporte juega Steve? **Explica** tu respuesta.

60. ***≡DATO BREVE*** Un disco de hockey tiene 1 pulgada de ancho y pesa aproximadamente 6 onzas. Aproximadamente, ¿cuántas onzas pesan 4 discos?

61. **Formula un problema** Vuelve a leer el problema 57. Escribe un problema similar usando un número diferente de equipos de béisbol.

62. **ESCRIBE** **¿Cuál es la pregunta?** Hay 10 equipos de básquetbol en la escuela de Sandi. La respuesta es 50. ¿Cuál es la pregunta?

Comprensión de los Estándares

63. Paige comió $\frac{1}{2}$ de un sándwich. Simone comió $\frac{1}{4}$ de un sándwich. ¿Quién comió más sándwich, Paige o Simone? (Grado 2, NS 4.1)

64. Paul puso 2 pelotas de básquetbol en cada uno de 4 cubos. Escribe un enunciado numérico que muestre el número de pelotas de básquetbol en total. (AF 1.1, pág. 108)

65. Zoey juega tenis. ¿Qué cuerpo geométrico tiene la misma forma que la pelota de tenis que ella usa? (Grado 2, MG 2.1)

66. **Preparación para la prueba** Jim jugó en 5 juegos de béisbol. Cada juego fue de 9 entradas. ¿En cuántas entradas jugó Jim béisbol?

A 25 **B** 35 **C** 45 **D** 59

67. **Preparación para la prueba** ¿Qué operación de multiplicación muestra esta matriz?

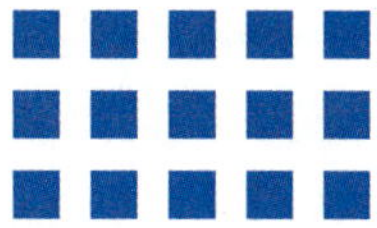

A $3 \times 5 = 15$ **C** $5 \times 5 = 25$

B $3 \times 6 = 18$ **D** $3 \times 3 = 9$

PODER MATEMÁTICO Resolución de problemas y razonamiento

PENSAR VISUALMENTE Cuando dos factores son los mismos, el producto se llama un **número cuadrado**. Las matrices pueden ayudarte a hallar números cuadrados. Mira la matriz de 2 por 2. Como $2 \times 2 = 4$, entonces 4 es un número cuadrado.

$2 \times 2 = 4$

Usa fichas para hallar otros números cuadrados.

A Haz una matriz de 3 × 3 con fichas.

B Escribe el enunciado de multiplicación. El producto es un número cuadrado.

C Haz una matriz para hallar otros números cuadrados. Asegúrate de que los dos factores sean los mismos.

×	0	1	2	3	4	5	6	7	8	9	10
0	0	0	0	0	0	0	0	0	0	0	0
1	0	1	2	3	4	5	6	7	8	9	10
2	0	2	4	6	8	10	12	14	16	18	20
3	0	3	6	9	12	15	18	21	24	27	30
4	0	4	8	12	16	20	24	28	32	36	40
5	0	5	10	15	20	25	30	35	40	45	50
6	0	6	12	18	24	30	36	42	48	54	60
7	0	7	14	21	28	35	42	49	56	63	70
8	0	8	16	24	32	40	48	56	64	72	80
9	0	9	18	27	36	45	54	63	72	81	90
10	0	10	20	30	40	50	60	70	80	90	100

1. ¿Cuál es el número cuadrado que tiene 5 y 5 como factores?
2. Halla el resto de los productos en la tabla de multiplicar donde se encuentran 2 de los mismos factores. ¿Qué notas?
3. ESCRIBE **¿Cuál es el error?** Gerri dijo que 100 no es un número cuadrado. ¿Cuál es su error? **Explica**.

LECCIÓN 5

Taller de resolución de problemas
Estrategia: Hacer una tabla

OBJETIVO: Usa la estrategia *hacer una tabla* para resolver problemas.

Aprende la estrategia

Una tabla puede ayudarte a organizar la información de un problema y hallar la solución. Puedes usar tablas para resolver diferentes tipos de problemas.

Una tabla puede mostrar los resultados de una encuesta y ayudarte a organizar los datos.

Ned quiere mostrar los resultados de una encuesta sobre refrigerios favoritos.

Refrigerio	Marcas	Yogur
Galletas	||||	4
Yogurt	||	2
Fruta	~~||||~~ |	6

Una tabla puede mostrar grupos iguales y ayudarte a hallar una regla.

Kailynn necesita hallar el número total de lápices en 5 paquetes de 6 lápices cada uno.

Número de paquetes	1	2	3	4	5
Número de lápices	6	12	18	24	30

Una tabla puede organizar cantidades de dinero para ayudarte a hallar diferentes combinaciones.

Tim quiere hallar algunas maneras de mostrar $2.75 usando billetes y monedas.

					Valor
2	3				$2.75
2	2	2	1		$2.75
2	1	5			$2.75

COMENTA

¿Cuáles son algunas preguntas que pueden responderse usando las tablas mostradas arriba?

Para hacer una tabla, decide qué información es necesaria. Después decide cómo rotular las hileras y columnas. Completa la información del problema y cualquier información que falte para hallar la solución.

AF 2.1 Resolver problemas simples que incluyan una relación funcional entre dos cantidades (por ejemplo, hallar el costo total de varios artículos cuando se da el costo por unidad). *también* **NS 2.2, MR 1.1, MR 2.3, MR 2.4, MR 3.2**

Usa la estrategia

PROBLEMA Un oso grizzly tiene 5 garras afiladas en cada una de sus 4 patas. ¿Cuántas garras tiene el oso en total?

Lee para entender
Planea
Resuelve
Comprueba

▲ El oso grizzly es el animal del estado de California.

Lee para entender

Destreza de lectura

- **Haz un resumen de lo que se te pide que busques.**
- **¿Qué información te proporcionan?**

Planea

- **¿Qué estrategia puedes usar para resolver el problema?**
  Puedes hacer una tabla para ayudarte a resolver el problema.

Resuelve

- **¿Cómo puedes usar la estrategia para resolver el problema?**
  Haz una tabla.

  Haz una hilera para el número de patas y una hilera para el número de garras.

  Completa la información del problema.

  Amplía la tabla para incluir 4 patas.

  Por lo tanto, cada oso grizzly tiene 20 garras en total.

Número de patas	1	2	3	4
Número de garras	5	10	15	20

Comprueba

- **¿Cómo puedes comprobar tu respuesta?**
- **¿Qué otra estrategia podrías usar para resolver el problema?**

Resolución de problemas con supervisión

Lee para entender
Planea
Resuelve
Comprueba

1. La codorniz del valle de California es el ave del estado de California. Julie vio 3 codornices cada día que fue a ver aves. ¿Cuántas codornices vio Julie en 6 días?

   Primero, haz una tabla para mostrar cuántas codornices vio.

   Piensa: el número total de codornices aumenta 3 cada día.

   Después, usa la tabla para resolver el problema.

Codornices vistas						
Día	1	2	3	4	5	6
Codornices	3	6	■	■	■	■

2. **¿Qué pasaría si** Julie hubiera visto 3 codornices cada día durante 10 días? ¿Cuántas codornices habría visto en total?

3. En el parque estatal Angel Island hay un sendero de 5 millas. Mike recorrió este sendero 3 veces. ¿Cuántas millas recorrió Mike en total?

Resolución de problemas • Práctica de estrategias

Haz una tabla para resolver.

4. Lilly llevó a su perro a dar un paseo de 4 millas durante 6 días. ¿Cuántas millas pasearon en total Lilly y su perro?

5. Una tienda de mascotas tiene 12 jaulas de pájaros. Cada jaula tiene 4 pájaros. ¿Cuántos pájaros en total tiene la tienda?

6. Una tienda de recuerdos vende piedras en paquetes de 8. ¿Cuántas piedras hay en 8 paquetes?

7. Greg quiere mostrar $1.75 usando billetes y monedas. ¿Cuáles son tres maneras en que puede hacer esto?

8. Cada año durante 3 años la familia Van Ness ha hecho 3 viajes al Bethany Reservoir. ¿Cuántas veces ha visitado la familia el Bethany Reservoir?

9. Joe asistió a 5 exhibiciones en el centro de flora y fauna. Cada exhibición duró 10 minutos. ¿Cuánto tiempo en total pasó Joe en las exhibiciones?

10. ***DATO BREVE*** La amapola de California es la flor del estado de California. Hay 3 flores en cada una de 9 plantas de amapola. ¿Cuántas flores hay en total?

11. **ESCRIBE** Cammi necesita 10 postales para sus amigos. Compra 2 paquetes de 6 postales. ¿Cuántas postales le sobrarán a Cammi? **Explica.**

Práctica de estrategias mixtas

USAR LOS DATOS Para los ejercicios 12 a 15, usa la receta.

12. En California se cultivan muchos aguacates. Jane hace un ponche de aguacate y duplica la receta. ¿Cuántas tazas de jugo de mango necesita?

13. Imagina que Han sigue esta receta una vez al mes para hacer ponche de aguacate. ¿Cuántos aguacates usará en 1 año?
PISTA: 1 año = 12 meses.

14. **Razonamiento** Joel tiene 2 manzanas más que aguacates. Tiene 8 frutas en total. ¿Joel tiene suficientes aguacates para hacer el ponche? **Explica** tu respuesta.

15. Bob tiene 13 tazas de jugo de mango. ¿Cuántas tazas le quedarán si duplica la receta? **Explica** tu respuesta.

16. **Problema abierto** El señor Kelly quiere plantar 24 árboles de mango. ¿De cuántas maneras diferentes puede plantar los árboles en hileras iguales?

ELIGE UNA ESTRATEGIA

- Hacer un modelo o una dramatización
- Hacer un diagrama o dibujo
- Hacer una lista organizada
- Buscar un patrón
- Hacer una tabla o gráfica
- Predecir y probar
- Trabajar desde el final hasta el principio
- Resolver un problema más sencillo
- Escribir una ecuación
- Usar el razonamiento lógico

Ponche de aguacate de California

2 aguacates de California, pelados y partidos a la mitad
6 tazas de jugo de mango
2 tazas de hielo triturado
Azúcar al gusto

Instrucciones:

Poner los aguacates en la licuadora. Mezclar los aguacates con el jugo y el azúcar hasta que queden bien licuados; enfriar. Verter sobre el hielo.

Para 8 personas

ESFUÉRZATE

Dee está apilando latas de jugo de piña en una estantería en el mercado. Debe poner 6 latas en la hilera inferior. Después de esa primera hilera, cada hilera debe tener menos latas que la hilera de abajo.

17. ¿De cuántas maneras diferentes puede apilar Dee en la estantería 16 latas de jugo de piña?

18. ¿Cuál es el mayor número de latas que Dee podría usar para hacer su arreglo? ¿Qué altura tendrá este arreglo si cada lata mide 9 pulgadas de alto? **Explica** cómo hallaste tus respuestas.

Práctica adicional

Grupo A Halla el producto. (págs. 150 y 151)

1. $3 \times 8 = \blacksquare$
2. $1 \times 8 = \blacksquare$
3. $5 \times 8 = \blacksquare$
4. $8 \times 0 = \blacksquare$
5. 6×8
6. 8×2
7. 9×8
8. 8×8
9. 8×4
10. 7×8
11. Elena está alimentando patos en el parque. Tiene tres barras pequeñas de pan. Cada barra tiene 8 rebanadas de pan. ¿Cuántas rebanadas de pan le puede dar Elena a los patos en total?
12. Cole tiene 4 bolsas de 10 figuras de acción. Owen tiene 6 bolsas de 8 figuras de acción. ¿Quién tiene más figuras de acción: Cole u Owen? ¿Cuántas más?

Grupo B Halla cada producto. (págs. 152 y 153)

1. $3 \times 9 = \blacksquare$
2. $9 \times 5 = \blacksquare$
3. $0 \times 9 = \blacksquare$
4. $9 \times 7 = \blacksquare$
5. 2×9
6. 3×8
7. 1×9
8. 9×4
9. 4×7
10. 10×9

Grupo C Halla el producto. (págs. 154 y 155)

1. $7 \times 10 = \blacksquare$
2. $3 \times 7 = \blacksquare$
3. $5 \times 7 = \blacksquare$
4. $7 \times 4 = \blacksquare$
5. Hay 7 fotos en cada una de las páginas de un álbum de fotos. Hay un total de 8 páginas. ¿Cuántas fotos hay en total?
6. Malik recorre 7 millas diarias en bicicleta. ¿Cuántas millas recorre en una semana?

Grupo D Halla el producto. (págs. 156 a 159)

1. $\blacksquare = 8 \times 3$
2. $4 \times 7 = \blacksquare$
3. $5 \times 5 = \blacksquare$
4. $\blacksquare = 2 \times 9$
5. 6×6
6. 7×5
7. 9×2
8. 8×5
9. 10×7
10. 5×6
11. 4×8
12. 9×1
13. 3×7
14. 6×9
15. 7×7
16. 8×9

CD ROM Tecnología
Usa Harcourt Mega Math en español, Juegos de números, *De todo un poco*, nivel B.

PRÁCTICA CON UN JUEGO

Bingo® de multiplicación

¡Antes de jugar!

2 a 6 jugadores

¡Preparados!

- Tarjetas con números
- 5 tableros de juego
- Bolsa pequeña
- Fichas (unas 15 por jugador)

B	I	N	G	O
7×2	2×5	5×10	8×10	6×3
7×5	2×8	5×4	8×3	6×7
7×3	2×2	LIBRE	8×6	
7×9		5×6	8×4	6×6
7×10	2×9	5×3		6×9

¡A jugar!

- Se elige un jugador para que diga los números en voz alta. Este jugador toma la bolsa de tarjetas con números.
- Cada uno de los otros jugadores recibe un tablero y algunas fichas. Los jugadores pueden poner una ficha en el lugar que dice LIBRE.
- El jugador que dice los números toma una tarjeta de la bolsa, la lee en voz alta y la coloca aparte.
- Los demás jugadores colocan una ficha en cualquier expresión que tengan en su tablero, cuyo producto sea el número que se dijo en voz alta.
- Se repiten estos pasos hasta que un jugador cubra cinco espacios de una hilera, columna o diagonal, y diga ¡"BINGO®"! en voz alta.
- Se elige un nuevo jugador que diga los números y se juega hasta que todos hayan dicho los números.

Repaso/Prueba del Capítulo 7

Repasar los conceptos

Haz una matriz. (NS 2.2, págs. 150 y 151, 154 y 155)

1. María pone 8 cubos de hielo en cada uno de los 3 vasos para sus amigos. ¿Cuántos cubos de hielo usó en total?

2. Hay 7 días en una semana. ¿Cuántos días hay en 4 semanas?

Repasar las destrezas

Halla el producto. (NS 2.2, págs. 150 y 151, 152 y 153, 154 y 155, 156 a 159)

3. $2 \times 8 = \blacksquare$

4. $7 \times 4 = \blacksquare$

5. $3 \times 8 = \blacksquare$

6. $5 \times 9 = \blacksquare$

7. $8 \times 7 = \blacksquare$

8. $10 \times 8 = \blacksquare$

9. $\blacksquare = 4 \times 8$

10. $\blacksquare = 7 \times 7$

11. 1×8

12. 8×8

13. 4×5

14. 8×6

15. 8×9

16. 3×9

17. 7×4

18. 9×6

19. 6×7

20. 8×5

21. 9×9

22. 7×9

Repasar la resolución de problemas

Resuelve. (AF 2.1, MR 2.3, págs. 160 a 163)

23. Jerome puede pintar 4 dibujos en una hora. ¿Cuántos dibujos puede pintar Jerome en 5 horas?

Número de horas	1	2	3	4	5
Dibujos hechos	4	8	■	■	■

24. Yolanda reparte 8 diarios cada día. ¿Cuántos diarios en total repartirá ella en 5 días?

25. ESCRIBE En el zoológico, hay 3 exhibiciones con 7 monos en cada una. ¿Cuántos monos tiene el zoológico en total? **Explica** cómo lo sabes.

Enriquecimiento • Operaciones y estrategias

ACERTIJOS DEL NÚMERO MISTERIOSO

¡A todo el mundo le encanta un buen misterio! Usa la suma, la resta y la multiplicación para resolver el acertijo siguiente.

Misterio matemático

Sigue los pasos para comenzar a resolver el acertijo.

		A
Comienza con 5.	5	
Suma 4.	$5 + 4 = 9$	
Multiplica por 2.	$2 \times 9 = 18$	
Resta 3.	$18 - 3 = 15$	
NÚMERO FINAL: ■	15	
	Por lo tanto, A = 15.	

Operaciones graciosas

Copia el acertijo. Halla el valor de cada letra. Luego escribe las letras en los espacios correctos.

G
Comienza con 9.
Resta 3.
Multiplica por 4.
Resta 4.
NÚMERO FINAL: ■

A
Comienza con 4.
Suma 2.
Resta 3.
Multiplica por 6.
NÚMERO FINAL: ■

N
Comienza con 8.
Multiplica por 3.
Resta 10.
Suma 5.
NÚMERO FINAL: ■

R
Comienza con 7.
Resta 3.
Multiplica por 9.
Suma 4.
NÚMERO FINAL: ■

O
Comienza con 10.
Multiplica por 5.
Resta 6
Suma 11.
NÚMERO FINAL: ■

S
Comienza con 6.
Multiplica por 8.
Suma 9.
Resta 22.
NÚMERO FINAL: ■

- **¿Cuál es la comida favorita de un pato?**

¡?	?	?	?	?	?!
20	40	18	19	55	35

Escribir un acertijo

ESCRIBE Crea un acertijo con al menos 4 pasos. El Número Final será 12. **Explica** tu acertijo.

Comprensión de los Estándares
Capítulos 1 a 7

Percepción numérica

1. La población de Placerville es de 9,610 habitantes. ¿Cuál es el valor del 9 en 9,610? (NS 2.3)

   A 90

   B 900

   C 9,000

   D 90,000

Pista

Elige una respuesta.

Lee el problema 2. Si tu respuesta no corresponde a ninguna de las opciones, revisa tus cálculos.

2. La tienda de DVD de Dan vendió 358 DVD en una semana y 258 DVD la siguiente semana. ¿Cuántos más DVD vendió la tienda la primera semana que la segunda semana? (NS 2.1)

   A 10

   B 100

   C 1,000

   D 10,000

3. **ESCRIBE** ¿Cómo te puede ayudar este dibujo a hallar 5×4? **Explica**. (NS 2.2)

Álgebra y funciones

4. La tabla muestra el número de patas que tienen diferentes números de hormigas. ¿Cuántas patas tienen 4 hormigas? (AF 2.1)

Número de hormigas	Número de patas
1	6
2	12
3	18
4	■

   A 20

   B 22

   C 24

   D 26

5. Mia vio 14 pájaros sentados en un árbol. Luego, 6 de los pájaros se fueron volando. ¿Qué enunciado numérico puede usar ella para hallar el número de pájaros que quedaron en el árbol? **Explica**. (AF 1.1)

   A $14 + 6 = ■$

   B $14 \times 6 = ■$

   C $14 - 6 = ■$

   D $14 + 14 = ■$

6. **ESCRIBE** Sam compró una camiseta por $8.00. ¿Cuánto cuestan 4 camisetas con el mismo precio? **Explica**. (AF 2.1)

Medición y geometría

7. ¿Cuántas caras tiene un cubo? (Grado 2 MG 2.1)

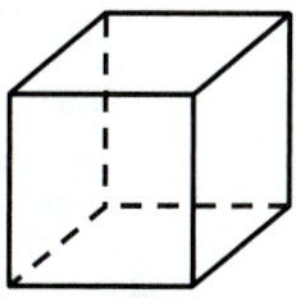

A 8

B 7

C 6

D 4

8. John vio un vídeo que duró 1 hora. ¿Cuántos minutos duró el vídeo de John? (Grado 2 MG 1.4)

A 15 minutos

B 30 minutos

C 45 minutos

D 60 minutos

9. ESCRIBE ¿Usarías pulgadas, pies o yardas para medir esta cinta? **Explica.** (Grado 2 MG 1.0)

Estadísticas, análisis de datos y probabilidad

10. La tabla muestra el número de cubos de colores que hay en una bolsa. ¿Cuántos cubos verdes hay en la bolsa? (Grado 2 SDAP 1.0)

Cubos en la bolsa	
Verde	|||
Rojo	𝍸 ||
Azul	||
Amarillo	|

A 1

B 2

C 3

D 7

11. La gráfica de barras muestra los sabores de helado favoritos de los estudiantes. ¿Cuántos estudiantes prefieren el helado de chocolate? (Grado 2 SDAP 1.0)

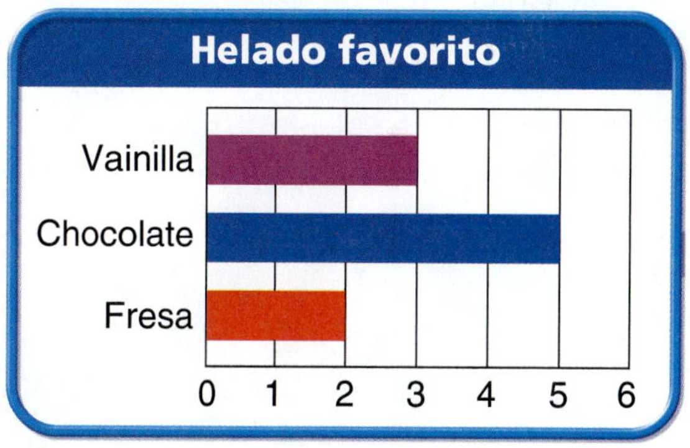

A 6

B 5

C 3

D 2

12. ESCRIBE La respuesta es 24 estudiantes. ¿Cuál es la pregunta? (Grado 2 SDAP 2.1)

Tiendas	1	2	3	4
Estudiantes	8	16	24	32

CAPÍTULO

8 Álgebra: Operaciones y propiedades

La idea importante Las estrategias para operaciones básicas de multiplicación se basan en propiedades, patrones y relaciones de números.

CALIFORNIA DATO BREVE

El remo es el deporte universitario más viejo en Estados Unidos. El equipo de UCLA practica y compite en Marina del Rey. Los remadores mueven el bote a través del agua.

Investiga

El bote que se usa en el deporte de remos se llama bote de regata. También hay otros botes que usan remos. Elige un bote de la gráfica. Explica cómo puedes usar la multiplicación para hallar cuántos botes necesitarías alquilar para toda tu clase.

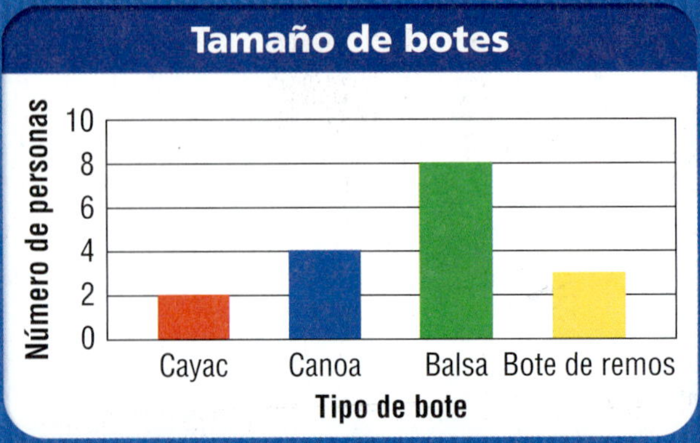

Muestra lo que sabes

Comprueba si has aprendido las destrezas importantes que se necesitan para completar exitosamente el Capítulo 8.

Matrices

Completa.

1. 

2 hileras de ■ $= 16$

$2 \times 8 =$ ■

2. 

4 hileras de ■ $= 20$

$4 \times 5 =$ ■

3. 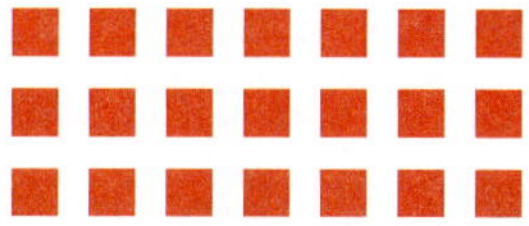

3 hileras de ■ $= 21$

$3 \times 7 =$ ■

4. 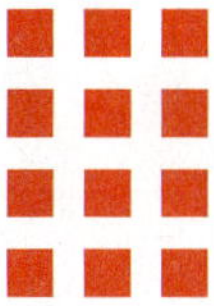

4 hileras de ■ $= 12$

$4 \times 3 =$ ■

5. 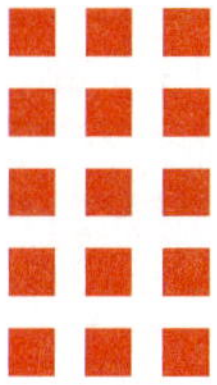

5 hileras de ■ $=15$

$5 \times 3 =$ ■

6. 

3 hileras de ■ $= 27$

$3 \times 9 =$ ■

Operaciones de multiplicación hasta el 10

Halla el producto.

7. $4 \times 4 =$ ■ **8.** $3 \times 6 =$ ■ **9.** $7 \times 9 =$ ■ **10.** $5 \times 10 =$ ■

Enriquece tu vocabulario

VOCABULARIO DEL CAPÍTULO

Propiedad asociativa de la multiplicación
Propiedad conmutativa de la multiplicación
Propiedad de identidad de la multiplicación
variable
Propiedad del cero de la multiplicación

PREPARACIÓN

variable Una letra o un signo que representa un número desconocido

Propiedad asociativa de la multiplicación La propiedad que establece que cuando se cambia la agrupación de los factores, el producto sigue siendo el mismo

Propiedad del cero de la multiplicación La propiedad que establece que el producto de cero y cualquier otro número es cero

LECCIÓN 1

Hallar una regla

OBJETIVO: Hallar una regla para un patrón de números mostrado en una tabla de funciones.

Repaso rápido

1. 6 × 7 = ■
2. 8 × 4 = ■
3. 1 × 8 = ■
4. 6 × 9 = ■
5. 8 × 7 = ■

Aprende

PROBLEMA El club de excursionistas está planeando una excursión. Cada excursionista necesitará una linterna eléctrica. Una linterna eléctrica usa 3 baterías. ¿Cuántas baterías se necesitan para 7 linternas eléctricas?

▲ La linterna eléctrica fue inventada en 1896.

Ejemplo Busca un patrón. Escribe una regla.

Linternas eléctricas	1	2	3	4	5	6	7
Baterías	3	6	9	12	15	18	■

Patrón: El número de baterías es igual al número de linternas eléctricas multiplicado por 3.

Regla: Multiplicar el número de linternas eléctricas por 3.

Para hallar cuántas baterías se necesitan para 7 linternas eléctricas, multiplica 7 por 3.

7 × 3 = 21

Por lo tanto, se necesitan 21 baterías para 7 linternas eléctricas.

Más ejemplos Describe el patrón. Escribe una regla.

A

Paquetes de baterías	1	2	3	4	5
Número de baterías	4	8	■	16	■

Patrón: El número de baterías es igual al número de paquetes multiplicado por 4.

Regla: Multiplicar el número de paquetes de baterías por 4.

- ¿Cuántas baterías hay en 3 paquetes? ¿Y en 5 paquetes?

B

Paquetes de baterías	1	2	3	4
Costo	\$5	\$10	\$15	■

Patrón: El costo es igual al número de paquetes multiplicado por \$5.

Regla: Multiplicar el número de paquetes de baterías por \$5.

- ¿Cuánto cuestan 4 paquetes? ¿Y siete paquetes?

AF 2.1 Resolver problemas simples que incluyan una relación funcional entre dos cantidades (por ej., hallar el costo total de varios artículos cuando se da el costo por unidad). *también* **AF 2.2, MR 1.1, MR 2.3, MR 2.4, MR 3.2**

Práctica con supervisión

1. **Explica** cómo se usa una regla para hallar cuántas baterías se necesitan para 9 linternas eléctricas.

Linternas	1	2	3
baterías	3	6	9

Escribe una regla para cada tabla. Después copia y completa la tabla.

2.

Tiendas	2	3	4	5	6	7
Excursionistas	4	6	8	10	■	■

3.

Excursionistas	1	2	3	4	5
Linternas	1	2	3	■	■

4. **COMENTA** **Explica** cómo puedes hacer una tabla para hallar cuántos platos hay en 6 mesas. Patrón: El número de platos es igual al número de mesas multiplicado por 4.

Práctica independiente y resolución de problemas

Escribe una regla para cada tabla. Después copia y completa la tabla.

5.

Horas	1	2	3	4	5
Millas caminadas	2	4	■	■	■

6.

Cabañas	3	4	5	6	7
Excursionistas	27	36	■	■	■

USA LOS DATOS **Para los ejercicios 7 a 10, usa la tabla.**

Balsas	1	2	3	4
Personas	6	12	18	■

7. Escribe una regla para la tabla de la derecha. ¿Qué patrón ves?
8. El club de campistas alquila 4 balsas. ¿Cuántas personas caben en 4 balsas?
9. El costo de alquilar una balsa es $10 por persona. Hay una tarifa de $2 por lanzar la balsa al agua. ¿Cuál es el costo para un grupo de 6 personas?
10. **ESCRIBE** **¿Cuál es la pregunta?** La respuesta es 30 personas. ¿Cuál es la pregunta?

Comprensión de los Estándares

11. Lyle compró 4 cajas de barras de granola. Hay 6 barras en cada caja. ¿Cuántas barras de granola compró Lyle? (NS 2.2, pág. 132)
12. ¿Qué número falta en el patrón de Evan? (Grado 2 SDAP 2.2)

    14, 17, 20, 23, ____, 29

13. $2 \times 3 =$ (NS 2.2, pág. 130)
14. **Preparación para la prueba** Dos cuadernos cuestan $4 y 3 cuadernos cuestan $6. Jenny compró 6 cuadernos. ¿Cuánto gastó?

    A $6 **B** $10 **C** $12 **D** $24

Práctica adicional en la página 182, Grupo A

LECCIÓN 2

Factores que faltan

OBJETIVO: Usar una matriz y una tabla de multiplicar para hallar los factores que faltan.

Repaso rápido

1. $7 \times 3 =$ ■
2. $9 \times 6 =$ ■
3. $8 \times 5 =$ ■
4. $5 \times 7 =$ ■
5. $2 \times 0 =$ ■

Vocabulario

variable

Aprende

PROBLEMA Brandy planea invitar 24 personas a un picnic. Las invitaciones vienen en paquetes de 8. ¿Cuántos paquetes de invitaciones necesita comprar Brandy?

$$■ \times 8 = 24$$

Una **variable** es una letra o un signo que representa un número desconocido.

DE UNA MANERA Haz una matriz.

MANOS A LA OBRA **Actividad**

Materiales ■ fichas cuadradas

Haz una matriz con 24 fichas.
Usa 8 fichas en cada hilera.

Cuenta las hileras de 8 fichas.

columna

hilera →

■	×	8	=	24
↑		↑		↑
factor		factor		producto
hileras		columnas		número total de fichas

Hay 3 hileras de 8 fichas. El factor que falta es 3.

$$3 \times 8 = 24$$

Por lo tanto, Brandy necesita 3 paquetes de invitaciones.

DE OTRA MANERA Usa una tabla de multiplicar.

Comienza en la columna del 8.
Busca abajo el producto, 24.
Busca hacia la izquierda de la hilera desde el 24.
El factor que falta es 3.

$a \times 8 = 24$

$3 \times 8 = 24$

×	0	1	2	3	4	5	6	7	8	9
0	0	0	0	0	0	0	0	0	0	0
1	0	1	2	3	4	5	6	7	8	9
2	0	2	4	6	8	10	12	14	16	18
3	0	3	6	9	12	15	18	21	24	27
4	0	4	8	12	16	20	24	28	32	36
5	0	5	10	15	20	25	30	35	40	45
6	0	6	12	18	24	30	36	42	48	54
7	0	7	14	21	28	35	42	49	56	63
8	0	8	16	24	32	40	48	56	64	72
9	0	9	18	27	36	45	54	63	72	81

AF 1.1 Representar relaciones de cantidades en forma de expresiones, ecuaciones o desigualdades matemáticas. *tambien* **AF 1.2, NS 2.2, MR 1.1, MR 2.3, MR 2.4, MR 3.2**

Práctica con supervisión

1. ¿Cuál es el factor que falta de esta matriz?

$$5 \times \blacksquare = 35$$

Halla el factor que falta.

2. $\blacksquare \times 3 = 27$ 3. $6 \times \blacksquare = 30$ ✓4. $\blacksquare \times 5 = 20$ ✓5. $\blacksquare \times 2 = 14$

6. **COMENTA** **Explica** cómo usar la tabla de multiplicar de la página 174 para hallar el factor que falta en $\blacksquare \times 6 = 42$.

Práctica independiente y resolución de problemas

Halla el factor que falta.

7. $\blacksquare \times 2 = 18$ 8. $4 \times \blacksquare = 28$ 9. $\blacksquare \times 3 = 9$ 10. $\blacksquare \times 7 = 63$

11. $5 \times \blacksquare = 40$ 12. $8 \times \blacksquare = 56$ 13. $\blacksquare \times 6 = 36$ 14. $9 \times \blacksquare = 72$

15. $a \times 4 = 24$ 16. $7 \times y = 7$ 17. $m \times 3 = 15$ 18. $b \times 8 = 48$

19. $3 \times 6 = n \times 9$ 20. $9 \times d = 70 + 2$ 21. $5 \times g = 35 - 5$

USA LOS DATOS **Para los ejercicios 22 a 24, usa la tabla.**

22. Brandy necesita 48 tazones para el picnic. ¿Cuántos paquetes de tazones necesita comprar?

23. ¿Cuál es el costo total de 3 manteles y 2 paquetes de servilletas?

24. **ESCRIBE** **¿Cuál es el error?** Brandy necesita 5 paquetes de vasos. Le da $8 al cajero. ¿Cuál es el error de Brandy?

Productos para el picnic

Artículo	Número por paquete	Costo
Tazones	6	$4
Vasos	8	$3
Mantel	1	$2
Servilletas	36	$6
Tenedores	50	$3

Comprensión de los Estándares

25. El maestro de gimnasia dividió la clase en 4 equipos. Hay 9 estudiantes en cada equipo. ¿Cuántos estudiantes hay en la clase. (NS 2.2, pág. 152)

26. Eric rebotó la pelota 170 veces. ¿Cuál es la forma desarrollada de 170? (NS 1.5, pág. 12)

27. $9 \times 1 =$ (NS 2.2, pág. 112)

28. **Preparación para la prueba** ¿Cuál es el factor que falta?

$\blacksquare \times 6 = 12$

A 18 **C** 3

B 6 **D** 2

Tecnología
Usa Harcourt Mega Math en español, Exploración ártica, *Álgebra ártica*, nivel C.

Práctica adicional en la página 182, Grupo B

LECCIÓN 3

Multiplicar 3 factores

OBJETIVO: Multiplicar con tres factores usando la propiedad asociativa (de agrupación) de la multiplicación.

Repaso rápido

1. $6 + 3 + 5$
2. $8 + 4 + 8$
3. $5 + 2 + 7$
4. $2 + 6 + 9$
5. $4 + 8 + 1$

Vocabulario

propiedad asociativa de la multiplicación

Aprende

PROBLEMA La montaña rusa Mr. Freeze en Texas tiene 5 carros. Cada carro tiene 2 hileras de asientos. Cada hilera tiene 2 asientos. ¿Cuántos asientos en total tiene esta atracción?

DE UNA MANERA

Multiplica $5 \times (2 \times 2) = \blacksquare$.

Haz una matriz para mostrar 5 grupos de 2 multiplicados por 2.

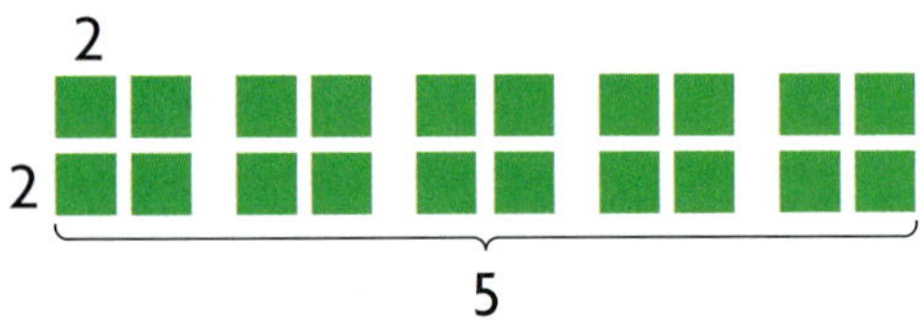

$$5 \times (2 \times 2) = \blacksquare$$
$$\downarrow$$
$$5 \times \quad 4 \quad = 20$$

Multiplica primero los números entre paréntesis.

DE OTRA MANERA

Multiplica $(5 \times 2) \times 2 = \blacksquare$.

Haz una matriz para mostrar 2 grupos de 5 multiplicados por 2.

$$(5 \times 2) \times 2 = \blacksquare$$
$$\downarrow$$
$$10 \quad \times 2 = 20$$

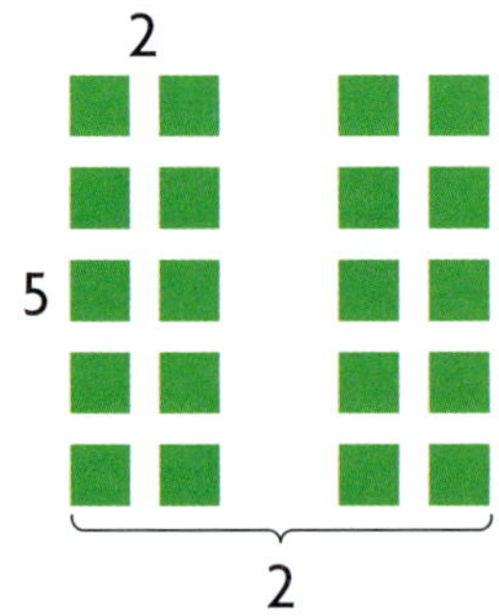

Por lo tanto, hay 20 asientos en total en la montaña rusa.

La **propiedad asociativa de la multiplicación**, o propiedad de agrupación, establece que cuando se cambia la agrupación de los factores, el producto sigue siendo el mismo.

- ¿Qué pasa si cambias el orden de los factores y multiplicas $(2 \times 5) \times 2$? ¿Cuál será el producto?

▲ **¡La montaña rusa Mr. Freeze en Arlington, Texas, puede aumentar su velocidad de 0 a 70 millas en 4 segundos!**

Práctica con supervisión

1. ¿Qué enunciado numérico representa esta matriz? Usa fichas. Escribe otra manera de agrupar los factores.

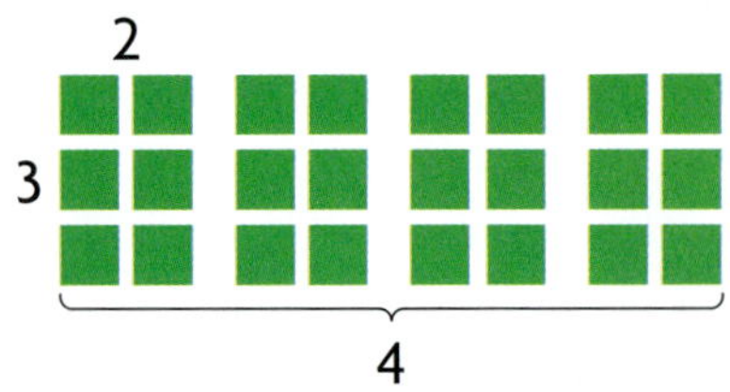

Halla el producto. Escribe otra manera de agrupar los factores.

2. $(2 \times 1) \times 7$ **3.** $3 \times (5 \times 2)$ ✓**4.** $4 \times (3 \times 3)$ ✓**5.** $(3 \times 2) \times 6$

6. COMENTA Heidi multiplica $(3 \times 2) \times 5$, y James multiplica $3 \times (2 \times 5)$. ¿Obtendrán ambos el mismo producto? **Explica**.

Práctica independiente y resolución de problemas

Halla el producto. Escribe otra manera de agrupar los factores.

7. $(5 \times 2) \times 2$ **8.** $8 \times (3 \times 2)$ **9.** $(1 \times 3) \times 2$ **10.** $(3 \times 2) \times 7$

11. $(6 \times 1) \times 4$ **12.** $(2 \times 2) \times 7$ **13.** $9 \times (3 \times 3)$ **14.** $5 \times (2 \times 4)$

Usa paréntesis. Halla el producto.

15. $3 \times 1 \times 9$ **16.** $1 \times 3 \times 5$ **17.** $4 \times 2 \times 6$ **18.** $2 \times 3 \times 6$

19. $5 \times 2 \times 6$ **20.** $1 \times 9 \times 7$ **21.** $2 \times 3 \times 8$ **22.** $4 \times 2 \times 8$

Halla el factor que falta.

23. $(2 \times ■) \times 7 = 28$ **24.** $6 \times (5 \times ■) = 30$ **25.** $■ \times (3 \times 2) = 54$

USA LOS DATOS Para los ejercicios 26 y 27, usa la gráfica.

26. Cada carro de Steel Force tiene 3 hileras de dos asientos cada una. ¿Cuántos asientos hay en un tren?

27. **Razonamiento** Un tren de Kingda Ka tiene 4 asientos por carro, pero el último carro tiene sólo 2 asientos. ¿Cuántas personas pueden viajar en un tren de Kingda Ka?

28. ESCRIBE **¿Tiene sentido o no?** Ken trabaja 4 horas diarias durante 2 días y gana \$5 la hora. Len trabaja 2 horas por día durante 5 días y gana \$4 la hora. Ken dice que ambos ganan la misma cantidad. ¿Tiene sentido o no esta afirmación? **Explica**.

Carros en la montaña rusa

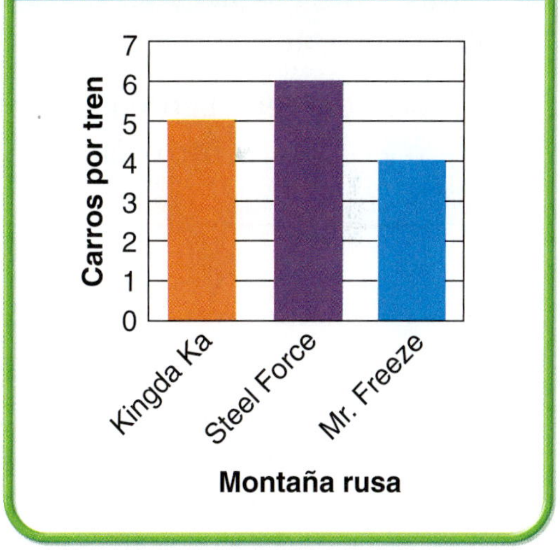

Comprensión de los Estándares

29. $0 \times 6 =$ (NS 2.2, pág. 112)

30. El producto de dos factores es 24. Uno de los factores es 4. ¿Cuál es el otro factor? (NS 2.2, pág. 174)

31. Renee tiene 5 veces la edad de Jim. Jim tiene 3 años. Escribe un enunciado numérico que muestre la edad de Renee. (AF 1.1, pág. 130)

32. **Preparación para la prueba**
$2 \times 3 \times 5 = ■$

A 11 **B** 13 **C** 16 **D** 30

Práctica adicional en la página 182, Grupo C

LECCIÓN 4

Propiedades de la multiplicación

OBJETIVO: Usar las propiedades de identidad, del cero, conmutativa y asociativa de la multiplicación para hallar productos.

Repaso rápido

1. 9×1
2. 0×5
3. 4×2
4. 2×4
5. $(2 \times 3) \times 5$

Vocabulario

propiedad de identidad
propiedad del cero
propiedad conmutativa
propiedad asociativa

Aprende

PROBLEMA Mandy tejió 3 bufandas. Usó 1 ovillo de hilo para cada bufanda. ¿Cuántos ovillos de hilo usó en total?

Puedes usar las propiedades de la multiplicación para ayudarte a hallar productos.

Ejemplo Multiplica 3 × 1.

La **propiedad de identidad** establece que el producto de cualquier número por 1 es ese número.

$3 \times 1 = 3$ 

Por lo tanto, Mandy necesita 3 ovillos de hilo.

Idea matemática
Usar las propiedades de la multiplicación hace más fácil hallar los productos.

Más ejemplos

Propiedad del cero El producto de cero y cualquier otro número es cero.

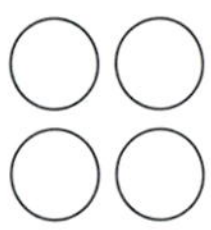

$4 \times 0 = 0$

Propiedad conmutativa Se pueden multiplicar dos factores en cualquier orden y obtener el mismo producto.

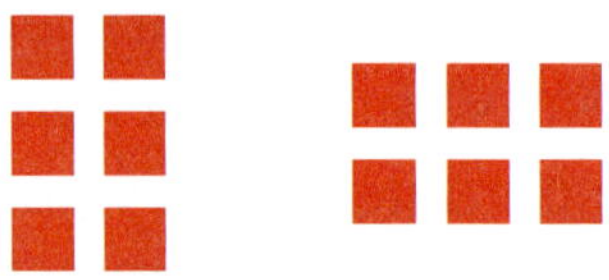

$3 \times 2 = 6$ $2 \times 3 = 6$

Propiedad asociativa
Cuando se cambia la agrupación de los factores, el producto sigue siendo el mismo.

$(2 \times 2) \times 4 = \blacksquare$
$4 \times 4 = 16$

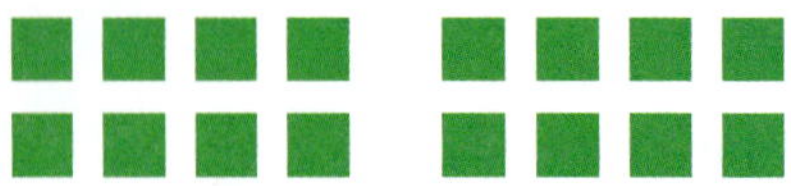

$2 \times (2 \times 4) = \blacksquare$
$2 \times 8 = 16$

- ¿Qué propiedad de la multiplicación puedes usar para hallar 85×0?

AF 1.5 Reconocer y usar las propiedades conmutativa y asociativa de la multiplicación. *también* **NS 2.2, MS 2.6, MR 1.1, MR 2.3, MR 2.4, MR 3.2**

Práctica con supervisión

1. ¿Qué propiedad se muestra en esta matriz?

Halla el producto. Di qué propiedad puedes usar.

2. 5×1
3. 8×4
4. 0×9
5. $3 \times (3 \times 7)$

6. **COMENTA** ¿Qué cuesta más: 5 ovillos de hilo a $3 cada uno o 3 ovillos de hilo a $5 cada uno? **Explica** tu respuesta.

Práctica independiente y resolución de problemas

Halla el producto. Di qué propiedad puedes usar.

7. 0×7
8. 8×1
9. 9×2
10. 7×2
11. $(5 \times 2) \times 7$
12. 9×3
13. 6×0
14. $(3 \times 3) \times 8$

Álgebra **Halla el factor que falta.**

15. $5 \times ■ = 6 \times 5$
16. $3 \times (2 \times 4) = (■ \times 2) \times 4$
17. $■ \times 3 = 3 \times 9$

USA LOS DATOS Para los ejercicios 18, 19 y 21, usa la pictografía.

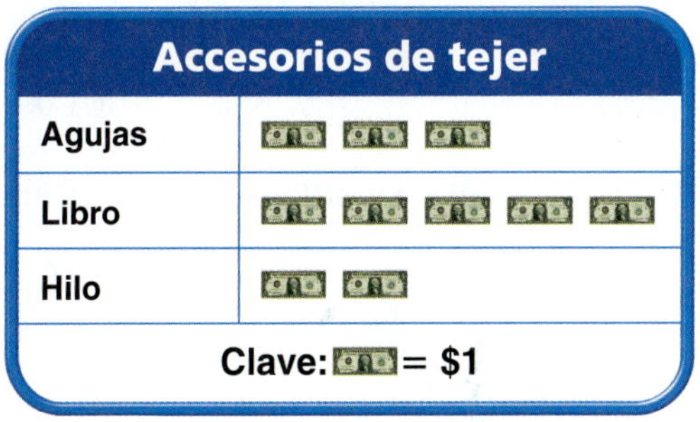

18. Amy compró 3 ovillos de hilo. ¿Cuánto gastó?
19. Katie compró un paquete de agujas, un libro sobre tejer y dos ovillos de hilo. ¿Cuál fue el costo total?
20. **Razonamiento** ¿Cuál es el número que falta? **Explica** tu respuesta.

    $■ \times 0 = 0$

21. **ESCRIBE** Sandy compró 8 ovillos de hilo. Explica cómo puedes usar la propiedad conmutativa para hallar el costo.

Comprensión de los Estándares

22. Kevin tiene 3 paquetes de tarjetas de béisbol. Cada paquete tiene 9 tarjetas. ¿Cuántas tarjetas tiene en total? (NS 2.2, pág. 152)
23. El auditorio de una escuela tiene 950 asientos. Había 843 estudiantes en una asamblea. ¿Cuántos asientos estaban vacíos? (NS 2.1, pág. 78)
24. $■ \times 8 = 72$ (NS 2.2, pág. 150)
25. **Preparación para la prueba** ¿Cuál es un ejemplo de la propiedad de identidad?

    A $5 \times 3 = 3 \times 5$

    B $0 \times 6 = 0$

    C $7 \times 1 = 7$

    D $(3 \times 2) \times 4 = 3 \times (2 \times 4)$

Práctica adicional en la página 182, Grupo D

LECCIÓN 5

Taller de resolución de problemas
Estrategia: Problemas de varios pasos

OBJETIVO: Resolver problemas usando la destreza problemas de varios pasos.

Usa la destreza

PROBLEMA ¡El circo llegó al pueblo! Los boletos de adultos cuestan $7 y $5 los de niños. El señor Kimble compra 5 boletos para su familia. Compra 2 boletos de adultos y 3 de niños. ¿Cuánto le cuesta a la familia Kimble ir al circo?

Usa los boletos para ayudarte a resolver el problema.

- El señor Kimble compra 2 boletos de adultos que cuestan $7 cada uno. Multiplica para hallar el costo de los boletos de adultos.

$$2 \times \$7 = \$14$$

- Él compra 3 boletos de niños que cuestan $5 cada uno. Multiplica para hallar el costo de los boletos de niños.

$$3 \times \$5 = \$15$$

- Suma para hallar el costo total.

$14	+	$15	=	$29
↑		↑		↑
Costo de los boletos de adultos		Costo de los boletos de niños		Costo total

Por lo tanto, el costo total es $29.

COMENTA
¿Por qué multiplicaste en este problema?

Piensa y comenta

Destreza de lectura **Visualizar** **Haz un dibujo para mostrar el problema. Resuelve el problema. Explica los pasos que usaste.**

a. Hay 5 payasos con globos. Cuatro de los payasos tienen 8 globos cada uno. Un payaso tiene sólo 6 globos. ¿Cuántos globos tienen los payasos en total?

b. Sam tiene un billete de $20. Él compra 4 hojas de calcomanías del circo. Cada hoja cuesta $3. ¿Cuánto dinero le sobra a Sam?

NS 2.8 Resolver problemas que requieran dos o más de las destrezas mencionadas anteriormente. *también* **MR 1.1, MR 2.3, MR 2.4, MR 3.2**

Resolución de problemas con supervisión

Lee para entender
Planea
Resuelve
Comprueba

1. Maddie y Sasha compran 2 bolsas de palomitas de maíz y 4 globos. Las palomitas de maíz cuestan $5 la bolsa. Cada globo cuesta $2. ¿Cuánto gastaron en total Maddie y Sasha?

   Vizualiza el problema.

   ¿Qué operación combina cantidades iguales?

   ¿Qué operación puedes usar para hallar el costo total?

   Resuelve el problema.

2. **¿Qué pasaría si** cada globo costara $3? ¿Cuánto gastarían Maddie y Sasha en total por los globos y las palomitas de maíz?

3. Los entrenadores de animales les dan manzanas a los caballos como recompensa. Están trabajando con 6 caballos. Les dan de recompensa 3 manzanas a cada uno. Si los entrenadores empezaron con 30 manzanas, ¿cuántas manzanas les quedan?

Aplicaciones mixtas

4. Los cuatro hijos del señor Brown tienen mascotas. Tres de los niños tienen 2 hámsters cada uno. Uno de los niños tiene 3 peces dorados. ¿Cuántas mascotas tienen los hijos del señor Brown en total?

5. Jodi está ahorrando para comprar una bicicleta nueva. La bicicleta cuesta $127. Ella ha ahorrado $75. ¿Cuánto más tiene que ahorrar Jodi para comprar la bicicleta?

USA LOS DATOS Para los ejercicios 6 a 8, usa el menú.

6. El señor Werner ordenó pavo en pan de centeno, una ensalada y jugo. Pagó con un billete de $20. ¿Cuánto le dieron de cambio?

7. El equipo de béisbol fue a David's Deli después del juego. Cada jugador ordenó una hamburguesa y leche. Hay 9 jugadores en el equipo. ¿Cuál fue el costo total de la orden del equipo?

8. **ESCRIBE** La señora Quigley compró el doble de manzanas que de bananas. Compró 4 bananas. ¿Cuánto gastó la señora Quigley en fruta? **Explica** cómo obtuviste la respuesta.

David's Deli

Sándwich de carne asada	*$8*
Pavo en pan de centeno	*$6*
Hamburguesa	*$4*
Macarrones y queso	*$5*
Ensalada	*$2*
Fruta por pieza (bananas, manzanas, naranjas)	*$1*
Jugo	*$3*
Leche	*$2*

Práctica adicional

Grupo A Escribe una regla para cada tabla. Después copia y completa la tabla. (págs. 172 y 173)

1.

Carros	1	2	3	4	5
Ruedas	4	8	■	■	■

2.

Semanas	3	4	5	6	7
Días	21	28	■	■	■

Grupo B Halla el factor que falta. (págs. 174 y 175)

1. $3 \times \blacksquare = 21$ **2.** $\blacksquare \times 5 = 30$ **3.** $3 \times g = 12$ **4.** $b \times 5 = 35$

5. Hay 18 bolas de helado. Si hay 6 tazones, ¿cuántas bolas irán en cada tazón?

6. Hay 32 niños y 8 toboganes en el patio. Si los estudiantes se dividen en grupos iguales, ¿cuántos pueden jugar en cada tobogán?

Grupo C Halla el producto. Escribe otra manera de agrupar los factores. (págs. 176 y 177)

1. $(2 \times 2) \times 4 = \blacksquare$ **2.** $(1 \times 3) \times 3 = \blacksquare$ **3.** $(5 \times 2) \times 3 = \blacksquare$

Usa paréntesis. Halla el producto.

4. $3 \times 3 \times 1 = \blacksquare$ **5.** $2 \times 4 \times 5 = \blacksquare$ **6.** $1 \times 7 \times 4 = \blacksquare$

7. Para el Día del Árbol, Nora quiere plantar 3 grupos de 3 árboles en 4 parques distintos. ¿Cuántos árboles en total plantará?

8. El amigo de Nora, Dion, planta 2 grupos de 4 árboles en 7 parques diferentes. ¿Cuántos árboles plantará?

Halla el factor que falta.

9. $(1 \times \blacksquare) \times 2 = 8$ **10.** $4 \times (2 \times \blacksquare) = 16$ **11.** $\blacksquare \times (5 \times 2) = 80$

Grupo D Halla el producto. Di qué propiedad usaste. (págs. 178 y 179)

1. $(2 \times 1) \times 5$ **2.** $(3 \times 3) \times 5$ **3.** 8×3 **4.** 6×1

Halla el factor que falta.

5. $2 \times \blacksquare = 10 \times 1$ **6.** $(2 \times 2) \times \blacksquare = 6 \times 2$ **7.** $0 \times 7 = 7 \times \blacksquare$

CD ROM Tecnología
Usa Harcourt Mega Math en español, Exploración Ártica, *Álgebra ártica*, nivel C.

PRÁCTICA CON UN JUEGO

Adivina mis números

¡Preparados!

2 jugadores

¡Listos!

- 2 hojas de papel
- 2 lápices

¡Piensa!

- Cada jugador piensa en un problema de multiplicación con factores de un dígito.
- Los jugadores dibujan líneas en blanco en sus hojas de papel por cada uno de los números en los factores y producto de su problema.
- El jugador 1 adivina un número. Si ese número está en el problema del jugador 2, éste escribe el número sobre la línea en blanco.
- Luego el jugador 2 intenta adivinar un número en el problema del jugador 1. Si la suposición es correcta, el jugador 1 escribe el número sobre la línea en blanco.
- Los jugadores se turnan para adivinar números.
- El primer jugador en adivinar todos los números en el problema de multiplicación del otro jugador, es el ganador.

Repaso/Prueba del Capítulo 8

Repasar el vocabulario y los conceptos

Elige el mejor término del recuadro.

VOCABULARIO

propiedad asociativa de la multiplicación
propiedad de identidad
variable
propiedad del cero

1. Una ? es una letra o un signo que representa un número desconocido. (AF 1.1, pág. 174)
2. La ? establece que el producto de cualquier número por 1 es ese número. (NS 2.2, pág. 178)
3. La ? establece que cuando se cambia la agrupación de los factores, el producto sigue siendo el mismo. (AF 1.5, pág. 178)

Repasar las destrezas

Halla el factor que falta. (AF 1.1, págs. 174 y 175)

4. $7 \times a = 28$
5. $■ \times 5 = 45$
6. $6 \times ■ = 30$
7. $d \times 3 = 9$
8. $8 \times ■ = 64$
9. $4 \times a = 20$
10. $g \times 10 = 40$
11. $9 \times b = 27$

Halla el producto. (AF 1.5, págs. 178 y 179)

12. $3 \times (5 \times 2) = ■$
13. $(2 \times 4) \times 8 = ■$
14. $(1 \times 9) \times 5 = ■$
15. $6 \times (3 \times 3) = ■$
16. $7 \times (2 \times 2) = ■$
17. $(4 \times 2) \times 3 = ■$

Halla el factor que falta. (AF 1.5, págs. 176 y 177, 178 y 179)

18. $3 \times (3 \times ■) = 27$
19. $■ \times (4 \times 2) = 40$
20. $5 \times (■ \times 10) = 50$
21. $3 \times 4 = ■ \times 2$
22. $■ \times 5 = 3 \times 10$
23. $6 \times ■ = 9 \times 2$

Repasar la resolución de problemas.

Resuelve. (NS 2.8, págs. 180 y 181)

24. Jerod compra 4 paquetes de marcadores y 5 paquetes de papel. Cada paquete de marcadores cuesta \$5 y cada paquete de papel cuesta \$3. ¿Cuánto gasta Jerod en total?

25. **ESCRIBE** ¿Qué pasaría si cada paquete de papel costara \$6? ¿Cuánto gastaría Jerod en total por los paquetes de papel y los marcadores? **Explica** cómo lo sabes.

Enriquecimiento • Partes de la tabla de multiplicar

Piezas pequeñas

×	0	1	2	3	4	5	6	7	8	9
0										
1										
2										
3										
4										
5										
6										
7										
8										
9										

Observa

La hermanita de Jack separó su tabla de multiplicar en piezas pequeñas. ¿A qué parte de la tabla pertenece esta pieza?

10	15	20	25

Paso 1	Halla el patrón. Se suma 5 a cada número.
Paso 2	Describe el patrón usando la multiplicación. Los números 10, 15, 20 y 25 son todos múltiplos de 5.
Paso 3	Mira los primeros y los últimos números. $10 = \mathbf{2} \times 5$ $25 = \mathbf{5} \times 5$

Por lo tanto, esta pieza es de la hilera 5 entre las columnas 2 y 5.

Identifica

Abajo verás piezas de una tabla de multiplicación. ¿En cuál hilera o columna se encuentra cada pieza?

1. 6, 12, 18, 24 (vertical)

2. 21, 28, 35, 42 (vertical)

3. 18, 27, 36, 45 (vertical)

4.

18	21	24	27

5.

2	4	6	8

Concluye

ESCRIBE ¿En qué parte de la tabla se encuentra esta pieza? **Explica**.

32	40	48

Repaso/Prueba de la unidad
Capítulos 5 a 8

Opción múltiple

1. ¿Cuántos cuadrados hay en total?
(NS 2.2, pág. 108)

A 14
B 16
C 18
D 20

2. Rita puso 0 pelotas en cada una de 3 canastas. ¿Cuántas pelotas en total puso en las canastas? (NS 2.6, pág. 114)

A 3
B 2
C 1
D 0

3. Marissa compró 4 bolsas de naranjas. Usa la tabla para hallar cuántas naranjas compró Marissa.
(AF 2.2, pág. 132)

Bolsas	1	2	3	4
Naranjas	6	12	18	■

A 24
B 18
C 16
D 12

4. ¿Qué enunciado de suma es otra manera de mostrar 3×10?
(NS 2.2, pág. 128)

A $10 + 10$
B $10 + 10 + 10$
C $10 + 10 + 10 + 10$
D $10 + 10 + 10 + 10 + 10$

5. ¿Qué enunciado numérico está representado por las fichas?
(AF 1.1, pág. 154)

A $21 \div 4 = 7$
B $9 \times 3 = 27$
C $3 \times 7 = 21$
D $7 + 3 = 10$

6. La gráfica muestra el número de manzanas en cada canasta.

¿Cuántas manzanas hay en la canasta 1? (NS 2.2, pág. 150)

A 39 B 48 C 56 D 64

7. Roger tomó 4 fotografías de cada uno de sus 7 amigos. ¿Cuántas fotografías tomó en total? (NS 2.2, pág. 110)

   A 18

   B 21

   C 24

   D 28

8. GameWorks incluye 6 juegos en cada caja. Cada juego cuesta $9. ¿Qué enunciado numérico muestra una manera de hallar el costo de una caja de juegos? (AF 1.1, pág. 152)

   A $6 + \$9 = ■$

   B $6 \times \$9 = ■$

   C $\$9 - 6 = ■$

   D $\$6 - 4 = ■$

9. ¿Cuál es una regla para esta tabla? (AF 2.1, pág.172)

Galones	3	4	5	6	7
Cuartos	12	16	20	24	28

   A restar 9

   B multiplicar por 4

   C sumar 12

   D multiplicar por 3

Respuesta breve

10. ¿Qué número vuelve verdadero a este enunciado numérico? (NS 2.2, pág. 174)

$$■ \times 8 = 64$$

11. Una caja de jugo de fruta tiene 4 botellas de 4 sabores distintos cada una. La señora Perez compra 3 cajas. ¿Cuántas botellas de jugo compró? (NS 2.2, pág. 176)

12. Martin usó 9 bloques para construir la primera capa de una pared. Después de 2 capas, había usado 18 bloques y después de 3 capas había usado 27. ¿Cuántos bloques necesita Martin para hacer una pared de 5 capas de altura? (AF 2.2, pág. 152)

Respuesta desarrollada

13. Hay 7 días en una semana. **Explica** cómo puedes hallar el número de días que hay en 10 semanas. (NS 2.2, pág. 154)

14. Allison y Judy tienen el mismo número de fichas. Allison colocó sus fichas en 3 pilas con 4 fichas en cada pila. **Explica** cómo podría ordenar Judy sus fichas en un número diferente de pilas iguales. (NS 2.2, pág. 106)

California

Resolución de problemas

de THE WORLD ALMANAC PARA NIÑOS

Animales de California

PARTES EXTRAÑAS DE ANIMALES

Muchos animales tienen 2 ojos, 2 orejas y 1 boca, al igual que los seres humanos. Sin embargo, algunos animales tienen un número poco común de ojos, orejas e incluso corazones. Todos los siguientes animales viven en California.

El búho manchado de California tiene 3 párpados por ojo.

La babosa de la banana tiene 4 narices.

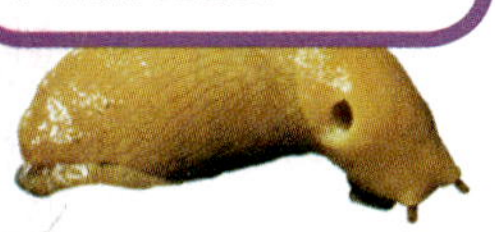

La lombriz de tierra tiene 5 corazones.

La mantis religiosa tiene 1 oído.

La abeja carpintera de California tiene 5 ojos.

La mariposa *dogface* de California fue elegida como la mariposa del estado. Sólo se encuentra en California. La mariposa *dogface* de California tiene 4 alas.

APLÍCALO

Usa los datos anteriores para responder las preguntas. Escribe un enunciado numérico para cada problema.

1. Hay 9 babosas de la banana. ¿Cuántas narices hay?
2. Hay 6 lombrices de tierra. ¿Cuántos corazones hay en total?
3. ¿Cuántos oídos tienen 4 mantis religiosas?
4. ¿Cuántos párpados tienen 7 búhos manchados de California?
5. ¿Cuántos ojos tienen 8 abejas carpinteras de California?
6. ¿Cuántas alas hay en un enjambre de 7 mariposas *dogface* de California?
7. **Formula un problema** Lee los problemas 1 y 2. Escribe una pregunta similar sobre alguno de los animales mostrados en esta página.

Dato del ALMANAQUE

Un grupo de leones marinos vive en el muelle 39 en San Francisco, California.

NOMBRES EXTRAÑOS

¿Alguna vez has visto una *bandada* volar sobre tu cabeza o un *banco* en el agua? *Bandada* y *banco* son nombres extraños para grupos de animales: una *bandada* de gansos, un *banco* de peces. Podrías temblar de miedo si vieras algunos tiburones en el agua, pero, ¿sabías que un grupo de tiburones se llama *manada*? Otros nombres de grupos de animales son: un *ejército* de ranas, una *banda* de gorilas y una *camada* de gatitos.

APLÍCALO

Escribe enunciados de multiplicación para resolver.

1. Un gatito tiene 4 patas. ¿Cuántas patas hay en una camada de 8 gatitos?
2. Un ganso tiene 2 alas. ¿Cuántas alas hay en una bandada de 9 gansos?
3. Diseña un animal que tenga un número poco común de partes. Piensa en el número de patas, colas, alas, ojos, narices, orejas u otras partes que tiene tu animal.
   - Dibuja tu animal y rotula sus partes.
   - Copia la tabla. Puedes incluir más partes. Recuerda, puedes elegir 0 para algunas partes.
   - Completa la tabla para mostrar cuántas partes hay en 1, 2 y 3 animales.
   - Imagina que hay 10 de tus animales en un grupo. Inventa un nombre para el grupo.

Mi animal

Parte	Número de partes		
	En 1 animal	En 2 animales	En 3 animales
ojos			
patas			
colas			
alas			
narices			
orejas			

UNIDAD

3 Conceptos y operaciones de la división

Math on Location

1

Cada lote de masa se corta en la misma cantidad de formas triangulares.

2

Los croissants se enrollan y se colocan en filas sobre bandejas para hornear formando una matriz.

3

El panadero divide 18 croissants en 3 bandejas para ponerlas a hornear en el horno.

Enriquece tu vocabulario

COMENTA

¿Qué operaciones matemáticas muestran las fotografías de **Math on Location**? ¿Cómo puedes usar la división para decir cuántos croissants hay en cada hilera?

LEE

REPASO DEL VOCABULARIO Aprendiste las palabras de abajo cuando estudiaste la división en el grado 2. ¿Cómo se relacionan estas palabras con **Math on Location**?

división la operación que separa objetos en grupos iguales

grupos iguales el mismo número de cosas en cada grupo

ESCRIBE

Copia y completa un Mapa semántico como el de abajo. Usa Math on Location y lo que sabes sobre la división para llenar los espacios en blanco.

Representar
Usa dibujos o modelos como fichas para hallar el número de grupos iguales o el número en cada grupo.

Matrices
Usa hileras iguales de objetos. Halla el número en cada hilera o el número de hileras.

División

Familias de operaciones

APRENDE en línea

Tecnología
Glosario multimedia de Matemáticas
www.harcourtschool.com/hspmath

CAPÍTULO

9 Comprender la división

La idea importante La división te dice cuántos grupos son o cuántos hay en cada grupo, se relaciona con la resta repetida y es la operación inversa de la multiplicación.

CALIFORNIA DATO BREVE

El deporte de la patineta comenzó en California en la década de 1950. Se le llamaba "surf de acera". Las primeras patinetas se hicieron uniendo ruedas de patín con una pieza de madera.

Investiga

Una patineta tiene 4 ruedas. Imagina que quieres hacer tus propias patinetas. Elige un color de rueda de la tabla. Di cuántas patinetas podrías hacer usando sólo ese color de rueda.

Ruedas en la tienda de patinaje

Color	Número de ruedas
Rojo	24
Blanco	40
Negro	12
Verde	36
Azul	28

Muestra lo que sabes

Comprueba si has aprendido las destrezas importantes que se necesitan para completar exitosamente el Capítulo 9.

▶ Contar grupos iguales

Completa.

1. 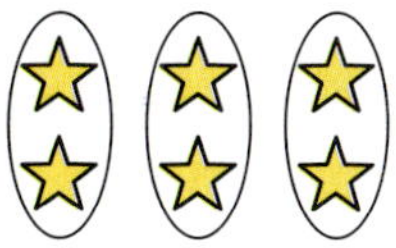

■ grupos
■ en cada grupo

2. 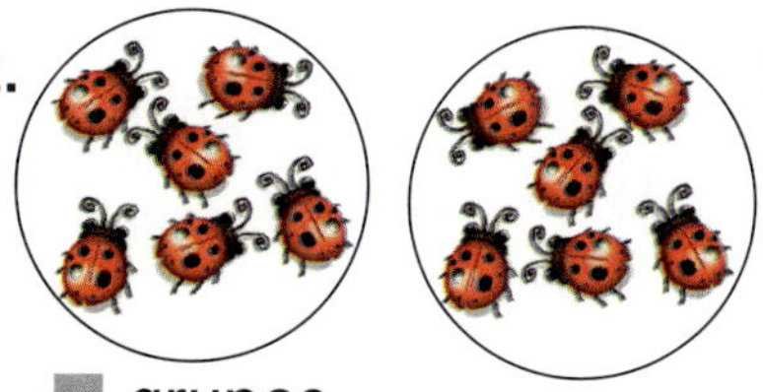

■ grupos
■ en cada grupo

3. 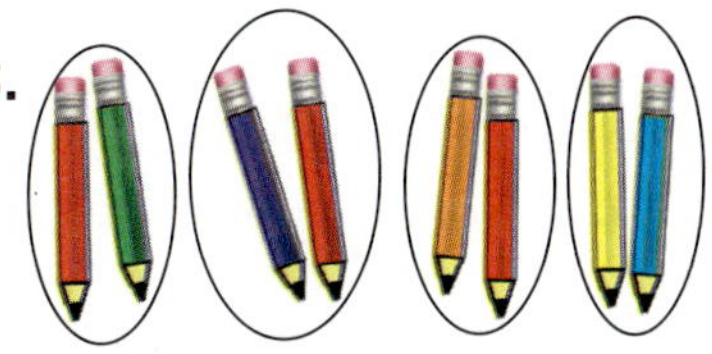

■ grupos
■ en cada grupo

4. 

■ grupos
■ en cada grupo

5. 

■ grupos
■ en cada grupo

6. 

■ grupos
■ en cada grupo

▶ Operaciones de multiplicación hasta 10

Halla el producto.

7. $5 \times 3 = \blacksquare$ **8.** $\blacksquare = 6 \times 4$ **9.** $2 \times 8 = \blacksquare$ **10.** $5 \times 6 = \blacksquare$

11. $9 \times 3 = \blacksquare$ **12.** $4 \times 2 = \blacksquare$ **13.** $\blacksquare = 7 \times 7$ **14.** $3 \times 5 = \blacksquare$

15. $\blacksquare = 4 \times 7$ **16.** $8 \times 6 = \blacksquare$ **17.** $9 \times 2 = \blacksquare$ **18.** $\blacksquare = 6 \times 7$

Enriquece tu vocabulario

VOCABULARIO DEL CAPÍTULO

matriz
dividir
dividendo
divisor
familia de operaciones
cociente

PREPARACIÓN

dividir Separar en grupos iguales; la operación opuesta a la multiplicación

familia de operaciones Un conjunto de enunciados numéricos relacionados de suma y resta o de multiplicación y división

LECCIÓN 1

Representar la división

OBJETIVO: Usar modelos para explorar el significado de la división.

Repaso rápido

1. 2 × 3
2. 5 × 7
3. 4 × 5
4. 3 × 6
5. 7 × 4

Vocabulario

dividir

Aprende

PROBLEMA William tiene 12 caracoles. Quiere poner el mismo número de caracoles en cada una de 3 cajas. ¿Cuántos caracoles habrá en cada caja?

Al multiplicar, unes grupos iguales.

Al **dividir**, separas grupos iguales.

¡Un caracol rosado puede medir hasta 1 pie!

Actividad

MANOS A LA OBRA

Materiales ■ fichas

Ejemplo 1 Puedes dividir para hallar el número en cada grupo.

Paso 1

Usa 12 fichas.

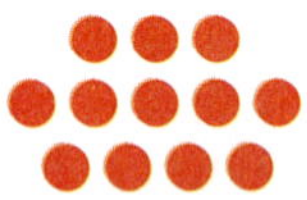

Paso 2

Muestra 3 grupos. Coloca 1 ficha en cada grupo.

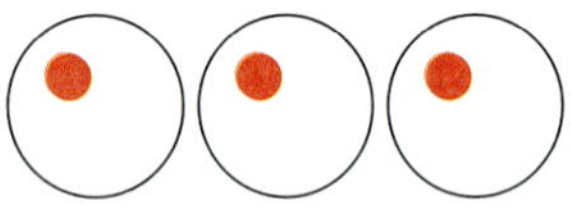

Paso 3

Continúa hasta que hayas usado las 12 fichas.

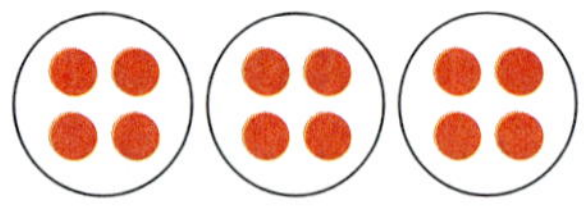

Por lo tanto, habrá 4 caracoles en cada caja.

William ha decidido que quiere poner sus 12 caracoles en grupos de 3. ¿Cuántas cajas necesitará para sus caracoles?

Ejemplo 2 Puedes dividir para hallar el número de grupos iguales.

Paso 1

Usa 12 fichas.

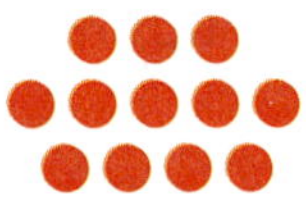

Paso 2

Forma 1 grupo de 3 fichas.

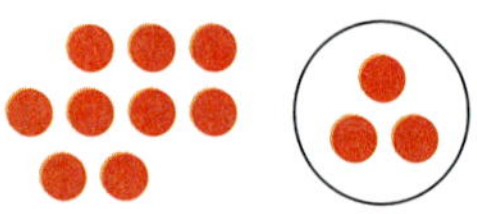

Paso 3

Continúa formando grupos de 3 hasta que uses todas las fichas.

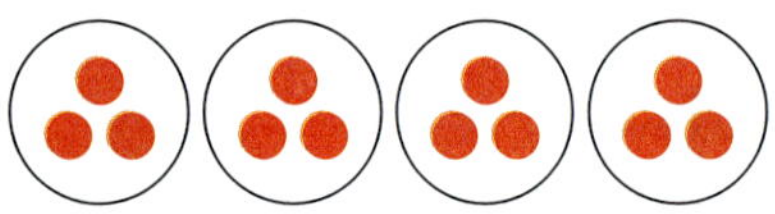

Por lo tanto, William necesitará 4 cajas para sus caracoles.

NS 2.0 Los estudiantes calculan y resuelven problemas de suma, resta, multiplicación y división. *también* **MR 1.0, MR 2.3, MR 2.4, MR 3.2**

Práctica con supervisión

1. Jon tiene 8 fichas. Quiere colocar 2 en cada grupo. Haz un dibujo para mostrar los grupos.

Copia y completa la tabla. Usa fichas como ayuda.

	Fichas	Número de grupos iguales	Número en cada grupo
✓ 2.	10	2	■
✓ 3.	24	■	4

4. COMENTA **Explica** dos maneras en que podrías dividir 18 fichas en grupos iguales. Haz un dibujo para mostrar cada manera.

Práctica independiente y resolución de problemas

Copia y completa la tabla. Usa fichas como ayuda.

	Fichas	Número de grupos iguales	Número en cada grupo
5.	14	7	■
6.	21	■	3
7.	20	5	■

8. Jackie tiene 28 estampillas. Coloca un número igual de sus estampillas en cada una de las 4 páginas. ¿Cuántas estampillas hay en cada página?

9. Joe tiene 25 estampillas y Martha tiene 15 estampillas. Colocan sus estampillas en el mismo libro. Cada página tiene 5 estampillas. ¿Cuántas páginas llenaron?

10. ESCRIBE Elijah tiene 16 estampillas. Coloca 4 estampillas en cada una de las 4 páginas. **Explica** otra manera de colocar sus estampillas con un número igual de estampillas en cada página.

Comprensión de los Estándares

11. ¿Cuál es el factor que falta?
$6 \times ■ = 48$ (AF 1.1, pág. 174)

12. Leo tiene 3,943 monedas. ¿Cuál es el valor de 9 en 3,943? (NS 1.3, pág. 8)

13. $500 - 371 =$ (NS 2.1, pág. 80)

14. **Preparación para la prueba** Zana tiene 9 piedras. Coloca 3 piedras en cada bolsa. ¿Cuántas bolsas usó en total?

A 27 **B** 12 **C** 6 **D** 3

Práctica adicional en la página 210, Grupo A

LECCIÓN 2

Relacionar la división y la resta

OBJETIVO: Relacionar la división con la resta repetida.

Repaso rápido

¿Cuántos hay en total?

1. 2 grupos de 5
2. 5 grupos de 3
3. 3 grupos de 4
4. 4 grupos de 2
5. 3 grupos de 3

Aprende

PROBLEMA Sarah y Mandy llevan un total de 12 periódicos a la escuela para el programa de reciclaje. Cada niña lleva el mismo número. ¿Cuántos periódicos lleva cada niña?

Divide. 12 ÷ 2 = ■

DE UNA MANERA **Cuenta hacia atrás en una recta numérica.**

Comienza en 12. Cuenta hacia atrás de 2 en 2 hasta que llegues a 0. Cuenta el número de veces que restas 2.

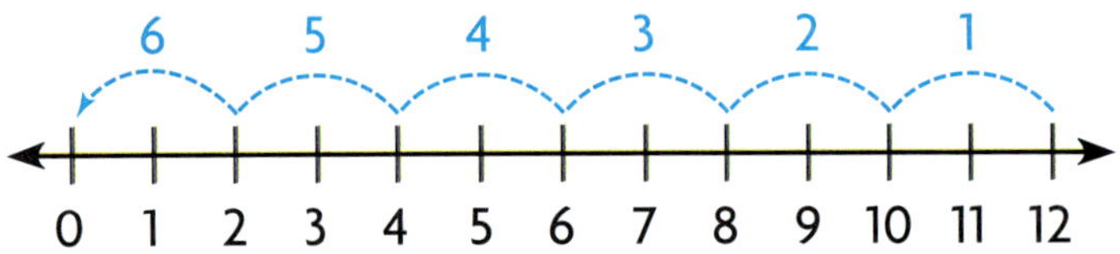

Restas 2 seis veces, por lo tanto, cada niña lleva 6 periódicos.

DE OTRA MANERA **Usa la resta repetida.**

Comienza en 12. Resta 2 hasta que llegues a 0.
Cuenta el número de veces que restas 2.

$$\begin{array}{r}12\\-\ 2\\\hline 10\end{array}\quad\begin{array}{r}10\\-\ 2\\\hline 8\end{array}\quad\begin{array}{r}8\\-\ 2\\\hline 6\end{array}\quad\begin{array}{r}6\\-\ 2\\\hline 4\end{array}\quad\begin{array}{r}4\\-\ 2\\\hline 2\end{array}\quad\begin{array}{r}2\\-\ 2\\\hline 0\end{array}$$

Número de veces que restas 2: 1 2 3 4 5 6

ADVERTENCIA

Asegúrate de seguir restando hasta que llegues a 0 como respuesta.

Como restas 2 de 12 seis veces, hay 6 grupos de 2 en 12.

Escribe: $12 \div 2 = 6$ o $2\overline{)12}$ con cociente 6 **Lee:** Doce dividido entre dos es igual a seis.

Práctica con supervisión

1. Usa la recta numérica para completar el enunciado numérico. 12 ÷ 4 = ■

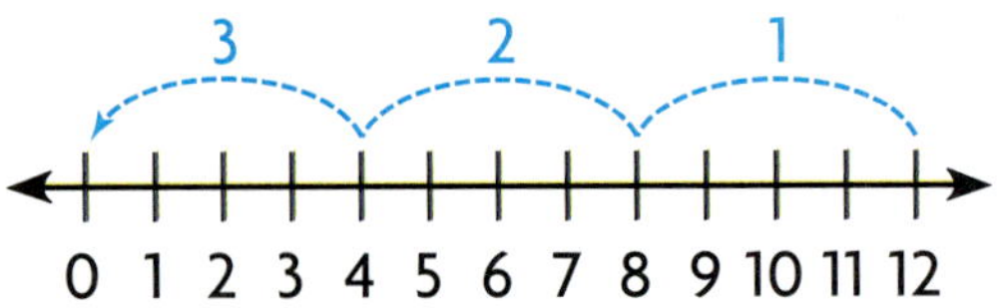

NS 2.0 Los estudiantes calculan y resuelven problemas de suma, resta, multiplicación y división: *también* **AF 1.1, MR 1.0, MR 2.3, MR 2.4, MR 3.2**

Usa una recta numérica o la resta repetida para resolver.

2. $16 \div 4 = ■$ **3.** $10 \div 5 = ■$ ✓**4.** $3\overline{)21}$ ✓**5.** $8\overline{)32}$

6. **COMENTA** **Explica** cómo puedes usar la resta para hallar $18 \div 3$.

Práctica independiente y resolución de problemas

Escribe un enunciado de división para cada uno.

7. 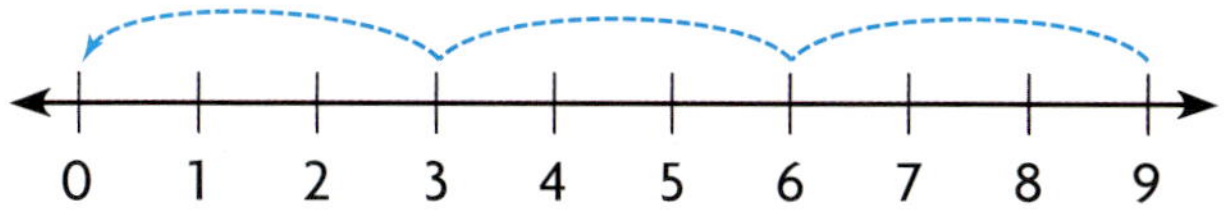

8.

$$\begin{array}{r} 24 \\ -\ 8 \\ \hline 16 \end{array} \quad \begin{array}{r} 16 \\ -\ 8 \\ \hline 8 \end{array} \quad \begin{array}{r} 8 \\ -\ 8 \\ \hline 0 \end{array}$$

Usa una recta numérica o la resta repetida para resolver.

9. $14 \div 7 = ■$ **10.** $35 \div 5 = ■$ **11.** $27 \div 9 = ■$ **12.** $20 \div 4 = ■$

13. $4\overline{)28}$ **14.** $6\overline{)24}$ **15.** $2\overline{)16}$ **16.** $9\overline{)36}$

USA LOS DATOS Para los ejercicios 17 a 19, usa la gráfica.

17. Carl puso sus tapas de cajas en 6 pilas iguales. ¿Cuántas tapas de cajas había en cada pila?

18. **Razonamiento** Miguel llevó un número igual de tapas de cajas a la escuela cada día durante 5 días. Jane también llevó un número igual de tapas de cajas cada día durante 5 días. ¿Cuántas tapas de cajas llevaron entre los dos en 1 día? **Explica.**

19. **ESCRIBE** **¿Cuál es la pregunta?** Genna puso un número igual de tapas de cajas en cada una de las 3 papeleras. La respuesta es 5.

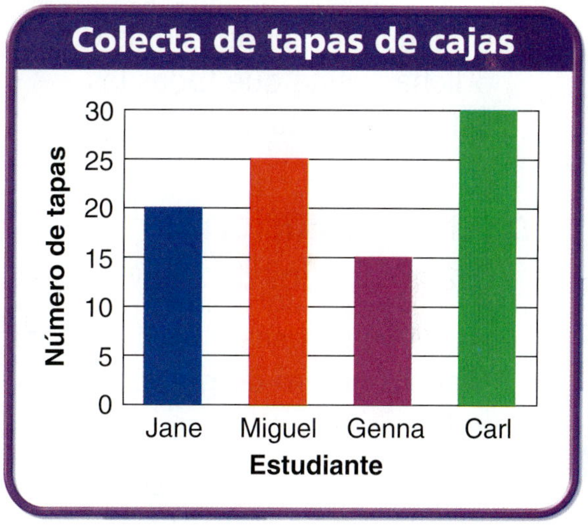

Comprensión de los Estándares

20. $3 \times 8 = ■$ (NS 2.2, pág. 150)

21. ¿Cuántos lados tiene un rectángulo? (Grado 2 MG 2.1)

22. Si $4 \times 6 = 24$, entonces, ¿cuánto es 6×4? (AF 1.5, pág. 178)

23. **Preparación para la prueba** Mya recogió 7 caracoles cada día. Recogió 21 caracoles en total. Durante cuántos días recogió caracoles Mya?

A 2 días **C** 4 días

B 3 días **D** 6 días

Práctica adicional en la página 210, Grupo B

LECCIÓN MANOS A LA OBRA

3 Representar con matrices

OBJETIVO: Representar la división usando matrices.

Repaso rápido

1. 3 × 5
2. 5 × 7
3. 5 × 5
4. 4 × 5
5. 5 × 6

Investigar

Materiales ■ fichas

Puedes usar matrices para representar la división y hallar grupos iguales.

A Cuenta 30 fichas. Haz una matriz para hallar cuántos grupos de 5 hay en 30.

B Haz una hilera de 5 fichas.

C Continúa haciendo hileras de 5 fichas hasta que todas las fichas se hayan usado.

A

C

Sacar conclusiones

1. ¿Cuántos grupos de 5 hay en 30?
2. Explica cómo usaste las fichas para hallar el número de grupos de 5 en 30.
3. **Aplicación** Di cómo usar una matriz para hallar cuántos grupos de 6 hay en 30.

NS 2.0 Los estudiantes calculan y resuelven problemas de suma, resta, multiplicación y división.
también **AF 1.1, MR 2.0, MR 2.3, MR 2.4, MR 3.2**

Relacionar

Puedes escribir un enunciado de división para mostrar lo que hiciste.

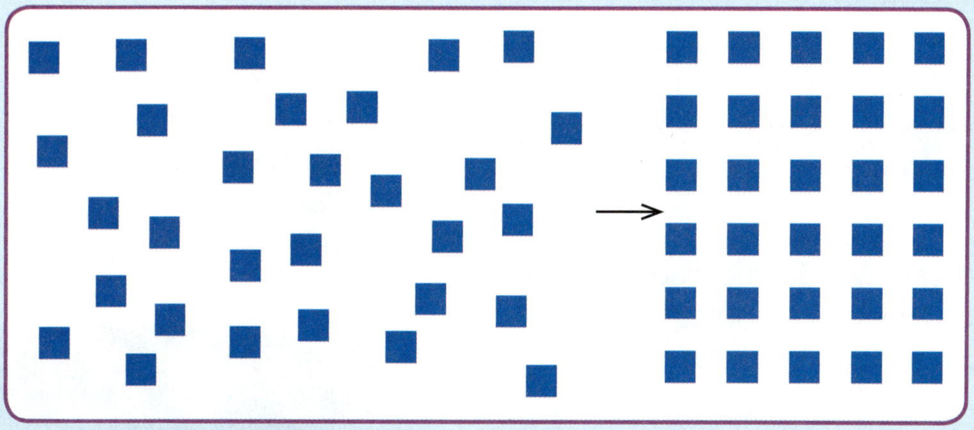

Hay 6 hileras de 5 fichas en 30.

Por lo tanto, $30 \div 5 = 6$.

- Usa 24 fichas. Haz una matriz poniendo 6 fichas en cada hilera. Usa todas las fichas.
- ¿Cuántos grupos de 6 hay en 24?
- ¿Qué enunciado de división puedes escribir acerca de tu matriz?

COMENTA
¿Cómo hacer una matriz te ayuda a dividir?

Practicar

Usa fichas cuadradas para hacer una matriz. Resuelve.

1. ¿Cuántos grupos de 3 hay en 18?
2. ¿Cuántos grupos de 7 hay en 28?
3. ¿Cuántos grupos de 9 hay en 27?
4. ¿Cuántos grupos de 8 hay en 24?
5. ¿Cuántos grupos de 5 hay en 20?
6. ¿Cuántos grupos de 6 hay en 36?

Haz una matriz. Escribe un enunciado de división para cada una.

7. 16 fichas en 4 grupos
8. 21 fichas en 3 grupos
9. 24 fichas en 8 grupos
10. 14 fichas en 2 grupos
11. 25 fichas en 5 grupos
12. 12 fichas en 4 grupos
13. Reggie hizo una matriz con 32 fichas. Puso 8 fichas en cada hilera. ¿Cuántas hileras hizo?
14. ESCRIBE **Explica** cómo puedes usar una matriz para hallar $18 \div 6$.

LECCIÓN 4

ÁLGEBRA

Multiplicación y división

OBJETIVO: Relacionar la multiplicación y la división.

Repaso rápido

1. 2×7 **2.** 5×6
3. 4×4 **4.** 8×1
5. 9×3

Vocabulario

dividendo
divisor
cociente

Aprende

Puedes usar matrices para comprender cómo se relacionan la multiplicación y la división.

PROBLEMA Mark fue al carnaval de la escuela. Se subió 3 veces a la misma atracción y usó 12 boletos. ¿Cuántos boletos necesitó para cada atracción?

Ejemplo **Divide.** $12 \div 3 = \blacksquare$

Muestra una matriz con 12 fichas en 3 hileras iguales. Halla cuántas hay en cada hilera.

Como $3 \times 4 = 12$, entonces, $12 \div 3 = 4$.

12	÷	3	=	4
↑		↑		↑
dividendo		**divisor**		**cociente**

$$3\overline{)12}$$ con 4 ← cociente; divisor → 3; ↑ dividendo (12)

Idea matemática
La multiplicación y la división son operaciones opuestas o inversas.

Por lo tanto, Mark necesitó 4 boletos para cada atracción.

Más ejemplos

A 2 hileras de $4 = 8$
$8 \div 2 = 4$

B 3 hileras de $6 = 18$
$18 \div 3 = 6$

Práctica con supervisión

1. ¿Qué enunciado de división representa la matriz?

Copia y completa.

2. 3 hileras de $\blacksquare = 24$
$24 \div 3 = \blacksquare$

3. 2 hileras de $\blacksquare = 12$
$12 \div 2 = \blacksquare$

4. 3 hileras de $\blacksquare = 21$
$21 \div 3 = \blacksquare$

5. COMENTA **Explica** cómo puedes usar una matriz para hallar $25 \div 5$.

NS 2.3 Usar la relación inversa de la multiplicación y de la división para hacer cálculos y comprobar resultados. *también* **NS 2.0, NS 2.2, NS 2.8, MR 2.2, MR 2.3, MR 2.4, MR 3.2**

Práctica independiente y resolución de problemas

Copia y completa.

6. 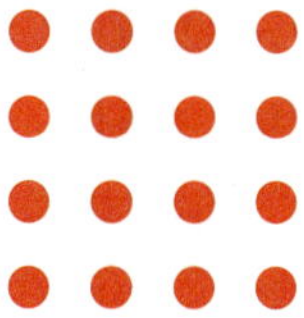

4 hileras de ■ = 16
16 ÷ 4 = ■

7. 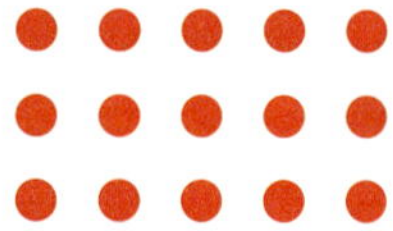

3 hileras de ■ = 15
15 ÷ 3 = ■

8. 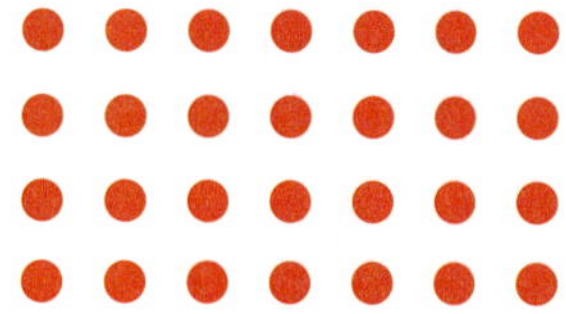

4 hileras de ■ = 28
28 ÷ 4 = ■

Completa cada enunciado numérico. Dibuja una matriz como ayuda.

9. 6 × ■ = 24   24 ÷ 6 = ■

10. 5 × ■ = 35   35 ÷ 5 = ■

11. 8 × ■ = 32   32 ÷ 8 = ■

12. 9 × ■ = 18   18 ÷ 9 = ■

Completa.

13. 3 × 3 = 27 ÷ ■

14. 16 ÷ 2 = ■ × 2

15. ■ × 1 = 25 ÷ 5

USA LOS DATOS **Para los ejercicios 16 a 19, usa los letreros.**

16. Jill tiene 15 boletos. ¿Cuántas veces se puede subir en el Scooter?

17. Philip compró 8 boletos para el juego Wildcat en 3 ocasiones distintas. ¿Cuántas veces se subió al Wildcat?

18. **Razonamiento** Joe se subió al Scooter 3 veces y Kate se subió al Crazy Sub 4 veces. ¿Quién usó más boletos? **Explica**.

19. ESCRIBE **¿Tiene sentido o no?** Scott tiene 13 boletos. Dice que para subirse al Scooter 4 veces, necesita más boletos. ¿Tiene razón? **Explica**.

Comprensión de los Estándares

20. ¿Qué símbolo hace verdadero a este enunciado numérico? (AF 1.3, pág. 84)

42 ● 6 = 36

21. ¿Qué factor falta? (AF 1.5, pág. 178)

5 × 4 = ■ × 5

22. 395 + 426 = (NS 2.1, pág. 58)

23. **Preparación para la prueba** En un puesto de juego hay 32 premios en 4 hileras iguales. ¿Cuántos premios hay en cada hilera?

A 36   **B** 28   **C** 8   **D** 6

Práctica adicional en la página 210, Grupo C

CD ROM **Tecnología**
Usa Harcourt Mega Math en español, Exploración ártica, *Álgebra ártica*, nivel E.

LECCIÓN 5

ÁLGEBRA

Familias de operaciones

OBJETIVO: Usar familias de operaciones de multiplicación y división.

Repaso rápido

Completa.

1. ■ × 5 = 15
2. 3 × ■ = 15
3. 15 ÷ 5 = ■
4. 5 × ■ = 25
5. 25 ÷ 5 = ■

Vocabulario

familia de operaciones

Aprende

Una **familia de operaciones** es un conjunto de enunciados numéricos relacionados de multiplicación y división.

PROBLEMA El paquete de plastilina de Kim tiene 2 hileras de 5 colores. ¿Cuál es la familia de operaciones para 2, 5 y 10?

MANOS A LA OBRA

Actividad

Materiales ■ fichas cuadradas

Paso 1

Cuenta el número de hileras y el número de colores en cada hilera del paquete de plastilina.

Hay 2 hileras con 5 colores en cada hilera.

Paso 2

Haz una matriz con 2 hileras y 5 columnas. Cuenta el número total de fichas.

Hay 10 fichas.

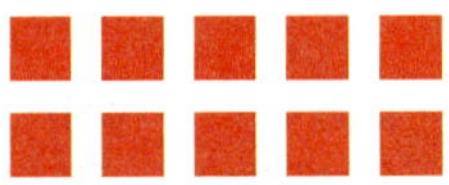

Paso 3

Escribe dos enunciados de multiplicación y dos enunciados de división que describan la matriz.

$2 \times 5 = 10$ $10 \div 5 = 2$

$5 \times 2 = 10$ $10 \div 2 = 5$

Por lo tanto, estos enunciados numéricos relacionados forman la familia de operaciones para 2, 5 y 10.

Ejemplo

La matriz muestra la familia de operaciones para 4, 4 y 16.

$4 \times 4 = 16$ $16 \div 4 = 4$

Como los dos factores son iguales, sólo hay dos enunciados numéricos en esta familia de operaciones.

Recuerda

$4 \times 4 = 16$

4 ↑ factor, 4 ↑ factor, 16 ↑ producto

NS 2.3 Usar la relación inversa de la multiplicación y de la división para hacer cálculos y comprobar resultados. *también* NS 2.0, NS 2.2, NS 2.8, AF 1.1, AF 1.2, MR 2.2, MR 2.3, MR 2.4, MR 3.2

Usar una tabla de multiplicar para dividir

Como la división es lo opuesto de la multiplicación, puedes usar una tabla de multiplicar para hallar un cociente o un divisor que falta.

Ejemplos

A Halla el cociente.

$20 \div 4 = ■$

Piensa: $4 \times ■ = 20$

Halla la hilera para el factor 4. Mira a la derecha para hallar el producto 20. Mira hacia arriba para hallar el factor que falta, 5.

$4 \times 5 = 20$

Por lo tanto, $20 \div 4 = 5$.

B Halla el divisor que falta.

$18 \div ■ = 3$

Piensa: $■ \times 3 = 18$

Halla el factor 3 en la hilera de arriba. Mira hacia abajo para hallar el producto 18. Mira a la izquierda para hallar el factor que falta, 6.

$6 \times 3 = 18$

Por lo tanto, $18 \div 6 = 3$.

×	0	1	2	3	4	5	6	7
0	0	0	0	0	0	0	0	0
1	0	1	2	3	4	5	6	7
2	0	2	4	6	8	10	12	14
3	0	3	6	9	12	15	18	21
4	0	4	8	12	16	20	24	28
5	0	5	10	15	20	25	30	35
6	0	6	12	18	24	30	36	42
7	0	7	14	21	28	35	42	49

Práctica con supervisión

1. Completa la familia de operaciones para esta matriz.

$3 \times 8 = 24$ $\quad$ $24 \div 3 = 8$

Escribe la familia de operaciones para cada matriz.

2. 

3. 

✓4. 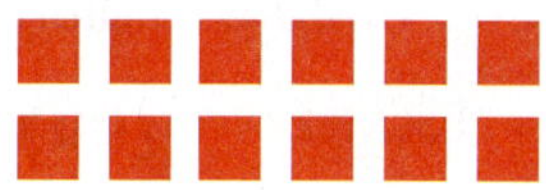

Escribe la familia de operaciones para cada grupo de números.

5. 6, 7, 42

6. 2, 3, 6

7. 4, 8, 32

✓8. 5, 5, 25

9. **COMENTA** **Explica** cómo puedes usar una tabla de multiplicar para hallar el divisor que falta en $36 \div ■ = 6$.

Práctica independiente y resolución de problemas

Escribe la familia de operaciones para cada matriz.

10. 

11. 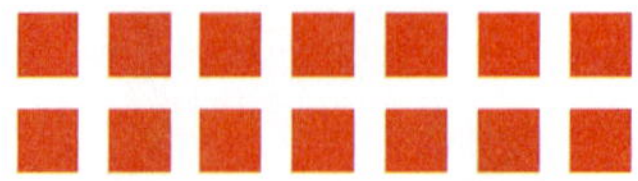

12. 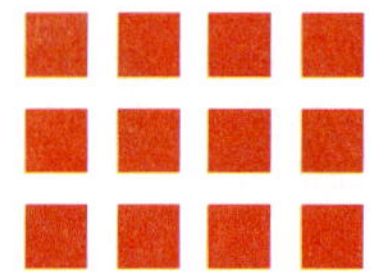

Escribe la familia de operaciones para cada grupo de números.

13. 2, 4, 8 **14.** 4, 6, 24 **15.** 3, 3, 9 **16.** 5, 8, 40

Copia y completa cada familia de operaciones.

17. $4 \times 7 = 28$
$7 \times ■ = 28$
$28 \div ■ = 4$
$28 \div 4 = ■$

18. $5 \times 6 = ■$
$6 \times ■ = 30$
$30 \div 6 = ■$
$30 \div 5 = ■$

19. $4 \times ■ = 36$
$9 \times ■ = 36$
$36 \div 4 = ■$
$36 \div 9 = ■$

20. $■ \times 9 = 27$
$■ \times 3 = 27$
$■ \div 9 = 3$
$27 \div ■ = 9$

Halla el cociente o el divisor que falta.

21. $20 \div ■ = 5$ **22.** $45 \div 5 = ■$ **23.** $15 \div 3 = ■$ **24.** $36 \div ■ = 6$

USA LOS DATOS **Para los ejercicios 25 y 26, usa la tabla.**

Materiales de plastilina	
Artículo	**Número en el paquete**
Plastilina	12 secciones
Conjunto de herramientas para plastilina	11 herramientas
Pasta de escarcha	36 secciones

25. La señora Cooper divide un paquete de plastilina y un paquete de pasta de escarcha en partes iguales entre 4 estudiantes. ¿Cuántas secciones más de pasta de escarcha que de plastilina tiene cada estudiante?

26. ESCRIBE **¿Cuál es el error?** Ty tiene un paquete de pasta de escarcha. Dice que puede darles a 9 amigos 5 secciones iguales. Describe su error.

27. **Formula un problema** Escribe un problema de división usando $35 \div 5 = 7$. Resuelve tu problema.

Comprensión de los Estándares

28. ¿Cuánto es 2,536 redondeado al millar más cercano? (NS 1.4, pág. 38)

29. ¿Cuál es la moda?
5, 8, 6, 9, 6, 2 (Grado 2 SDAP 1.3)

30. $7 \times 9 =$ (NS 2.2, pág. 154)

31. **Preparación para la prueba** ¿Cuál enunciado numérico no está incluido en la misma familia de operaciones que $9 \times 4 = 36$?

A $4 \times 9 = 36$ **C** $36 \div 4 = 9$

B $36 \div 6 = 6$ **D** $36 \div 9 = 4$

Práctica adicional en la página 210, Grupo D

ESCRIBE TALLER

Justificar una respuesta

Tamara está preparando una receta que requiere 15 cucharaditas de leche. No tiene la medida de una cucharadita. Ella sabe que 3 cucharaditas equivalen a 1 cucharada. Por lo tanto, usa 5 cucharadas de leche. ¿Cómo sabes si usó la cantidad correcta de leche?

Jamal escribió este párrafo para justificar la solución del problema de Tamara.

Sé que una cucharadita es una unidad más pequeña que una cucharada. Primero, usé una cucharadita para llenar una cucharada de agua. Se necesitan 3 cucharaditas de agua para llenar 1 cucharada.

Luego, dividí 15 entre 3 para saber si 5 cucharadas es la cantidad correcta de leche. Usé la familia de operaciones para 5, 3 y 15 para comprobar mi respuesta.

$5 \times 3 = 15$ $\quad$ $3 \times 5 = 15$

$15 \div 5 = 3$ $\quad$ $15 \div 3 = 5$

Sé que Tamara usó la cantidad correcta de leche porque $3 \times 5 = 15$.

Pistas

Para justificar una respuesta:

- Primero, comprueba que la información dada en el problema sea correcta.
- Después, comprueba si la respuesta dada es correcta.
- Por último, escribe una oración para justificar la respuesta o explicar por qué es correcta.

Resolución de problemas Escribe un párrafo para justificar cada respuesta.

1. Tara dice: "Puedo compartir 12 galletas en partes iguales con 3 amigos".
2. Darin dice: "Puedo compartir 8 tarjetas de deportes en partes iguales con dos amigos".

LECCIÓN 6

Taller de resolución de problemas
Estrategia: Escribir un enunciado numérico

OBJETIVO: Resolver problemas usando la estrategia *escribir un enunciado numérico.*

Aprende la estrategia

Escribir un enunciado numérico puede ayudarte a entender cómo se relacionan los números en un problema.

Puedes escribir un enunciado numérico de suma.

Joe tiene 14 crayolas. Él obtiene 12 crayolas más. Ahora tiene 26 crayolas.

14	+	12	=	26
↑		↑		↑
crayolas que tiene Joe		crayolas que obtuvo Joe		crayolas que Joe tiene ahora

Puedes escribir un enunciado numérico de resta.

Kat tiene 23 caracoles. Le da 10 caracoles a su hermano. Le quedan 13 caracoles.

23	−	10	=	13
↑		↑		↑
caracoles que tiene Kat		caracoles que dio		caracoles que le quedan

Puedes escribir un enunciado numérico de multiplicación.

Abril tiene 4 cajas de libros. Cada caja tiene 8 libros. Hay 32 libros en total.

4	×	8	=	32
↑		↑		↑
cajas que tiene Abril		libros en cada caja		libros en total

Puedes escribir un enunciado numérico de división.

Scott tiene 40 calcomanías. Hay 8 calcomanías en cada hoja. Tiene 5 hojas de calcomanías.

40	÷	8	=	5
↑		↑		↑
calcomanías que tiene Scott		calcomanías en cada hoja		hojas de calcomanías

COMENTA

¿Qué pregunta podrías formular sobre cada enunciado numérico de arriba?

AF 1.1 Representar relaciones de cantidades en forma de expresiones, ecuaciones o desigualdades matemáticas. *también* **NS 2.0, AF 1.2, MR 1.0, MR 2.0, MR 2.3, MR 2.4, MR 2.6, MR 3.0, MR 3.1, MR 3.2, MR 3.3**

Usa la estrategia

Lee para entender
Planea
Resuelve
Comprueba

PROBLEMA En la clase de tercer grado de Michelle, los escritorios están en 5 hileras iguales. Hay 30 escritorios en total. ¿Cuántos escritorios hay en cada hilera?

Lee para entender

Destreza de lectura

- **Identifica los detalles del problema.**
- **¿Qué información te proporcionan?**

Planea

- **¿Qué estrategia puedes usar para resolver el problema?**

  Puedes *escribir un enunciado numérico* como ayuda para resolver el problema.

Resuelve

- **¿Cómo puedes usar la estrategia para resolver el problema?**

  Los escritorios están divididos en hileras iguales.
  Esto te ayuda a saber cómo usar la división.
  Escribe un enunciado de división. Halla el cociente.

$$30 \div 5 = 6$$

30 ↑ número de escritorios; 5 ↑ número de hileras; 6 ↑ número de escritorios en cada hilera

Por lo tanto, hay 6 escritorios en cada hilera.

Comprueba

- **¿Cómo puedes comprobar tu respuesta?**
- **¿Qué otra estrategia podrías usar para resolver el problema?**

Lee para entender
Planea
Resuelve
Comprueba

Resolución de problemas con supervisión

1. La señora Partin le dio a cada estudiante en la mesa de Jenna 5 hojas de papel. Repartió 20 hojas de papel en total. ¿Cuántos estudiantes hay en la mesa de Jenna?

   Primero, decide qué operación usar. Las 20 hojas de papel están divididas en grupos iguales.

   Después, escribe el enunciado numérico.

   Por último, resuelve el enunciado numérico.

   $20 \div 5 = ■$

   ↑ hojas de papel ↑ hojas dadas a cada estudiante ↑ número de estudiantes

2. **¿Qué pasaría si** la señora Partin le diera a cada estudiante 6 hojas de papel y hubiera 6 estudiantes? ¿Cuántas hojas de papel repartiría?

3. Jack leyó 20 minutos el lunes. El martes leyó 15 minutos más que el lunes. ¿Durante cuántos minutos leyó Jack el martes?

Resolución de problemas • Práctica de estrategias

Para los ejercicios 4 y 5, elige el enunciado numérico del recuadro. Resuelve.

$4 \times 10 = ■$ $10 + 4 = ■$ $27 - 3 = ■$ $27 \div 3 = ■$

4. Una goma de borrar cuesta 3¢. Lizzie gasta 27¢ en gomas. ¿Cuántas gomas de borrar tiene Lizzie?

5. Jeremy tiene 10 lápices. Su maestro le da 4 lápices más. ¿Cuántos lápices tiene Jeremy ahora?

Escribe un enunciado numérico para resolver.

6. Elizabeth lee durante 360 minutos cada semana. Hasta ahora ha leído 215 minutos esta semana. ¿Cuántos minutos más leerá Elizabeth esta semana?

7. La maestra Vargas tiene 24 estudiantes en su clase de matemáticas. Hay 4 mesas en su clase. En cada mesa se sienta el mismo número de estudiantes. ¿Cuántos estudiantes se sientan en cada mesa?

8. ESCRIBE En una tienda hay 6 libretas en cada uno de 7 estantes. Hay 5 libretas en el octavo estante. ¿Cuántas libretas hay en todos los estantes? **Explica**.

Práctica de estrategias mixtas

USA LOS DATOS Para los ejercicios 9 a 12, usa la tabla.

9. El señor Clark compra un paquete de lápices para sus estudiantes. Les da el mismo número de lápices a 8 estudiantes. ¿Cuántos lápices recibe cada estudiante?

10. **Formula un problema** Vuelve a leer el problema 9. Escribe un problema similar cambiando el número de estudiantes.

11. Min compró 3 paquetes de gomas de borrar. Guardó 8 y dividió el resto en partes iguales entre 4 de sus compañeros de clase. ¿Cuántas gomas de borrar le dio Min a cada uno de sus compañeros? **Explica** tu respuesta.

12. Hay lápices azules y lápices rojos en un paquete de lápices. Hay el doble de lápices rojos que de lápices azules. ¿Cuántos lápices rojos hay?

13. **Problema abierto** **≡DATO BREVE** La primera caja de Crayola® se vendió en 1903 por 5¢. Haz una lista de dos grupos diferentes de monedas que podrías usar para pagar 7 cajas de crayolas.

ESFUÉRZATE

La tienda de la escuela tiene estos artículos a la venta:

lápiz	**25¢**	**regla**	**75¢**
marcador	**45¢**	**sacapuntas**	**15¢**
bolígrafo	**65¢**	**libreta**	**95¢**

14. Amy gasta $1.25 en 3 artículos diferentes. ¿Qué artículos compra?

15. Frank compra 4 artículos diferentes. Paga con tres billetes de $1 y recibe dos monedas de 10¢ de cambio. ¿Qué artículos compra Frank?

ELIGE UNA ESTRATEGIA

- Hacer un diagrama o dibujo
- Hacer un modelo o una dramatización
- Hacer una lista organizada
- Buscar un patrón
- Hacer una tabla o gráfica
- Predecir y probar
- Trabajar desde el final hasta el principio
- Resolver un problema más sencillo
- Escribir una ecuación
- Usar el razonamiento lógico

Artículos vendidos

Artículos	Número
Crayolas	8 por paquete
Gomas de borrar	12 por paquete
Lápices	24 por paquete
Calcomanías	100 por rollo

Práctica adicional

Grupo A Copia y completa la tabla. Usa fichas como ayuda. (págs. 194 y 195)

	Fichas	Número de grupos iguales	Número en cada grupo
1.	30	5	■
2.	28	■	7
3.	24	8	■
4.	12	4	■

Grupo B Escribe un enunciado de división para cada ejercicio. (págs. 196 y 197)

1. 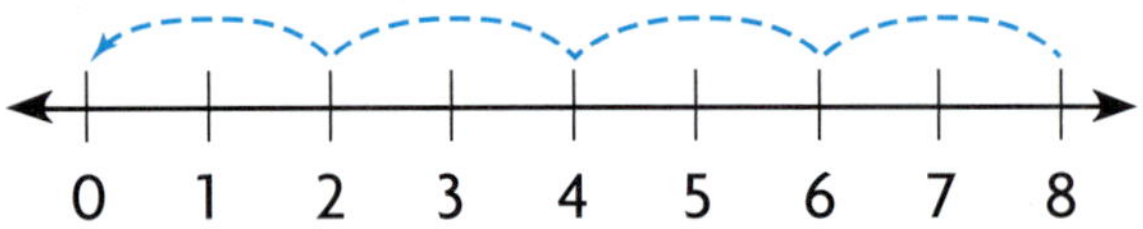

2. 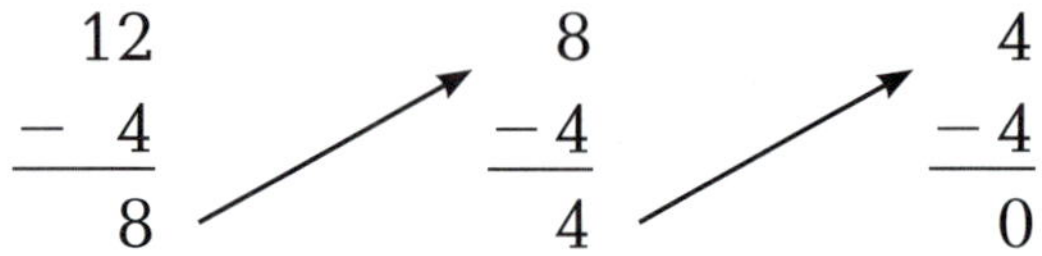

Usa una recta numérica o la resta repetida para resolver.

3. $15 \div 3 = $ ■ **4.** $4\overline{)16}$ **5.** $12 \div 2 = $ ■ **6.** $5\overline{)20}$

7. Si Desiree puede hacer 6 collares en 36 minutos, ¿cuánto tarda en hacer cada collar?

8. Desiree puede hacer 5 brazaletes en 25 minutos. ¿Cuánto tarda en hacer cada brazalete?

Grupo C Copia y completa. (págs. 200 y 201)

1. 

3 hileras de ■ = 12
$12 \div 3 = $ ■

2. 

2 hileras de ■ = 18
$18 \div 2 = $ ■

3. 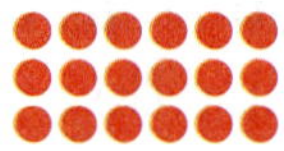

3 hileras de ■ = 18
$18 \div 3 = $ ■

Completa cada enunciado numérico. Dibuja una matriz como ayuda.

4. $5 \times$ ■ $= 30$ $30 \div 5 = $ ■ **5.** $8 \times$ ■ $= 40$ $40 \div 8 = $ ■

Grupo D Escribe la familia de operaciones para cada grupo de números. (págs. 202 a 205)

1. 3, 5, 15 **2.** 4, 7, 28 **3.** 2, 8, 16 **4.** 3, 7, 21

CD ROM Tecnología
Usa Harcourt Mega Math en español, Exploración ártica, *Álgebra ártica*, nivel E.

PRÁCTICA CON UN JUEGO

Todo en la familia

Saca tus tarjetas

2 a 4 jugadores

¿Son una familia?

- Tablero
- Ficha para cada jugador
- Tarjetas con números
- Papel y lápiz

6 2 12

$2 \times 6 = 12$
$6 \times 2 = 12$
$12 \div 2 = 6$
$12 \div 6 = 2$

De regreso a casa

- Los jugadores colocan sus fichas en cualquier número del tablero.
- A cada jugador se le reparten 5 tarjetas. Las tarjetas restantes se colocan boca abajo en una pila.
- El jugador 1 intenta hacer una familia de operaciones, ya sea usando 3 de sus tarjetas o usando 2 tarjetas y el número indicado por la ficha. El jugador escribe la familia de operaciones y los otros jugadores la comprueban.
- Luego el jugador 1 desecha las tarjetas usadas, elige otras tarjetas para reemplazarlas y avanza un espacio en el tablero, en el sentido de las manecillas del reloj. Es entonces el turno del jugador siguiente.
- Si un jugador no puede hacer una familia de operaciones, él o ella intercambia algunas o todas sus tarjetas con las tarjetas de la pila y termina su turno.
- El primer jugador en regresar a su punto de salida, gana.

Repaso/Prueba del Capítulo 9

Repasar el vocabulario y los conceptos

Elige el mejor término del recuadro.

1. Al _?_ separas en grupos iguales. (NS 2.0, pág. 194)
2. Una _?_ es un conjunto de enunciados numéricos relacionados de multiplicación y división. (O-π NS 2.3, pág. 202)
3. El número de veces que un divisor entra en un dividendo es el _?_. (O-π NS 2.3, pág. 200)

VOCABULARIO
dividir
divisor
familia de operaciones
cociente

Repasar las destrezas

Copia y completa la tabla. Usa fichas como ayuda. (NS 2.0, págs. 194 y 195)

	Fichas	Número de grupos iguales	Número en cada grupo
4.	21	3	■
5.	16	■	4
6.	36	9	■

Usa una recta numérica o una resta repetida para resolver. (NS 2.0, págs. 196 y 197)

7. $28 \div 7 = ■$ **8.** $2\overline{)10}$ **9.** $8 \div 4 = ■$ **10.** $7\overline{)35}$

Completa cada enunciado numérico. Dibuja una matriz como ayuda. (O-π NS 2.3, págs. 200 y 201)

11. $5 \times ■ = 15$ $15 \div 5 = ■$ **12.** $3 \times ■ = 24$ $24 \div 3 = ■$

13. $6 \times ■ = 42$ $42 \div 6 = ■$ **14.** $6 \times ■ = 30$ $30 \div 6 = ■$

Escribe la familia de operaciones para cada grupo de números. (O-π NS 2.3, págs. 202 a 205)

15. 3, 9, 27 **16.** 3, 4, 12 **17.** 6, 6, 36 **18.** 3, 6, 18

Repasar la resolución de problemas

Resuelve. (O-π AF 1.1, MR 1.1, págs. 206 a 209)

19. En una fiesta, Dolly la Payasa regaló 4 globos a cada niño. Regaló 36 globos en total. ¿Cuántos niños había en la fiesta?

20. ESCRIBE Había 5 estudiantes sentados a una mesa. Cada estudiante hizo 5 dibujos. ¿Cuántos dibujos hicieron los estudiantes en total? **Explica** cómo lo sabes.

Enriquecimiento • Hallar parejas

JUEGO DE ESPÍAS

Usa el descifrador para ayudar a Sam Sleuth a resolver el mensaje secreto. Une el símbolo a la pareja de factores y a la letra correcta en el descifrador.

DESCIFRADOR			
4, 5	**A**	4, 6	**D**
6, 7	**E**	2, 6	**C**
3, 8	**M**	2, 9	**I**
4, 9	**S**	3, 6	**T**
5, 7	**V**	3, 7	**O**
3, 9	**U**	2, 4	**N**

¿✓♥Δ□~👍 ∇∴ ≈👍∴ ◊∇✓∇∴ ∴∇∅∴?

Las pistas usadas son:

♥ Su producto es impar. Su diferencia es 6.	Δ Su producto termina en cero y es menor que 30.
∇ Su producto es igual a 21 + 21.	□ Su producto es de un dígito.
∴ Su producto es igual a 18 + 18.	∅ Su producto es 18. El factor mayor es impar.
⌘ Su producto está entre 20 y 25. Su suma es 11.	👍 Su producto es igual a 30 − 9.
~ Su producto es 18. El factor menor es impar.	✓ Su producto es igual a 16 − 4.
≈ Su producto es 24. Ambos factores son pares.	◊ Su producto es impar. Su diferencia es 2.

Recibe el mensaje

A	Lee la pista para el primer símbolo.
B	Halla la pareja de factores que satisfaga la pista.
C	Escribe la letra para el símbolo.

Usa el descifrador

Resuelve el resto del mensaje secreto.

Descubre el código

ESCRIBE Sam Sleuth envió este mensaje: ≈👍✓∇. ¿Qué significa? **Explica** cómo lo sabes.

Comprensión de los Estándares
Capítulos 1 a 9

Percepción numérica

1. Había 1,457 personas en una obra de teatro. ¿Cuál es el valor de 4 en 1,457? (NS 1.3)

   A 4
   B 40
   C 400
   D 4,000

Pista
Elimina opciones.

Lee el problema 2. Cuando comparas dos números puedes restar para hallar la respuesta. Puedes eliminar las opciones de respuesta que son mayores que 312 y 259. Después resta con cuidado, recordando reagrupar.

2. Katie y Juan están leyendo libros. Katie ha leído 312 páginas de su libro. Juan ha leído 259 páginas de su libro. ¿Cuántas páginas más ha leído Katie que Juan? (NS 2.1)

   A 571
   B 147
   C 143
   D 53

3. **ESCRIBE** **Explica** cómo puedes usar la multiplicación para hallar $24 \div 6$. (NS 2.3)

Álgebra y funciones

4. ¿Cuál es el sumando que falta? (AF 1.2)

   $$8 + \blacksquare = 17$$

   A 10
   B 9
   C 8
   D 7

5. ¿Cuál enunciado numérico pertenece a la familia de operaciones mostrada por la matriz? (AF 1.1)

   A $49 \div 7 = 7$
   B $35 \div 7 = 5$
   C $6 \times 6 = 36$
   D $7 \times 6 = 42$

6. **ESCRIBE** Si $9 \times 3 = 27$, entonces, ¿cuánto es 3×9? **Explica** tu respuesta usando una propiedad de la multiplicación. (AF 1.5)

Medición y geometría

7. ¿Cuál figura es un cubo? (Grado 2 MG 2.1)

A 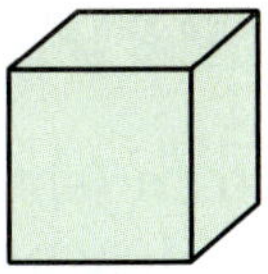

B 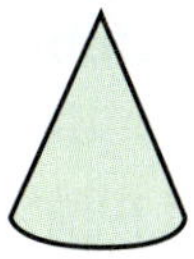

C 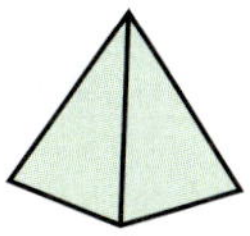

D 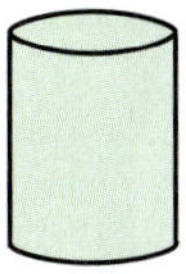

8. ¿Cuántas caras tiene una pirámide cuadrada? (Grado 2 MG 2.1)

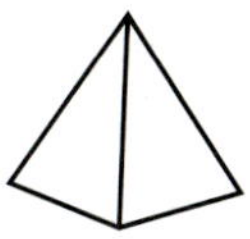

A 3 **C** 5

B 4 **D** 6

9. ESCRIBE **Explica** cómo puedes dibujar una línea o varias líneas para convertir la figura de abajo en varias figuras. (Grado 2 MG 2.2)

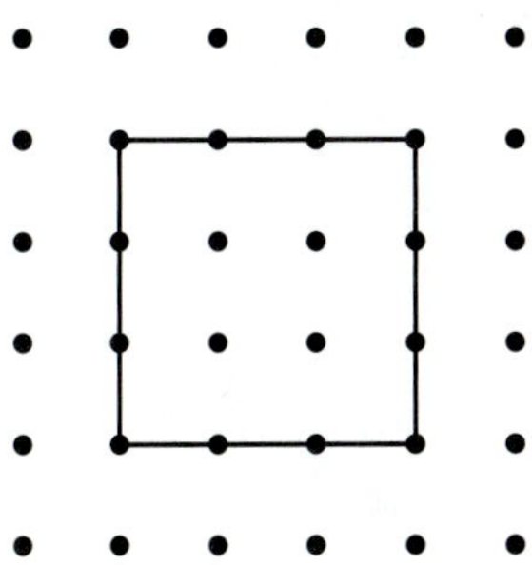

Estadísticas, análisis de datos y probabilidad

10. ¿Quién obtuvo el mayor número de puntos? (Grado 2 SDAP 1.0)

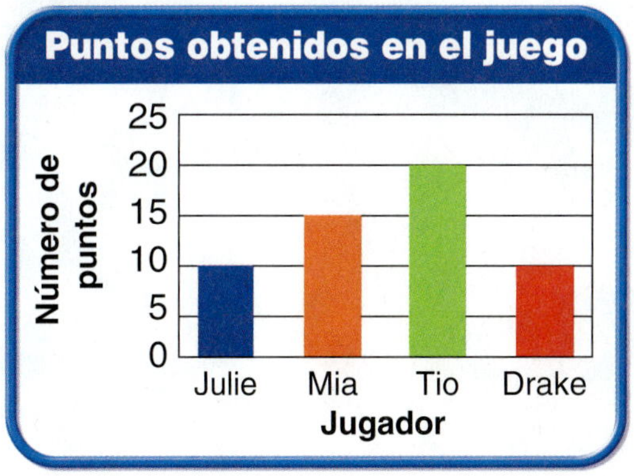

A Julie

B Mia

C Tio

D Drake

11. ¿Cuántas cartas envió Thomas? (Grado 2 SDAP 1.0)

A 4 **C** 16

B 12 **D** 20

12. ESCRIBE **Explica** cómo hallar el rango de estos datos. (Grado 2 SDAP 1.3)

12, 20, 26, 11, 9, 36, 28

CAPÍTULO

10 Operaciones de división

La idea importante La principal estrategia para aprender las operaciones de división es usar una operación relacionada de multiplicación.

CALIFORNIA DATO BREVE

Cada año en Temecula, California, hay un festival de globos. El piloto no puede dirigir el globo. El piloto sólo puede controlar qué tan alto o bajo vuela el globo.

Investiga

Un globo de aire caliente transporta pasajeros en una cesta. El tamaño de la cesta determina el número de pasajeros. Elige un globo de la pictografía. ¿Cuántos globos serían necesarios para que todos los estudiantes de tu clase den un paseo en un globo de aire caliente?

Paseos en globo de aire caliente	
Globo A	
Globo B	
Globo C	
Globo D	
Clave: Cada  = 2 pasajeros.	

Muestra lo que sabes

Comprueba si has aprendido las destrezas importantes que se necesitan para completar exitosamente el Capítulo 10.

▶ Matrices

Completa.

1. 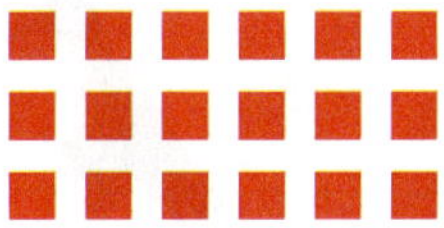

3 hileras de ■ = 18
18 ÷ 3 = ■

2. 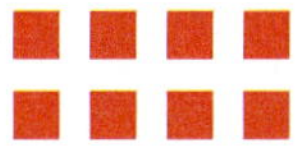

2 hileras de ■ = 8
8 ÷ 2 = ■

3. 

4 hileras de ■ = 12
12 ÷ 4 = ■

4. 

4 hileras de ■ = 20
20 ÷ 4 = ■

5. 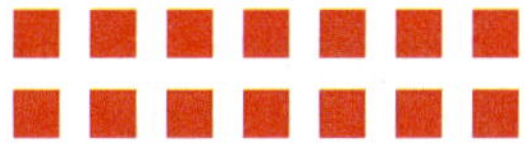

2 hileras de ■ = 14
14 ÷ 2 = ■

6. 

3 hileras de ■ = 12
12 ÷ 3 = ■

▶ Familias de operaciones de multiplicación y división

Escribe la familia de operaciones.

7. 4, 6, 24 **8.** 3, 5, 15 **9.** 3, 8, 24 **10.** 5, 5, 25

11. 4, 9, 36 **12.** 8, 9, 72 **13.** 2, 4, 8 **14.** 6, 7, 42

Enriquece tu vocabulario

VOCABULARIO DEL CAPÍTULO

dividir
dividendo
divisor
familia de operaciones
cociente

PREPARACIÓN

dividendo El número que se divide en un problema de división

divisor El número que divide al dividendo

cociente El número, sin incluir el residuo, que resulta de la división

LECCIÓN 1

Dividir entre 2 y 5

OBJETIVO: Dividir entre 2 y 5.

Repaso rápido

1. ■ × 2 = 10
2. 5 × ■ = 15
3. 3 × ■ = 6
4. ■ × 2 = 18
5. 5 × ■ = 25

Aprende

PROBLEMA La señora Benson necesita comederos para 12 colibríes. Si habrá 2 pájaros en cada comedero, ¿cuántos comederos necesita?

12	÷	2	=	■
↑		↑		↑
dividendo		divisor		cociente

$$\begin{array}{r} \blacksquare \leftarrow \text{cociente} \\ \text{divisor} \rightarrow 2\overline{)12} \\ \uparrow \\ \text{dividendo} \end{array}$$

Ejemplo 1 Divide. 12 ÷ 2 = ■

DE UNA MANERA **Cuenta hacia atrás en una recta numérica.**

Comienza en 12. Cuenta hacia atrás de 2 en 2 hasta llegar a 0. Cuenta el número de veces que restas 2.

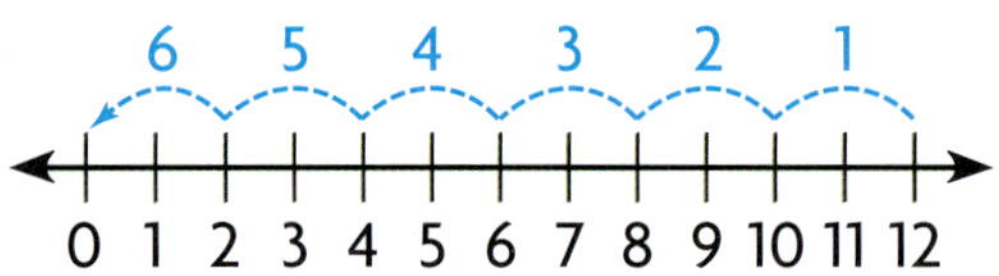

Restas 2 seis veces. Por lo tanto, la señora Benson necesita 6 comederos.

DE OTRA MANERA **Usa una operación relacionada de multiplicación.**

12 ÷ 2 = ■ **Piensa:** ■ × 2 = 12

6 × 2 = 12 Por lo tanto, 12 ÷ 2 = 6 o $2\overline{)12}$ con cociente 6.

▲ **¡Un colibrí puede batir sus alas hasta 80 veces por segundo y puede volar a 25 millas por hora!**

Ejemplo 2 Divide. 20 ÷ 5 = ■

DE UNA MANERA **Cuenta hacia atrás en una recta numérica.**

Comienza en 20. Cuenta hacia atrás de 5 en 5 hasta llegar a 0. Cuenta el número de veces que restas 5.

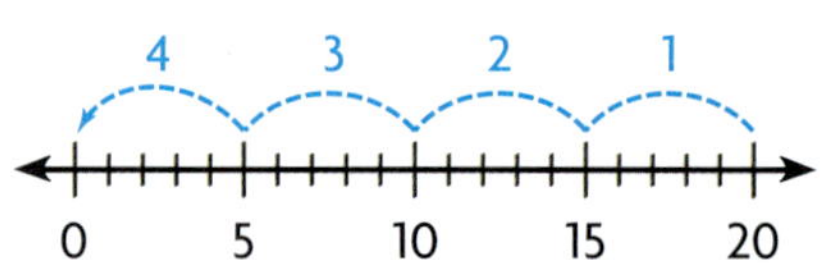

Restas 5 cuatro veces.

DE OTRA MANERA **Usa una operación relacionada de multiplicación.**

20 ÷ 5 = ■ **Piensa:** ■ × 5 = 20

4 × 5 = 20 Por lo tanto, 20 ÷ 5 = 4 o $5\overline{)20}$ con cociente 4.

NS 2.3 Usar la relación inversa de la multiplicación y de la división para hacer cálculos y comprobar resultados.
también **NS 2.0, NS 2.2, NS. 2.8, AF 1.2, MR 1.0, MR 1.1, MR 2.2, MR 2.3, MR 2.4, MR 3.0, MR 3.2, MR 3.3**

Práctica con supervisión

1. Usa la recta numérica para hallar $25 \div 5$.

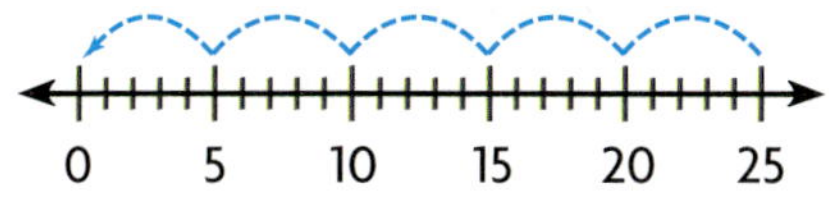

Halla cada cociente.

2. $16 \div 2 = ■$ 3. $■ = 30 \div 5$ ✓4. $20 \div 2 = ■$ ✓5. $■ = 15 \div 5$

6. **COMENTA** **Explica** cómo $5 \times 8 = 40$ puede ayudarte a hallar $40 \div 5$.

Práctica independiente y resolución de problemas

Halla cada cociente.

7. $6 \div 2 = ■$ 8. $■ = 35 \div 5$ 9. $10 \div 5 = ■$ 10. $■ = 18 \div 2$

11. $■ = 45 \div 5$ 12. $■ = 10 \div 2$ 13. $8 \div 2 = ■$ 14. $5 \div 5 = ■$

15. $5\overline{)15}$ 16. $2\overline{)16}$ 17. $5\overline{)35}$ 18. $2\overline{)2}$

Álgebra **Copia y completa cada tabla.**

19.

÷	25	30	35	40
5	■	■	■	■

20.

÷	12	14	16	18
2	■	■	■	■

USA LOS DATOS **Para los ejercicios 21 y 22, usa la tabla.**

21. La masa total de 2 colibríes del mismo tipo es 8 gramos. ¿Qué tipo de colibríes son? Escribe un enunciado de división para mostrar la respuesta.

Colibríes

Tipo	Masa en gramos
Magnífico	7
de garganta rubí	3
de Ana	4

22. **ESCRIBE** Cinco colibríes del mismo tipo tienen una masa total de 15 gramos. ¿De qué tipo son? **Explica** cómo hallar la respuesta.

Comprensión de los Estándares

23. ¿Cuántas caras tiene un cubo? (Grado 2 MG 2.1)

24. $9 \times 9 =$ (NS 2.2, pág. 152)

25. $2{,}429 + 1{,}654 =$ (NS 2.1, pág. 58)

26. **Preparación para la prueba** José ve el mismo número de aves cada hora durante 2 horas. Ve 16 aves en total. ¿Cuántas aves ve José cada hora?

A 6 **B** 7 **C** 8 **D** 9

Práctica adicional en la página 230, Grupo A

LECCIÓN 2

Dividir entre 3 y 4

OBJETIVO: Dividir entre 3 y 4.

Repaso rápido

1. ■ × 3 = 18
2. 4 × ■ = 12
3. 6 × ■ = 24
4. ■ × 9 = 36
5. 3 × ■ = 21

Aprende

PROBLEMA Para el día de campo, 15 estudiantes se inscribieron en la carrera de relevos. Cada equipo de relevos necesita 3 estudiantes. ¿Cuántos equipos pueden formarse?

Ejemplo 1 Divide. 15 ÷ 3 = ■

DE UNA MANERA **Haz un dibujo.**

Dibuja 15 fichas en grupos de 3.
Cuenta el número de grupos iguales.
Hay 5 grupos de 3. Por lo tanto, se pueden formar 5 equipos.

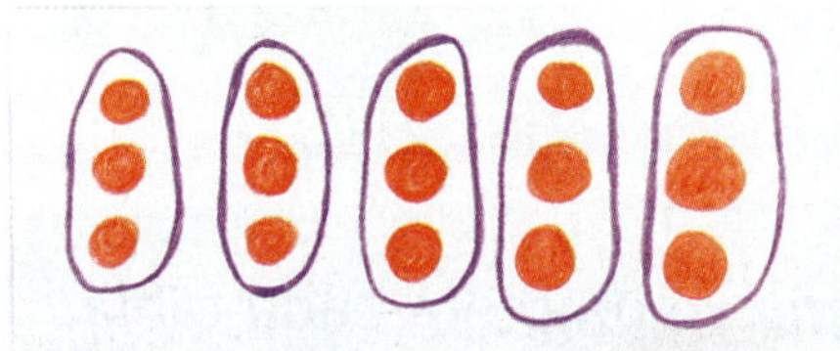

DE OTRA MANERA **Usa una operación relacionada de multiplicación.**

15 ÷ 3 = ■ **Piensa:** ■ × 3 = 15
5 × 3 = 15

Por lo tanto, 15 ÷ 3 = 5 o $3\overline{)15}$ con cociente 5.

Idea matemática
Puedes dividir para hallar el número de grupos iguales o para hallar cuántos hay en cada grupo.

Ejemplo 2 Divide. 12 ÷ 4 = ■

DE UNA MANERA **Haz un dibujo.**

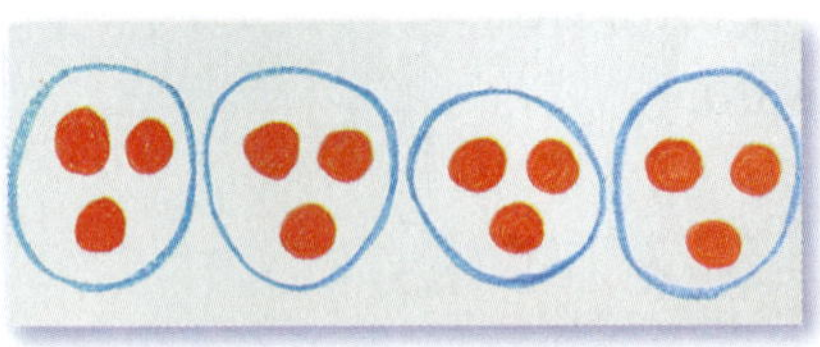

Hay 3 fichas en cada grupo.

DE OTRA MANERA **Usa una operación relacionada de multiplicación.**

Piensa: 4 × ■ = 12
4 × 3 = 12

Por lo tanto, 12 ÷ 4 = 3 o $4\overline{)12}$ con cociente 3.

Práctica con supervisión

1. Usa el dibujo para hallar 21 ÷ 3 = ■.

NS 2.3 Usar la relación inversa de la multiplicación y de la división para hacer cálculos y comprobar resultados. *también* **NS 2.0, NS 2.2, NS. 2.8, AF 1.2, MR 1.0, MR 1.1, MR 2.2, MR 2.3, MR 2.4, MR 3.0, MR 3.2, MR 3.3**

Halla cada cociente.

2. $9 \div 3 = \blacksquare$ 3. $28 \div 4 = \blacksquare$ 4. $32 \div 4 = \blacksquare$ 5. $24 \div 3 = \blacksquare$

6. **COMENTA** **Explica** cómo puedes usar la multiplicación para hallar $20 \div 4$.

Práctica independiente y resolución de problemas

Halla cada cociente.

7. $30 \div 3 = \blacksquare$ 8. $8 \div 4 = \blacksquare$ 9. $\blacksquare = 27 \div 3$ 10. $16 \div 4 = \blacksquare$

11. $24 \div 4 = \blacksquare$ 12. $\blacksquare = 35 \div 5$ 13. $6 \div 3 = \blacksquare$ 14. $\blacksquare = 14 \div 2$

15. $3\overline{)12}$ 16. $4\overline{)36}$ 17. $5\overline{)20}$ 18. $3\overline{)18}$

Álgebra Copia y completa cada tabla.

19.

÷	6	9	12	15
3	■	■	■	■

20.

÷	20	24	28	32
4	■	■	■	■

USA LOS DATOS Para los ejercicios 21 y 22, usa la tabla.

Día de campo

Actividad	Número de estudiantes
Carrera de relevos	28
Lanzamiento de bolsa de frijoles	18
Salto de cuerda	27

21. **Razonamiento** Los estudiantes que participaron en el lanzamiento de bolsa de frijoles y en el salto de cuerda compitieron en grupos de 3. ¿Cuántos grupos más participaron en el salto de cuerda que en el lanzamiento de bolsa de frijoles? **Explica** cómo lo sabes.

22. **¿Qué pasaría si** los estudiantes corrieran en la carrera de relevos en grupos de 4? Escribe un enunciado numérico para mostrar el número de grupos que competirían.

23. **ESCRIBE** **¿Cuál es la pregunta?** Cara puso 36 tarjetas de deportes en 4 pilas iguales. La respuesta es 9 tarjetas de deportes.

Comprensión de los Estándares

24. $35 \div 5 =$ (NS 2.0, pág. 218)

25. Escribe los números en orden de mayor a menor. 618, 816, 861, 618 (NS 1.2, pág. 30)

26. $900 - 468 =$ (NS 2.1, pág. 80)

27. **Preparación para la prueba** Carlos tiene 24 rosquillas. Pone 4 rosquillas en cada bolsa. ¿Cuántas bolsas llena Carlos?

A 4 **B** 5 **C** 6 **D** 7

Práctica adicional en la página 230, Grupo B

LECCIÓN 3

Reglas de división para 1 y 0

OBJETIVO: Dividir usando las reglas para 1 y 0.

Repaso rápido

1. $6 \times \blacksquare = 6$
2. $\blacksquare \times 9 = 0$
3. $1 \times \blacksquare = 3$
4. $8 \times \blacksquare = 0$
5. $\blacksquare \times 1 = 5$

Aprende

Éstas son algunas reglas de división para 1 y 0.

REGLA A: Cualquier número divido entre 1 es igual a ese número.

4	÷	1	=	4
↑		↑		↑
número de aves		número de jaulas		número en cada jaula

Si sólo hay 1 jaula, entonces todas las aves deben ir en esa jaula.

REGLA B: Cualquier número (excepto 0) divido entre sí mismo es igual a 1.

4	÷	4	=	1
↑		↑		↑
número de aves		número de jaulas		número en cada jaula

Si hay el mismo número de aves y de jaulas, entonces 1 ave va en cada jaula.

REGLA C: El 0 dividido entre cualquier número (excepto 0) es igual a 0.

0	÷	4	=	0
↑		↑		↑
número de aves		número de jaulas		número en cada jaula

Si hay 0 aves y 4 jaulas, no habrá aves en las jaulas.

REGLA D: No puedes dividir entre 0.

Si hay 0 jaulas, entonces no puedes separar las aves en grupos iguales. No es posible dividir entre 0.

NS 2.6 Comprender las propiedades especiales de 0 y 1 en la multiplicación y división. *también* NS 2.0, NS 2.3, NS 2.8, AF 1.0, AF 1.2, AF 1.3, MR 1.0, MR 2.2, MR 2.3, MR 2.4, MR 3.0, MR 3.2, MR 3.3

Práctica con supervisión

1. Usa el dibujo para hallar $3 \div 3 =$ ■.

Halla cada cociente.

2. $7 \div 1 =$ ■ 3. $2 \div 2 =$ ■ ✓4. $0 \div 5 =$ ■ ✓5. $6 \div 6 =$ ■

6. **COMENTA** **Explica** por qué es fácil hallar $9 \div 1$. Resuelve.

Práctica independiente y resolución de problemas

Halla cada cociente.

7. $0 \div 8 =$ ■ 8. $5 \div 5 =$ ■ 9. ■ $= 2 \div 1$ 10. $0 \div 7 =$ ■

11. $6 \div 1 =$ ■ 12. ■ $= 25 \div 5$ 13. ■ $= 0 \div 10$ 14. $18 \div 3 =$ ■

15. $14 \div 2 =$ ■ 16. ■ $= 9 \div 9$ 17. $32 \div 4 =$ ■ 18. ■ $= 8 \div 1$

19. $4\overline{)24}$ 20. $5\overline{)10}$ 21. $3\overline{)0}$ 22. $10\overline{)10}$

Álgebra **Compara. Escribe <, > o = para cada ●.**

23. $7 \div 7$ ● $7 \div 1$ 24. 9×1 ● $9 \div 1$ 25. $2 \div 2$ ● $0 \div 2$

26. Angie tiene 7 periquitos. Puso 4 en una jaula. Deja que 3 amigos carguen los otros periquitos. ¿Cuántos periquitos cargó cada amigo?

27. **Formula un problema** Vuelve a leer el problema 26. Cambia el número de periquitos y amigos para que puedas usar el enunciado de división $6 \div 6 = 1$.

28. ***DATO BREVE*** Hay más de 340 tipos diferentes de loros. May tiene 5 loros diferentes. Le da 1 uva a cada loro. ¿Cuántas uvas les dio a sus loros?

29. **ESCRIBE** Imagina que un zoológico tiene 59 aves en 59 jaulas. Usa lo que sabes para hallar el número de aves que hay en cada jaula. **Explica** tu respuesta.

Comprensión de los Estándares

30. Una tienda de flores vendió 795 flores. ¿Cuál es el valor del 9? (NS 1.3, pág. 6)

31. Escribe la familia de operaciones de 2, 6 y 12. (NS 2.3, pág. 202)

32. $7 \times 8 =$ (NS 2.2, pág. 150)

33. **Preparación para la prueba** El granjero José tiene 4 establos. Hay 1 caballo en cada establo. ¿Cuántos caballos hay?

A 0 **B** 1 **C** 2 **D** 4

Práctica adicional en la página 230, Grupo C

LECCIÓN 4

ÁLGEBRA

Practicar las operaciones

OBJETIVO: Practicar las operaciones de división hasta el 5 usando varias estrategias.

Repaso rápido

1. $4 \times ■ = 32$
2. $■ \times 7 = 21$
3. $■ \times 5 = 10$
4. $2 \times ■ = 12$
5. $1 \times ■ = 9$

Aprende

PROBLEMA Tory hizo muñecos de nieve con bolitas de algodón para sus amigas. Pegó 3 bolitas de algodón para formar cada muñeco de nieve. Usó un total de 24 bolitas de algodón. ¿Cuántos muñecos de nieve hizo Tory?

Divide. $24 \div 3 = ■$

Hay muchas maneras de hallar el cociente.

A Haz un dibujo.

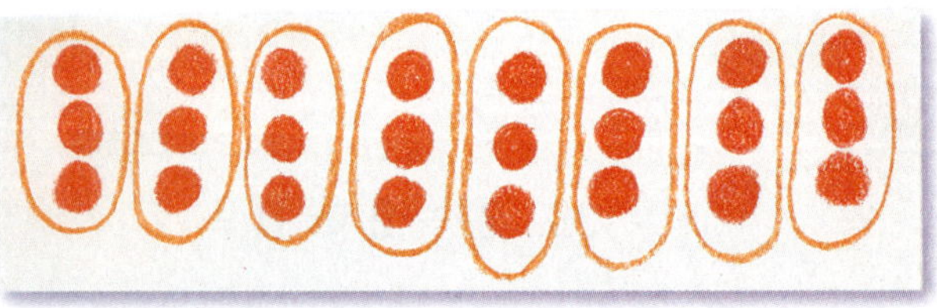

Hay 8 grupos de 3.
Por lo tanto, $24 \div 3 = 8$.

B Cuenta hacia atrás en una recta numérica.

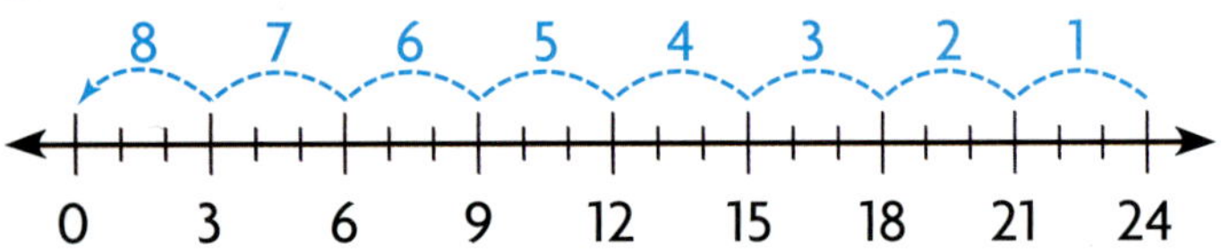

Restas 3 ocho veces.
Por lo tanto, $24 \div 3 = 8$.

ADVERTENCIA

Asegúrate de contar hacia atrás el mismo número de espacios cada vez que restas en la recta numérica.

C Usa una matriz.

Haz una matriz con 24 fichas.
Pon 3 fichas en cada hilera.
Cuenta el número de hileras.
Hay 8 hileras de 3 fichas.

Como $8 \times 3 = 24$, entonces $24 \div 3 = 8$.

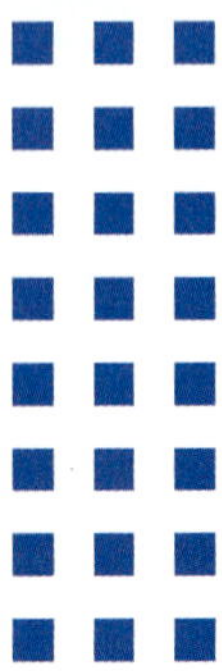

D Usa una familia de operaciones.

$3 \times 8 = 24$ $24 \div 8 = 3$

$8 \times 3 = 24$ $24 \div 3 = 8$

Por lo tanto, $24 \div 3 = 8$.

NS 2.3 Usar la relación inversa de la multiplicación y de la división para hacer cálculos y comprobar resultados. *también* **NS 2.0, NS 2.2, NS. 2.8, AF 1.0, AF 1.2, AF 1.3, MR 1.0, MR 2.2, MR 2.3, MR 2.4, MR 3.2**

E **Usa una tabla de multiplicar.**

Piensa en una operación relacionada de multiplicación.

Piensa: $3 \times ■ = 24$

Halla la hilera del factor 3.
Mira a la derecha para hallar el producto 24.
Mira hacia arriba para hallar el factor que falta, 8.

×	0	1	2	3	4	5	6	7	8	9
0	0	0	0	0	0	0	0	0	0	0
1	0	1	2	3	4	5	6	7	8	9
2	0	2	4	6	8	10	12	14	16	18
3	0	3	6	9	12	15	18	21	24	27
4	0	4	8	12	16	20	24	28	32	36
5	0	5	10	15	20	25	30	35	40	45
6	0	6	12	18	24	30	36	42	48	54
7	0	7	14	21	28	35	42	49	56	63
8	0	8	16	24	32	40	48	56	64	72
9	0	9	18	27	36	45	54	63	72	81

Como $3 \times 8 = 24$, entonces $24 \div 3 = 8$.
Por lo tanto, Tory hizo 8 muñecos de nieve.

Práctica con supervisión

1. Usa la matriz para hallar $10 \div 5$.

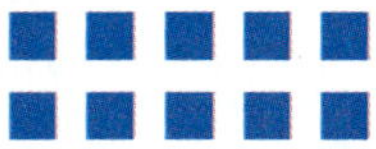

Escribe un enunciado de división para cada uno.

2.

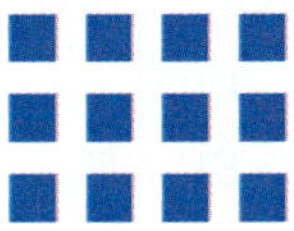

3.

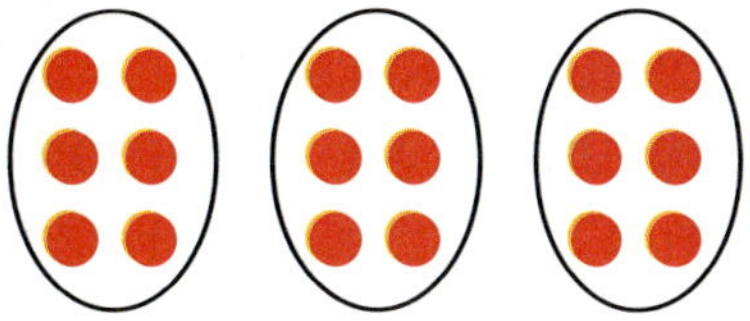

✓ **4.**

Halla cada factor y cociente que falta.

5. $5 \times ■ = 30$ $\quad 30 \div 5 = ■$

✓ **6.** $1 \times ■ = 7$ $\quad 7 \div 1 = ■$

7. $2 \times ■ = 16$ $\quad 16 \div 2 = ■$

8. $4 \times ■ = 32$ $\quad 32 \div 4 = ■$

9. COMENTA **Explica** dos maneras de hallar $15 \div 3$.

Práctica independiente y resolución de problemas

Escribe un enunciado de división para cada uno.

10.

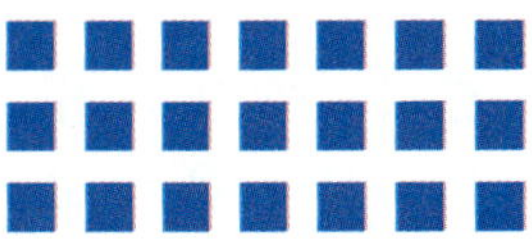

11.

12.

Práctica adicional en la página 230, Grupo D

Halla cada factor y cociente que falta.

13. $4 \times$ ■ $= 24$ $\quad 24 \div 4 =$ ■

14. $5 \times$ ■ $= 40$ $\quad 40 \div 5 =$ ■

15. $5 \times$ ■ $= 0$ $\quad 0 \div 5 =$ ■

16. $2 \times$ ■ $= 8$ $\quad 8 \div 2 =$ ■

Halla cada cociente.

17. $4 \div 4 =$ ■

18. $27 \div 3 =$ ■

19. ■ $= 25 \div 5$

20. $6 \div 1 =$ ■

21. ■ $= 10 \div 2$

22. $36 \div 4 =$ ■

23. $0 \div 8 =$ ■

24. ■ $= 18 \div 3$

25. $5\overline{)45}$

26. $1\overline{)3}$

27. $4\overline{)28}$

28. $2\overline{)14}$

Compara. Escribe <, > o = para cada ●.

29. $30 \div 5$ ● 2×3

30. $21 \div 3$ ● $18 \div 2$

31. 4×2 ● $7 \div 1$

Escribe +, −, × o ÷ para cada ●.

32. 14 ● $2 = 6 \times 2$

33. $12 \div 4 = 27$ ● 9

34. $21 \div 3 = 5$ ● 2

35. Mary quiere hacer 8 muñecos de nieve. Cada muñeco de nieve tiene 2 ojos de cuentas. Si los ojos de cuentas vienen en paquetes de 4, ¿cuántos paquetes necesita Mary?

36. Robert tiene 30 botones. ¿Cuántos muñecos de nieve puede decorar si quiere que cada muñeco de nieve tenga 5 botones?

37. **Razonamiento** Martin tiene varias cajas que contienen 6 frascos de pintura cada una. ¿Caben 25 frascos de pintura en 4 de estas cajas? **Explica** cómo lo sabes.

38. ESCRIBE **¿Cuál es el error?** Kim dibujó 3 grupos iguales de 9 para representar $24 \div 3$. Describe su error. Haz un dibujo para representar el enunciado de división.

Comprensión de los Estándares

39. ¿Cuál es el siguiente número en el patrón? 18, 23, 28, 33, 38, ■
(AF 2.2, pág. 86)

40. $6 \times 6 =$
(NS 2.2, pág. 132)

41. Redondea 5,439 al millar más cercano.
(NS 1.4, pág. 38)

42. El muñeco de nieve más alto que se haya hecho midió 113 pies de altura. La bufanda que llevaba medía 7 pies más que su altura. ¿Cuánto medía la bufanda? (NS 2.1, pág. 58)

43. **Preparación para la prueba** ¿Qué enunciado de división se relaciona con $6 \times 3 = 18$?

A $6 \div 3 = 2$

B $12 \div 6 = 2$

C $18 \div 3 = 6$

D $18 \div 2 = 9$

Tecnología
CD ROM Usa Harcourt Mega Math en español, Juego de números, *De todo un poco*, nivel A.

Clase de cerámica

Destreza de lectura **Visualizar**

La cerámica es una de las artes más antiguas. Para hacer cerámica, se moldea la arcilla y se endurece con calor. Puedes aprender a hacer y decorar tu propia cerámica. El centro de arte *Mother Earth Clay*, en Sunnyvale, California, ofrece clases de cerámica para niños y adultos.

Un taller de cerámica tiene 6 tornos para 12 estudiantes. ¿Cuántos estudiantes compartirán cada torno?

Cuando visualizas algo, lo imaginas en tu mente. Puedes visualizar la información dada en un problema para resolverlo. Sigue estos pasos.

PASO 1 Haz una lista de modelos que podrían usarse para resolver el problema y luego imagina los modelos en tu mente.

PASO 2 Piensa en qué modelo representa mejor el problema.

PASO 3 Imagina el problema en tu mente.

▶ **El museo Oakland en California tiene una colección de artesanía y cerámica creada por artistas locales. La foto muestra una pieza de cerámica que se exhibe en el museo.**

Modelos
- Grupos de objetos
- Recta numérica
- Matriz
- Tabla de multiplicar

Resolución de problemas **Visualiza para entender el problema.**

1. Resuelve el problema de arriba.
2. Los estudiantes en la clase de cerámica para principiantes hicieron 4 vasijas cada uno. Entre todos, los miembros de la clase hicieron 24 vasijas. ¿Cuántos estudiantes hay en la clase de cerámica para principiantes?

LECCIÓN 5

Taller de resolución de problemas
Destreza: Elegir la operación

OBJETIVO: Resolver problemas usando la destreza *elegir la operación.*

Lee para entender
Planea
Resuelve
Comprueba

Usa la destreza

PROBLEMA La clase de la señora Kent fue al centro de ciencias a visitar las nuevas exhibiciones de agua y animales.

A veces, necesitas decidir qué operación vas a usar para resolver un problema.

Ejemplos

A Suma para unir grupos de diferentes tamaños.
En la exhibición de agua hay 26 muestras y en la exhibición de animales hay 18 muestras. ¿Cuántas muestras hay en las dos exhibiciones en total?

$$\begin{array}{r} 26 \\ +18 \\ \hline 44 \end{array}$$

26 ← muestras de agua
+18 ← muestras de animales
44 ← número total de muestras

B Resta para hallar el número que queda o para comparar cantidades.
Tres de las 26 muestras en la exhibición de agua estaban cerradas. ¿Cuántas estaban abiertas?

26 ← número total de muestras
− 3 ← muestras cerradas
23 ← muestras abiertas

C Multiplica para unir cantidades iguales.
La tienda de regalos tiene libros de rompecabezas de mapas del mundo por \$8 cada uno. ¿Cuál es el costo de 5 libros de rompecabezas?

$5 \times \$8 = \$40$

5 ↑ número de libros; \$8 ↑ costo de un libro; \$40 ↑ costo total

D Divide para separar en grupos iguales o para hallar el número en cada grupo.
Los 24 estudiantes se separaron en 4 grupos. ¿Cuántos había en cada grupo?

$24 \div 4 = 6$

24 ↑ número de estudiantes; 4 ↑ número de grupos; 6 ↑ estudiantes en cada grupo

Piensa y comenta

Elige la operación. Escribe un enunciado numérico. Luego resuelve.

a. La familia Davis gastó \$30 por 5 boletos para el espectáculo del océano. ¿Cuánto costó cada boleto?

b. Había 24 estudiantes y 13 adultos en el autobús para la visita al centro de ciencias. ¿Cuántas personas viajaron en el autobús?

AF 1.1 Representar relaciones de cantidades en forma de expresiones, ecuaciones o desigualdades matemáticas. *también* **NS 2.0, AF 1.0, AF 1.2, AF 1.3, MR 1.0, MR 1.1, MR 2.0, MR 2.3, MR 2.4, MR 3.0, MR 3.1, MR 3.2, MR 3.3**

Resolución de problemas con supervisión

Resuelve.

1. El espectáculo del océano duró 17 minutos y el espectáculo de los delfines duró 32 minutos. ¿Cuánto más duró el espectáculo de los delfines que el espectáculo del océano?

   ¿Qué operación puedes usar para comparar cantidades? Escribe un enunciado numérico y resuelve.

2. **¿Qué pasaría si** en el problema 1 se te pidiera que hallaras la duración total de los dos espectáculos? ¿Qué operación usarías? Escribe un enunciado numérico y resuelve.

3. Las camisetas se venden por $9 cada una en la tienda de regalos. ¿Cuál es el costo de 3 camisetas?

Aplicaciones mixtas

4. Hay 45 libros en la tienda de regalos. Hay un número igual de libros en cada uno de los 5 estantes. ¿Cuántos libros hay en cada estante?

5. Hay 54 alumnos de cuarto grado y 62 alumnos de tercer grado que exhibirán sus proyectos en la feria de ciencias. Cada proyecto se instalará en su propia mesa. ¿Cuántas mesas se necesitan?

USA LOS DATOS Para los ejercicios 6 a 8, usa la tabla.

6. Después de visitar el centro de ciencias, la clase de la señora Kent hizo esta tabla sobre el uso del agua. En dos días, ¿cuánta agua usaría una familia de 4 para cepillarse los dientes en la mañana y en la noche?

7. Jonas tomó un baño y su hermana tomó una ducha. ¿Cuánta agua más usó Jonas que su hermana?

8. ESCRIBE El señor Foster lavó su ropa, lavó su carro y usó el lavaplatos. ¿Cuánta agua usó? **Explica** cómo hallaste tu respuesta.

Uso del agua

Actividad	Cantidad en galones
Cepillarse los dientes	1
Lavar la ropa	30
Ducharse	30
Bañarse	40
Lavar el carro	20
Usar el lavaplatos	15

Práctica adicional

Grupo A **Halla cada cociente.** (págs. 218 y 219)

1. $6 \div 2 = ■$
2. $■ = 25 \div 5$
3. $18 \div 2 = ■$
4. $■ = 40 \div 5$
5. $5\overline{)30}$
6. $2\overline{)12}$
7. $5\overline{)15}$
8. $2\overline{)4}$
9. Gina compró boletos para el cine por $20. Cada boleto cuesta $5. ¿Cuántos boletos compró?
10. Carl colocó un total de 14 sillas en 2 hileras iguales. ¿Cuántas sillas había en cada hilera?

Grupo B **Halla cada cociente.** (págs. 220 y 221)

1. $■ = 21 \div 3$
2. $28 \div 4 = ■$
3. $■ = 18 \div 3$
4. $36 \div 4 = ■$
5. $4\overline{)12}$
6. $3\overline{)24}$
7. $4\overline{)32}$
8. $3\overline{)9}$

Grupo C **Halla cada cociente.** (págs. 222 y 223)

1. $3 \div 1 = ■$
2. $■ = 0 \div 9$
3. $■ = 5 \div 1$
4. $7 \div 7 = ■$
5. $4\overline{)0}$
6. $5\overline{)5}$
7. $2\overline{)0}$
8. $1\overline{)9}$
9. Dena tiene 3 peces. Ella los divide por igual entre 3 peceras. ¿Cuántos peces hay en cada pecera?
10. Steve tiene 4 flores. Él coloca todas sus flores en 1 florero. ¿Cuántas flores hay en el florero?

Grupo D **Escribe un enunciado de división por cada ejercicio.** (págs. 224 a 227)

1. 

2. 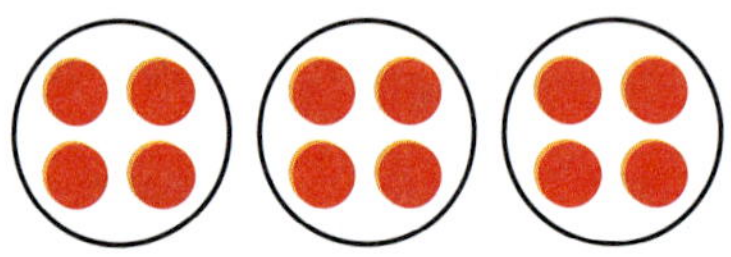

3. 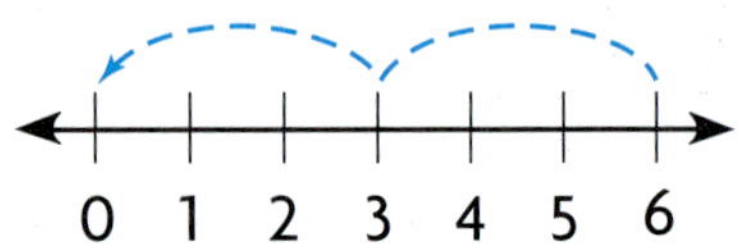

Halla cada factor y cociente que falta.

4. $5 \times ■ = 45$ $\quad 45 \div 5 = ■$
5. $1 \times ■ = 6$ $\quad 6 \div 1 = ■$

Halla cada cociente.

6. $8 \div 2 = ■$
7. $35 \div 5 = ■$
8. $0 \div 7 = ■$
9. $16 \div 2 = ■$
10. $9\overline{)9}$
11. $3\overline{)15}$
12. $1\overline{)8}$
13. $4\overline{)24}$

CD ROM **Tecnología**
Usa Harcourt Mega Math en español, Juegos de números, *De todo un poco*, niveles A, E.

PRÁCTICA CON UN JUEGO

División encubierta

¡Mezcla!
2 jugadores

¡Toma una tarjeta!
- Tarjetas de operaciones de división
- 10 fichas para cada jugador

1	27	14	6	15	5
21	8	7	32	12	2
16	0	18	30	10	24
9	3	45	35	4	36
40	4	28	50	8	3

¡Cúbrelos!

- Los jugadores mezclan las tarjetas y las colocan boca abajo en una pila.
- El jugador 1 toma una tarjeta de la parte superior de la pila y dice el número que falta en el enunciado numérico de división de esa tarjeta.
- El Jugador 1 busca en el tablero de juego el número que falta y coloca una ficha sobre este.
- Los jugadores se turnan. Si un jugador no puede colocar una ficha en el tablero porque el número ya está cubierto, termina su turno.
- El primer jugador en colocar sus 10 fichas sobre el tablero gana el juego.

Repaso/Prueba del Capítulo 10

Repasar los conceptos

Escribe un enunciado de división para cada ejercicio. (NS 2.3, pág. 224 a 227)

1. 

2. 

3. 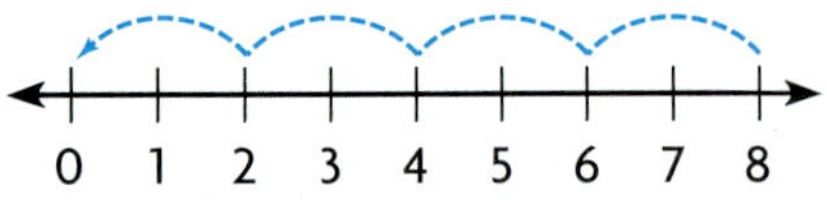

Repasar las destrezas

Halla cada cociente. (NS 2.3, NS 2.6, págs. 218 y 219, 220 y 221, 222 y 223, 224 a 227)

4. $14 \div 2 = \blacksquare$ **5.** $8 \div 8 = \blacksquare$ **6.** $20 \div 5 = \blacksquare$ **7.** $\blacksquare = 0 \div 3$

8. $5 \div 1 = \blacksquare$ **9.** $\blacksquare = 20 \div 2$ **10.** $12 \div 3 = \blacksquare$ **11.** $16 \div 4 = \blacksquare$

12. $\blacksquare = 30 \div 5$ **13.** $24 \div 3 = \blacksquare$ **14.** $\blacksquare = 6 \div 6$ **15.** $12 \div 2 = \blacksquare$

16. $4\overline{)36}$ **17.** $6\overline{)0}$ **18.** $5\overline{)45}$ **19.** $3\overline{)6}$

20. $5\overline{)25}$ **21.** $4\overline{)28}$ **22.** $1\overline{)9}$ **23.** $2\overline{)18}$

Halla cada factor y cociente que falta. (NS 2.3, págs. 224 a 227)

24. $4 \times \blacksquare = 8 \quad 8 \div 4 = \blacksquare$ **25.** $3 \times \blacksquare = 27 \quad 27 \div 3 = \blacksquare$

26. $1 \times \blacksquare = 7 \quad 7 \div 1 = \blacksquare$ **27.** $2 \times \blacksquare = 10 \quad 10 \div 2 = \blacksquare$

Repasar la resolución de problemas

Resuelve. (AF 1.1, MR 1.1, págs. 228 y 229)

28. Mark puso todas sus camisas en 4 pilas iguales. Hay 6 camisas en cada pila. ¿Cuántas camisas tiene Mark en total?

29. Beverly tiene 6 manzanas, 8 naranjas y 12 bananas. ¿Cuántas frutas tiene Beverly en total?

30. **ESCRIBE** Mike anotó 18 puntos en el partido de *flag football*. Cada *touchdown* que anotó valía 3 puntos. ¿Cuántos *touchdowns* anotó Mike? **Explica** cómo sabes cuál operación usar para resolver el problema.

Enriquecimiento • Par e impar

Vence a los impares

Marco y su hermano eligen parejas de números al azar y adivinan si sus productos son pares o impares. ¿Cuál es la mejor suposición sobre los números de Marco? ¿La mayoría de sus productos será par o impar?

Haz tu pronóstico

Marco hizo una tabla para decidir.

Paso 1 Halla el producto de cada ejemplo.

Paso 2 Determina si cada producto es par o impar.

NÚMEROS	EJEMPLO	PRODUCTO	¿PAR O IMPAR?
impar × impar	3 × 9	27	impar
par × par	4 × 8	32	par
impar × par	5 × 8	40	par
par × impar	2 × 7	14	par

Paso 3 Saca una conclusión basada en los resultados de la tabla. Tres de las cuatro posibilidades resultan productos pares.

Por lo tanto, Marco debería suponer que el producto será par con mayor frecuencia.

Escoge un número

Completa la tabla.

	NÚMEROS	EJEMPLO	COCIENTE	¿PAR O IMPAR?
1.	impar ÷ impar	21 ÷ 3	■	■
2.	impar ÷ impar	35 ÷ 5	■	■
3.	par ÷ par	10 ÷ 2	■	■
4.	par ÷ par	24 ÷ 4	■	■
5.	par ÷ impar	20 ÷ 5	■	■
6.	par ÷ impar	18 ÷ 3	■	■

Y el ganador es

ESCRIBE Saca una conclusión siguiendo los resultados de la tabla. **Explica** cómo llegaste a esa conclusión.

Comprensión de los Estándares Capítulos 1 a 10

Percepción numérica

1. Sara está preparando mesas para una fiesta. Pone el mismo número de platos en cada una de las 5 mesas. Hay 40 platos en total. ¿Cuántos platos hay en cada mesa? (NS 2.0)

   A 6 **C** 8

   B 7 **D** 9

Pista

Busca palabras importantes.

Lee el problema 2. Las palabras clave te pueden ayudar a resolver un problema. La palabra juntos indica que debes hallar un total. Como hay dos números que son diferentes, halla el total sumando.

2. Hay 346 libros en el primer estante de una biblioteca. Hay 299 libros en el segundo estante. ¿Cuántos libros hay en los dos estantes juntos? (NS 2.1)

   A 535

   B 545

   C 635

   D 645

3. ESCRIBE **Explica** cómo puedes usar las fichas para hallar $20 \div 5$. (NS 2.3)

Álgebra y funciones

4. Había 8,241 aficionados en un partido el viernes y 8,237 aficionados en otro partido el sábado. ¿Qué enunciado es verdadero? (AF 1.1)

   A $8{,}241 < 8{,}237$

   B $8{,}237 < 8{,}241$

   C $8{,}237 > 8{,}241$

   D $8{,}241 = 8{,}237$

5. William tiene 3 paquetes de lápices. Hay 9 lápices en cada paquete. ¿Cuántos lápices tiene William en total? Elige el enunciado numérico que resuelve el problema. (AF 1.1)

   A $3 \times 9 = 27$

   B $9 \div 3 = 3$

   C $3 + 9 = 12$

   D $9 - 3 = 6$

6. ESCRIBE **Explica** cómo las matrices muestran la propiedad conmutativa de la multiplicación. (AF 1.5)

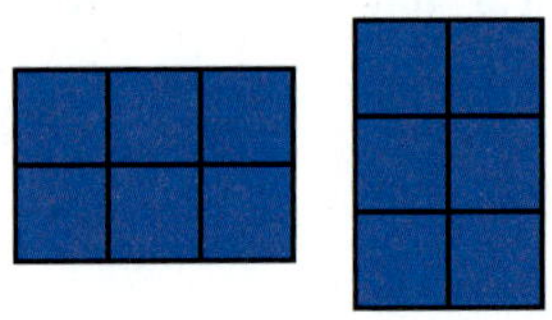

Medición y geometría

7. ¿Cuál figura es un triángulo? (Grado 2 MG 2.1)

A 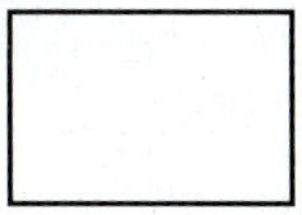

B 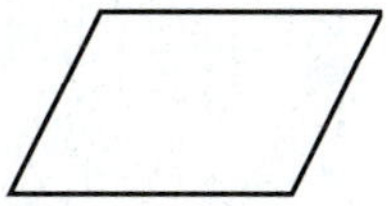

C 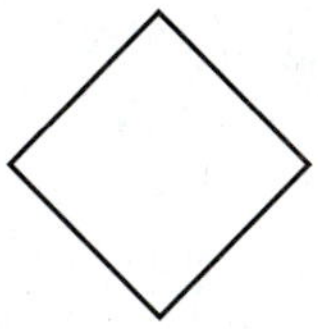

D 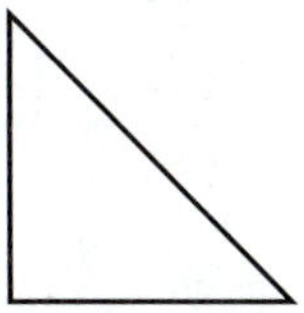

8. Aproximadamente, ¿cuánto mide de largo esta cinta? (Grado 2 MG 1.3)

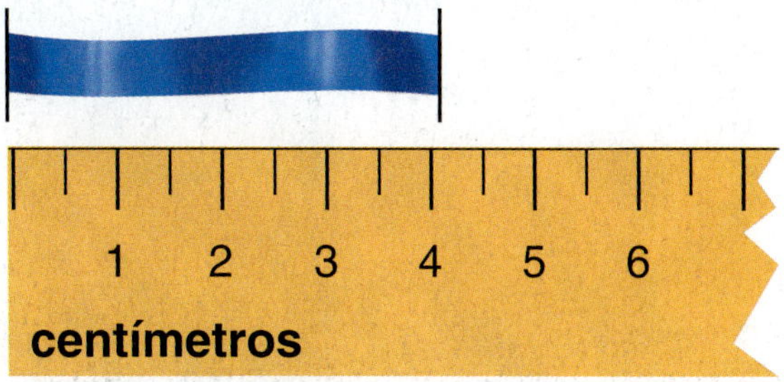

A 3 centímetros

B 4 centímetros

C 5 centímetros

D 6 centímetros

9. ESCRIBE ¿Cuántos días hay en 5 semanas? **Explica** cómo lo sabes. (Grado 2 MG 1.4)

Estadísticas, análisis de datos y probabilidad

10. Kira realizó una encuesta sobre el color favorito de sus compañeros de clase. ¿Qué color obtuvo el mayor número de votos? (Grado 2 SDAP 1.0)

Color favorito	
Rojo	卌 |||
Azul	卌 卌 ||
Verde	卌 卌 |

A blanco **C** azul

B rojo **D** verde

11. ¿Cuál es el rango de los datos mostrados en la gráfica de barras? (Grado 2 SDAP 1.3)

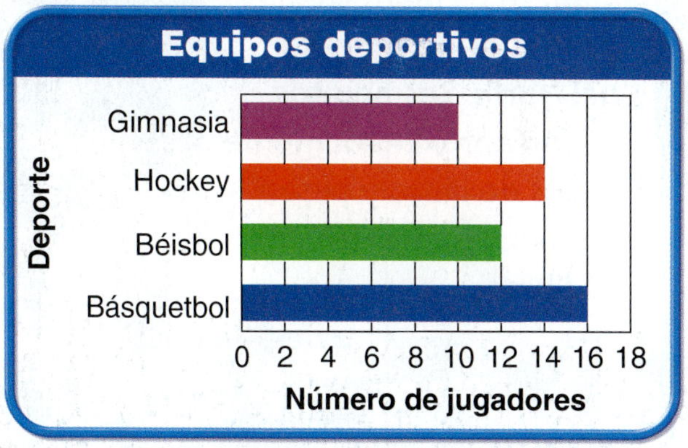

A 2 **C** 6

B 4 **D** 10

12. ESCRIBE Una gráfica de barras muestra el número de estudiantes que hay en cada grado en la escuela Faber. Las barras de tercer grado y cuarto grado tienen la misma altura. ¿Qué significa esto? **Explica.** (Grado 2 SDAP 1.0)

CAPÍTULO

11 Operaciones hasta el 10

La idea importante La fluidez con las operaciones de división depende del uso de patrones y de la relación inversa para recordar los cocientes.

CALIFORNIA DATO BREVE

En el acuario de Monterey Bay, puedes ver nutrias de mar. Las nutrias de mar son los mamíferos marinos más pequeños de América del Norte. Los adultos miden aproximadamente 4 pies de largo y pesan aproximadamente 50 libras.

Investiga

Las nutrias de mar son animales ocupados. La tabla muestra cuánto tiempo pasa cada semana una nutria de mar en diferentes actividades. ¿Cuántas horas pasa una nutria de mar cada día haciendo cada actividad? (Pista: 1 semana = 7 días) Compara esto con la cantidad de tiempo que pasas tú haciendo cada actividad.

Actividades de las nutrias de mar

Actividad	Número de horas semanales
Comer	56
Acicalarse	42
Descansar/dormir	70

Muestra lo que sabes

Comprueba si has aprendido las destrezas importantes que se necesitan para completar exitosamente el Capítulo 11.

▶ Operaciones de multiplicación hasta 10

Halla el producto.

1. $7 \times 3 = \blacksquare$ **2.** $4 \times 9 = \blacksquare$ **3.** $\blacksquare = 5 \times 6$ **4.** $\blacksquare = 10 \times 3$

5. $8 \times 8 = \blacksquare$ **6.** $\blacksquare = 6 \times 4$ **7.** $2 \times 9 = \blacksquare$ **8.** $\blacksquare = 8 \times 7$

▶ Factores que faltan

Halla el factor que falta.

9. $4 \times \blacksquare = 32$ **10.** $18 = \blacksquare \times 3$ **11.** $\blacksquare \times 9 = 54$ **12.** $49 = 7 \times \blacksquare$

▶ Propiedades de la multiplicación

Usa las propiedades de la multiplicación como ayuda para hallar cada producto.

13. $6 \times 8 = \blacksquare$ $8 \times 6 = \blacksquare$ **14.** $(3 \times 2) \times 4 = \blacksquare$ $3 \times (2 \times 4) = \blacksquare$

15. $7 \times 1 = \blacksquare$ **16.** $0 \times 12 = \blacksquare$

▶ Operaciones de división hasta 5

Halla el cociente.

17. $28 \div 4 = \blacksquare$ **18.** $12 \div 3 = \blacksquare$ **19.** $\blacksquare = 30 \div 5$ **20.** $8 \div 1 = \blacksquare$

21. $\blacksquare = 18 \div 2$ **22.** $20 \div 4 = \blacksquare$ **23.** $27 \div 3 = \blacksquare$ **24.** $40 \div 5 = \blacksquare$

Enriquece tu vocabulario

VOCABULARIO DEL CAPÍTULO

matriz
dividir
dividendo
divisor
ecuación
expresión
familia de operaciones
cociente

PREPARACIÓN

dividir Separar en grupos iguales; la operación opuesta a la multiplicación

ecuación Un enunciado numérico en el que se usa el signo de igual para demostrar que dos cantidades son iguales

LECCIÓN 1

Dividir entre 6

OBJETIVO: Dividir entre 6.

Repaso rápido

1. ■ $\times 6 = 6$
2. $6 \times$ ■ $= 24$
3. $3 \times$ ■ $= 18$
4. ■ $\times 6 = 54$
5. $7 \times$ ■ $= 42$

Aprende

PROBLEMA La maestra Moore necesita comprar 30 cajas de jugo para el picnic de la clase. Las cajas de jugo vienen en paquetes de 6. ¿Cuántos paquetes tiene que comprar?

Divide. $30 \div 6 =$ ■ $\qquad 6\overline{)30}$ (cociente: ■)

DE UNA MANERA **Usa fichas**

Usa 30 fichas.
Haz grupos de 6 hasta que no queden fichas.
Cuenta el número de grupos.

Hay 5 grupos de 6 fichas.

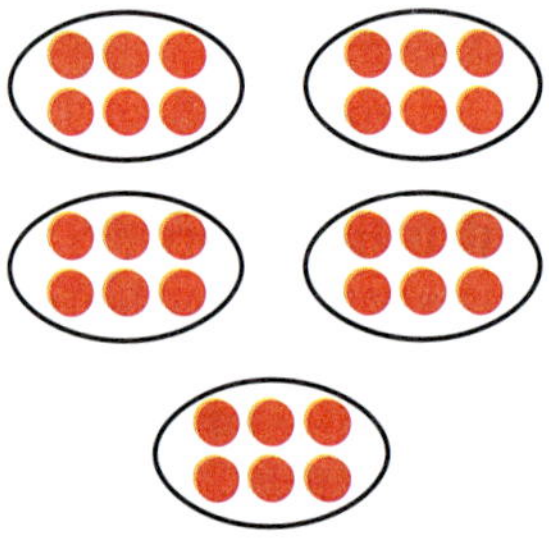

Por lo tanto, la señora Moore necesita comprar 5 paquetes de jugo.

OTRAS MANERAS

A Usa una operación relacionada de multiplicación.

Piensa: ■ $\times 6 = 30$
$5 \times 6 = 30$

Por lo tanto, $30 \div 6 = 5$ o $6\overline{)30}$ con cociente 5.

B Usa factores.

Los números que multiplicas se llaman factores. Los factores de 6 son 3 y 2. Dividir entre 6 es lo mismo que dividir entre 3 y después dividir entre 2.

$30 \div 3 = 10 \rightarrow 10 \div 2 = 5$
Esto es lo mismo que $30 \div 6 = 5$.

- ¿Cómo puedes resolver $24 \div 6$ usando los factores 3 y 2?

Práctica con supervisión

1. Usa el modelo para hallar $18 \div 6$.

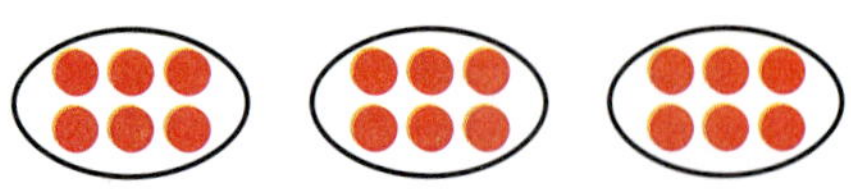

NS 2.3 Usar la relación inversa de la multiplicación y de la división para hacer cálculos y comprobar resultados.
también **NS 2.0, NS 2.2, NS. 2.8, AF 1.2, MR 1.0, MR 2.2, MR 2.3, MR 2.4, MR 3.0, MR 3.2, MR 3.3**

Halla cada factor y cociente que falta.

2. $6 \times ■ = 36$ $36 \div 6 = ■$
3. $6 \times ■ = 12$ $12 \div 6 = ■$
4. $6 \times ■ = 6$ $6 \div 6 = ■$
5. $6 \times ■ = 42$ $42 \div 6 = ■$
6. COMENTA **Explica** cómo $6 \times 9 = 54$ te ayuda a hallar $54 \div 6$.

Práctica independiente y resolución de problemas

Halla cada factor y cociente que falta.

7. $6 \times ■ = 30$ $30 \div 6 = ■$
8. $6 \times ■ = 48$ $48 \div 6 = ■$
9. $6 \times ■ = 18$ $18 \div 6 = ■$
10. $6 \times ■ = 24$ $24 \div 6 = ■$

Halla cada cociente.

11. $12 \div 6 = ■$
12. $■ = 6 \div 2$
13. $■ = 42 \div 6$
14. $15 \div 5 = ■$
15. $■ = 60 \div 6$
16. $20 \div 4 = ■$
17. $7 \div 1 = ■$
18. $■ = 54 \div 6$
19. $4\overline{)28}$
20. $6\overline{)36}$
21. $6\overline{)0}$
22. $3\overline{)21}$

Álgebra **Halla el número que falta.**

23. $6 \div ■ = 6$
24. $27 \div ■ = 9$
25. $16 \div ■ = 8$
26. $42 \div ■ = 7$
27. La maestra Moore compró una bolsa de 12 manzanas para el picnic de la clase. ¿Cuántas manzanas le corresponde a cada uno de los 6 estudiantes si cada uno recibe la misma cantidad?
28. Hay 30 estudiantes en una carrera de relevos en el picnic. Los estudiantes están divididos en 6 equipos iguales. ¿Cuántos estudiantes hay en cada equipo?
29. **Razonamiento** Cody horneó 24 panecillos. Se comió 6. ¿Cuántos panecillos le sobraron? ¿Cuántos les puede dar a cada uno de sus 6 amigos si cada uno recibe la misma cantidad? **Explica**.
30. ESCRIBE **¿Cuál es el error?** Mary tiene 36 calcomanías para repartir entre 6 amigos. Ella dice que sólo puede darle 5 calcomanías a cada amigo. Usa un enunciado de división para describir el error de Mary.

Comprensión de los Estándares

31. Escribe 762 en palabras. (NS 1.1, pág. 6)
32. ¿Cuál es el número que falta? $(3 \times 2) \times 6 = 3 \times (■ \times 6)$ (AF 1.5, pág. 178)
33. $5 \times 7 =$ (NS 2.2, pág. 154)
34. **Preparación para la prueba** Hay la misma cantidad de estudiantes en cada una de 6 mesas. Hay 48 estudiantes en total. ¿Cuántos estudiantes hay en cada mesa?

A 9 **B** 8 **C** 7 **D** 6

Práctica adicional en la página 256, Grupo A

LECCIÓN 2

Dividir entre 7 y 8

OBJETIVO: Dividir entre 7 y 8.

Repaso rápido

1. ■ $\times$ 7 = 21
2. 3 $\times$ ■ = 24
3. 2 $\times$ ■ = 14
4. ■ $\times$ 7 = 42
5. 8 $\times$ ■ = 16

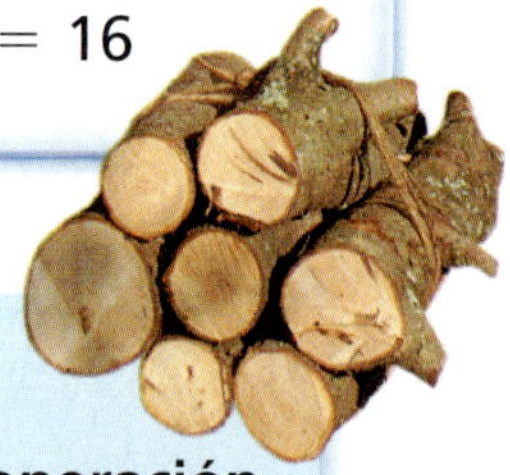

Aprende

PROBLEMA La leña se vende en bultos de 7 leños. Steve tiene 28 leños. ¿Cuántos bultos de leña puede hacer?

Ejemplo 1 **Divide.** 28 ÷ 7 = ■

DE UNA MANERA **Haz una matriz.**

Usa 28 fichas. Haz hileras de 7 fichas hasta que ya no queden fichas. Cuenta el número de hileras.

Hay 4 hileras de 7 fichas.

DE OTRA MANERA **Usa una operación relacionada de multiplicación.**

Piensa: ■ $\times$ 7 = 28
4 $\times$ 7 = 28

Por lo tanto, 28 ÷ 7 = 4 o $7\overline{)28}$ = 4.

Por lo tanto, Steve puede hacer 4 bultos de leña.

Ejemplo 2 **Divide.** 32 ÷ 8 = ■

DE UNA MANERA **Haz una matriz.**

Usa 32 fichas. Haz hileras de 8 fichas hasta que ya no queden fichas. Cuenta el número de hileras.

Hay 4 hileras de 8 fichas.

DE OTRA MANERA **Usa una operación relacionada de multiplicación.**

Piensa: 8 $\times$ ■ = 32
8 $\times$ 4 = 32

Por lo tanto, 32 ÷ 8 = 4 o $8\overline{)32}$ = 4.

Práctica con supervisión

1. Usa la matriz para hallar 14 ÷ 7 = ■.

Halla cada factor y cociente que falta.

2. 7 $\times$ ■ = 35 35 ÷ 7 = ■
3. 8 $\times$ ■ = 48 48 ÷ 8 = ■
4. 8 $\times$ ■ = 56 56 ÷ 8 = ■
5. 7 $\times$ ■ = 63 63 ÷ 7 = ■
6. **COMENTA** **Explica** cómo puedes usar una matriz para hallar 24 ÷ 8 = ■.

NS 2.3 Usar la relación inversa de la multiplicación y de la división para hacer cálculos y comprobar resultados. *también* **NS 2.0, NS 2.2, NS. 2.8, AF 1.2, MR 1.0, MR 1.1, MR 2.2, MR 2.3, MR 2.4, MR 3.0, MR 3.2, MR 3.3**

Práctica independiente y resolución de problemas

Halla cada factor y cociente que falta.

7. $8 \times ■ = 40$ $40 \div 8 = ■$
8. $7 \times ■ = 49$ $49 \div 7 = ■$
9. $7 \times ■ = 7$ $7 \div 7 = ■$
10. $8 \times ■ = 64$ $64 \div 8 = ■$

Halla cada cociente.

11. $21 \div 7 = ■$
12. $■ = 8 \div 8$
13. $18 \div 2 = ■$
14. $■ = 25 \div 5$
15. $24 \div 6 = ■$
16. $■ = 15 \div 3$
17. $■ = 16 \div 8$
18. $56 \div 7 = ■$
19. $■ = 36 \div 4$
20. $70 \div 7 = ■$
21. $■ = 6 \div 1$
22. $72 \div 8 = ■$
23. $8\overline{)80}$
24. $5\overline{)40}$
25. $7\overline{)14}$
26. $6\overline{)54}$

Álgebra Copia y completa cada tabla.

27.

÷	48	56	64	72
8	■	■	■	■

28.

÷	35	42	49	56
7	■	■	■	■

USA LOS DATOS Para los ejercicios 29 a 31, usa la tabla.

Tamaños de las tiendas

Tipos	Número de personas
Columbia	10
Vista	8
Condor	7
Gamma 450	5

29. **Razonamiento** Hay 58 personas acampando en la reunión familiar de Zoe. Tienen tiendas de campaña Columbia y Vista. ¿Cuántas tiendas de cada tipo se necesitan para que duerman 58 personas? **Explica**.

30. **Formula un problema** Vuelve a leer el problema 29. Escribe un problema similar cambiando el número de personas y los tipos de tiendas de campaña.

31. **ESCRIBE** Hay 42 personas que van a ir de campamento. ¿Cuántas tiendas Condor necesitan? **Explica**.

Comprensión de los Estándares

32. Diez excursionistas asan 5 mazorcas de maíz cada uno. ¿Cuántas mazorcas de maíz asaron en total? (NS 2.2, pág. 128)

33. Escribe $<$, $>$, o $=$ para comparar.
1,264 ● 1,426 (NS 1.2, pág. 26)

34. ¿Qué cuerpo geométrico tiene dos caras y puede rodar? (Grado 2 MG 2.1)

35. **Preparación para la prueba** Hay 24 bancas acomodadas en 8 hileras iguales en la zona de picnic. ¿Cuántas bancas hay en cada hilera?

A 32 **B** 16 **C** 4 **D** 3

Práctica adicional en la página 256, Grupo B

LECCIÓN 3

Taller de resolución de problemas
Estrategia: Trabajar desde el final hasta el principio

OBJETIVO: Resolver problemas usando la estrategia *trabajar desde el final hasta el principio.*

Aprende la estrategia

Cuando sabes cuál es la cantidad final, puedes trabajar desde el final hasta el principio para resolver el problema.

Puedes usar la resta y la suma.

Zach pagó $1.70 por el almuerzo. Después, su mamá le dio $5.00. Ahora, Zach tiene $7.50. ¿Cuánto dinero tenía Zach al principio?

Comienza con la cantidad total de dinero.

Resta el dinero que le dio su mamá a Zach.

$7.50	−	$5.00	=	$2.50
↑		↑		↑
cantidad final		dinero de mamá		dinero después del almuerzo

Suma la cantidad que Zach gastó en el almuerzo.

$2.50	+	$1.70	=	$4.20
↑		↑		↑
dinero después del almuerzo		dinero gastado en el almuerzo		dinero al principio

Por lo tanto, Zach tenía $4.20 al principio.

Puedes usar la suma y la multiplicación.

Troy cortó una tabla en dos pedazos iguales. Luego le recortó 4 pulgadas a un pedazo. El pedazo ahora mide 6 pulgadas de largo. ¿Cuál era la longitud de la tabla original?

Comienza con la longitud final de la tabla.

Suma el número de pulgadas que Troy recortó.

6	+	4	=	10
↑		↑		↑
longitud final		pulgadas recortadas		longitud de un pedazo

Multiplica para hallar la longitud de la tabla original.

10	×	2	=	20
↑		↑		↑
longitud de un pedazo		número de pedazos		longitud de la tabla

Por lo tanto, la tabla tenía 20 pulgadas de largo.

COMENTA

En el último problema, ¿por qué usaste la multiplicación cuando trabajaste desde el final hasta el principio?

MR 1.1 Analizar problemas al identificar relaciones, distinguir entre información relevante e irrelevante, ordenar en secuencia y priorizar información, y observar patrones. *también* **NS 2.0, AF 1.0, AF 1.1, MR 1.0, MR 2.0, MR 2.3, MR 2.4, MR 2.6, MR 3.0, MR 3.1, MR 3.2, MR 3.3**

Usa la estrategia

PROBLEMA Chad compró 4 paquetes de camisetas. Le dio 5 camisetas a su hermano. Ahora Chad tiene 19 camisetas. ¿Cuántas camisetas había en cada paquete?

Lee para entender
Planea
Resuelve
Comprueba

Lee para entender

Destreza de lectura

- ¿Qué información te proporcionan?
- ¿Cómo puedes ordenar en secuencia la información?

Planea

- **¿Qué estrategia puedes usar para resolver el problema?**
  Puedes trabajar desde el final hasta el principio para resolver el problema.

Resuelve

- **¿Cómo puedes usar la estrategia para resolver el problema?**
  Trabaja desde el final hasta el principio comenzando con el número de camisetas que tiene Chad ahora.

  Comienza con el número final de camisetas. Suma el número de camisetas que Chad regaló.

19	+	5	=	24
↑		↑		↑
número final de camisetas		camisetas regaladas		camisetas en 4 paquetes

  Después, divide para hallar el número de camisetas en cada paquete.

24	÷	4	=	6
↑		↑		↑
camisetas en 4 paquetes		número de paquetes		número en cada paquete

  Por lo tanto, cada paquete tenía 6 camisetas.

Comprueba

- **¿Cómo puedes comprobar tu respuesta?**

Resolución de problemas con supervisión

Lee para entender
Planea
Resuelve
Comprueba

1. Mac colecciona carros Matchbox®. Compró 4 paquetes de carros. Después, su amigo le dio 9 carros. Ahora Mac tiene 21 carros. ¿Cuántos carros hay en cada paquete?

   Trabaja desde el final hasta el principio comenzando con el número total de carros que Mac tiene ahora.

   Primero, resta los carros que le dio su amigo a Mac.

   $$21 - 9 = 12$$

   21 ↑ número total de carros; 9 ↑ carros regalados a Mac; 12 ↑ carros en 4 paquetes

   Después, divide para hallar el número de carros que hay en cada paquete.

   $$12 \div 4 = \blacksquare$$

   12 ↑ carros en 4 paquetes; 4 ↑ número de paquetes; ■ ↑ número en cada paquete

2. **¿Qué pasaría si** Mac comprara 8 paquetes de carros y después su amigo le regalara 3 carros? Si ahora Mac tiene 19 carros, ¿cuántos carros hay en cada paquete?

3. Ryan colecciona carros miniatura. Le dio la mitad de su colección de carros a un amigo. Después compró 6 carros más. Ahora Ryan tiene 14 carros. ¿Cuántos carros tenía Ryan al principio?

Resolución de problemas • Práctica de estrategias

USA LOS DATOS Para los ejercicios 4 a 6, usa la tabla. Trabaja desde el final hasta el principio para resolver.

4. Después del almuerzo, se vendieron 16 pulseras. Luego, devolvieron 2 pulseras. ¿Cuántas pulseras se vendieron antes del almuerzo?

5. Durante el día, 9 clientes compraron el mismo número de llaveros. Después se vendieron 9 llaveros más. ¿Cuántos llaveros compró cada uno de los 9 clientes?

6. ESCRIBE Primero, Jan compró la mitad de la cantidad total de un artículo mencionado en la tabla. Después, compró 2 libros de manualidades. Ella compró 12 artículos en total. ¿Qué artículo fue el primero que compró? **Explica**.

Artículos vendidos en un día

Artículo	Número
 pulseras	25
 libros de manualidades	30
 llaveros	45
 carros miniatura	20

Práctica de estrategias mixtas

USA LOS DATOS Para los ejercicios 7 a 10, usa la tabla.

7. Tim y Erica han comido en todos los restaurantes. Los restaurantes de Tim son todos distintos a los restaurantes de Erica. Él ha comido en 10 restaurantes más que Erica. ¿En cuántos restaurantes ha comido Tim?

8. ***≡DATO BREVE*** El centro comercial "Mall of America" es el centro comercial más grande de Estados Unidos. Imagina que hay 6 tiendas de comida en cada nivel del centro. ¿Cuántos niveles habrá?

9. **Formula un problema** Vuelve a leer el problema 8. Escribe un problema similar usando un dato diferente de la tabla y cambiando el número en cada nivel.

10. **Problema abierto** Mark visitó cada tienda de comida. Visitó el mismo número de tiendas de comida cada día. Señala tres maneras distintas de cómo puede haber hecho esto.

11. Rose vio una película, compró en una tienda y comió en un restaurante. No vio la película de primero. Compró al final. ¿En qué orden hizo Rose estas actividades?

12. El señor Acosta fue al mismo número de tiendas cada día durante 4 días. En el quinto día, fue a 10 tiendas. Visitó 34 tiendas en total. ¿Cuántas tiendas visitó cada uno de los 4 días?

ELIGE UNA ESTRATEGIA

- Hacer un diagrama o dibujo
- Hacer un modelo o una dramatización
- Hacer una lista organizada
- Buscar un patrón
- Hacer una tabla o gráfica
- Predecir y probar
- Trabajar desde el final hasta el principio
- Resolver un problema más sencillo
- Escribir una ecuación
- Usar el razonamiento lógico

Datos del Centro Comercial

Tiendas	520
Restaurantes	50
Tiendas de comida	36
Pantallas de cine	14

ESFUÉRZATE

Una tienda vende pantalones a $12. La tienda también les regala a sus clientes una camisa por cada camisa de $9 que compren.

13. Dillon pagó $30 por unos pantalones y camisas. ¿Cuántos pantalones compró? ¿Cuántas camisas recibió?

14. Los pantalones cuestan usualmente $16. Anna ahorró un total de $8 por sus pantalones. Ella recibió 3 camisas gratis. ¿Cuánto gastó Anna?

LECCIÓN 4

Dividir entre 9 y 10

OBJETIVO: Dividir entre 9 y 10.

Repaso rápido

1. $2 \times ■ = 20$
2. $■ \times 10 = 50$
3. $9 \times ■ = 36$
4. $■ \times 7 = 70$
5. $6 \times ■ = 54$

Aprende

PROBLEMA La clase de Mateo va al acuario. Tienen 45 minutos para visitar 9 exhibiciones. ¿Cuánto tiempo pueden pasar en cada exhibición si pasan la misma cantidad de tiempo en cada una?

▲ El acuario de Georgia tiene más de 100,000 animales.

Ejemplo 1 Divide. $45 \div 9 = ■$ $\quad 9\overline{)45}$

DE UNA MANERA **Usa la resta repetida.**

Comienza con 45. Resta 9 hasta que llegues a 0.

	45 − 9	36 − 9	27 − 9	18 − 9	9 − 9
	36	27	18	9	0
Número de veces que restas 9:	1	2	3	4	5

Restas 9 de 45 cinco veces.

DE OTRA MANERA **Usa una operación relacionada de multiplicación.**

$45 \div 9 = ■$ **Piensa:** $■ \times 9 = 45$
$5 \times 9 = 45$

Por lo tanto, $45 \div 9 = 5$ o $9\overline{)45}$ con cociente 5.

Por lo tanto, la clase de Mateo puede pasar 5 minutos en cada exhibición.

Ejemplo 2 Divide. $40 \div 10 = ■$

DE UNA MANERA **Usa la resta repetida.**

Comienza con 40. Resta 10 hasta que llegues a 0.

40 − 10	30 − 10	20 − 10	10 − 10
30	20	10	0
1	2	3	4

Cuenta el número de veces que restas 10.
Restas 10 de 40 cuatro veces.

DE OTRA MANERA **Usa una operación relacionada de multiplicación.**

$40 \div 10 = ■$

Piensa: $10 \times ■ = 40$
$10 \times 4 = 40$

Por lo tanto, $40 \div 10 = 4$ o $10\overline{)40}$ con cociente 4.

NS 2.3 Usar la relación inversa de la multiplicación y de la división para hacer cálculos y comprobar resultados. *también* NS 2.0, NS 2.2, NS. 2.8, AF 1.0, AF 1.2, MR 1.0, MR 1.1, MR 2.2, MR 2.3, MR 2.4, MR 3.0, MR 3.2, MR 3.3

Práctica con supervisión

1. Usa la operación relacionada de multiplicación para hallar $27 \div 9$. $9 \times 3 = 27$

Halla cada cociente.

2. $80 \div 10 = ■$
3. $36 \div 9 = ■$
4. $63 \div 9 = ■$
5. $30 \div 10 = ■$
6. COMENTA **Explica** cómo usar la suma repetida para hallar $60 \div 10$.

Práctica independiente y resolución de problemas

Halla cada cociente.

7. $18 \div 9 = ■$
8. $■ = 30 \div 5$
9. $50 \div 10 = ■$
10. $■ = 81 \div 9$
11. $■ = 20 \div 10$
12. $9 \div 9 = ■$
13. $■ = 12 \div 6$
14. $28 \div 7 = ■$
15. $4\overline{)32}$
16. $9\overline{)72}$
17. $10\overline{)10}$
18. $8\overline{)56}$

Álgebra **Copia y completa cada tabla.**

19.

÷	36	45	54	63
9	■	■	■	■

20.

÷	70	80	90	100
10	■	■	■	■

USA LOS DATOS **Para los ejercicios 21 a 23, usa la tabla.**

Longitudes de medusas

Tipo	Longitud
Medusa luna	9 pulgadas
Medusa hongo	20 pulgadas
Avispa de mar	5 pulgadas

21. ¿Cuál medusa tiene cuatro veces la longitud de la avispa de mar?
22. Un pez vela puede tener 87 pulgadas de largo. ¿Esto es 6 más que 9 veces la longitud de cuál medusa?
23. ESCRIBE **¿Cuál es la pregunta?** Un róbalo rayado tiene 45 pulgadas de largo. La respuesta es la avispa de mar. ¿Cuál es la pregunta?

Comprensión de los Estándares

24. ¿Cómo se escribe $1{,}000 + 800 + 2$ en forma normal? (NS 1.3, pág. 12)
25. ¿Cuál es la moda? (Grado 2 SDAP 1.3)

    8, 4, 1, 3, 4, 5, 1, 4

26. $45 \div 5 =$ (NS 2.0, pág. 218)
27. **Preparación para la prueba** Cincuenta personas forman 10 hileras iguales. ¿Cuántas personas hay en cada hilera?

    A 500 **B** 50 **C** 5 **D** 1

Práctica adicional en la página 256, Grupo C

LECCIÓN 5

ÁLGEBRA

Practicar las operaciones

OBJETIVO: Practicar las operaciones de división hasta 10 usando varias estrategias.

Repaso rápido

1. ■ × 6 = 36
2. 4 × ■ = 40
3. 9 × ■ = 72
4. ■ × 7 = 28
5. 8 × ■ = 16

Aprende

PROBLEMA Kareem visitó a su abuelo en Colorado durante el verano. Salieron de excursión a las montañas 21 veces en 7 semanas. Salieron de excursión el mismo número de veces cada semana. ¿Cuántas veces salieron de excursión cada semana?

Divide. 21 ÷ 7 = ■

▲ Hay 58 montañas en Colorado que miden 14,000 pies de altura o más!

A Usa fichas.

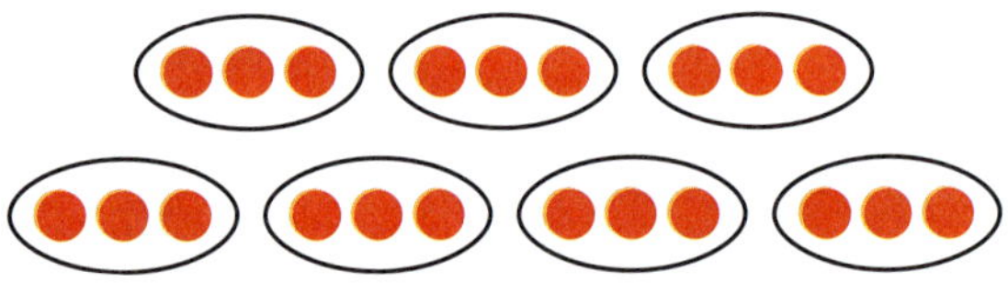

Hay 3 fichas en cada uno de 7 grupos.

Por lo tanto, 21 ÷ 7 = 3.

B Usa una familia de operaciones.

Familia de operaciones para 3, 7 y 21

factor		factor		producto	dividendo		divisor		cociente
3	×	7	=	21	21	÷	7	=	3
7	×	3	=	21	21	÷	3	=	7

Por lo tanto, 21 ÷ 7 = 3.

C Usa la resta repetida.

$$\begin{array}{r}21\\-\ 7\\\hline 14\end{array}\quad\rightarrow\quad\begin{array}{r}14\\-\ 7\\\hline 7\end{array}\quad\rightarrow\quad\begin{array}{r}7\\-7\\\hline 0\end{array}$$

1 2 3

Restas 7 de 21 tres veces.

D Usa una matriz.

Hay 3 hileras de 7 fichas.
Como 3 × 7 = 21, entonces 21 ÷ 7 = 3.

Por lo tanto, Kareem y su abuelo fueron de excursión 3 veces cada semana.

NS 2.3 Usar la relación inversa de la multiplicación y de la división para hacer cálculos y comprobar resultados. *también* **NS 2.0, NS 2.2, NS 2.8, AF 1.0, AF 1.1, AF 1.2, AF 1.3, MR 1.0, MR 2.2, MR 2.3, MR 2.4, MR 3.2**

E **Usa una tabla de multiplicar.**

Piensa en una operación relacionada de multiplicación.

Piensa: $7 \times \blacksquare = 21$

Halla la hilera para el factor 7.
Mira a la derecha para hallar el producto, 21.
Mira hacia arriba para hallar el factor que falta, 3

Como $7 \times 3 = 21$, entonces $21 \div 7 = 3$.

×	0	1	2	3	4	5	6	7	8	9	10
0	0	0	0	0	0	0	0	0	0	0	0
1	0	1	2	3	4	5	6	7	8	9	10
2	0	2	4	6	8	10	12	14	16	18	20
3	0	3	6	9	12	15	18	21	24	27	30
4	0	4	8	12	16	20	24	28	32	36	40
5	0	5	10	15	20	25	30	35	40	45	50
6	0	6	12	18	24	30	36	42	48	54	60
7	0	7	14	21	28	35	42	49	56	63	70
8	0	8	16	24	32	40	48	56	64	72	80
9	0	9	18	27	36	45	54	63	72	81	90
10	0	10	20	30	40	50	60	70	80	90	100

Práctica con supervisión

1. Usa la matriz para hallar $18 \div 9$.

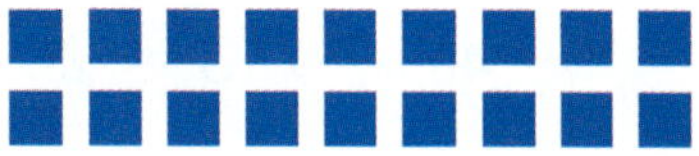

Escribe un enunciado de división para cada ejercicio.

2.

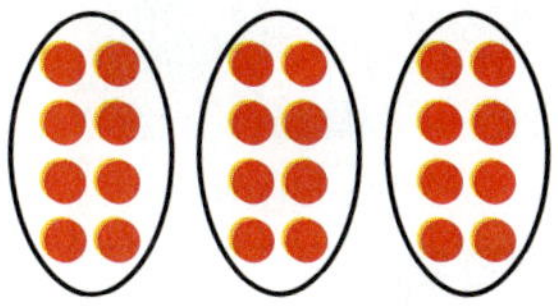

3.

✓ **4.**

$$\begin{array}{r}40\\-10\\\hline 30\end{array}\nearrow\begin{array}{r}30\\-10\\\hline 20\end{array}\nearrow\begin{array}{r}20\\-10\\\hline 10\end{array}\nearrow\begin{array}{r}10\\-10\\\hline 0\end{array}$$

Halla cada factor que falta y el cociente.

5. $9 \times \blacksquare = 63 \quad 63 \div 9 = \blacksquare$

✓ **6.** $6 \times \blacksquare = 36 \quad 36 \div 6 = \blacksquare$

7. $10 \times \blacksquare = 80 \quad 80 \div 10 = \blacksquare$

8. $8 \times \blacksquare = 72 \quad 72 \div 8 = \blacksquare$

9. COMENTA **Explica** cómo hallar $28 \div 7$ de dos maneras diferentes.

Práctica independiente y resolución de problemas

Escribe un enunciado de división para cada ejercicio.

10.

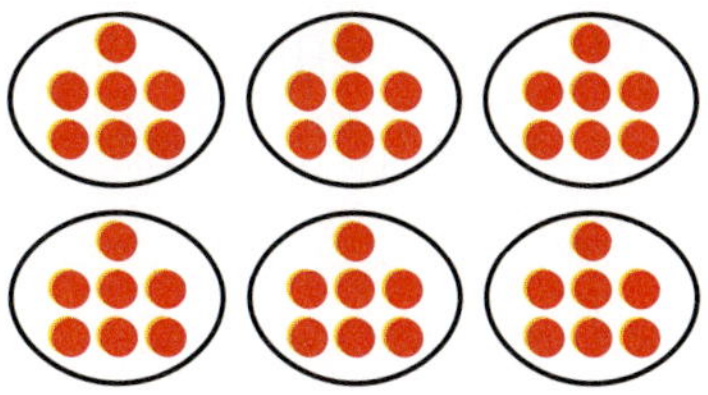

11.

$$\begin{array}{r}27\\-9\\\hline 18\end{array}\nearrow\begin{array}{r}18\\-9\\\hline 9\end{array}\nearrow\begin{array}{r}9\\-9\\\hline 0\end{array}$$

12.

Práctica adicional en la página 257, Grupo D

Halla cada factor que falta y el cociente.

13. $6 \times ■ = 54$ $54 \div 6 = ■$ **14.** $9 \times ■ = 45$ $45 \div 9 = ■$

15. $8 \times ■ = 48$ $48 \div 8 = ■$ **16.** $10 \times ■ = 100$ $100 \div 10 = ■$

Halla cada cociente.

17. $80 \div 8 = ■$ **18.** $■ = 18 \div 6$ **19.** $32 \div 4 = ■$ **20.** $■ = 49 \div 7$

21. $45 \div 5 = ■$ **22.** $81 \div 9 = ■$ **23.** $■ = 48 \div 6$ **24.** $50 \div 10 = ■$

25. $■ = 35 \div 7$ **26.** $■ = 64 \div 8$ **27.** $14 \div 2 = ■$ **28.** $54 \div 9 = ■$

29. $6\overline{)12}$ **30.** $10\overline{)70}$ **31.** $5\overline{)0}$ **32.** $3\overline{)21}$

Compara. Escribe <, > o = para cada ●.

33. $49 \div 7$ ● $35 \div 5$ **34.** $100 - 16$ ● 9×9 **35.** $64 \div 8$ ● $3 + 6$

36. $49 + 12$ ● 9×7 **37.** $100 \div 10$ ● $23 - 13$ **38.** 6×7 ● 4×10

Escribe +, −, × o ÷ para cada ●.

39. 56 ● $8 = 5 + 2$ **40.** $7 \times 3 = 24$ ● 3 **41.** $36 \div 9 = 3$ ● 1

USA LOS DATOS Para los ejercicios 42 a 44, usa la tabla.

Animales que Hannah vio en el monte Evans

Animal		Número
Borregos cimarrones		14
Marmotas		42
Picas		35
Venados		12
Ardillas		56

42. A Hannah le gusta visitar el monte Evans. Durante sus visitas, vio 4 grupos iguales de venados comiendo hierba. ¿Cuántos venados había en cada grupo?

43. El número de marmotas que Hannah vio es 6 veces el número de marmotas que Manuel vio durante sus visitas. ¿Cuántas marmotas vio Manuel?

44. ESCRIBE Cuando Todd visitó el monte Evans, vio la mitad de borregos y la mitad de venados que vio Hannah. ¿Cuántos borregos y venados vio Todd en total? **Explica** tu respuesta.

45. **Razonamiento** Hannah tomó 60 fotos de animales. Puso 4 fotos en un marco y puso el resto en su álbum de fotos. En cada página caben 8 fotos. ¿Cuántas páginas usó Hannah? **Explica.**

CD ROM **Tecnología**
Usa Harcourt Mega Math en español, Exploración ártica, *Álgebra ártica,* niveles M, N.

Comprensión de los Estándares

46. ¿Cuántos días hay en 3 semanas? (Grado 2 MG 1.4)

47. Dan tiene 8 paquetes de tarjetas de béisbol. Hay 6 tarjetas en cada paquete. ¿Cuántas tarjetas de béisbol tiene? (O━ NS 2.2, pág. 132)

48. **Preparación para la prueba** ¿Cuánto es $56 \div 8 = ■$?

A 6 **B** 7 **C** 8 **D** 9

49. Kaley tiene 2 monedas de 25¢, 1 moneda de 10¢ y 3 monedas de 5¢. ¿Cuál es la cantidad total de dinero que tiene? (Grado 2 O━ NS 5.1)

50. **Preparación para la prueba** Hay 80 millas de senderos en una montaña. Cada sendero mide 10 millas de largo. ¿Cuántos senderos hay?

A 8 **B** 10 **C** 70 **D** 90

PODER MATEMÁTICO Resolución de problemas y razonamiento

CÁLCULO MENTAL Puedes usar *operaciones cercanas* como ayuda para hallar los cocientes en problemas de división que no tengan un resultado exacto.

Ejemplo Rosa quiere compartir 25 galletas en partes iguales entre 4 amigos. ¿Cuántas galletas debería recibir cada amigo?

Divide. $25 \div 4 = ■$

Para hallar el cociente, busca una *operación cercana*. Una operación cercana para este problema es una multiplicación con 4 como factor y un producto lo más cercano posible a 25 sin pasarte.

Piensa: $4 \times 5 = 20$ (demasiado bajo)
$4 \times 6 = 24$ (cercano)
$4 \times 7 = 28$ (demasiado alto)

Como $4 \times 6 = 24$ te da el producto más cercano sin pasarte, el cociente es 6. Como $25 - 24 = 1$, sobra 1.

Por lo tanto, cada amigo debería recibir 6 galletas. Sobrará 1 galleta.

Usa operaciones cercanas para resolver. Escribe la operación cercana que usaste.

1. La señora Hart quiere poner 33 escritorios en 4 hileras iguales. ¿Cuántos escritorios habrá en cada hilera? ¿Cuántos escritorios sobrarán?
2. Keisha tiene 47 platos. Pone las mesas con 5 platos en cada una. ¿Cuántas mesas puede poner? ¿Cuántos platos sobrarán?

LECCIÓN 6

ÁLGEBRA

Hallar el costo

OBJETIVO: Usar la multiplicación y la división para hallar el costo de los artículos.

Repaso rápido

1. 18 ÷ 2 **2.** 6 × 4
3. 4 × 8 **4.** 35 ÷ 5
5. 20 ÷ 4

Aprende

PROBLEMA Sarah compra 6 paquetes de calcomanías para su álbum de recortes. ¿Cuánto gasta Sarah?

Para hallar la cantidad total que gastó, multiplica el número de paquetes de calcomanías por el costo de un paquete.

6	×	$3	=	$18
↑		↑		↑
número de paquetes de calcomanías		costo de un paquete		total gastado

Por lo tanto, Sarah gasta $18 por 6 paquetes de calcomanías.

¿Qué pasaría si Sarah comprara un paquete de estampillas? ¿Cuánto cuesta cada estampilla?

Para hallar el costo de una estampilla, divide la cantidad total gastada por el número de estampillas que compró.

$8	÷	4	=	$2
↑		↑		↑
total gastado		número de estampillas		costo de una estampilla

Por lo tanto, cada estampilla cuesta $2.

Práctica con supervisión

1. Hector compró 4 libros de calcomanías por $4 cada uno. ¿Cuánto gastó Hector?

4	×	$4	=	■
↑		↑		↑
número de libros de calcomanías		costo de uno		total gastado

Escribe un enunciado numérico. Después resuelve.

2. Josie compra 3 marcadores por $2 cada uno. ¿Cuánto gastó Josie?

3. Tom gasta $15 en 5 frascos de escarcha. ¿Cuánto cuesta cada frasco de escarcha?

4. COMENTA **Explica** cómo sabes cuándo multiplicar y cuándo dividir cuando estás hallando el costo de algo.

NS 2.7 Determinar el costo por unidad cuando se da el costo total y el número de unidades. *también* NS 2.0, NS 2.2, NS 2.3, NS 2.8, AF 1.0, AF 1.1, AF 2.0, AF 2.1, MR 1.0, MR 2.2, MR 2.3, MR 2.4, MR 3.2, MR 3.3

Práctica independiente y resolución de problemas

Escribe un enunciado numérico. Después resuelve.

5. La señora Miller compra 4 juegos de plantillas por $5 cada uno. ¿Cuánto gasta la señora Miller?

6. Billy gasta $32 en 8 paquetes de papel. ¿Cuánto cuesta cada paquete de papel?

Halla el costo del número total de artículos.

7.

Las estampillas cuestan $6 cada una.	
3 estampillas	■
7 estampillas	■

8.

Los libros cuestan $8 cada uno.	
2 libros	■
4 libros	■

9.

Las tijeras cuestan $5 cada una.	
5 tijeras	■
8 tijeras	■

Halla el costo de un artículo.

10. 7 bolígrafos cuestan $14.

11. 4 libros de estampillas cuestan $36.

12. 9 barras adhesivas cuestan $18.

13. 5 gomas de borrar cuestan $5.

14. 6 blocs cuestan $24.

15. 3 álbumes de recortes cuestan $30.

16. 8 marcadores cuestan $40.

17. 5 álbumes de recortes cuestan $45.

18. 2 gomas de borrar cuestan $8.

19. Hank compra 10 libros de calcomanías por $6 cada uno. También compra un juego de marcadores por $12. ¿Cuánto gasta Hank?

20. **Razonamiento** Una yarda de tela cuesta $4 y un marcador cuesta $2. ¿Qué cuesta más, 2 yardas de tela o 4 marcadores? **Explica** tu respuesta

21. Lisa compra 5 ovillos de estambre por $35. Le da al empleado $40. ¿Cuánto cuesta cada ovillo de estambre? ¿Cuánto dinero le darán de cambio?

22. ESCRIBE Maria tiene $38. Compra un libro de calcomanías por $6. También compra 4 yardas de tela que cuestan $4 por yarda. ¿Cuántas yardas más de tela podría haber comprado Maria? **Explica.**

Comprensión de los Estándares

23. Betty gasta $70 en utensilios de arte. Cada utensilio cuesta $10. Escribe un enunciado numérico para hallar el número de utensilios que Betty compra. (AF 1.1, pág. 246)

24. $38 + 15 =$ (NS 2.1, pág. 54)

25. ¿Cuál es el factor que falta?
$9 \times ■ = 63$ (AF 1.1, pág. 174)

26. ¿Qué signo hará verdadero al enunciado numérico? (AF 1.3, pág. 228)

$$6 \bullet 7 = 42$$

27. **Preparación para la prueba** Joni compró 10 refrescos por $20. ¿Cuánto costó cada refresco?

A $2 **B** $10 **C** $20 **D** $30

Práctica adicional en la página 257, Grupo E

LECCIÓN 7

ÁLGEBRA

Expresiones y ecuaciones

OBJETIVO: Escribir expresiones y ecuaciones que representen situaciones y hallar los signos de operación que faltan.

Repaso rápido

1. $15 \div 5$
2. $28 \div 7$
3. $32 \div 4$
4. $40 \div 10$
5. $48 \div 8$

Vocabulario

ecuación

Aprende

PROBLEMA Jim está en una fiesta de boliche con sus amigos. Los 20 niños de la fiesta están divididos en 5 equipos iguales. ¿Cuántos niños hay en cada equipo?

Puedes escribir una expresión para mostrar cuántos niños hay en cada equipo.

20	÷	5
↑	↑	↑
20 niños	divididos entre	5 equipos

Una **ecuación** es un enunciado numérico. Esta usa un signo de igualdad para mostrar que dos cantidades son iguales. Puedes usar la expresión anterior para escribir una ecuación y resolver el problema.

20	÷	5	=	4
↑	↑	↑	↑	↑
20 niños	divididos entre	5 equipos	es igual a	4 niños en cada equipo.

Por lo tanto, hay 4 niños en cada equipo.

Recuerda

Una expresión es parte de un enunciado numérico. Combina números y signos de operación pero no tiene un signo de igualdad.

Necesitas saber qué símbolo de operación usar en una ecuación.

Hay 5 niños que comen pizza en cada una de 3 mesas. Hay 15 niños que comen pizza.

$5 \bullet 3 = 15$

¿Qué símbolo completa correctamente la ecuación?

Prueba +. $5 + 3 = 15$ es falso. Prueba −. $5 - 3 = 15$ es falso.
Prueba ÷. $5 \div 3 = 15$ es falso. Prueba ×. $5 \times 3 = 15$ es verdadero.

Por lo tanto, el símbolo correcto es ×.

Práctica con supervisión

1. Escribe una expresión para mostrar 6 niños que juegan boliche y 5 niños más que se unen al juego.

AF 1.1 Representar relaciones de cantidades en forma de expresiones, ecuaciones o desigualdades matemáticas. *también* NS 2.0, AF 1.0, AF 1.2, AF 1.3, MR 1.0, MR 2.2, MR 2.3, MR 2.4, MR 3.2

Escribe una expresión. Después escribe una ecuación para resolver.

2. Había 7 niños que pagaron \$4 cada uno por jugar boliche. ¿Cuánto pagaron los niños en total?

3. Había 28 rebanadas de pizza. Los niños comieron 19 rebanadas. ¿Cuántas rebanadas de pizza sobraron?

4. COMENTA **Explica** cómo sabes cuál símbolo de operación completará la ecuación $26 \bullet 13 = 39$.

Práctica independiente y resolución de problemas

Escribe una expresión. Después escribe una ecuación para resolver.

5. Había 42 niños y 23 adultos en una pista de patinaje. ¿Cuántas personas había en la pista en total?

6. Había 45 globos atados en 9 grupos iguales en una fiesta. ¿Cuántos globos había en cada grupo?

Escribe +, −, ×, o ÷ para completar cada ecuación.

7. $3 \bullet 2 = 48 \div 8$

8. $16 \bullet 12 = 4 \times 1$

9. $11 \bullet 10 = 7 \times 3$

USA LOS DATOS Para los ejercicios 10 a 12, usa la gráfica y las ecuaciones del recuadro.

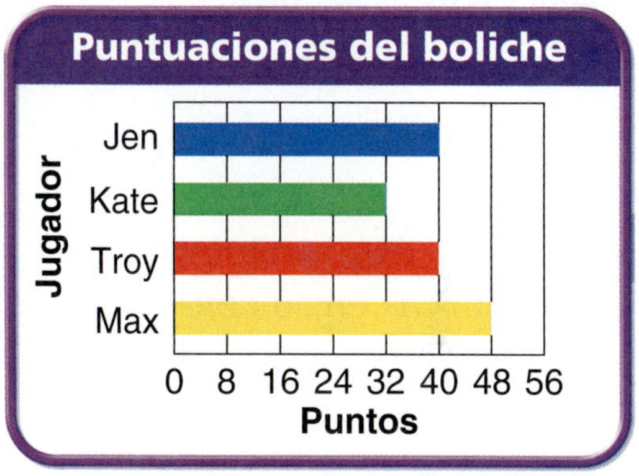

$8 \times 5 = 40$	$48 + 10 = 58$
$40 \div 8 = 5$	$48 - 10 = 38$

10. Troy anotó 8 puntos cada vez que fue su turno de lanzar la bola de boliche. ¿Qué ecuación muestra cuántos turnos tuvo Troy?

11. John anotó 10 puntos más que Max. ¿Qué ecuación muestra cuántos puntos anotó John?

12. ESCRIBE ¿Quiénes anotaron más puntos durante el juego de boliche, los niños o las niñas? **Explica** cómo lo sabes.

Comprensión de los Estándares

13. ¿El número 75 es par o impar? (NS 1.3, pág. 4)

14. ¿Cuántos lados tiene un triángulo? (Grado 2 MG 2.1)

15. $6{,}008 - 1{,}659 =$ (NS 2.1, pág. 78)

16. **Preparación para la prueba** Hay 4 pizzas, cada una con 8 rebanadas. ¿Qué ecuación muestra el número de rebanadas en total?

A $4 + 8 = 12$ **C** $4 \times 8 = 32$

B $8 - 4 = 4$ **D** $8 \div 4 = 2$

Práctica adicional en la página 257, Grupo F

Práctica adicional

Grupo A Halla cada factor que falta y el cociente. (págs. 238 y 239)

1. $6 \times \blacksquare = 36$ $\quad 36 \div 6 = \blacksquare$

2. $6 \times \blacksquare = 54$ $\quad 54 \div 6 = \blacksquare$

3. $6 \times \blacksquare = 18$ $\quad 18 \div 6 = \blacksquare$

4. $6 \times \blacksquare = 60$ $\quad 60 \div 6 = \blacksquare$

Halla cada cociente.

5. $12 \div 6 = \blacksquare$

6. $\blacksquare = 42 \div 6$

7. $28 \div 4 = \blacksquare$

8. $\blacksquare = 24 \div 6$

9. $5\overline{)45}$

10. $6\overline{)6}$

11. $6\overline{)48}$

12. $3\overline{)21}$

Grupo B Halla cada factor que falta y el cociente. (págs. 240 y 241)

1. $8 \times \blacksquare = 32$ $\quad 32 \div 8 = \blacksquare$

2. $7 \times \blacksquare = 42$ $\quad 42 \div 7 = \blacksquare$

3. $7 \times \blacksquare = 28$ $\quad 28 \div 7 = \blacksquare$

4. $8 \times \blacksquare = 72$ $\quad 72 \div 8 = \blacksquare$

Halla cada cociente.

5. $\blacksquare = 56 \div 7$

6. $16 \div 8 = \blacksquare$

7. $21 \div 7 = \blacksquare$

8. $\blacksquare = 80 \div 8$

9. $8\overline{)48}$

10. $7\overline{)14}$

11. $8\overline{)24}$

12. $7\overline{)63}$

13. Jewel tiene un total de 64 libros de tiras cómicas en su colección. Los coloca en 8 montones iguales. ¿Cuántos libros de tiras cómicas hay en cada montón?

14. Hay 49 libros de tiras cómicas en la colección de libros de tiras cómicas de Matt. Él los coloca en montones de 7 libros de tiras cómicas cada uno. ¿Cuántos montones de libros de tiras cómicas tiene Matt?

Grupo C Halla cada cociente. (págs. 246 y 247)

1. $20 \div 10 = \blacksquare$

2. $45 \div 9 = \blacksquare$

3. $\blacksquare = 70 \div 10$

4. $\blacksquare = 27 \div 9$

5. $63 \div 9 = \blacksquare$

6. $\blacksquare = 90 \div 10$

7. $\blacksquare = 18 \div 9$

8. $50 \div 10 = \blacksquare$

9. $10\overline{)100}$

10. $9\overline{)54}$

11. $9\overline{)81}$

12. $10\overline{)30}$

13. $9\overline{)90}$

14. $10\overline{)40}$

15. $10\overline{)60}$

16. $9\overline{)9}$

Tecnología
CD ROM
Usa Harcourt Mega Math en español, Exploración ártica, *Álgebra ártica,* niveles F, M, N.

Grupo D Escribe un enunciado de división para cada uno. (págs. 248 a 251)

1. $\begin{array}{r} 24 \\ -\ 8 \\ \hline 16 \end{array} \nearrow \begin{array}{r} 16 \\ -\ 8 \\ \hline 8 \end{array} \nearrow \begin{array}{r} 8 \\ -8 \\ \hline 0 \end{array}$

2. 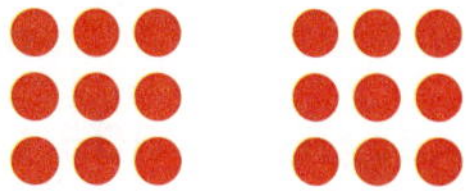

3. 

Halla cada factor que falta y el cociente.

4. $8 \times ■ = 56$ $56 \div 8 = ■$
5. $6 \times ■ = 30$ $30 \div 6 = ■$
6. $9 \times ■ = 72$ $72 \div 9 = ■$
7. $7 \times ■ = 70$ $70 \div 7 = ■$

Halla cada cociente.

8. $80 \div 10 = ■$
9. $■ = 36 \div 6$
10. $14 \div 2 = ■$
11. $■ = 45 \div 5$
12. $■ = 24 \div 4$
13. $0 \div 2 = ■$
14. $■ = 40 \div 8$
15. $8 \div 8 = ■$
16. $7\overline{)35}$
17. $10\overline{)70}$
18. $1\overline{)5}$
19. $3\overline{)27}$

Grupo E Escribe un enunciado numérico. Después resuelve. (págs. 252 y 253)

1. La señora Romero compra 7 libros a $9 cada uno. ¿Cuánto dinero gasta la señora Romero?
2. Nina gasta $6 en 3 bolígrafos. ¿Cuánto cuesta cada bolígrafo?

Halla el costo de un artículo.

3. 5 juegos cuestan $50.
4. 2 marcadores cuestan $4.
5. 6 brazaletes cuestan $30.
6. 8 estampillas cuestan $32.
7. 4 libros cuestan $16.
8. 9 lápices cuestan $9.

Grupo F Escribe una expresión. Después escribe una ecuación para resolver.

(págs. 254 y 255)

1. Kelly leyó 35 páginas de su libro en 7 días. Leyó el mismo número de páginas cada día. ¿Cuántas páginas leyó cada día?
2. Daniel ganó $75 podando el césped en verano. Pat ganó $90. ¿Cuánto dinero más ganó Pat que Daniel?

Escribe +, −, ×, o ÷ para completar cada ecuación.

3. $4 ● 6 = 30 - 6$
4. $12 ● 4 = 3 \div 1$
5. $16 ● 12 = 4 \times 7$
6. $5 ● 9 = 20 + 25$
7. $64 ● 8 = 16 - 8$
8. $25 ● 5 = 1 \times 5$

Repaso/Prueba del Capítulo 11

Repasar los conceptos

Escribe un enunciado de división para cada ejercicio. (NS 2.3, págs. 248 a 251)

1. 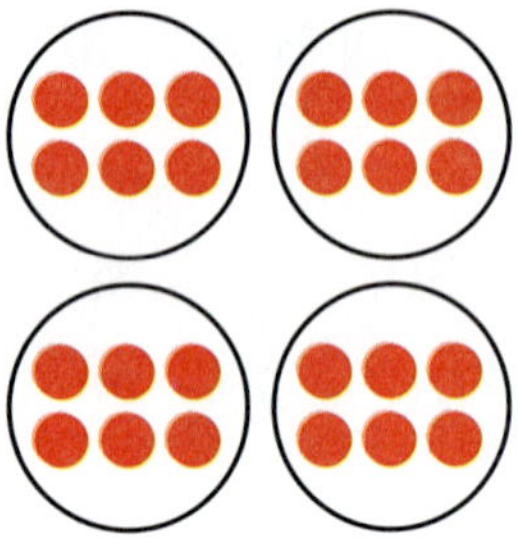

2. 

3. $\begin{array}{r} 27 \\ -\ 9 \\ \hline 18 \end{array} \nearrow \begin{array}{r} 18 \\ -\ 9 \\ \hline 9 \end{array} \nearrow \begin{array}{r} 9 \\ -9 \\ \hline 0 \end{array}$

Repasar las destrezas

Halla cada cociente. (NS 2.3, págs. 238 y 239, 240 y 241, 246 y 247, 248 a 251)

4. $32 \div 8 =$ ■	**5.** $70 \div 10 =$ ■	**6.** $21 \div 3 =$ ■	**7.** ■ $= 45 \div 5$
8. $16 \div 2 =$ ■	**9.** ■ $= 48 \div 6$	**10.** $20 \div 4 =$ ■	**11.** ■ $= 63 \div 7$
12. $9\overline{)36}$	**13.** $1\overline{)7}$	**14.** $3\overline{)9}$	**15.** $8\overline{)24}$

Halla el costo de un artículo. (NS 2.7, págs. 252 y 253)

16. 4 bolígrafos cuestan \$8.

17. 7 libros cuestan \$35.

18. 6 estampillas cuestan \$36.

19. 2 marcadores cuestan \$6.

20. 8 bolígrafos cuestan \$32.

21. 9 libros cuestan \$54.

Escribe una expresión. Después escribe una ecuación para resolver. (AF 1.1, págs. 254 y 255)

22. Había 30 niños en cada uno de 6 grupos. ¿Cuántos niños había en cada grupo?

23. Había 54 niñas y 47 niños formados en la fila de un juego. ¿Cuántas personas había en la fila?

Repasar la resolución de problemas

Resuelve. (NS 2.0, MR 1.1, págs. 242 a 245)

24. Mary regaló la mitad de sus marcadores a una amiga. Después compró 8 marcadores más. Ahora Mary tiene 21 marcadores. ¿Cuántos marcadores tenía al comenzar?

25. ESCRIBE Tim compró 3 paquetes de tarjetas de béisbol. Le regaló 4 tarjetas a su amigo. Ahora Tim tiene 14 tarjetas. ¿Cuántas tarjetas había en cada paquete? **Explica** cómo lo sabes.

Enriquecimiento • ¿Qué hay en una figura?

Esconde y busca

Cada figura esconde un número. Busca el número que representa cada figura. Halla el valor de cada figura.

♥ × ♥ = 25   20 ÷ ⬟ = ♥

Cuenta

Paso 1	Resuelve la primera ecuación. ♥ × ♥ = 25, por lo tanto, este número multiplicado por sí mismo es 25.
Paso 2	Halla el valor. Dado que 5 × 5 = 25, entonces el valor de ♥ es 5.
Paso 3	Usa el valor de ♥ para resolver la segunda ecuación. 20 ÷ ⬟ = ♥, por lo tanto, 20 ÷ ⬟ = 5
Paso 4	Halla el valor. Dado que 20 ÷ 4 = 5, entonces el valor de ⬟ es 4.

Por lo tanto, ♥ = 5 y ⬟ = 4.

Esconde

Halla el valor de cada figura.

1. 9 ÷ ▲ = ▲

2. 36 ÷ ● = ●

3. 4 ÷ ◆ = ◆

4. ▲ × ● = 18

5. ● × ◆ = ■

6. ■ ÷ ▲ = ⬟

7. ♥ × 1 = ♥

8. 30 ÷ ♥ = ●

9. ⬟ × ▲ = ■

Busca

ESCRIBE Di cuáles valores podrían tener las figuras de esta ecuación. **Explica** cómo lo sabes. ⏢ × ⬢ = 18

Repaso/Prueba de la unidad
Capítulos 9 a 11

Opción múltiple

1. ¿Cuál enunciado de división está representado por esta matriz? (AF 1.1, pág. 198)

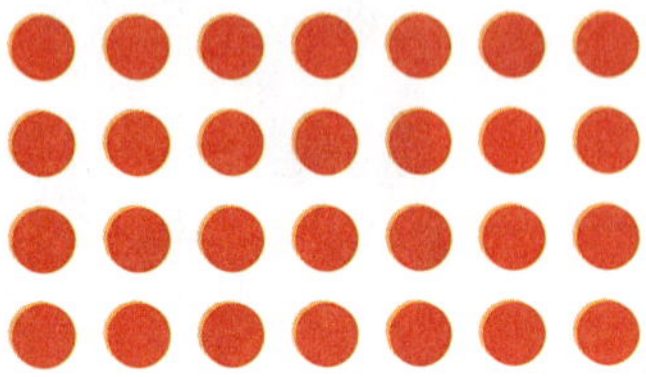

A $28 \div 4 = 7$

B $24 \div 4 = 6$

C $21 \div 7 = 3$

D $27 \div 3 = 9$

2. ¿Qué enunciado numérico está en la misma familia de operaciones que $32 \div 8 = 4$? (NS 2.3, pág. 202)

A $8 \div 4 = 2$

B $8 \times 5 = 40$

C $24 \div 8 = 3$

D $4 \times 8 = 32$

3. ¿Qué operación de multiplicación puede usarse para hallar el cociente de $54 \div 6$? (NS 2.3, pág. 200)

A $6 \times 7 = 42$

B $6 \times 9 = 54$

C $7 \times 9 = 63$

D $6 \times 10 = 60$

4. Molly tiene 14 calcomanías. Las divide en partes iguales entre dos de sus amigos. ¿Cuántas calcomanías le da a cada amigo? (NS 2.3, pág. 218)

A 5

B 6

C 7

D 8

5. La abuela Mae horneó 16 panecillos. Puso el mismo número de panecillos en cada una de 4 bolsas. ¿Cuántos panecillos puso en cada bolsa? (NS 2.3, pág. 220)

A 8

B 6

C 4

D 3

6. Cinco bolígrafos cuestan \$15. ¿Cuál es el costo de un bolígrafo? (NS 2.7, pág. 252)

A \$4

B \$3

C \$2

D \$1

7. Jason compró 42 tarjetas de béisbol. Había 6 tarjetas en cada paquete. ¿Cuántos paquetes compró Jason? (NS 2.3, pág. 238)

A 4

B 5

C 6

D 7

8. La galería de arte tiene 40 fotografías para colgar. Las acomodan en 8 hileras iguales. ¿Cuántas fotografías hay en cada hilera? (NS 2.3, pág. 240)

A 7

B 6

C 5

D 4

9. Regina tiene 49 galletas para perro. Si da el mismo número de galletas a 7 perros, ¿cuántas galletas recibirá cada perro? (NS 2.3, pág. 240)

A 5

B 6

C 7

D 8

Respuesta breve

10. Escribe una expresión de división que tenga el mismo cociente que $24 \div 6$. (AF 1.1, pág. 254)

11. Bailey tiene 72 estampillas en su colección. Pone 9 estampillas en cada página de su álbum. ¿Qué ecuación puedes escribir para mostrar el número de páginas que Bailey usa para sus estampillas? (AF 1.1, pág. 254)

12. Escribe un enunciado de división para mostrar el número de estrellas en cada hilera. (NS 2.3, pág. 198)

Respuesta desarrollada

13. Tres amigos quieren compartir 18 crayolas en partes iguales. Haz un dibujo para mostrar cuántas crayolas obtendrá cada amigo. **Explica** cómo resolviste el problema. (NS 2.3, pág. 220)

14. Melanie gastó $36 en libros. Compró 9 libros y cada libro cuesta la misma cantidad. **Explica** cómo puedes hallar el costo de cada libro. (NS 2.7, pág. 252)

California

Resolución de problemas

de THE WORLD ALMANAC PARA NIÑOS

La rueda es un gran invento

ALREDEDOR DE LA RUEDA

Piensa en la rueda. Sin esta, casi nadie podría viajar a ninguna parte. Los autobuses, trenes, carros, patines e incluso los aviones y trasbordadores espaciales usan ruedas.

La primera bicicleta de pedales fue inventada en Escocia en 1839. Hoy en día, las bicicletas se usan en todo el mundo.

APLÍCALO

Vehículos con diferentes números de ruedas

	Vehículo	Número de ruedas
	monociclo	1
	bicicleta	2
	triciclo	3
	carro	4
	trasbordador espacial	6
	camión	18

Los equipos de la escuela están haciendo modelos de vehículos con un número dado de ruedas. Usa la tabla para responder a las preguntas.

1. El equipo A tiene 18 ruedas. ¿Cuántas bicicletas puede hacer?
2. El equipo B tiene 48 ruedas. ¿Cuántos trasbordadores espaciales puede hacer?
3. El equipo A quiere hacer carros en vez de bicicletas. ¿Cuántos carros puede hacer? ¿Qué puede hacer con las ruedas que sobran?
4. Haz tu propio vehículo.
   - Inventa un nuevo vehículo que use 7 ruedas.
   - Dibuja tu vehículo y ponle un nombre.
   - ¿Cuántos de estos nuevos vehículos podrías hacer si tuvieras 21 ruedas?

Dato del ALMANAQUE

Los californianos usan hasta 93,000 ruedas cada día. Una rueda usada puede ser convertida en un cuadrado que mide 12 pulgadas de cada lado. Muchos cuadrados pueden formar superficies más grandes, ¡como aceras de goma!

REUTILIZACIÓN DE LAS RUEDAS USADAS

Los camiones, las motocicletas y los carros usan ruedas. Estas ruedas son fuertes, pero se gastan. ¿Qué pasa con las ruedas viejas? Las ruedas gastadas pueden usarse para hacer caminos, superficies para patios de juegos y pistas para correr. Algunas ruedas incluso se usan para hacer bancas de parques y recipientes de basura. Las ruedas completas pueden usarse como accesorios para el patio de juegos.

APLÍCALO

Algunos patios de juegos de California usan ruedas como columpios, túneles y paredes para escalar.

Usa los datos de los dibujos del patio de juegos para responder a las preguntas.

1. ¿Cuántas ruedas se necesitan para este patio de juegos?
2. ¿Cuántas paredes para escalar se pueden hacer con 63 ruedas?
3. ESCRIBE Un pueblo reunió 19 ruedas. ¿Son suficientes para 4 túneles de ruedas? **Explica**.
4. Se necesitan 6 ruedas para hacer el túnel y la caja de arena combinados. ¿Cuántos conjuntos de estos se pueden hacer con 30 ruedas?

Geometría y medidas

Math on Location

1

Los acuarios de agua dulce o salada de todas formas y tamaños llevan la naturaleza a casas u oficinas.

2

Este gran tanque, un prisma rectangular, contendrá 32,000 libras de agua. ¡Necesita caras de acrílico gruesas!

3

Algunos clientes quieren acuarios de forma curva como la superficie de medio cilindro que se está puliendo.

Enriquece tu vocabulario

COMENTA

¿Qué ideas matemáticas ves en las fotografías de **Math on Location**? ¿Cuántas caras tiene el gran tanque rectangular?

LEE

REPASO DEL VOCABULARIO Aprendiste las palabras de abajo cuando estudiaste geometría el año pasado. ¿Cómo se relacionan estas palabras con **Math on Location**?

rectángulo 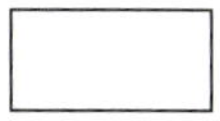

cuadrado 

cuerpo geométrico una figura como una esfera, un cubo, un prisma rectangular, un cilindro, un cono o una pirámide

ESCRIBE

Copia y completa la Cuadrícula de niveles de significado de abajo. Usa tus conocimientos sobre geometría.

General	Menos general	Específico	Más específico
Figura plana	Líneas	Segmento	Hilo
Polígono	Cuadrilátero	Cuadrado	Servilleta
Cuerpo geométrico			

APRENDE en línea

Tecnología
Glosario multimedia de Matemáticas
www.harcourtschool.com/hspmath

CAPÍTULO

12 Figuras planas

La idea importante Las figuras bidimensionales pueden clasificarse de acuerdo con sus propiedades geométricas.

CALIFORNIA DATO BREVE

El puente Golden Gate mide 8,981 pies de largo. Tardaron 3 años en construirlo. Hoy en día, ¡38 pintores trabajan en el puente para mantener su color con una apariencia fresca!

Investiga

El puente Golden Gate es un puente colgante. El puente de la bahía de San Francisco-Oakland también es colgante. Mira las fotografías de los dos puntes. Haz una lista de las figuras que ves.

Muestra lo que sabes

Comprueba si has aprendido las destrezas importantes que se necesitan para completar exitosamente el Capítulo 12.

▶ Figuras planas

Nombra cada figura.

1. 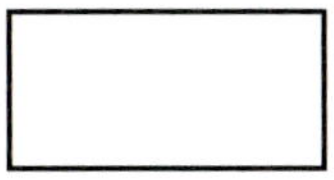

2. 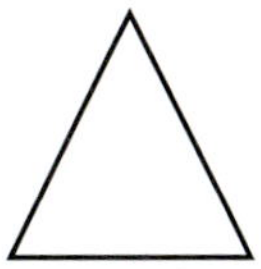

3. 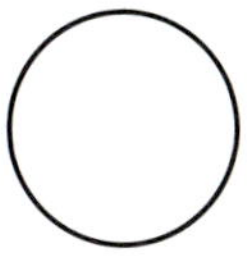

4. 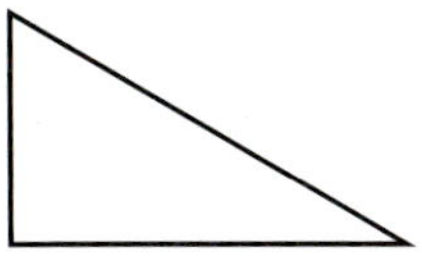

5. 

6. 

▶ Lados y vértices

Di el número de lados y vértices de cada figura.

7. 

8. 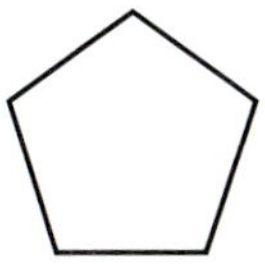

9. 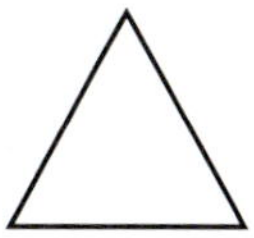

10. 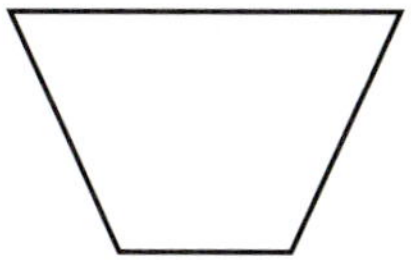

11. 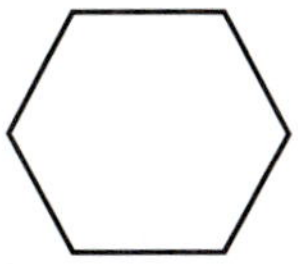

12. 

13. 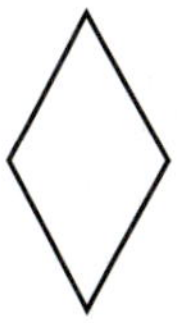

14. 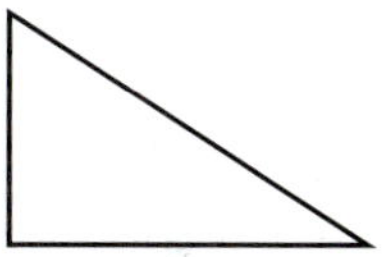

Enriquece tu vocabulario

VOCABULARIO DEL CAPÍTULO

ángulo
triángulo equilátero
hexágono
líneas secantes
triángulo isósceles
línea
segmento
octágono
líneas paralelas
paralelogramo
pentágono
figuras planas
punto
polígono
cuadrilátero
rayo
rombo
ángulo recto
triángulo rectángulo
triángulo escaleno
trapecio
diagrama de Venn
vértice

PREPARACIÓN

punto Una posición o ubicación exacta

línea Un trayecto recto en un plano, que se extiende en ambas direcciones y que no tiene extremos

segmento Una parte de una línea que incluye dos puntos, llamados extremos, y todos los puntos entre ellos

LECCIÓN 1

Segmentos y ángulos

OBJETIVO: Identificar líneas, segmentos, rayos y ángulos.

Repaso rápido

Escribe el número de lados.

1. 

2. 

3. 

4. 

5. 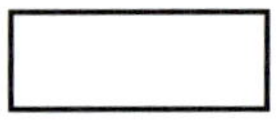

Vocabulario

línea | segmento | rayo | ángulo | vértice | ángulo recto

Aprende

PROBLEMA Carmen dibujó esta figura. ¿Qué palabras matemáticas puedes usar para describir la figura?

Los términos de abajo pueden ayudarte a describir figuras.

línea
- es recta
- continúa en ambas direcciones
- no termina

segmento
- es recto
- es parte de una línea
- tiene 2 extremos

rayo
- es recto
- es parte de una línea
- tiene 1 extremo
- continúa en una dirección

Ángulos

Un **ángulo** está formado por dos rayos o segmentos que comparten un extremo. El extremo compartido se llama **vértice**.

Un **ángulo recto** es un ángulo especial que forma una esquina cuadrada.

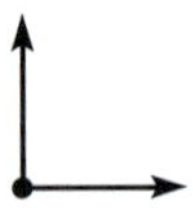

Algunos ángulos son menores que un ángulo recto.

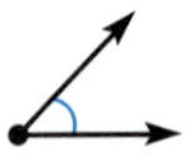

Algunos ángulos son mayores que un ángulo recto.

Por lo tanto, los 4 lados de la figura de Carmen son segmentos. Hay 4 ángulos rectos y 4 vértices.

- ¿En qué se parecen las líneas y los segmentos? ¿En qué son diferentes?

MG 2.4 Identificar ángulos rectos en figuras geométricas o en objetos apropiados y determinar si otros ángulos son mayores o menores que un ángulo recto. *también* **MG 2.0, MR 1.1, MR 2.0, MR 2.3, MR 2.4, MR 3.1, MR 3.2**

Actividad

Materiales ■ popote, papel, lápiz

- Dobla un popote a la mitad. Después ábrelo para representar un ángulo.
- Usa la esquina de una hoja de papel para decir si el ángulo formado es un ángulo recto. El ángulo es un ángulo recto si coincide con la esquina del papel.
- Abre y cierra el popote para hacer otros ángulos. Traza los ángulos y rotúlalos como *recto, menor que* un ángulo recto o *mayor que* un ángulo recto.

Práctica con supervisión

1. ¿Cuántos segmentos hay en esta figura? 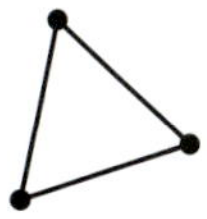

Di si cada dibujo es una *línea, segmento* o *rayo*.

2. 
3. 
4. 

Usa la esquina de una hoja de papel para decir si cada ángulo es un *ángulo recto, mayor que* un ángulo recto o *menor que* un ángulo recto.

5. 
6. 
7. 
8. 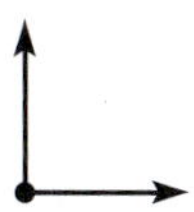
9. COMENTA **Explica** la diferencia entre un rayo y un segmento.

Práctica independiente y resolución de problemas

Di si cada dibujo es una *línea, segmento* o *rayo*.

10. 

11.

12. 

13.

14.

15.

Usa la esquina de una hoja de papel para decir si cada ángulo es un *ángulo recto, mayor que* un ángulo recto o *menor que* un ángulo recto.

16. 

17. 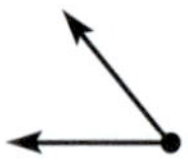

18. 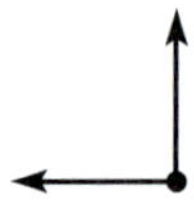

19. 

20. Katie hizo la figura de la derecha en su geotabla. ¿Qué términos matemáticos puedes usar para describir esta figura?

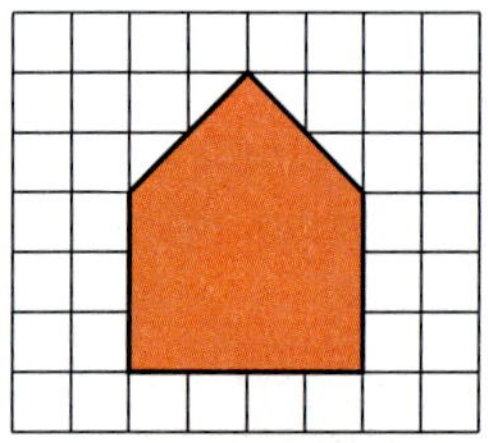

21. ***DATO BREVE*** El primer reloj de bolsillo fue inventado en 1524. ¿Qué hora muestra? ¿Qué ángulo forman las manecillas?

22. **ESCRIBE** **¿Cuál es el error?** Zoey dice que este ángulo es menor que un ángulo recto. ¿Está en lo correcto? **Explica**.

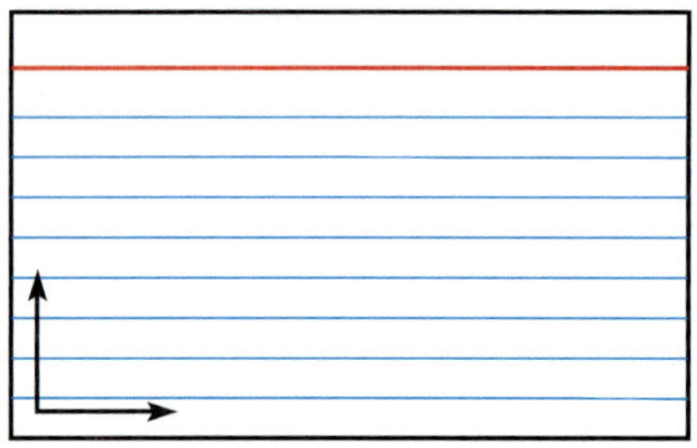

Comprensión de los Estándares

23. Si $(4 \times 2) \times 3 = 24$, ¿cuántos es $(2 \times 3) \times 4$? **(AF 1.5, pág. 176)**

24. Los miembros del club de teatro vendieron 3,500 boletos para tres obras. Vendieron 987 boletos para la obra del jueves y 1,215 boletos para la obra del viernes. ¿Cuántos boletos vendieron para la obra del sábado?
(NS 2.1, págs. 58, 80)

25. $9 \times 8 =$ **(NS 2.2, pág. 152)**

26. **Preparación para la prueba** ¿Cuál opción muestra un rayo?

A

C 

B 

D

Práctica adicional en la página 288, Grupo A

Escribe para explicar

Una manera de explicar dos cosas diferentes es escribir sobre maneras en que se parecen y maneras en que son diferentes. Al hacer esto, comparas cosas.

Allen está aprendiendo sobre los segmentos, rayos y ángulos. Él compara dos ángulos explicando en qué se parecen y en qué son diferentes.

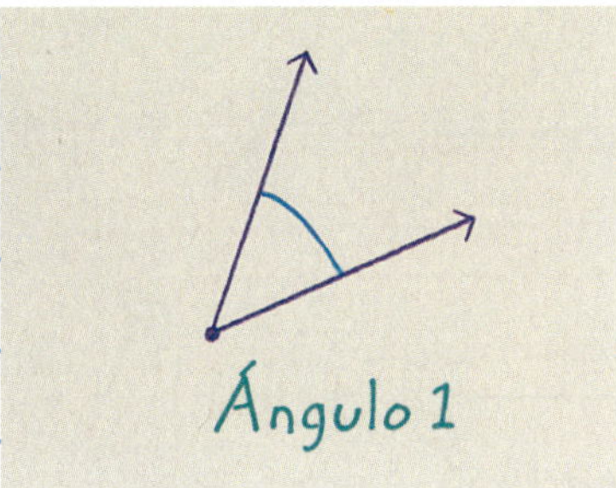

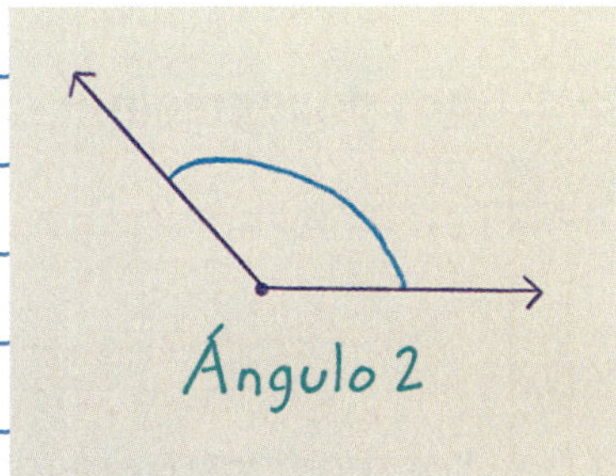

Los dos ángulos son parecidos. Los dos están formados por segmentos que comparten un extremo.

Los dos ángulos son diferentes. Los ángulos tienen diferentes tamaños. El ángulo 1 es menor que un ángulo recto. El ángulo 2 es mayor que un ángulo recto.

Pistas

Para comparar dos dibujos:

- Primero, describe las maneras en que los dibujos se parecen.
- Después, describe las maneras en los dibujos son diferentes.
- Usa definiciones correctas de las palabras matemáticas.

Resolución de problemas **Escribe un párrafo para explicar en qué se parecen los dibujos y en qué son diferentes.**

1. 

2. 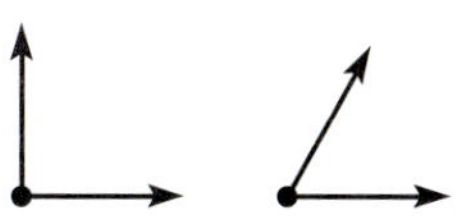

LECCIÓN 2

Tipos de líneas

OBJETIVO: Identificar y clasificar líneas en secantes o paralelas.

Repaso rápido

Nombra cada figura.

1.  **2.**

3.    **4.** 

5.

Vocabulario

líneas secantes

líneas paralelas

Aprende

PROBLEMA ¿Qué tipos de segmentos hay en esta figura?

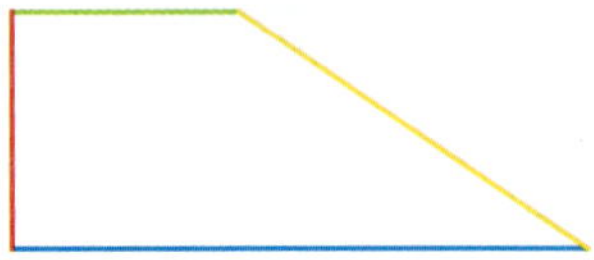

Hay diferentes maneras de describir las líneas y los segmentos.

Tipos de líneas	**Tipos de segmentos**
Las líneas que se cruzan son **líneas secantes**. Las líneas secantes forman ángulos. 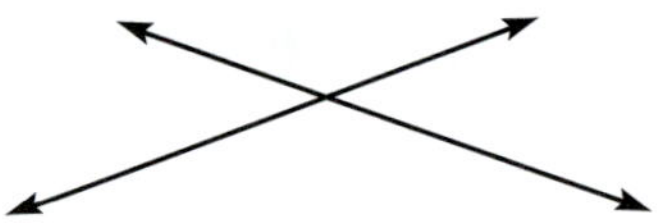	 Los segmentos amarillo y azul se juntan. Por lo tanto, forman un ángulo.
Algunas líneas secantes se cruzan para formar ángulos rectos. 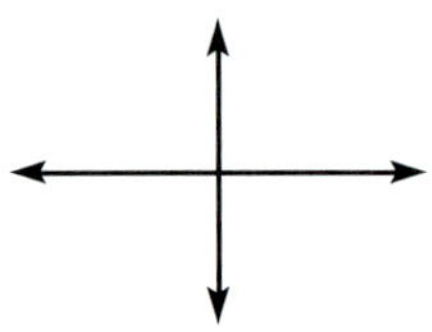	 Los segmentos rojo y azul se juntan en un ángulo recto.
Las líneas que no parecieran cruzarse nunca son **líneas paralelas**. Siempre están separadas por la misma distancia. No forman ningún ángulo. 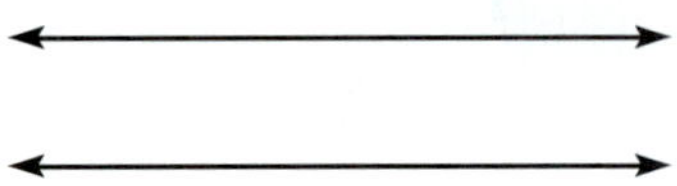	 Los segmentos verde y azul nunca se cruzan. Siempre están separados por la misma distancia. Por lo tanto, parecieran ser paralelos.

MG 2.0 Los estudiantes deben describir y comparar las propiedades de figuras planas y de cuerpos geométricos y usar sus conocimientos para mostrar relaciones y resolver problemas. *también* **MG 2.4, MR 1.1, MR 2.0, MR 2.3, MR 2.4, MR 3.2**

Práctica con supervisión

1. Las líneas de la derecha se cruzan para formar ángulos rectos. ¿Son *secantes* o *paralelas*?

Describe los segmentos verdes. Di si las líneas parecen ser *secantes* o *paralelas*.

2. 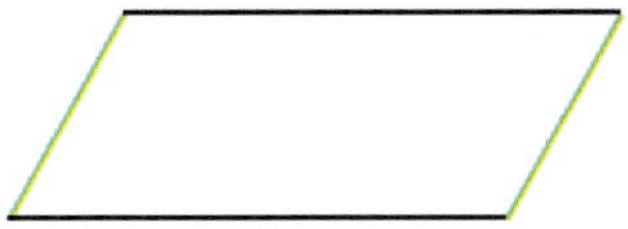

✓3. 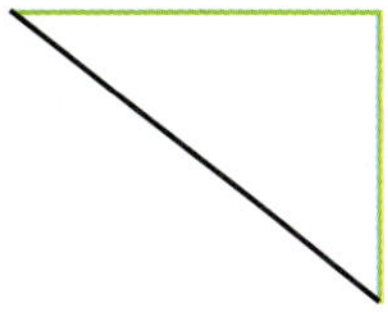

✓4. 

5. COMENTA **Explica** la diferencia entre líneas secantes y líneas paralelas.

Práctica independiente y resolución de problemas

Describe las líneas. Di si parecen ser *secantes* o *paralelas*.

6. 

7. 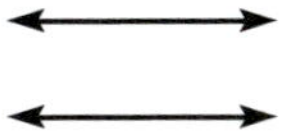

8. 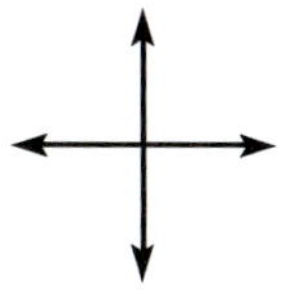

Describe los segmentos verdes. Di si las líneas parecen ser *secantes* o *paralelas*.

9. 

10. 

11. 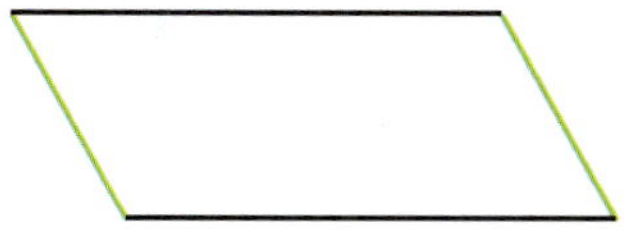

12. Usa una regla para dibujar pares de líneas secantes y paralelas. Rotula cada par de líneas. Di si forman ángulos rectos.

13. ESCRIBE **¿Cuál es el error?** Katie dice que estas líneas son paralelas. **Explica** su error.

Comprensión de los Estándares

14. Nombra esta figura. (MG 2.0, pág. 268)

15. Bret compró una limonada por $\$1.29$. Pagó con $\$2.00$. ¿Cuánto cambio recibió? (NS 3.3, pág. 80)

16. $26 + 31 + 47 = \blacksquare$ (NS 2.1, pág. 54)

17. **Preparación para la prueba** ¿Cuál de estos pares de líneas parecen ser paralelas?

A 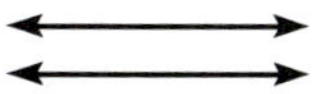

B 

C 

D 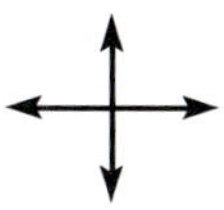

LECCIÓN 3

Identificar figuras planas

OBJETIVO: Identificar, clasificar y describir figuras planas.

Repaso rápido

Escribe el número de ángulos en cada figura.

1. 

2. 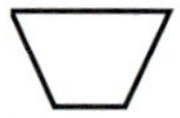

3. 

4. 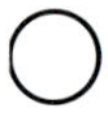

5. 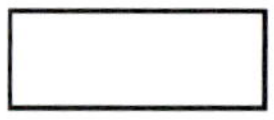

Vocabulario

figura plana **polígono**
cuadrilátero **pentágono**
hexágono **octágono**

Aprende

Una **figura plana** es una figura que está en un plano. Está formada por líneas curvas, rectas o ambas.

Un **polígono** es una figura plana cerrada con lados rectos que son segmentos.

Los polígonos pueden nombrarse por el número de lados o de ángulos que tienen.

triángulo
3 lados
3 ángulos

cuadrilátero
4 lados
4 ángulos

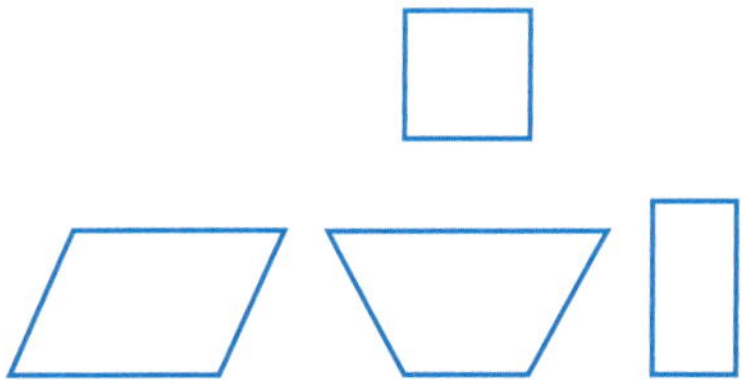

pentágono
5 lados
5 ángulos

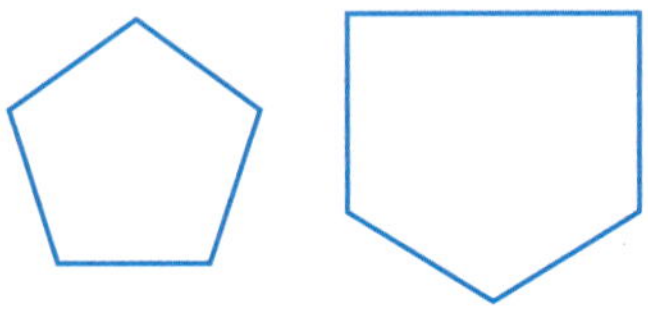

hexágono
6 lados
6 ángulos

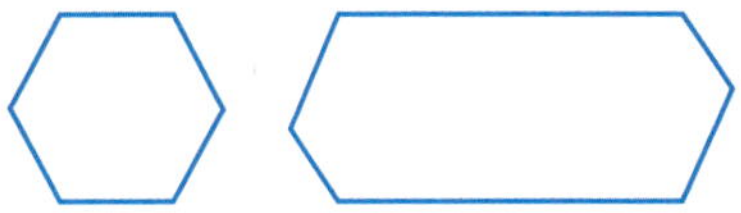

octágono
8 lados
8 ángulos

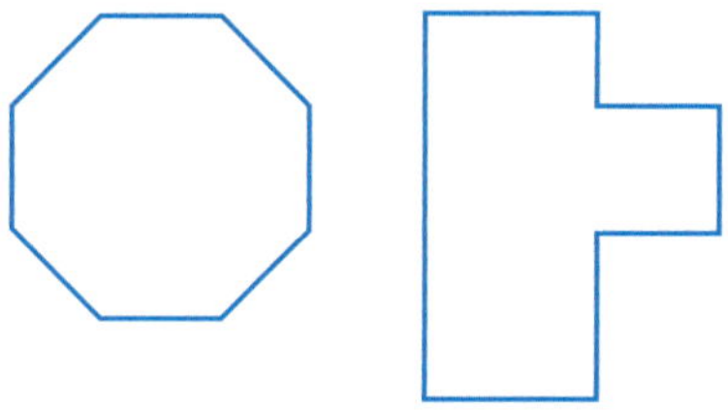

- ¿Qué observas respecto al número de lados y de ángulos en cada uno de los polígonos mostrados arriba?

MG 2.1 Identificar, describir y clasificar polígonos (incluyendo pentágonos, hexágonos y octágonos). *también* **MG 2.0, MR 2.3, MR 2.4. MR 3.2**

Práctica con supervisión

1. Di si la figura de la derecha es un polígono. Escribe *sí* o *no*.

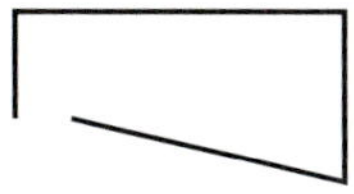

Nombra cada polígono. Di cuántos lados tiene.

2. 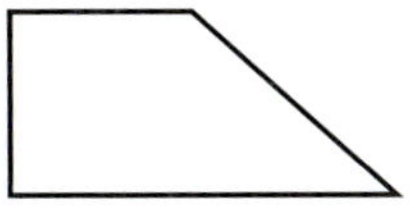

3. 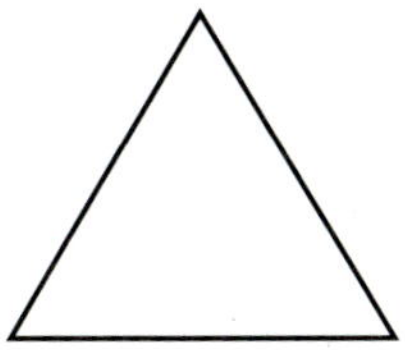

4. 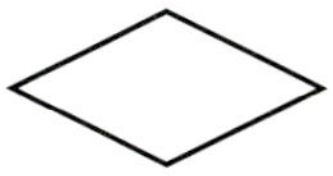

5. 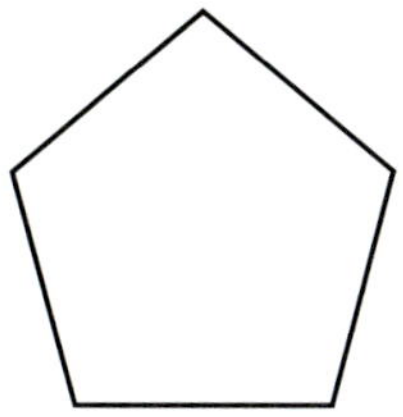

6. COMENTA **Explica** por qué un pentágono es un polígono.

Práctica independiente y resolución de problemas

Di si cada figura es un polígono. Escribe *sí* o *no*.

7. 

8. 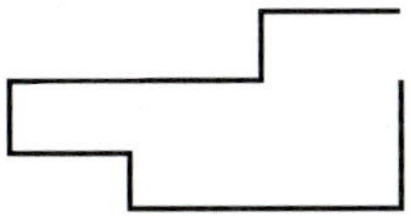

9. 

10. 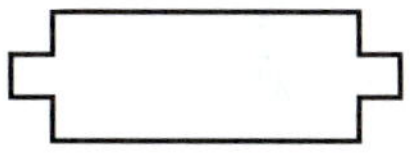

Nombra cada polígono. Di cuántos lados tiene.

11. 

12. 

13. 

14. 

15. Dibuja un polígono con 4 lados y 4 ángulos. Después nombra al polígono.

16. Val tiene 25 palitos planos. Pega algunos palitos entre sí para formar 6 triángulos. ¿Cuántos palitos le sobran?

17. ESCRIBE ¿Son polígonos las figuras A a E? **Explica** por qué sí o por qué no.

Comprensión de los Estándares

18. ¿Qué tipo de líneas nunca se cruzan?
(MG 2.0, pág. 272)

19. Una caja de barras de granola cuesta \$3. Jen compró 4 cajas. ¿Cuánto gastó?
(NS 3.3, pág. 130)

20. ¿Cuántos extremos tiene un rayo?
(MG 2.0, pág. 268)

21. **Preparación para la prueba** ¿Cuántos lados tiene un octágono?

A 4 **B** 5 **C** 6 **D** 8

Práctica adicional en la página 288, Grupo C

LECCIÓN 4
Triángulos

OBJETIVO: Identificar, describir y clasificar triángulos.

Repaso rápido

¿Es el ángulo un ángulo recto? Escribe *sí* o *no*.

1.  **2.**  **3.** 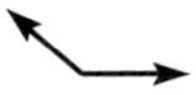

4.  **5.** 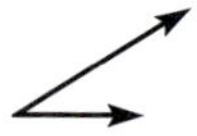

Vocabulario

triángulo equilátero | triángulo escaleno | triángulo isósceles | triángulo rectángulo

Aprende

PROBLEMA La escultura en la fotografía se llama *Moondog*. El artista usó triángulos y otros polígonos. Nombra los tipos de triángulos esbozados en la escultura.

▲ La escultura *Moondog*, de Tony Smith, está en la Galería Nacional de Arte en Washington, D.C.

DE UNA MANERA **Puedes nombrar los triángulos por sus lados iguales.**

triángulo equilátero
3 lados iguales

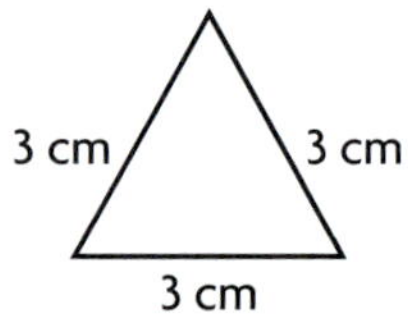

triángulo isósceles
2 lados iguales

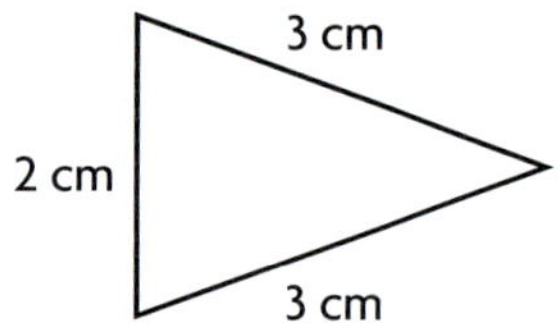

triángulo escaleno
0 lados iguales

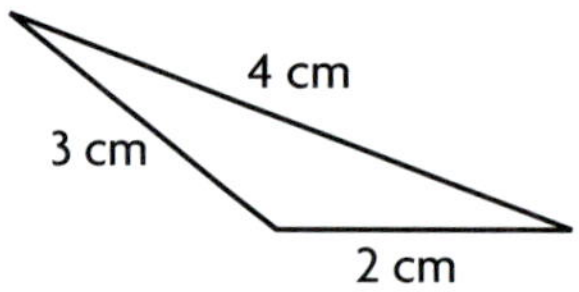

Por lo tanto, los triángulos rojo y blanco son triángulos equiláteros, los triángulos amarillo, morado y verde son triángulos isósceles y los triángulos azules son escalenos.

DE OTRA MANERA **Puedes describir los triángulos por sus ángulos.**

triángulo rectángulo
1 ángulo recto

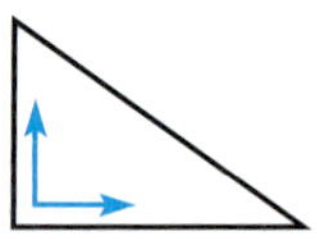

1 ángulo mayor que un ángulo recto

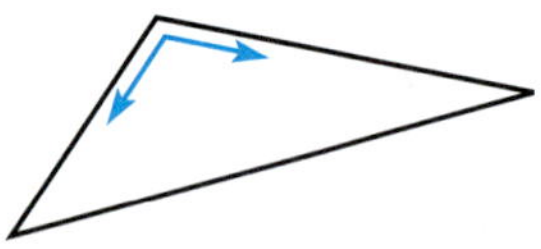

3 ángulos cada uno menor que un ángulo recto

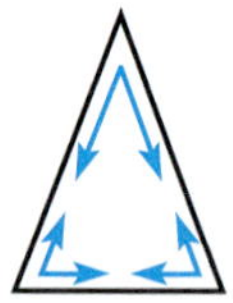

• ¿Cuáles triángulos en la escultura son triángulos rectángulos?

Práctica con supervisión

1. Nombra este triángulo.

Piensa: ¿Cuántos lados iguales tiene el triángulo?

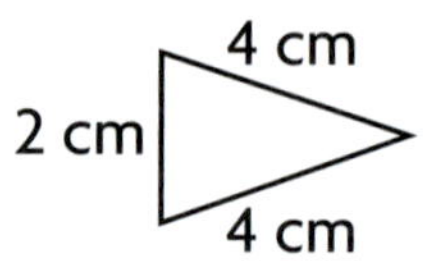

MG 2.2 Identificar las características de los triángulos (por ej., dos ángulos iguales en el triángulo isósceles, tres lados iguales en el triángulo equilátero, ángulo recto en el triángulo rectángulo). *también* **MG 2.0, MG 2.4, MR 2.3, MR 2.4, MR 3.2**

Nombra cada triángulo. Escribe *equilátero, isósceles* o *escaleno*.

2.

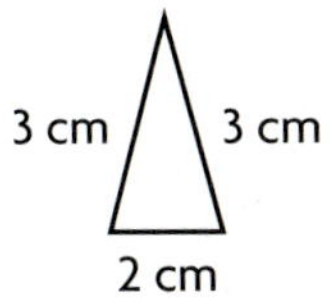

3.

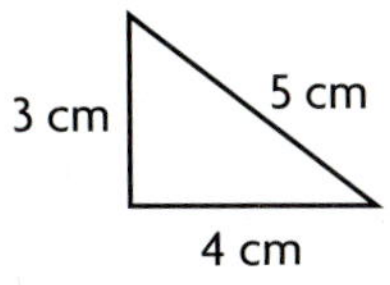

4.

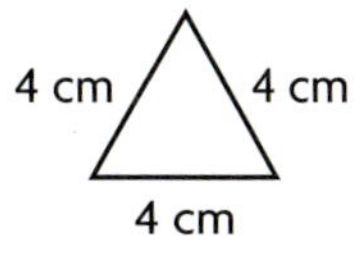

5.

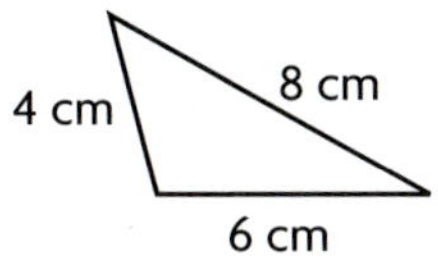

6. COMENTA **Explica** por qué un triángulo puede ser tanto isósceles como rectángulo.

Práctica independiente y resolución de problemas

Nombra cada triángulo. Escribe *equilátero, isósceles* o *escaleno*.

7.

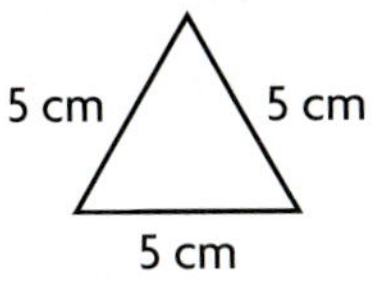

8.

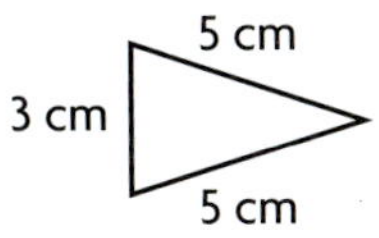

9.

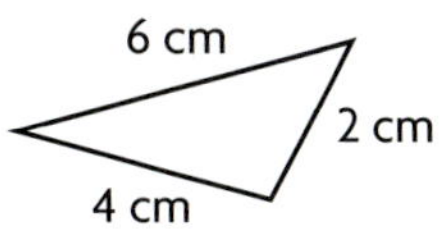

10.

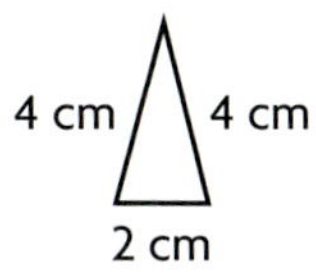

Para los ejercicios 11 a 13, escribe *a, b* o *c*.

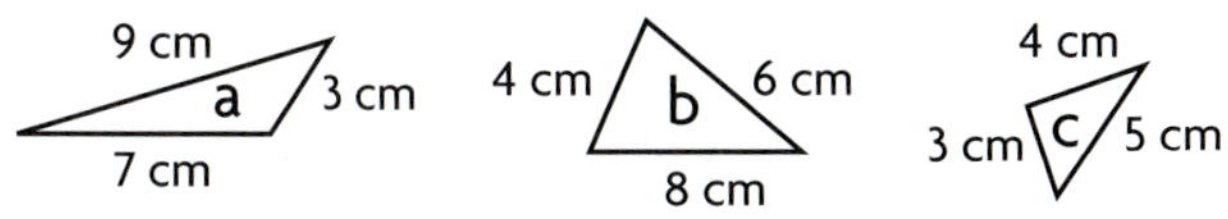

11. Tiene 1 ángulo recto.

12. Tiene 1 ángulo mayor que un ángulo recto.

13. Tiene 3 ángulos menores que un ángulo recto.

14. Dos de mis lados miden 5 pulgadas de largo. Mi tercer lado es más corto. Todos mis ángulos son menores que un ángulo recto. ¿Qué tipo de triángulo soy?

15. ESCRIBE ¿En qué se parecen un triángulo equilátero y un triángulo isósceles? ¿En qué son diferentes? **Explica**.

16. Dibuja un triángulo con un ángulo recto. Después describe el triángulo que dibujaste por sus lados y por sus ángulos.

Comprensión de los Estándares

17. ¿Qué polígono tiene 6 lados y 6 ángulos? (MG 2.1, pág. 274)

18. Escribe 3,741 en forma desarrollada. (NS 1.5, pág. 12)

19. Dibuja un par de líneas secantes. (MG 2.0, pág. 272)

20. **Preparación para la prueba** Qué tipo de triángulo es este?

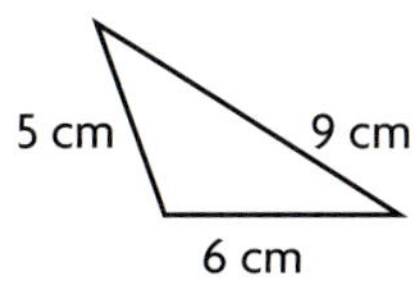

A escaleno

B isósceles

C equilátero

D rectángulo

Práctica adicional en la página 289, Grupo D

LECCIÓN 5

Cuadriláteros

OBJETIVO: Identificar, describir y clasificar cuadriláteros.

Repaso rápido

Escribe el número de lados que tiene cada figura.

1. 

2. 

3. 

4. 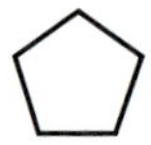

5. 

Vocabulario

rombo **paralelogramo**

trapecio **diagrama de Venn**

Aprende

PROBLEMA La tía de Lynn le envió una tarjeta postal de la torre Eiffel de París, Francia. ¿Qué tipo de cuadrilátero ves en la torre?

▲ La torre Eiffel tiene 984 pies de altura. Desde la parte superior puedes ver la ciudad de París.

Algunos cuadriláteros se nombran por sus lados y sus ángulos.

Ejemplos

Cuadrado

- 2 pares de lados paralelos
- 4 lados iguales
- 4 ángulos rectos

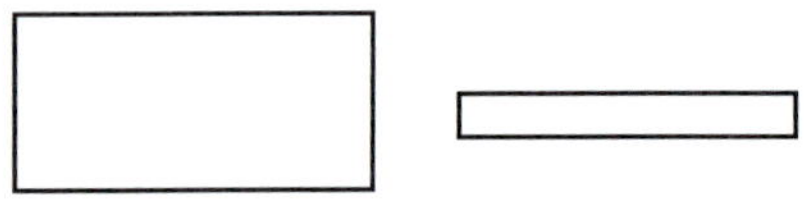

Rectángulo

- 2 pares de lados paralelos
- 2 pares de lados iguales
- 4 ángulos rectos

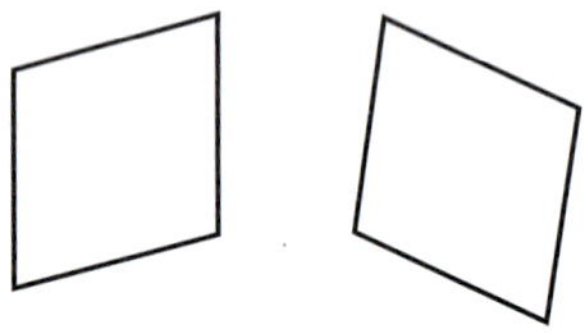

Rombo

- 2 pares de lados paralelos
- 4 lados iguales

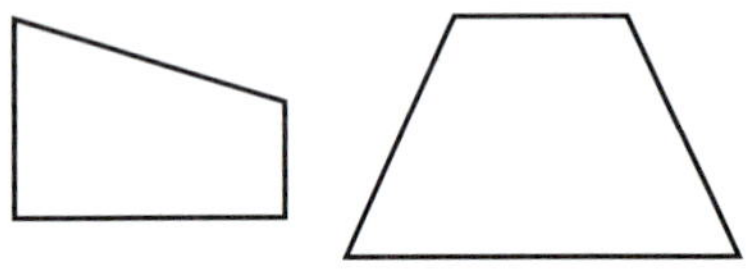

Trapecio

- 1 par de lados paralelos
- la longitud de los lados puede que no sea la misma
- los tamaños de los ángulos puede que no sean los mismos

El cuadrilátero de la torre tiene 1 par de lados paralelos.

Por lo tanto, el cuadrilátero de la torre Eiffel es un trapecio.

- ¿Qué tipos de ángulos hay en el trapecio?

MG 2.3 Identifique las propiedades de los cuadriláteros (ejemplo: lados paralelos en el paralelogramo, ángulos rectos en el rectángulo, lados iguales y ángulos rectos en el cuadrado). *también* **MG 2.0, MG 2.4, MR 1.1, MR 2.3, MR 2.4, MR 3.1, MR 3.2**

Paralelogramos

Paralelogramo

- 2 pares de lados paralelos
- 2 pares de lados iguales

- Explica por qué un trapecio no es un paralelogramo.
- Explica por qué un cuadrado es un paralelogramo, un rectángulo, un cuadrilátero y un rombo.

Práctica con supervisión

Mira el cuadrilátero de la derecha.

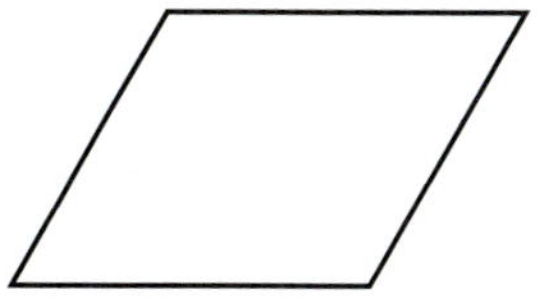

1. ¿Cuántos pares de lados son paralelos?
2. ¿Cuántos pares de lados son iguales?
3. Nombra el cuadrilátero.

Escribe tantos nombres para cada cuadrilátero como puedas.

4. 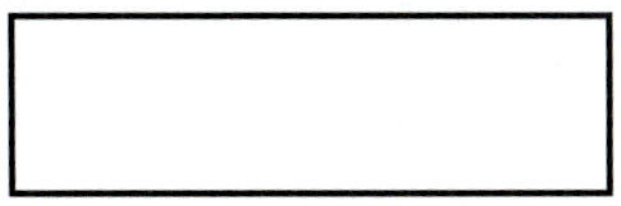

5. 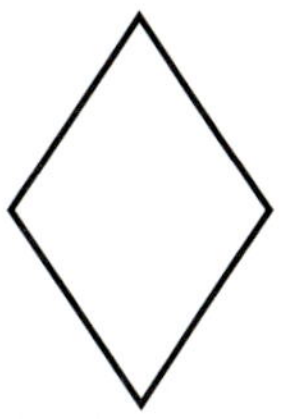

6. 

7. 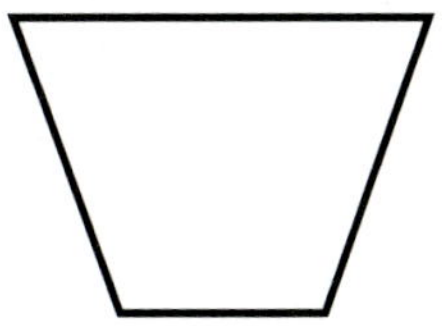

8. 

9. 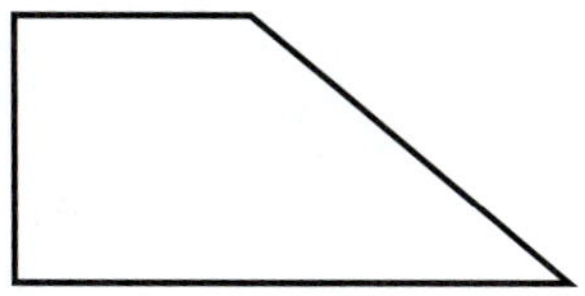

10. COMENTA **Describe** un cuadrado por sus lados y por sus ángulos.

Práctica independiente y resolución de problemas

Escribe tantos nombres para cada cuadrilátero como puedas.

11. 

12. 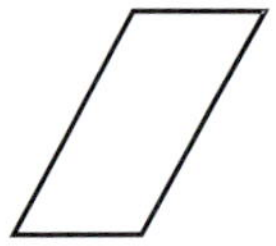

13. 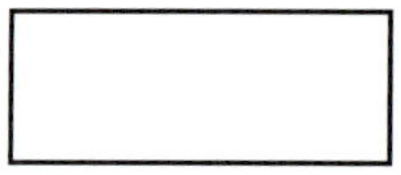

14. 

15. 

16. 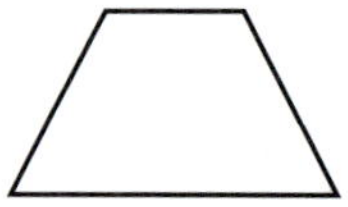

Para los ejercicios 17 a 20, usa los cuadriláteros a la derecha.

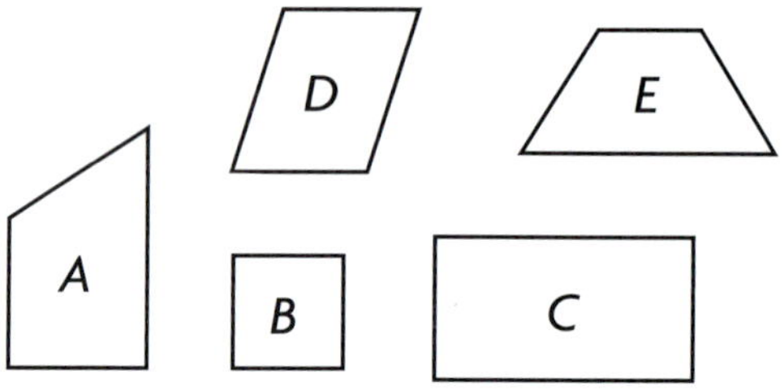

17. ¿Qué cuadriláteros tienen 4 ángulos rectos?

18. ¿Qué cuadriláteros tienen 2 pares de lados paralelos?

19. ¿Qué cuadriláteros no tienen ángulos rectos?

20. ¿En qué se parecen los cuadriláteros *B* y *C*? ¿En qué se diferencian?

21. Describe los cuadriláteros que ves en la bandera de Francia a la derecha.

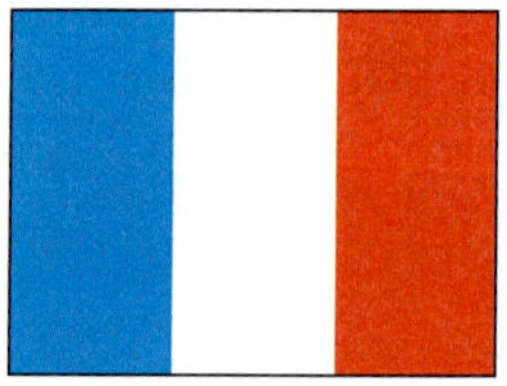

22. Abajo aparece un diagrama del dormitorio de Jay. Su dormitorio es un rectángulo. ¿Cuál es la longitud del lado rotulado *s*?

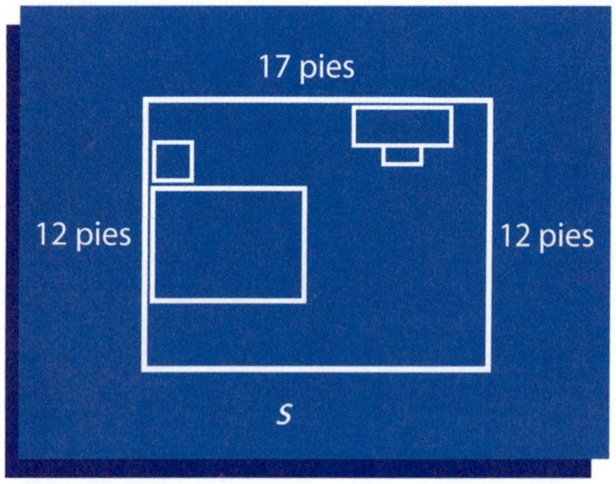

23. Soy un cuadrilátero con 1 par de lados paralelos. Mis lados pueden no ser de la misma longitud. ¿Qué figura soy?

24. Tengo 2 pares de lados paralelos y 2 pares de lados iguales. ¿Qué figura soy?

25. **Razonamiento** Describe en qué se parece un rombo a un cuadrado y en qué se diferencian.

26. ESCRIBE **¿Tiene sentido o no?** Joe dice que todos los paralelogramos tienen 4 lados iguales. ¿Tiene sentido la afirmación de Joe? **Explica.**

CD ROM **Tecnología**
Usa Harcourt Mega Math en español, Exploración ártica, *Planos polares,* nivel G.

 Práctica adicional en la página 289, Grupo E

Comprensión de los Estándares

27. Chris anotó 6,852 puntos en un juego de computadora. Leo anotó 6,781 puntos y Jill anotó 6,917 puntos. Escribe las puntuaciones en orden de menor a mayor. (NS 1.2, pág. 30)

28. ¿Cuánto es cuatro mil cuatrocientos dieciséis escrito en forma normal? (NS 1.1, pág. 10)

29. ¿Cuántos lados de igual longitud tiene un triángulo isósceles? (MG 2.2, pág. 276)

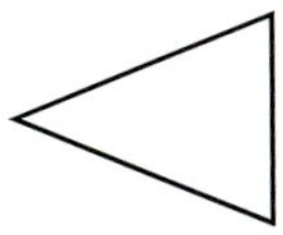

30. **Preparación para la prueba** ¿Qué figura tiene 2 pares de lados paralelos, no tiene ángulos rectos y tiene 4 lados iguales?

A triángulo **C** trapecio

B rombo **D** cuadrado

31. **Preparación para la prueba** Rita pegó palitos para hacer esta figura. ¿Que figura hizo?

A paralelogramo **C** trapecio

B rectángulo **D** rombo

PODER MATEMÁTICO Resolución de problemas y razonamiento

PENSAR VISUALMENTE Un **diagrama de Venn** muestra cómo se relacionan conjuntos de cosas. Mira el diagrama de Venn de abajo. Un círculo tiene figuras que son rectángulos. El otro círculo tiene figuras que son rombos. Las figuras que aparecen dentro del área donde los círculos se sobreponen son tanto rectángulos como rombos.

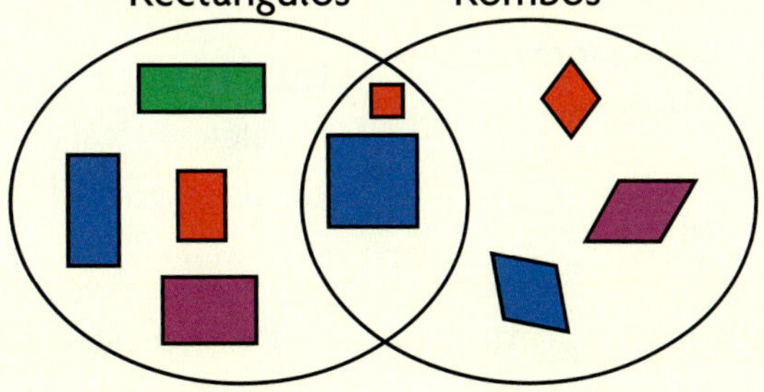

1. ¿Cuántos rectángulos hay?
2. ¿Cuántos rombos hay?
3. ¿Cuántas figuras son tanto rectángulos como rombos?
4. ¿Qué tipo de cuadrilátero está en ambos círculos?
5. ¿Dónde colocarías esta figura en el diagrama de Venn? 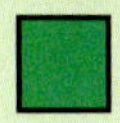

LECCIÓN 6

Comparar figuras planas

OBJETIVO: Comparar las propiedades de las figuras planas.

Repaso rápido

Di cuántos lados tiene cada figura.

1. triángulo
2. pentágono
3. octágono
4. hexágono
5. rectángulo

Aprende

PROBLEMA Robert dibujó estas dos figuras planas. ¿Cómo puede compararlas?

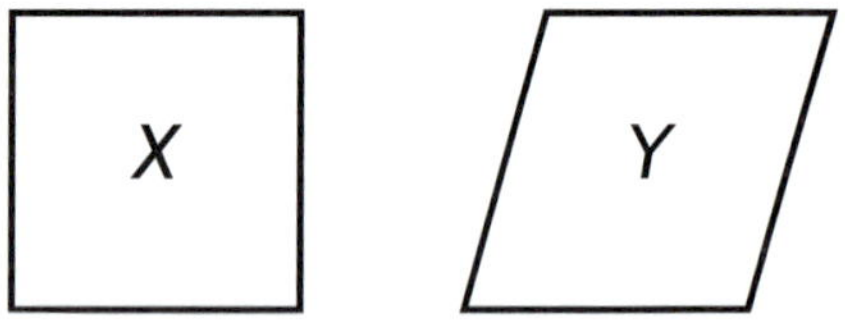

DE UNA MANERA **Compara el número de lados y ángulos.**

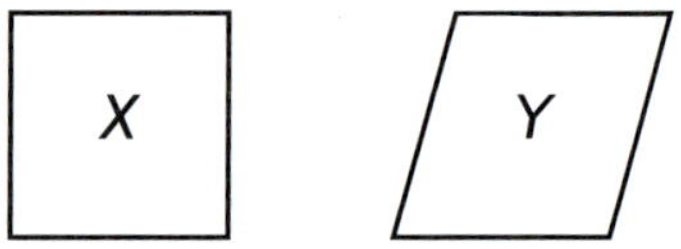

X	Y
4 lados 4 ángulos	4 lados 4 ángulos

OTRAS MANERAS

A **Compara los tipos de ángulos.**

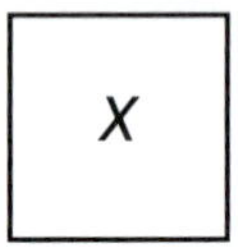

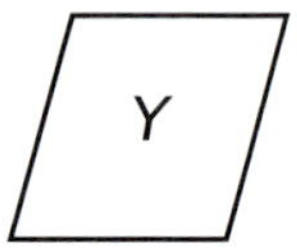

X	Y
4 ángulos rectos	2 ángulos menores que un ángulo recto 2 ángulos mayores que un ángulo recto

B **Compara el número de lados paralelos.**

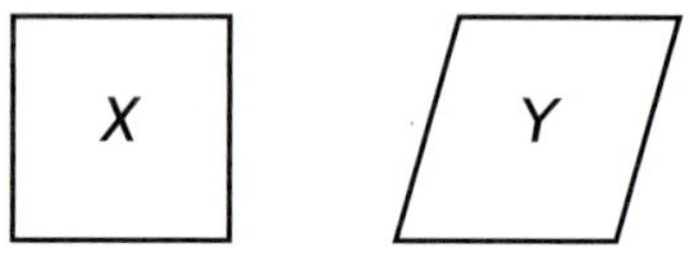

Las dos figuras tienen lados opuestos que son paralelos.
Las dos figuras tienen 2 pares de lados paralelos.

Por lo tanto, las figuras planas pueden compararse por el número de lados y ángulos, por los tipos de ángulo y por el número de lados paralelos.

- ¿En qué se parecen las figuras *X* y *Y*? ¿En qué son diferentes?

MG 2.3 Identificar las propiedades de los cuadriláteros (ejemplo: lados paralelos en el paralelogramo, ángulos rectos en el rectángulo, lados iguales y ángulos rectos en el cuadrado.) *también* **MG 2.0, MG 2.1, MR 1.1, MR 2.3, MR 2.4, MR 3.2**

Práctica con supervisión

1. Nombra las figuras. ¿Cuál tiene más lados? ¿Cuál tiene lados paralelos?

Para los ejercicios 2 a 4, usa las figuras de la derecha.

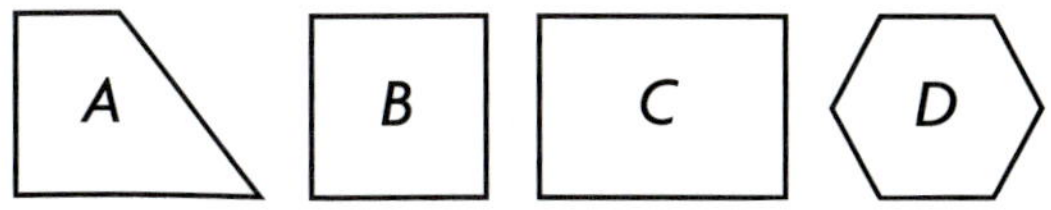

2. ¿Qué figuras tienen lados paralelos?
3. ¿Qué figuras tienen 4 lados?
4. ¿Qué figuras tienen ángulos rectos?
5. COMENTA **Explica** en qué se parecen un triángulo rectángulo y un rectángulo al describir sus ángulos.

Práctica independiente y resolución de problemas

Para los ejercicios 6 a 9, usa las figuras de la derecha.

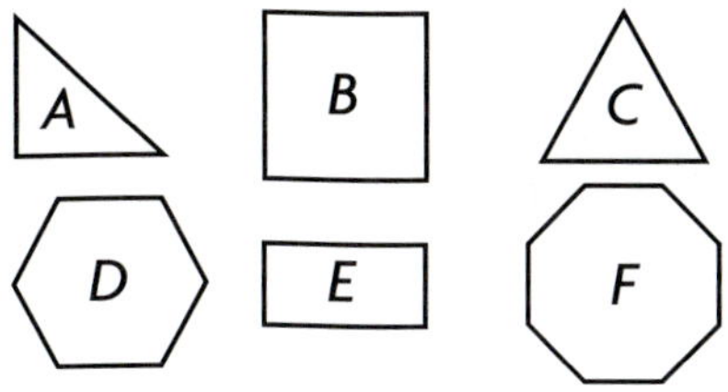

6. ¿Qué figuras tienen 4 lados?
7. ¿Qué figuras tienen 6 o más ángulos?
8. ¿Qué figuras tienen lados paralelos?
9. ¿Qué figuras tienen cuando menos 1 ángulo recto?
10. ESCRIBE **Explica** en qué se parecen un cuadrado y un rectángulo y en qué son diferentes.
11. **Razonamiento** Jade dibujó 2 polígonos. El primero tenía 2 lados más que el segundo. El segundo tenía 4 ángulos rectos. Dibuja y nombra los polígonos.

Comprensión de los Estándares

12. ¿Cuál es el siguiente número en el patrón? 4, 8, 12, 16, ■ (AF 2.2, pág. 4)
13. $72 \div 8 =$ (NS 2.5, pág. 240)
14. Dos líneas nunca se cruzan y siempre están separadas por la misma distancia. ¿Son líneas paralelas o secantes? (MG 2.0, pág. 272)
15. **Preparación para la prueba** ¿En qué se parecen las figuras?

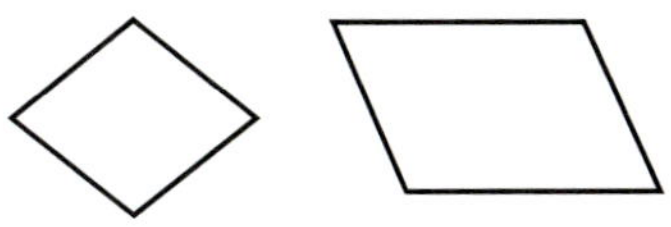

A Las dos tienen 4 ángulos rectos.

B Las dos tienen 2 pares de lados paralelos.

C Las dos tienen 4 ángulos menores que un ángulo recto.

D Las dos tienen 4 ángulos mayores que un ángulo recto.

Práctica adicional en la página 289, Grupo F

LECCIÓN 7

Taller de resolución de problemas
Estrategia: Buscar un patrón

OBJETIVO: Resolver problemas usando la estrategia *buscar un patrón*.

Aprende la estrategia

Buscar un patrón puede ayudarte a resolver problemas. Para buscar un patrón, ve si los números del problema aumentan o disminuyen o si los colores o figuras se repiten.

Patrones de números

Hannah está ahorrando dinero para comprar una bicicleta nueva. Ahorró $3 la primera semana, $6 la segunda semana, $9 la tercera semana y $12 la cuarta semana.

Semana	1	2	3	4
Ahorros	$3	$6	$9	$12

Patrones de colores

Josie hizo este brazalete en la clase de arte. Usó cuentas rojas y azules para hacer un patrón.

Patrones geométricos

Dean hizo este patrón con bloques de patrones.

COMENTA

Mira cada patrón de arriba. ¿Qué número, color o figura sigue en cada patrón?

AF 2.2 Extender y reconocer un patrón lineal por sus reglas (por ej., el número de patas en un número dado de caballos puede calcularse contando de 4 en 4 o multiplicando el número de caballos por 4). *también* **MR 1.1, MR 1.2, MR 2.0, MR 2.3, MR 2.4, MR 2.6, MR 3.0, MR 3.1, MR 3.2, MR 3.3**

Usa la estrategia

PROBLEMA Sean está usando fichas cuadradas para hacer patrones. Usó 20 fichas para hacer las 4 hileras en el patrón de la derecha.

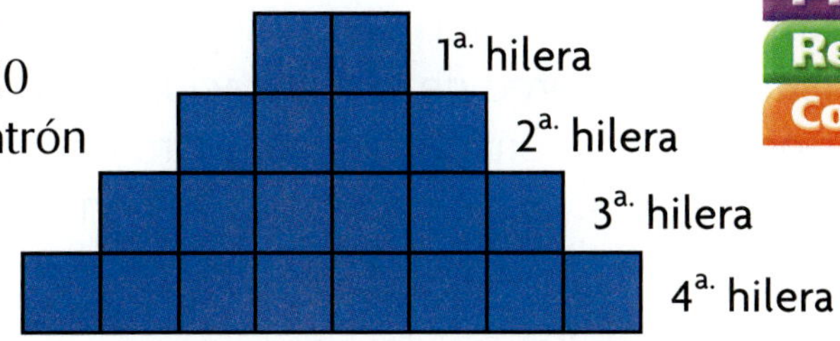

¿Cuántas fichas necesitará para la quinta hilera?

Lee para entender

Destreza de lectura

- **Haz un resumen de lo que te piden que halles.**
- **¿Qué información te proporcionan?**

Planea

- **¿Qué estrategia puedes usar para resolver el problema?**

  Puedes buscar un patrón.

Resuelve

- **¿Cómo puedes usar el dibujo y la estrategia para resolver el problema?**

  Mira el patrón. ¿Cómo se relacionan las hileras?

  El número de fichas aumenta 2 de una hilera a la siguiente.

  Sumar 2 fichas es una regla que describe al patrón.

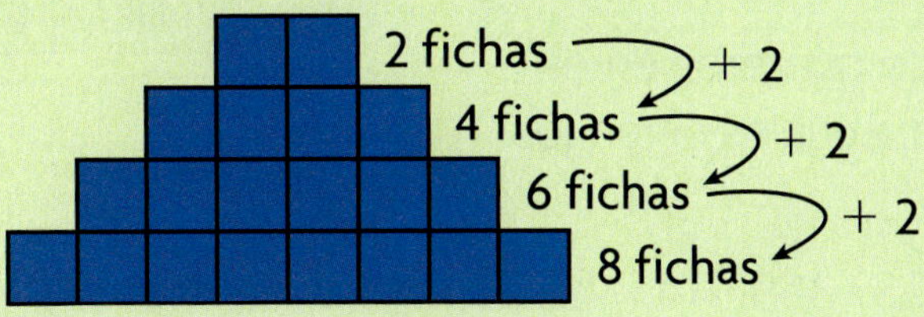

Suma 2 fichas al número en la cuarta hilera.

$8 + 2 = 10$

Por lo tanto, Sean necesitará 10 fichas para la quinta hilera.

Comprueba

- **¿Cómo puedes comprobar tu respuesta?**
- **¿De qué otras maneras podrías resolver el problema?**

Resolución de problemas con supervisión

Lee para entender
Planea
Resuelve
Comprueba

1. Dylan y su papá están poniendo un borde de los indígenas norteamericanos en la pared de su habitación. El patrón muestra dos osos que se enfrentan uno a otro con una huella de una garra entre ellos. ¿Cuántas figuras hay en la unidad de patrón?

Primero, mira todas las figuras del borde.

A continuación, halla la unidad de patrón donde el patrón se repite.

Después, cuenta el número de figuras en la unidad de patrón.

2. **¿Qué pasaría si** el patrón del borde incluyera una huella de la garra derecha entre el siguiente par de osos que se enfrentan? ¿Cuántas figuras habría en esta unidad de patrón?

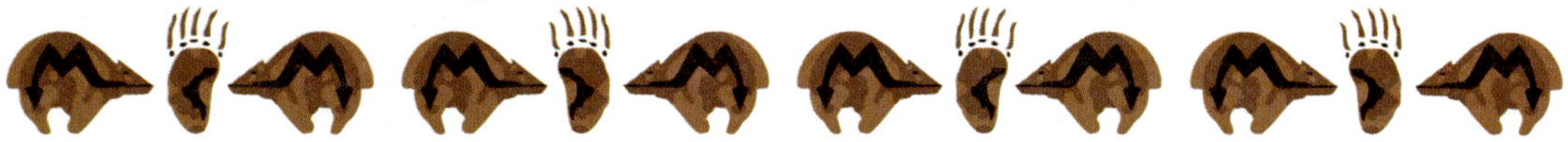

3. Steven pintó un borde alrededor de un marco para fotografías. Su unidad de patrón era *3 círculos, 1 triángulo*. Pintó un total de 24 figuras. ¿Qué figura era la duodécima figura?

Resolución de problemas • Práctica de estrategias

Halla un patrón para resolver.

4. Las arañas tienen 8 patas. ¿Cuántas patas tienen 7 arañas?

Arañas	Í	ã	`	…	Ž	Ÿ
Patas	ÇŽ	í`	ãí	`ž	■	■

5. Brittany escribió este patrón de números en el pizarrón. Si continúa el patrón, ¿cuáles serán los siguientes dos números?

385, 381, 377, 373, 369, 365, ■, ■

6. Elise acomodó tarjetas de figuras para hacer un patrón. Luego volteó 2 de las tarjetas cara abajo. ¿Qué figuras hay en esas 2 tarjetas?

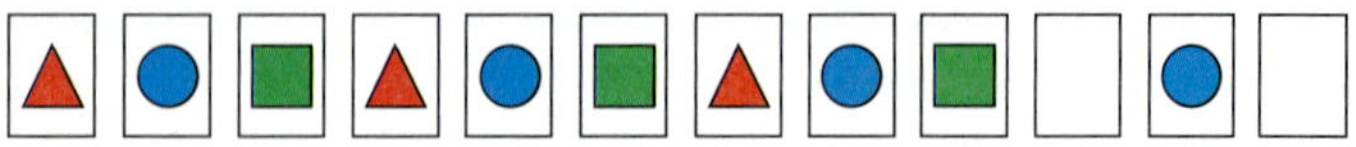

7. ESCRIBE Curt está usando 35 fichas para construir una torre. Las primeras 3 hileras se muestran a la derecha. ¿Cuántas hileras hará Curt? ¿Cuántas fichas habrá en cada hilera? **Explica** cómo hallaste la respuesta.

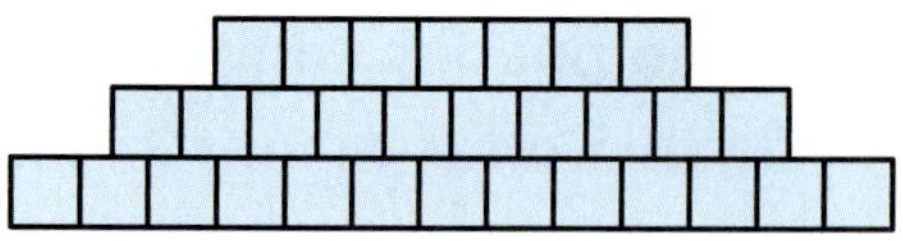

Práctica de estrategias mixtas

8. Algunos de los números de los asientos del estadio se han borrado. Aquí hay una hilera de asientos. ¿Qué números faltan?

Para los ejercicios 9 a 12, usa las camisetas.

9. Algunos estudiantes de la clase del señor Jenson juegan al fútbol. Usan estas camisetas para la escuela. Escribe los números en orden de menor a mayor.

10. El número de camiseta de Dee es 44. El número de su camiseta es 14 más que el de Ken. ¿Cuál es el número y el color de la camiseta de Ken?

11. El número de camiseta de Lisa es un número de dos dígitos. El dígito de las unidades es mayor que el dígito de las decenas. La suma de los dígitos es menor que 6. ¿Cuál es el número de camiseta de Lisa?

12. **Problema abierto** Usa todos los números de las camisetas de fútbol para hallar un patrón. Escribe una regla para tu patrón. Después di cuáles serían los dos números siguientes si continuaras tu patrón.

ELIGE UNA ESTRATEGIA

- Buscar un patrón
- Hacer un diagrama o dibujo
- Hacer un modelo o una dramatización
- Hacer una lista organizada
- Hacer una tabla o gráfica
- Predecir y probar
- Trabajar desde el final hasta el principio
- Resolver un problema más sencillo
- Escribir una ecuación
- Usar el razonamiento lógico

ESFUÉRZATE

Cinco equipos jugaron en un torneo de fútbol. Cada equipo jugó sólo 1 vez con cada uno de los demás.

13. ¿Cuántos partidos se jugaron en el torneo en total?

14. Durante la temporada, el equipo 1 ganó 2 partidos menos que el equipo 5. El equipo 2 ganó 2 partidos menos que el equipo 1. El Equipo 1 ganó el doble de partidos que el equipo 3. El equipo 4 ganó 3 partidos más que el equipo 3. El equipo 5 ganó 10 partidos. ¿Cuántos partidos ganó el equipo 4?

Práctica adicional

Grupo A Di si cada dibujo es una *línea, segmento* o *rayo*. (págs. 268 a 271)

1. 

2. 

3.

Usa la esquina de una hoja de papel para decir si cada ángulo es un *ángulo recto, mayor que* un ángulo recto o *menor que* un ángulo recto.

4. 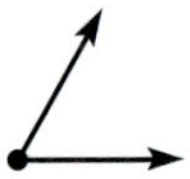

5. 

6. 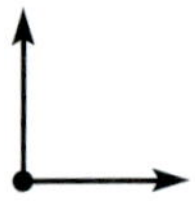

7. 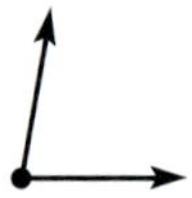

Grupo B Describe las líneas. Escribe *secantes* o *paralelas*. (págs. 272 y 273)

1. 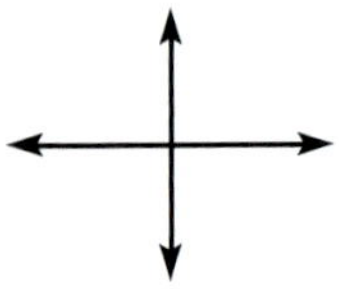

2. 

3. 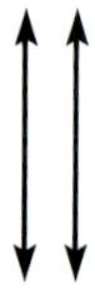

Grupo C Di si cada figura es un polígono. Escribe *sí* o *no*. (págs. 274 y 275)

1. 

2. 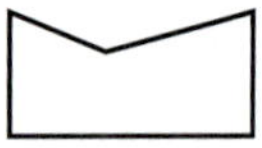

3. 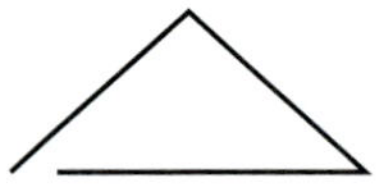

4. 

Nombra cada polígono. Di cuántos lados tiene.

5. 

6. 

7. 

8. 

Tecnología
Usa Harcourt Mega Math en español, Exploración ártica, *Planos polares,* niveles A, B, C, E, F, G.

Grupo D Nombra cada triángulo. Escribe *equilátero, isósceles* o *escaleno.* (págs. 276 y 277)

1. 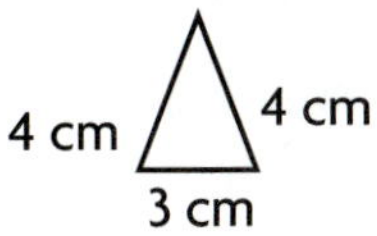

2. 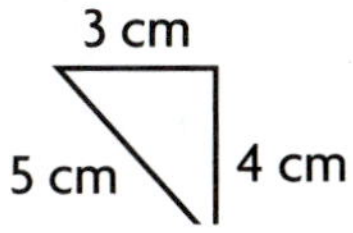

3. 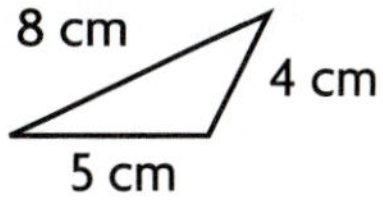

4. 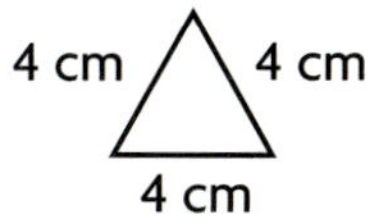

Para los ejercicios 5 a 7, escribe *a, b* o *c*.

5. Tiene 1 ángulo recto.
6. Tiene 1 ángulo mayor que un ángulo recto.
7. Tiene 3 ángulos menores que un ángulo recto.

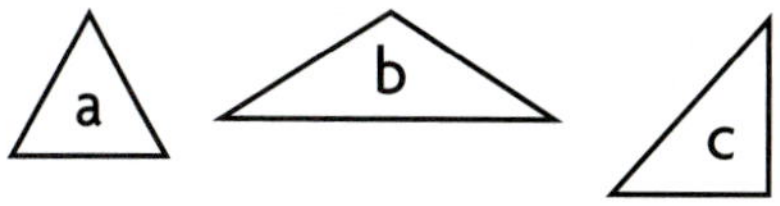

Grupo E Escribe todos los nombres que puedas para cada cuadrilátero. (págs. 278 a 281)

1. 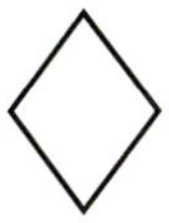

2. 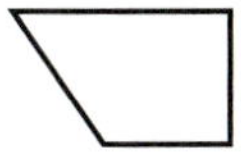

3. 

Para los ejercicios 4 y 5, usa los cuadriláteros de abajo.

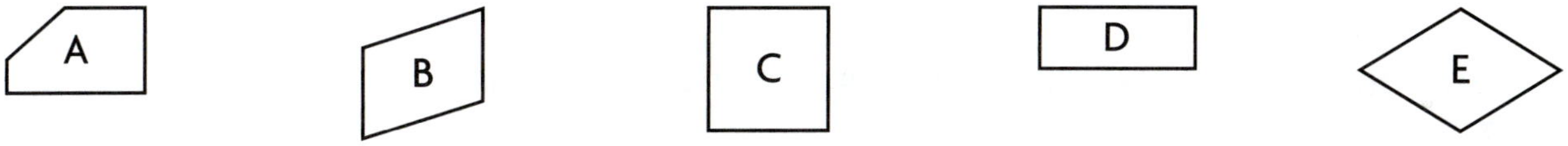

4. ¿Qué cuadriláteros no tienen ángulos rectos?
5. ¿En qué se parecen el cuadrilátero B y el cuadrilátero D? ¿En qué son diferentes?

Grupo F Para los ejercicios 1 a 3, usa las figuras de abajo. (págs. 282 y 283)

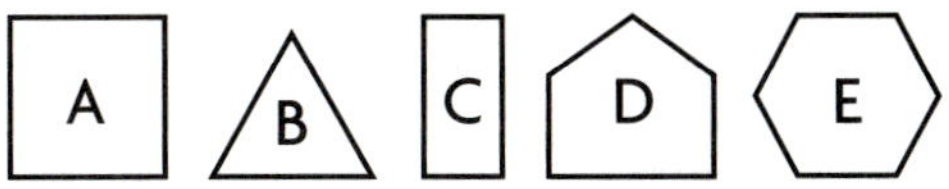

1. ¿Qué figuras tienen cuando menos un ángulo recto?
2. ¿Qué figuras tienen lados paralelos?
3. ¿Qué figuras tienen 4 lados?

Repaso/Prueba del Capítulo 12

Repasar el vocabulario y los conceptos

Elige el mejor término del recuadro.

VOCABULARIO
paralelogramo
polígono
trapecio

1. Un _?_ es una figura plana cerrada con lados rectos que son segmentos. (MG 2.1, pág. 274)
2. Un cuadrilátero cuyos lados opuestos son paralelos y tienen la misma longitud se llama _?_. (MG 2.3, pág. 278)

Repasar las destrezas

Nombra cada figura. (MG 2.0, págs. 268 a 271)

3.
4. 
5. 
6.

Nombra cada triángulo por sus lados. Escribe *equilátero, isósceles* o *escaleno*. (MG 2.2, págs. 276 y 277)

7. 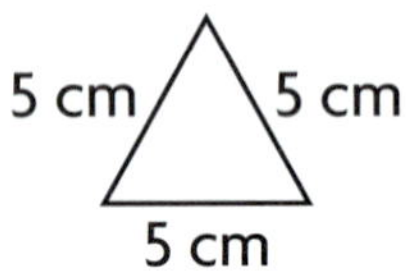

8. 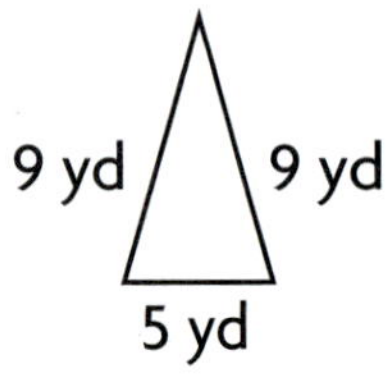

9. 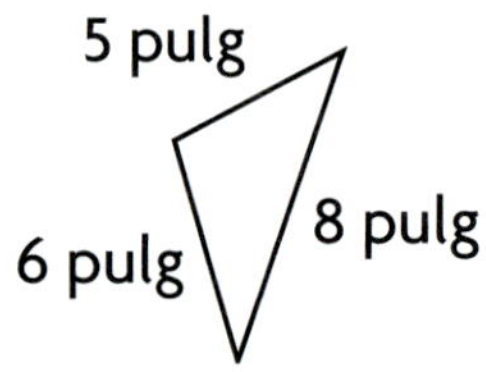

10. 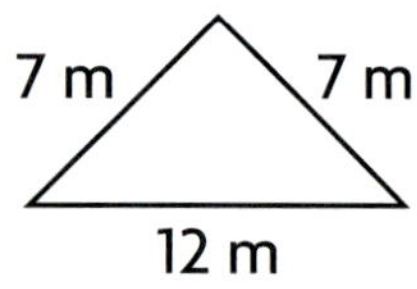

Escribe tantos nombres como puedas para cada cuadrilátero. (MG 2.3, págs. 278 a 281)

11. 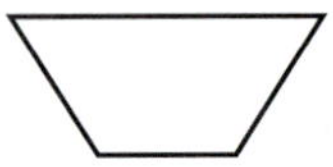
12. 
13. 
14. 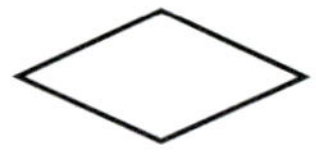

Para los ejercicios 15 a 17, usa la figura de la derecha. (MG 2.3, págs. 282 y 283)

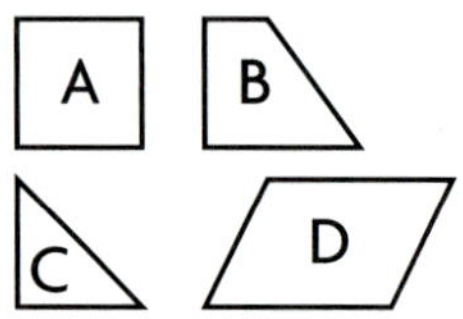

15. ¿Qué figuras tienen 4 lados?
16. ¿Qué figuras tienen lados paralelos?
17. ¿Qué figuras tienen ángulos rectos?

Repasar la resolución de problemas

Resuelve. (AF 2.2, MG 2.1, págs. 284 a 287)

18. Chelsea empezó una torre con 11 bloques. La capa siguiente tenía 9 bloques y la tercera capa tenía 7 bloques. Si el patrón continuara hasta que la capa superior tuviera sólo 1 bloque, ¿cuántos bloques usaría?

19. **ESCRIBE** Ethan trazó este patrón usando bloques de patrones. Describe la figura siguiente en su patrón. **Explica** cómo lo sabes.

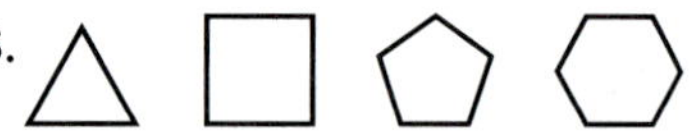

Enriquecimiento • Teselaciones

Haz un patrón

Algunas figuras geométricas pueden formar una teselación. Una **teselación** es un patrón repetido hecho de una figura plana cerrada que cubre una superficie sin sobreponerse o dejar espacios vacíos.

▲ ***Sun and Moon*** de M.C. Escher

Dale la vuelta

¿Formarán una teselación las figuras de abajo?

Paso 1 Repite la figura en una hilera, tan cerca una de la otra como sea posible sin que se sobrepongan.

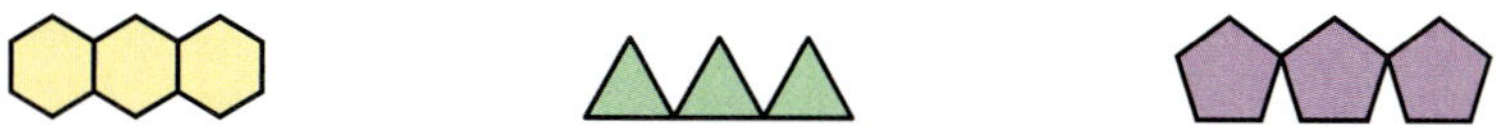

Paso 2 Coloca una segunda hilera sobre la primera.

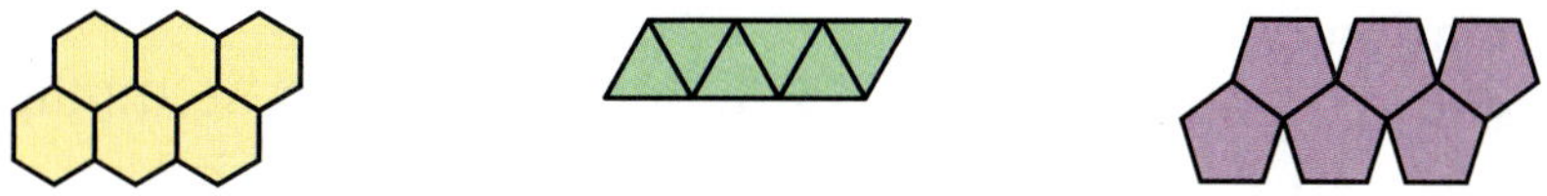

Paso 3 Agrega más hileras. Si no hay espacios vacíos, la figura ha formado una teselación.

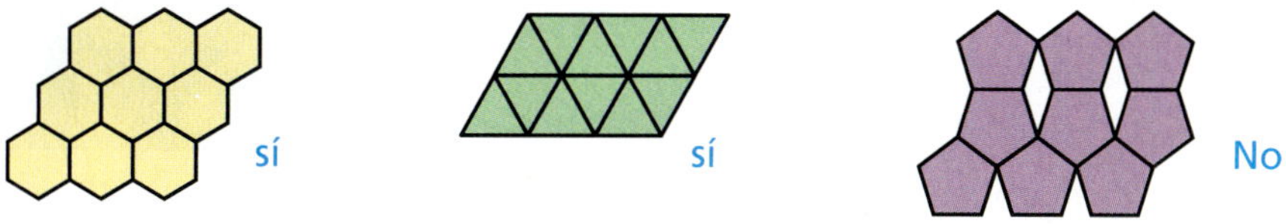

Por lo tanto, el hexágono y el triángulo formarán una teselación, pero el pentágono no.

Voltéalo

Di si cada figura formará una teselación. Escribe *sí* o *no*.

1. 

2. 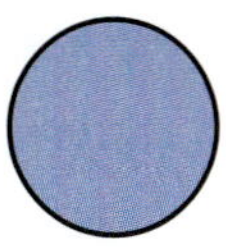

3. 

4. 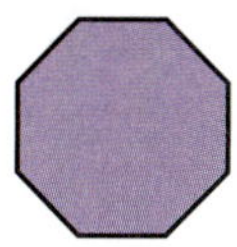

Dibújalo

ESCRIBE ¿Es esta figura una teselación? **Explica.**

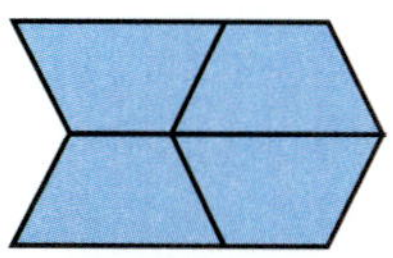

Comprensión de los Estándares
Capítulos 1 a 12

Percepción numérica

1. Bill está poniendo sus estampillas en un álbum. Hay 8 estampillas en cada página. Bill ha llenado 7 páginas. ¿Cuántas estampillas tiene Bill? (NS 2.2)

A 1

B 15

C 48

D 56

Pista
Entiende el problema.
Lee el problema 2. Lee la pregunta de nuevo. ¿Qué te piden que halles? Busca en el problema la información que necesitas para responder la pregunta.

2. Joan voló 6,976 millas para visitar a su abuela en Japón. ¿Cuál es el valor del 9 en 6,976? (NS 1.3)

A 9,000

B 900

C 90

D 9

3. **ESCRIBE** El puente Golden Gate en San Francisco, California, mide 8,981 pies de largo. **Explica** cómo escribir 8,981 en notación desarrollada. (NS 1.5)

Álgebra y funciones

4. Mira la tabla. ¿Cuántas ruedas tienen 4 vagones? (AF 2.2)

Número de vagones	Número de ruedas
1	4
2	8
3	12
4	■

A 8

B 16

C 20

D 22

5. ¿Qué enunciado de multiplicación representa la matriz? (AF 1.1)

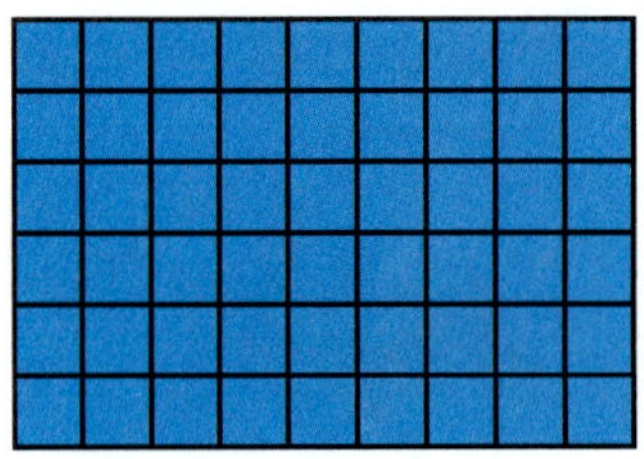

A $6 \times 9 = 54$

B $56 \div 7 = 8$

C $54 \div 3 = 18$

D $6 + 9 = 15$

6. **ESCRIBE** ¿Cómo saber que $(2 \times 4) \times 8 = 64$ te ayuda a hallar $2 \times (4 \times 8)$? Usa una propiedad para **explicar**. (AF 1.5)

Medición y geometría

7. Mira la figura de abajo. ¿Qué opción no describe a la figura? (MG 2.3)

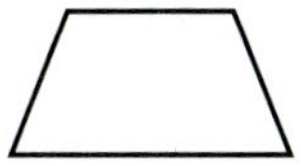

A Es un trapecio.

B Es un polígono.

C Es un rombo.

D Es un cuadrilátero.

8. ¿Qué polígono tiene más lados que esta figura? (MG 2.1)

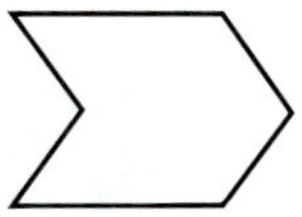

A triángulo

B cuadrilátero

C hexágono

D octágono

9. **ESCRIBE** Nombra al triángulo por sus lados. **Explica** cómo hallaste tu respuesta. (MG 2.2)

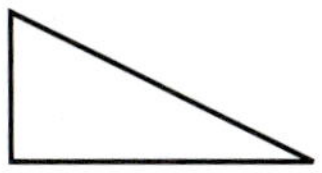

Estadísticas, análisis de datos y probabilidad

10. Una tabla de conteo muestra 𝍸 𝍸 𝍸 || para el número de estudiantes que llegaron en bicicleta a la escuela. ¿Cuántos estudiantes llegaron en bicicleta? (Grado 2 SDAP 1.1)

A 20 **C** 15

B 17 **D** 12

11. La gráfica muestra algunas de las actividades que Jason hizo durante el día. ¿Cuántas horas más pasó Jason durmiendo que leyendo? (Grado 2 SDAP 1.4)

A 2 horas

B 8 horas

C 10 horas

D 12 horas

12. **ESCRIBE** ¿Cuál es la moda de los datos? **Explica** cómo hallaste tu respuesta. (Grado 2 SDAP 1.3)

6, 6, 8, 6, 7, 4, 6

CAPÍTULO

13 Cuerpos geométricos

La idea importante Los cuerpos tridimensionales se pueden clasificar según sus propiedades geométricas.

CALIFORNIA DATO BREVE

LEGOLAND® en Carlsbad, California tiene más de 50 atracciones. En Miniland USA hay 700 edificios y 600 vehículos hechos de bloques de LEGO®.

Investiga

Los bloques de LEGO tienen la forma de prismas rectangulares. Puedes combinar los bloques para hacer otras figuras, como una pirámide. ¿Hay cosas en tu salón de clases o alrededor de tu casa que tengan forma de prisma rectangular o de pirámide? Haz una lista.

Muestra lo que sabes

Comprueba si has aprendido las destrezas importantes que se necesitan para completar exitosamente el Capítulo 13.

▶ Cuerpos geométricos

Elige el mejor término del recuadro.

cono cubo cilindro pirámide prisma rectangular esfera

1. 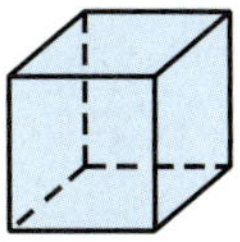

2. 

3. 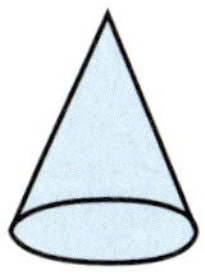

4. 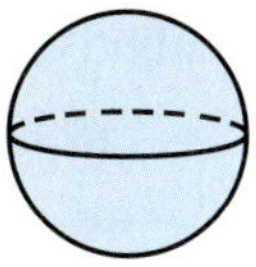

5. 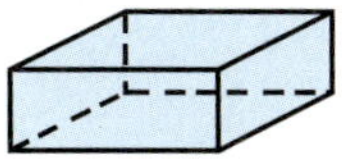

6. 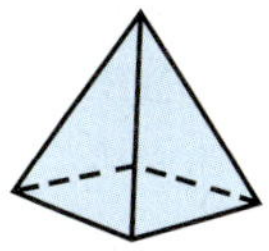

Nombra el cuerpo geométrico al que se parece cada figura.

7. 

8. 

9. 

10. 

Enriquece tu vocabulario

VOCABULARIO DEL CAPÍTULO

cono
cubo
cilindro
arista
cara
plantilla
prisma rectangular
esfera
pirámide cuadrada
figura tridimensional
vértice

PREPARACIÓN

figura tridimensional una figura que tiene longitud, ancho y altura

prisma rectangular un cuerpo geométrico cuyas seis caras son rectángulos

cubo un cuerpo geométrico que tiene seis caras cuadradas congruentes

LECCIÓN 1

Identificar cuerpos geométricos

OBJETIVO: Identificar, describir y clasificar cuerpos geométricos.

Repaso rápido

Nombra cada figura plana.

1. 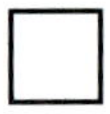
2. 
3. 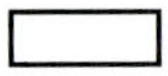
4. 
5. 

Vocabulario

figura tridimensional
prisma rectangular
cubo
cilindro
cono
esfera
pirámide cuadrada

Aprende

Los cuerpos geométricos tienen longitud, ancho y altura. También se llaman **figuras tridimensionales**.

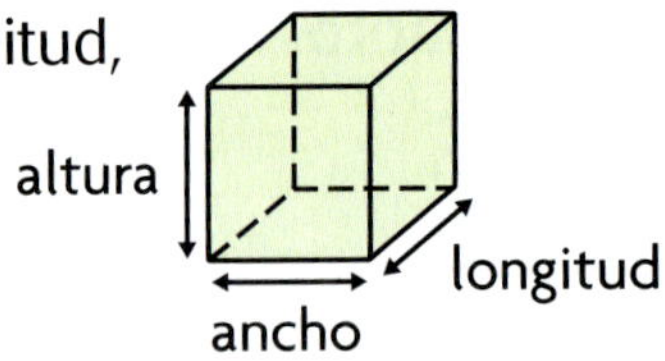

PROBLEMA La abuela de Jodie le regaló una pulsera de dijes. ¿Qué dije de su pulsera tiene forma de esfera?

prisma rectangular	cubo
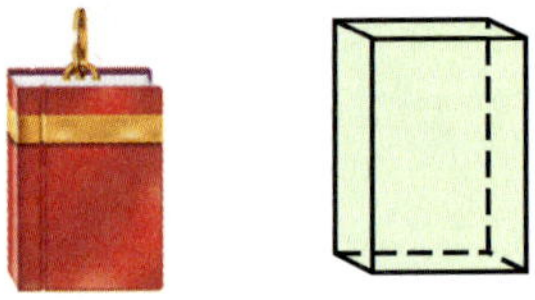	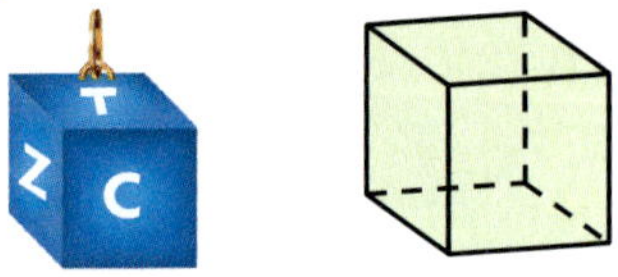
cilindro	**cono**

esfera	**pirámide cuadrada**

Por lo tanto, la pelota de tenis tiene forma de esfera.

- ¿Qué dije tiene forma de prisma rectangular?

Idea matemática
Algunos cuerpos geométricos tienen superficies curvas y superficies planas.

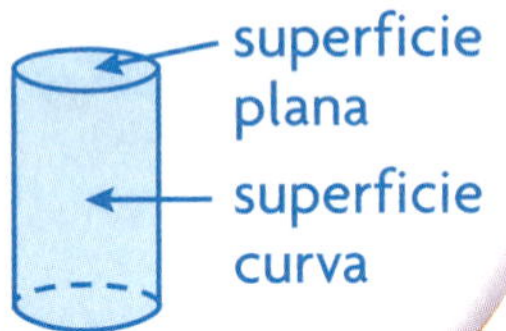

Práctica con supervisión

1. ¿A cuál cuerpo geométrico se parece una lata de atún?

MG 2.5 Identificar, describir y clasificar objetos geométricos tridimensionales comunes (por ej., cubo, cuerpo geométrico rectangular, esfera, prisma, pirámide, cono, cilindro). *también* **MG 2.0, MR 1.1, MR 2.3, MR 2.4, MR 3.2**

Nombra el cuerpo geométrico al que se parece cada objeto.

2. 

3. 

✓4. 

✓5. 

6. **COMENTA** **Explica** en qué se parecen un prisma rectangular y un cubo y en qué son diferentes.

Práctica independiente y resolución de problemas

Nombra el cuerpo geométrico al que se parece cada objeto.

7. 

8. 

9. 

10. 

11. Rick construyó una torre usando 7 prismas rectangulares, 4 cilindros, 8 cubos y 1 pirámide cuadrada. La mitad de las figuras eran azules y la otra mitad eran rojas. ¿Cuántas figuras eran azules?

12. **DATO BREVE** La Tierra es el tercer planeta desde el sol y el quinto planeta más grande de nuestro sistema solar. ¿Qué cuerpo geométrico tiene la forma de la Tierra?

13. **ESCRIBE** ¿En qué se parecen los conos, los cilindros y las esferas? **Explica.**

Comprensión de los Estándares

Para los ejercicios 14 y 15, di el número de ángulos rectos. (MG 2.2, 2.3, págs. 274 a 281)

14. 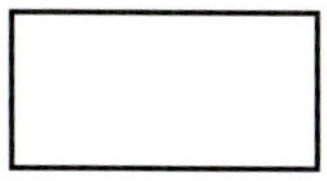

15. 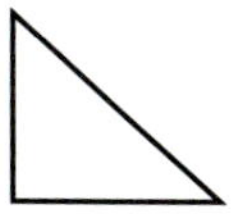

16. Soy un polígono con 5 lados. ¿Cómo me llamo? (MG 2.1 pág. 274)

17. **Preparación para la prueba** ¿Qué opción describe mejor al recipiente de avena?

A cono
B prisma rectangular
C cilindro
D pirámide cuadrada

Práctica adicional en la página 308, Grupo A

CD ROM **Tecnología** Usa Harcourt Mega Math en español, Exploración ártica, *Formas en el frío*, nivel A.

LECCIÓN 2

Caras, aristas y vértices

OBJETIVO: Identificar caras, aristas y vértices en cuerpos geométricos.

Repaso rápido

Nombra cada cuerpo geométrico.

1. 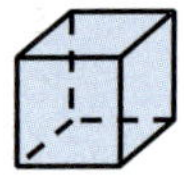
2. 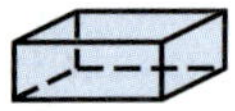
3. 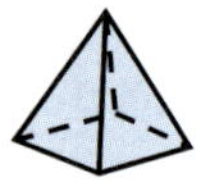
4. 
5. 

Vocabulario

cara   arista   vértice

Aprende

PROBLEMA Alex está construyendo una pajarera. La parte de abajo tiene la forma de un cubo. Pintó cada cara de la pajarera de un color diferente. ¿Cuántos colores usó?

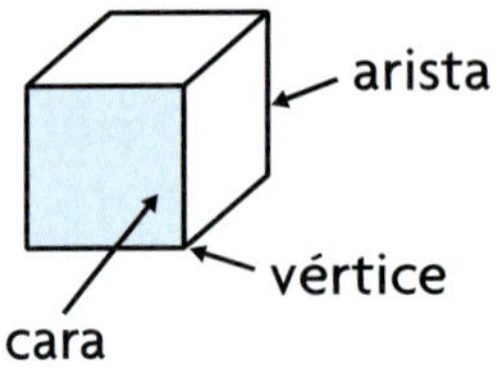

Una **cara** es una superficie plana de un cuerpo geométrico.

Una **arista** es el segmento que se forma donde se encuentran dos rectas.

Un **vértice** es un punto donde se encuentran tres o más aristas.

MANOS A LA OBRA

Actividad

Materiales ■ cuerpos geométricos (cubo, pirámide cuadrada, prisma rectangular), papel, crayolas

- Traza las caras de un cubo. Nombra las figuras planas.
- Cuenta el número de caras, aristas y vértices. Registra los números en una tabla.

Nombre de la figura	Formas de las caras	Nombres de las caras	Número de		
			Caras	Aristas	Vértices
cubo	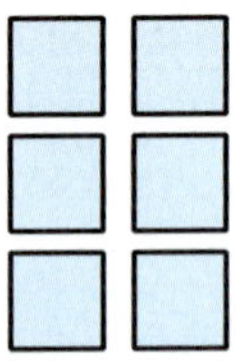	6 cuadrados	6	12	8

Un cubo tiene 6 caras. Por lo tanto, Alex usó 6 colores diferentes.

- Repite los pasos para una pirámide cuadrada y un prisma rectangular.

MG 2.5 Identificar, describir y clasificar objetos geométricos tridimensionales comunes (por ej., cubo, cuerpo geométrico rectángular, esfera, prisma, pirámide, cono, cilindro). *también* **MG 2.0, MR 1.1, MR 2.3, MR 2.4, MR 3.2**

Práctica con supervisión

1. ¿Cuántas caras tiene una pirámide cuadrada?

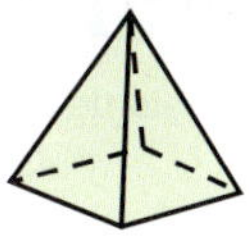

Para los ejercicios 2 y 3, nombra el cuerpo geométrico. Luego di cuántas caras, aristas y vértices tiene.

2\.
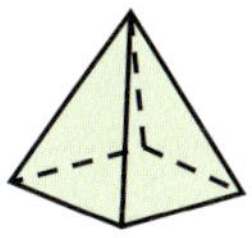

3\.
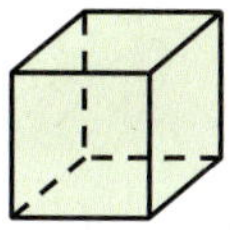

4. COMENTA **Explica** la diferencia entre una arista y un vértice.

Práctica independiente y resolución de problemas

Para los ejercicios 5 y 6, usa el cuerpo geométrico.

5. Nombra el cuerpo geométrico. Luego di cuántas caras, aristas y vértices tiene.
6. ¿Qué parte del cuerpo geométrico es una cara? Escribe *a*, *b* o *c*.

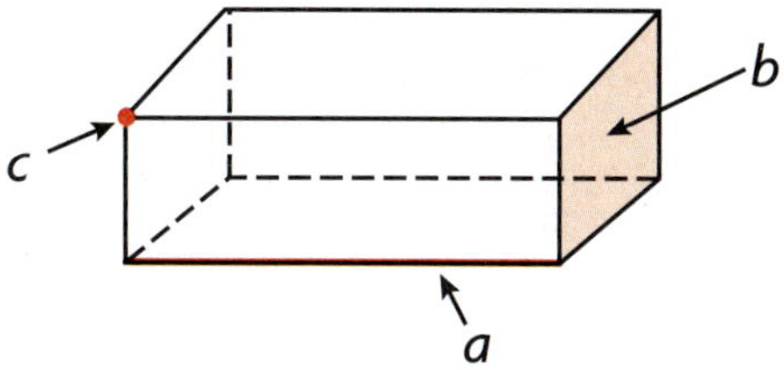

Nombra el cuerpo geométrico que tiene las siguientes caras.

7\.
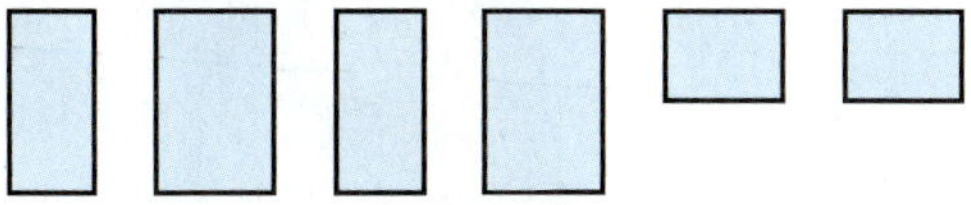

8\.
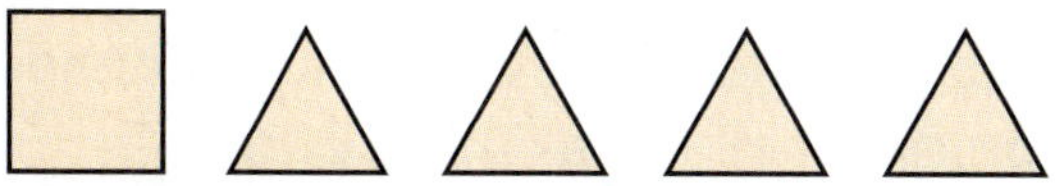

9. Soy un cuerpo geométrico con 5 caras. Una de mis caras es un cuadrilátero. Cuatro de mis caras se encuentran en un vértice. ¿Qué figura soy?

10. ESCRIBE **Explica** en qué se parecen un cubo y un cuadrado, y en qué se diferencian.

Comprensión de los Estándares

11. ¿Cómo se escribe 2,051 en forma desarrollada? (NS 1.5, pág. 12)
12. ¿Qué cuerpo geométrico tiene la forma de una lata de sopa? (MG 2.5, pág. 296)
13. ¿Cuánto es 4,285 redondeado a la centena más cercana? (NS 1.4, pág. 36)
14. **Preparación para la prueba** ¿Qué cuerpo geométrico tiene una arista roja?

A
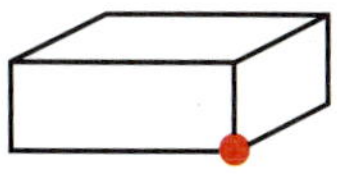

C
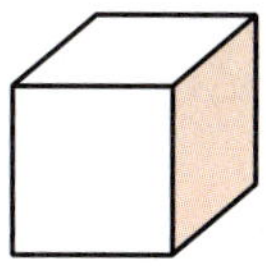

B
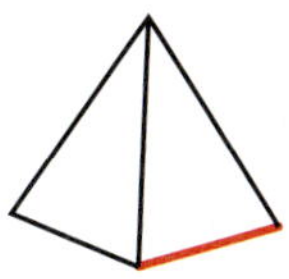

D
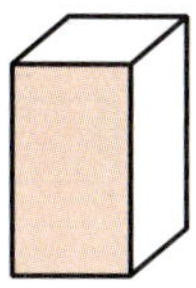

LECCIÓN 3

Representar cuerpos geométricos

OBJETIVO: Identificar y hacer un modelo de un cuerpo geométrico a partir de una plantilla.

Repaso rápido

Nombra la figura. Después di cuántas caras, aristas y vértices tiene.

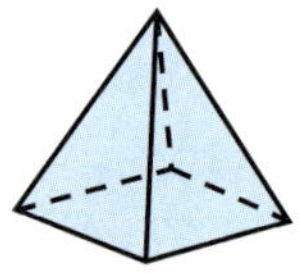

Vocabulario

plantilla

Aprende

PROBLEMA Lori dobló este patrón para hacer una figura tridimensional. ¿Qué figura hizo?

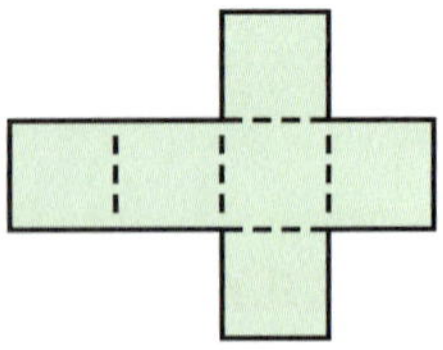

Una **plantilla** es un patrón bidimensional de un cuerpo geométrico o figura tridimensional. Cuando se dobla se vuelve un modelo de un cuerpo geométrico.

MANOS A LA OBRA Actividad 1

Materiales ■ patrón de cubo, tijeras, cinta adhesiva

- Recorta la plantilla a lo largo de las líneas continuas.
- Dobla a lo largo de las líneas punteadas. Junta las aristas y pégalas con cinta adhesiva.

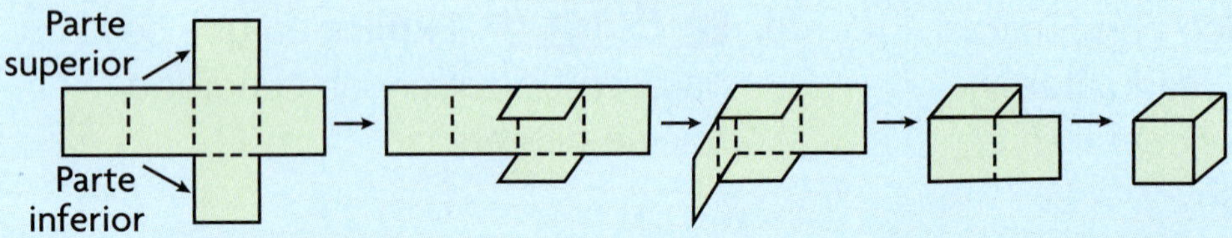

- Identifica el cuerpo geométrico que hiciste.

La plantilla puede doblarse para hacer un cubo. Por lo tanto, Lori hizo un cubo.

- ¿Qué figuras planas son las caras de un cubo?

Ejemplos de plantillas

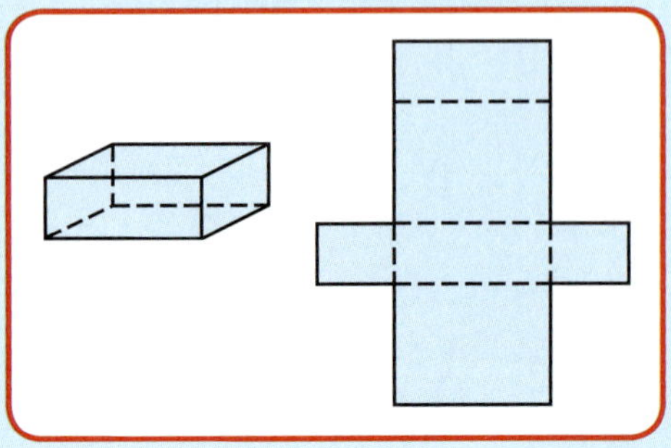

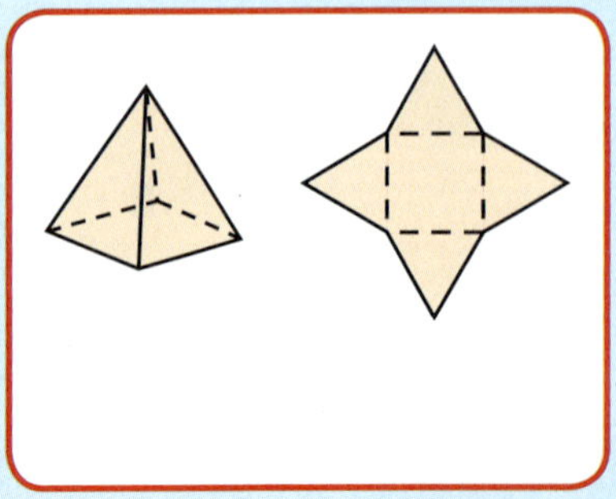

MG 2.5 Identificar, describir y clasificar objetos geométricos tridimensionales comunes (por ej., cubo, cuerpo geométrico rectangular, esfera, prisma, pirámide, cono, cilindro). *también* **MR 2.3, MR 2.4, MR 3.2**

Haz una plantilla

Puedes desdoblar una figura tridimensional para hacer una plantilla.

Actividad 2

MANOS A LA OBRA

Materiales ■ caja, papel, tijeras, cinta adhesiva

- Recorta una caja por las aristas hasta que quede plana. Ponla sobre una hoja de papel.
- Traza una plantilla alrededor de la caja plana.
- Recorta la plantilla. Dóblala de la misma manera que se dobló la caja original. Junta las aristas y pégalas con cinta adhesiva.
- ¿Cuáles son las figuras planas en la plantilla que hiciste?

Práctica con supervisión

1. ¿Qué figuras planas son las caras de esta plantilla?

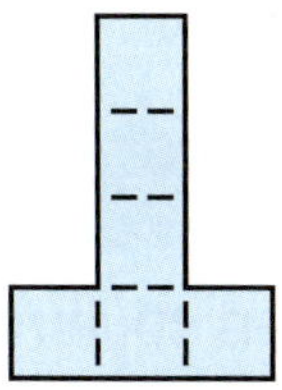

Identifica el cuerpo geométrico que puede hacerse con cada plantilla.

2.

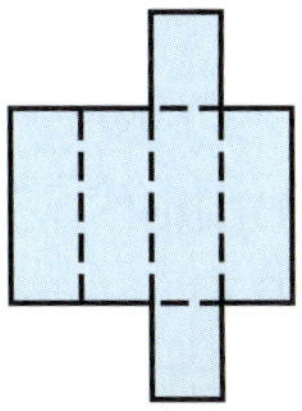

3.

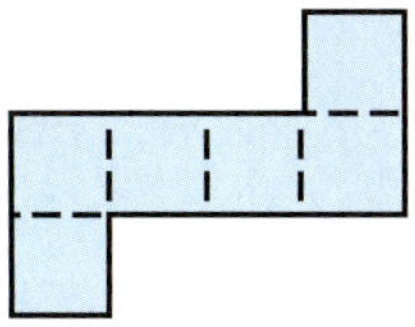

4.

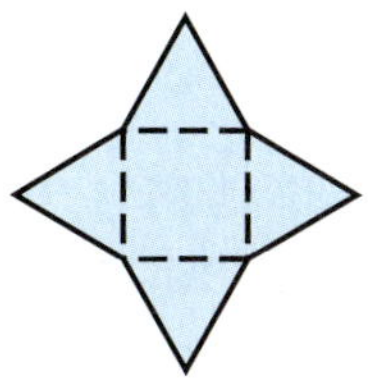

5. COMENTA **Explica** en qué son diferentes la plantilla de un cubo y la plantilla de un prisma rectangular.

Práctica independiente y resolución de problemas

Identifica el cuerpo geométrico que puede hacerse con cada plantilla.

6. 

7. 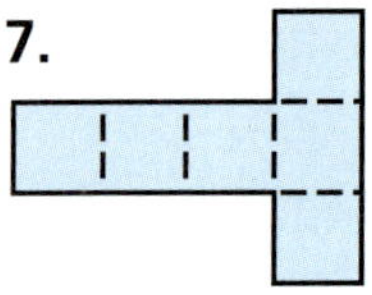

8. 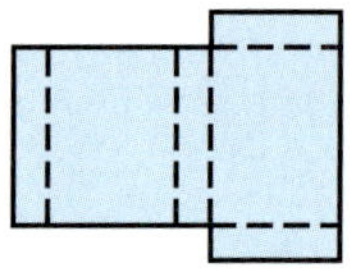

Escribe la letra del cuerpo geométrico que corresponde a cada plantilla.

9. 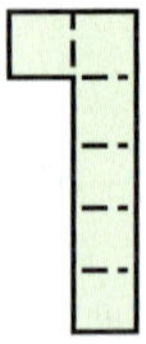

10. 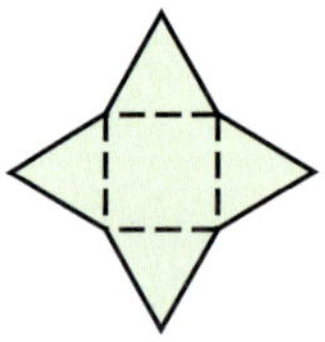

11. 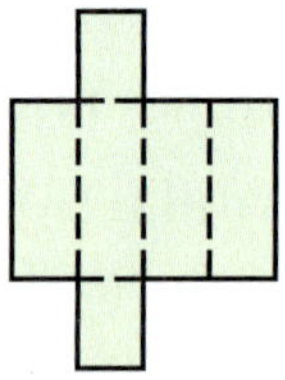

a. 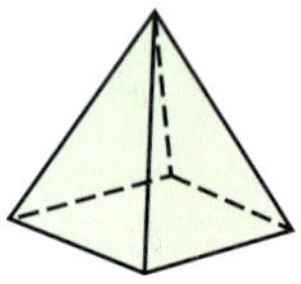

b. 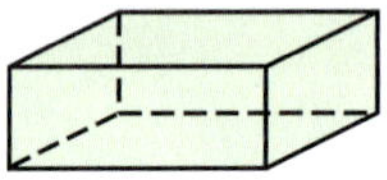

c. 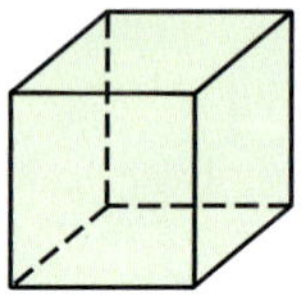

12. Arnie se está mudando a una casa nueva. Tiene una caja con la forma de la plantilla de la derecha. ¿Qué forma tendrá la caja?

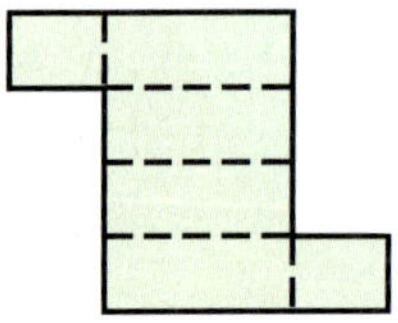

13. Tyler fue de campamento el mes pasado. ¿Qué cuerpo geométrico tiene la forma de su tienda de campaña?

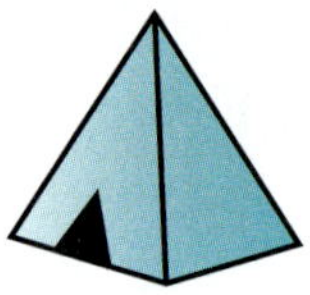

14. **Reasoning** Chris está enviando por correo una pelota de básquetbol a su hermana. Tiene cajas con forma de cubo, prisma rectangular y cilindro. ¿Qué caja debería usar? **Explica** tu elección.

15. ESCRIBE **¿Cuál es el error?** Kara dijo que esta plantilla puede doblarse para formar un cubo. **Explica** su error.

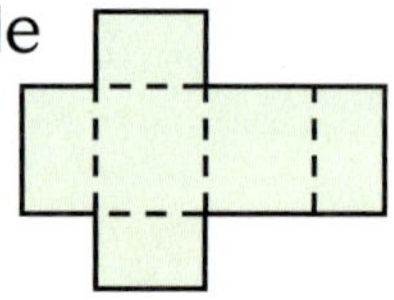

Comprensión de los Estándares

16. Martin leyó 77 páginas en su libro el jueves y 48 páginas el viernes. ¿Cuántas páginas más leyó el jueves? (NS 2.1, pág. 74)

17. Nick dibujó una figura de 4 lados con 2 pares de lados paralelos y 4 ángulos rectos. No todos los lados medían la misma longitud. ¿Qué figura dibujó Nick? (MG 2.3, pág. 278)

18. ¿Cuál es la moda de este conjunto de números? (Grado 2 SDAP 1.3)

4, 6, 8, 8, 4, 5, 4, 9, 6, 7

19. **Preparación para la prueba** ¿Qué cuerpo geométrico podría formarse con esta plantilla?

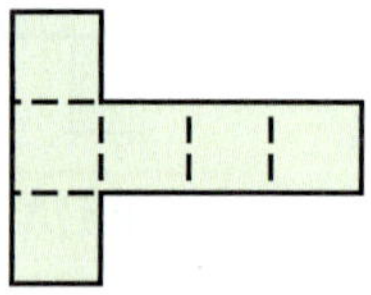

A cubo **C** pirámide

B esfera **D** cilindro

Práctica adicional en la página 308, Grupo C

El arte del origami

Destreza de lectura **Clasificar y categorizar**

El origami es el arte de doblar papel. El único material que se necesita es papel. Algunas personas pueden hacer modelos de animales y formas geométricas. Mira los modelos de origami de abajo.

Cuando clasificas figuras tridimensionales, las organizas en grupos según lo que tienen en común.

▲ El nombre *origami* viene de la palabra japonesa "oru", que significa doblar, y "kami", que significa papel.

Figuras que se apilan	Figuras que ruedan	Figuras con superficies planas	Figuras con superficies curvas	Figuras con ángulos rectos	Figuras sin ángulos rectos.
cilindro prisma rectangular cubo	cilindro cono esfera	prisma rectangular pirámide cuadrada cubo	cilindro cono esfera	prisma rectangular pirámide cuadrada cubo	cilindro cono esfera

Resolución de problemas Usa *clasificar y categorizar* para resolver.

1. ¿Qué tienen en común el cubo y la pirámide cuadrada?
2. Teresa ordenó en dos grupos los cuerpos geométricos que aparecen abajo. Di de cuáles dos maneras podría Teresa clasificar los modelos. ¿Cuáles modelos pondrías en cada categoría?

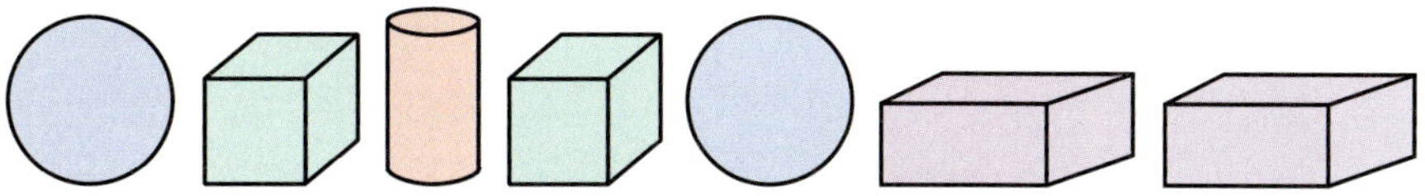

LECCIÓN 4

Combinar cuerpos geométricos

OBJETIVO: Identificar cuerpos geométricos comunes en cuerpos geométricos complejos.

Repaso rápido

Nombra cada cuerpo geométrico.

1. 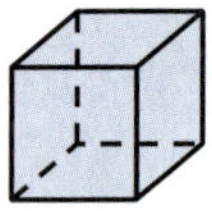
2. 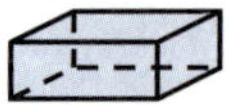
3. 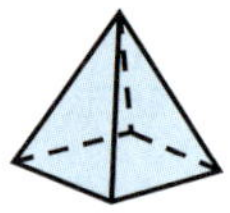
4. 
5. 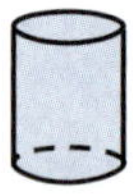

Aprende

PROBLEMA Randy y su hermana construyeron un castillo de arena en la playa. ¿Qué cuerpos geométricos forman al castillo?

Ejemplo

Mira cada parte del castillo de arena por separado.

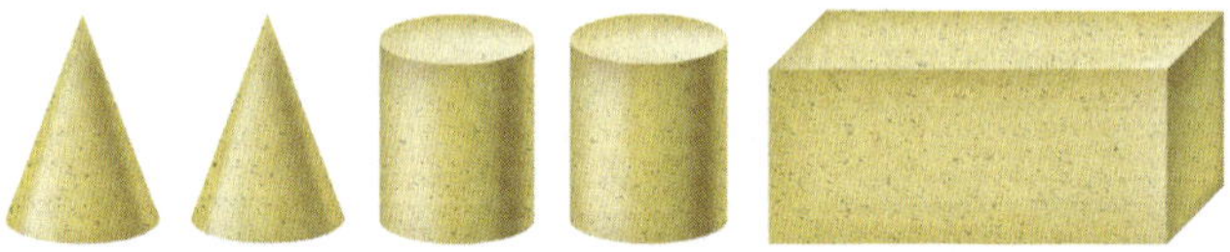

Por lo tanto, el castillo de arena está formado por 2 conos, 2 cilindros y un prisma rectangular.

Más ejemplos

A 

B 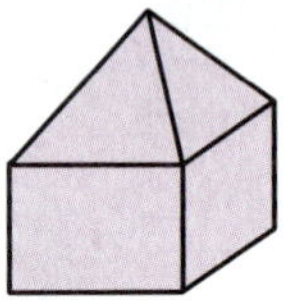

C 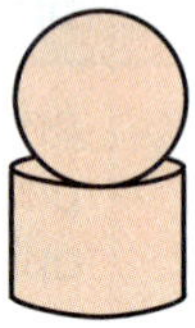

• ¿Qué cuerpos geométricos se usaron para formar el objeto A? ¿El objeto B? ¿El objeto C?

Práctica con supervisión

1. ¿Cuántos cuerpos geométricos se usaron para formar este objeto?

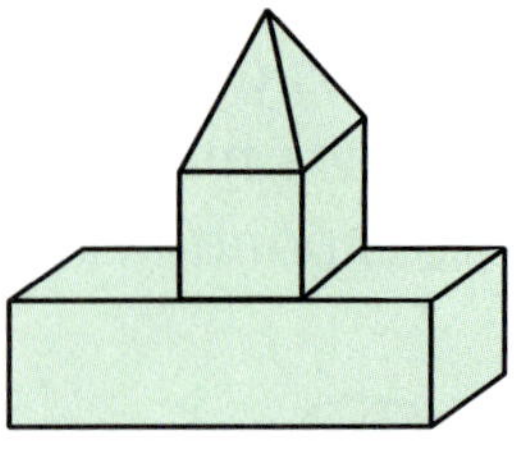

MG 2.6 Identificar objetos sólidos comunes que sean los componentes que se necesiten para formar un objeto sólido más complejo. *también* **MG 2.0, MG 2.5, MR 2.3, MR 2.4, MR 3.2**

Nombra los cuerpos geométricos usados para formar cada objeto.

2. 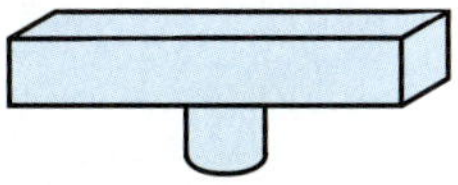

3. 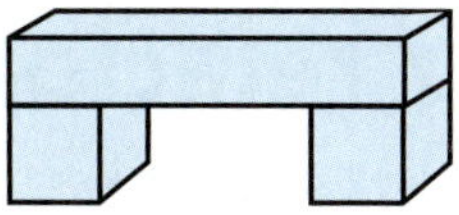

4. 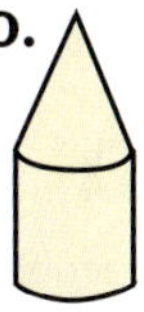

5. COMENTA **Explica** cómo hacer para que el objeto B de Más ejemplos se parezca a este objeto.

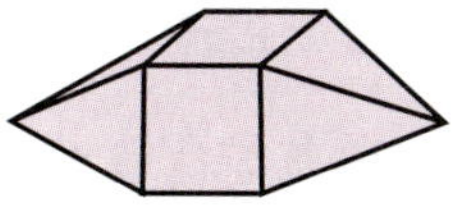

Práctica independiente y resolución de problemas

Nombra los cuerpos geométricos usados para formar cada objeto.

6. 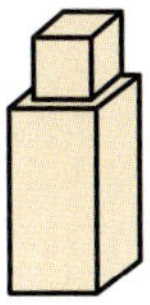

7. 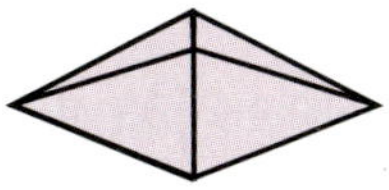

8. 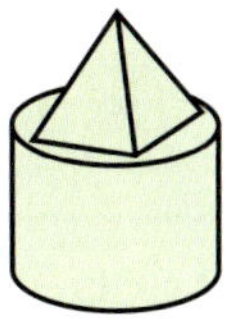

Cada par de objetos deben ser iguales.
Nombra el cuerpo geométrico que falta.

9. 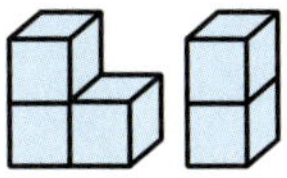

10. 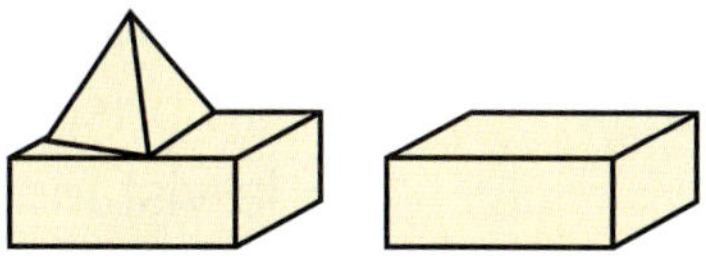

11. 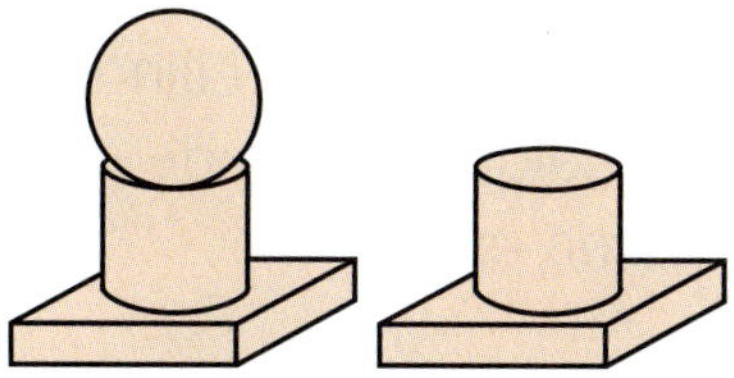

12. **Razonamiento** ¿Qué cuerpos geométricos obtendrías si cortaras un cubo como éste a la mitad?

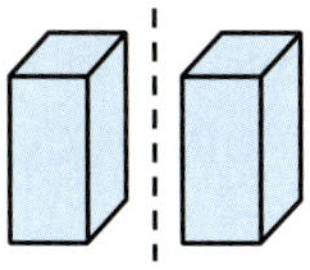

13. ESCRIBE **¿Tiene sentido o no?** Wes dice que usó un cono y un cilindro para hacer esta figura. ¿Tiene sentido lo que dice? **Explica.**

Comprensión de los Estándares

14. Escribe una regla para el patrón. Después escribe los dos números siguientes en el patrón. (AF 2.2, pág. 172)

3, 7, 11, 15, ■, ■

15. ¿Qué cuerpo geométrico tiene 6 caras que son todas cuadrados? (MG 2.5, pág. 298)

16. Joe hizo este problema de división.

$$36 \div 4 = 9$$

¿Qué problema puede hacer para comprobar su respuesta? (NS 2.3, pág. 202)

17. **Preparación para la prueba** ¿Qué objeto resulta al combinar un cubo y un cilindro?

A 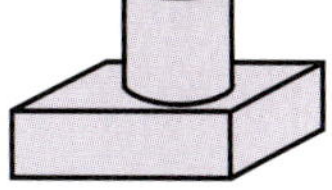

C 

B 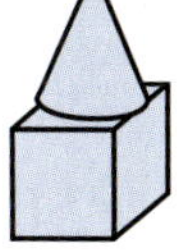

D 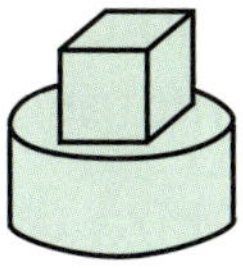

Práctica adicional en la página 308, Grupo D

LECCIÓN 5

Taller de resolución de problemas
Destreza: Identificar relaciones

OBJETIVO: Resolver problemas usando la destreza *identificar relaciones.*

Lee para entender
Planea
Resuelve
Comprueba

Usa la destreza

PROBLEMA Trisha trazó la cara de un cuerpo geométrico para hacer este diseño. ¿Qué cuerpo geométrico usó?

Puedes identificar cuerpos geométricos mirando las diferentes vistas.

Un círculo puede ser
- la vista inferior de un cono
- la vista superior o inferior de un cilindro
- cualquier vista de una esfera

Un cuadrado puede ser
- cualquier vista de un cubo
- la vista superior, inferior o lateral de un prisma rectangular
- la vista inferior de una pirámide cuadrada

Un rectángulo puede ser
- la vista superior, inferior o lateral de un prisma rectangular

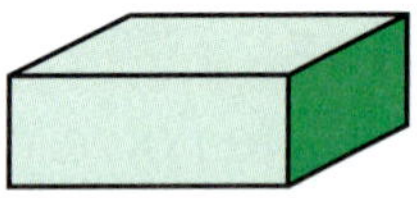

Un triángulo puede ser
- la vista lateral de una pirámide cuadrada

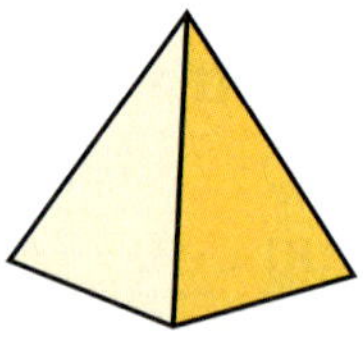

Por lo tanto, Trisha podría haber usado un cubo, una pirámide cuadrada o un prisma rectangular.

Piensa y comenta

Usa figuras planas y cuerpos geométricos para resolver.

a. Natalia tiene un bloque de madera con forma de pirámide cuadrada. Si miras la vista inferior de su bloque, ¿qué figura plana verías?

b. Eileen presionó un cuerpo geométrico en arcilla. Quedó el contorno de un triángulo. ¿Qué cuerpo geométrico usó?

c. Karl hizo este diseño. ¿Qué cuerpos geométricos podría haber trazado?

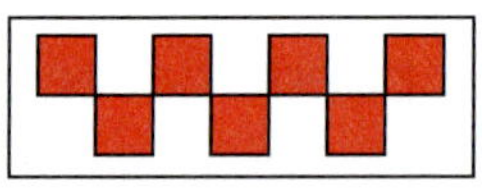

MG 2.5 Identificar, describir y clasificar objetos geométricos tridimensionales comunes (por ej., cubo, cuerpo geométrico rectangular, esfera, prisma, pirámide, cono cilindro). *también* **MR 1.1, MR 2.0, MR 2.3, MR 2.4, MR 3.0, MR 3.1, MR 3.2, MR 3.3**

Resolución de problemas con supervisión

Resuelve.

1. Jannelle usó una esponja para pintar un borde de círculos alrededor del marco de una fotografía. Tiene tres esponjas diferentes con la forma de un cilindro, un cubo y un prisma rectangular. ¿Qué esponja usó para hacer el borde?

   Piensa en las diferentes vistas de los tres cuerpos geométricos.

   ¿Qué cuerpo geométrico tiene un círculo en la vista superior, inferior o lateral?

   Ahora resuelve el problema.

2. **¿Qué pasaría si** Jannelle hiciera un borde de cuadrados? ¿Cuál esponja habría usado?

3. Casey pintó un borde de triángulos con esponja alrededor de un cartel. ¿Tenía su esponja la forma de un cilindro, una esfera o una pirámide cuadrada?

Aplicaciones mixtas

Para los ejercicios 4 a 7, usa las imágenes.

4. Matt compró un artículo en la tienda. Dijo que si ves el artículo de lado parece un rectángulo. ¿Qué artículo pudo haber comprado Matt?

5. Martin compró algunos artículos. Pagó con un billete de $20. Recibió $3 de cambio. ¿Qué artículos pudo haber comprado Martin?

6. ESCRIBE La señora Garret compró 6 latas de pintura y 2 cajas de crayolas. **Explica** cómo hallar la cantidad total que gastó.

7. **Formula un problema** Vuelve a leer el problema 6. Escribe un problema similar cambiando los artículos que compró la señora Garret.

8. El sábado, 482 personas visitaron una galería de arte. El domingo, 621 personas visitaron la galería de arte. ¿Cuántas personas más visitaron la galería de arte el domingo?

9. Nick pintó una cerca durante 75 minutos en la mañana y durante 90 minutos en la tarde. ¿Cuántos minutos estuvo pintando Nick en total? ¿Cuántas horas y minutos?

Práctica adicional

Grupo A **Nombra el cuerpo geométrico al que se parece cada objeto.** (págs. 296 y 297)

1. 

2. 

3. 

4. 

Grupo B **Nombra el cuerpo geométrico. Después di cuántas caras, aristas y vértices tiene.** (págs. 298 y 299)

1. 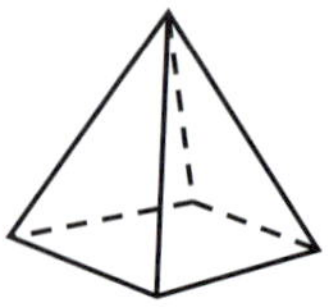

2. 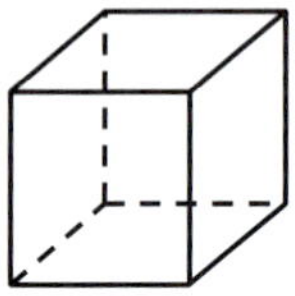

3. 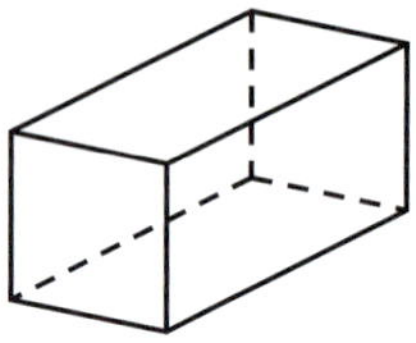

Nombra el cuerpo geométrico que tiene las siguientes caras.

4. 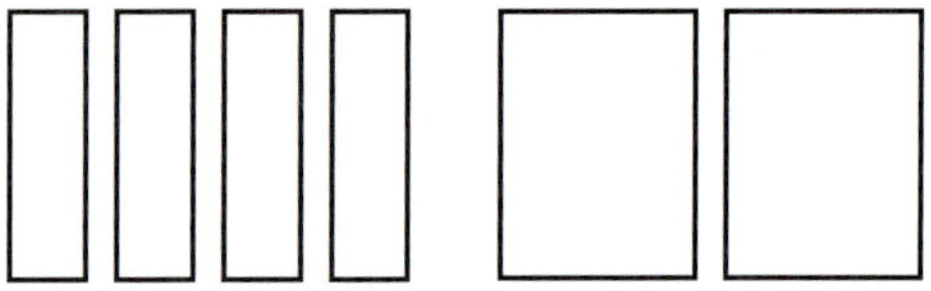

5. 

Grupo C **Identifica el cuerpo geométrico que puede formarse con cada plantilla.** (págs. 300 a 303)

1. 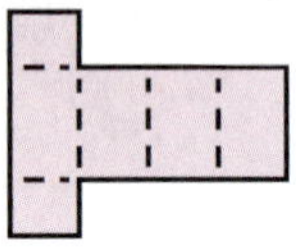

2. 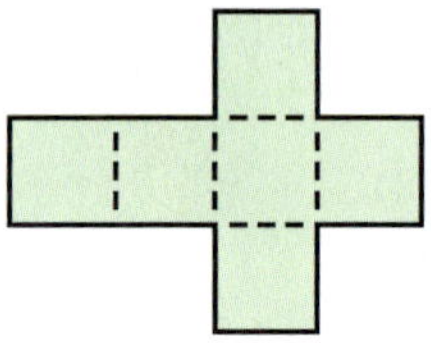

3. 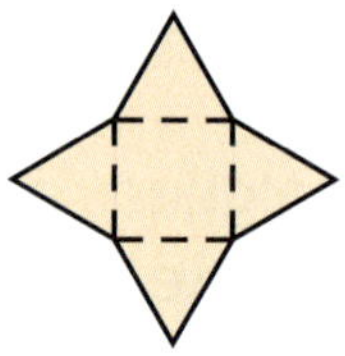

Grupo D **Nombra los cuerpos geométricos usados para formar cada objeto.** (págs. 304 y 305)

1. 

2. 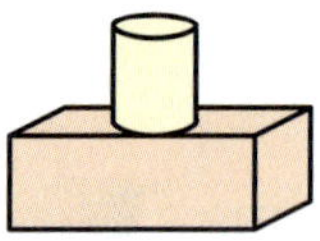

3. 

Para los ejercicios 4 y 5, usa los bloques de madera.

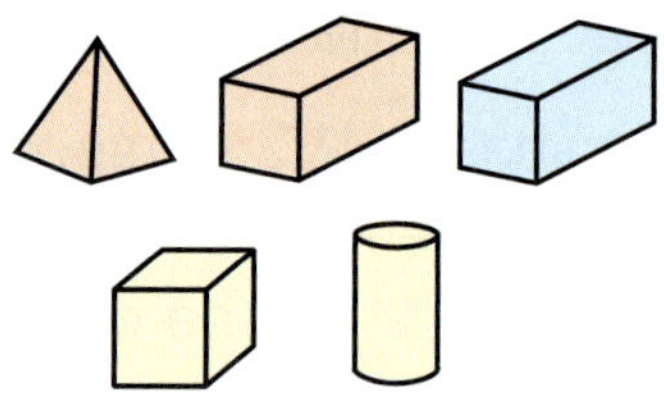

4. Everett hizo una torre con 2 bloques amarillos. ¿Cuáles cuerpos geométricos usó?

5. Madison usó los 3 bloques restantes en su torre. Nombra los cuerpos geométricos que usó. ¿De qué color es probable que sea la parte superior? ¿Por qué?

CD ROM **Tecnología**
Usa Harcourt Mega Math en español, Exploración ártica, *Formas en el frío,* niveles A, B, G.

PRÁCTICA CON UN JUEGO

Figuras rodantes

¡Sacude!

2 a 4 jugadores

¡Agita!

- Tablero de juego
- 2 cubos de cuerpos geométricos
- Tarjetas de juego, crayola o lápiz y una ficha para cada jugador.

¡Lanza!

- Cada jugador coloca su ficha en cualquier espacio del tablero.
- El primer jugador lanza los cubos de figuras geométricas y dice si las dos figuras que caen boca arriba pueden combinarse.
- Si las dos figuras pueden combinarse, el jugador 1 sombrea una cara en su tarjeta, que corresponda a la cara en la cual se encuentra la ficha. El jugador 1, entonces, se mueve 1 espacio en cualquier dirección.
- El jugador 2 sigue los mismos pasos del jugador 1. Si las figuras lanzadas no pueden combinarse, es el turno del siguiente jugador.
- El juego continúa mientras los jugadores lancen los cubos, sombreen las tarjetas y se muevan alrededor del tablero.
- El primer jugador en sombrear todas las caras de cualquier cuerpo geométrico de su tarjeta, gana.

Repaso/Prueba del Capítulo 13

Repasar el vocabulario y los conceptos

Elige el mejor término del recuadro.

VOCABULARIO
arista
cara
vértice

1. El segmento que se forma donde se encuentran dos caras es una __?__ . (MG 2.5, pág. 298)
2. La superficie plana de un cuerpo geométrico se llama __?__ . (MG 2.5, pág. 298)

Repasar las destrezas

Nombra el cuerpo geométrico. Después di cuántas caras, aristas y vértices tiene. (MG 2.5, págs. 296 y 297, 298 y 299)

3. 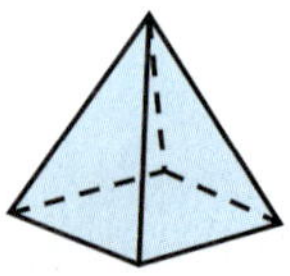

4. 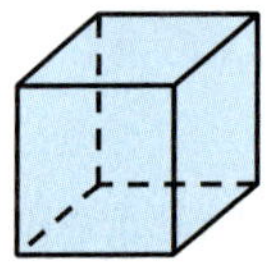

5. 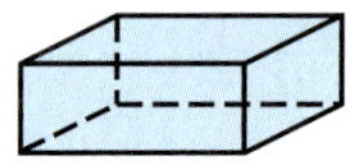

Identifica el cuerpo geométrico que puede formarse con cada plantilla. (MG 2.5, págs. 300 a 303)

6. 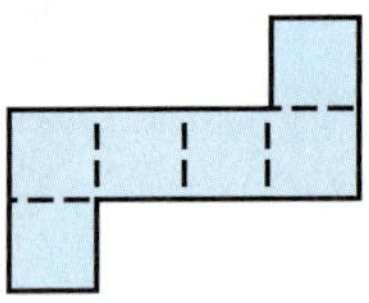

7. 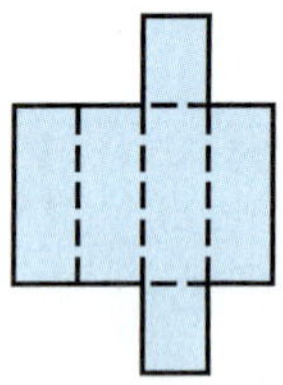

8. 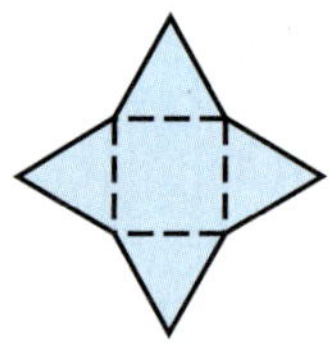

Nombra el cuerpo geométrico usado para formar cada objeto. (MG 2.6, págs. 304 y 305)

9. 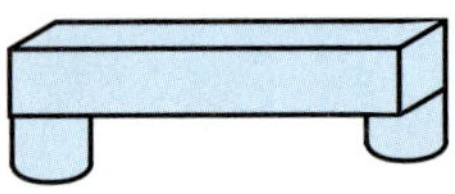

10. 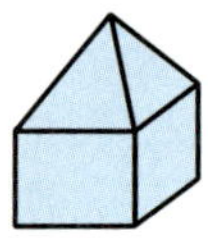

11. 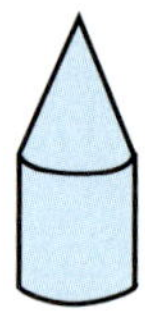

Repasar la resolución de problemas

Resuelve. (MG 2.5, MR 1.1, MR 2.3, págs. 306 y 307)

12. Paul presionó un cuerpo geométrico en arcilla. Quedó el contorno de un cuadrado. ¿Qué cuerpo geométrico pudo haber usado?

13. **ESCRIBE** Jenita tiene 2 cubos, 2 prismas rectangulares y 1 pirámide cuadrada. Los está pintando todos de azul. ¿Cuántas caras pintará en total? **Explica** cómo hallaste la respuesta escribiendo enunciados numéricos.

Enriquecimiento • Cuerpos geométricos congruentes

Armar bloques

Chantal y Miguel hicieron cada uno un cuerpo geométrico con cubos. ¿Son congruentes las dos figuras?

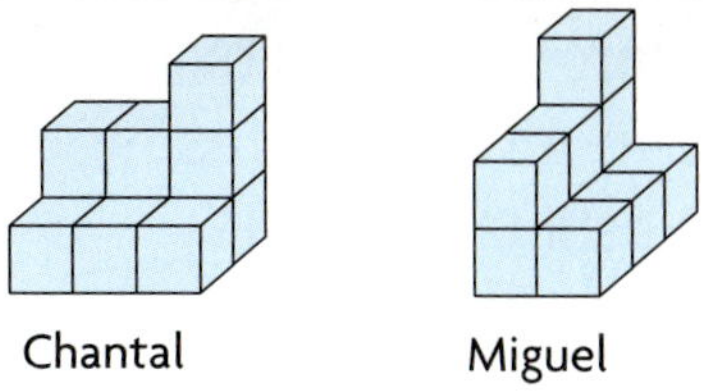

▲ Los pequeños ladrillos plásticos de Lego® fueron inventados en Dinamarca. Hay un parque LEGOLAND® en Carlsbad, California.

Enmárcalo

Dos figuras son congruentes si tienen exactamente la misma forma y el mismo tamaño. Mira cada capa de las figuras para saber si son congruentes.

Paso 1 Haz una tabla para comparar las figuras.

Paso 2 Halla el número de cubos en cada hilera.

Paso 3 Halla el número de cubos en cada capa.

	NÚMERO DE CUBOS	FIGURA DE CHANTAL	NÚMERO DE CUBOS	FIGURA DE MIGUEL
Capa 1	6	2 hileras de 3 cubos	6	2 hileras de 3 cubos
Capa 2	3	1 hilera de 3 cubos	3	1 hilera de 3 cubos
Capa 3	1	1 cubo	1	1 cubo

Paso 4 Compara los tamaños y las formas de las figuras en cada capa. Si todos los tamaños y las formas son iguales, entonces las figuras son congruentes.

Por lo tanto, la figura de Chantal es congruente con la figura de Miguel.

Rellénalo

¿Son congruentes los cuerpos geométricos?

1.

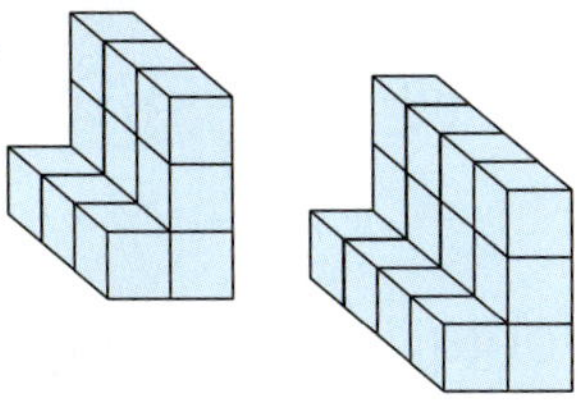

2.

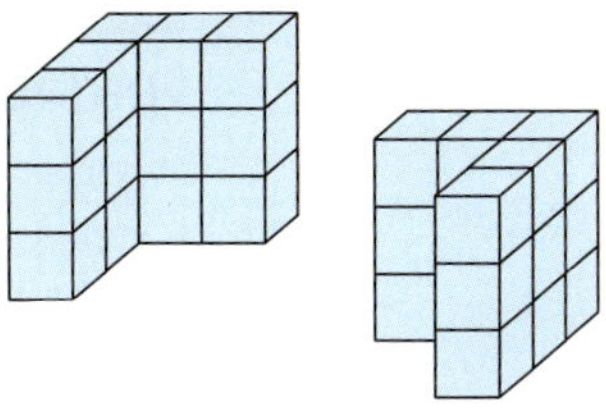

3.

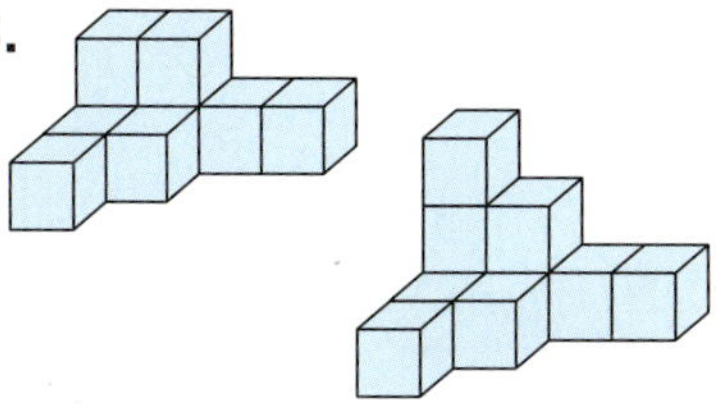

Termínalo

ESCRIBE Usa cubos para hacer una figura congruente con la que se muestra. **Explica** cómo sabes que son congruentes.

Comprensión de los Estándares
Capítulos 1 a 13

Percepción numérica

1. En el centro de ciencias, 299 personas visitaron una exhibición. Otra exhibición tuvo 431 visitantes. ¿Cuál es la mejor estimación del número total de visitantes en las dos exhibiciones? (NS 2.1)

   A 100
   B 600
   C 700
   D 800

Pista

Busca la información que necesitas.

Lee el problema 2. Primero, halla la información que te dan en el problema. A continuación, lee la pregunta de nuevo. Luego, decide si hay información que no necesitas. Por último, usa la información necesaria para resolver el problema.

2. Linda compró 7 libros por $56. Cada libro cuesta la misma cantidad. ¿Cuánto costó cada libro? (NS 2.7)

   A $63
   B $49
   C $9
   D $8

3. ESCRIBE ¿Cuánto es 5×4? **Explica** dos maneras de hallar el producto. (NS 2.2)

Álgebra y funciones

4. Los estudiantes de la clase de Charlie ponen pelotas de tenis en las patas de sus sillas. ¿Cuántas pelotas de tenis usaron para 9 sillas? (AF 2.1)

Sillas	Pelotas de tenis
1	4
2	8
3	12
4	■

   A 4 **C** 16
   B 13 **D** 36

5. Elton compró 4 paquetes de panes de hamburguesa para el picnic de la escuela. Cada paquete tiene 8 panes. ¿Qué enunciado numérico muestra cuántos panes compró? (AF 1.1)

   A $4 + 8 = 12$
   B $8 - 4 = 4$
   C $8 \div 4 = 2$
   D $4 \times 8 = 32$

6. ESCRIBE ¿Qué número vuelve verdadero al enunciado numérico?

$$36 \div ■ = 3 \times 3$$

Explica cómo obtuviste tu respuesta. (AF 1.2)

Medición y geometría

7. .¿Qué opción muestra un triángulo isósceles? (0━ MG 2.2)

A

B

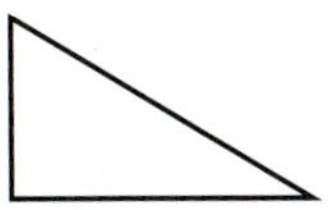

C

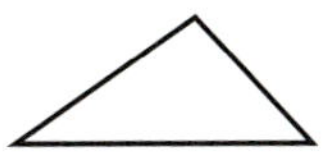

D

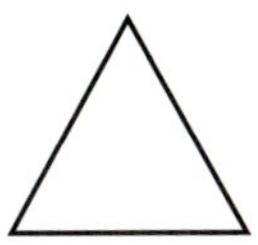

8. ¿Cuántas caras tiene este cuerpo geométrico? (MG 2.5)

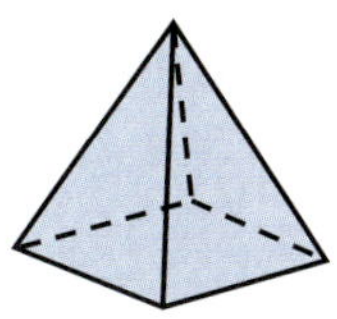

A 8

B 6

C 5

D 4

9. **ESCRIBE** Mary midió la longitud de una mesa usando popotes. Todd la midió usando crayolas. ¿Qué medición fue mayor? **Explica.** (Grado 2 0━ MG 1.2)

Estadísticas, análisis de datos y probabilidad

10. La pictografía muestra las alturas de los estudiantes en la clase de Mary. ¿Cuántos estudiantes miden exactamente 53 pulgadas de altura? (Grado 2 0━ SDAP 1.0)

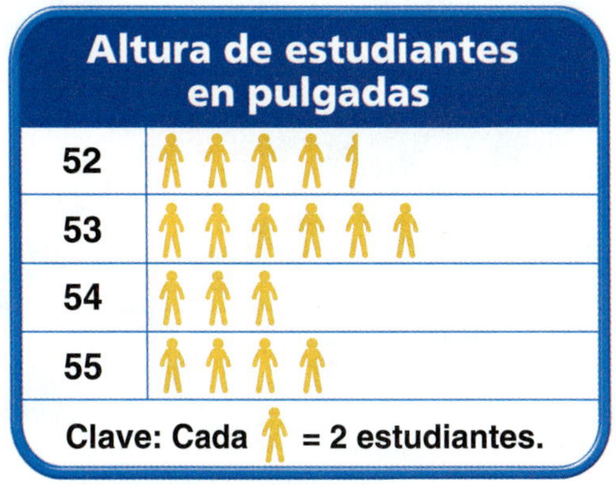

A 6 **C** 14

B 12 **D** 16

11. **ESCRIBE** La gráfica de barras muestra los colores favoritos de los estudiantes de tercer grado en la escuela de Len. ¿Cuántos estudiantes más eligieron verde que rojo como su color favorito? **Explica** tu respuesta. (Grado 2 0━ SDAP 1.0)

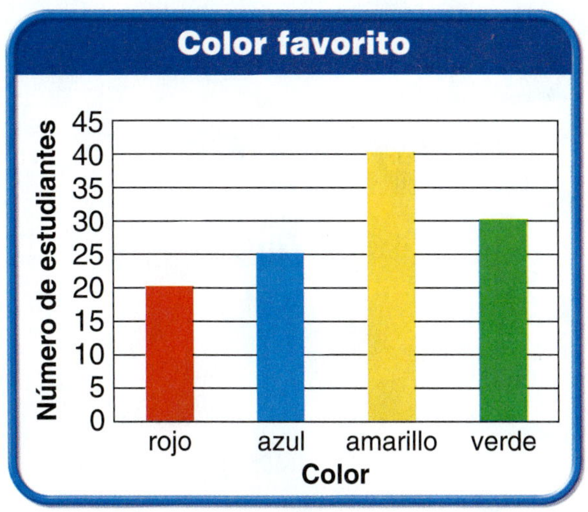

CAPÍTULO

14 Perímetro, área y volumen

La idea importante Las propiedades de las figuras bidimensionales y tridimensionales pueden medirse.

CALIFORNIA DATO BREVE

El Dodger Stadium se ve desde el centro de Los Angeles, California. Ha sido sede del equipo de béisbol Los Angeles Dodgers desde que se inauguró el 10 de abril de 1962.

Investiga

El diamante de béisbol de las Ligas Mayores es parecido al diamante de béisbol de las Ligas Menores. Mira los dos dibujos. Describe en qué se parecen los dos diamantes y en qué son diferentes.

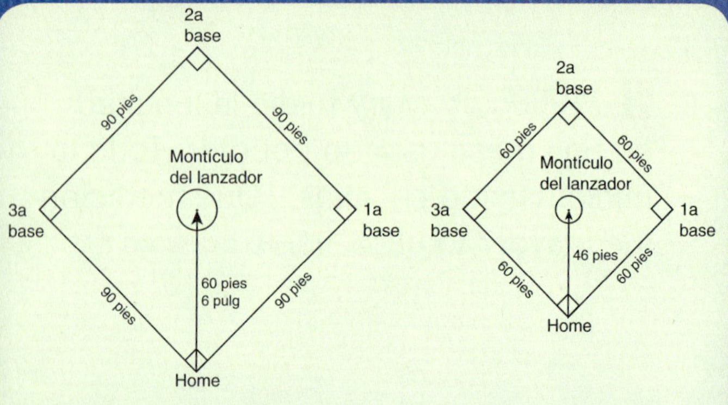

Ligas Mayores   Ligas Menores

Muestra lo que sabes

Comprueba si has aprendido las destrezas importantes que se necesitan para completar exitosamente el Capítulo 14.

▶ Sumar en columna

Halla la suma.

1. $\begin{array}{r}1\\8\\9\\+4\\\hline\end{array}$ **2.** $\begin{array}{r}2\\6\\7\\+6\\\hline\end{array}$ **3.** $\begin{array}{r}5\\5\\8\\+3\\\hline\end{array}$ **4.** $\begin{array}{r}4\\2\\2\\+7\\\hline\end{array}$

5. $\begin{array}{r}6\\7\\5\\+2\\\hline\end{array}$ **6.** $\begin{array}{r}10\\9\\9\\+\ 4\\\hline\end{array}$ **7.** $\begin{array}{r}3\\5\\2\\+4\\\hline\end{array}$ **8.** $\begin{array}{r}10\\10\\7\\+\ 2\\\hline\end{array}$

▶ Operaciones de multiplicación hasta el 10

Halla el producto.

9. $8 \times 6 =$ ■ **10.** $4 \times 3 =$ ■ **11.** $7 \times 9 =$ ■ **12.** $5 \times 4 =$ ■

13. $6 \times 3 =$ ■ **14.** $8 \times 8 =$ ■ **15.** $1 \times 5 =$ ■ **16.** $6 \times 7 =$ ■

17. $\begin{array}{r}4\\\times 4\\\hline\end{array}$ **18.** $\begin{array}{r}9\\\times 8\\\hline\end{array}$ **19.** $\begin{array}{r}4\\\times 7\\\hline\end{array}$ **20.** $\begin{array}{r}6\\\times 9\\\hline\end{array}$

Enriquece tu vocabulario

VOCABULARIO DEL CAPÍTULO

área
unidad cúbica
perímetro
unidad cuadrada
volumen

PREPARACIÓN

perímetro La medida del contorno de una figura

área El número de unidades cuadradas necesarias para cubrir una superficie plana

unidad cuadrada Un cuadrado con un lado que mide una unidad

1 Perímetro

OBJETIVO: Hallar el perímetro de una figura.

Repaso rápido

Suma.

1. 5 + 3 + 5
2. 2 + 2 + 2 + 2
3. 7 + 3 + 3 + 7
4. 4 + 8 + 2 + 1 + 3
5. 2 + 2 + 1 + 3 + 2

Vocabulario

perímetro

El **perímetro** es la distancia alrededor de una figura.

Puedes usar fichas cuadradas para medir el perímetro de una tarjeta. Cada arista de una ficha cuadrada tiene una longitud de 1 unidad.

Investigar

Materiales ■ fichas cuadradas, tarjetas

A Coloca fichas cuadradas alrededor del borde exterior de una tarjeta.

B Cuenta el número de fichas cuadradas que usaste.

C Registra el número de fichas que se necesitan para rodear toda la tarjeta.

A

B

Sacar conclusiones

1. ¿Cuántas fichas cuadradas pusiste alrededor de la tarjeta?
2. ¿Cuál es el perímetro de la tarjeta?
3. **Síntesis** **¿Qué pasaría si** midieras el perímetro con crayolas? ¿El perímetro sería mayor o menor? **Explica**.

MG 1.3 Hallar el perímetro de un polígono cuyos lados tienen medidas en números enteros. *también* **MR 2.0, MR 2.3, MR 2.4, MR 3.1, MR 3.2**

Relacionar

Puedes contar unidades en una cuadrícula para hallar el perímetro.

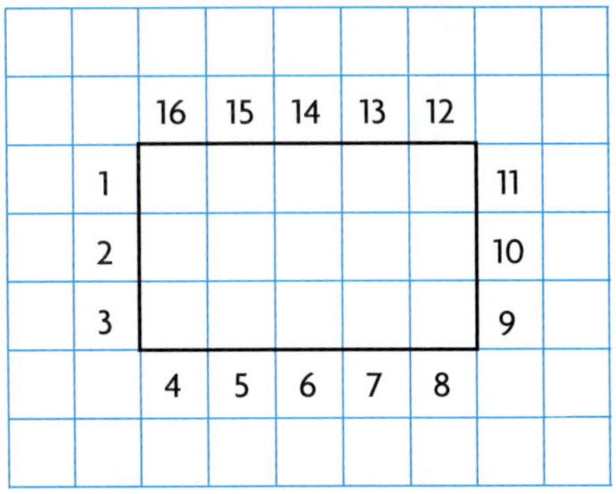

Perímetro = 16 unidades

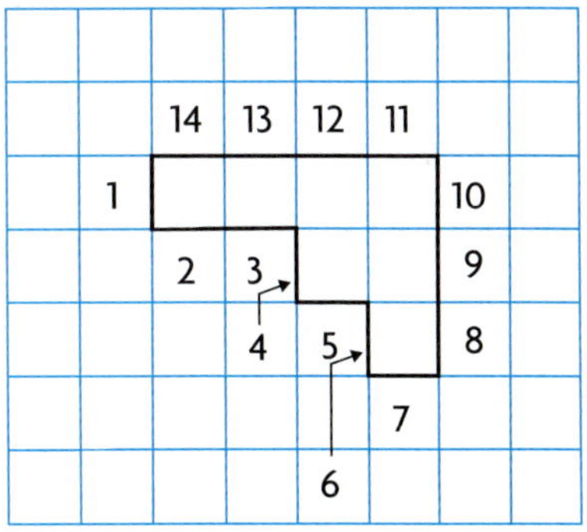

Perímetro = 14 unidades

COMENTA

Explica cómo hallar el perímetro de este rectángulo.

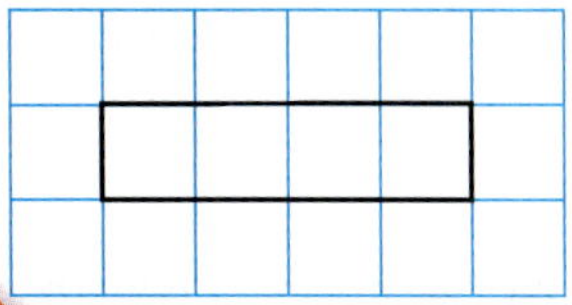

Practicar

Halla el perímetro de cada figura.

1.

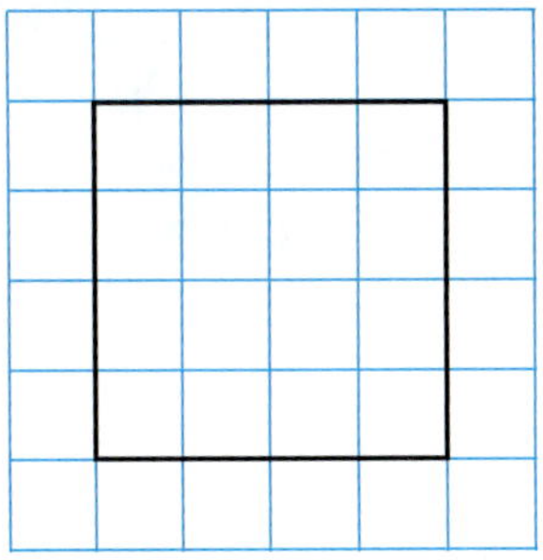

2.

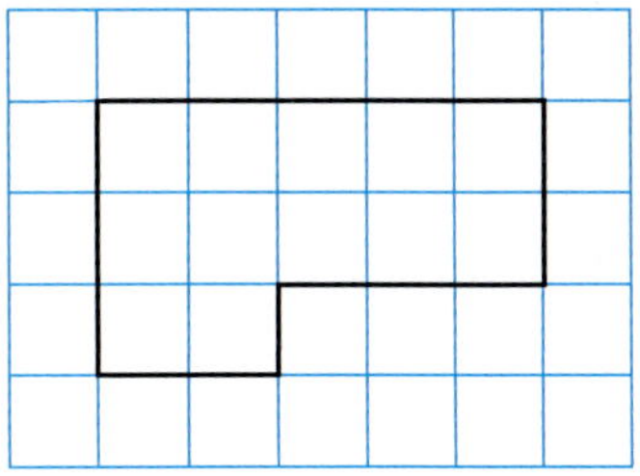

3.

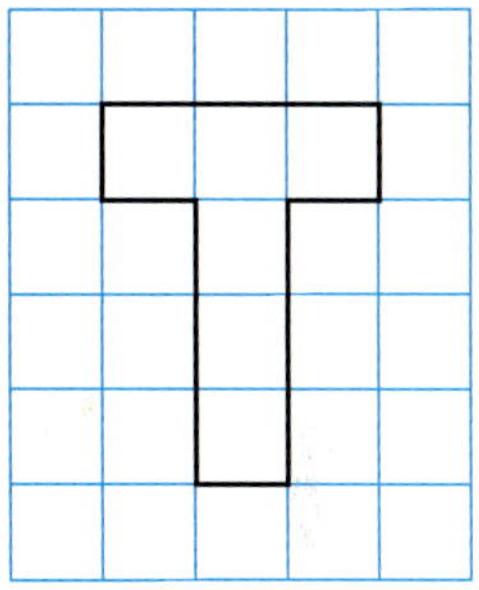

4.

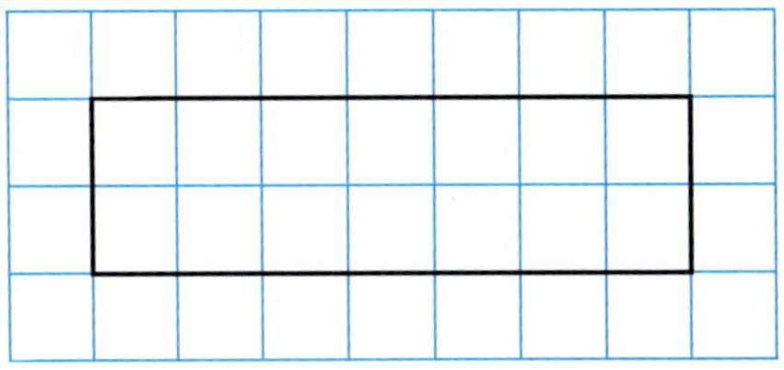

5.

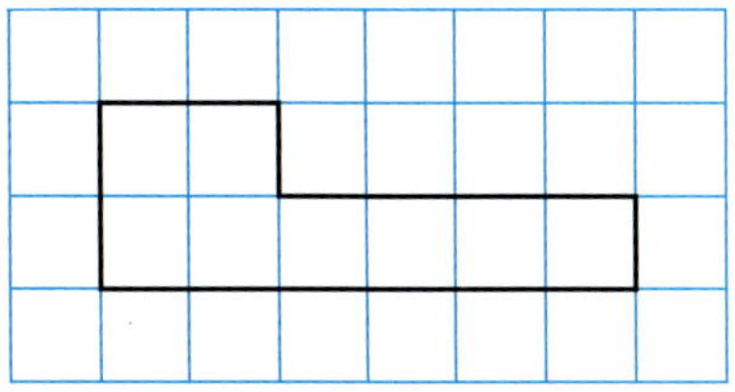

6.

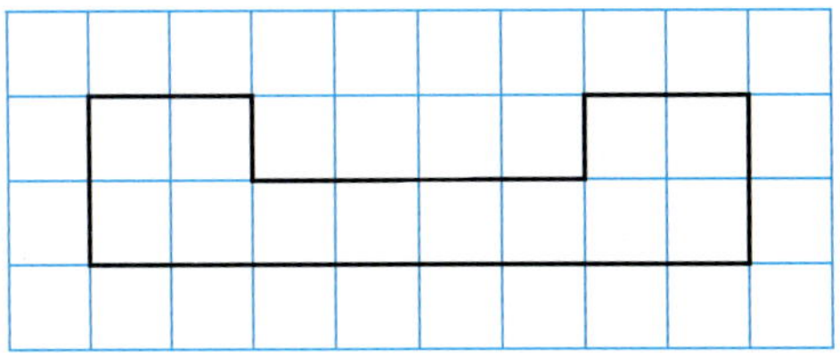

7. **ESCRIBE**

¿Cuál es el error?
Brian dijo que el perímetro de esta figura es de 8 unidades. **Explica** su error. Escribe el perímetro correcto.

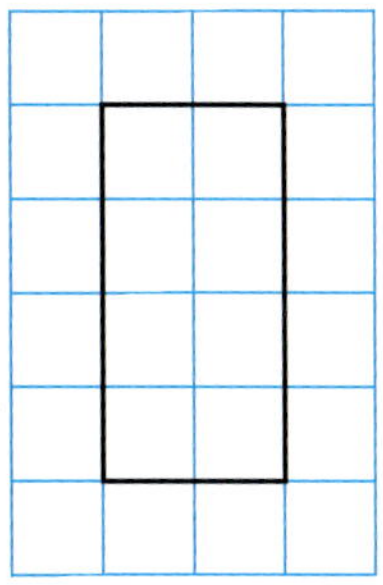

LECCIÓN 2
Estimar y medir perímetros

OBJETIVO: Estimar y medir el perímetro.

Repaso rápido

Halla la suma.

1. 8 + 8 + 8 + 8
2. 2 + 3 + 4
3. 1 + 1 + 8 + 3
4. 6 + 6 + 5 + 5
5. 3 + 3 + 1 + 4 + 1

Aprende

Puedes estimar y medir el perímetro en unidades comunes, como las pulgadas y los centímetros.

Halla el perímetro de un cuaderno.

MANOS A LA OBRA

Actividad

Materiales ■ regla en pulgadas, papel

Paso 1

Estima el perímetro de un cuaderno en pulgadas. Registra tu estimación.

Paso 2

Usa una regla en pulgadas para medir la longitud de cada lado del cuaderno.

Paso 3

Suma las longitudes de los lados.
Registra el perímetro.
■ pulgadas + ■ pulgadas + ■ pulgadas + ■ pulgadas =
■ pulgadas

- ¿Cómo se compara tu estimación con tu medición?

Ejemplos

Usa una regla para hallar la longitud de cada lado en pulgadas.

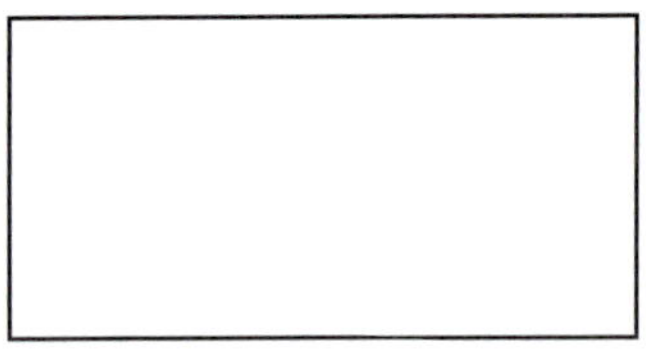

Suma las longitudes de los lados:
1 pulg + 2 pulg + 1 pulg +
2 pulg = 6 pulg
El perímetro es de 6 pulgadas.

Usa una regla para hallar la longitud de cada lado en centímetros.

Suma las longitudes de los lados:
3 cm + 3 cm + 3 cm + 3 cm = 12 cm

El perímetro es de 12 centímetros.

MG 1.3 Hallar el perímetro de un polígono cuyos lados tienen medidas en números enteros.
también **MG 1.0, MR 2.0, MR 2.3, MR 2.4, MR 3.0, MR 3.2**

Más ejemplos

Suma las longitudes de los lados para hallar el perímetro.

A

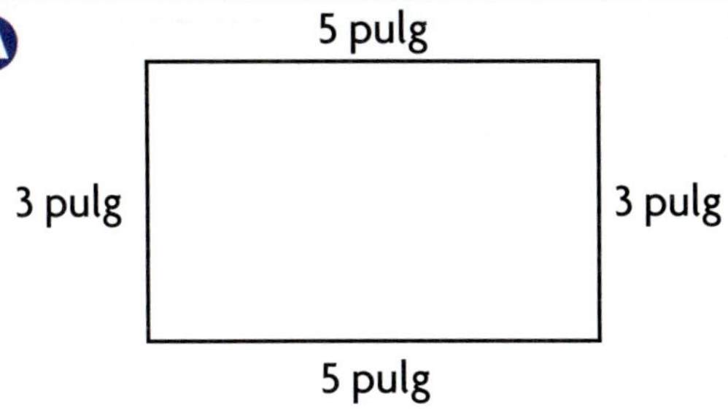

Suma las longitudes de los lados:

3 pulg + 5 pulg + 3 pulg +
5 pulg = 16 pulg

El perímetro es de 16 pulgadas.

B

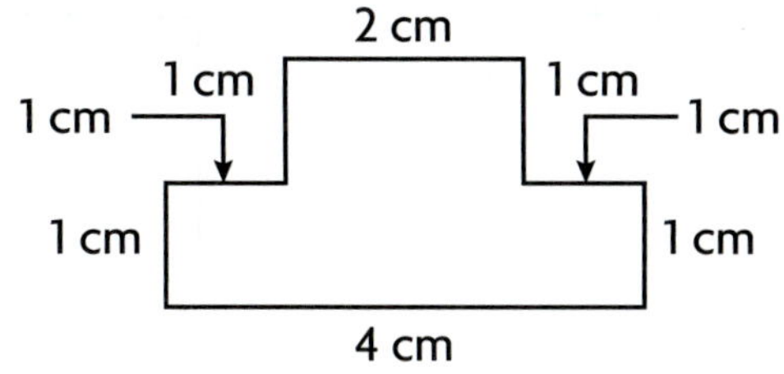

Suma las longitudes de los lados:

1 cm + 1 cm + 1 cm + 2 cm + 1 cm +
1 cm + 1 cm + 4 cm = 12 cm

El perímetro es de 12 centímetros.

- **¿Qué pasaría si** sumaras 1 pie a cada lado del rectángulo en el ejemplo A? ¿Cómo cambiaría el perímetro?

Práctica con supervisión

1. Halla el perímetro del triángulo en pulgadas.
   Piensa: ¿Qué largo tiene cada lado?

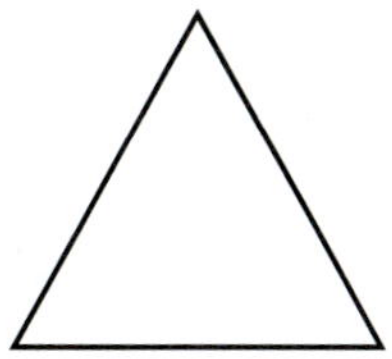

Estima. Después usa una regla en centímetros para hallar el perímetro.

2. 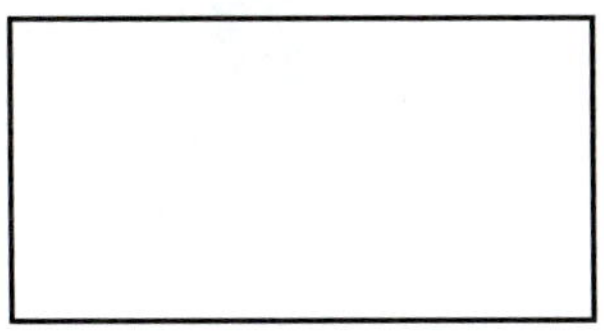

✓3. 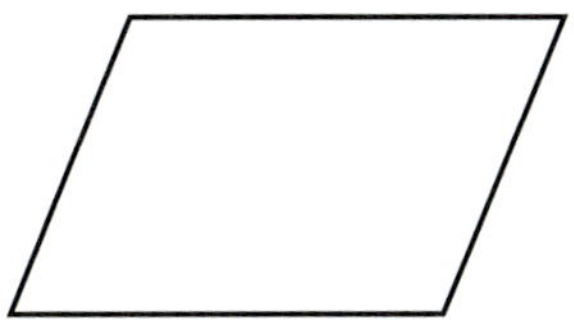

✓4. 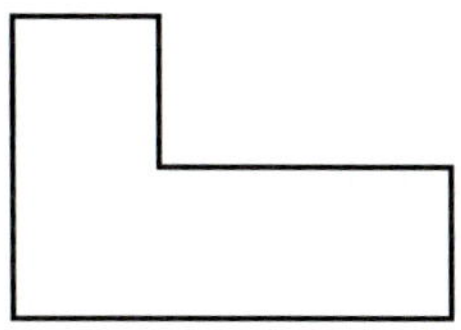

Estima. Después usa una regla en pulgadas para hallar el perímetro.

5. 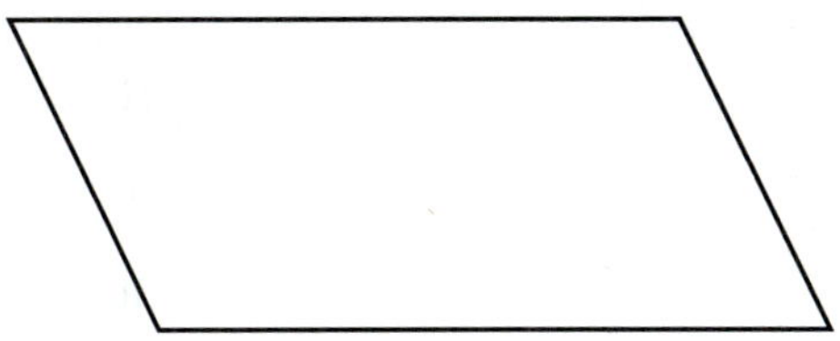

6. 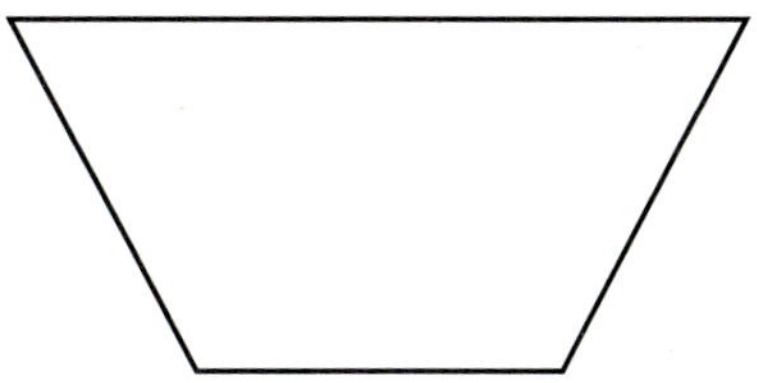

7. **COMENTA** **Explica** cómo hallar el perímetro de esta figura.

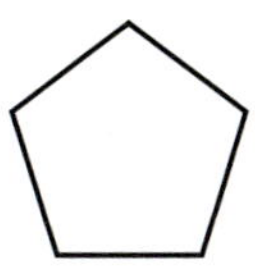

Práctica independiente y resolución de problemas

Estima. Después usa una regla en centímetros para hallar el perímetro.

8.

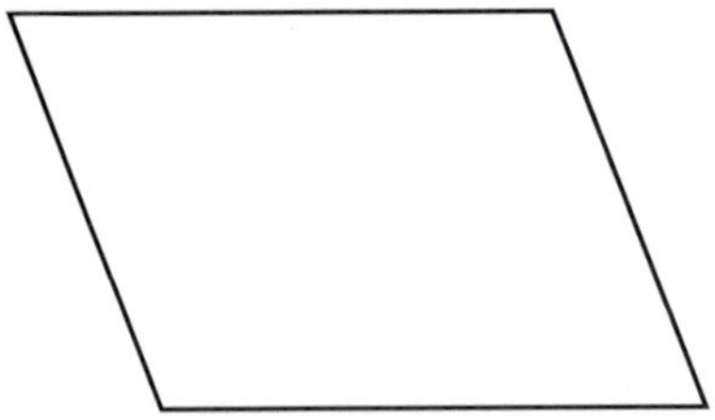

9.

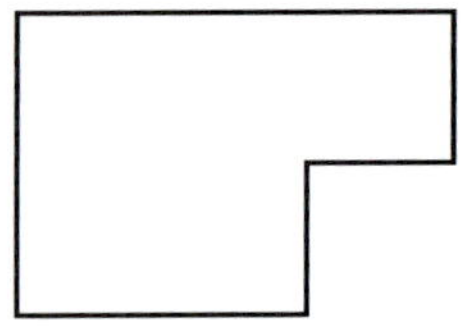

10.

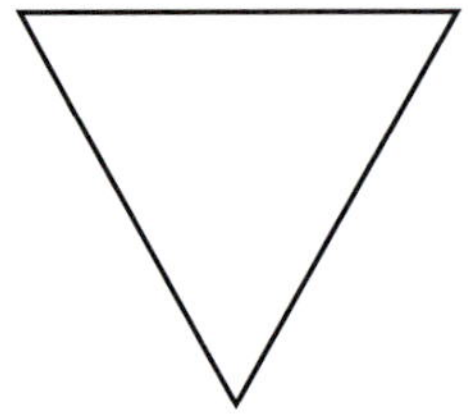

Estima. Después usa una regla en pulgadas para hallar el perímetro.

11.

12.

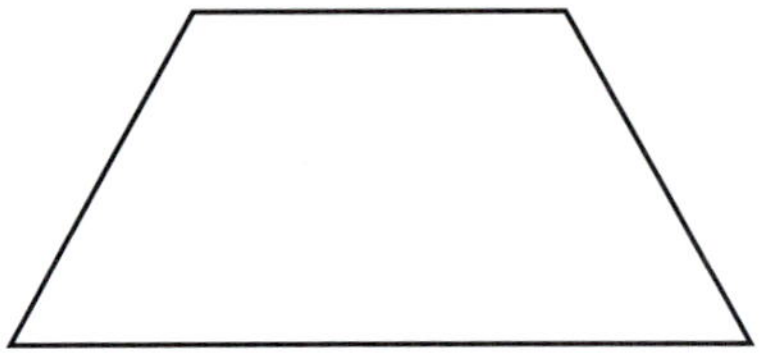

13.

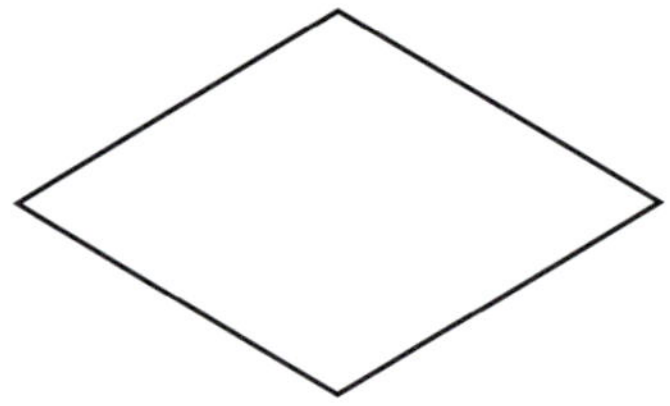

Álgebra **Halla la longitud que falta.**

14.

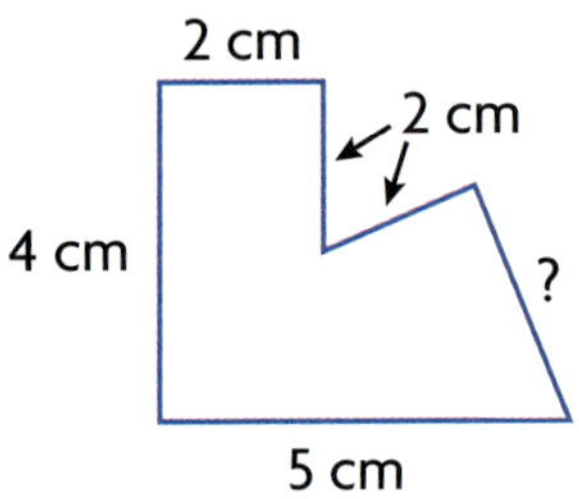

Perímetro = 18 cm

15.

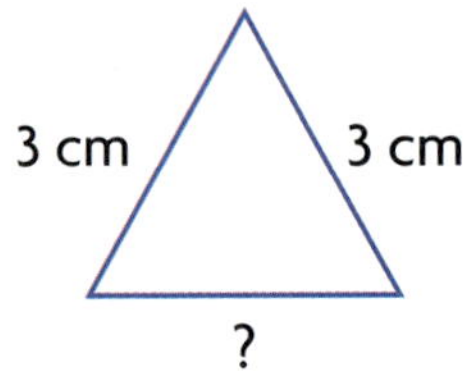

Perímetro = 9 cm

16.

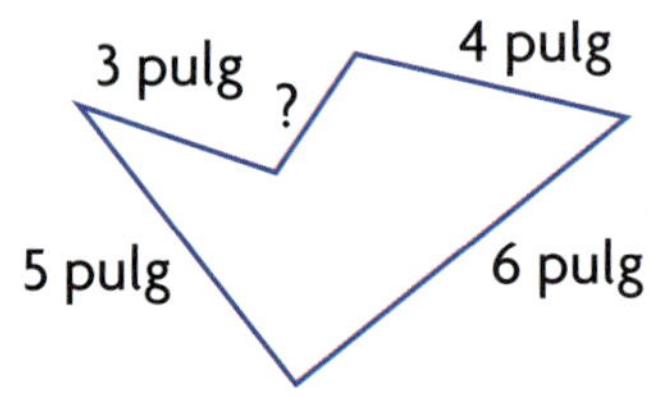

Perímetro = 20 plug

Para los ejercicios 17 y 18, usa las fotos.

17. ¿Cuál de las fotos de animales tiene un perímetro de 24 pulgadas?

18. ¿Cuánto más grande es el perímetro de la foto del pájaro que el perímetro de la foto del gato?

19. Lacy está poniendo una cerca alrededor de su jardín cuadrado. Cada lado del jardín mide 8 pies de largo. La cerca cuesta $3 por cada pie. ¿Cuánto costará la cerca?

20. **Problema abierto** Usa papel cuadriculado o una regla para dibujar un polígono que tenga un perímetro de 20 cm. Rotula la longitud de cada lado.

21. **ESCRIBE** Un lado de un rectángulo tiene 4 pies de largo y otro lado tiene 10 pies de largo. ¿Cuál es el perímetro del rectángulo? **Explica**.

 Práctica adicional en la página 332, Grupo A

Comprensión de los Estándares

22. Jess plantó 4 hileras de flores con 8 flores en cada hilera. ¿Cuántas flores plantó en total?
(NS 2.2, pág. 150)

23. ¿Qué enunciado de multiplicación muestra esta matriz? (AF 1.1, pág. 104)

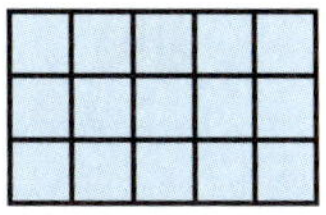

24. Carl hizo esta torre. Nombra los cuerpos geométricos que usó. (MG 2.6, pág. 304)

25. **Preparación para la prueba** ¿Cuál es el perímetro de este rectángulo?

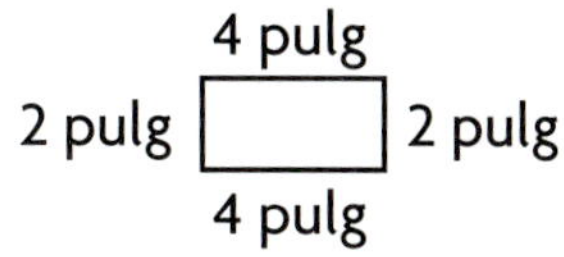

A 8 pulg **C** 12 pulg
B 10 pulg **D** 16 pulg

26. **Preparación para la prueba** Esta figura tiene un perímetro de 14 cm. ¿Qué longitud tiene el cuarto lado?

A 3 cm

B 4 cm

C 7 cm

D 14 cm

PODER MATEMÁTICO Resolución de problemas y razonamiento

MEDICIÓN Un plano es un dibujo que muestra cómo pueden acomodarse los edificios o los objetos. Éste es un plano del jardín trasero de Jason. Las medidas están en pies. Las medidas pueden usarse para hallar la cantidad de material necesario para diferentes proyectos.

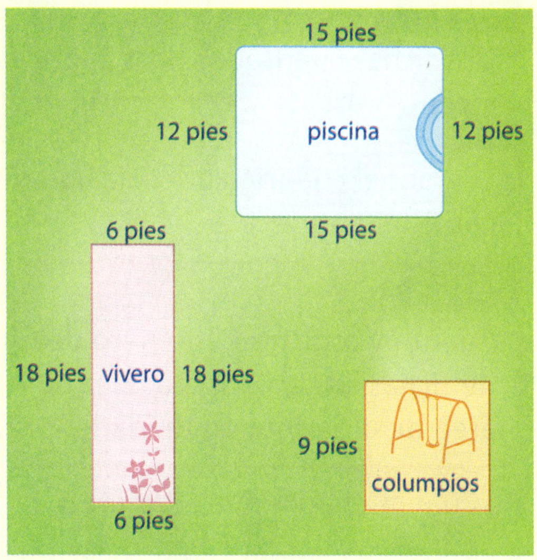

Para los ejercicios 1 a 3, usa el plano.

1. ¿Cuántos pies de cerca necesita Jason para rodear el vivero?
2. Jason compró 100 pies de cerca. Después de cercar el vivero, ¿le sobrará suficiente cerca para poner alrededor de la piscina?
3. Un lado del área cuadrada de columpios mide 9 pies. ¿Cuál es el perímetro?
4. El perímetro del jardín trasero es de 92 pies. Tres de los lados miden 24 pies, 22 pies y 24 pies. ¿Cuánto mide el cuarto lado?

LECCIÓN 3

Área de figuras planas

OBJETIVO: Estimar y medir el área de figuras planas.

Repaso rápido

Multiplica.

1. 4×5
2. 6×3
3. 2×8
4. 5×7
5. 9×9

Vocabulario

área **unidad cuadrada**

Aprende

El **área** es el número de unidades cuadradas que se necesitan para cubrir una superficie plana.

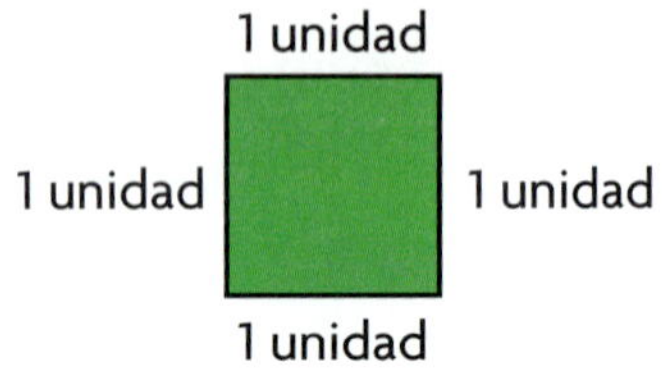

Una **unidad cuadrada** es un cuadrado con una longitud de lado de 1 unidad.

MANOS A LA OBRA Actividad

Materiales ■ fichas cuadradas, tarjeta, papel cuadriculado

Paso 1
Estima cuántas fichas cuadradas se necesitarán para cubrir una tarjeta. Registra tu estimación.

Paso 2
Usa fichas cuadradas para cubrir la superficie de una tarjeta.

Paso 3
Usa papel cuadriculado. Haz un dibujo para mostrar cómo cubriste la tarjeta.

Paso 4
Cuenta y registra el número de hileras de fichas y el número de fichas en cada hilera. El producto de estos números es el área de la tarjeta en unidades cuadradas.

- ¿Cuál es el área de tu tarjeta?
- ¿Cómo se compara tu estimación con tu medición?
- ¿En qué se parecen hallar el área y hacer una matriz?
- **¿Qué pasaría si** usaras cuadros de papel más grandes para cubrir la superficie de tu tarjeta? ¿Cómo se compararía el número de cuadros de papel con el número de fichas cuadradas?

ADVERTENCIA

No dejes ningún espacio entre las fichas cuadradas cuando las uses para hallar el área.

MG 1.2 Estimar o determinar el área y el volumen de cuerpos geométricos cubriéndolos con cuadrados o contando el número de cubos que los llenaría. *también* **MR 2.0, MR 2.2, MR 2.3, MR 2.4, MR 2.5, MR 3.1, MR 3.2**

Ejemplos

Puedes contar o multiplicar unidades cuadradas para hallar el área.

Ⓐ Cuenta unidades.

Éstas son mitades de unidades cuadradas.

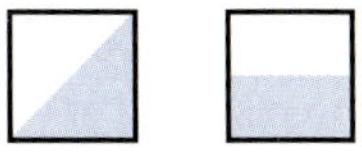

$\frac{1}{2}$ unidades

2 mitades de unidades cuadradas = 1 unidad cuadrada

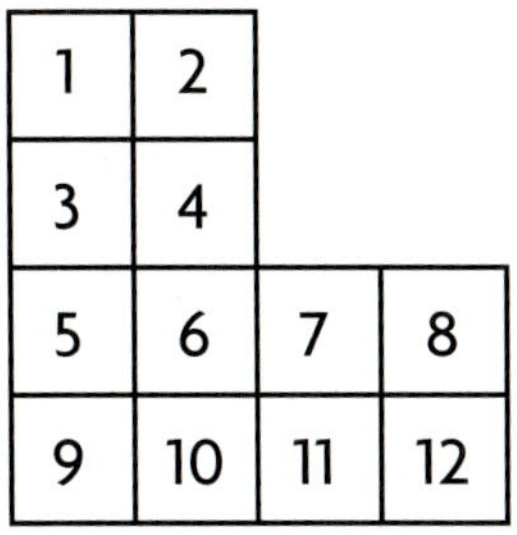

12 unidades cuadradas

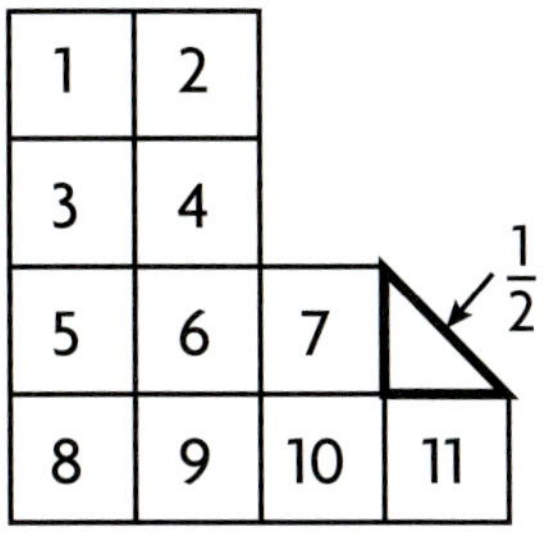

$11\frac{1}{2}$ unidades cuadradas

Ⓑ Multiplica unidades.

Para hallar el área de un rectángulo, multiplica el número de hileras por el número en cada hilera.

4 hileras →

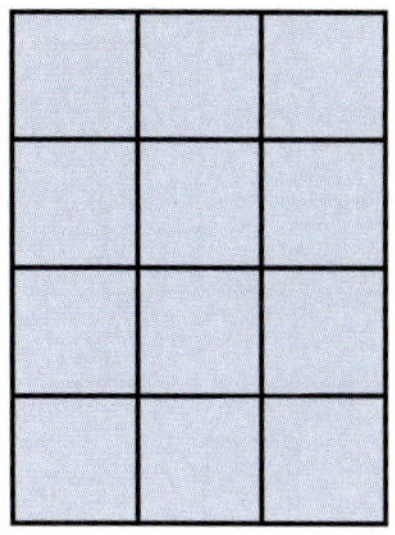

↑ 3 en cada hilera

número de hileras		número en cada hilera		área
↓		↓		↓
4	×	3	=	12 unidades cuadradas

Práctica con supervisión

1. ¿Cuántas fichas cuadradas se usaron para hacer esta figura? ¿Cuál es el área?

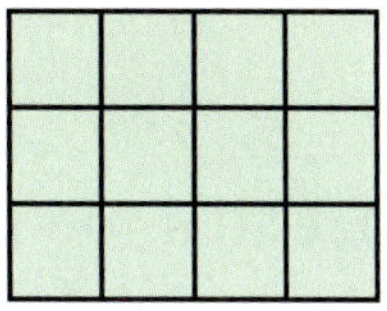

Cuenta o multiplica para hallar el área de cada figura. Escribe la respuesta en unidades cuadradas.

2. 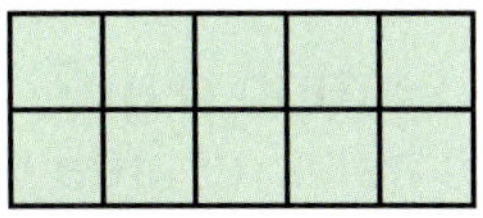

✓ 3. 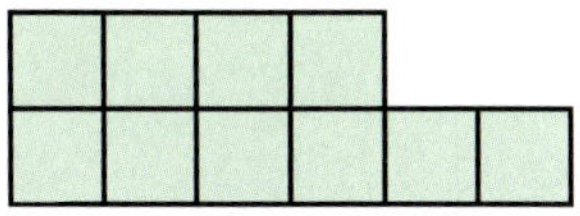

✓ 4. 

5. **COMENTA** Dibuja en papel cuadriculado un cuadrado que tenga una longitud de lado de 4 unidades. **Explica** dos maneras de hallar el área del cuadrado.

Práctica independiente y resolución de problemas

Cuenta o multiplica para hallar el área de cada figura. Escribe la respuesta en unidades cuadradas.

6. 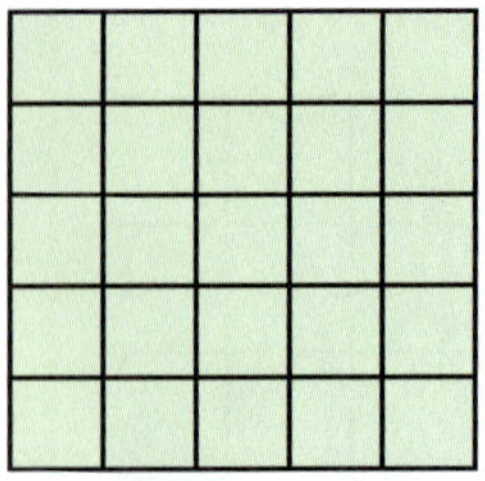

7. 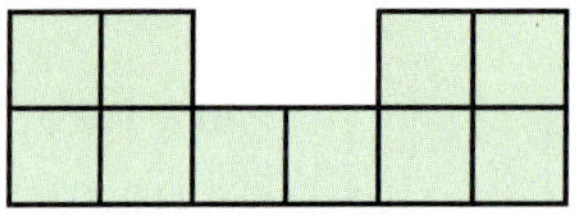

8. 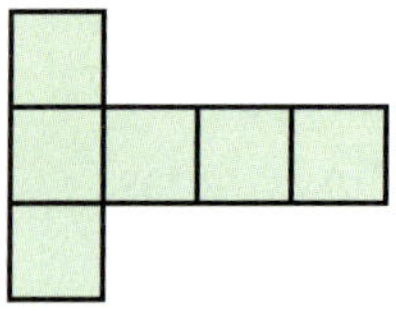

9. 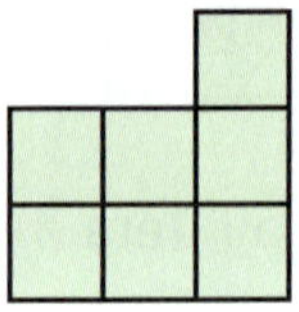

10. 

11. 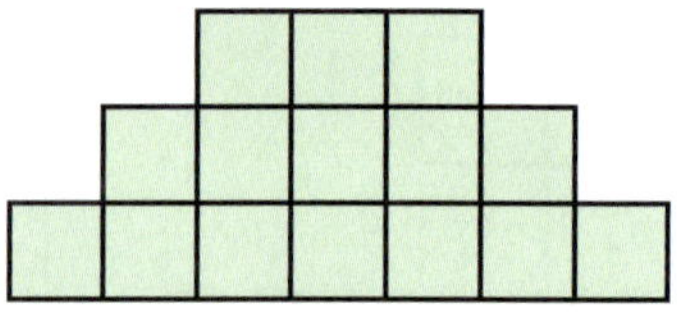

12. Usa papel cuadriculado para dibujar una figura con un área de 16 unidades cuadradas.

13. Josh hizo un diseño con fichas. Hay 6 hileras con 6 fichas cuadradas en cada hilera. ¿Cuál es el área?

14. ¿Qué pasaría si combinaras 2 triángulos rectángulos para formar un rectángulo? ¿Cómo se compararía el área del rectángulo con el área de cada triángulo?

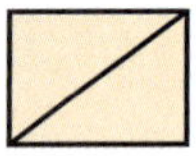

15. Mira los dos rectángulos de abajo. ¿Qué rectángulo tiene la mayor área?

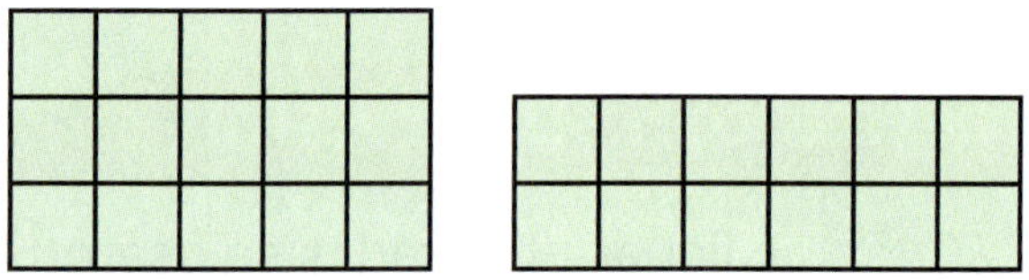

A B

16. Amy hizo este diseño. Usó 4 medias unidades. ¿Cuál es el área del diseño de Amy? **Explica**.

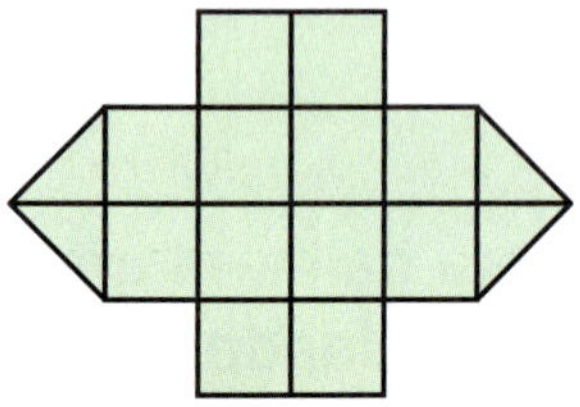

17. El señor Stephens puso baldosas en una sección de su piso. La sección tenía 3 hileras con 4 baldosas en cada hilera. Cada baldosa cuesta $\$3$. ¿Cuánto gastó el señor Stephens?

18. **ESCRIBE** **¿Tiene sentido o no?**
Mary dice que puedes hallar el área de este rectángulo al multiplicar 2 por 3. ¿Tiene sentido lo que dice? **Explica**.

3 cm

2 cm

CD ROM Tecnología
Usa Harcourt Mega Math en español, Exploración ártica, *Planos polares*, nivel Q.

Práctica adicional en la página 332, Grupo B

Comprensión de los Estándares

19. ¿Cuántos lados tiene un octágono? (MG 2.1, pág. 274)

20. $229 + 374 =$ (NS 2.1, pág. 58)

21. ¿Cuál es el perímetro de esta figura? (MG 1.3, pág. 316)

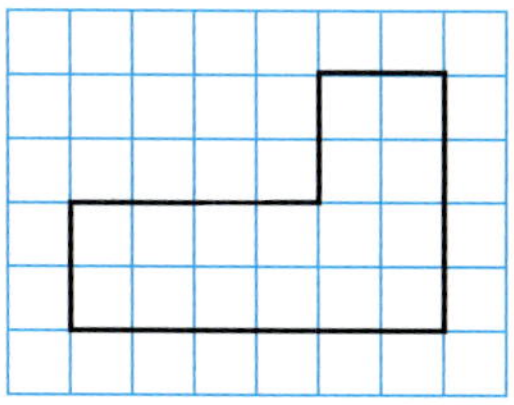

22. **Preparación para la prueba** Marie hizo una matriz de 3 hileras de fichas cuadradas con 6 fichas en cada hilera. ¿Cuál es el área?

A 9 unidades cuadradas
B 12 unidades cuadradas
C 18 unidades cuadradas
D 24 unidades cuadradas

23. **Preparación para la prueba** ¿Cuál es el área de este rectángulo?

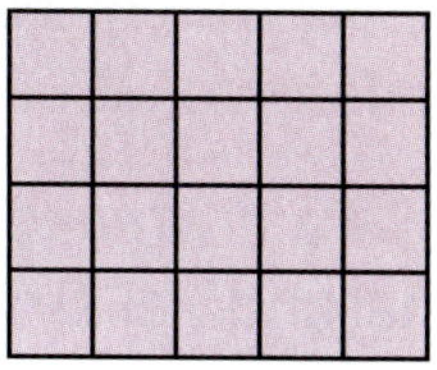

A 9 unidades cuadradas
B 10 unidades cuadradas
C 18 unidades cuadradas
D 20 unidades cuadradas

PODER MATEMÁTICO Resolución de problemas y razonamiento

MEDICIÓN Puedes hallar el área usando unidades usuales, como las pulgadas y los centímetros.

Una pulgada cuadrada es un cuadrado con lados de una pulgada.

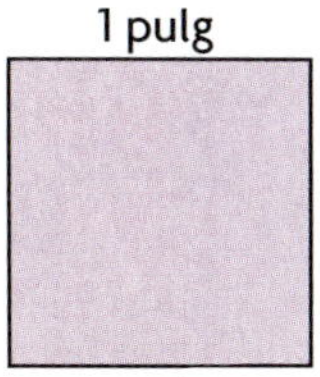

Un centímetro cuadrado es un cuadrado con lados de un centímetro.

Resuelve.

1. Kyle usó fichas de una pulgada para hacer un rectángulo. ¿Cuál es el área?

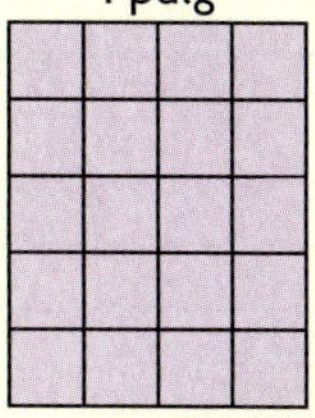

2. Joy usó fichas de un centímetro para hacer un cuadrado. ¿Cuál es el área?

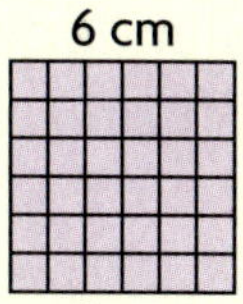

LECCIÓN 4

Área de cuerpos geométricos

OBJETIVO: Usar una plantilla para hallar el área de cuerpos geométricos.

Repaso rápido

Escribe el área en unidades cuadradas.

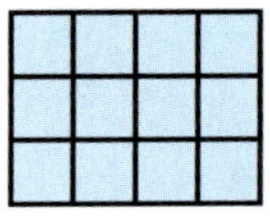

Aprende

PROBLEMA El cubo de Rubik es un rompecabezas que tiene 3 capas que giran. Cada capa tiene 3 hileras con 3 cubos en cada hilera. Cuando el rompecabezas se resuelve correctamente, cada lado del cubo tiene un color diferente. ¿Cuál es el área total del cubo de Rubik?

▲ **El cubo de Rubik fue inventado en 1974 por Erno Rubik.**

Halla el área total que cubre a un cuerpo geométrico hallando el área de cada cara. Puedes usar una plantilla.

Paso 1

Cuenta el número de unidades cuadradas que cubren una cara.

El área de la cara *A* es 9 unidades cuadradas.

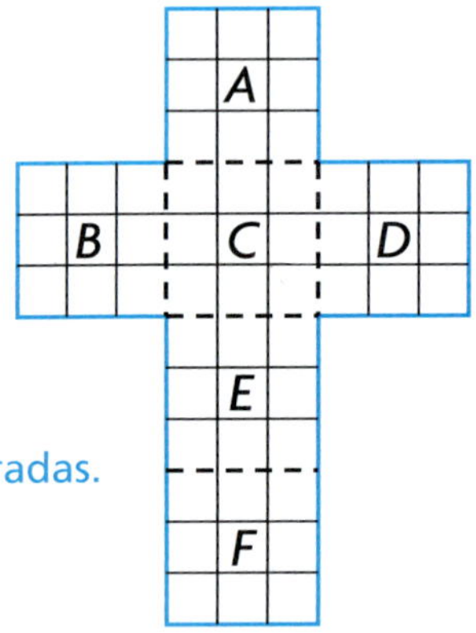

Paso 2

Halla el área de las otras caras.

Las caras *B, C, D, E* y *F* tienen cada una 9 unidades cuadradas.

Paso 3

Suma el área de cada cara para hallar el área total.

$9 + 9 + 9 + 9 + 9 + 9 = 54$

Por lo tanto, el área total del cubo de Rubik es de 54 unidades cuadradas.

- ¿Cómo podrías usar la multiplicación para hallar el área total de un cubo?

Recuerda

Una plantilla es un patrón que puedes recortar y doblar para hacer un cuerpo geométrico.

Práctica con supervisión

1. ¿Halla el número de unidades cuadradas que cubren la cara *B*.

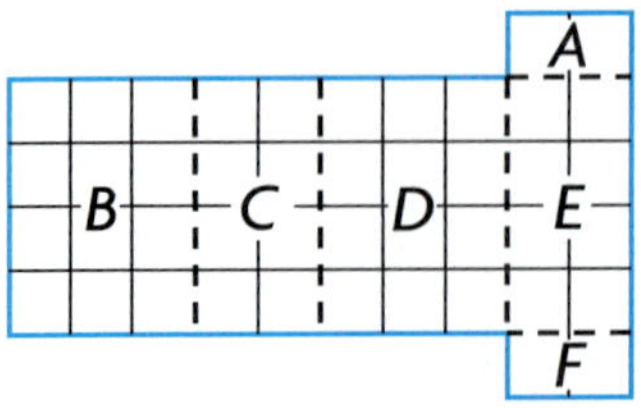

MG 1.2 Estimar o determinar el área y el volumen de cuerpos geométricos cubriéndolos con cuadrados o contando el número de cubos que los llenaría. *también* MR 1.2, MR 2.2, MR 2.3, MR 2.4, MR 3.2

Halla el área total que cubre cada cuerpo geométrico.

2.

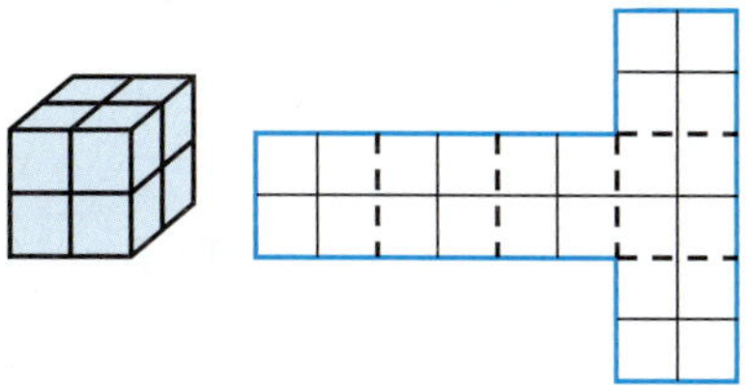

3.

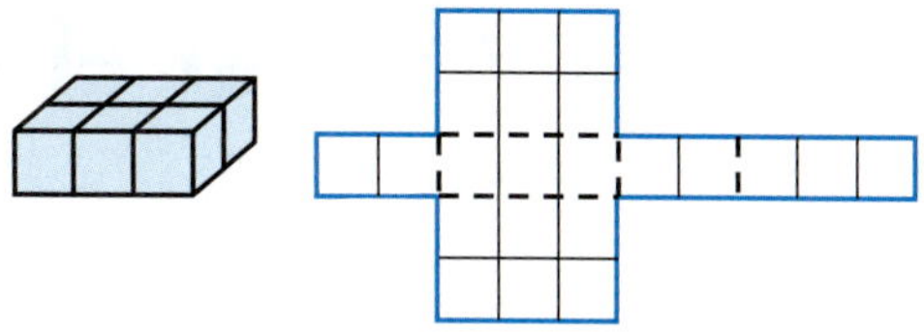

4. COMENTA **Explica** cómo hallar el área total de este prisma rectangular.

Práctica independiente y resolución de problemas

Halla el área total que cubre cada cuerpo geométrico.

5.

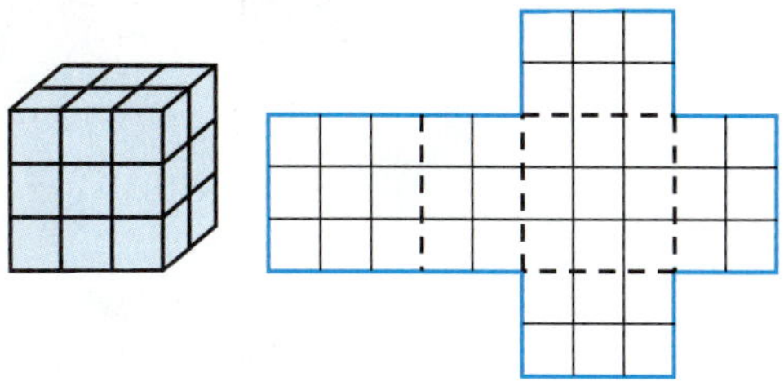

6.

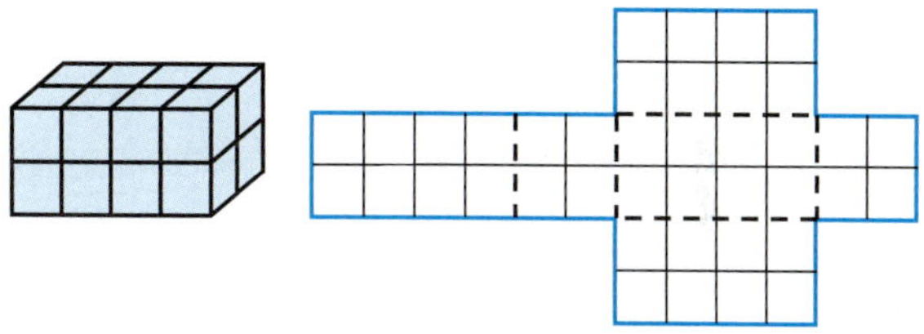

7. ESCRIBE **Explica** cómo puedes hallar el área de este Mini Cubo de Rubik.

8. **Razonamiento** ¿Qué plantilla tiene un área mayor? **Explica.**

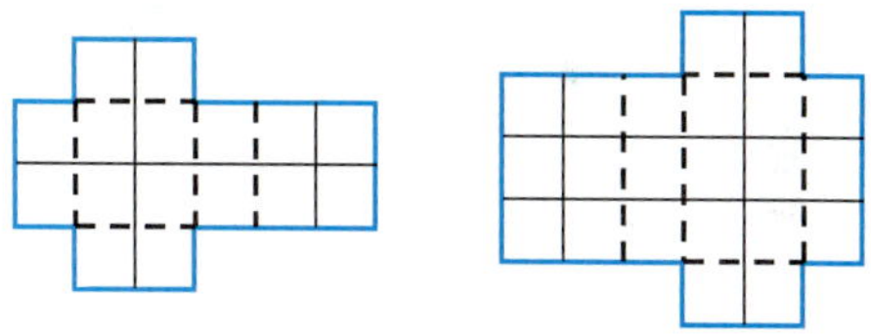

A B

Comprensión de los Estándares

9. $(2 \times 3) \times 3 =$ (NS 2.2, pág. 176)

10. ¿Cuántos ángulos rectos hay en un rectángulo? (MG 2.3, pág. 278)

11. ¿Qué símbolo de operación vuelve verdadero este enunciado? (AF 1.2, pág. 254)

$7 \bullet 3 = 21$

12. **Preparación para la prueba** ¿Cuántas unidades cuadradas de fichas se necesitan para cubrir esta caja?

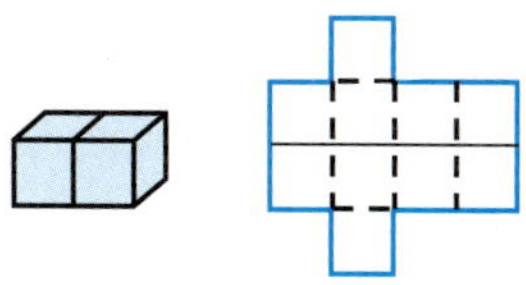

A 4 unidades cuadradas

B 8 unidades cuadradas

C 10 unidades cuadradas

D 12 unidades cuadradas

Práctica adicional en la página 332, Grupo C

LECCIÓN 5

Estimar y hallar el volumen

OBJETIVO: Estimar y hallar el volumen.

Repaso rápido

Multiplica.

1. 4×3 **2.** 2×5
3. 3×2 **4.** 6×4
5. 5×5

Vocabulario

volumen unidad cúbica

Aprende

El **volumen** es la cantidad de espacio que ocupa un cuerpo geométrico.

La **unidad cúbica** se usa para medir volumen. Una unidad cúbica es un cubo con lados que miden 1 unidad.

1 unidad cúbica

DE UNA MANERA **Cuenta los cubos para hallar el volumen.**

MANOS A LA OBRA **Actividad** **Materiales** ■ cajas pequeñas, cubos

Paso 1

Elige una caja. Estima el número de cubos que se necesitarán para llenar la caja. Registra tu estimación.

Paso 2

Cuenta los cubos que uses. Coloca los cubos en hileras a lo largo de la base de la caja. Sigue haciendo capas de cubos hasta que se llene la caja.

Paso 3

Registra cuántos cubos se necesitaron para llenar la caja. Éste es el volumen de la caja en unidades cúbicas.

- ¿Cómo se compara tu estimación con el volumen real?

DE OTRA MANERA **Multiplica para hallar el volumen.**

Cuando no puedes contar cada cubo, cuenta el número de cubos que hay en la capa de arriba. Después cuenta el número de capas y multiplica.

A

2 capas $\times$ 6 cubos por capa $=$
12 unidades cúbicas
El volumen es 12 unidades cúbicas.

B

3 capas $\times$ 8 cubos por capa $=$
24 unidades cúbicas
El volumen es 24 unidades cúbicas.

MG 1.2 Estimar o determinar el área y el volumen de cuerpos geométricos cubriéndolos con cuadrados o contando el número de cubos que los llenaría. *también* **MR 1.2, MR 2.0, MR 2.2, MR 2.3, MR 2.4, MR 3.2**

Práctica con supervisión

1. Halla el volumen de este cuerpo geométrico.

   Piensa: ¿Cuántas capas tiene? ¿Cuántos cubos hay en cada capa?

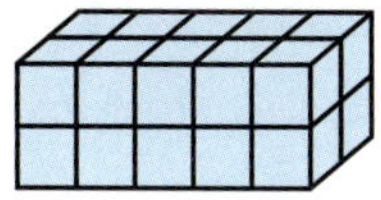

Usa cubos para formar cada cuerpo geométrico. Después escribe el volumen en unidades cúbicas.

2. 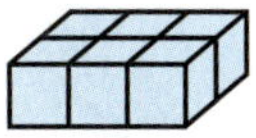

3. 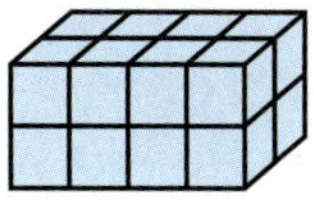

4. 

5. COMENTA **Explica** una manera de hallar el volumen de una caja que tiene 3 capas con 6 cubos en cada capa.

Práctica independiente y resolución de problemas

Usa cubos para formar cada cuerpo geométrico. Después escribe el volumen en unidades cúbicas.

6. 

7. 

8. 

9. Cada capa de un prisma tiene 6 unidades cúbicas. El volumen es 18 unidades cúbicas. ¿Cuántas capas hay en el prisma?

10. ESCRIBE **¿Cuál es el error?** Describe el error. Escribe la respuesta correcta.

Volumen = 6 unidades cúbicas

Comprensión de los Estándares

11. ¿Qué dígito está en la posición de las centenas en 4,672? (NS 1.3, pág. 8)

12. ¿Es éste un triángulo isósceles o equilátero? (MG 2.2, pág. 276)

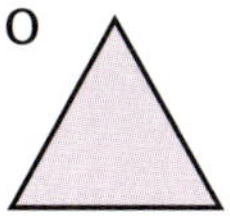

13. Si $(4 \times 2) \times 3 = 24$, ¿cuánto es $(2 \times 3) \times 4$? (AF 1.5, pág. 178)

14. **Preparación para la prueba** ¿Cuál es el volumen de este cuerpo geométrico?

A 9 unidades cúbicas

B 12 unidades cúbicas

C 24 unidades cúbicas

D 36 unidades cúbicas

Práctica adicional en la página 332, Grupo D

LECCIÓN 6

Taller de resolución de problemas
Destreza: Usar un modelo

OBJETIVO: Resolver problemas usando la destreza *usar un modelo.*

Lee para entender
Planea
Resuelve
Comprueba

Usa la destreza

PROBLEMA El señor Davis compró 12 pelotas de béisbol. Las pelotas vienen en cajas con forma de cubo. Él quiere poner todas las pelotas en una caja grande. ¿Qué caja puede usar el señor Davis para que quepan las 12 pelotas de béisbol?

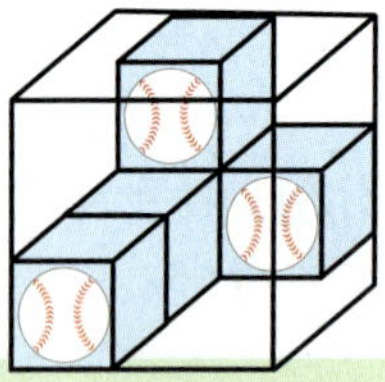

Caja A

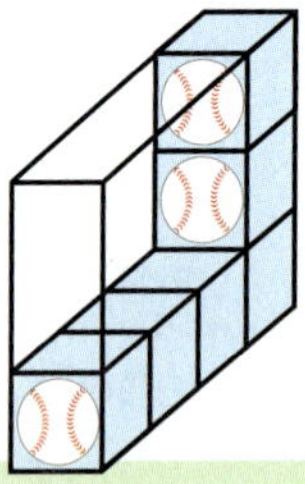

Caja B

Puedes decidir si en una caja caben las 12 pelotas usando un modelo.

Haz un modelo de la caja A y la caja B.
Usa un cubo para representar cada pelota de béisbol.

Caja A

Coloca 3 hileras de 2 cubos en la primera capa. Agrega una segunda capa.

Halla el volumen:
2 capas × 6 cubos por capa = 12 unidades cúbicas

Caja B

Coloca 1 hilera de 4 cubos en la primera capa. Agrega 2 capas más.

Halla el volumen:
3 capas × 4 cubos por capa = 12 unidades cúbicas

Ambos recipientes tienen un volumen de 12 unidades cúbicas.
Por lo tanto, el señor Davis puede usar la caja A o la caja B. En ambas cajas caben 12 pelotas de béisbol.

Piensa y comenta

Usa un modelo para resolver.

a. Lou llenó una caja con bloques. Había 2 capas. Cada capa tenía 3 hileras de 4 bloques. ¿Cuál es el volumen de la caja?

b. Ryan tiene dos cajas. La caja roja tiene 4 capas. Cada capa contiene 3 hileras de 3 cubos. La caja azul tiene 5 capas. Cada capa contiene 2 hileras de 4 cubos. ¿En qué caja caben más cubos?

c. Una caja tiene un volumen de 24 unidades cúbicas. Hay 3 hileras con 2 cubos en cada hilera. ¿Cuántas capas tiene la caja?

MG 1.2 Estimar o determinar el área y el volumen de cuerpos geométricos cubriéndolos con cuadrados o contando el número de cubos que los llenaría. *también* **MR 1.0, MR 1.2, MR 2.2, MR 2.3, MR 2.4, MR 3.0, MR 3.1, MR 3.2, MR 3.3**

Resolución de problemas con supervisión

Resuelve.

1. La señora Spencer colecciona tazas de té. Las guarda en cajas con forma de cubo. Quiere guardar sus tazas en una caja más grande. Hay 2 cajas de diferentes tamaños que puede usar. ¿En qué caja caben 36 tazas de té?

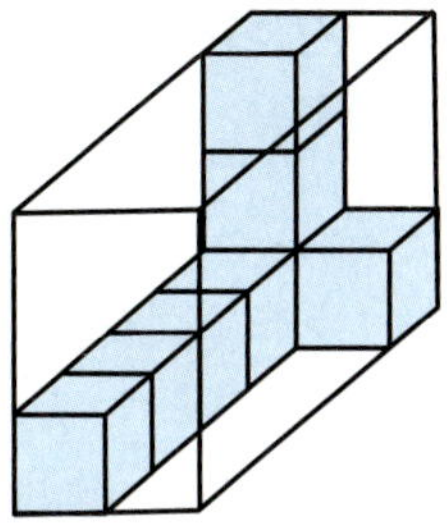

Caja A

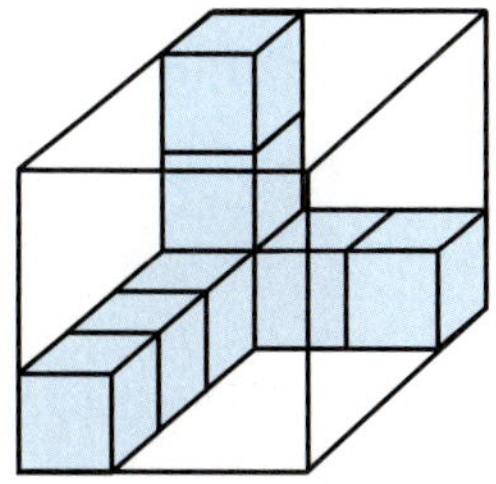

Caja B

Haz un modelo de cada caja.
Usa un cubo para representar cada taza de té.
Cuenta o multiplica los cubos para hallar el volumen de las cajas. Resuelve el problema.

2. **¿Qué pasaría si** en la caja A cupieran 4 capas de tazas de té? ¿Cuál sería el volumen de la caja A en unidades cúbicas?

3. Una caja de cartón está llena con 20 tazas en cajas cúbicas. La caja de cartón tiene 2 capas. ¿Cuántas tazas hay en cada capa?

Aplicaciones mixtas

USA LOS DATOS Para los ejercicios 5 a 6, usa la tabla.

4. La señora Wagner compró una caja llena de vasos de yogur de fresa. La caja tiene 2 capas. Cada capa tiene 3 hileras de 4 vasos. ¿Cuántos vasos de yogur hay en la caja?

Refrigerios con fresas

Merienda	Precio
Vaso de yogur de fresa	$2.00
Rebanada de tarta de fresa	$3.50
Cono de helado de fresa	$2.75

5. Brandon tiene $10. Compró 2 rebanadas de tarta de fresa y 1 cono de helado de fresa. ¿Cuánto dinero le sobró?

6. Tom compró un cono de helado y un vaso de yogur. No usó monedas de 25¢. ¿Qué billetes y monedas pudo haber usado?

7. Bryanna está lavando el carro de su papá. ¿Es la temperatura aproximadamente 25°F o aproximadamente 75°F?

8. Steve trazó el contorno de la base de un cuerpo geométrico. Dibujó un círculo. ¿Qué trazó: una pirámide cuadrada, un cono o un cubo?

9. Sandy puede correr 1 milla en 8 minutos. A esa velocidad, ¿cuánto se tardará aproximadamente en correr una carrera de 3 millas?

10. ESCRIBE La caja de Bob tiene 2 capas con 2 hileras de 3 bloques. La caja de Tom tiene 3 capas con 2 hileras de 2 bloques. ¿Quién tiene la caja con más bloques? **Explica**.

Práctica adicional

Grupo A **Estima. Después usa una regla en centímetros para hallar el perímetro.** (págs. 318 a 321)

1. 

2. 

Grupo B **Cuenta o multiplica para hallar el área de cada figura. Escribe la respuesta en unidades cuadradas.** (págs. 322 a 325)

1. 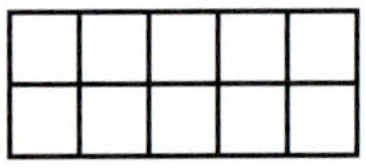

2. 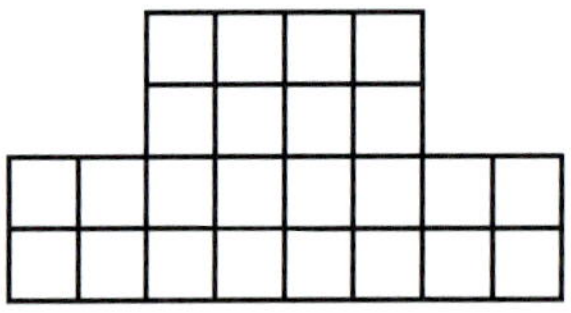

3. 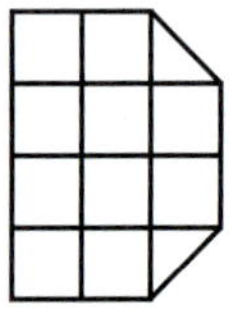

4. Un tablero de damas tiene 8 hileras y 8 columnas de cuadrados rojos y negros. ¿Cuál es el área en unidades cuadradas?

5. Aidan puso baldosas en el piso de su baño. Hay cuatro hileras de cinco baldosas y dos hileras de dos baldosas. ¿Cuál es el área del piso?

Grupo C **Halla el área total que cubre cada cuerpo geométrico.** (págs. 326 y 327)

1. 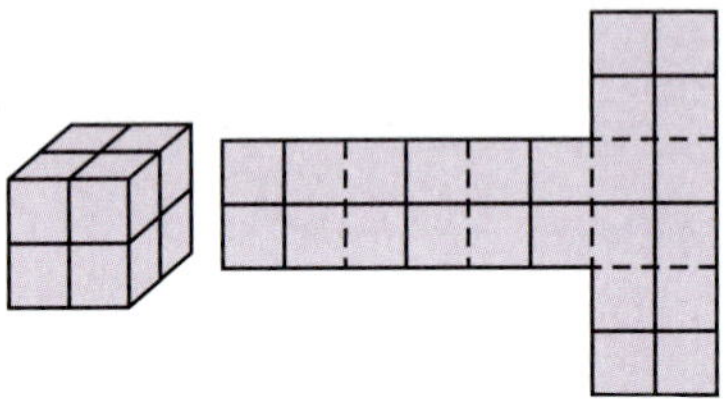

2. 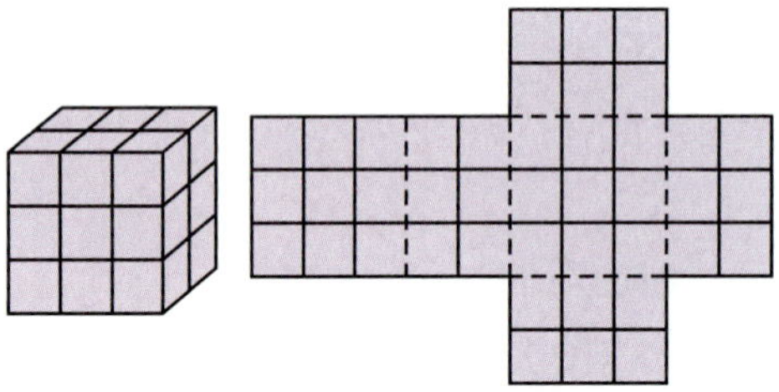

Grupo D **Halla el volumen de cada cuerpo geométrico. Escribe el volumen en unidades cúbicas.** (págs. 328 y 329)

1. 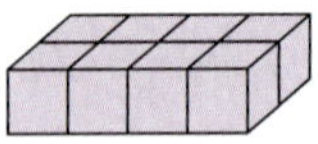

2. 

3. 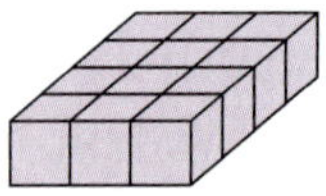

4. Un prisma tiene 6 capas. Cada capa tiene 8 cubos. ¿Cuál es el volumen del prisma?

5. Cada capa de un prisma mide 4 unidades cúbicas. El volumen es 24 unidades cúbicas. ¿Cuántas capas hay en el prisma?

CD ROM **Tecnología**
Usa Harcourt Mega Math en español, Exploración ártica, *Planos polares,* niveles P, Q.

PRÁCTICA CON UN JUEGO

Busca la medida

¡Lanza!
3 jugadores

¡Muévete!
- Tarjetas de juego
- 1 cubo numerado
- 3 fichas de juego

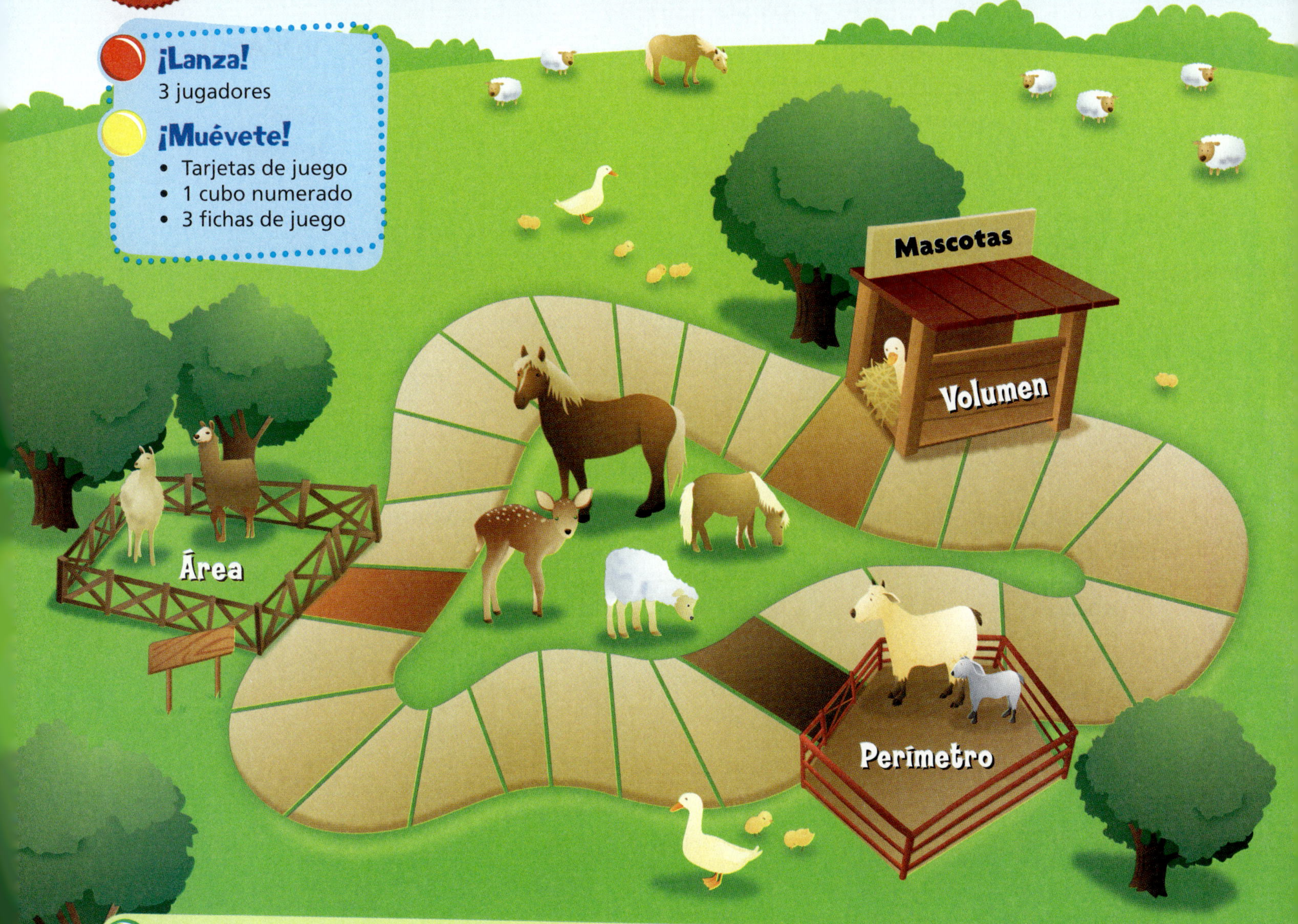

¡Gana!

- Cada jugador coloca una ficha en el espacio del perímetro, del área o del volumen del tablero.
- Los jugadores se turnan para lanzar un cubo numerado y moverse ese número de veces en el sentido de las manecillas del reloj.
- Si un jugador cae en el perímetro, el área o el volumen, toma una tarjeta y halla el perímetro, el área o el volumen de la figura de la tarjeta.
- Los otros jugadores comprueban la respuesta. Si es correcta, el jugador conserva la tarjeta y sigue jugando.
- Si la respuesta es incorrecta, el jugador pone la tarjeta debajo de la pila y sigue el próximo jugador.
- El primer jugador en reunir una tarjeta del perímetro, el área y el volumen, gana.

Repaso/Prueba del Capítulo 14

Repasar el vocabulario y los conceptos

Elige el mejor término del recuadro

VOCABULARIO
- área
- perímetro
- volumen

1. El __?__ es la cantidad de espacio que ocupa un cuerpo geométrico. (MG 1.0, p. 328)

2. La medida del contorno de una figura es el __?__. (MG 1.0, p. 316)

Repasar las destrezas

Cuenta o multiplica para hallar el área de cada figura. Escribe la respuesta en unidades cuadradas. (MG 1.2, pp. 322 a 325)

3. 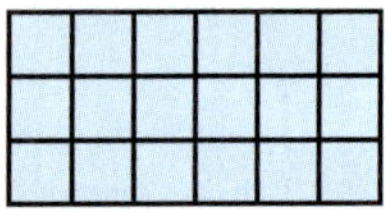

4. 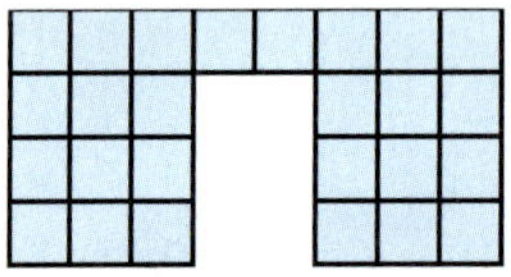

5. 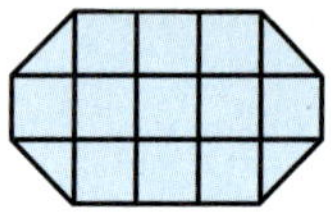

Halla el volumen de cada cuerpo geométrico. Escribe el volumen en unidades cúbicas. (MG 1.2, págs. 328 y 329)

6. 

7. 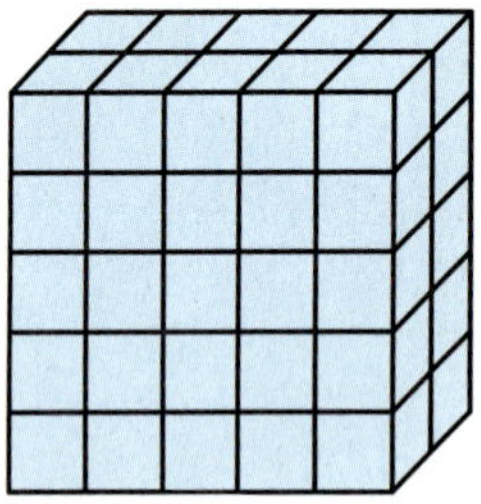

8. 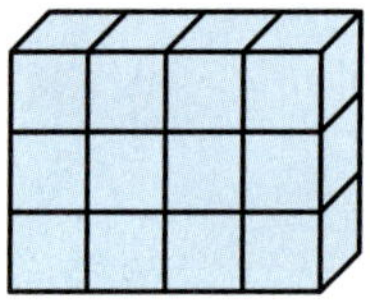

Repasar la resolución de problemas

Resuelve. (MR 2.3, MR 3.2, págs. 330 y 331)

9. Natasha quiere guardar sus pelotas de golf en una caja grande. Las pelotas están empacadas en cajas cúbicas. ¿Cuál de las cajas de la derecha podrá contener las 20 pelotas de golf de Natasha?

Caja A

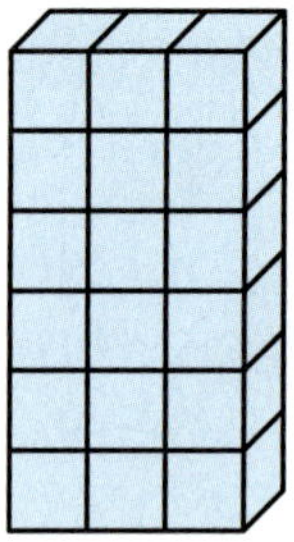

Caja B

10. ESCRIBE **Explica** por qué una caja que tiene 6 capas de 6 cubos no podrá contener tanto como una caja que tiene 4 capas de 10 cubos.

Enriquecimiento • Patrones de perímetro

Predecir perímetros

Mira el cuadrado. Su perímetro es de 4 cm. Puedes usar cuadrados conectados para formar un patrón de perímetro.

Apréndelo

Halla el perímetro de 6 cuadrados conectados usando un patrón.

Paso 1 Halla los perímetros de estas primeras figuras.

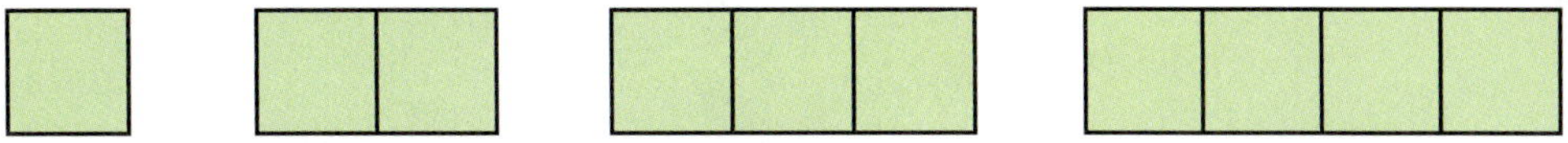

Perímetro = 4 cm | Perímetro = 6 cm | Perímetro = 8 cm | Perímetro = 10 cm

Paso 2 Mira los patrones para hallar la regla.

4, 6, 8, 10 La regla es sumar 2.

Paso 3 Amplía el patrón.

$10 + 2 = 12$, por lo tanto, 5 cuadrados tienen un perímetro de 12 cm.
$12 + 2 = 14$, por lo tanto, 6 cuadrados tienen un perímetro de 14 cm.

Por lo tanto, 6 cuadrados conectados tienen un perímetro de 14 cm.

Inténtalo

Halla un patrón. Luego usa la regla para hallar el perímetro de 6 figuras conectadas.

1.

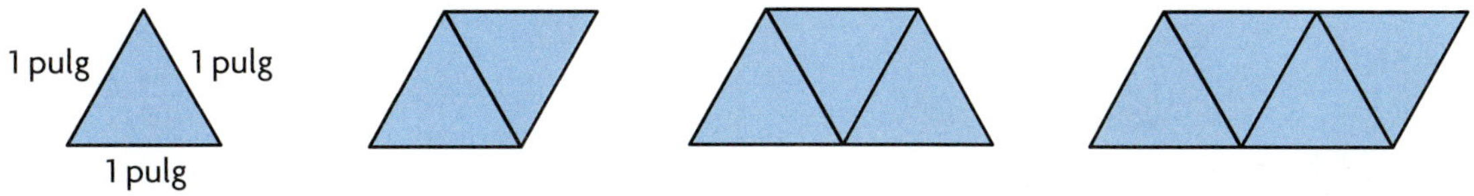

2.

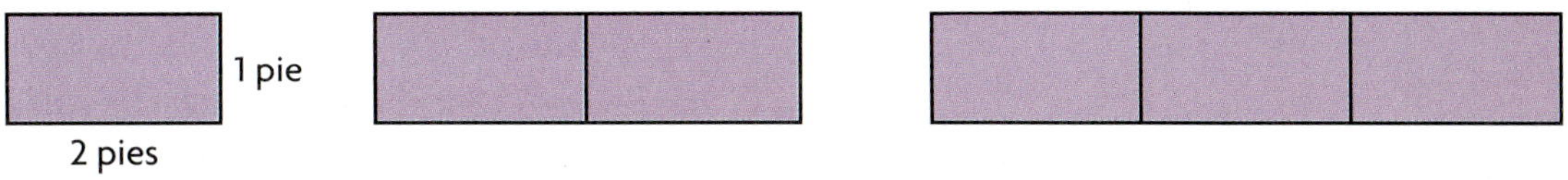

Explícalo

ESCRIBE Imagina que los rectángulos del problema 2 fueron girados y que se hizo el patrón siguiente. ¿Ha cambiado el perímetro del patrón? **Explica** cómo lo sabes.

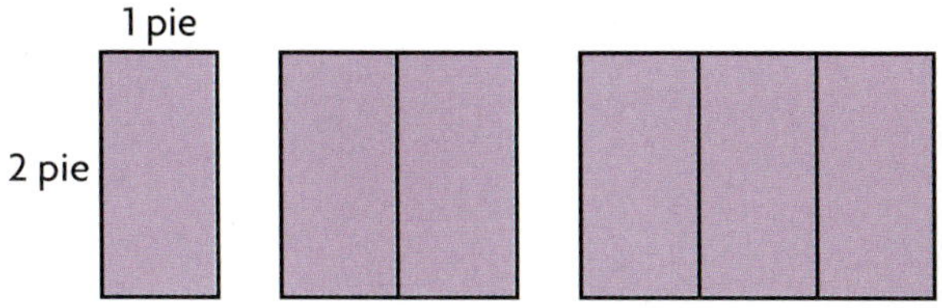

Repaso/Prueba de la unidad
Capítulos 12 a 14

Opción múltiple

1. ¿Qué opción NO describe a esta figura? (MG 2.3, pág. 278)

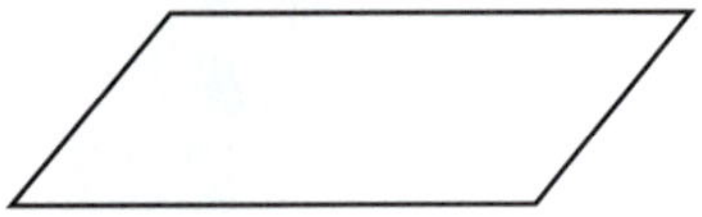

A paralelogramo

B cuadrilátero

C rectángulo

D polígono

2. ¿Qué figura tiene el menor número de lados? (MG 2.1, pág. 274)

A cuadrado

B triángulo

C cuadrilátero

D pentágono

3. ¿Qué figura tiene 5 vértices? (MG 2.5, pág. 298)

A 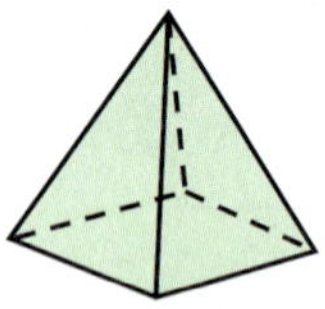

C 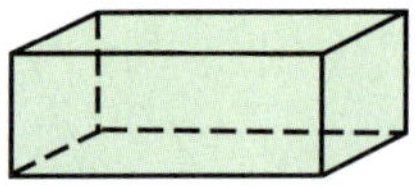

B 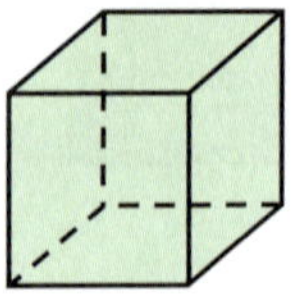

D 

4. ¿Cuál es el perímetro de esta figura? (MG 1.3, pág. 318)

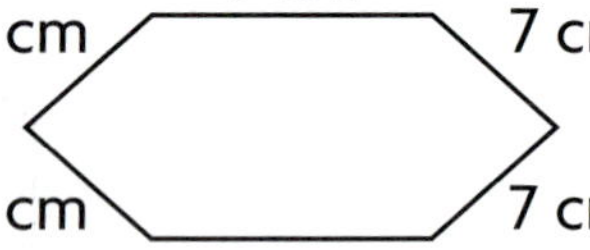

A 63 centímetros

B 49 centímetros

C 46 centímetros

D 16 centímetros

5. ¿Qué cuerpo geométrico tiene un volumen de 24 unidades cúbicas? (MG 1.2, pág. 328)

A 

C 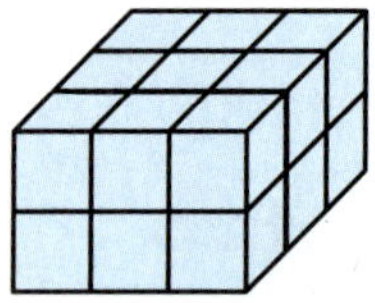

B 

D 

6. Vinny cortó una tabla para que tuviera la forma de un triángulo equilátero. ¿Qué es verdadero acerca de la tabla? (MG 2.2, pág. 276)

A Tiene un ángulo recto.

B Las longitudes de todos sus lados son iguales.

C Tiene un ángulo obtuso.

D Las longitudes de dos de sus lados son iguales.

7. ¿Qué cuerpo geométrico se puede formar con esta plantilla? (MG 2.5, pág. 300)

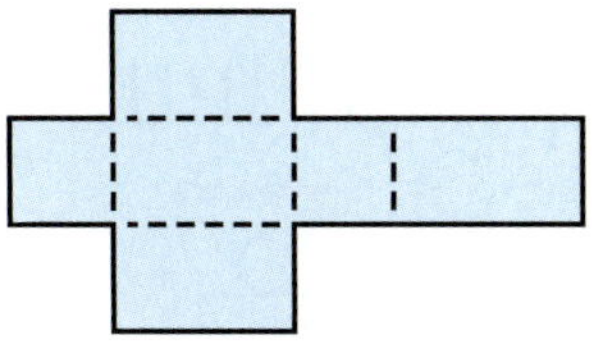

A cubo

B esfera

C pirámide cuadrada

D prisma rectangular

8. ¿Cuál es el nombre de este cuerpo geométrico? (MG 2.5, pág. 296)

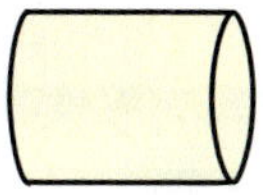

A cono

B esfera

C cilindro

D pirámide cuadrada

9. ¿Cuál es el área de la figura? (MG 1.2, pág. 322)

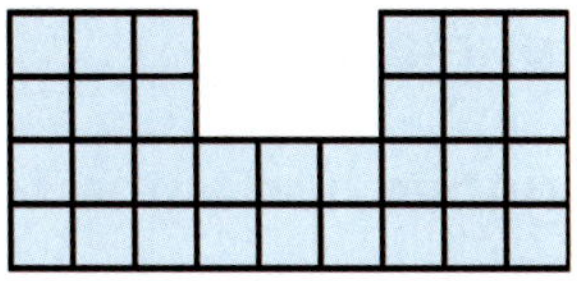

A 24 unidades cuadradas

B 27 unidades cuadradas

C 30 unidades cuadradas

D 36 unidades cuadradas

Respuesta breve

10. ¿Cuál es el volumen del prisma rectangular? (MG 1.2, pág. 328)

11. Cathy dibujó el polígono mostrado. ¿Qué tipo de polígono es? (MG 2.1, pág. 274)

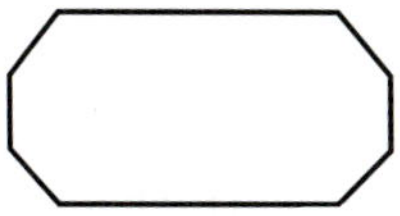

12. ¿Es este ángulo mayor que o menor que un ángulo recto? (MG 2.4, pág. 268)

Respuesta desarrollada ESCRIBE

13. Susan dibujó un triángulo isósceles. ¿Puede el triángulo de Susan ser también un triángulo rectángulo? **Explica.** (MG 2.2, pág. 276)

14. La tapa del alhajero de Michele tiene 6 lados. ¿Cuál es la forma de la tapa? **Explica** tu respuesta. (MG 2.1, pág. 274)

California

Resolución de problemas

de THE WORLD ALMANAC PARA NIÑOS

Símbolos indígenas norteamericanos

Símbolos indígenas norteamericanos

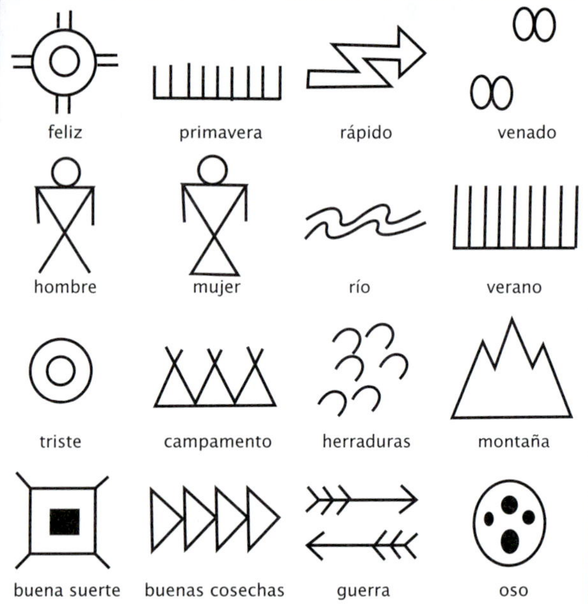

SÍMBOLOS GEOMÉTRICOS

El pueblo Gabrieliño vivió en el sur de California. No tenía un lenguaje escrito con letras. En vez de esto usaban símbolos artísticos como una manera de comunicarse. Los símbolos, como los que se muestran aquí, se usaban con frecuencia para ayudar a contar historias.

APLÍCALO

Identifica el polígono en cada símbolo. Si no hay un polígono, escribe *ninguno.*

1 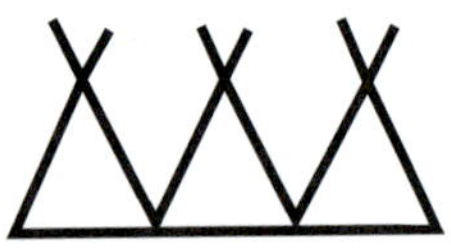

campamento

2 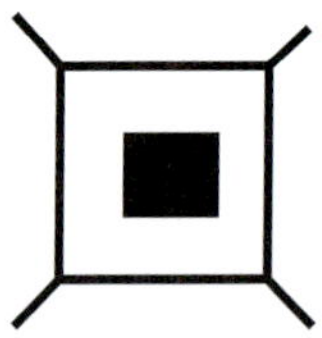

buena suerte

3 

primavera

Para los ejercicios 4 a 7, usa la tabla de los Símbolos indígenas norteamericanos.

4 Nombra dos símbolos que muestren líneas que parezcan paralelas.

5 Nombra el símbolo que muestra un polígono con 4 ángulos rectos.

6 Nombra dos símbolos que muestren líneas secantes.

7 ESCRIBE **Explica** dónde podrías dibujar una línea en uno de los símbolos para hacer un trapecio.

Dato del ALMANAQUE

Hay aproximadamente 700,000 indígenas norteamericanos que viven en California actualmente. Es una de las poblaciones más grandes de indígenas norteamericanos que viven en Estados Unidos.

TRIBUS DEL PASADO Y DEL PRESENTE

Actualmente viven en toda California poblaciones de indígenas norteamericanos. Muchas viven en *reservas* o *rancherías,* que son pequeñas parcelas de tierra pertenecientes a los pueblos indígenas y al gobierno. Los miembros más viejos de las tribus siguen enseñando sus tradiciones, como las artes y el lenguaje.

El pueblo Yurok es el grupo de indígenas norteamericanos más grande de California. Tiene aproximadamente 5,000 miembros.

Éste es un ejemplo del lenguaje Yurok:

perro: Ch'ish **sol: Wonewsleg** **cantar: Nrrmry**

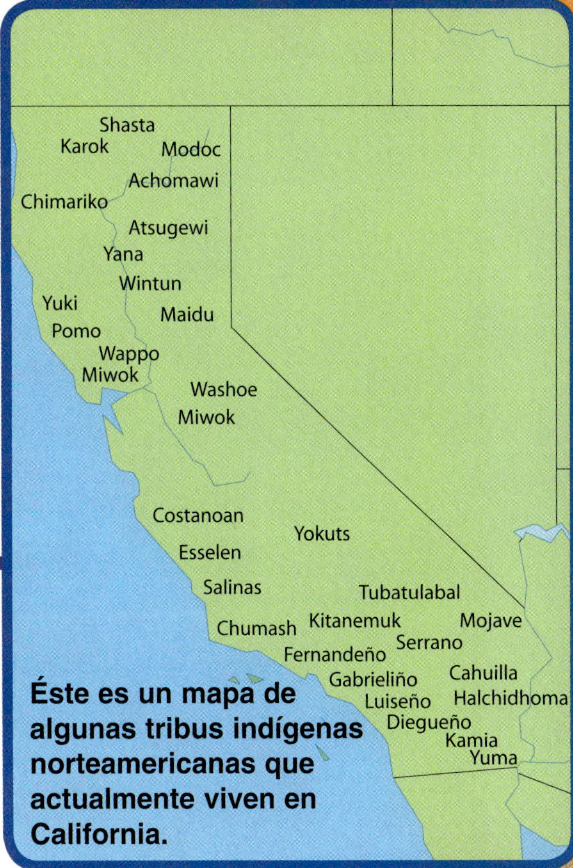

Éste es un mapa de algunas tribus indígenas norteamericanas que actualmente viven en California.

APLÍCALO

Diseña un símbolo para describir tu salón de clases. Usa la tabla de Símbolos indígenas norteamericanos como guía. Dibuja tu símbolo y escribe su significado en una hoja de papel aparte.

Para los ejercicios 1 a 4, usa tu símbolo para responder.

1. ¿Tu símbolo tiene líneas secantes? **Explica.**
2. ¿Tu símbolo es un polígono? De ser así, nombra al polígono.
3. ¿Cuántos lados tiene tu símbolo?
4. ¿Cuántos ángulos tiene tu símbolo?

UNIDAD

5 Multiplicar y dividir por números de 1 dígito

Math on Location

1

A medida que se desarman las computadoras viejas, se multiplican las carcasas, las tarjetas de circuitos y los teclados.

2

En cada paleta de madera se coloca el mismo número de TRC (tubos de rayos catódicos) para un manejo más seguro.

3

Tres hombres pueden reciclar 600 computadoras al día. Es decir, 75 computadoras por hora en una jornada de 8 horas.

Enriquece tu vocabulario

COMENTA

¿Qué operaciones matemáticas muestran las fotografías de **Math on Location**? ¿Cómo se usan la multiplicación y la división?

LEE

REPASO DEL VOCABULARIO Aprendiste las palabras de abajo cuando estudiaste las operaciones básicas de multiplicación y división. ¿Cómo se relacionan estas palabras con **Math on Location**?

Propiedad conmutativa de la multiplicación la propiedad que establece que se pueden multiplicar dos factores en cualquier orden y obtener el mismo producto

cociente el resultado en un problema de división

dividendo el número que se divide en un problema de división

ESCRIBE

Copia un diagrama de Venn como el de abajo. Usa lo que sabes sobre la multiplicación y la división para agregar más palabras.

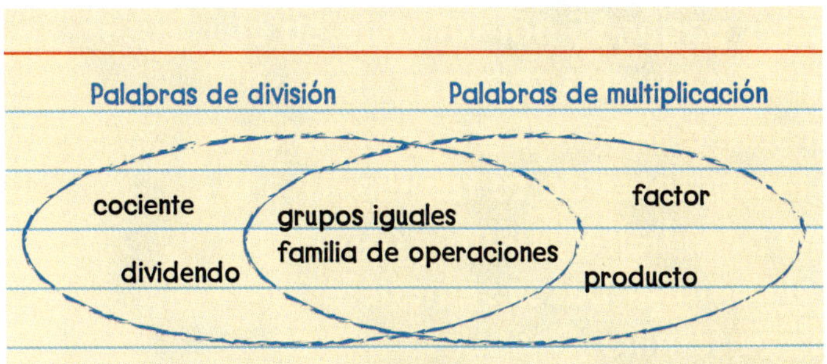

APRENDE en línea

Tecnología
Glosario multimedia de Matemáticas
www.harcourtschool.com/hspmath

CAPÍTULO

15 Multiplicar por números de 1 dígito

La idea importante La multiplicación de números enteros de varios dígitos se basa en el valor posicional y en las operaciones básicas de multiplicación.

CALIFORNIA DATO BREVE

Un tranvía se mueve al acoplarse a un cable en movimiento que está debajo de la calle. San Francisco tiene 40 tranvías. Cada tranvía tiene 29 o 34 asientos.

Investiga

Puedes pagar $5 por un viaje en el tranvía o puedes comprar un pase mensual o semanal. Haz una lista de los integrantes de tu familia. Usa la tabla para hallar cuánto costaría en total comprar pases semanales para toda tu familia. Después halla el costo total por los pases mensuales.

Pases del tranvía

Semanalmente (todas las edades) $15	
Pases mensuales	
Edad	**Costo**
Menores de 5	GRATIS
5 a 17	$10
18 a 64	$45
65 y mayores	$10

Muestra lo que sabes

Comprueba si has aprendido las destrezas importantes que se necesitan para completar exitosamente el Capítulo 15.

▶ Reagrupar unidades como decenas

Halla la suma.

1. $7 + 9$ **2.** $15 + 8$ **3.** $19 + 34$ **4.** $36 + 27$

5. $23 + 17$ **6.** $29 + 11$ **7.** $35 + 37$ **8.** $32 + 48$

9. $78 + 15 = ■$ **10.** $47 + 39 = ■$ **11.** $56 + 5 = ■$ **12.** $33 + 8 = ■$

▶ Operaciones de multiplicación hasta 10

Halla el producto.

13. $3 \times 5 = ■$ **14.** $7 \times 7 = ■$ **15.** $6 \times 4 = ■$ **16.** $8 \times 9 = ■$

17. 6×6 **18.** 2×8 **19.** 9×3 **20.** 5×8

21. 3×2 **22.** 4×9 **23.** 8×3 **24.** 5×4

Enriquece tu vocabulario

VOCABULARIO DEL CAPÍTULO

matriz
estimación
factor
múltiplo
patrón
producto

PREPARACIÓN

factor Un número que se multiplica por otro número para hallar un producto.

producto El resultado de un problema de multiplicación.

estimación Un número que se aproxima a una cantidad exacta.

LECCIÓN 1

ÁLGEBRA

Múltiplos de 10 y de 100

OBJETIVO: Usar operaciones básicas y patrones para multiplicar múltiplos de 10 y 100.

Repaso rápido

1. 5×3
2. 2×8
3. 7×4
4. 3×6
5. 4×10

Aprende

PROBLEMA Kyle tiene 7 yoyos en su colección. La persona que tiene el récord mundial por la colección de yoyos más grande tiene aproximadamente 600 veces el número de yoyos que Kyle. Aproximadamente, ¿cuántos yoyos tiene la persona que tiene el récord mundial?

Puedes usar operaciones básicas y patrones para multiplicar múltiplos de 10 y de 100.

Idea matemática
El producto tiene el mismo número de ceros que el factor, a menos que la operación básica tenga un cero en el producto.

Ejemplo **Multiplica.** 7×600

$7 \times 6 = 42$ ← operación básica
$7 \times 60 = 420$
$7 \times 600 = 4{,}200$

El producto tiene el mismo número de ceros que el factor.

Por lo tanto, la persona que tiene el récord mundial tiene aproximadamente 4,200 yoyos.

Más ejemplos

A $5 \times 200 = $ ■
$5 \times 2 = 10$
$5 \times 20 = 100$
$5 \times 200 = 1{,}000$

B $30 \times 3 = $ ■
$3 \times 3 = 9$
$30 \times 3 = 90$
$300 \times 3 = 900$

- Mira el ejemplo B. ¿Qué patrón siguen los ceros en los factores y productos? ¿En qué es diferente el ejemplo A?

Práctica con supervisión

1. ¿Qué operación básica usarías para hallar 5×60?

Usa una operación básica y patrones para hallar cada producto.

2. $3 \times 4 = $ ■
   $3 \times 40 = $ ■
   $3 \times 400 = $ ■

✓3. $8 \times 5 = $ ■
   $80 \times 5 = $ ■
   $800 \times 5 = $ ■

✓4. $6 \times 3 = $ ■
   $6 \times 30 = $ ■
   $6 \times 300 = $ ■

5. **COMENTA** **Explica** cómo hallar el producto de 9×500.

NS 2.4 Resolver problemas simples de multiplicación de números de varios dígitos por números de un dígito ($3{,}671 \times 3 = $ ■). *también* **MR 2.3, MR 2.4, MR 3.2**

Práctica independiente y resolución de problemas

Usa una operación básica y patrones para hallar cada producto.

6. $7 \times 3 = ■$
$70 \times 3 = ■$
$700 \times 3 = ■$

7. $2 \times 6 = ■$
$2 \times 60 = ■$
$2 \times 600 = ■$

8. $9 \times 9 = ■$
$9 \times 90 = ■$
$9 \times 900 = ■$

Halla el producto.

9. $60 \times 8 = ■$

10. $5 \times 400 = ■$

11. $■ = 4 \times 200$

12. $30 \times 8 = ■$

13. $■ = 7 \times 80$

14. $6 \times 400 = ■$

15. $■ = 1 \times 70$

16. $■ = 900 \times 3$

17. $300 \times 5 = ■$

USA LOS DATOS **Para los ejercicios 18 y 19, usa la pictografía.**

18. La pictografía muestra cuántos trucos de yoyo hizo cada estudiante en 1 minuto. ¿Cuántos trucos pudo hacer Chuck en 1 hora? Piensa: 1 hora = 60 minutos

19. Max hizo trucos de yoyo durante 20 minutos. Patty hizo trucos de yoyo durante 30 minutos. ¿Quién hizo más trucos de yoyo? **Explica**.

20. Un cajón contiene 3 cajas de yoyos. En cada caja caben 100 yoyos. ¿Cuántos yoyos hay en 6 cajones?

21. ESCRIBE **¿Cuál es el error?** Meg dice que $5 \times 800 = 400$. Describe su error. Escribe la respuesta correcta.

Comprensión de los Estándares

22. ¿Cuántos lados y ángulos tiene un hexágono? (MG 2.1, pág. 274)

23. ¿Cuál es el volumen de la caja? (MG 1.2, pág. 328)

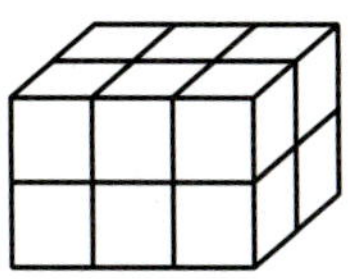

24. Escribe un enunciado de multiplicación para la matriz. (NS 2.2, pág.104)

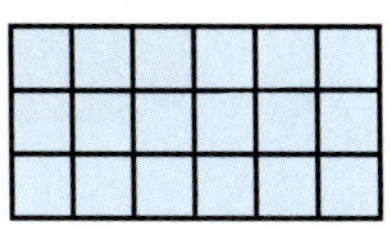

25. **Preparación para la prueba** El club de teatro está vendiendo boletos para la obra de la escuela. Hay cuatro funciones. Hay 500 boletos para cada función. ¿Cuántos boletos hay para vender?

A 200 **C** 1,000
B 900 **D** 2,000

Práctica adicional en la página 360, Grupo A

LECCIÓN MANOS A LA OBRA

2 Matrices con decenas y unidades

OBJETIVO: Hacer modelos de multiplicación usando matrices con bloques de base diez.

Repaso rápido

1. $5 \times 7 = ■$
2. $8 \times 3 = ■$
3. $■ = 4 \times 4$
4. $10 \times 9 = ■$
5. $■ = 2 \times 6$

Molly tiene una estantería con 3 estantes. Hay 14 libros en cada estante. ¿Cuántos libros hay en total?

Multiplica. 3×14

Investigar

Materiales ■ bloques de base diez

A Usa bloques de base diez para hacer un modelo de 3×14.

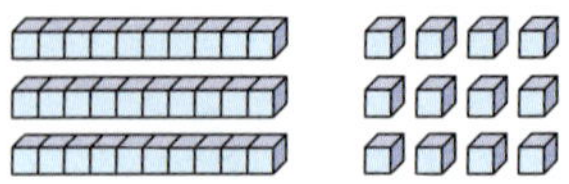

- La matriz tiene 2 partes. ¿Cómo puedes describir cada parte?

B Multiplica cada parte de la matriz. Multiplica las decenas y registra el producto. Después, multiplica las unidades y registra ese producto.

$3 \times 10 = 30$ $\quad$ $3 \times 4 = 12$

C Halla la suma de los productos.

D Ahora usa bloques de base diez para hacer un modelo de 2×16. Multiplica las decenas y unidades. Halla el producto.

Sacar conclusiones

1. Describe la matriz que hiciste para representar 2×16.
2. ¿Cómo cambiarías la matriz de 2×16 para hacer un modelo de 2×26?
3. **Comprensión** Una manera de hacer un modelo de 18 es usar 1 decena y 8 unidades. ¿Cómo te ayuda saber esto para hallar 4×18?

NS 2.4 Resolver problemas simples de multiplicación de números de varios dígitos por números de un dígito (3,671 × 3 = ____). *también* **MR 2.3, MR 2.4, MR 3.2**

Relacionar

Puedes dibujar matrices en papel cuadriculado para hacer un modelo de la multiplicación.

Dibuja una matriz para hacer un modelo de 3×14.

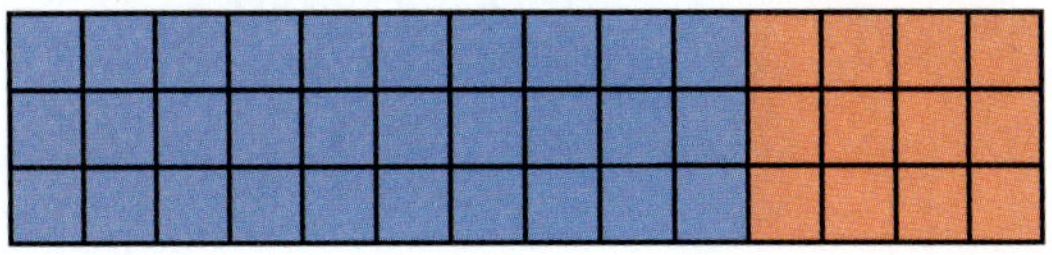

3 hileras de 10	3 hileras de 4
Multiplica las decenas.	Multiplica las unidades.
$3 \times 10 = 30$	$3 \times 4 = 12$

Suma. $30 + 12 = 42$

Por lo tanto, $3 \times 14 = 42$.

COMENTA
Explica cómo puedes usar una matriz para hallar 4×17.

Practicar

Halla el producto. Muestra tu multiplicación y suma.

1. 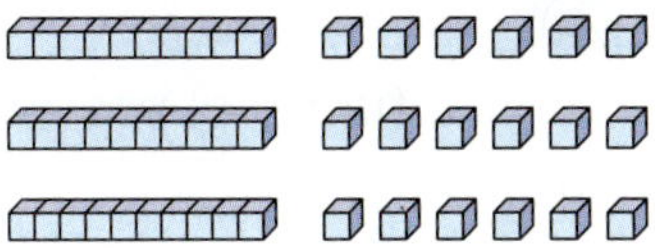

$3 \times 16 =$ ■

2. 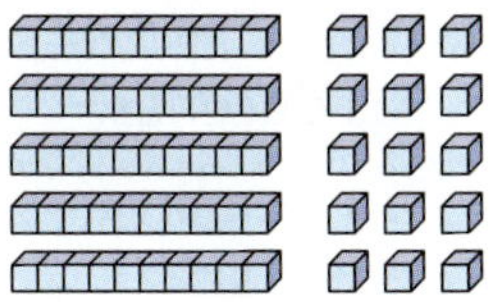

$5 \times 13 =$ ■

3. 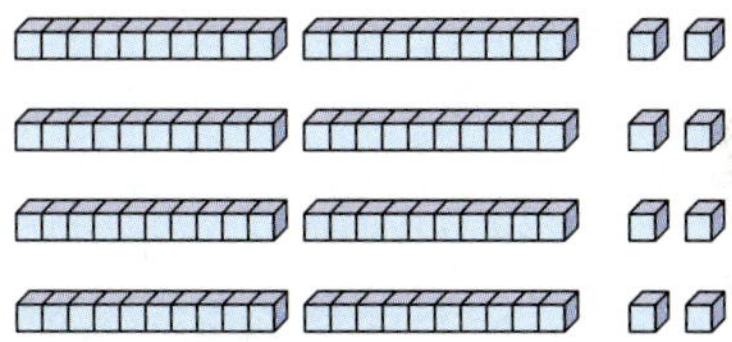

$4 \times 22 =$ ■

4. 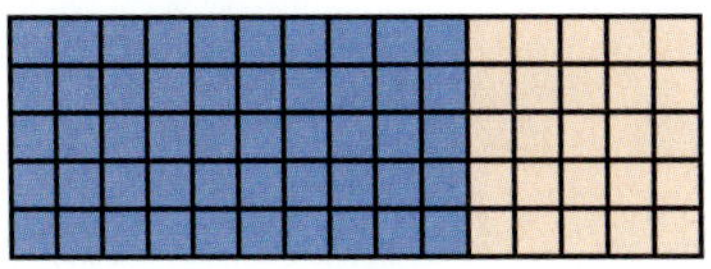

$5 \times 15 =$ ■

5. 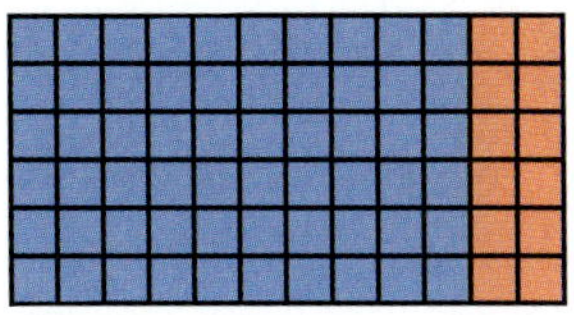

$6 \times 12 =$ ■

6. 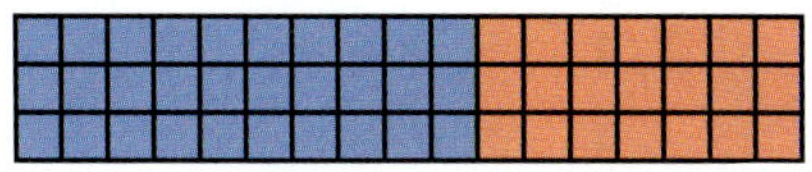

$3 \times 17 =$ ■

Usa bloques de base diez o papel cuadriculado para hallar cada producto.

7. $4 \times 25 =$ ■ **8.** $3 \times 18 =$ ■ **9.** $5 \times 21 =$ ■ **10.** $4 \times 34 =$ ■

11. **Razonamiento** El producto de dos números es 48. La suma de los dos números es 16. ¿Cuáles son los dos números?

12. ESCRIBE **Explica** cómo usar bloques de base diez para hallar el producto de 5×19.

LECCIÓN 3

Representar la multiplicación de 2 dígitos

OBJETIVO: Representar la multiplicación de 2 dígitos con bloques de base 10 usando el valor posicional (productos parciales) y la reagrupación.

Repaso rápido

1. $5 \times 20 = ■$
2. $7 \times 10 = ■$
3. $9 \times 60 = ■$
4. $8 \times 30 = ■$
5. $3 \times 40 = ■$

Aprende

PROBLEMA Sam tiene 3 cajas de crayolas. En cada caja caben 24 crayolas. ¿Cuántas crayolas tiene Sam en total?

Puedes representar el problema usando bloques de base diez. Multiplica. 3×24

DE UNA MANERA **Usa el valor posicional.**

MANOS A LA OBRA

Actividad 1

Materiales ■ bloques de base diez

Paso 1

Representa 3 grupos de 24.
Multiplica las unidades.

	T	O
	2	4
×		3
	1	2

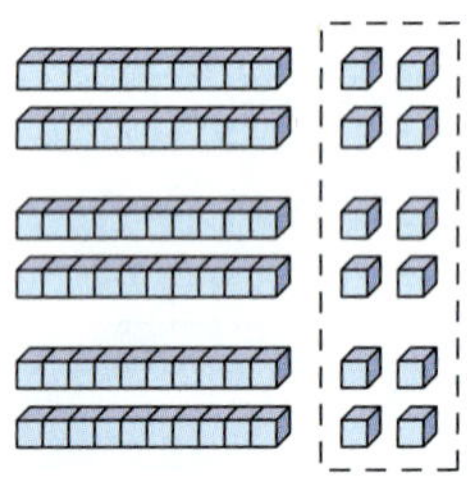

(3 × 4 unidades)

Paso 2

Multiplica las decenas.

	T	O
	2	4
×		3
	1	2
	6	0

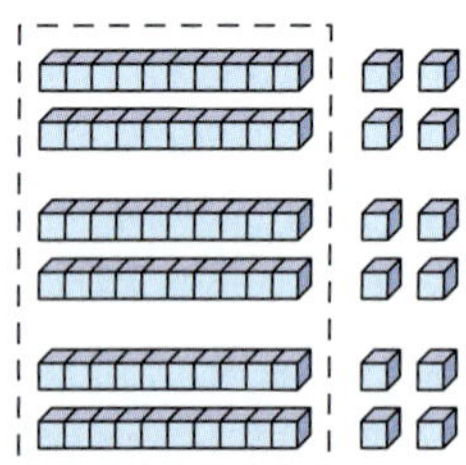

(3 × 4 unidades)
(3 × 2 decenas)

Paso 3

Suma para hallar el producto.

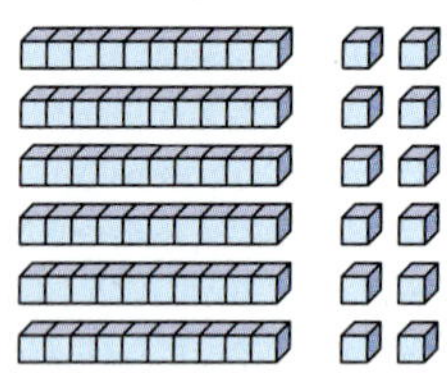

$$\begin{array}{r} 12 \\ +\,60 \\ \hline 72 \end{array}$$

Por lo tanto, Sam tiene 72 crayolas en total.

Más ejemplos

A

$$\begin{array}{rl} 17 & \\ \times\ \ 4 & \\ \hline 28 & (4 \times 7 \text{ unidades}) \\ +40 & (4 \times 1 \text{ decenas}) \\ \hline 68 & \end{array}$$

B

$$\begin{array}{rl} 39 & \\ \times\ \ 5 & \\ \hline 45 & (5 \times 9 \text{ unidades}) \\ +150 & (5 \times 3 \text{ decenas}) \\ \hline 195 & \end{array}$$

C

$$\begin{array}{rl} 61 & \\ \times\ \ 7 & \\ \hline 7 & (7 \times 1 \text{ unidad}) \\ +420 & (7 \times 6 \text{ decenas}) \\ \hline 427 & \end{array}$$

- Por qué 4 × 1 decena se registró como 40 y no como 4?

NS 2.4 Resolver problemas simples de multiplicación de números de varios dígitos por números de un dígito (3,671 × 3 = ____). *también* **MR 2.3, MR 2.4, MR 3.2**

DE OTRA MANERA **Usa la reagrupación.**

MANOS A LA OBRA

Actividad 2

Materiales: bloques de base diez

Paso 1

Usa bloques de base diez para hacer un modelo de 3 grupos de 24.

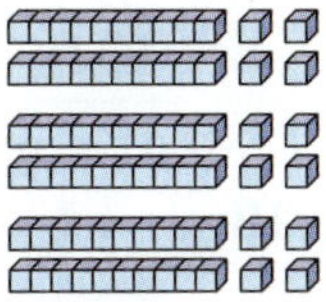

Paso 2

Multiplica las unidades. $3 \times 4 = 12$ unidades. Reagrupa 12 unidades como 1 decena 2 unidades.

$$\begin{array}{rr} & ^{1} \\ T & O \\ \hline 2 & 4 \\ \times & 3 \\ \hline & 2 \end{array}$$

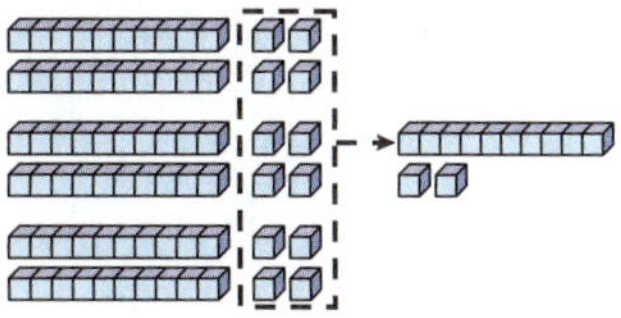

Paso 3

Multiplica las decenas. Suma la decena reagrupada.

$$\begin{array}{rr} ^{1} & \\ T & O \\ \hline 2 & 4 \\ \times & 3 \\ \hline 7 & 2 \end{array}$$

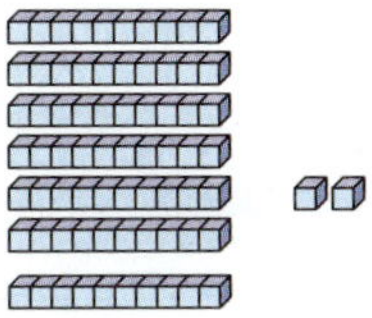

Más ejemplos

A
$$\begin{array}{r} ^{1} \\ 32 \\ \times\ 7 \\ \hline 224 \end{array}$$

B
$$\begin{array}{r} ^{3} \\ 47 \\ \times\ 5 \\ \hline 235 \end{array}$$

C
$$\begin{array}{r} ^{2} \\ 58 \\ \times\ 3 \\ \hline 174 \end{array}$$

Práctica con supervisión

1. ¿Cuánto es 2×30?

Halla el producto. Usa el valor posicional o la reagrupación.

2. $\begin{array}{r} 16 \\ \times\ 4 \\ \hline \end{array}$

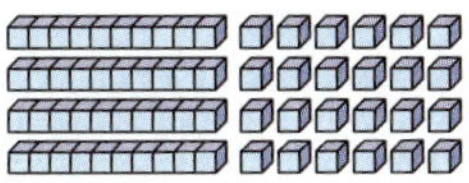

✓3. $\begin{array}{r} 27 \\ \times\ 3 \\ \hline \end{array}$

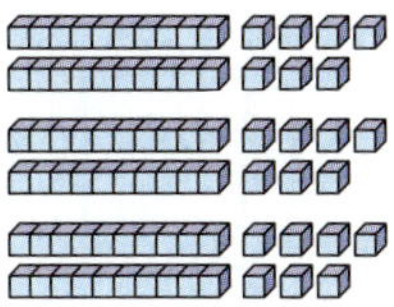

✓4. $\begin{array}{r} 39 \\ \times\ 2 \\ \hline \end{array}$

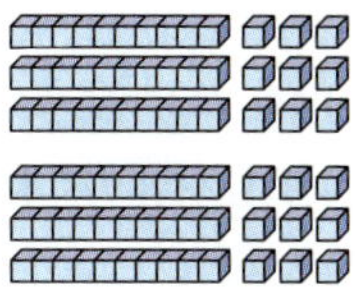

5. **COMENTA** Halla 3×45 usando tanto el valor posicional como la reagrupación. Di en qué se parecen los métodos y en qué son diferentes.

Práctica independiente y resolución de problemas

Halla el producto. Usa el valor posicional o la reagrupación.

6. $\begin{array}{r} 25 \\ \times\ 3 \\ \hline \end{array}$

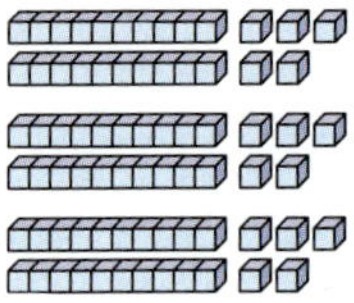

7. $\begin{array}{r} 17 \\ \times\ 4 \\ \hline \end{array}$

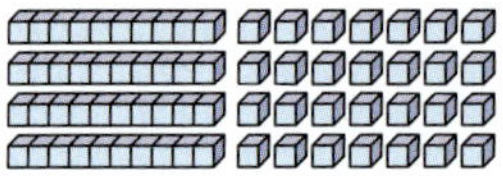

8. $\begin{array}{r} 32 \\ \times\ 2 \\ \hline \end{array}$

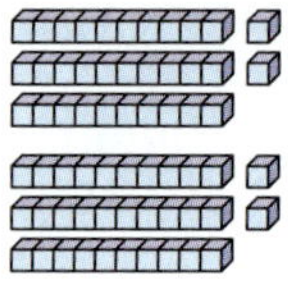

Multiplica. Puedes usar bloques de base diez como ayuda.

9. $\begin{array}{r} 23 \\ \times\ 6 \\ \hline \end{array}$ **10.** $\begin{array}{r} 39 \\ \times\ 2 \\ \hline \end{array}$ **11.** $\begin{array}{r} 45 \\ \times\ 3 \\ \hline \end{array}$ **12.** $\begin{array}{r} 26 \\ \times\ 4 \\ \hline \end{array}$ **13.** $\begin{array}{r} 52 \\ \times\ 5 \\ \hline \end{array}$

14. $\begin{array}{r} 31 \\ \times\ 4 \\ \hline \end{array}$ **15.** $\begin{array}{r} 16 \\ \times\ 5 \\ \hline \end{array}$ **16.** $\begin{array}{r} 41 \\ \times\ 3 \\ \hline \end{array}$ **17.** $\begin{array}{r} 18 \\ \times\ 3 \\ \hline \end{array}$ **18.** $\begin{array}{r} 14 \\ \times\ 8 \\ \hline \end{array}$

Álgebra **Usa bloques de base diez para hallar el factor que falta.**

19. $3 \times ■ = 93$ **20.** $■ \times 13 = 52$ **21.** $■ \times 24 = 72$ **22.** $5 \times ■ = 80$

USA LOS DATOS **Para los ejercicios 23 y 24, usa la gráfica de barras.**

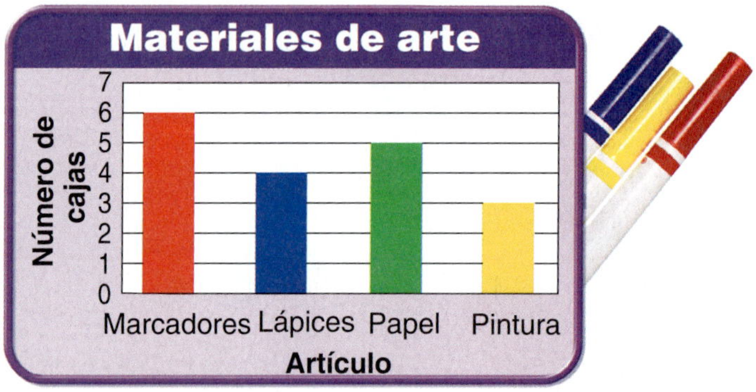

23. Hay 16 lápices en cada caja. ¿Cuántos lápices hay en todas las cajas?

24. **Razonamiento** Hay 20 tubos de pintura en cada caja. Si cada tubo de pintura cuesta $4, ¿cuánto costó la pintura en total?

25. ***DATO BREVE*** La primera caja de crayolas se vendió en 1903 y tenía los mismos 8 colores que hay en una caja de 8 crayolas en la actualidad. Si Holly tiene 13 de estas cajas, ¿cuántas crayolas tiene?

26. **ESCRIBE** **¿Cuál es la pregunta?** Kate multiplicó un número de 2 dígitos por un número de 1 dígito. Ella dice que el producto es un número de cuatro dígitos. ¿Tiene sentido lo que dice? **Explica.**

Comprensión de los Estándares

27. $7 \times 90 = ■$ (NS 2.4, p. 344)

28. ¿Qué cuerpos geométricos forman esta figura? (MG 2.5, pág 304)

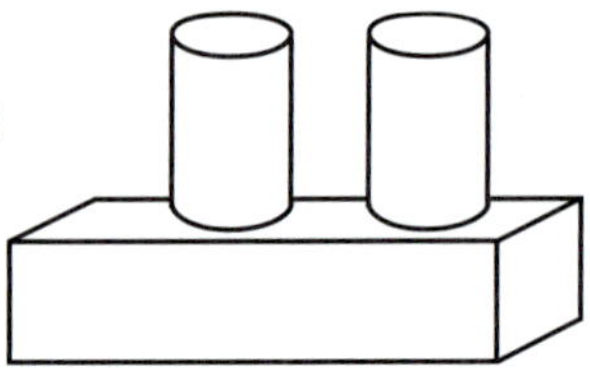

29. ¿Cuál es el rango de estos números? 6, 8, 15, 13, 12 (Grado 2 SDAP 1.3)

30. **Preparación para la prueba** En una excursión había 26 estudiantes en cada uno de 3 grupos. ¿Cuántos estudiantes fueron de excursión?

A 29 **B** 68 **C** 78 **D** 84

 Práctica adicional en la página 360, Grupo B

Cómo hacer crayolas

LEE TALLER

Destreza de lectura **Identificar los detalles**

¿Alguna vez te has preguntado cómo hicieron tu caja de crayolas?

Los dos ingredientes principales son el pigmento y la cera. *Pigmento* es otra palabra para *color*. La cera se calienta y se mezcla con el pigmento y con un polvo para endurecer. La mezcla se vierte en un molde.

Se usa agua fría para enfriar el molde. Después de que el molde se enfría, cada crayola se envuelve con una etiqueta de papel. Las etiquetas de las crayolas están impresas en diferentes idiomas.

Las crayolas se separan por color y se ponen en cajas. Hacer una crayola puede tardar de 3 a 9 minutos.

Identifica los detalles sobre la elaboración de crayolas:

- 2 ingredientes principales de las crayolas
- la cera caliente se mezcla con color
- la cera se vierte en un molde
- las crayolas se envuelven con una etiqueta
- toma de 3 a 9 minutos hacer una crayola

Resolución de problemas Identifica los detalles para resolver los problemas.

1. ¿De dónde proviene el color de las crayolas?
2. Si se necesitan 7 minutos para hacer una crayola azul, ¿cuánto tiempo se necesitará para hacer 25 crayolas azules?

LECCIÓN 4

Estimar productos

OBJETIVO: Usar la estimación para hallar un producto.

Repaso rápido

1. 7×50 **2.** 4×300
3. 5×800 **4.** 9×20
5. 6×60

Aprende

PROBLEMA Los Beville condujeron 5 horas desde su casa hasta la playa. La familia condujo en promedio a una velocidad de 62 millas por hora. Aproximadamente, ¿a cuántas millas de la playa vive la familia Beville?

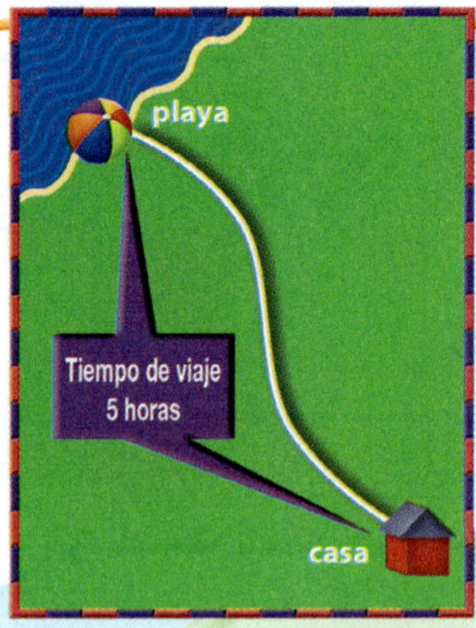

La pregunta te pide *aproximadamente* cuántas millas. Si no necesitas una respuesta exacta, puedes hallar una estimación. Estima. 5×62

Ejemplo

Paso 1

Redondea 62 al mayor valor posicional.

5×62
↓
5×60

Paso 2

Halla el producto estimado.

Usa una operación básica y un patrón de ceros.

$5 \times 6 = 30$
$5 \times 60 = 300$

Por lo tanto, la familia Beville vive aproximadamente a 300 millas de la playa.

Recuerda

Para redondear un número:
- Decide qué posición será redondeada.
- Mira el dígito a su derecha.
- Si el dígito es menor que 5, el dígito que se está redondeando permanece igual.
- Si el dígito es 5 o más, el dígito que se está redondeando aumenta en 1.

Más ejemplos

A **Redondea a la decena más cercana.**

$78 \rightarrow 80$
$\times 7 \quad \times 7$
560

B **Redondea a la centena más cercana.**

$284 \rightarrow 300$
$\times 4 \quad \times 4$
$1{,}200$

Práctica con supervisión

1. Redondea 718 a la centena más cercana.

Estima cada producto. Redondea al mayor valor posicional.

2. 3×93 ✓**3.** 7×826 ✓**4.** 6×39

5. COMENTA **Explica** cómo estimar 5×59. Di si la respuesta exacta es mayor o menor que la estimación y por qué.

NS 2.4 Resolver problemas simples de multiplicación de números de varios dígitos por números de un dígito ($3{,}671 \times 3 = ■$). *también* **MR 2.1, MR 2.3, MR 2.4, MR 3.2**

Práctica independiente y resolución de problemas

Estima cada producto. Redondea al mayor valor posicional.

6. 39×7 **7.** 52×9 **8.** 6×21 **9.** 3×76

10. 641×5 **11.** 8×925 **12.** 4×388 **13.** 872×3

14. $\begin{array}{r} 71 \\ \times\ 4 \\ \hline \end{array}$ **15.** $\begin{array}{r} 48 \\ \times\ 5 \\ \hline \end{array}$ **16.** $\begin{array}{r} 354 \\ \times\ \ 8 \\ \hline \end{array}$ **17.** $\begin{array}{r} 216 \\ \times\ \ 7 \\ \hline \end{array}$ **18.** $\begin{array}{r} 197 \\ \times\ \ 6 \\ \hline \end{array}$

19. $\begin{array}{r} 92 \\ \times\ 8 \\ \hline \end{array}$ **20.** $\begin{array}{r} 461 \\ \times\ \ 3 \\ \hline \end{array}$ **21.** $\begin{array}{r} 82 \\ \times\ 4 \\ \hline \end{array}$ **22.** $\begin{array}{r} 167 \\ \times\ \ 9 \\ \hline \end{array}$ **23.** $\begin{array}{r} 328 \\ \times\ \ 4 \\ \hline \end{array}$

USA LOS DATOS **Para los ejercicios 24 y 25, usa la tabla.**

Hoteles en la playa

Nombre	Número de habitaciones
Sand and Surf	52
Flamingo	132
Boardwalk Hotel	87
Beachfront Suites	48

24. Si todas las habitaciones en Beachfront Suites están ocupadas y hay 4 personas por habitación, aproximadamente, ¿cuántas personas se están quedando en el hotel?

25. En el Flamingo, hay aproximadamente 3 personas por habitación. En el Sand and Surf, hay aproximadamente 4 personas por habitación. Si todas las habitaciones de los dos hoteles están ocupadas, ¿en qué hotel se están quedando más personas? ¿Cuántas más?

26. **Razonamiento** Marc tiene una tienda de alquiler de sombrillas de playa. Ayer alquiló 6 sombrillas. Cada sombrilla cuesta $8 la hora y se alquiló durante 8 horas. Aproximadamente, ¿cuánto ganó Marc ayer?

27. **ESCRIBE** La familia Beville se hospedó en un hotel que cuesta $77 al día. Aproximadamente, ¿cuánto costó el hotel por 7 días? **Explica.**

Comprensión de los Estándares

28. Al compró 4 galones de jugo para el picnic. Cada galón alcanzó para 16 personas. ¿Cuántas raciones de jugo compró Al en total? (NS 2.4, pág. 348)

29. Oliver tiene 282 fotos en un álbum y 72 fotos que no están en el álbum. ¿Cuántas fotos tiene Oliver en total? (NS 2.1, pág. 58)

30. Halla el producto. $7 \times 30 = ■$ (NS 2.4, pág. 344)

31. **Preparación para la prueba** Tom y sus amigos construyeron 4 pajareras. Usaron 177 palitos planos para construir cada pajarera. Aproximadamente, ¿cuántos palitos planos usaron en total?

A 300 **B** 400 **C** 600 **D** 800

Práctica adicional en la página 360, Grupo C

LECCIÓN 5

Multiplicar números de 2 dígitos

OBJETIVO: Multiplicar números de 2 dígitos usando un algoritmo.

Repaso rápido

1. 9×8 **2.** 3×12
3. 7×5 **4.** 2×6
5. 4×10

Aprende

PROBLEMA En la cafetería hay 68 mesas. Cada mesa tiene 4 sillas. ¿Cuántas sillas hay en la cafetería?
Multiplica. 68×4 Estima. $70 \times 4 = 280$

DE UNA MANERA Usa la reagrupación.

Paso 1

Multiplica las unidades.
4×8 unidades $= 32$ unidades
Reagrupa 32 unidades como 3 decenas 2 unidades.

$$\begin{array}{r} {}^{3} \\ 68 \\ \times\ 4 \\ \hline 2 \end{array}$$

Paso 2

Multiplica las decenas.
4×6 decenas $= 24$ decenas
24 decenas + 3 decenas = 27 decenas
Reagrupa 27 decenas como 2 centenas y 7 decenas.

$$\begin{array}{r} {}^{3} \\ 68 \\ \times\ 4 \\ \hline 272 \end{array}$$

DE OTRA MANERA Usa el valor posicional.

Paso 1

Multiplica las unidades. Regístralo.

$$\begin{array}{r} 68 \\ \times\ 4 \\ \hline 32 \end{array} \quad (4 \times 8 = 32)$$

Paso 2

Multiplica las decenas. Regístralo.

$$\begin{array}{r} 68 \\ \times\ 4 \\ \hline 32 \\ 240 \end{array} \quad (4 \times 60 = 240)$$

Paso 3

Suma los productos.

$$\begin{array}{r} 68 \\ \times\ 4 \\ \hline 32 \\ +\,240 \\ \hline 272 \end{array}$$

Por lo tanto, en la cafetería hay 272 sillas. Como 272 está cerca de la estimación, 280, la respuesta es razonable.

Práctica con supervisión

1. ¿Cuánto es 5×4 decenas?

Halla cada producto.

2. $\begin{array}{r} 52 \\ \times\ 6 \\ \hline \end{array}$ **3.** $\begin{array}{r} 32 \\ \times\ 3 \\ \hline \end{array}$ ✓**4.** $\begin{array}{r} 71 \\ \times\ 8 \\ \hline \end{array}$ ✓**5.** $\begin{array}{r} 28 \\ \times\ 3 \\ \hline \end{array}$

6. COMENTA **Explica** cómo hallar 7×54.

NS 2.4 Resolver problemas simples de multiplicación de números de varios dígitos por números de un dígito ($3{,}671 \times 3 = \blacksquare$). *también* **MR 2.3, MR 2.4, MR 3.2**

Práctica independiente y resolución de problemas

Halla cada producto.

7. 24×3 **8.** 76×8 **9.** 45×6 **10.** 19×5 **11.** 37×4

12. 37×9 **13.** 93×3 **14.** 31×7 **15.** 82×4 **16.** 63×7

17. 98×5 **18.** 56×7 **19.** 9×44 **20.** 3×76

Álgebra **Halla el factor que falta.**

21. $12 \times ■ = 36$ **22.** $■ \times 4 = 44$ **23.** $16 \times ■ = 64$ **24.** $■ \times 3 = 63$

USA LOS DATOS **Para los ejercicios 25 y 26, usa la gráfica de barras.**

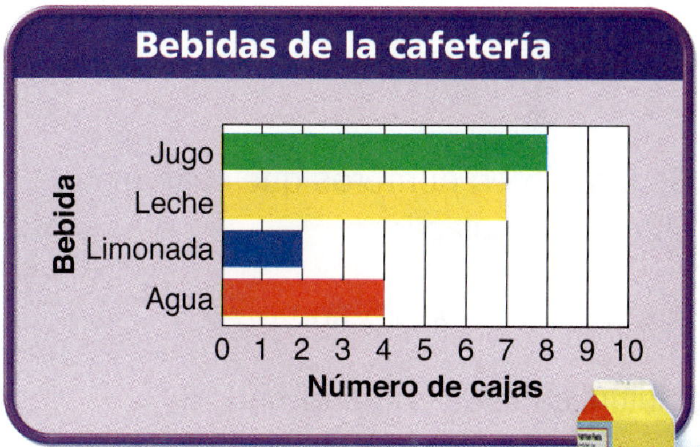

25. En una caja caben 48 cartones de leche. ¿Cuántos cartones de leche tiene la cafetería en total?

26. **Razonamiento** Si en una caja caben 32 botellas de jugo y 64 botellas de agua, ¿tiene la cafetería más botellas de jugo o de agua? **Explica**.

27. La cafetería vendió 58 botellas de limonada. Si en una caja caben 36 botellas, ¿cuántas botellas de limonada quedan?

28. ESCRIBE **¿Cuál es la pregunta?** Hay 24 bolsas de rosquillas en cada caja. La respuesta es 72 bolsas.

Comprensión de los Estándares

29. ¿Cuál es el sumando que falta? (AF 1.2, pág. 50)

$$12 - ■ = 7$$

30. Nina usa 36 pulgadas de cinta para hacer 1 lazo. Aproximadamente, ¿cuánta cinta necesitará para hacer 8 lazos? (NS 2.4, pág. 352)

31. $8 \times 900 = ■$ (NS 2.4, pág. 344)

32. **Preparación para la prueba** Jamie alquiló 3 películas. Cada película dura 97 minutos. ¿Cuánto tiempo le tomará a Jamie ver las tres películas?

A 237 minutos **C** 291 minutos

B 271 minutos **D** 480 minutos

Práctica adicional en la página 360, Grupo D

CD ROM **Tecnología**
Usa Harcourt Mega Math en español, Juego de números, *De todo un poco,* nivel K.

LECCIÓN 6

Taller de resolución de problemas
Estrategia: Resolver un problema más sencillo

OBJETIVO: Resolver problemas usando la estrategia *resolver un problema más sencillo.*

Aprende la estrategia

Puedes usar un problema más sencillo para ayudarte a resolver problemas más complejos. Puedes separar el problema en partes más sencillas o puedes usar la estimación para ayudarte a resolver el problema.

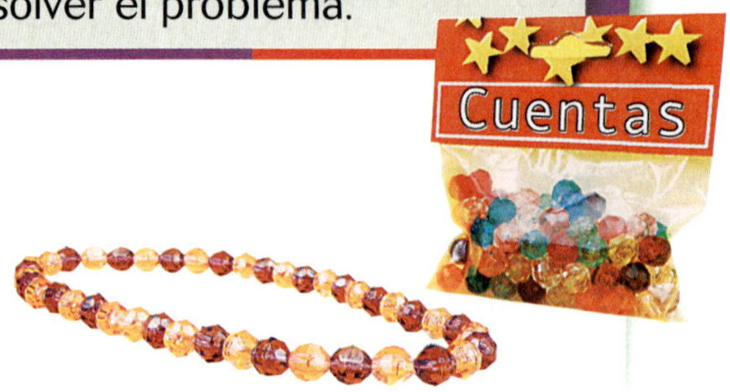

Separar en partes más sencillas

Kendra usa cuentas para hacer collares. Las cuentas vienen en paquetes de 75. Si Kendra compra 6 paquetes, ¿cuántas cuentas tendrá?

Separa 75 en números que sean más fáciles de multiplicar.

Vuelve a escribir 75 como 70 + 5.

Multiplica cada sumando por 6.

Suma los productos.

$$\begin{array}{r} 75 \\ \times\ 6 \\ \hline \end{array} = \begin{array}{r} 70 + 5 \\ \times \quad\quad 6 \\ \hline 30 \leftarrow 6 \times 5 \\ 420 \leftarrow 6 \times 70 \\ \hline 450 \quad\quad\quad\quad \end{array}$$

Por lo tanto, Kendra tendrá 450 cuentas.

Usa la estimación

Las manzanas cuestan $0.99 la libra. Las uvas cuestan $0.89 la libra. Pam compró 4 libras de manzanas y 3 libras de uvas. ¿Pagó más o menos de $5 en total?

$0.99 x 4 → $1 x 4 = $4
$0.89 x 3 → $1 x 3 = $3

$4 + $3 = $7

Pam pagó aproximadamente $7.

Por lo tanto, Pam gastó más de $5 en total.

COMENTA

Explica cómo redondear al dólar más cercano hace que el segundo problema sea más fácil de resolver.

NS 2.4 Resolver problemas simples de multiplicación de números de varios dígitos por números de un dígito (3,671 × 3 = ______). *también* **MR 1.0, MR 1.2, MR 2.0, MR2.2, MR 2.3, MR 2.4, MR 3.2, MR 3.3**

Usa la estrategia

PROBLEMA Los estudiantes de la escuela primaria Lincoln están recolectando comida para el banco de comida de la localidad. Hay 87 estudiantes de tercer grado en la escuela. Cada estudiante trae 4 latas de comida. ¿Cuántas latas recolectan en total los estudiantes?

Lee para entender
Planea
Resuelve
Comprueba

Lee para entender

Destreza de lectura

- **Haz un resumen del problema.**
- **¿Qué información te proporcionan?**

Planea

- **¿Qué estrategia puedes usar para resolver el problema?**
  Puedes resolver un problema más sencillo.

Resuelve

- **¿Cómo puedes usar la estrategia para resolver el problema?**
  Puedes hallar 87×4 separando 87 en números que sean más fáciles de multiplicar.

Vuelve a escribir 87 como 80 + 7.

Multiplica cada sumando por 4.

Suma los productos.

$$\begin{array}{r} 87 \\ \times\ 4 \\ \hline \end{array} = \begin{array}{r} 80 + 7 \\ \times \qquad 4 \\ \hline 28 \leftarrow 4 \times 7 \\ 320 \leftarrow 4 \times 80 \\ \hline 348 \end{array}$$

Por lo tanto, los estudiantes de tercer grado recolectaron 348 latas en total.

Comprueba

- **Vuelve a leer el problema. ¿Tiene sentido la respuesta para el problema? Explica.**

Resolución de problemas con supervisión

Lee para entender
Planea
Resuelve
Comprueba

1. La señora Reynolds trabaja como voluntaria en el banco de comida. Ella organiza los artículos de comida donados. Coloca los alimentos enlatados en 6 estantes. En cada estante caben 58 latas de comida. ¿Cuántas latas de comida caben en los 6 estantes?

   Primero, escribe un problema más sencillo.

   $$\begin{array}{r} 58 \\ \times\ 6 \\ \hline \end{array} = \begin{array}{r} 50 + 8 \\ \times\ \quad 6 \\ \hline \end{array}$$

   Después, multiplica.

   Por último, suma los productos para hallar el número total de latas.

2. **¿Qué pasaría si** hubiera 8 estantes y en cada estante cupieran 96 latas de comida? Describe cómo usarías un problema más sencillo para hallar el número total de latas que caben en los estantes.

3. El centro de reciclaje recolectó 67 bolsas de latas de aluminio en junio y 92 bolsas de latas de aluminio en julio. Si cada bolsa pesaba aproximadamente 3 libras, ¿cuántas libras de latas de aluminio recolectó el centro en los dos meses?

Resolución de problemas • Práctica de estrategias

Usa un problema más sencillo para resolver.

4. El club de ciencias está recolectando botellas de vidrio para juntar dinero para una visita al planetario. Los estudiantes reciben 5 centavos por cada botella que recolectan. Hasta ahora el club ha recolectado 96 botellas. ¿Cuánto dinero, en centavos, recibió el club por las botellas?

5. **Razonamiento** El club de actividades al aire libre organizó una excursión. Los excursionistas obtenían 75 puntos por cada 1/2 milla que caminaban. La pista era de 3 millas de largo. Si Joe caminó toda la pista, ¿cuántos puntos obtuvo?

6. **ESCRIBE** El club de arte está haciendo una cadena de papel para decorar el gimnasio para un evento de recolección de fondos. Cada estudiante hace 8 eslabones para la cadena. Hay 78 estudiantes en el club de arte. ¿Cuántos eslabones tendrá la cadena? **Explica** cómo hallaste la respuesta.

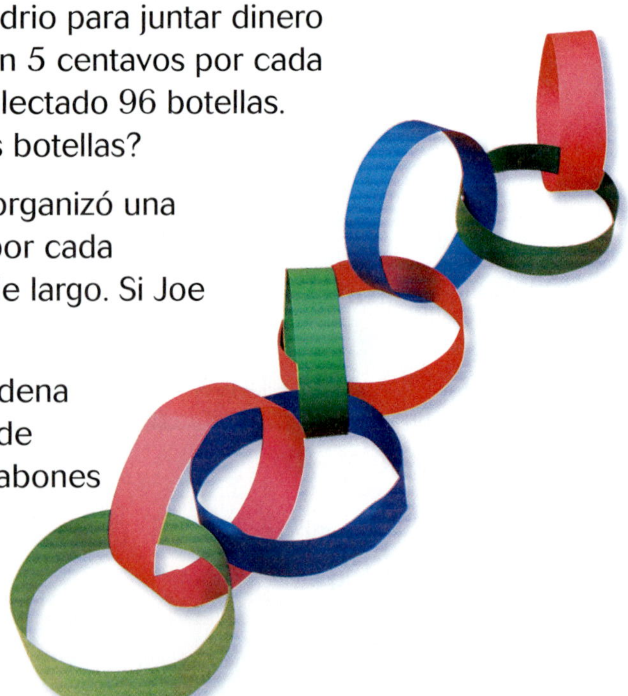

Práctica de estrategias mixtas

USA LOS DATOS Para los ejercicios 7 a 9, usa el cartel.

7. La banda de la escuela organizó un lavado de carros para juntar dinero para el refugio local de animales. Si 36 carros, 8 camionetas y 21 camiones fueron al lavado de carros, ¿cuánto dinero juntó la banda?

8. **Formula un problema** Vuelve a leer el problema 7. Escribe un problema similar cambiando el número de carros, camionetas y camiones.

9. **Problema abierto** Durante las primeras dos horas del lavado de carros, la banda lavó tanto carros como camiones y reunió un total de $48. Haz una lista de una de las posibles combinaciones de carros y camiones que lavó la banda.

10. En el lavado de carros están en fila un carro verde, uno rojo, uno blanco y uno azul. El carro rojo no es el último. El carro blanco está enfrente del carro azul. El carro azul es el segundo. Haz un dibujo para mostrar el orden de los carros.

ELIGE UNA ESTRATEGIA

- Resolver un problema más sencillo
- Hacer un diagrama o dibujo
- Hacer un modelo o una dramatización
- Hacer una lista organizada
- Hacer una tabla o gráfica
- Adivinar y comprobar should be Predecir y probar
- Trabajar desde el final hasta el principio
- Buscar un patrón
- Escribir una ecuación
- Usar el razonamiento lógico

ESFUÉRZATE

Hay aproximadamente 5,000 refugios para animales en todo el país. Cuesta aproximadamente $10 al día el cuidado de un gato o un perro en un refugio.

11. Vanessa es voluntaria en el refugio local de animales. Hay 16 perros y 24 gatos en el refugio. ¿Cuál es el costo total por día por el cuidado de los animales?

12. Samuel también es voluntario en un refugio de animales. En su refugio hay 12 perros. Explica cómo usar un patrón para hallar el número de perros en todo el país que están en un refugio para animales si en cada refugio pueden vivir 12 perros.

Práctica adicional

Grupo A Usa una operación básica y patrones para hallar cada producto.

(págs. 344 y 345)

1. $2 \times 4 = \blacksquare$
   $20 \times 4 = \blacksquare$
   $200 \times 4 = \blacksquare$

2. $6 \times 3 = \blacksquare$
   $60 \times 3 = \blacksquare$
   $600 \times 3 = \blacksquare$

3. $8 \times 5 = \blacksquare$
   $8 \times 50 = \blacksquare$
   $8 \times 500 = \blacksquare$

Halla el producto.

4. $9 \times 30 = \blacksquare$
5. $4 \times 700 = \blacksquare$
6. $6 \times 900 = \blacksquare$

Grupo B Halla el producto. Usa el valor posicional o la reagrupación.

(págs. 348 a 351)

1. 14×4

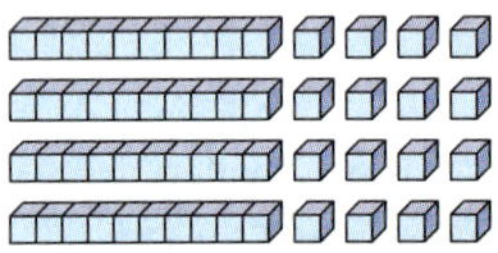

2. 21×5

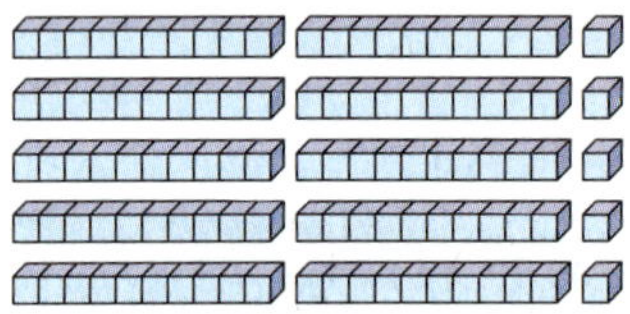

3. 23×6

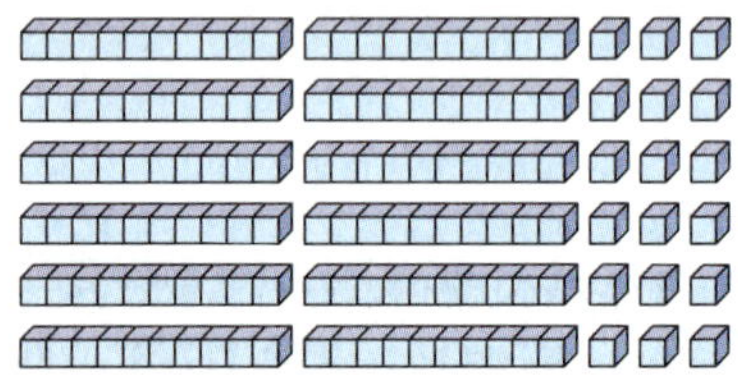

Multiplica. Puedes usar bloques de base diez como ayuda.

4. 43×2
5. 77×5
6. 52×3
7. 80×9
8. 68×8

Grupo C Estima cada producto. Redondea al mayor valor posicional.

(págs. 352 y 353)

1. 48×6
2. 73×8
3. 62×9
4. 559×4
5. 837×5

6. Unos estudiantes hicieron 4 cadenas de papel para su salón de clases. Si cada cadena contenía 175 eslabones, aproximadamente, ¿cuántos eslabones hay en todas las cadenas?

7. Andy necesita reservar 22 mesas para una fiesta. Si en cada mesa caben 8 personas, aproximadamente, ¿cuántas personas asistirán a la fiesta?

Grupo D Halla cada producto. (págs. 354 y 355)

1. 26×4
2. 58×7
3. 94×3
4. 81×6
5. 72×8

6. El equipo de John anotó 48 *touchdowns* en una temporada. Si un *touchdown* cuenta como 6 puntos, ¿cuántos puntos anotó el equipo?

7. Un frasco contiene 35 pepinillos. Dana necesita 244 pepinillos para un almuerzo en la escuela. ¿Son suficientes 7 frascos? Explica.

CD ROM **Tecnología**
Usa Harcourt Mega Math en español, Juegos numéricos, *De todo, un poco,* nivel I.

PRÁCTICA CON UN JUEGO

Productos con un cubo numerado

¡Prepárate!
2 jugadores

¡Lanza los cubos!
- 3 cubos numerados
- Papel y lápiz

¡A jugar!

- Los jugadores se turnan para lanzar los tres cubos numerados y formar problemas de multiplicación de 2 dígitos por 1 dígito.
- Cada jugador halla el producto de su problema de multiplicación.
- Se comparan los productos. El jugador que tenga el producto mayor recibe 1 punto.
- Los jugadores vuelven a lanzar los cubos numerados y forman nuevos problemas de multiplicación.
- Gana el primer jugador que obtenga 10 puntos

Repaso/Prueba del Capítulo 15

Repasar los conceptos

1. Explica cómo podrías usar bloques de base diez para ayudarte a resolver 12×4. (NS 2.4, pág. 346)

2. ¿Cuáles son los pasos necesarios para multiplicar 23×4? (NS 2.4, pág. 348)

Repasar las destrezas

Halla el producto. (NS 2.4, págs. 344 y 345)

3. $30 \times 6 = ■$
4. $4 \times 300 = ■$
5. $5 \times 200 = ■$
6. $■ = 7 \times 60$
7. $20 \times 8 = ■$
8. $■ = 3 \times 800$

Halla cada producto. (NS 2.4, págs. 348 a 351, 354 y 355)

9. $\begin{array}{r} 13 \\ \times\ 3 \\ \hline \end{array}$
10. $\begin{array}{r} 26 \\ \times\ 5 \\ \hline \end{array}$
11. $\begin{array}{r} 49 \\ \times\ 8 \\ \hline \end{array}$
12. $\begin{array}{r} 75 \\ \times\ 9 \\ \hline \end{array}$
13. $\begin{array}{r} 38 \\ \times\ 4 \\ \hline \end{array}$
14. $\begin{array}{r} 51 \\ \times\ 2 \\ \hline \end{array}$
15. $\begin{array}{r} 97 \\ \times\ 6 \\ \hline \end{array}$
16. $\begin{array}{r} 62 \\ \times\ 8 \\ \hline \end{array}$
17. $\begin{array}{r} 43 \\ \times\ 4 \\ \hline \end{array}$
18. $\begin{array}{r} 16 \\ \times\ 7 \\ \hline \end{array}$
19. 25×9
20. 73×4
21. 54×6
22. 45×3
23. 67×6

Repasar la resolución de problemas

Resuelve. (NS 2.4, MR 1.2, págs. 356 a 359)

24. En una visita al zoológico, 37 estudiantes y 5 maestros pagaron cada uno \$5 por entrar. ¿Cuánto pagaron en total por entrar al zoológico?

25. **ESCRIBE** Lindsay y Jeff viven en pueblos que tienen cada uno una población de 8 personas por milla cuadrada. El pueblo de Lindsay mide 64 millas cuadradas. El pueblo de Jeff mide 120 millas cuadradas. ¿Cuántas personas en total viven en los dos pueblos? **Explica**.

Enriquecimiento • ¿Cuántos años tienes?

El tiempo vuela

Se suele dar la edad de una persona en años. ¿Sabes cuántos días, horas o minutos tienes de edad? ¡Usa una calculadora para descubrirlo!

Ejemplo

Abby nació el 8 de febrero de 1998. ¿Cuántos años tiene el 3 de abril de 2007 en días, horas y minutos?

Paso 1	Multiplica la edad de Abby en años por 365.	Ejemplo: $9 \times 365 = 3{,}285$
Paso 2	Sumale el número de días desde el cumpleaños hasta la fecha dada. días restantes en febrero: 20 días en marzo: 31 días en abril: 3	$20 + 31 + 3 = 54$ $3{,}285 + 54 = 3{,}339$
Paso 3	Suma un día por cada año bisiesto. Los años bisiestos son: . . . 1996, 2000, 2004 y 2008 Por lo tanto, Abby tiene 3,341 días de edad.	$3{,}339 + 2 = 3{,}341$
Paso 4	Multiplica la edad en días por 24 horas. Por lo tanto, Abby tiene 80,184 horas de edad.	$3{,}341 \times 24 = 80{,}184$
Paso 5	Multiplica la edad en horas por 60 minutos. Por lo tanto, Abby tiene 4,811,040 minutos de edad.	$80{,}184 \times 60 = 4{,}811{,}040$

Práctica

Halla cada edad en años, días, horas y minutos.

1. El cumpleaños de Jake es el 25 de mayo de 1995. Halla su edad para el 16 de enero de 2006.
2. El cumpleaños de Elsie es el 3 de agosto de 2001. Halla su edad para el 2 de septiembre de 2008.

Conclusión

ESCRIBE Halla tu edad en días, horas y minutos. **Explica** cómo lo sabes.

Comprensión de los Estándares
Capítulos 1 a 15

Percepción numérica

1. Scott leyó 86 páginas de su libro el lunes. Leyó 109 páginas del libro el martes. ¿Cuántas páginas del libro ha leído Scott? (NS 2.1)

A 168

B 185

C 195

D 228

Pista

Elige la respuesta

Lee el problema 2. Multiplica para hallar la respuesta. Si el producto no coincide con una de las opciones de respuesta, comprueba tu cálculo.

2. Caroline tocó 7 canciones en el piano. Pasó 9 minutos tocando cada canción. ¿Cuánto tiempo tocó Caroline en total? (NS 2.2)

A 2 minutos

B 16 minutos

C 63 minutos

D 72 minutos

3. ESCRIBE Hay 65 galletas en una bolsa de galletas para perros. ¿Cuántas galletas hay en 8 bolsas? **Explica** tu respuesta. (NS 2.4)

Álgebra y funciones

4. ¿Qué número falta en el patrón? (AF 2.2)

$$6 \times 6 = 6$$

$$6 \times 10 = 60$$

$$6 \times 100 = \blacksquare$$

A 60

B 600

C 6,000

D 60,000

5. Jill tarda 45 minutos en hornear una bandeja de galletas. Usa la ecuación $2 \times 45 = n$ para responder una pregunta. ¿Cuál pregunta responde? (AF 1.1)

A ¿Cuántos segundos se tarda hornear 1 bandeja de galletas?

B ¿Cuántas bandejas de galletas necesita para 20 personas?

C ¿Cuántos minutos se tarda hornear 2 bandejas de galletas?

D ¿Cuánto tiempo más se tarda hornear las galletas que un pan de banana?

6. ESCRIBE Si $(4 \times 2) \times 5 = 40$, entonces, ¿cuánto es $4 \times (2 \times 5)$? Usa una propiedad y el modelo para **explicar** tu respuesta. (AF 1.5)

X X X X X X X X X X
X X X X X X X X X X
X X X X X X X X X X
X X X X X X X X X X

Medición y geometría

7. Jeremy dibuja un cuadrilátero con todos los lados de la misma longitud. ¿Qué figura dibujó Jeremy? (MG 2.3)

   A trapecio **C** cuadrado

   B pentágono **D** rectángulo

8. ¿Qué figura tiene un área de 10 unidades cuadradas? (MG 1.2)

   A 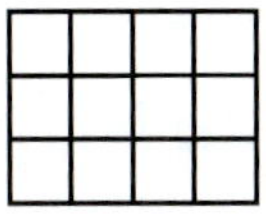

   B 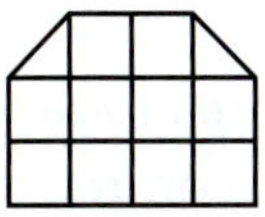

   C 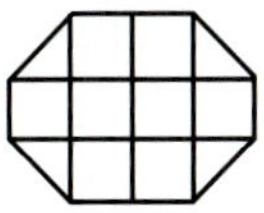

   D 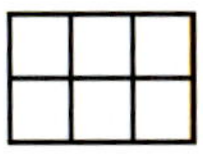

9. **ESCRIBE** ¿Qué polígono se muestra? **Explica** cómo lo sabes. (MG 2.1)

Estadísticas, análisis de datos y probabilidad

10. Deb encuestó a sus compañeros de clase respecto a cuánto tiempo leen. Anotó los resultados en una tabla de conteo. La columna para 20 minutos muestra 𝍸 𝍸 ||. ¿Qué significa esto? (Grado 2 SDAP 1.0)

    A 20 estudiantes leyeron durante 12 minutos.

    B 17 estudiantes leyeron durante 20 minutos.

    C 12 estudiantes más leyeron 20 minutos que 10 minutos.

    D 12 estudiantes leyeron durante 20 minutos.

11. La gráfica de barras muestra el número de insignias vendidas en 4 días. ¿En qué día se vendió el mayor número? (Grado 2 SDAP 1.0)

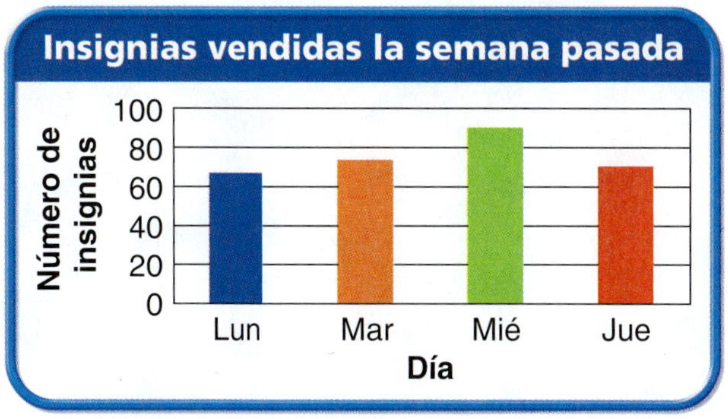

    A Lunes **C** Miércoles

    B Martes **D** Jueves

12. **ESCRIBE** En una pictografía, 4 símbolos representan 20 platos. ¿Cuál es la clave de la gráfica? **Explica**. (Grado 2 SDAP 1.0)

CAPÍTULO

16 Multiplicar por números más grandes

La idea importante La multiplicación de números enteros de varios dígitos se basa en el valor posicional y en las operaciones básicas de multiplicación.

CALIFORNIA DATO BREVE

El paso de San Gorgonio es uno de los lugares con más viento en todo el mundo. Aquí encontrarás una planta eólica. Una planta eólica es un grupo de turbinas que aprovechan el viento para generar electricidad.

Investiga

Muchos aparatos domésticos usan electricidad. Selecciona un aparato de la tabla. Di cuánto costaría que ese aparato funcionara todos los días durante 1 mes. Digamos que 1 mes = 30 días.

Costo de electricidad

Aparato	Costo por 1 día
Televisión	4 centavos
Refrigerador	40 centavos
Computadora	72 centavos
Estufa/Horno	22 centavos
Estéreo	2 centavos

Muestra lo que sabes

Comprueba si has aprendido las destrezas importantes que se necesitan para completar exitosamente el Capítulo 16.

▶ Operaciones de multiplicación hasta 10

Halla el producto.

1. $4 \times 6 = ■$ **2.** $3 \times 8 = ■$ **3.** $9 \times 2 = ■$ **4.** $6 \times 5 = ■$

5. $7 \times 3 = ■$ **6.** $4 \times 3 = ■$ **7.** $5 \times 8 = ■$ **8.** $7 \times 9 = ■$

9. $\begin{array}{r} 5 \\ \times 7 \\ \hline \end{array}$ **10.** $\begin{array}{r} 3 \\ \times 3 \\ \hline \end{array}$ **11.** $\begin{array}{r} 4 \\ \times 8 \\ \hline \end{array}$ **12.** $\begin{array}{r} 8 \\ \times 6 \\ \hline \end{array}$

▶ Multiplicar números de 2 dígitos por números de 1 dígito

Halla el producto.

13. $3 \times 10 = ■$ **14.** $2 \times 46 = ■$ **15.** $5 \times 21 = ■$ **16.** $4 \times 17 = ■$

17. $2 \times 52 = ■$ **18.** $6 \times 20 = ■$ **19.** $4 \times 38 = ■$ **20.** $3 \times 59 = ■$

21. $\begin{array}{r} 22 \\ \times\ 7 \\ \hline \end{array}$ **22.** $\begin{array}{r} 31 \\ \times\ 4 \\ \hline \end{array}$ **23.** $\begin{array}{r} 73 \\ \times\ 2 \\ \hline \end{array}$ **24.** $\begin{array}{r} 24 \\ \times\ 5 \\ \hline \end{array}$

25. $\begin{array}{r} 43 \\ \times\ 5 \\ \hline \end{array}$ **26.** $\begin{array}{r} 19 \\ \times\ 7 \\ \hline \end{array}$ **27.** $\begin{array}{r} 56 \\ \times\ 3 \\ \hline \end{array}$ **28.** $\begin{array}{r} 35 \\ \times\ 6 \\ \hline \end{array}$

Enriquece tu vocabulario

VOCABULARIO DEL CAPÍTULO

punto decimal
signo de dólar
factor
producto

PREPARACIÓN

factor Un número que se multiplica por otro número para hallar un producto.

punto decimal (.) Un símbolo que se usa para separar dólares de centavos en el dinero.

signo de dólar ($) Un símbolo que se usa para representar cantidades de dinero.

LECCIÓN 1

ÁLGEBRA

Múltiplos de 10, 100 y 1,000

OBJETIVO: Usar operaciones básicas y patrones para multiplicar múltiplos de 10, 100 y 1,000.

Repaso rápido

1. 8×5
2. 3×6
3. 7×10
4. 4×20
5. 9×80

Aprende

PROBLEMA Un pájaro está volando a 7 pies de altura sobre el suelo. Un avión está 5,000 veces más alto que el pájaro. ¿A cuántos pies sobre el suelo está el avión?

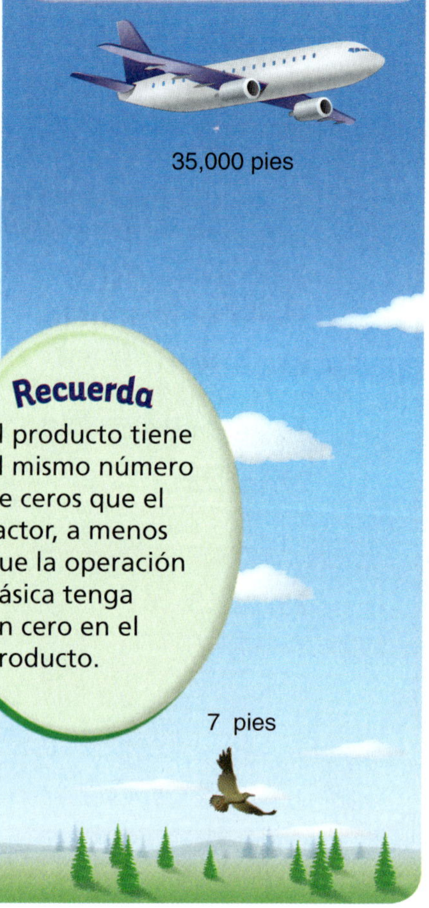

Puedes usar operaciones básicas y patrones para multiplicar múltiplos de 10, 100 y 1,000.

$7 \times 5 = 35$ ← operación básica
$7 \times 50 = 350$
$7 \times 500 = 3,500$
$7 \times 5000 = 35,000$

Por lo tanto, el avión está a 35,000 pies sobre el suelo.

Recuerda
El producto tiene el mismo número de ceros que el factor, a menos que la operación básica tenga un cero en el producto.

Ejemplos

A $5 \times 6,000 = ■$
$5 \times 6 = 30$
$5 \times 60 = 300$
$5 \times 600 = 3,000$
$5 \times 6,000 = 30,000$

B $400 \times 2 = ■$
$4 \times 2 = 8$
$40 \times 2 = 80$
$400 \times 2 = 800$
$4,000 \times 2 = 8,000$

- ¿Cuándo tiene más ceros el producto que el factor?

Práctica con supervisión

1. ¿Qué operación básica usarías para hallar 5×900?

Usa una operación básica y patrones para hallar cada producto.

2. $7 \times 3 = ■$
$7 \times 30 = ■$
$7 \times 300 = ■$
$7 \times 3,000 = ■$

✓3. $2 \times 5 = ■$
$20 \times 5 = ■$
$200 \times 5 = ■$
$2,000 \times 5 = ■$

✓4. $8 \times 6 = ■$
$8 \times 60 = ■$
$8 \times 600 = ■$
$8 \times 6,000 = ■$

5. **COMENTA** ¿Cuántos ceros habrá en el producto de $4 \times 5,000$? **Explica** cómo lo sabes.

NS 2.4 Resolver problemas simples de multiplicación de números de varios dígitos por números de un dígito ($3,761 \times 3 = ■$). *también* **MR 2.3, MR 2.4, MR 3.2**

Práctica independiente y resolución de problemas

Usa una operación básica y patrones para hallar cada producto.

6. $5 \times 5 =$ ■
$50 \times 5 =$ ■
$500 \times 5 =$ ■
$5{,}000 \times 5 =$ ■

7. $9 \times 1 =$ ■
$9 \times 10 =$ ■
$9 \times 100 =$ ■
$9 \times 1{,}000 =$ ■

8. $3 \times 6 =$ ■
$3 \times 60 =$ ■
$3 \times 600 =$ ■
$3 \times 6{,}000 =$ ■

Halla el producto.

9. $800 \times 5 =$ ■

10. $4 \times 60 =$ ■

11. ■ $= 3 \times 9{,}000$

12. $400 \times 4 =$ ■

13. ■ $= 7 \times 1{,}000$

14. $8 \times 20 =$ ■

15. ■ $= 6 \times 900$

16. ■ $= 400 \times 7$

17. $3{,}000 \times 4 =$ ■

Álgebra **Halla el factor que falta.**

18. ■ $\times 3 = 2{,}100$

19. $5 \times$ ■ $= 30{,}000$

20. ■ $\times 2{,}000 = 8{,}000$

USA LOS DATOS **Para los ejercicios 21 y 22, usa la tabla.**

Horarios de los aviones

Número de vuelo	Hora de salida	Hora de llegada
254	12:00 P.M.	3:00 P.M.
255	2:18 P.M.	4:18 P.M.
256	10:30 A.M.	2:30 P.M.
257	1:47 P.M.	3:02 P.M.

21. El vuelo 254 voló a una velocidad promedio de 500 millas por hora. Aproximadamente, ¿qué distancia voló el avión?

22. **Razonamiento** Ken dijo que el avión en el que iba voló a un velocidad promedio de 400 millas por hora. Voló 1,600 millas. ¿Cuál era el número de vuelo de Ken?

23. ***DATO BREVE*** Un avión a reacción puede volar a una altura de 30,000 pies o más. Nombra dos factores que puedan multiplicarse para obtener un producto de 30,000.

24. **ESCRIBE** **Explica** cómo hallar el producto de $3 \times 4{,}000$.

Comprensión de los Estándares

25. $5 \times 73 =$ (NS 2.4, pág. 354)

26. Tricia tiene 3 cajas de CD. Hay 59 CD en cada caja. ¿Cuántos CD tiene Tricia en total? (NS 2.4, pág. 354)

27. El triángulo de Toby tiene 3 lados iguales. Nombra el triángulo. (MG 2.2, pág. 276)

28. **Preparación para la prueba** ¿Cuál tiene un producto de 4,000?

A $8 \times 5{,}000$
B $2{,}000 \times 2$
C 4×100
D $4{,}000 \times 10$

CD ROM **Tecnología**
Usa Harcourt Mega Math en español, Juegos numéricos, *De todo un poco*, nivel I.

Práctica adicional en la página 378, Grupo A

LECCIÓN 2

Taller de resolución de problemas
Estrategia: Buscar un patrón

OBJETIVO: Resolver problemas usando la estrategia *buscar un patrón*.

Lee para entender
Planea
Resuelve
Comprueba

Usa la estrategia

PROBLEMA La exhibición anual de flores comienza esta semana. La exhibición estará abierta el jueves, viernes, sábado y domingo. Si 3,000 personas compran boletos cada día, ¿cuántos boletos se venderán en total?

Lee para entender

Destreza de lectura

- **Identifica los detalles.**
- **¿Qué información te proporcionan?**

Planea

- **¿Qué estrategia puedes usar para resolver el problema?**
  Puedes usar la estrategia *buscar un patrón*.

Resuelve

- **¿Cómo puedes usar la estrategia para resolver el problema?**
  Puedes usar una operación básica y un patrón de ceros para resolver el problema.

Multiplica $4 \times 3{,}000$.

$4 \times 3 = 12$ ← operación básica
$4 \times 30 = 120$
$4 \times 300 = 1{,}200$
$4 \times 3{,}000 = 12{,}000$

Cuando el número de ceros en el factor aumenta, el número de ceros en el producto aumenta en la misma cantidad.

Por lo tanto, se venderán 12,000 boletos.

Comprueba

- **¿De qué otras maneras podrías resolver el problema?**

NS 2.4 Resolver problemas simples de multiplicación de números de varios dígitos por números de un dígito (3,671 × 3 = ____). *también* **MR 1.0, MR 1.1, MR 2.0, MR 2.2, MR 2.3, MR 2.4, MR 3.2**

Resolución de problemas con supervisión

Halla un patrón para resolver.

1. Hay 8 exposiciones principales en la exhibición de flores. Cada exposición tiene aproximadamente 5,000 flores. Aproximadamente, ¿cuántas flores se usan en total?

   Primero, escribe la operación básica. $8 \times 5 = \blacksquare$

   Después, escribe el patrón usando un patrón de ceros. $8 \times 50 = \blacksquare$ $8 \times 500 = \blacksquare$

   Por último, halla el producto. $8 \times 5{,}000 = \blacksquare$

2. **¿Qué pasaría si** hubiera 7 exposiciones que tuvieran aproximadamente 6,000 flores cada una? Halla el número total de flores usadas en las exposiciones.

3. A las primeras 2,000 personas que visitaron la exhibición de flores les regalaron un ramo de flores. Cada ramo tiene 3 flores. ¿Cuántas flores se regalaron en total?

ELIGE UNA ESTRATEGIA

- Buscar un patrón
- Hacer un diagrama o dibujo
- Hacer un modelo o una dramatización
- Hacer una lista organizada
- Usar el razonamiento lógico
- Hacer una tabla o gráfica
- Predecir y probar
- Trabajar desde el final hasta el principio
- Resolver un problema más sencillo
- Escribir una ecuación

Aplicaciones mixtas

USA LOS DATOS Para los ejercicios 4 a 6, usa los dibujos.

4. Vivian compró 7 paquetes de semillas de girasol. ¿Cuál es el mayor número de flores que puede cultivar?

5. El papá de Jon compró 3 herramientas para jardinería, una regadera y 2 paquetes de semillas de margarita. ¿Cuánto gastó en total?

6. **Razonamiento** El señor Ashworth gastó $36 en semillas de caléndula en el Centro de Jardinería. ¿Cuántas semillas de caléndula compró? Explica tu respuesta.

7. Una florista hace prendedores de flores usando una flor y una cinta. Tiene flores rojas, blancas y rosadas, y cintas amarillas, blancas y moradas. ¿Cuántos prendedores de flores diferentes puede hacer?

8. **ESCRIBE** Escribe un enunciado de multiplicación que muestre un número de un dígito multiplicado por un múltiplo de 10, 100 y 1,000. **Explica** cómo usar una operación básica para hallar los productos.

LECCIÓN 3

Multiplicar números de 3 dígitos

OBJETIVO: Multiplicar números de 3 dígitos usando un algoritmo.

Repaso rápido

1. 3×51
2. 6×37
3. 2×72
4. 8×50
5. 7×300

Aprende

PROBLEMA El señor Brown pasea su perro todos los días. Si camina 3 millas al día, ¿cuántas millas caminará en 1 año? (Pista: 1 año = 365 días)

Multiplica. 365×3 Estima. $400 \times 3 = 1{,}200$

DE UNA MANERA Usa la reagrupación.

Paso 1

Multiplica las unidades.
3×5 unidades = 15 unidades
Reagrupa 15 unidades como 1 decena 5 unidades.

$$\begin{array}{r} {\scriptstyle 1} \\ 365 \\ \times \quad 3 \\ \hline 5 \end{array}$$

Paso 2

Multiplica las decenas.
3×6 decenas = 18 decenas
18 decenas + 1 decena = 19 decenas
Reagrupa 19 decenas como 1 centena 9 decenas.

$$\begin{array}{r} {\scriptstyle 1\,1} \\ 365 \\ \times \quad 3 \\ \hline 95 \end{array}$$

Paso 3

Multiplica las centenas.
3×3 centenas = 9 centenas
Suma la centena reagrupada. $9 + 1 = 10$
Reagrupa 10 centenas como 1 millar.

$$\begin{array}{r} {\scriptstyle 1\,1} \\ 365 \\ \times \quad 3 \\ \hline 1{,}095 \end{array}$$

Por lo tanto, el señor Brown pasea 1,095 millas al año. Como 1,095 está cerca de la estimación, 1,200, la respuesta es razonable.

DE OTRA MANERA Usa el valor posicional.

Paso 1

Multiplica las unidades. Registra.

$$\begin{array}{rl} 365 & \\ \times \quad 3 & \\ \hline 15 & (3 \times 5) \end{array}$$

Paso 2

Multiplica las decenas. Registra.

$$\begin{array}{rl} 365 & \\ \times \quad 3 & \\ \hline 15 & (3 \times 5) \\ 180 & (3 \times 60) \end{array}$$

Paso 3

Multiplica las centenas. Registra.

$$\begin{array}{rl} 365 & \\ \times \quad 3 & \\ \hline 15 & (3 \times 5) \\ 180 & (3 \times 60) \\ +\ 900 & (3 \times 300) \end{array}$$

Paso 4

Suma los productos.

$$\begin{array}{r} 365 \\ \times \quad 3 \\ \hline 15 \\ 180 \\ +\ 900 \\ \hline 1{,}095 \end{array}$$

NS 2.4 Resolver problemas simples de multiplicación de números de varios dígitos por números de un dígito (3,671 × 3 = ____). *también* **MR 2.1, MR 2.3, MR 2.4, MR 3.2**

Práctica con supervisión

1. ¿Cuánto es 7 × 5 centenas?

Halla cada producto.

2. 218×4
3. 451×6
4. 132×3
5. 333×4
6. 537×5

7. **COMENTA** **Explica** cómo hallar 4 × 628.

Práctica independiente y resolución de problemas

Halla cada producto.

8. 823×2
9. 194×6
10. 311×3
11. 275×4
12. 436×1
13. 443×3
14. 921×5
15. 129×3
16. 572×4
17. 324×2
18. 5 × 204
19. 3 × 152
20. 6 × 513
21. 2 × 789

USA LOS DATOS **Para los ejercicios 22 a 24, usa la tabla.**

Actividad	Calorías usadas por hora*
Tocar el piano	76
Nadar	166
Saltar la cuerda	274

*Para un estudiante de 60 libras

22. Una caloría es una unidad de la energía que te da la comida. La tabla muestra el número de calorías usadas en una hora. Marcus nadó 4 horas. ¿Cuántas calorías usó?

23. **Razonamiento** Matt practica el piano 5 veces a la semana durante 1 hora cada vez. ¿Cuántas calorías usa Matt en 4 semanas?

24. **ESCRIBE** A Missy le gusta saltar la cuerda. ¿Cuántas calorías usará Missy al saltar la cuerda durante 3 horas? **Explica**.

Comprensión de los Estándares

25. Monique tiene 4 monedas de 25¢, 3 monedas de 10¢ y 2 monedas de 5¢. ¿Cuánto dinero tiene? (Grado 2 NS 5.1)

26. 8,000 − 2,768 = (NS 2.1, pág. 58)

27. 6 × 47 = (NS 2.4, pág. 354)

28. **Preparación para la prueba** El señor Jackson conduce el camión de su compañía 417 millas cada semana. ¿Qué distancia conduce en 6 semanas?

A 2,402 millas
B 2,462 millas
C 2,502 millas
D 2,562 millas

Práctica adicional en la página 378, Grupo B

LECCIÓN 4

Multiplicar números de 4 dígitos

OBJETIVO: Multiplicar números de 4 dígitos usando un algoritmo.

Repaso rápido

1. 3 × 271 **2.** 5 × 432
3. 4 × 156 **4.** 2 × 318
5. 6 × 529

Aprende

PROBLEMA La escuela primaria Carter tiene una venta de libros usados cada año. Este año vinieron 1,649 personas a la venta. Si cada persona compró 2 libros, ¿cuántos libros vendió la escuela en total?

Multiplica. 1,649 × 2 Estima. 1,600 × 2 = 3,200

DE UNA MANERA Usar la reagrupación.

Paso 1	Paso 2	Paso 3	Paso 4
Multiplica las unidades. Reagrupa.	Multiplica las decenas. Suma la decena reagrupada.	Multiplica las centenas. Reagrupa.	Multiplica los millares. Suma el millar reagrupado.
$\begin{array}{r} \scriptstyle 1 \\ 1{,}649 \\ \times \quad 2 \\ \hline 8 \end{array}$	$\begin{array}{r} \scriptstyle 1 \\ 1{,}649 \\ \times \quad 2 \\ \hline 98 \end{array}$	$\begin{array}{r} \scriptstyle 1 \quad 1 \\ 1{,}649 \\ \times \quad 2 \\ \hline 298 \end{array}$	$\begin{array}{r} \scriptstyle 1 \quad 1 \\ 1{,}649 \\ \times \quad 2 \\ \hline 3{,}298 \end{array}$

Por lo tanto, la escuela vendió 3,298 libros en total. Como 3,298 está cerca de la estimación, 3,200, la respuesta es razonable.

DE OTRA MANERA Usa el valor posicional.

Paso 1	Paso 2	Paso 3	Paso 4	Paso 5
Multiplica las unidades.	Multiplica las decenas.	Multiplica las centenas.	Multiplica los millares.	Suma los productos.
$\begin{array}{r} 1{,}649 \\ \times \quad 2 \\ \hline 18 \end{array}$	$\begin{array}{r} 1{,}649 \\ \times \quad 2 \\ \hline 18 \\ 80 \end{array}$	$\begin{array}{r} 1{,}649 \\ \times \quad 2 \\ \hline 18 \\ 80 \\ 1200 \end{array}$	$\begin{array}{r} 1{,}649 \\ \times \quad 2 \\ \hline 18 \\ 80 \\ 1200 \\ 2000 \end{array}$	$\begin{array}{r} 1{,}649 \\ \times \quad 2 \\ \hline 18 \\ 80 \\ 1200 \\ +\,2000 \\ \hline 3{,}298 \end{array}$

Práctica con supervisión

1. ¿Cuánto es 3 × 6 millares?

NS 2.4 Resolver problemas simples de multiplicación de números de varios dígitos por números de un dígito (3,671 × 3 = ■). *también* **MR 2.1, MR 2.3, MR 2.4, MR 3.2**

Halla cada producto.

2. $1{,}132 \times 3$

3. $3{,}629 \times 5$

✓ **4.** $2{,}173 \times 4$

✓ **5.** $5{,}381 \times 2$

6. COMENTA **Explica** cómo sabes cuándo reagrupar.

Práctica independiente y resolución de problemas

Halla cada producto.

7. $2{,}716 \times 2$

8. $1{,}347 \times 4$

9. $2{,}531 \times 6$

10. $1{,}205 \times 3$

11. $5{,}163 \times 9$

12. $4{,}295 \times 2$

13. $6{,}141 \times 5$

14. $3{,}752 \times 4$

15. $3 \times 5{,}032$

16. $7 \times 7{,}851$

17. $8 \times 3{,}322$

18. $2 \times 1{,}431$

USA LOS DATOS **Para el ejercicio 19, usa la tabla.**

19. Si cada estudiante de cada escuela donó 5 libros para la venta de libros, ¿cuántos libros se donaron en total?

Escuela	Número de estudiantes
Carter	237
Stonybrook	245
Spring Grove	311
Riverview	296

20. Jen escribió un cuento de 3 páginas en su computadora. La primera página tenía 682 palabras. Si cada página tenía el mismo número de palabras, ¿cuántas palabras escribió Jen en total?

21. ESCRIBE **¿Cuál es el error?** Molly escribió el problema de multiplicación de la derecha. Describe su error.

$$\begin{array}{r} {}^{2\ 1} \\ 3{,}852 \\ \times \quad 3 \\ \hline 9{,}456 \end{array}$$

Comprensión de los Estándares

22. $\$2.18 + \$2.18 + \$2.18 =$ (Grado 2 NS 5.0)

23. $36 \div 9 =$ (NS 2.5, pág. 246)

24. Hay 500 clips en una caja. Matt tiene 3 cajas de clips. ¿Cuántos clips tiene? (🔑 NS 2.4, pág. 372)

25. **Preparación para la prueba** El señor Milford condujo de Olimpia, Washington, a San Diego, California, y luego de regreso a Olimpia. Las dos ciudades están a 1,198 millas de distancia. ¿Qué distancia condujo el señor Milford?

A 2,286 millas

B 2,296 millas

C 2,386 millas

D 2,396 millas

Práctica adicional en la página 378, Grupo C

LECCIÓN 5

Multiplicar cantidades de dinero

OBJETIVO: Multiplicar cantidades de dinero usando un algoritmo.

Repaso rápido

1. 4 × 52
2. 7 × 76
3. 3 × 137
4. 2 × 482
5. 5 × 1,325

Vocabulario

punto decimal

signo de dólar

Aprende

PROBLEMA Travis y su familia recorrieron en bicicleta la vía de bicicletas del puente Golden Gate. Travis alquiló una bicicleta durante 6 horas. Si la tarifa de alquiler era de $2.25 por hora, ¿cuánto pagó Travis por alquilar la bicicleta?

Multiplica. 6 × $2.25 Estima. 6 × $2.00 = $12.00

Ejemplo

Las cantidades de dinero pueden multiplicarse igual que los números enteros.

Paso 1

Escribe el problema usando números enteros. Multiplica las unidades. Reagrupa.

```
  3
 225
×  6
----
   0
```

Paso 2

Multiplica las decenas. Suma las decenas reagrupadas. Reagrupa.

```
 1 3
 225
×  6
----
  50
```

Paso 3

Multiplica las centenas. Suma la centena reagrupada.

```
 1 3
 225
×  6
----
1350
```

Paso 4

Coloca un signo de dólar y un punto decimal en el producto.

```
 1 3
 225      signo de dólar
×  6        punto decimal
----
1350 → $13.50
```

▲ La vía de bicicletas del puente Golden Gate de San Francisco mide 1.7 millas de largo.

Por lo tanto, Travis pagó $13.50 por alquilar la bicicleta. Como $13.50 está cera de la estimación, $12.00, la respuesta es razonable.

- ¿Qué pasaría si la tarifa de alquiler fuera de $3.25 la hora? ¿Cuánto habría pagado Travis por alquilar la bicicleta?

ADVERTENCIA

Asegúrate de poner el punto decimal entre los dólares y los centavos.

Más ejemplos

A

```
    1
 $3.18
×    2
------
 $6.36
```

B

```
  6 7 7
  $56.78
×      9
--------
 $511.02
```

C

```
   3 3
 $0.78
×    4
------
 $3.12
```

NS 3.3 Resolver problemas de suma, resta, multiplicación y división de cantidades de dinero en notación decimal, y multiplicar y dividir cantidades de dinero en notación decimal usando números enteros como multiplicadores y divisores. *también* **NS 2.4, MR 2.1, MR 2.3, MR 2.4, MR 3.2**

Práctica con supervisión

1. Multiplica 3×35. Después multiplica $3 \times \$0.35$. ¿En qué se parecen los problemas?

Halla el producto.

2. $\begin{array}{r} \$5.64 \\ \times \quad 3 \\ \hline \end{array}$

3. $\begin{array}{r} \$1.82 \\ \times \quad 6 \\ \hline \end{array}$

4. $\begin{array}{r} \$0.75 \\ \times \quad 4 \\ \hline \end{array}$

5. $\begin{array}{r} \$12.32 \\ \times \quad 2 \\ \hline \end{array}$

6. $\begin{array}{r} \$25.71 \\ \times \quad 5 \\ \hline \end{array}$

7. **COMENTA** **Explica** cómo multiplicar $2 \times \$1.23$.

Práctica independiente y resolución de problemas

Halla el producto.

8. $\begin{array}{r} \$8.95 \\ \times \quad 6 \\ \hline \end{array}$

9. $\begin{array}{r} \$12.80 \\ \times \quad 3 \\ \hline \end{array}$

10. $\begin{array}{r} \$0.14 \\ \times \quad 8 \\ \hline \end{array}$

11. $\begin{array}{r} \$7.56 \\ \times \quad 4 \\ \hline \end{array}$

12. $\begin{array}{r} \$11.78 \\ \times \quad 7 \\ \hline \end{array}$

13. $\begin{array}{r} \$46.23 \\ \times \quad 4 \\ \hline \end{array}$

14. $\begin{array}{r} \$2.95 \\ \times \quad 5 \\ \hline \end{array}$

15. $\begin{array}{r} \$5.03 \\ \times \quad 9 \\ \hline \end{array}$

16. $\begin{array}{r} \$0.98 \\ \times \quad 2 \\ \hline \end{array}$

17. $\begin{array}{r} \$1.55 \\ \times \quad 6 \\ \hline \end{array}$

Álgebra **Halla el factor que falta.**

18. $\$2.00 \times ■ = \$12.00$

19. $5 \times ■ = \$35.00$

20. $■ \times \$3.00 = \$24.00$

USA LOS DATOS **Para los ejercicios 21 a 23, usa la tabla.**

Lista de precios	
Boletos del trasbordador	Adulto \$6.75 Niño \$3.35
Agua	\$1.95 por botella
Barra de granola	\$1.29 por barra \$4.89 por caja

21. Travis y su familia se subieron al trasbordador del Golden Gate. Compraron 3 boletos de adultos y 1 boleto de niño. ¿Cuánto cambio recibieron de \$30.00?

22. **Razonamiento** Hay 4 barras de granola en una caja. ¿Sería más barato comprar una caja de barras de granola o comprar 4 barras de granola individuales? **Explica.**

23. **ESCRIBE** **¿Cuál es la pregunta?** Kate compró botellas de agua para ella y 5 amigas. La respuesta es \$9.54.

Comprensión de los Estándares

24. $24 \div 3 =$ (NS 2.5, pág. 220)

25. $7 \times 4{,}518 =$ (NS 2.4, pág. 374)

26. ¿Qué número vuelve verdadero a este enunciado numérico? $8 \times 5 > 6 \times ■$ (AF 1.1, págs. 28, 132)

27. **Preparación para la prueba** Los carteles se venden a \$2.95. ¿Cuál es el costo de 6 carteles?

A \$10.70 **C** \$12.70
B \$12.40 **D** \$17.70

Práctica adicional en la página 378, Grupo D

Práctica adicional

Grupo A **Usa una operación básica y patrones para hallar cada producto.** (págs. 368 y 369)

1. $4 \times 5 = \blacksquare$
   $40 \times 5 = \blacksquare$
   $400 \times 5 = \blacksquare$
   $4{,}000 \times 5 = \blacksquare$
2. $6 \times 8 = \blacksquare$
   $60 \times 8 = \blacksquare$
   $600 \times 8 = \blacksquare$
   $6{,}000 \times 8 = \blacksquare$
3. $9 \times 3 = \blacksquare$
   $9 \times 30 = \blacksquare$
   $9 \times 300 = \blacksquare$
   $9 \times 3{,}000 = \blacksquare$

Halla el producto.

4. $20 \times 7 = \blacksquare$
5. $5 \times 800 = \blacksquare$
6. $9{,}000 \times 4 = \blacksquare$
7. $8 \times 300 = \blacksquare$
8. $60 \times 4 = \blacksquare$
9. $5 \times 7{,}000 = \blacksquare$

Grupo B **Halla cada producto.** (págs. 372 y 373)

1. 101×4
2. 247×3
3. 658×5
4. 7×431
5. 2×990
6. 3×145
7. 6×203
8. 4×318
9. 5×236

Grupo C **Halla cada producto.** (págs. 374 y 375)

1. $1{,}826 \times 4$
2. $2{,}345 \times 7$
3. $3 \times 4{,}959$
4. $8 \times 3{,}061$
5. Un restaurante atiende un promedio de 2,465 clientes a la semana. ¿A cuántos clientes atiende el restaurante en cuatro semanas?
6. Antoine tiene 1,350 canicas. Traci tiene 8 veces ese número de canicas. ¿Cuántas canicas tiene Traci?

Grupo D **Halla cada producto.** (págs. 376 y 377)

1. $\$4.26 \times 2$
2. $\$5.78 \times 6$
3. $\$9.40 \times 3$
4. $\$8.19 \times 4$
5. $\$6.75 \times 5$
6. Neil está comprando conos de helado para sus 4 hermanos. Si cada cono cuesta $2.59, .¿cuánto dinero necesita Neil?
7. El equipo de fútbol americano Wolfpack cobra $3.25 por boleto para un juego de fútbol americano. ¿Cuánto dinero gastará en boletos una familia de seis miembros?

CD ROM **Tecnología**
Usa Harcourt Mega Math en español, Juegos numéricos, *Las ofertas de Buggy,* nivel J.

PRÁCTICA CON UN JUEGO

Relevos de multiplicación

¡En sus marcas!

2 o más equipos de 3 jugadores

¡Listos!

- Papel y lápices

¡Fuera!

- El jugador 1 de cada equipo escribe un número de 3 dígitos sin ceros en una hoja de papel y se la pasa al jugador 2.
- El jugador 2 escribe un número de 1 dígito debajo del número de 3 dígitos y le pasa la hoja al jugador 3.
- El jugador 3 halla el producto del problema de multiplicación que escribió su equipo y le pasa la hoja de nuevo al jugador 1.
- El jugador 1 comprueba el producto. Si es correcto, el equipo recibe 1 punto y la hoja pasa al jugador 2 para que escriba un nuevo número de 3 dígitos.
- Si el producto no es correcto, el jugador 1 le devuelve la hoja al jugador 3 para que vuelva a hallar el producto hasta que esté correcto.
- Los equipos continúan escribiendo números, pasando los problemas y multiplicando.
- Gana el primer equipo que reciba 10 puntos.

Repaso/Prueba del Capítulo 16

Repasar los conceptos

1. Explica los pasos que se necesitan para multiplicar 6×257. (O-π NS 2.4, pág. 372)
2. Cuando multiplicas dinero, ¿cómo sabes dónde poner el signo de dólar y el punto decimal en tu respuesta? (O-π NS 3.3, pág. 376)

Repasar las destrezas

Halla cada producto. (O-π NS 2.4, O-π NS 3.3; págs. 368 y 369, 372 y 373, 376 y 377)

3. $\begin{array}{r} 134 \\ \times \quad 3 \\ \hline \end{array}$
4. $\begin{array}{r} 309 \\ \times \quad 7 \\ \hline \end{array}$
5. $\begin{array}{r} 868 \\ \times \quad 6 \\ \hline \end{array}$
6. $\begin{array}{r} 711 \\ \times \quad 8 \\ \hline \end{array}$
7. $\begin{array}{r} 299 \\ \times \quad 5 \\ \hline \end{array}$
8. $\begin{array}{r} 473 \\ \times \quad 2 \\ \hline \end{array}$
9. $\begin{array}{r} 691 \\ \times \quad 9 \\ \hline \end{array}$
10. $\begin{array}{r} \$9.52 \\ \times \quad 3 \\ \hline \end{array}$

11. 200×4
12. $\$5.71 \times 2$
13. 492×8
14. $\$8.14 \times 5$
15. 600×7

Halla cada producto. (O-π NS 2.4, O-π NS 3.3; págs. 368 y 369, 374 y 375, 376 y 377)

16. $\begin{array}{r} 1{,}207 \\ \times \quad 3 \\ \hline \end{array}$
17. $\begin{array}{r} \$25.16 \\ \times \quad 5 \\ \hline \end{array}$
18. $\begin{array}{r} 4{,}934 \\ \times \quad 8 \\ \hline \end{array}$
19. $\begin{array}{r} 3{,}750 \\ \times \quad 9 \\ \hline \end{array}$

20. $\$13.08 \times 4$
21. $3{,}000 \times 2$
22. $\$39.67 \times 6$
23. $5{,}000 \times 8$

Repasar la resolución de problemas

Resuelve. (O-π NS 2.4, MR 1.1, págs. 370 y 371)

24. En el estadio de béisbol de la escuela secundaria Medfield caben 2,000 personas. ¿Cuántas personas caben en el estadio en 5 partidos?

25. ESCRIBE Para el problema 24, Zack dijo que en el estadio caben 1,000 personas en 5 partidos. ¿Por qué es incorrecta su solución? **Explica.**

Enriquecimiento • Acertijo de multiplicación

Dibujos de productos

¿Qué sucedería si los dibujos se usaran para representar números?

0 = 🕘 1 = ✿ 2 = ∧ 3 = 🔔 4 = ⚑

5 = √ 6 = ♥ 7 = ✋ 8 = 🌳 9 = ★

OPCIONES DE RESPUESTA			
A	✿	⚑	⚑
L	∧	🔔	🕘
E	⚑	🕘	🌳
F	∧	⚑	🔔
I	♥	⚑	🌳
D	✋	⚑	
O	★	♥	
T	✿	♥	🌳

Posen

Halla el producto de 4×36. Escribe la respuesta en dibujos. Luego, busca en la lista a la derecha las letras que están al lado de los dibujos de productos.

Paso 1 Halla el producto.

$$\begin{array}{r} {}^{2}\\ 36 \\ \times 4 \\ \hline 144 \end{array}$$

Paso 2 Escribe el producto en dibujos.
1 = ✿ y 4 = ⚑, por lo tanto, 144 = ✿ ⚑ ⚑.

Paso 3 Halla la letra que corresponda a los dibujos.
La letra A está al lado de ✿ ⚑ ⚑

Sonrían

Copia y resuelve. Escribe cada producto como una letra. Escribe la letra en el espacio numerado para ver el mensaje.

1. 46×5 **2.** 81×3 **3.** 37×2 **4.** 72×9

5. 36×4 **6.** 28×6 **7.** 51×8 **8.** 24×4

■ ■   ■ ■ ■ ■   ■ ■ ■ ■ ■
1 5   2 8 6 8   4 3 7 5 1

¡Listo!

ESCRIBE Halla el producto de 8×17. Haz los dibujos de productos. **Explica.**

Comprensión de los Estándares
Capítulos 1 a 16

Percepción numérica

1. Kristen usó 3,506 piedras de río para delinear su entrada. ¿Cuál es la forma desarrollada de 3,506?
(NS 1.5)

A $3{,}000 + 500 + 60$

B $3{,}000 + 50 + 6$

C $3{,}000 + 6$

D $3{,}000 + 500 + 6$

Pista

Entiende el problema.

Lee el problema 2. Hay 2,095 grupos de 5 globos. Vuelve a leer la pregunta.
Te pide el número total de globos, por lo tanto, hay que multiplicar.

2. Había 2,095 personas en la graduación de Max. Cada persona trajo 5 globos. ¿Cuántos globos había en la graduación?
(NS 2.4)

A 2,055

B 3,000

C 10,475

D 10,975

3. ESCRIBE ¿Cómo puedes usar la división para comprobar que $7 \times 8 = 56$? **Explica** tu respuesta. (NS 2.3)

Álgebra y funciones

4. ¿Qué números faltan en el patrón?
(AF 2.2)

$$8 \times 10 = 80$$
$$8 \times 100 = \blacksquare$$
$$8 \times 1{,}000 = \blacksquare$$

A 800; 8,000

B 80; 8,000

C 80; 800

D 8,000; 80,000

5. Jackie pasó 81 minutos pintando 9 dibujos. Pasó el mismo tiempo pintando cada dibujo. ¿Qué ecuación se puede usar para hallar cuántos minutos pasó Jackie pintando cada dibujo? (AF 1.1)

A $81 + 9 = p$

B $81 \div 9 = p$

C $p = 81 \times 9$

D $p \div 81 = 9$

6. ESCRIBE Jamal compró rompecabezas. Cada rompecabezas cuesta \$7. ¿Cuánto gastó por 4 rompecabezas? **Explica** tu respuesta. (AF 2.1)

Medición y geometría

7. ¿Cuál es el volumen de este prisma rectangular? (MG 1.2)

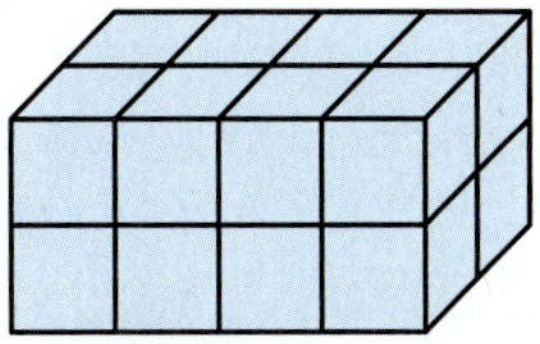

A 4 unidades cúbicas

B 8 unidades cúbicas

C 16 unidades cúbicas

D 24 unidades cúbicas

8. ¿Cuál es el perímetro de esta figura? (MG 1.3)

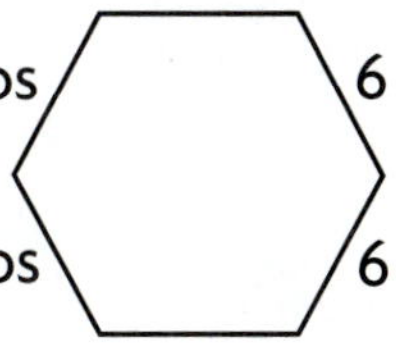

A 6 metros

B 12 metros

C 24 metros

D 36 metros

9. **ESCRIBE** ¿Qué es este triángulo: isósceles o equilátero? **Explica** tu respuesta. (MG 2.2)

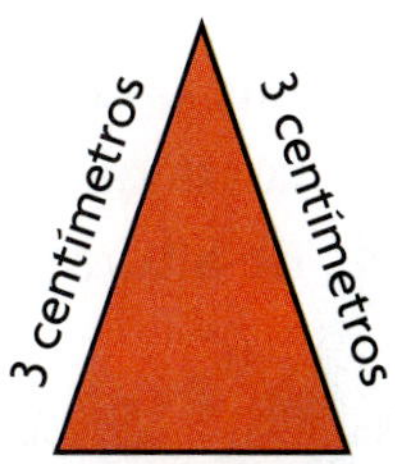

Estadísticas, análisis de datos y probabilidad

10. Kim registró sus calificaciones de 6 pruebas. ¿Cuál es la moda de sus datos? (Grado 2 SDAP 1.3)

95, 88, 95, 100, 95, 98

A 100

B 95

C 88

D 12

11. Nicholas encuestó a sus compañeros de clase sobre sus refrigerios favoritos. ¿Cuál sería un buen título para esta encuesta? (Grado 2 SDAP 1.0)

A Número de estudiantes

B Refrigerios favoritos de mis compañeros de clase

C Lo que mi clase come en el almuerzo

D Barras de granola

12. **ESCRIBE** ¿Qué estudiantes escribieron el mismo número de tarjetas? ¿Cuántas escribió cada uno? **Explica** tu respuesta. (Grado 2 SDAP 1.0)

CAPÍTULO

17 Dividir entre números de 1 dígito

La idea importante La división de números de varios dígitos entre números de un dígito se basa en el valor posicional y en las operaciones básicas de multiplicación y división.

Investiga

Hay muchos animales y plantas en los bosques de secoyas. Compara la altura o la longitud de cada ser vivo en la tabla con la de la secoya de la costa. ¿Cuántas veces más alta es la secoya? Redondea tu respuesta al número entero más cercano. Halla cuántas veces más alta que tú es la secoya.

Seres vivos en los boques de secoyas	
Oso negro	5 pies
Alce	8 pies
Ardilla roja	1 pie
Arce de hoja grande	50 pies
Azalea	4 pies

CALIFORNIA DATO BREVE

El ser vivo más alto del mundo se encuentra en el parque estatal Humboldt Redwoods de California. ¡En el parque hay una secoya de la costa que mide 370 pies de altura!

Muestra lo que sabes

Comprueba si has aprendido las destrezas importantes que se necesitan para completar exitosamente el Capítulo 17.

Practicar operaciones de resta

Halla la diferencia.

1. $\begin{array}{r} 8 \\ -2 \\ \hline \end{array}$ **2.** $\begin{array}{r} 36 \\ -\ 9 \\ \hline \end{array}$ **3.** $\begin{array}{r} 42 \\ -\ 5 \\ \hline \end{array}$ **4.** $\begin{array}{r} 61 \\ -\ 7 \\ \hline \end{array}$

Practicar operaciones de división

Halla el cociente.

5. $5\overline{)20}$ **6.** $7\overline{)42}$ **7.** $3\overline{)21}$ **8.** $4\overline{)36}$

Operaciones de multiplicación y de división hasta 10

Halla el producto.

9. $8 \times 2 = \blacksquare$ **10.** $9 \times 3 = \blacksquare$ **11.** $5 \times 4 = \blacksquare$ **12.** $3 \times 8 = \blacksquare$

13. $5 \times 7 = \blacksquare$ **14.** $6 \times 2 = \blacksquare$ **15.** $7 \times 7 = \blacksquare$ **16.** $9 \times 4 = \blacksquare$

17. $3 \times 9 = \blacksquare$ **18.** $5 \times 1 = \blacksquare$ **19.** $4 \times 6 = \blacksquare$ **20.** $0 \times 9 = \blacksquare$

Halla el cociente.

21. $6 \div 3 = \blacksquare$ **22.** $35 \div 5 = \blacksquare$ **23.** $18 \div 2 = \blacksquare$ **24.** $54 \div 6 = \blacksquare$

25. $4\overline{)36}$ **26.** $7\overline{)28}$ **27.** $5\overline{)25}$ **28.** $8\overline{)72}$

Enriquece tu vocabulario

VOCABULARIO DEL CAPÍTULO

números compatibles
punto decimal
dividendo
divisor
signo de dólar
cociente
residuo

PREPARACIÓN

dividendo El número que se divide en un problema de división.

divisor El número que divide el dividendo.

residuo La cantidad que sobra cuando un número no se puede dividir en partes iguales.

LECCIÓN 1

Representar la división de 2 dígitos

OBJETIVO: Dividir números de 2 dígitos sin residuos.

Repaso rápido

1. $42 \div 6$ **2.** $30 \div 5$
3. $81 \div 9$ **4.** $16 \div 2$
5. $63 \div 7$

Aprende

PROBLEMA Avery usa golosinas para entrenar a su perro, Dash. Le da a Dash el mismo número de golosinas cada semana durante 4 semanas. Si le da a Dash 68 golosinas en total, ¿cuántas golosinas le da cada semana?

Divide. $68 \div 4$ o $4\overline{)68}$ (cociente: ■)

MANOS A LA OBRA — Actividad 1

Materiales ■ bloques de base diez

Paso 1

Representa el 68 con bloques de base diez.

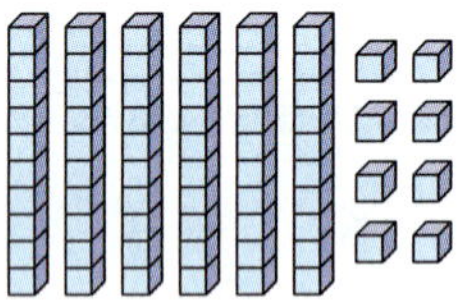

■ ← cociente
divisor → $4\overline{)68}$ ← dividendo

Paso 2

Divide las decenas. Coloca el mismo número de decenas en cada uno de los 4 grupos.

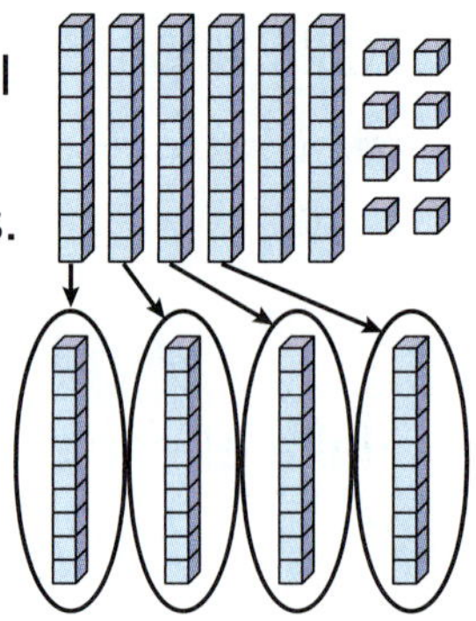

$$\begin{array}{r} 1 \\ 4\overline{)68} \\ -4 \\ \hline 2 \end{array}$$

Divide. $4\overline{)6}$
Multiplica. 4×1
Resta. $6 - 4$
Compara. $2 < 4$

La diferencia, 2, debe ser menor que el divisor.

Paso 3

Baja las 8 unidades. Reagrupa 2 decenas 8 unidades como 28 unidades. Después divide 28 entre 4.

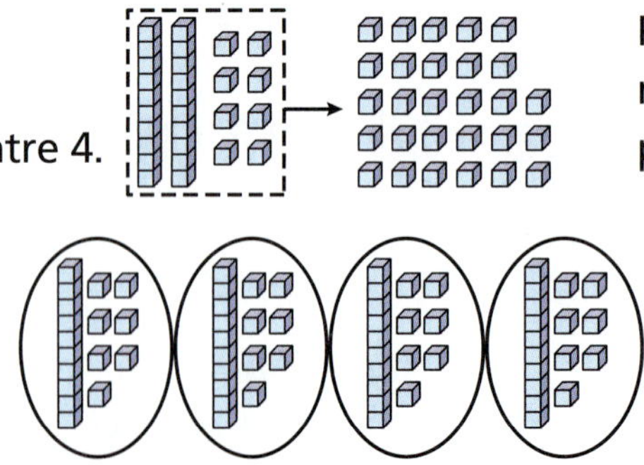

$$\begin{array}{r} 17 \\ 4\overline{)68} \\ -4\downarrow \\ \hline 28 \\ -28 \\ \hline 0 \end{array}$$

Divide. $4\overline{)28}$
Multiplica. 4×7
Resta. $28 - 28$
Compara. $0 < 4$

Para comprobar tu respuesta, multiplica el cociente por el divisor.

$$\begin{array}{r} 17 \\ \times\ 4 \\ \hline 68 \end{array}$$

← El producto es igual al dividendo, por lo tanto, el cociente es correcto.

Por lo tanto, Avery le da a Dash 17 golosinas cada semana.

- Cuando restas en un problema de división, ¿por qué la diferencia debe ser menor que el divisor?

Idea matemática
$68 \div 4 = 17$ se lee "68 dividido entre 4 es igual a 17."

NS 2.5 Resolver problemas de división en los cuales un número de varios dígitos se divide exactamente entre un número de un dígito ($135 \div 5 =$ ___). *también* **MR 2.3, MR 2.4, MR 3.2**

Práctica con supervisión

1. ¿Cuál es el primer paso para hallar $54 \div 3$?

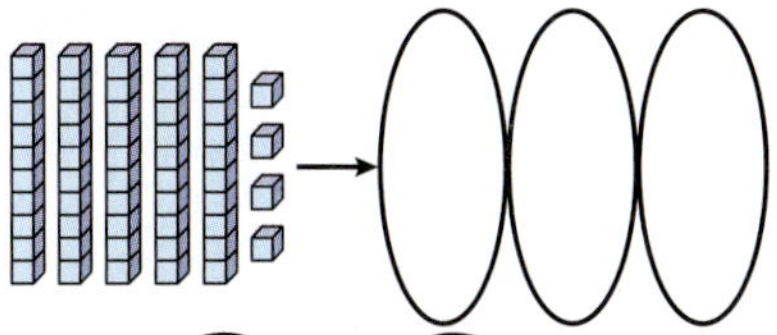

Usa el modelo para hallar el cociente.

2. 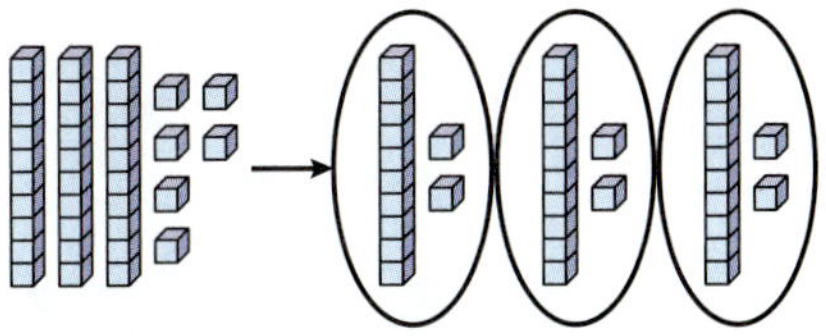

$36 \div 3$

3. 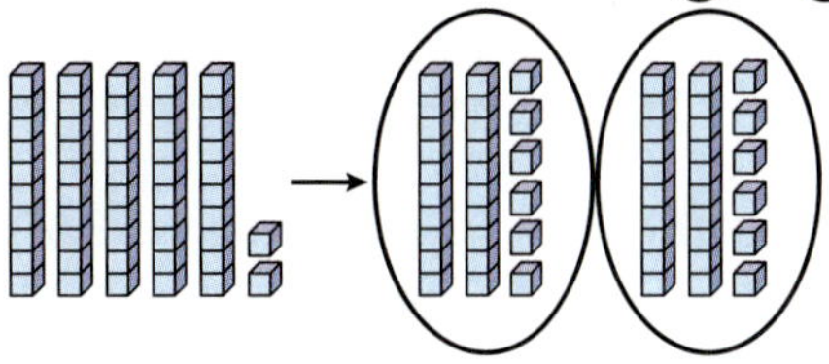

$52 \div 2$

4. **COMENTA** **Explica** cómo hallarías $88 \div 4$.

Práctica independiente y resolución de problemas

Usa el modelo para hallar el cociente.

5. 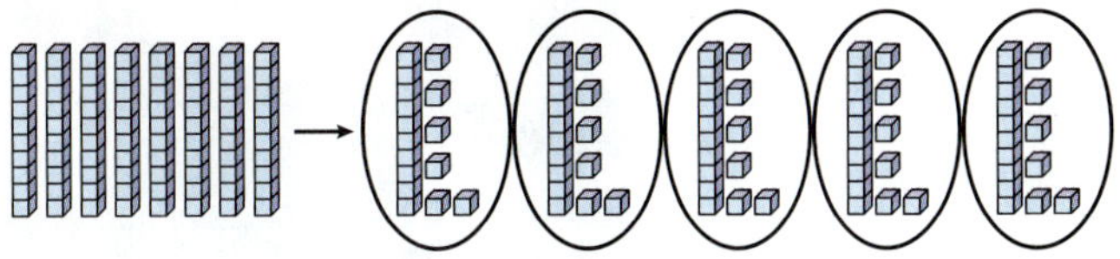

$80 \div 5$

6. 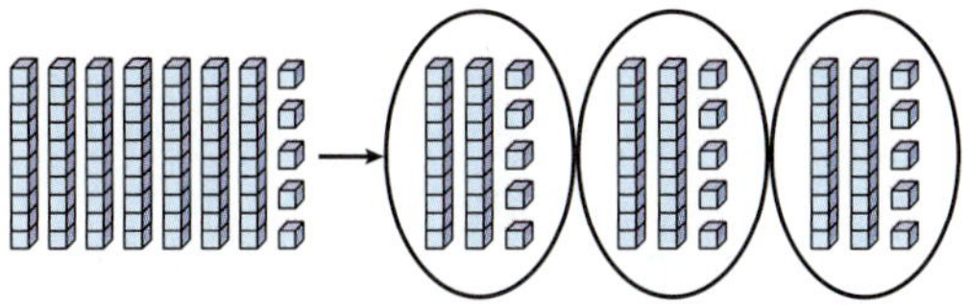

$75 \div 3$

Divide. Usa bloques de base diez como ayuda.

7. $98 \div 2$
8. $70 \div 5$
9. $38 \div 2$
10. $64 \div 4$
11. $78 \div 3$

USA LOS DATOS Para los ejercicios 12 y 13, usa la tabla.

Alimentos de la tienda de mascotas	
Alimento deshidratado	91 bolsas
Alimento enlatado	84 bolsas
Golosinas	56 bolsas

12. **Razonamiento** La tienda de mascotas vende un promedio de 8 latas de comida para perro cada 2 semanas. ¿Cuántas latas vende cada día? **Explica**.

13. **ESCRIBE** **¿Cuál es la pregunta?** Las bolsas de alimento para perro vienen en cajas grandes. Hay el mismo número de bolsas en cada caja. La respuesta es 14.

Comprensión de los Estándares

14. La bufanda de Sue tiene 4 lados. Todos los lados tienen la misma longitud. ¿Qué forma tiene la bufanda?
(MG 2.1, pág. 274)

15. Shelley compró 5 juguetes para perro por $2.19 cada uno. ¿Cuánto gastó?
(NS 3.3, pág. 376)

16. $72 \div 8 =$ (NS 2.5, pág. 240)

17. **Preparación para la prueba** Tom lee 98 páginas a la semana, lee el mismo número cada día. ¿Cuántas páginas lee cada día?

A 11 **B** 12 **C** 13 **D** 14

Práctica adicional en la página 400, Grupo A

LECCIÓN 2

ÁLGEBRA

Patrones de división

OBJETIVO: Usar operaciones básicas y patrones para dividir múltiplos de 10, 100 y 1,000.

Repaso rápido

1. 42 ÷ 6 **2.** 40 ÷ 5
3. 81 ÷ 9 **4.** 48 ÷ 8
5. 18 ÷ 2

Aprende

PROBLEMA Rachel tomó 600 fotografías mientras visitaba Chicago. Puso el mismo número de fotos en cada uno de 3 álbumes. ¿Cuántas fotos puso en cada álbum?

▲ Piedras de lugares de los 50 estados y de todo el mundo están integradas a las paredes del edificio del Chicago Tribune.

Puedes usar operaciones básicas de división y patrones para dividir múltiplos de 10, 100 y 1,000.

Ejemplo **Divide.** 600 ÷ 3

dividendo ↓ cociente ↓

6 ÷ 3 = 2 operación básica sin ceros
60 ÷ 3 = 20 1 cero en el dividendo, 1 cero en el cociente
600 ÷ 3 = 200 2 ceros en el dividendo, 2 ceros en el cociente

Por lo tanto, Rachel puso 200 fotos en cada álbum.

- ¿Qué notas acerca del número de ceros en el dividendo y el número de ceros en el cociente?

Más ejemplos

A **Operaciones básicas sin un cero**

48 ÷ 6 = 8 ← operación básica
480 ÷ 6 = 80 ← 1 cero
4,800 ÷ 6 = 800 ← 2 ceros

B **Operaciones básicas con un cero**

40 ÷ 8 = 5 ← operación básica
400 ÷ 8 = 50 ← 1 cero menos
4,000 ÷ 8 = 500 ← 1 ceros menos

- **¿Qué pasaría si** una operación básica ya tuviera un cero en el dividendo? Explica qué pasa en el cociente.

Práctica con supervisión

1. ¿Qué operación básica puedes usar como ayuda para hallar 810 ÷ 9?

NS 2.5 Resolver problemas de división en los cuales un número de varios dígitos se divide exactamente entre un número de un dígito (135 ÷ 5 = __). *también* **MR 1.1, MR 2.3, MR 2.4, MR 3.2**

Usa una operación básica y patrones para hallar cada cociente.

2. $32 \div 8 =$ ■
$320 \div 8 =$ ■
$3{,}200 \div 8 =$ ■

3. $56 \div 7 =$ ■
$560 \div 7 =$ ■
$5{,}600 \div 7 =$ ■

✓**4.** $30 \div 6 =$ ■
$300 \div 6 =$ ■
$3{,}000 \div 6 =$ ■

✓**5.** $18 \div 9 =$ ■
$180 \div 9 =$ ■
$1{,}800 \div 9 =$ ■

6. COMENTA **Explica** cómo saber que $42 \div 6 = 7$ te puede ayudar a hallar $4{,}200 \div 6$.

Práctica independiente y resolución de problemas

Usa una operación básica y patrones para hallar cada cociente.

7. $16 \div 2 =$ ■
$160 \div 2 =$ ■
$1{,}600 \div 2 =$ ■

8. $72 \div 8 =$ ■
$720 \div 8 =$ ■
$7{,}200 \div 8 =$ ■

9. $18 \div 3 =$ ■
$180 \div 3 =$ ■
$1{,}800 \div 3 =$ ■

10. $50 \div 5 =$ ■
$500 \div 5 =$ ■
$5{,}000 \div 5 =$ ■

Escribe la operación básica que puedes usar. Después halla el cociente.

11. $560 \div 7 =$ ■ **12.** ■ $= 4{,}500 \div 5$ **13.** $120 \div 6 =$ ■ **14.** ■ $= 3{,}600 \div 6$

15. $5{,}000 \div 5 =$ ■ **16.** $4{,}000 \div 2 =$ ■ **17.** ■ $= 1{,}800 \div 2$ **18.** ■ $= 900 \div 3$

Álgebra **Para los ejercicios 19 a 22, halla cada valor de *n*.**

19. $7{,}200 \div 9 = n$ **20.** $n \div 4 = 70$ **21.** $2{,}400 \div 8 = n$ **22.** $1{,}200 \div n = 300$

Resuelve.

23. **Razonamiento** El área de un rectángulo es 4,200 pies cuadrados. La longitud es 6 pies. ¿Cuál es el ancho? ¿Cuál es el perímetro?

24. ESCRIBE **¿Cuál es el error?** Max dice que $400 \div 5 = 800$ porque 400 tiene 2 ceros. Describe el error de Max.

Comprensión de los Estándares

25. $36 \div 6 =$ (NS 2.5, pág. 238)

26. ¿Qué número va en el cuadro para hacer verdadero este enunciado numérico? $14 + 9 =$ ■ $+ 14$
(Grado 2 AF 1.1)

27. $48 \div 2 =$ (NS 2.5, pág. 386)

28. **Preparación para la prueba** ¿Qué operación básica de división puedes usar para hallar $400 \div 2$?

A $40 \div 5 = 8$

B $40 \div 8 = 5$

C $4 \div 2 = 2$

D $40 \div 10 = 4$

Práctica adicional en la página 400, Grupo B

LECCIÓN 3

Estimar cocientes

OBJETIVO: Usar números compatibles para estimar cocientes.

Repaso rápido

1. 300 ÷ 5 **2.** 450 ÷ 9
3. 320 ÷ 8 **4.** 400 ÷ 4
5. 7,200 ÷ 8

Vocabulario

números compatibles

Aprende

PROBLEMA Un grupo de 50 niñas se inscribieron como porristas. Las niñas se dividirán en 6 equipos. Aproximadamente, ¿cuántas niñas habrá en cada equipo?

Los **números compatibles** son números que son fáciles de dividir. Cuando un problema no necesita una respuesta exacta, puedes hacer una estimación usando números compatibles.

Ejemplo 1 **Estima.** 50 ÷ 6

Paso 1

Piensa en un número que esté cerca de 50 y sea fácil de dividir entre 6.

50 ÷ 6
↓
48 ÷ 6

Piensa:
48 está cerca de 50.

Paso 2

Usa el número compatible para hallar el cociente estimado.

48 ÷ 6 = 8

Por lo tanto, habrá aproximadamente 8 porristas en cada grupo.

- ¿Qué otros números compatibles podrías usar para estimar 50 ÷ 6? Explica.

ADVERTENCIA

El número compatible que elijas debe dividirse en partes iguales entre el divisor.

Ejemplo 2 **Estima.** 418 ÷ 6

Paso 1

Mira los primeros dos dígitos. Piensa en un número que esté cerca de 41 y sea fácil de dividir entre 6.

418 ÷ 6
↓
420 ÷ 6

Piensa:
42 está cerca de 41.
42 ÷ 6 = 7

Paso 2

Estima usando el número compatible.

420 ÷ 6 = 70

Por lo tanto, 418 ÷ 6 es aproximadamente 70.

Práctica con supervisión

1. ¿Qué número compatible podrías usar para estimar 29 ÷ 3?

NS 2.5 Resolver problemas de división en los cuales un número de varios dígitos se divide exactamente entre un número de un dígito (135 ÷ 5 = __). *también* **MR 2.3, MR 2.4, MR 3.2**

Estima. Di qué números compatibles usaste para cada ejercicio.

2. $60 \div 9$ **3.** $41 \div 5$ **4.** $293 \div 5$ ✓**5.** $472 \div 7$ ✓**6.** $358 \div 4$

7. **COMENTA** **Explica** cómo estimar $251 \div 3$ usando números compatibles.

Práctica independiente y resolución de problemas

Estima. Di qué números compatibles usaste para cada ejercicio.

8. $55 \div 8$ **9.** $37 \div 6$ **10.** $345 \div 7$ **11.** $234 \div 4$ **12.** $119 \div 2$

13. $75 \div 9$ **14.** $32 \div 6$ **15.** $128 \div 3$ **16.** $342 \div 5$ **17.** $226 \div 7$

18. $9\overline{)67}$ **19.** $7\overline{)51}$ **20.** $4\overline{)302}$ **21.** $8\overline{)152}$ **22.** $2\overline{)119}$

USA LOS DATOS **Para los ejercicios 23 a 25, usa la tabla.**

Equipos deportivos de Springfield

Deporte	Número de jugadores
Básquetbol	248
Béisbol	216
Fútbol	183
Hockey	134
Porristas	50

23. Los jugadores de béisbol se dividirán en 5 equipos. Aproximadamente, ¿cuántos jugadores habrá en cada equipo?

24. Los jugadores de fútbol y de hockey tienen un banquete. En cada mesa se pueden sentar 8 jugadores. Aproximadamente, ¿cuántas mesas se necesitan?

25. **Razonamiento** Los jugadores de básquetbol se dividen en 9 equipos. Los jugadores de hockey se dividen en 7 equipos. ¿Qué deporte tiene más jugadores por equipo? **Explica** cómo hiciste la estimación.

26. **ESCRIBE** Vuelve a leer el problema 23. ¿Cómo decidiste qué números compatibles usar? **Explica**.

Comprensión de los Estándares

27. $600 \div 5 =$ (NS 2.5, pág. 388)

28. Esta matriz es un modelo para $4 \times 6 = 24$.

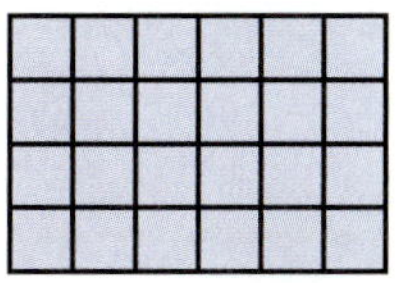

¿Qué enunciado de división representa la misma matriz? (NS 2.3, pág. 238)

29. Halla el producto. $3{,}721 \times 4 =$ (NS 2.4, pág. 374)

30. **Preparación para la prueba** ¿Qué expresiones muestran la mejor opción de números compatibles para estimar $57 \div 8$?

A $57 \div 10$ **C** $60 \div 8$

B $60 \div 10$ **D** $56 \div 8$

Práctica adicional en la página 400, Grupo C

LECCIÓN 4

Dividir números de 2 y 3 dígitos

OBJETIVO: Dividir números de 2 y 3 dígitos sin residuos.

Repaso rápido

1. 15 ÷ 5 **2.** 54 ÷ 9
3. 72 ÷ 8 **4.** 48 ÷ 6
5. 40 ÷ 10

Aprende

PROBLEMA La clase de tercer grado de Caleb visitó el museo Kidspace. Pasaron el mismo número de minutos en cada una de las 3 exhibiciones al aire libre. Pasaron 375 minutos en total en Kidspace. ¿Cuántos minutos pasaron en cada exhibición?

En el museo para niños Kidspace, en Pasadena, California, los niños exploran exhibiciones emocionantes, incluyendo *Kaleidoscope, Splash Dance* y *Bugs Inn*.

Ejemplo **Divide.** 375 ÷ 3 o $3\overline{)375}$ **Estima.** 360 ÷ 3 = 120

Paso 1

Decide dónde colocar el primer dígito en el cociente.

■
$3\overline{)375}$

3 ÷ 3 = 1, por lo tanto, el primer dígito está en la posición de las centenas.

Paso 2

Divide 3 centenas entre 3.

$$\begin{array}{r} 1 \\ 3\overline{)375} \\ -3 \\ \hline 0 \end{array}$$

Multiplica.
Resta.
Compara.
0 < 3

Paso 3

Baja las 7 decenas. Divide 7 decenas.

$$\begin{array}{r} 12 \\ 3\overline{)375} \\ -3\downarrow \\ \hline 07 \\ -6 \\ \hline 1 \end{array}$$

Multiplica.
Resta.
Compara.
1 < 3

Paso 4

Baja las 5 unidades. Divide 15 unidades.

$$\begin{array}{r} 125 \\ 3\overline{)375} \\ -3 \\ \hline 07 \\ -6\downarrow \\ \hline 15 \\ -15 \\ \hline 0 \end{array}$$

Multiplica.
Resta.
Compara.
0 < 3

Por lo tanto, pasaron 125 minutos en cada exhibición. Como 125 está cerca de la estimación, 120, la respuesta es razonable.

- ¿Cómo puedes usar la multiplicación para comprobar la respuesta?

Práctica con supervisión

1. ¿Dónde debes colocar el primer dígito en el cociente para el problema de división de la derecha? **Explica.** $7\overline{)294}$

NS 2.5 Resolver problemas de división en los cuales un número de varios dígitos se divide exactamente entre un número de un dígito (135 ÷ 5 = __). *también* **MR 2.1, MR 2.3, MR 2.4, MR 3.2**

Divide. Usa la multiplicación para comprobar tu respuesta.

2. $4\overline{)744}$ **3.** $5\overline{)425}$ **4.** $156 \div 6$ **5.** $72 \div 3$ **6.** $678 \div 3$

7. COMENTA **Explica** cómo sabes cuántos dígitos hay en el cociente $456 \div 2$ sin dividir.

Práctica independiente y resolución de problemas

Divide. Usa la multiplicación para comprobar tu respuesta.

8. $7\overline{)91}$	**9.** $3\overline{)267}$	**10.** $6\overline{)192}$	**11.** $5\overline{)65}$	**12.** $2\overline{)416}$
13. $8\overline{)976}$	**14.** $2\overline{)374}$	**15.** $7\overline{)98}$	**16.** $9\overline{)189}$	**17.** $4\overline{)192}$
18. $96 \div 6$	**19.** $889 \div 7$	**20.** $205 \div 5$	**21.** $918 \div 9$	**22.** $92 \div 4$
23. $87 \div 3$	**24.** $632 \div 4$	**25.** $644 \div 2$	**26.** $741 \div 3$	**27.** $136 \div 8$

USA LOS DATOS Para los ejercicios 28 a 30, usa la tabla.

28. En el museo, 5 voluntarios de las exhibiciones trabajan cada uno el mismo número de horas. ¿Cuántas horas trabajó cada voluntario?

29. **Razonamiento** Los voluntarios de eventos especiales trabajaron 6 horas cada uno. Los voluntarios de la naturaleza trabajaron 7 horas cada uno. ¿Hubo más voluntarios de eventos especiales o de la naturaleza? **Explica.**

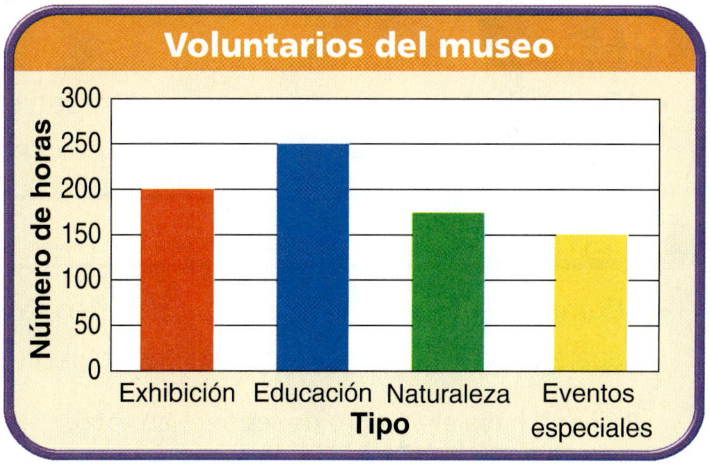

30. ESCRIBE Cada voluntario de educación trabajó 5 horas. **Explica** cómo hallar cuántos voluntarios de educación había.

Comprensión de los Estándares

31. Jill compró 10 postales. Matt compró 4 postales más que Jill. ¿Qué ecuación muestra el número de postales que compró Matt? (AF 1.1, pág. 254)

32. Joe compra 4 boletos por $126. Aproximadamente, ¿cuánto cuesta cada uno? (NS 3.3, pág. 390)

33. $32 \div 8 =$ (NS 2.5, pág. 240)

34. **Preparación para la prueba** Mary tiene 105 fotos y quiere ponerlas en 3 álbumes. ¿Cuántas fotos habrá en cada álbum?

A 39 **C** 34

B 35 **D** 33

Práctica adicional en la página 400, Grupo D

CD ROM **Tecnología**
Usa Harcourt Mega Math en español, Juegos de números, *De todo un poco,* niveles M, N.

LECCIÓN 5

Taller de resolución de problemas
Estrategia: Resolver un problema más sencillo

Lee para entender
Planea
Resuelve
Comprueba

OBJETIVO: Resolver problemas usando la estrategia *resolver un problema más sencillo.*

Usa la estrategia

PROBLEMA El campamento de béisbol de Ayden tiene 2 sesiones a la semana durante 4 semanas. El costo del campamento es $135. Éste incluye una cuota de inscripción de $15. ¿Cuánto cuesta cada sesión?

Lee para entender

Destreza de lectura

- **Identifica los detalles en el problema.**
- **¿Qué detalles necesitas para resolver el problema?**

Planea

- **¿Qué estrategia puedes usar para resolver el problema?**
  Puedes usar la estrategia *resolver un problema más sencillo.*

Resuelve

- **¿Cómo puedes usar la estrategia para resolver el problema?**
  Separa el problema en partes. Después halla la solución de cada parte.

Primero, halla el número de sesiones en total.

2	×	4	=	8
↑		↑		↑
sesiones en 1 semana		número de semanas		total de sesiones

Después, halla el costo de todas las sesiones.

$135	−	$15	=	$120
↑		↑		↑
costo del campamento		costo de inscripción		costo de sesiones

Finalmente, halla el costo de cada sesión.

$$\begin{array}{r} \$15 \\ 8\overline{)\$120} \\ -8 \\ \hline 40 \\ -40 \\ \hline 0 \end{array}$$

$15 ← costo de cada sesión
número de sesiones → 8; $120 ← costo total de sesiones

COMENTA
¿De qué otra manera puedes separar el problema en partes más pequeñas?

Por lo tanto, Ayden paga $15 por cada sesión

Comprueba

- **¿Cómo puedes comprobar tu respuesta?**

NS 2.5 Resolver problemas de división en los cuales un número de varios dígitos se divide exactamente entre un número de un dígito (135 ÷ 5 = __). *también* **NS 2.8, MR 1.2, MR 2.2, MR 2.3, MR 2.4, MR 3.0, MR 3.1, MR 3.2, MR 3.3**

Resolución de problemas con supervisión

1. Tamara toma clases de gimnasia. Su primer pago fue de $65. Éste incluía una cuota de inscripción de $10, $15 por un seguro y 4 semanas de clases. ¿Cuánto pagó Tamara por cada semana de clases?

Primero, halla la suma de la cuota de inscripción y el seguro. ¿Cuánto es la suma?

Después, resta la suma del costo total. ¿Cuál es el costo de 4 semanas de clases?

Por último, divide el costo de 4 semanas entre 4 para hallar el costo por semana. ¿Cuánto cuesta cada semana?

2. **¿Qué pasaría si** Tamara también tomara clases de ballet, que cuestan $15 por semana? Si Tamara hiciera 2 pagos iguales por 8 semanas de clases de ballet, ¿de cuánto sería cada pago?

3. Millie y su familia se están tomando retratos de toda la familia. El costo del estudio es $37. Este costo incluye una cuota de sesión de $25 y un cargo de $2 por cada persona. ¿Cuántas personas hay en la familia de Millie?

ELIGE UNA ESTRATEGIA

- Hacer un diagrama o dibujo
- Hacer un modelo o una dramatización
- Hacer una lista organizada
- Buscar un patrón
- Usar el razonamiento lógico
- Hacer una tabla o gráfica
- Predecir y probar
- Trabajar desde el final hasta el principio
- Resolver un problema más sencillo
- Escribir una ecuación
- Usar el razonamiento lógico

Práctica de estrategias mixtas

USA LOS DATOS **Para los ejercicios 4 a 6, usa la gráfica.**

Estudiantes del gimnasio central

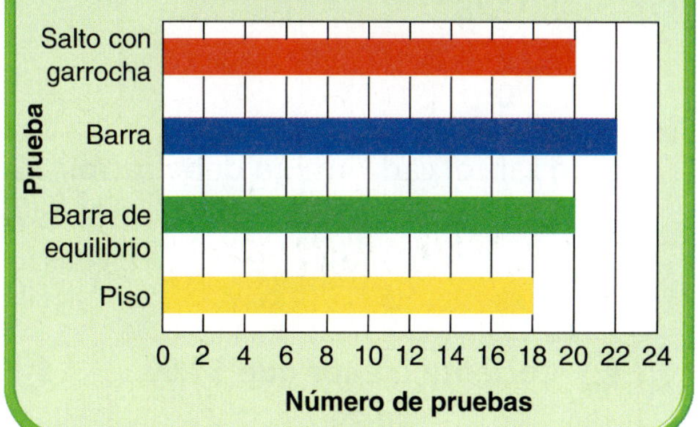

4. Los gimnastas que estaban practicando en la barra y en las barras de equilibrio dejaron de practicar al mismo tiempo. La mitad de ellos fueron a almorzar juntos. ¿Cuántos gimnastas no fueron a almorzar? **Explica.**

5. La prueba de Pam no es salto con garrocha. La prueba de Tory tiene menos de 20 gimnastas. La prueba de Jackie tiene la mayoría de los gimnastas. La prueba de Bill no es en el piso. Nombra la prueba de cada gimnasta.

6. ESCRIBE Los gimnastas que hicieron la prueba de piso se dividen en 3 grupos iguales para las sesiones de práctica. ¿Cuántos gimnastas hay en cada grupo? **Explica.**

LECCIÓN 6

Dividir cantidades de dinero

OBJETIVO: Dividir cantidades de dinero.

Repaso rápido

1. 150 ÷ 5 **2.** 396 ÷ 9
3. 57 ÷ 3 **4.** 92 ÷ 4
5. 96 ÷ 6

Aprende

PROBLEMA Tara, David y Jordan recogieron hojas con un rastrillo para sus vecinos. Ganaron $7.35. Compartieron el dinero en partes iguales. ¿Cuánto recibió cada uno?

Las cantidades de dinero se dividen de la misma manera que los números enteros.

Ejemplo **Divide.** $7.35 ÷ 3 o 3)$7.35 **Estima.** $7.50 ÷ 3 = $2.50

Paso 1 Divide los 7 dólares.

```
    2
3)$7.35
 −6
  1
```

Divide. 3)7
Multiplica. 3 × 2
Resta. 7 − 6
Compara. 1 < 3

Paso 2 Divide las 13 monedas de 10¢.

```
    24
3)$7.35
 −6↓
  13
 −12
   1
```

Divide. 3)13
Multiplica. 3 × 4
Resta. 13 − 12
Compara. 1 < 3

Paso 3 Divide las 15 monedas de un 1¢.

```
    245
3)$7.35
 −6
  13
 −12↓
   15
  −15
    0
```

Divide. 3)15
Multiplica. 3 × 5
Resta. 15 − 15
Compara. 0 < 3

Paso 4 Escribe un signo de dólar y el punto decimal en el cociente.

```
  $2.45
3)$7.35
```

Por lo tanto, cada amigo debe recibir $2.45. Como $2.45 está cerca de la estimación, $2.50, la respuesta es razonable.

Recuerda
El punto decimal separa los dólares y los centavos y se escribe encima del punto decimal en el dividendo.

Más ejemplos

A Cociente menor que $1.00

```
  $0.89
6)$5.34
  −4 8
    54
   −54
     0
```

B Dividendo menor que $1.00

```
  $0.47
2)$0.94
  − 8
    14
   −14
     0
```

NS 3.3 Resolver problemas de suma, resta, multiplicación y división de cantidades de dinero en notación decimal, y multiplicar y dividir cantidades de dinero en notación decimal usando números enteros como multiplicadores y divisores. *también* NS 2.5, MR 2.1, MR 2.3, MR 2.4, MR 3.2

Práctica con supervisión

1. Copia y completa el problema. Después coloca el punto decimal para hacer que el cociente sea correcto.

$$\begin{array}{r} \$1\blacksquare\blacksquare \\ 7\overline{)\$7.98} \end{array}$$

Halla el cociente.

2. $3\overline{)\$8.52}$
3. $9\overline{)\$0.99}$
4. $\$1.28 \div 4$
5. $\$6.55 \div 5$
6. **COMENTA** **Explica** cómo hallar el cociente en el problema $\$7.88 \div 4$.

Práctica independiente y resolución de problemas

Halla el cociente.

7. $6\overline{)\$1.44}$
8. $2\overline{)\$3.18}$
9. $7\overline{)\$8.54}$
10. $5\overline{)\$0.95}$
11. $9\overline{)\$6.84}$
12. $3\overline{)\$1.32}$
13. $4\overline{)\$0.92}$
14. $2\overline{)\$8.74}$
15. $\$2.28 \div 2$
16. $\$0.75 \div 5$
17. $\$6.87 \div 3$
18. $\$1.02 \div 3$
19. $\$0.84 \div 6$
20. $\$4.32 \div 8$
21. $\$8.96 \div 4$
22. $\$1.26 \div 6$

Resuelve.

23. Mary Ellen cuidó niños durante 2 horas. Ganó $9.50 en total. ¿Cuánto dinero ganó por hora?
24. Shawn compró 5 boletos de almuerzo en la cafetería de la escuela. Pagó $6.25 en total. ¿Cuánto costó cada boleto?
25. John ganó $9.75 por quitar con una pala la nieve de 3 aceras. ¿Cuánto dinero ganó por quitar la nieve de cada acera?
26. **ESCRIBE** En Bob's Office Supplies, puedes comprar 6 lápices por $2.22. En Office Mart, puedes comprar 8 lápices por $2.80. ¿Qué tienda tiene la mejor oferta de lápices? **Explica.**

Comprensión de los Estándares

27. Escribe 2 nombres para esta figura.

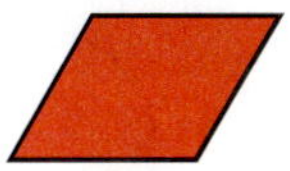

(MG 2.3, pág. 278)

28. Charlote preparó 92 onzas de limonada para una fiesta. Vierte la limonada en vasos de 4 onzas. ¿Cuántos vasos puede llenar Charlote? (NS 2.5, pág. 392)

29. $32 \div 2 =$ (NS 2.5, pág. 386)

30. **Preparación para la prueba** Kim recibe $9.80 por pasear 4 perros. ¿Cuánto dinero recibe por pasear cada perro?

A $245 **C** $2.45

B $195 **D** $1.95

Práctica adicional en la página 400, Grupo E

LECCIÓN 7

Representar la división con residuos

OBJETIVO: Usar fichas para representar la división con residuos.

Repaso rápido

1. $42 \div 6$
2. $30 \div 5$
3. $81 \div 9$
4. $16 \div 2$
5. $63 \div 7$

Vocabulario

residuo

Aprende

PROBLEMA Zach reunió 13 dientes de tiburón durante sus vacaciones. Quiere hacer 4 collares, con el mismo número de dientes en cada collar. ¿Puede Zach dividir los 13 dientes en 4 grupos iguales?

Actividad 1 **Materiales** ■ fichas

Usa fichas para hallar $13 \div 4$.

Paso 1

Usa 13 fichas. Dibuja 4 círculos para los 4 collares.

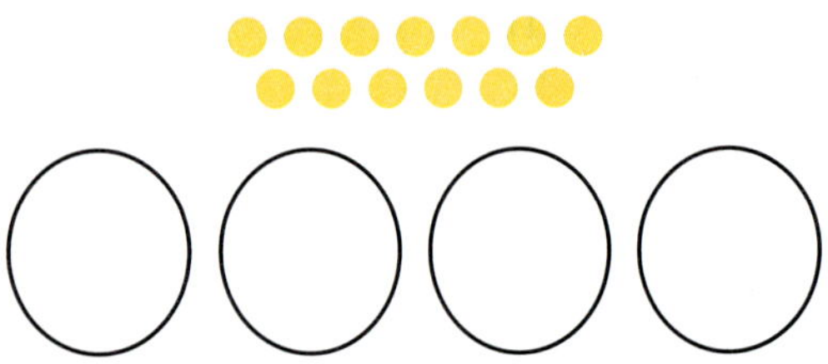

Paso 2

Divide las fichas en partes iguales entre los 4 círculos.

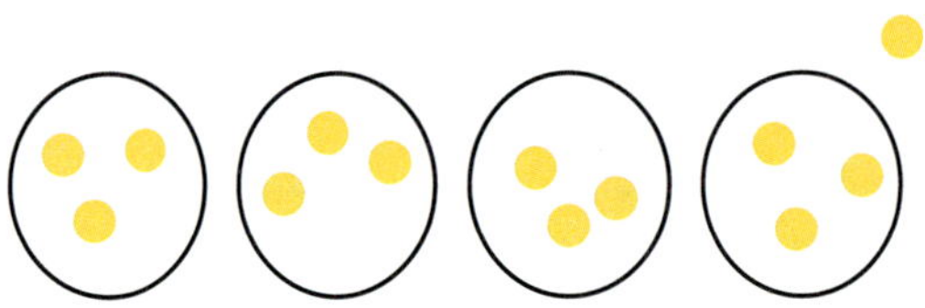

Sobra 1 ficha.

Por lo tanto, Zach no puede dividir los 13 dientes en partes iguales en 4 grupos.

Después de dividir un número en grupos iguales lo más grandes posible, la cantidad que sobra se llama **residuo**.

Actividad 2 **Materiales** ■ fichas

Usa fichas para hallar $20 \div 3$.

Paso 1

Usa 20 fichas. Dibuja 3 círculos.

Paso 2

Divide las fichas en 3 grupos iguales.

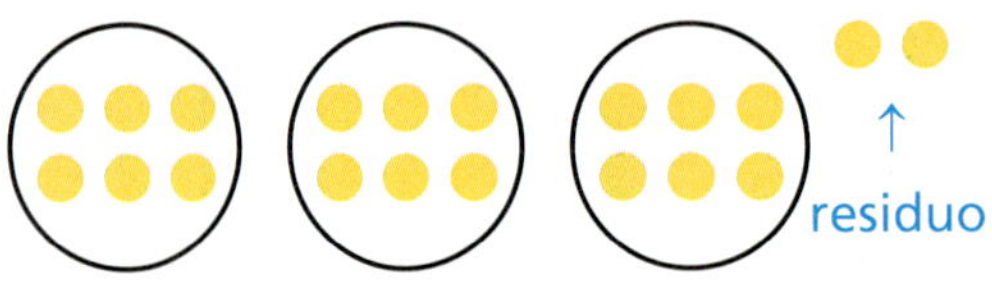

$20 \div 3 = 6\ r2$
El cociente es 6.
El residuo es 2.

LEE

6 r2 se lee 6 residuo 2.

NS 2.0 Los estudiantes deben calcular y resolver problemas de suma, resta, multiplicación y división. *también* **MR 2.3, MR 2.4, MR 3.2**

Práctica con supervisión

1. Completa el enunciado numérico. $11 \div 2 = \blacksquare$ r $\blacksquare$

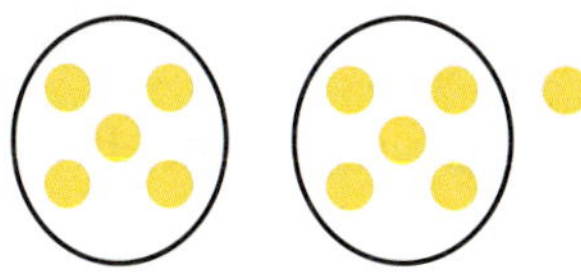

Usa fichas para hallar el cociente y el residuo.

2. $11 \div 4$ **3.** $17 \div 2$ **4.** $13 \div 5$ **5.** $15 \div 2$ **6.** $18 \div 5$

7. **COMENTA** **Explica** por qué no puedes tener un residuo de 4 cuando divides entre 4.

Práctica independiente y resolución de problemas

Usa fichas para hallar el cociente y el residuo.

8. $13 \div 2$ **9.** $22 \div 3$ **10.** $19 \div 2$ **11.** $17 \div 7$ **12.** $23 \div 8$

13. $14 \div 5$ **14.** $15 \div 2$ **15.** $16 \div 6$ **16.** $21 \div 4$ **17.** $18 \div 4$

Álgebra **Halla el número que falta.**

18. $19 \div n = 3$ r1 **19.** $12 \div 5 = n$ r2 **20.** $11 \div 4 = 2$ rn **21.** $n \div 2 = 5$ r1

USA LOS DATOS Para los ejercicios 22 y 23, usa la gráfica.

22. Si Zach pone un número igual de dientes de tiburón tigre en 3 cajas, ¿cuál es el número menor de dientes de tiburón que sobrarán?

23. **ESCRIBE** Si Zach divide los dientes de tiburón gris en partes iguales entre 2 cajas, ¿cuántos habrá en cada caja? ¿Cuántos dientes sobrarán? **Explica.**

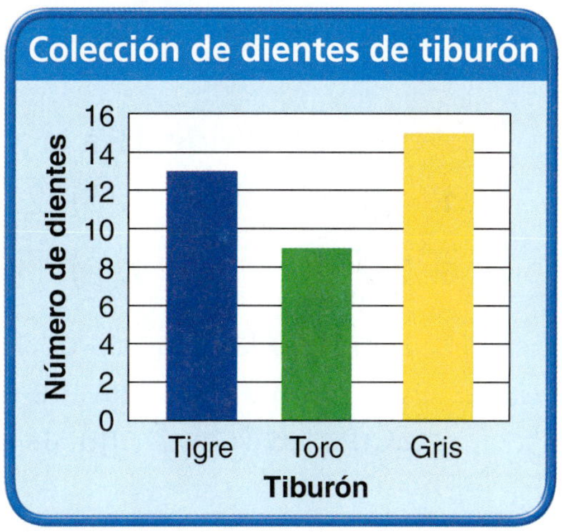

Comprensión de los Estándares

24. ¿Qué fracción de este círculo está sombreada? (Grado 2, NS 4.2)

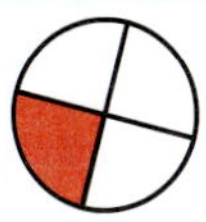

25. Jake tiene 17 dientes de tiburón vaca y 26 dientes de tiburón gris. ¿Cuántos dientes de tiburón tiene en total? (NS 2.1, pág. 54)

26. $6 \times 3{,}134 =$ (NS 2.4, pág. 374)

27. **Preparación para la prueba** Isabel quiere repartir 13 paletas en partes iguales para meterlas en 3 bolsas. ¿Cuántas paletas le sobrarán?

A 1 **C** 2

B 3 **D** 4

Práctica adicional en la página 400, Grupo F

Práctica adicional

Grupo A **Divide. Usa bloques de base diez como ayuda.** (págs. 386 y 387)

1. $65 \div 5$ **2.** $94 \div 2$ **3.** $72 \div 6$ **4.** $87 \div 3$ **5.** $80 \div 8$

6. $84 \div 7$ **7.** $72 \div 3$ **8.** $64 \div 4$ **9.** $99 \div 9$ **10.** $75 \div 5$

Grupo B **Escribe la operación básica que puedes usar. Después halla el cociente.** (págs. 388 y 389)

1. $140 \div 2 =$ ■ **2.** $6{,}400 \div 8 =$ ■ **3.** $1{,}800 \div 9 =$ ■ **4.** $200 \div 5 =$ ■

5. $2{,}400 \div 6 =$ ■ **6.** $490 \div 7 =$ ■ **7.** $2{,}700 \div 3 =$ ■ **8.** $4{,}000 \div 8 =$ ■

Grupo C **Estima. Di los números compatibles que usaste para cada ejercicio.** (págs. 390 y 391)

1. $22 \div 3$ **2.** $61 \div 7$ **3.** $9\overline{)97}$ **4.** $6\overline{)176}$ **5.** $8\overline{)324}$

6. Hay 129 jugadores que se inscribieron en la liga de softball. Habrá 8 equipos. Aproximadamente, ¿cuántos jugadores habrá en cada equipo?

7. Hay 453 monedas en un frasco. Jill separa las monedas en montones de 9 monedas. Aproximadamente, ¿cuántos montones hará Jill?

Grupo D **Divide. Usa la multiplicación para comprobar tu respuesta.** (págs. 392 y 393)

1. $4\overline{)128}$ **2.** $5\overline{)225}$ **3.** $7\overline{)882}$ **4.** $2\overline{)364}$ **5.** $3\overline{)546}$

6. $2\overline{)762}$ **7.** $9\overline{)504}$ **8.** $8\overline{)232}$ **9.** $7\overline{)805}$ **10.** $4\overline{)920}$

11. Lori regó las plantas de su jardín una vez cada 7 días durante 175 días. ¿Cuántas veces regó las plantas?

12. El tren viajó 267 millas en 3 horas. ¿Cuántas millas viajó el tren cada hora?

Grupo E **Divide.** (págs. 396 y 397)

1. $7\overline{)\$0.98}$ **2.** $3\overline{)\$1.68}$ **3.** $6\overline{)\$8.34}$ **4.** $5\overline{)\$7.75}$

5. $\$2.24 \div 4$ **6.** $\$9.36 \div 3$ **7.** $\$9.73 \div 7$ **8.** $\$2.61 \div 9$

Grupo F **Usa fichas para hallar el cociente y el residuo.** (págs. 398 y 399)

1. $13 \div 5$ **2.** $21 \div 4$ **3.** $17 \div 3$ **4.** $14 \div 6$ **5.** $16 \div 7$

6. $25 \div 3$ **7.** $9 \div 2$ **8.** $12 \div 5$ **9.** $21 \div 6$ **10.** $18 \div 4$

CD ROM **Tecnología**
Usa Harcourt Mega Math en español, Juegos numéricos, *Las ofertas de Buggy*, nivel M.

PRÁCTICA CON UN JUEGO

Mezcla de divisiones

¡Preparados!
2 a 4 jugadores

¡Listos!
- Dos cubos numerados preparados
- Una ficha por jugador
- Tablero de juego
- Papel y lápices

¡Lancen!

- Cada jugador coloca una ficha en la SALIDA.
- Un jugador lanza los dos cubos numerados
- El número solo que aparece en un cubo es el divisor. El número mayor del mismo color que aparece en el otro cubo es el dividendo.
- Todos los jugadores hallan el cociente.
- El primer jugador que halle el cociente lo dice en voz alta. Los otros jugadores terminan la división y comprueban el cociente del primer jugador. Si es correcto, el jugador que lo dijo en voz alta avanza 1 espacio.
- El siguiente jugador lanza los dados y los jugadores intentan hallar el siguiente cociente.
- Gana el primer jugador que llegue a la META.

Repaso/Prueba del Capítulo 17

Repasar los conceptos

1. ¿Qué son los números compatibles? (NS 2.5, pág. 390)
2. ¿Cómo puedes usar bloques de base diez para ayudarte a resolver un problema de división? (NS 2.5, pág. 386)
3. Explica los pasos que puedes usar para resolver el problema de división $72 \div 4$. (NS 2.5, pág. 386)

Repasar las destrezas

Estima. Di los números compatibles que usaste para cada ejercicio. (NS 2.5, págs. 390 y 391)

4. $50 \div 3$	**5.** $23 \div 5$	**6.** $193 \div 6$	**7.** $276 \div 4$
8. $332 \div 8$	**9.** $2\overline{)79}$	**10.** $7\overline{)385}$	**11.** $9\overline{)101}$
12. $5\overline{)243}$	**13.** $6\overline{)455}$	**14.** $8\overline{)571}$	**15.** $4\overline{)356}$

Divide. (NS 2.5, págs. 392 y 393, 396 y 397)

16. $4\overline{)96}$	**17.** $7\overline{)266}$	**18.** $2\overline{)730}$	**19.** $8\overline{)304}$
20. $9\overline{)477}$	**21.** $152 \div 8$	**22.** $198 \div 6$	**23.** $316 \div 2$
24. $870 \div 5$	**25.** $396 \div 4$	**26.** $259 \div 7$	**27.** $405 \div 9$
28. $\$2.32 \div 8$	**29.** $\$4.28 \div 2$	**30.** $\$8.91 \div 9$	**31.** $\$5.84 \div 4$

Repasar la resolución de problemas

Resuelve. (NS 2.5, MR 1.2, págs. 394 y 395)

32. Desmond pagó $46.90 por unas medias y unos zapatos. Los zapatos cuestan $39.50. Compró 4 pares de medias. ¿Cuánto dinero costó cada par de medias?

33. ESCRIBE Una sala de concierto tiene 355 asientos. ¿Cuántas sillas más se necesitan para sentar un total de 40 grupos de 9 estudiantes? **Explica.**

Enriquecimiento • Reglas de divisibilidad

Divide y conquista

Un número es divisible por otro número si al dividirlos no queda ningún residuo. Las reglas de divisibilidad se pueden usar para saber si un número es divisible por otro.

Plan de batalla

A Un número es divisible entre 2 si el dígito de las unidades es 0, 2, 4, 6 u 8.

Divisible entre 2:	No es divisible entre 2:
64 98 412 6,940	65 97 413 6,949

B Un número es divisible entre 3 si la suma de sus dígitos es divisible entre 3.

Divisible entre 3:	No es divisible entre 3:
$516 \rightarrow 5 + 1 + 6 = 12$ 12 es divisible entre 3 $12 \div 3 = 4$ Por lo tanto, 516 es divisible entre 3.	$82 \rightarrow 8 + 2 = 10$ 10 no es divisible entre 3, Por lo tanto, 82 no es divisible entre 3.

C Un número es divisible entre 5 si el dígito de las unidades es 0 o 5.

Divisible entre 5:	No es divisible entre 5:
40 65 230 6,495	41 63 237 6,498

D Un número es divisible entre 10 si el dígito de las unidades es 0.

Divisible entre 10:	No es divisible entre 10:
20 50 690 8,430	21 53 694 8,437

Comienza

Di si cada número es divisible entre 2, 3, 5 o 10.

1. 124 **2.** 875 **3.** 57 **4.** 377

5. 78 **6.** 207 **7.** 444 **8.** 214

9. 3,780 **10.** 6,208 **11.** 163,875 **12.** 119,000

Fin del juego

ESCRIBE Escribe un número de 4 dígitos. Di si el número es divisible entre 2, 3, 5 o 10. **Explica** cómo lo sabes.

Repaso/Prueba de la unidad
Capítulos 15 a 17

Opción múltiple

1. Debra vendió boletos para la obra de teatro de la escuela. Reunió $34.25 cada día. Vendió boletos durante 5 días. ¿Cuánto reunió en total? (O-π NS 3.3, pág. 376)

   A $6.85

   B $17.15

   C $150.05

   D $171.25

2. ¿Qué enunciado de división muestra el modelo? (NS 2.5, pág. 386)

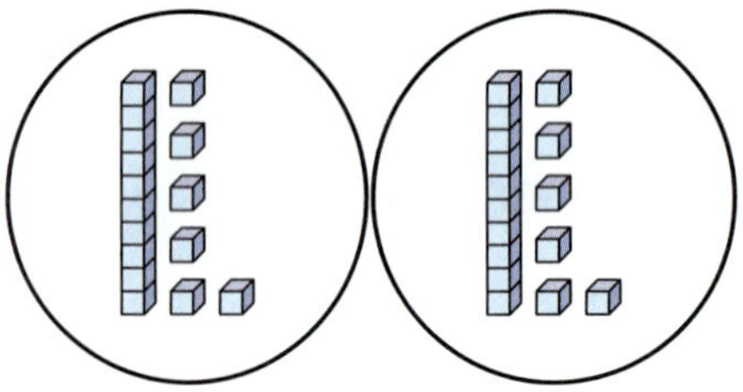

   A $24 \div 2 = 12$

   B $31 \div 2 = 16 \text{ r}1$

   C $32 \div 2 = 16$

   D $32 \div 3 = 16$

3. En la clase de ciencia de Margaret había 300 hormigas en cada una de las 6 granjas de hormigas. ¿Cuántas hormigas había en total? (O-π NS 2.4, pág. 344)

   A 180,000

   B 18,000

   C 1,800

   D 180

4. ¿Cuál es el número que falta? (NS 2.5, pág. 388)

   $20 \div 5 = 4$

   $200 \div 5 = 40$

   $2{,}000 \div 5 = \blacksquare$

   A 4

   B 40

   C 400

   D 4,000

5. Will condujo 4 horas para visitar a su abuelo. Condujo un promedio de 58 millas por hora. ¿Cuál es la *mejor* estimación del número de millas que Will condujo? (O-π NS 2.4, pág. 352)

   A 160

   B 200

   C 240

   D 280

6. Hoi está usando bloques pequeños. Usa 456 bloques para construir 8 torres. Cada torre tiene el mismo número de bloques. ¿Cuántos bloques hay en cada torre? (NS 2.5, pág. 392)

   A 68

   B 57

   C 46

   D 34

7. ¿Qué enunciado de multiplicación muestra el modelo? (NS 2.4, pág. 346)

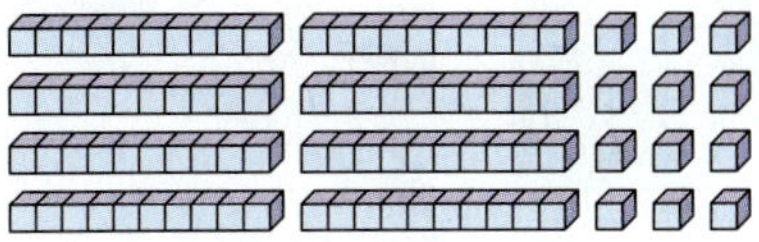

A $4 \times 20 = 80$

B $4 \times 13 = 52$

C $1 \times 23 = 23$

D $4 \times 23 = 92$

8. Hay 465 estudiantes sentados en 9 hileras en el auditorio de la escuela York. Hay aproximadamente el mismo número de estudiantes en cada hilera. ¿Cuál es la *mejor* estimación del número de estudiantes en cada hilera? (NS 2.5, pág. 390)

A 40

B 50

C 60

D 70

9. Bob pagó $9.96 para comprar 4 carros de juguete. Cada carro cuesta lo mismo. ¿Cuánto costó cada carro? (NS 3.3, pág. 396)

A $24.90

B $2.49

C $2.21

D $0.24

Respuesta breve

10. Un horno puede cocer 56 piezas de cerámica a la vez. ¿Cuántas piezas de cerámica pueden cocerse si el horno se usa 5 veces? (NS 2.4, pág. 354)

11. ¿Qué enunciado de división muestra el modelo? (NS 2.5, pág. 386)

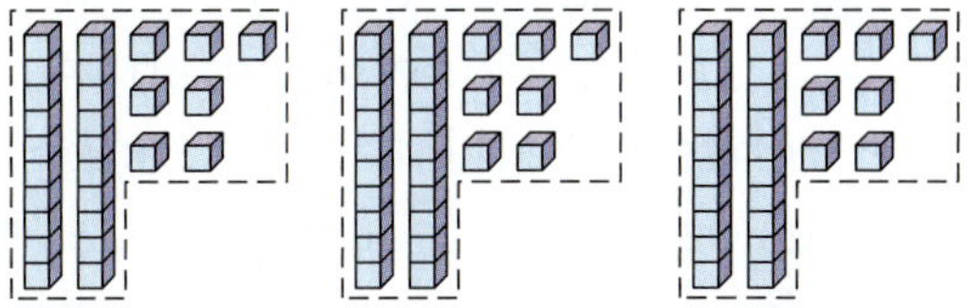

Respuesta desarrollada ESCRIBE

12. ¿Cuánto es $2,000 \times 5$? **Explica** cómo puedes usar una operación básica y patrones para hallar el producto. (NS 2.4, pág. 368)

13. ¿Cómo puedes usar números compatibles para estimar $438 \div 6$? **Explica** tu respuesta. (NS 2.5, pág. 390)

14. **Explica** cómo sabes dónde colocar el punto decimal en el producto de $3 \times \$4.75$. (NS 2.5, pág. 376)

California

Resolución de problemas

de THE WORLD ALMANAC PARA NIÑOS

Trenes en miniatura

EL MUSEO DE TRENES EN MINIATURA DE SAN DIEGO

El museo de trenes en miniatura de San Diego, *San Diego Model Railroad Museum,* exhibe recorridos de trenes en miniatura de todos los tamaños. La sala de trenes de juguete, *Toy Train Gallery,* exhibe trenes con los sonidos, bocinas, silbidos y humo auténticos de las locomotoras. Los niños pueden ayudar a operar los trenes.

En el museo también está la exhibición del paso Tehachapi, *Tehachapi Pass Exhibit,* una maqueta de las 70 millas de ferrocarril que están entre Bakersfield y Mojave, California.

Escena de la *Tehachapi Pass Exhibit* creada por *La Mesa Model Railroad Club*

Escena de la *Toy Train Gallery* que dirige el *San Diego 3-Railers Club*

APLÍCALO

Resuelve.

1. Una sección de la exhibición del paso Tehachapi muestra 99 árboles, pero una escenografía de museo puede tener 10 veces ese número de árboles. Aproximadamente, ¿cuántos árboles serían?
2. Se tardaron 2 años y 6 meses en construir la exhibición del paso Tehachapi. Aproximadamente, ¿cuántos días tardaron en construirlo? [Pista: Usa 365 días para 1 año y 30 días para 1 mes.]
3. Los grupos de la escuela primaria hacen viajes de campo al museo. Los grupos grandes se dividen en grupos de 25 o menos. Debe haber un adulto por cada 10 estudiantes. ¿Pueden 80 estudiantes y 16 adultos ir en 4 grupos? Si se acomodan en grupos iguales, ¿cuántos adultos y niños hay en cada grupo?
4. Tim quiere comprar 75 edificios en miniatura para su escenografía de ferrocarril. Cada paquete tiene 5 edificios. ¿Cuántos paquetes debe comprar Tim?
5. **Formula un problema** Escribe un problema como el ejercicio 1 para una escenografía de museo en la que pueda caber un número diferente de árboles.

EXHIBICIONES DE TRENES EN MINIATURA

Los recorridos de trenes en miniatura del museo de trenes en miniatura de San Diego fueron construidos por voluntarios a quienes les encantan los trenes. Aproximadamente 320 voluntarios han diseñado, construido y dirigido las exhibiciones. Cuando los clubes de trenes en miniatura construyen trenes en miniatura, tratan de hacer que los edificios, las carreteras e incluso las montañas luzcan exactamente como los reales.

Dato del ALMANAQUE

El museo de trenes en miniatura de San Diego tiene la exhibición interior de trenes en miniatura más grande del mundo; 27,000 pies cuadrados.

edificios: 3 por paquete, $16

túnel de piedra: 2 por paquete, $10

árboles: 38 por paquete, $27

perros y gatos, hidrante, cesto de basura: 9 piezas, $12

APLÍCALO

Imagina que quieres construir tu propia exhibición de trenes en miniatura. Los dibujos muestran algunos objetos que puedes usar además de los trenes y las vías.

- Haz una lista de los objetos que te gustaría poner en tu exhibición.
- Decide cuántas piezas de cada paquete quieres. Halla el número total de cada pieza. Por ejemplo, si compras 3 paquetes de edificios, tendrás 3 x 3 = 9 edificios.
- Usa el número de paquetes y el precio por paquete para hallar el costo de cada conjunto de paquetes que compres.
- Halla el costo total.
- Usa papel cuadriculado para hacer un dibujo de cómo acomodarás los objetos en tu exhibición de trenes en miniatura.

UNIDAD

6 Fracciones y decimales

Math on Location

1

Algunas monedas de oro se cortaban en 4 u 8 pedazos iguales para dar el cambio en la época colonial.

2

Hoy en día, la gente compra y vende monedas raras, que tienen un valor mucho mayor que su valor nominal.

3

Si encuentras una vieja moneda de 1¢ adornada con unas espigas de trigo o una moneda de 5¢ adornada con un búfalo, ¡tal vez las puedas vender a más de 1 centavo o de 5 centavos!

Enriquece tu vocabulario

COMENTA

¿Qué operaciones matemáticas ves en las fotografías de **Math on Location**? Si se cortara una moneda en 4 pedazos iguales, ¿qué fracción de la moneda representaría cada pedazo?

LEE

REPASO DEL VOCABULARIO Aprendiste las palabras de abajo cuando estudiaste fracciones y dinero en el grado 2. ¿Cómo se relacionan estas palabras con **Math on Location**?

numerador la parte de la fracción que está sobre la barra y que indica cuántas partes se cuentan

denominador la parte de la fracción que está debajo de la barra y que indica cuántas partes iguales hay en el entero o en el grupo

centavo moneda de 1¢, 100 centavos es igual a 1 dólar

ESCRIBE

Copia y completa un Mapa de asociación de palabras como el que aparece abajo. Usa **Math on Location** y lo que sabes sobre fracciones para completar el mapa.

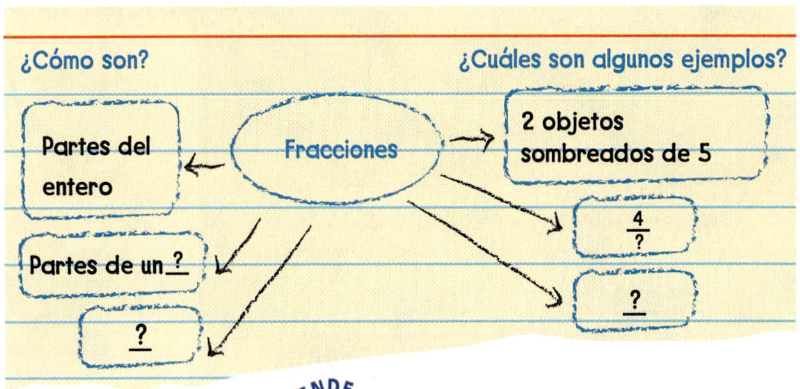

APRENDE en línea
Tecnología
Glosario multimedia de Matemáticas
www.harcourtschool.com/hspmath

CAPÍTULO

18 Comprender las fracciones

La idea importante Las fracciones son partes iguales o porciones de igual tamaño de un entero o grupo y se pueden expresar en formas equivalentes.

CALIFORNIA DATO BREVE

El Torneo de las rosas se celebra el día de año nuevo en Pasadena, California. Incluye un partido de fútbol, música y un desfile. Las carrozas están hechas principalmente de flores y hojas.

Investiga

Las rosas vienen en diferentes colores. Observa el ramo de rosas. Usa una fracción para describir dos colores diferentes del ramo. Ahora dibuja tu propio ramo de flores. Escribe una fracción para describir uno de los colores.

Muestra lo que sabes

Comprueba si has aprendido las destrezas importantes que se necesitan para completar exitosamente el Capítulo 18.

▶ Partes de un grupo

Escribe el número en cada conjunto. Luego escribe el número de objetos con rayas en cada conjunto.

1. 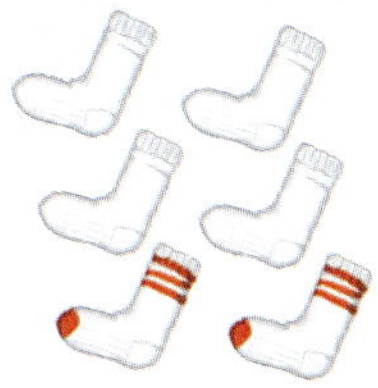

2. 

3. 

4. 

5. 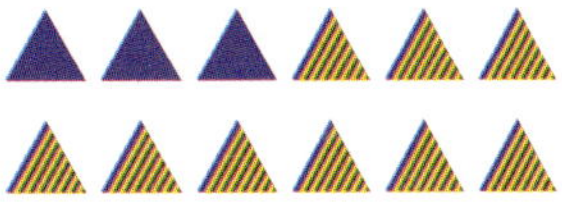

6. 

▶ Partes de un entero

Escribe cuántas partes iguales forman la figura entera. Luego escribe el número de partes que están sombreadas.

7. 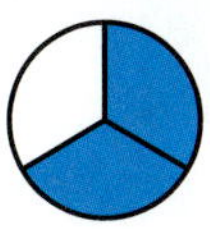

8. 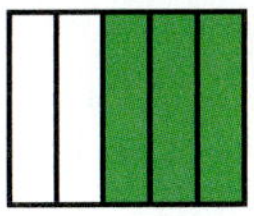

9. 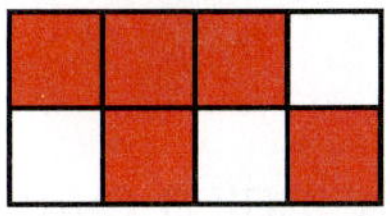

10. 

11. 

12. 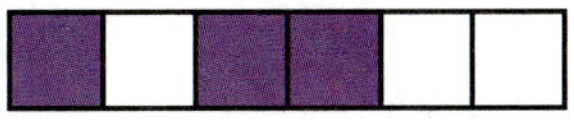

Enriquece tu vocabulario

VOCABULARIO DEL CAPÍTULO

denominador
fracciones equivalentes
fracción
numerador

PREPARACIÓN

fracción Un número que representa parte de un entero o parte de un grupo

numerador la parte de la fracción que está sobre la barra y que indica cuántas partes se cuentan

denominador la parte de la fracción que está debajo de la barra y que indica cuántas partes iguales hay en el entero o en el grupo

LECCIÓN 1

Representar parte de un entero

OBJETIVO: Leer, escribir y hacer un modelo de las partes fraccionarias de un entero.

Repaso rápido

Di cuántas partes iguales hay en cada uno.

1. 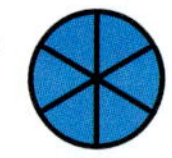 **2.** 

3. 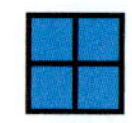 **4.** 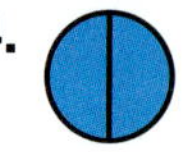

5. 

Vocabulario

fracción

numerador

denominador

Aprende

PROBLEMA La primera pizzería de los Estados Unidos abrió en 1905 en New York. La receta de la pizza vino de Italia. ¿Qué fracción de la bandera de Italia es roja?

Una **fracción** es un número que representa parte de un entero o parte de un grupo.

La bandera está dividida en 3 partes iguales; 1 parte es roja.

1 parte roja	→ 1 ←	numerador
3 partes iguales en total	→ 3 ←	denominador

Lee: un tercio **Escribe:** $\frac{1}{3}$

una parte de tres partes iguales 1 dividido entre 3

Por lo tanto, $\frac{1}{3}$ de la bandera de Italia es rojo.

▲ **Los ingredientes de algunas pizzas: albahaca, mozzarella y tomate, muestran los colores de la bandera de Italia.**

El **numerador** indica cuántas partes se cuentan.

El **denominador** indica cuántas partes iguales hay en el entero.

MANOS A LA OBRA **Actividad** **Materiales** ■ piezas de fracciones de círculo

María se comió 2 de 6 rebanadas de pizza.
Halla la fracción de la pizza que sobra.

Paso 1

Usa piezas de fracciones de círculo para hacer un modelo de una pizza con 6 rebanadas iguales.

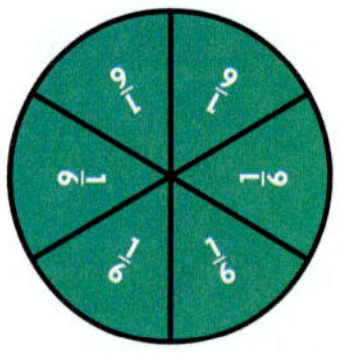

Paso 2

Retira 2 de las piezas para mostrar que se comieron 2 rebanadas.

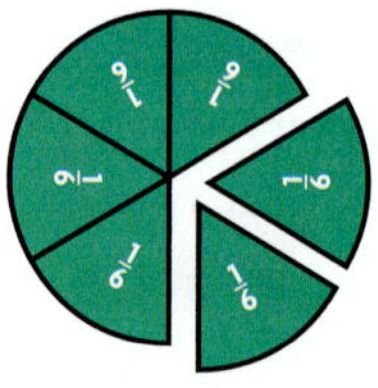

Paso 3

Cuenta el número de rebanadas que sobran.

4 rebanadas → $\frac{4}{6}$ ← 6 rebanadas iguales en total

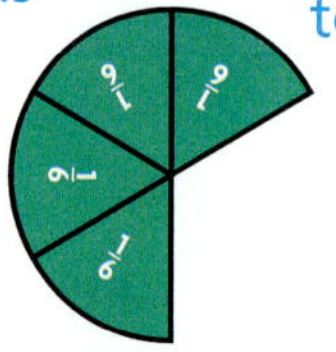

Por lo tanto, sobran $\frac{4}{6}$ de la pizza.

NS 3.0 Los estudiantes deben comprender las relaciones entre los números enteros, las fracciones simples y los decimales. *también* **MR 1.1, MR 2.3, MR 2.4, MR 3.2**

Ejemplos

A

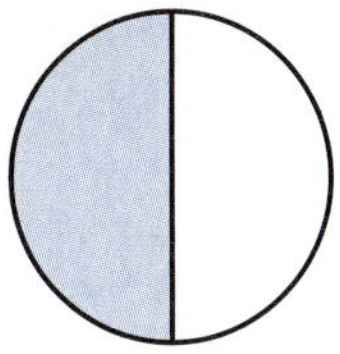

$\frac{1}{2}$

un medio

B

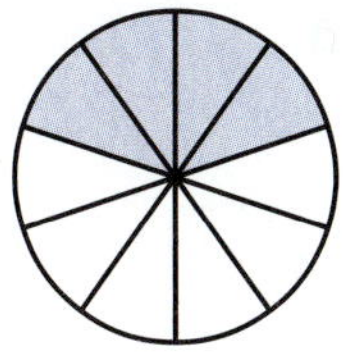

$\frac{4}{10}$

cuatro décimos

C

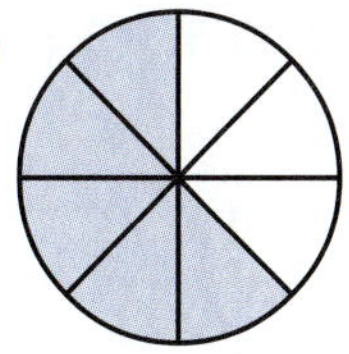

$\frac{5}{8}$

cinco octavos

D

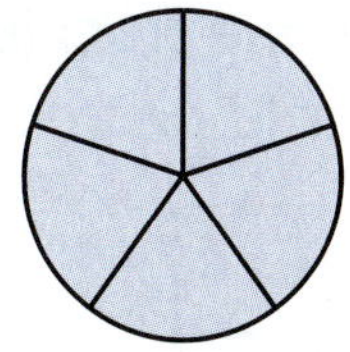

$\frac{5}{5}$ o 1

un entero

Una recta numérica puede mostrar partes de un entero.
Una recta numérica de 0 a 1 muestra un entero.
La recta puede dividirse en cualquier número de partes iguales.

E La parte de esta recta numérica de 0 a 1 está dividida en tercios.

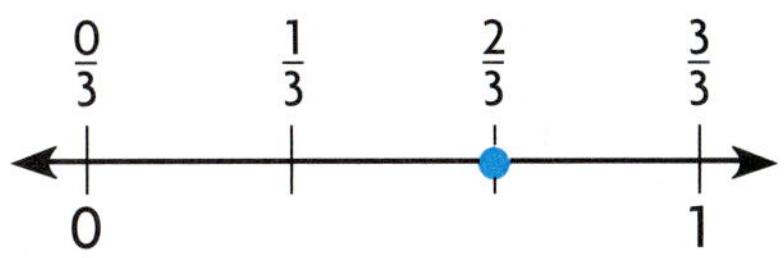

El punto muestra la ubicación de $\frac{2}{3}$.

F La parte de esta recta numérica de 0 a 1 está dividida en cuartos.

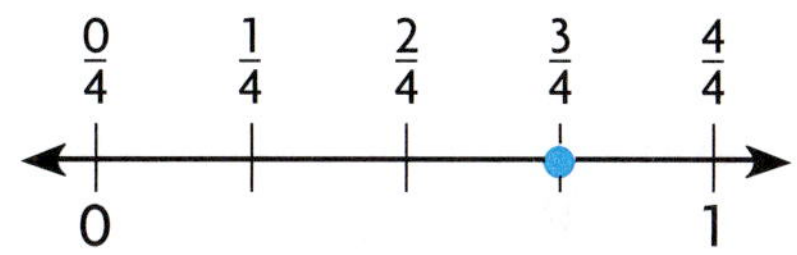

El punto muestra la ubicación de $\frac{3}{4}$.

Práctica con supervisión

1. ¿En cuántas partes iguales está dividido este rectángulo?

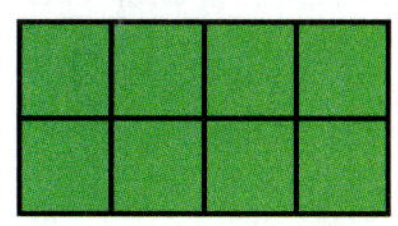

Escribe una fracción en números y en palabras para nombrar la parte sombreada.

2.

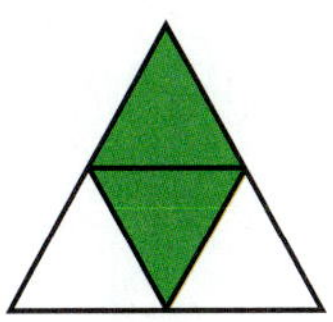

3.

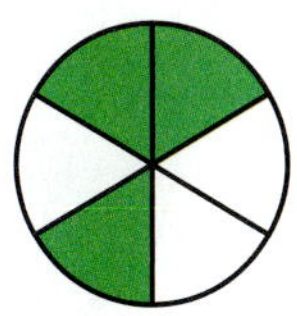

✓ **4.**

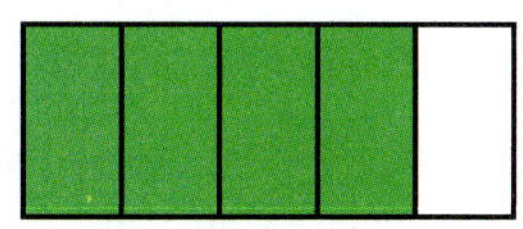

Usa piezas de fracciones de círculo para hacer un modelo de cada uno. Después escribe la fracción usando números.

5. nueve doceavos

6. dos dividido entre diez

✓ **7.** siete de nueve

8. COMENTA **Explica** cómo puedes escribir una fracción para la parte que falta del entero.

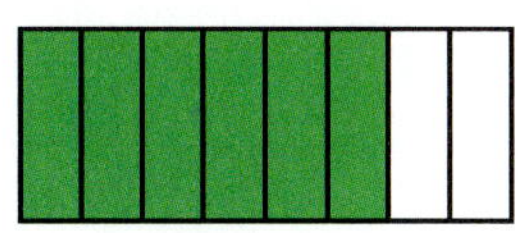

Práctica independiente y resolución de problemas

Escribe una fracción en números y en palabras para nombrar la parte sombreada.

9. 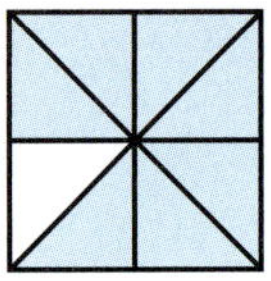

10. 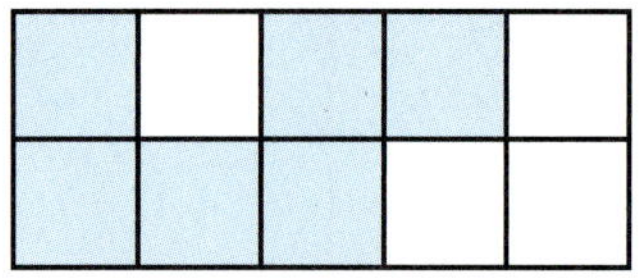

11. 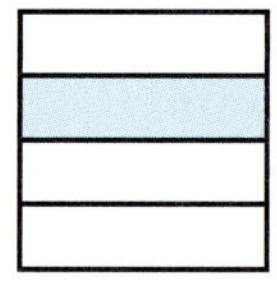

12. 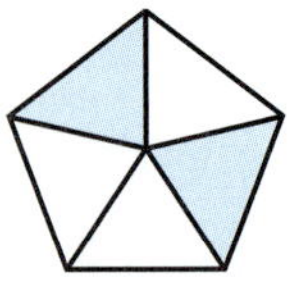

13. 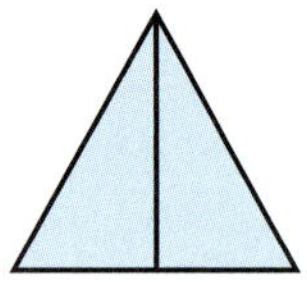

14. 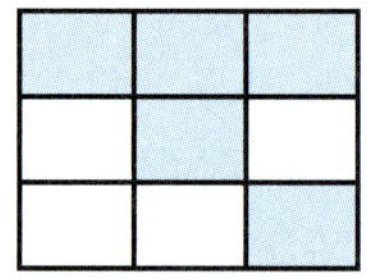

Usa piezas de fracciones de círculo para hacer un modelo de cada uno. Después escribe la fracción usando números.

15. cinco sextos

16. cuatro de doce

17. uno dividido entre tres

18. seis de ocho

19. dos cuartos

20. ocho décimos

Escribe una fracción para la parte sombreada de cada figura.

21. 

22. 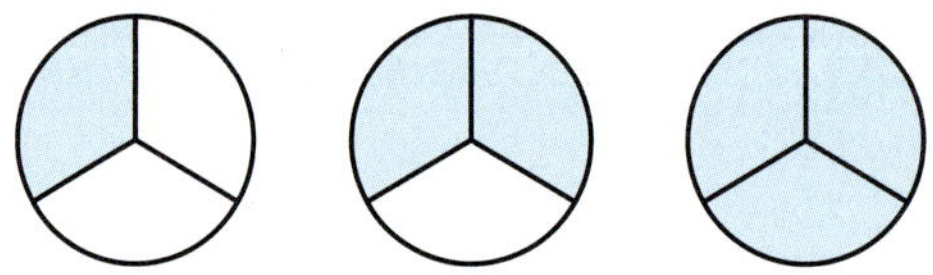

Escribe una fracción que nombre cada punto.

23. 

24. 

Para los ejercicios 25 a 27, usa las pizzas.

Pepperoni Queso Vegetariana

25. La señora Ormond pidió pizza. Cada pizza tenía 8 rebanadas iguales. ¿Qué fracción sobró de la pizza de pepperoni?

26. ¿Qué fracción sobró de la pizza de queso?

27. **Formula un problema** Usa la ilustración de la pizza vegetariana para escribir un problema que se pueda contestar usando fracciones.

28. La familia de Randy se comió siete décimos de una pizza. Haz un dibujo para mostrar la cantidad que se comió la familia de Randy.

CD ROM **Tecnología**
Usa Harcourt Mega Math en español, Acciones con fracciones, *Explosiones con fracciones,* nivel B.

Práctica adicional en la página 432, Grupo A

29. **Razonamiento** Dos pizzas tienen el mismo tamaño. La pizza de queso está cortada en 6 rebanadas iguales. La pizza de carne está cortada en 8 rebanadas iguales. ¿Qué pizza tiene rebanadas más grandes? **Explica**.

30. **ESCRIBE** **¿Cuál es el error?** Kate dice que $\frac{2}{3}$ nombra la parte sombreada. Describe su error. Escribe la fracción correcta.

Comprensión de los Estándares

31. ¿Cuál es el rango de estos números? 18, 24, 24, 29, 31, 35 (Grado 2 SDAP 1.3)

32. ¿Qué cuerpo geométrico tiene la forma de una pelota de playa? (MG 2.5, pág. 296)

33. Andrés colocó 6 tarjetas de béisbol en cada página de su álbum de tarjetas de béisbol. Llenó 16 páginas. ¿Cuántas tarjetas colocó en su álbum? (NS 2.4, pág. 354)

34. **Preparación para la prueba** ¿Qué fracción de la figura es azul?

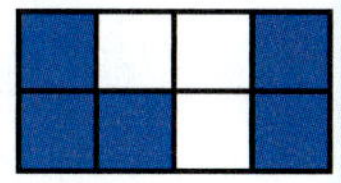

A ocho quintos
B cinco octavos
C tres quintos
D tres octavos

35. **Preparación para la prueba** ¿Qué fracción de la figura no es azul?

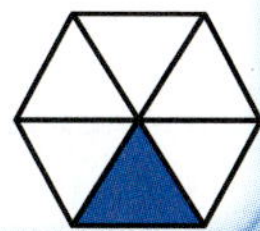

A $\frac{1}{6}$ **B** $\frac{1}{5}$ **C** $\frac{4}{6}$ **D** $\frac{5}{6}$

PODER MATEMÁTICO Resolución de problemas y razonamiento

El minutero puede dividir el reloj en partes iguales.
Por lo tanto, puedes usar fracciones para decir la hora.

6:00

6:15

$\frac{1}{4}$ o 6 y cuarto

6:30

$\frac{1}{2}$ o 6 y media

6:45

$\frac{1}{4}$ o un cuarto para las 7

Completa cada oración. Escribe *un cuarto, un medio* o *tres cuartos*.

1. A las 6:30, el minutero se ha movido __?__ de su giro alrededor del reloj.
2. A las 6:15, el minutero se ha movido __?__ de su giro alrededor del reloj.
3. A las 6:45, el minutero se ha movido __?__ de su giro alrededor del reloj.

LECCIÓN 2

Representar parte de un grupo

OBJETIVO: Leer, escribir y hacer un modelo de las partes fraccionarias de un grupo.

Repaso rápido

Nombra la fracción de cada parte sombreada.

1. 
2. 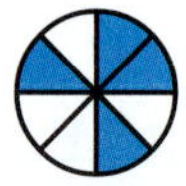
3. 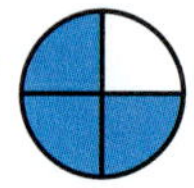
4. 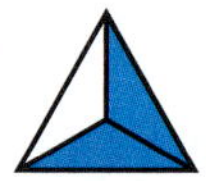
5. 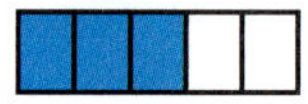

Aprende

PROBLEMA Jake y Emma tienen una colección de canicas cada uno. ¿Qué fracción de cada colección es azul?

Canicas de Jake

número de canicas azules → $\frac{3}{10}$ ← numerador
total de canicas → ← denominador

Lee: tres décimos o tres de diez

Escribe: $\frac{3}{10}$

Por lo tanto, $\frac{3}{10}$ de las canicas de Jake son azules.

Canicas de Emma

grupos de canicas azules → $\frac{1}{4}$ ← numerador
número total de grupos → ← denominador

Lee: un cuarto o uno de cuatro

Escribe: $\frac{1}{4}$

Por lo tanto, $\frac{1}{4}$ de las canicas de Emma son azules.

Idea matemática
Una fracción puede nombrar parte de un grupo.

Brian tiene 8 canicas. Dos de ellas son rojas. ¿Qué fracción de las canicas de Brian son rojas? ¿Qué fracción no son rojas?

MANOS A LA OBRA **Actividad 1** **Materiales** ■ fichas de dos colores

Paso 1

Usa 2 fichas rojas y 6 fichas amarillas para mostrar las canicas.

Paso 2

Escribe la fracción de canicas que son rojas.

$\frac{2}{8}$ ← número de fichas rojas / ← número total de fichas

Escribe la fracción de canicas que no son rojas.

$\frac{6}{8}$ ← número de fichas amarillas / ← número total de fichas

Por lo tanto, $\frac{2}{8}$ de las canicas de Brian son rojas y $\frac{6}{8}$ no son rojas.

NS 3.0 Los estudiantes deben comprender las relaciones entre los números enteros, las fracciones simples y los decimales. *también* **MR 1.1, MR 2.3, MR 2.4, MR 3.2**

Doce estudiantes se inscribieron para jugar en un torneo de canicas. Un tercio de los estudiantes que se inscribieron son niñas. ¿Cuántas niñas jugarán en el torneo de canicas?

Halla $\frac{1}{3}$ de 12.

▲ El Torneo Nacional de Canicas se realiza en Wildwood, New Jersey. Es para niños de 7 a 14 años de edad.

MANOS A LA OBRA

Actividad 2

Materiales ■ fichas de dos colores

Paso 1

Coloca 12 fichas en tu mesa.

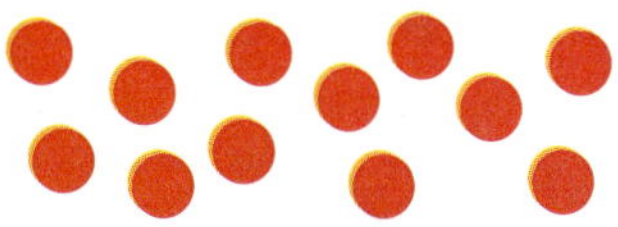

Paso 2

Coloca las fichas en 3 grupos iguales.

Paso 3

Cuenta el número que hay en uno de los 3 grupos.

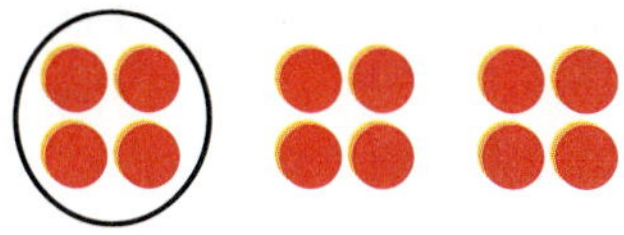

Hay 4 fichas en un grupo. $\frac{1}{3}$ de $12 = 4$

Por lo tanto, 4 niñas jugarán en el torneo de canicas.

Práctica con supervisión

1. Usa las fichas para hallar $\frac{1}{2}$ de 8.

Escribe una fracción que nombre la parte roja de cada grupo.

2.

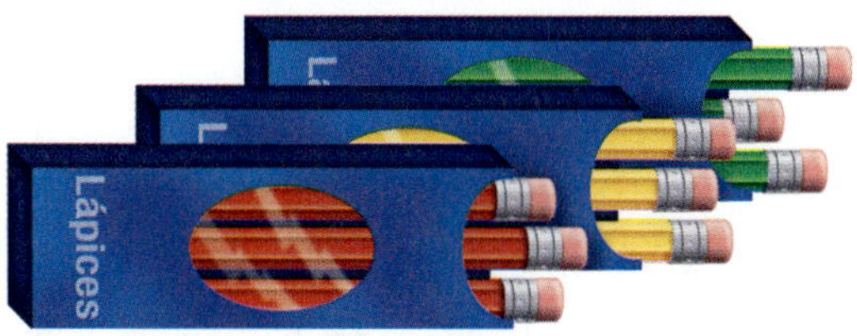

✓ **3.**

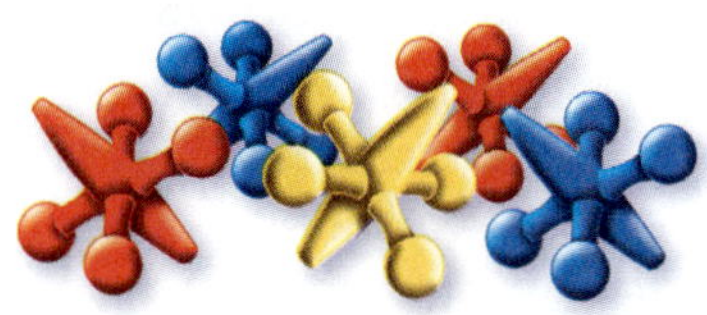

Dibuja cada uno. Después escribe la fracción que nombra la parte sombreada.

4. Dibuja 10 cuadrados. Sombrea 7 cuadrados.

5. Dibuja 6 triángulos. Forma 2 grupos iguales. Sombrea 1 grupo.

✓ **6.** Dibuja 8 círculos. Sombrea 3 círculos.

7. COMENTA **Explica** cómo puedes usar fichas para hallar $\frac{1}{5}$ de 10.

Práctica independiente y resolución de problemas

Escribe una fracción que nombre la parte azul de cada grupo.

8. 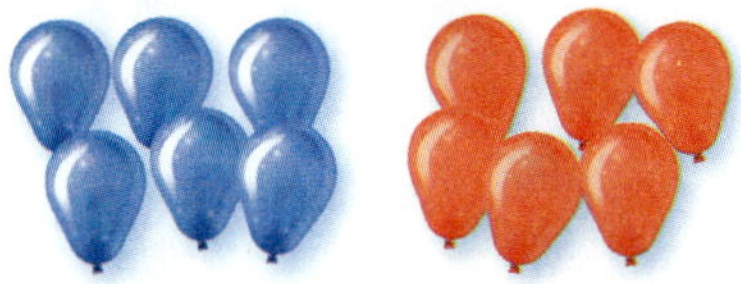

9. 

10. 

11. 

Dibuja cada uno. Después escribe la fracción que nombra la parte sombreada.

12. Dibuja 3 círculos. Sombrea 2 círculos.

13. Dibuja 8 triángulos. Forma 4 grupos iguales. Sombrea 2 grupos.

14. Dibuja 4 rectángulos. Sombrea 1 rectángulo.

Haz un modelo de cada fracción con fichas. Después escribe la fracción en palabras.

15. $\frac{4}{9}$ **16.** $\frac{1}{5}$ **17.** $\frac{6}{6}$ **18.** $\frac{2}{4}$ **19.** $\frac{5}{8}$

Usa fichas para resolver.

20. $\frac{1}{2}$ de 4 **21.** $\frac{3}{4}$ de 8 **22.** $\frac{1}{3}$ de 9 **23.** $\frac{2}{6}$ de 12 **24.** $\frac{5}{5}$ de 10

USA LOS DATOS **Para los ejercicios 25 a 27, usa la gráfica de barras.**

25. La gráfica de barras muestra a los ganadores del torneo de canicas de la escuela primaria Smith. ¿Cuántos juegos se jugaron? ¿Qué fracción de los juegos ganó Scott?

26. ¿Qué fracción de los juegos NO ganó Robyn?

27. **Formula un problema** Usa los datos de la gráfica de barras. Escribe un problema que se pueda contestar usando una fracción para nombrar una parte de un grupo.

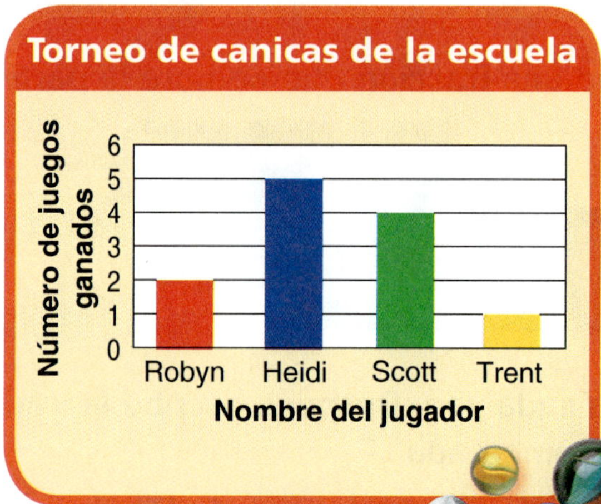

 Práctica adicional en la página 432, Grupo B

28. Kevin tiene 5 bolígrafos azules y 3 bolígrafos rojos. ¿Qué fracción de los bolígrafos de Kevin son rojos?

29. Lori tiene 10 flores. Cuatro de estas flores son rosadas. ¿Qué fracción de las flores NO son rosadas?

30. Jess tiene una bolsa de 12 canicas. De estas canicas, $\frac{4}{12}$ son rojas y $\frac{3}{12}$ son blancas y el resto son verdes. ¿Cuántas canicas verdes hay en la bolsa?

31. **ESCRIBE** **¿Cuál es la pregunta?** En una bolsa hay 2 cubos amarillos, 3 cubos azules y 1 cubo blanco. La respuesta es $\frac{5}{6}$.

Comprensión de los Estándares

32. ¿Qué fracción del círculo está sombreada? (NS 3.0, pág. 412)

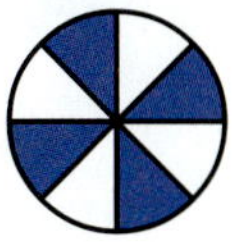

33. ¿Cuántos ángulos rectos tiene un rectángulo? (MG 2.3, pág. 268)

34. ¿Qué número hará verdadero al enunciado numérico? (AF 1.1, pág. 174)

$$6 \times \blacksquare = 0$$

35. **Preparación para la prueba** Una canasta está llena con 8 frutas. De las frutas, $\frac{1}{4}$ son manzanas. ¿Cuántas manzanas hay?

A 1 **B** 2 **C** 4 **D** 6

36. **Preparación para la prueba** ¿Qué fracción de las monedas son de 1¢?

A $\frac{1}{6}$ **B** $\frac{2}{6}$ **C** $\frac{3}{6}$ **D** $\frac{4}{6}$

PODER MATEMÁTICO Resolución de problemas y razonamiento

Puedes usar modelos y un patrón para completar la tabla.

1.	**Modelo**			■		
2.	**Número total de partes**	4	■	4	4	4
3.	**Número de partes rojas**	0	1	2	■	4
4.	**Fracción de partes rojas**	$\frac{0}{4}$	$\frac{1}{4}$	$\frac{2}{4}$	$\frac{3}{4}$	■

LECCIÓN 3

Fracciones equivalentes

OBJETIVO: Hacer modelos y escribir fracciones equivalentes.

Repaso rápido

Nombra la fracción de cada parte sombreada.

1. 
2. 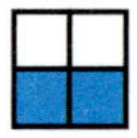
3. 
4. 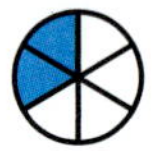
5. 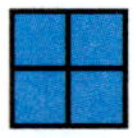

Vocabulario

fracciones equivalentes

Aprende

Dos o más fracciones que nombran la misma cantidad se llaman **fracciones equivalentes**.

MANOS A LA OBRA

Actividad 1

Materiales ■ barras de fracciones

¿Qué fracción es equivalente a $\frac{1}{4}$?

Paso 1

Comienza con la barra para 1 entero. Alinea una barra de $\frac{1}{4}$.

Paso 2

Usa barras de fracciones de $\frac{1}{8}$ que igualen la longitud de la barra de $\frac{1}{4}$.

Paso 3

Cuenta el número de barras de $\frac{1}{8}$ que forman $\frac{1}{4}$. Escribe la fracción equivalente.

Cuenta: $\frac{1}{8}$, $\frac{2}{8}$

Escribe: $\frac{1}{4} = \frac{2}{8}$

ADVERTENCIA

Asegúrate de que las barras de fracciones estén alineadas a la izquierda.

MANOS A LA OBRA

Actividad 2

Materiales ■ barras de fracciones

¿Qué fracción es equivalente a $\frac{2}{5}$?

Paso 1

Comienza con la barra para 1 entero. Alinea dos barras de $\frac{1}{5}$ para formar $\frac{2}{5}$.

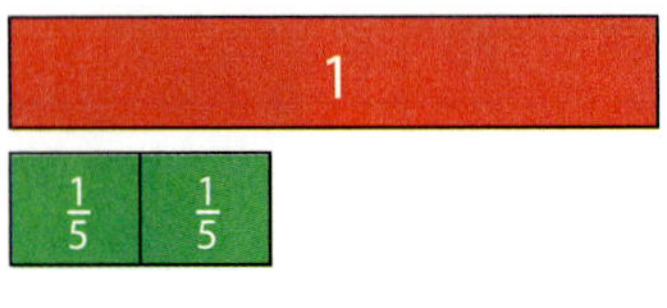

Paso 2

Usa barras de fracciones de $\frac{1}{10}$ que igualen la longitud de las barras de $\frac{2}{5}$.

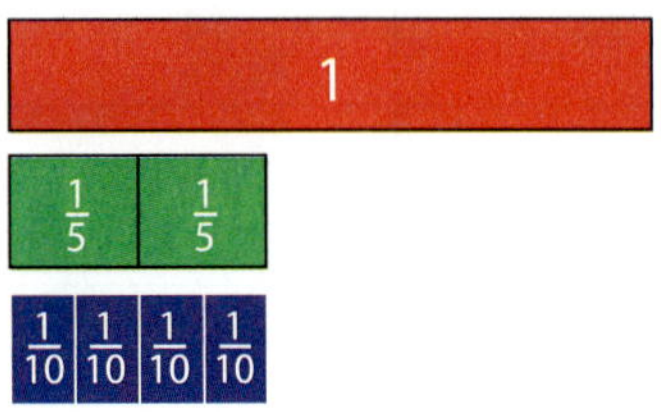

Paso 3

Cuenta el número de barras de $\frac{1}{10}$ que forman $\frac{2}{5}$. Escribe la fracción equivalente.

Cuenta: $\frac{1}{10}$, $\frac{2}{10}$, $\frac{3}{10}$, $\frac{4}{10}$

Escribe: $\frac{2}{5} = \frac{4}{10}$

NS 3.1 Comparar fracciones representadas mediante dibujos u objetos para mostrar equivalencia y para sumar y restar fracciones simples en contexto. *también* **NS 3.0, MR 1.1, MR 2.3, MR 2.4, MR 3.2**

Más ejemplos

A

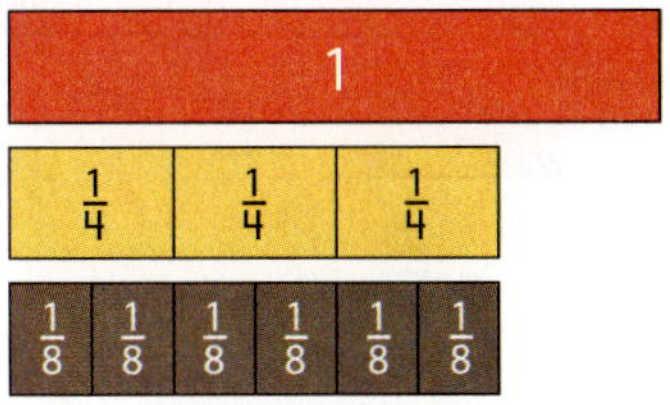

$\frac{3}{4} = \frac{6}{8}$

B

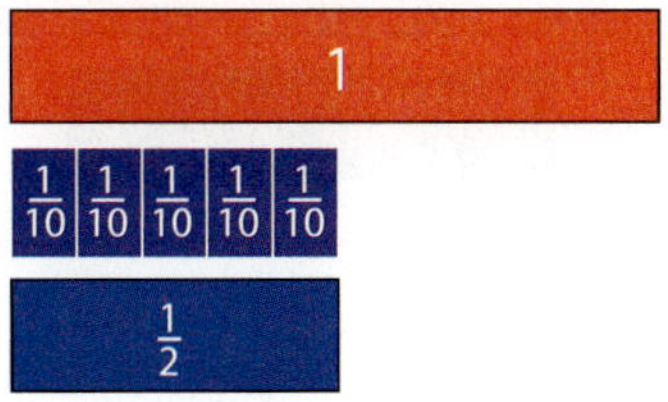

$\frac{5}{10} = \frac{1}{2}$

C

$\frac{6}{6} = \frac{12}{12}$ o 1

Práctica con supervisión

1. ¿Qué fracción es equivalente a $\frac{2}{3}$?

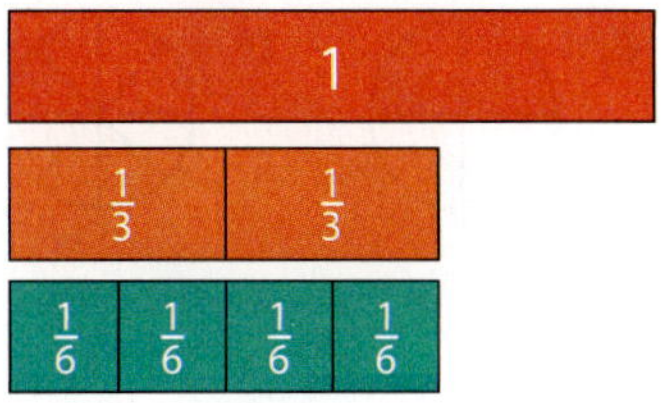

Halla una fracción equivalente. Usa barras de fracciones.

2.

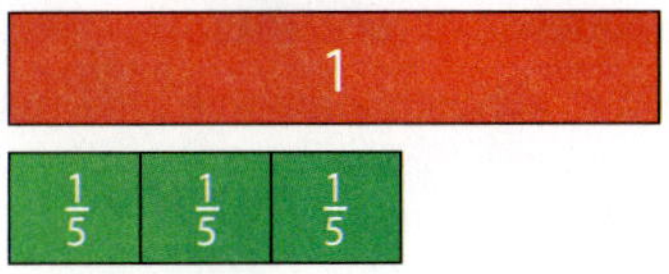

3.

4.

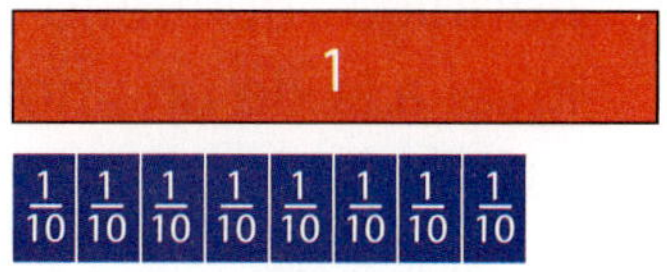

5. **COMENTA** **Explica** cómo puedes usar barras de fracciones para hallar una fracción que sea equivalente a $\frac{3}{4}$.

Práctica independiente y resolución de problemas

Halla una fracción equivalente. Usa barras de fracciones.

6.

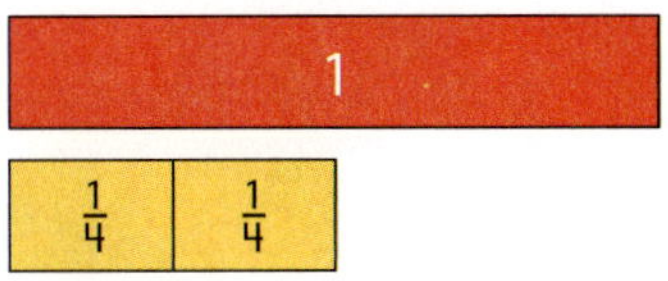

7.

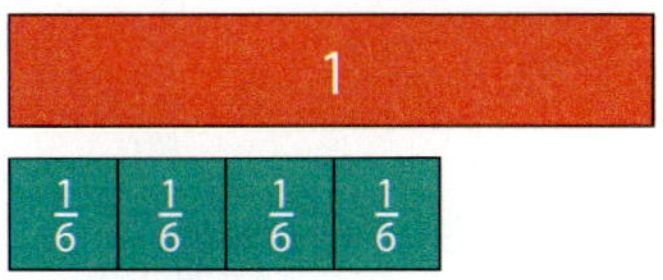

8.

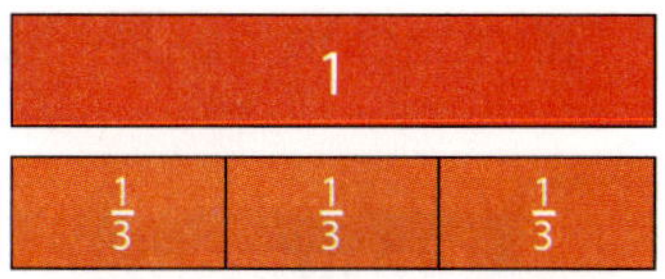

9.

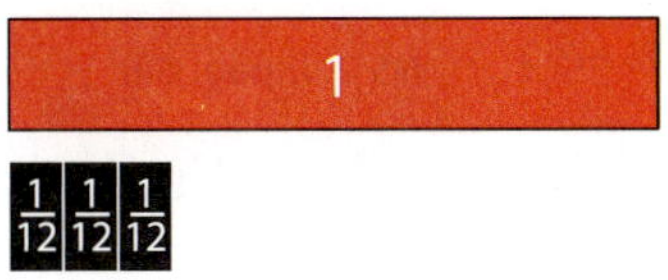

10.

11.

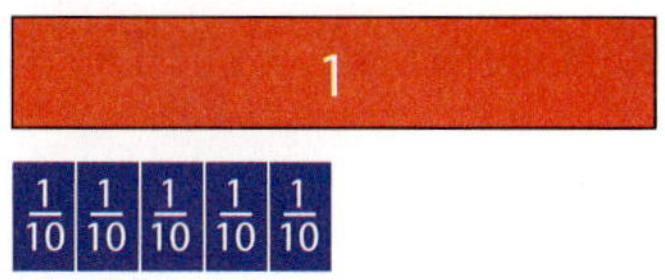

Práctica adicional en la página 432, Grupo C

Halla el numerador que falta. Usa barras de fracciones.

12.

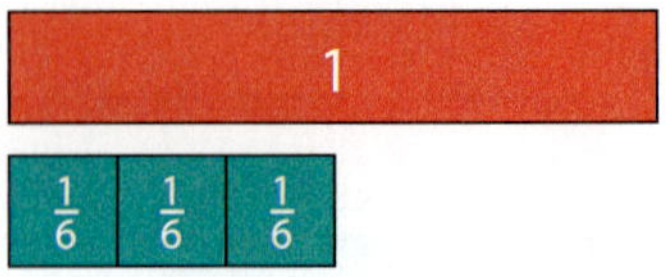

$\frac{3}{6} = \frac{■}{12}$

13.

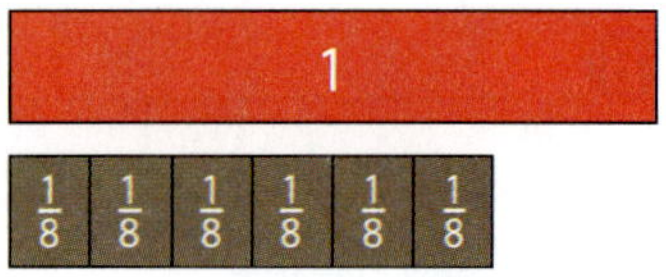

$\frac{6}{8} = \frac{■}{4}$

14.

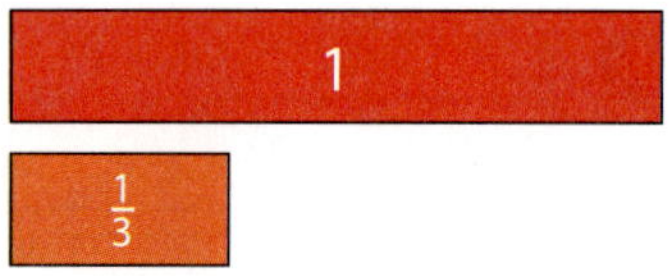

$\frac{1}{3} = \frac{■}{6}$

15. $\frac{8}{10} = \frac{■}{5}$

16. $\frac{1}{2} = \frac{■}{8}$

17. $\frac{4}{12} = \frac{■}{3}$

18. $\frac{2}{4} = \frac{■}{12}$

19. $\frac{5}{5} = \frac{■}{10}$

20. $\frac{4}{8} = \frac{■}{2}$

21. Escribe la fracción que nombra la parte sombreada de cada una. Después di qué fracciones son equivalentes.

a. **b.** **c.** **d.** **e.**

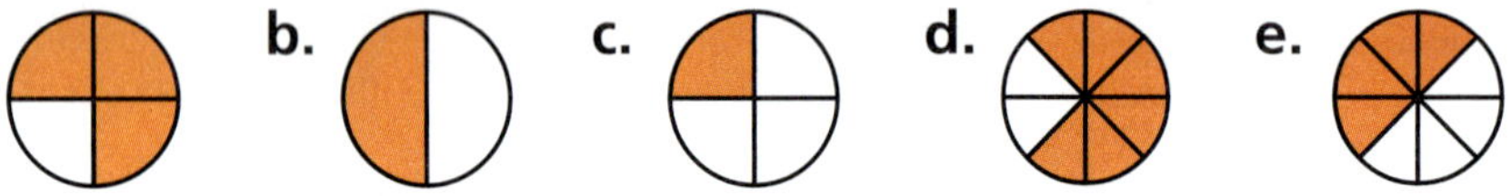

USA LOS DATOS **Para los ejercicios 22 a 24, usa la tabla.**

22. La tabla muestra las longitudes de tres tipos diferentes de hormigas. ¿Cuántas hormigas de fuego tendrían una longitud igual a la de una hormiga carpintera?

23. ¿Qué fracción es equivalente a la longitud de una hormiga bulldog?

24. **Razonamiento** ¿Tienen la misma longitud cualquiera de las hormigas de la tabla? **Explica**.

Hormigas

Tipo	Longitud
Hormiga de fuego	aproximadamente $\frac{1}{4}$ de pulgada
Hormiga bulldog	aproximadamente $\frac{4}{5}$ de pulgada
Hormiga carpintera	aproximadamente $\frac{1}{2}$ de pulgada

25. **ESCRIBE** **¿Tiene sentido o no?** Jay cortó una naranja en 8 pedazos iguales y se comió 4 de los pedazos. Él dice que se comió la mitad de la naranja. ¿Tiene sentido la afirmación de Jay? **Explica**.

Comprensión de los Estándares

26. Compara. Escribe <, >, o =. (NS 1.2, pág. 26)

148 ● 139

27. Cada caja de crayolas cuesta $6. ¿Cuánto cuestan 4 cajas de crayolas? (NS 2.2, pág. 110)

28. 5,002 − 3,167 = (NS 2.1, pág. 80)

29. **Preparación para la prueba** ¿Cuál es el numerador que falta? $\frac{5}{6} = \frac{■}{12}$

A 7 **B** 8 **C** 9 **D** 10

ESCRIBE
TALLER

Dibuja para explicar

A veces puedes explicar mejor tu razonamiento haciendo un dibujo o un diagrama.

Marta quiere hallar dos fracciones que sean equivalentes a $\frac{1}{3}$. Usa crayolas y tiras de papel para hacer diagramas de fracciones equivalentes.

Ella explica su razonamiento describiendo lo que hizo y mostrando sus dibujos.

Primero, recorté tres tiras de papel del mismo tamaño. Luego, doblé las tiras usando diferentes números de dobleces para mostrar $\frac{1}{3}$. Dibujé unas líneas para mostrar los dobleces y sombreé $\frac{1}{3}$ de cada tira.

$\frac{1}{3}$	$\frac{1}{3}$	$\frac{1}{3}$

$\frac{1}{6}$	$\frac{1}{6}$	$\frac{1}{6}$	$\frac{1}{6}$	$\frac{1}{6}$	$\frac{1}{6}$

$$\frac{1}{3} = \frac{2}{6}$$

$\frac{1}{12}$	$\frac{1}{12}$	$\frac{1}{12}$	$\frac{1}{12}$	$\frac{1}{12}$	$\frac{1}{12}$	$\frac{1}{12}$	$\frac{1}{12}$	$\frac{1}{12}$	$\frac{1}{12}$	$\frac{1}{12}$	$\frac{1}{12}$

$$\frac{1}{3} = \frac{4}{12}$$

Mis dibujos comprueban que $\frac{1}{3}$, $\frac{2}{6}$ y $\frac{4}{12}$ son fracciones equivalentes.

Resolución de problemas **Dobla unas tiras de papel para mostrar partes fraccionarias. Dibuja unas líneas para mostrar los dobleces. Sombrea unas partes para mostrar las fracciones. Después explica lo que hiciste. Usa tus dibujos para mostrar tu solución.**

1. Halla una fracción equivalente a $\frac{2}{3}$.
2. Halla una fracción equivalente a $\frac{3}{4}$.

LECCIÓN 4

Comparar y ordenar fracciones

OBJETIVO: Comparar y ordenar fracciones

Repaso rápido

Compara. Escribe <, >, o = para cada ●.

1. 52 ● 48
2. 67 ● 68
3. 183 ● 183
4. 2,594 ● 2,549
5. 5,271 ● 5,712

Aprende

Puedes comparar fracciones de diferentes maneras.

Ejemplo 1 Compara $\frac{2}{6}$ y $\frac{3}{6}$.

DE UNA MANERA **Usa barras de fracciones.**

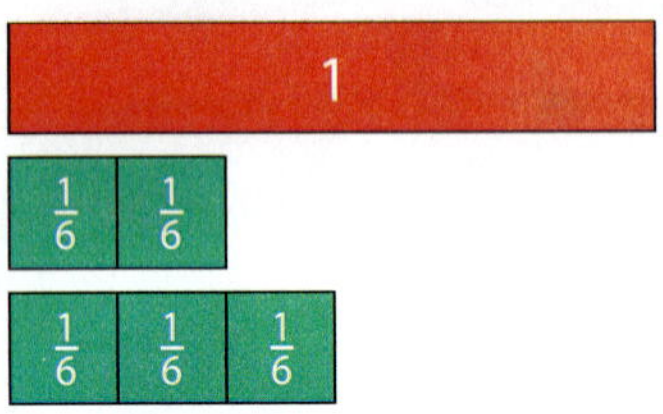

Las barras para $\frac{2}{6}$ son más cortas que las barras para $\frac{3}{6}$.

Por lo tanto, $\frac{2}{6} < \frac{3}{6}$ o $\frac{3}{6} > \frac{2}{6}$.

DE OTRA MANERA **Usa una recta numérica.**

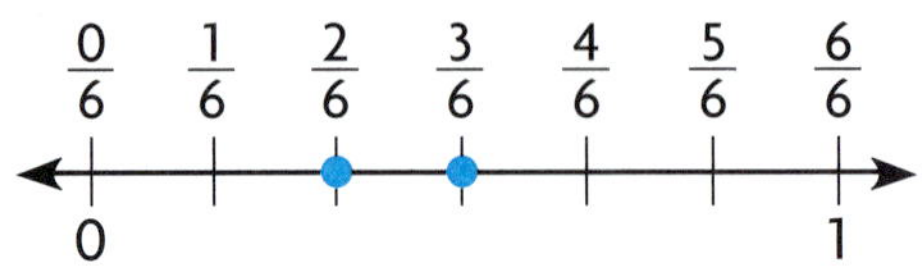

$\frac{3}{6}$ está a la derecha de $\frac{2}{6}$.

Por lo tanto, $\frac{3}{6} > \frac{2}{6}$ o $\frac{2}{6} < \frac{3}{6}$.

- ¿Cómo puedes comparar fracciones con los mismos denominadores pero con diferentes numeradores?

Ejemplo 2 Compara $\frac{5}{10}$ y $\frac{1}{3}$.

DE UNA MANERA **Usa barras de fracciones.**

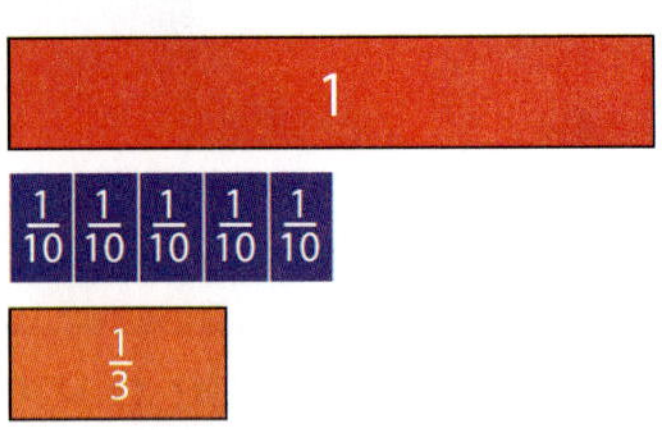

Las barras de fracciones para $\frac{5}{10}$ son más largas que las barras para $\frac{1}{3}$.

Por lo tanto, $\frac{5}{10} > \frac{1}{3}$ o $\frac{1}{3} < \frac{5}{10}$.

DE OTRA MANERA **Usa rectas numéricas.**

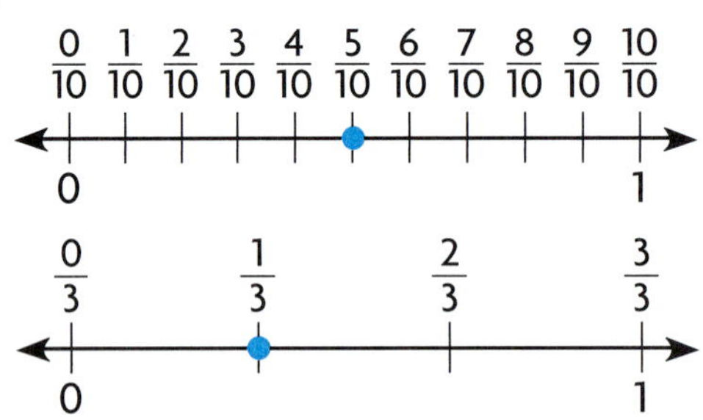

$\frac{5}{10}$ está a la derecha de $\frac{1}{3}$.

Por lo tanto, $\frac{5}{10} > \frac{1}{3}$ o $\frac{1}{3} < \frac{5}{10}$.

NS 3.1 Comparar fracciones representadas mediante dibujos u objetos para mostrar equivalencia y para sumar y restar fracciones simples en contexto (por ej., ½ de una pizza es la misma cantidad que 2/4 de otra pizza del mismo tamaño; mostrar que 3/8 es mayor que 1/4). *también* **NS 3.0, MR 1.1, MR 2.3, MR 2.4, MR 3.2**

Puedes usar barras de fracciones o rectas numéricas para ordenar fracciones.

Ejemplo **Compara y ordena $\frac{5}{8}$, $\frac{1}{4}$ y $\frac{4}{5}$.**

DE UNA MANERA **Usa barras de fracciones.**

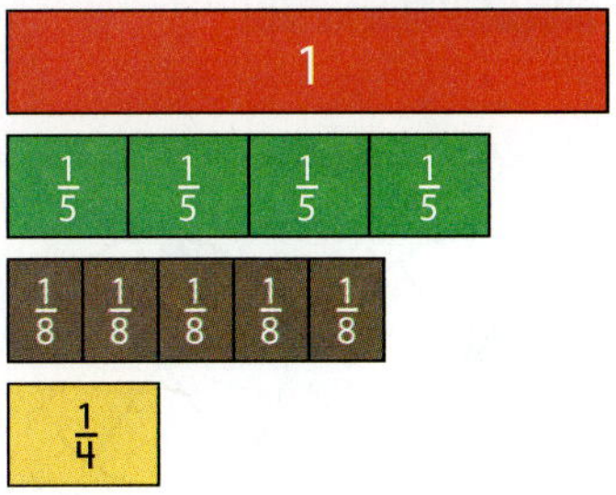

$\frac{4}{5} > \frac{5}{8}$

$\frac{5}{8} > \frac{1}{4}$

Piensa: $\frac{4}{5} > \frac{5}{8} > \frac{1}{4}$

Por lo tanto, las fracciones en orden de mayor a menor son: $\frac{4}{5}, \frac{5}{8}, \frac{1}{4}$.

DE OTRA MANERA **Usa rectas numéricas.**

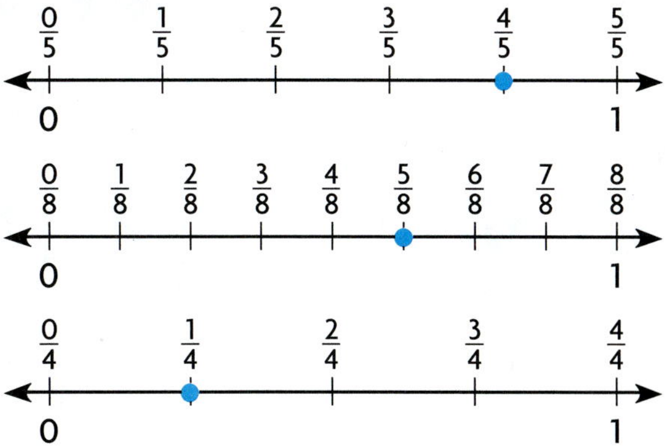

$\frac{4}{5}$ es más cercano a 1 y $\frac{5}{8}$ está a la derecha de $\frac{1}{4}$.

Por lo tanto, las fracciones en orden de mayor a menor son: $\frac{4}{5}, \frac{5}{8}, \frac{1}{4}$.

- **¿Cuáles son las fracciones en orden de menor a mayor?**
- **Compara y ordena $\frac{1}{8}$, $\frac{1}{4}$ y $\frac{1}{5}$. Cuando el denominador es mayor, ¿la barra de fracción es mayor o menor? ¿Por qué?**

Práctica con supervisión

1. ¿Qué fracción es mayor, $\frac{4}{6}$ o $\frac{2}{5}$?
Piensa: La barra para $\frac{4}{6}$ es más larga.

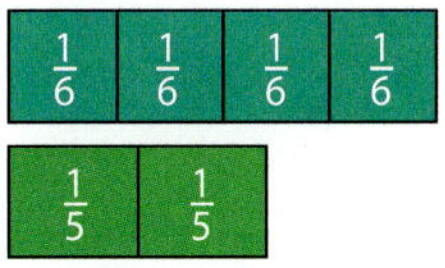

$\frac{4}{6}$

$\frac{2}{5}$

Compara. Escribe <, >, o = para cada ●.

2.

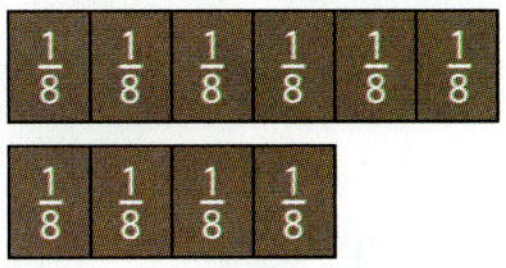

$\frac{6}{8}$ ● $\frac{4}{8}$

3.

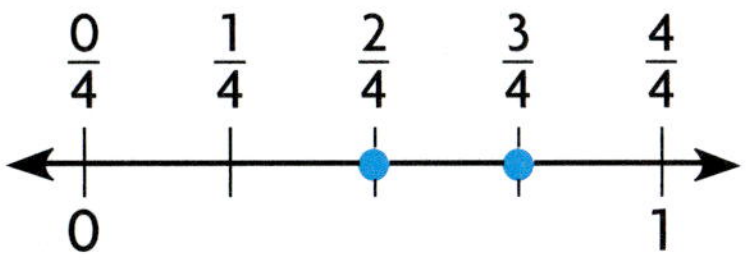

$\frac{2}{4}$ ● $\frac{3}{4}$

4.

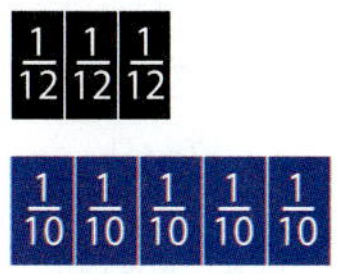

$\frac{3}{12}$ ● $\frac{5}{10}$

5. **COMENTA** **Explica** cómo usar una recta numérica para ordenar de menor a mayor $\frac{5}{6}$, $\frac{1}{6}$ y $\frac{3}{6}$

Práctica independiente y resolución de problemas

Compara. Escribe <, > o = para cada ●.

6. 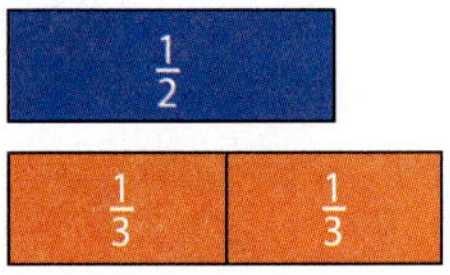

$\frac{1}{2}$ ● $\frac{2}{3}$

7. 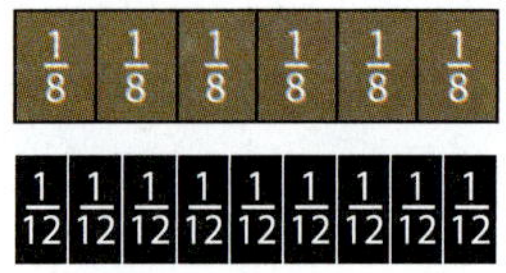

$\frac{6}{8}$ ● $\frac{9}{12}$

8. 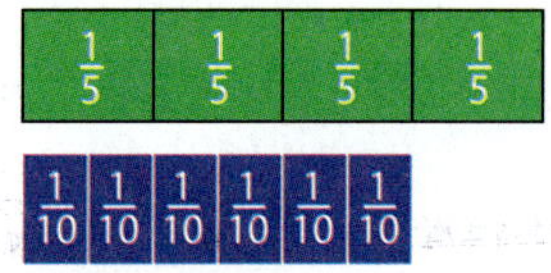

$\frac{4}{5}$ ● $\frac{6}{10}$

9. 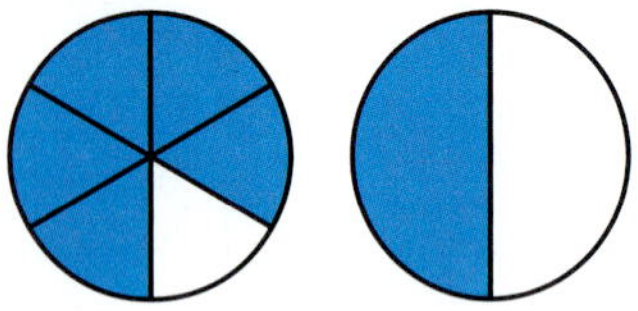

$\frac{5}{6}$ ● $\frac{1}{2}$

10. 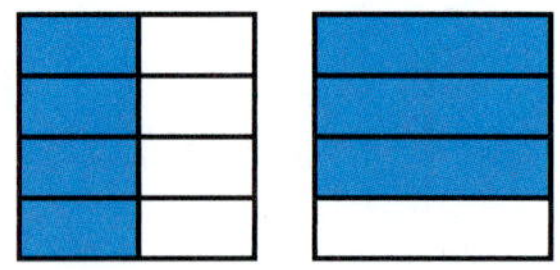

$\frac{4}{8}$ ● $\frac{3}{4}$

11. 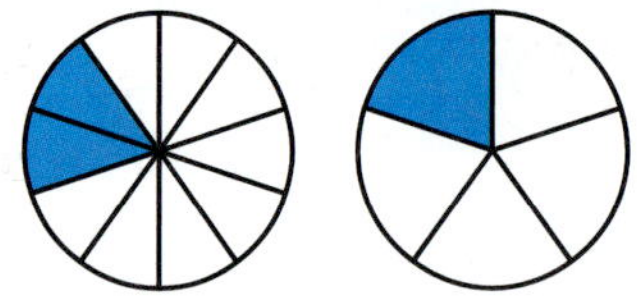

$\frac{2}{10}$ ● $\frac{1}{5}$

12. 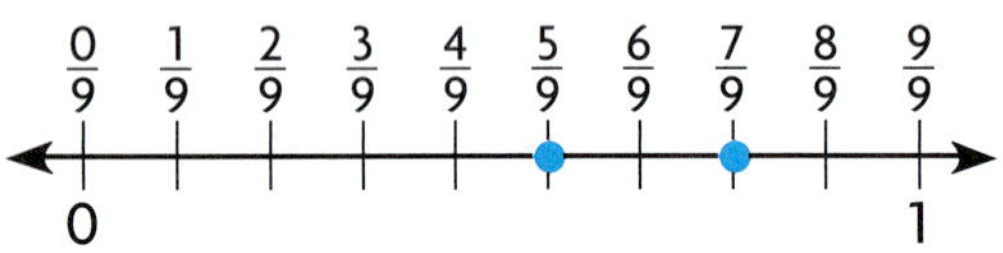

$\frac{5}{9}$ ● $\frac{7}{9}$

13. 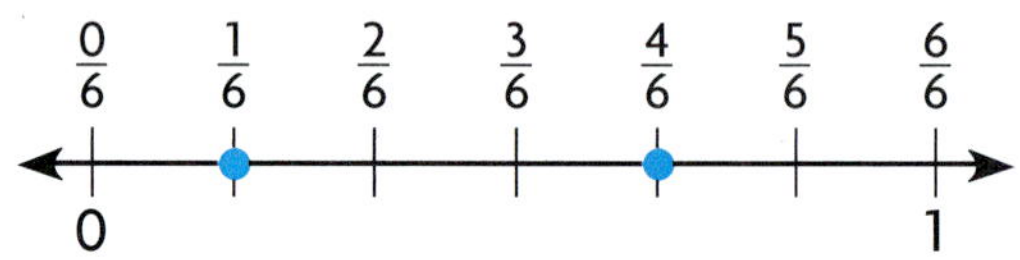

$\frac{4}{6}$ ● $\frac{1}{6}$

Usa barras de fracciones o rectas numéricas para comparar. Escribe <, > o = para cada ●.

14. 1 ● $\frac{3}{3}$

15. $\frac{5}{9}$ ● $\frac{10}{12}$

16. $\frac{1}{2}$ ● $\frac{3}{6}$

17. $\frac{7}{8}$ ● $\frac{3}{4}$

18. Ordenar $\frac{6}{10}$, $\frac{1}{2}$ y $\frac{5}{6}$ de mayor a menor.

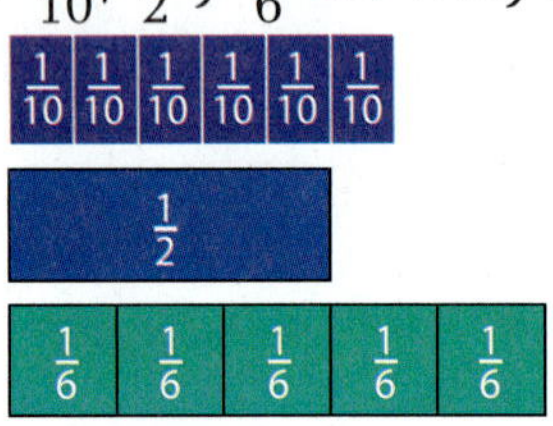

19. Ordenar $\frac{4}{5}$, $\frac{1}{4}$ y $\frac{3}{5}$ de menor a mayor.

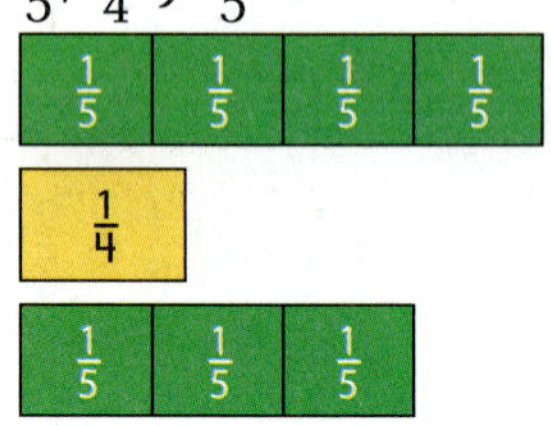

Para los ejercicios 20 y 21, usa el mapa.

20. ¿Qué tienda de mascotas está más cerca de la casa de Becky, Pet Mart o el Super Pet?

21. Becky paseó su perro desde su casa hasta el Super Pet y, luego, desde el Super Pet hasta el parque de perros. ¿Qué distancia es mayor?

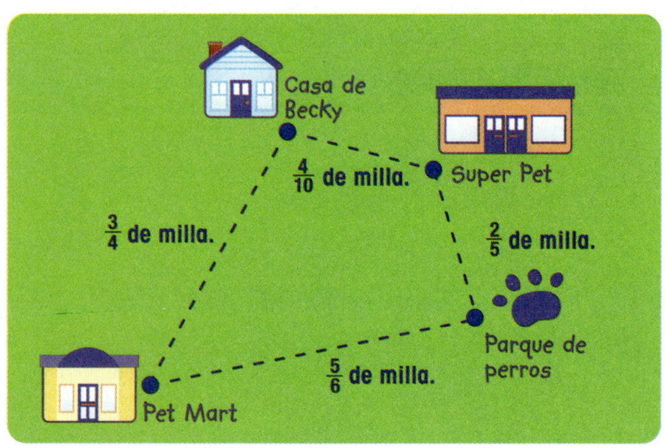

 Práctica adicional en la página 432, Grupo D

22. Soy mayor que $\frac{3}{6}$ y menor que $\frac{4}{5}$. Mi denominador es 4. ¿Qué fracción soy?

23. Soy mayor que $\frac{2}{8}$ y menor que $\frac{1}{2}$. Mi denominador es 5. ¿Qué fracción soy?

24. Jen halló una receta de galletas para perros. Ella necesita $\frac{1}{3}$ de taza de mantequilla y $\frac{1}{2}$ de taza de leche en polvo. Ordena estos ingredientes de la cantidad menor a la mayor.

25. **ESCRIBE** **Explica** cómo puedes comparar fracciones que tienen el mismo denominador. Da un ejemplo.

Comprensión de los Estándares

26. ¿Qué fracción de las fichas es amarilla? (NS 3.0, pág. 416)

27. $9 \times 7 =$ (NS 2.2, pág. 152)

28. **Preparación para la prueba** ¿Qué fracción es mayor que $\frac{5}{8}$?

 A $\frac{1}{2}$ B $\frac{4}{10}$ C $\frac{3}{8}$ D $\frac{3}{4}$

29. $2{,}486 + 3{,}643 =$ (NS 2.1, pág. 58)

30. **Preparación para la prueba** ¿Qué fracciones están en orden de mayor a menor?

 A $\frac{6}{12}, \frac{2}{3}, \frac{6}{8}$ C $\frac{2}{3}, \frac{6}{8}, \frac{6}{12}$

 B $\frac{6}{8}, \frac{2}{3}, \frac{6}{12}$ D $\frac{6}{8}, \frac{6}{12}, \frac{2}{3}$

PODER MATEMÁTICO Resolución de problemas y razonamiento

PERCEPCIÓN NUMÉRICA

Bobby y Jill fueron a una pizzería y ordenaron las pizzas que se muestran. Bobby y Jill se comieron cada uno $\frac{1}{2}$ de su pizza.

1. ¿Comieron Bobby y Jill la misma cantidad de pizza? Explica.
2. Una rebanada de cada pizza es de $\frac{1}{8}$. Explica por qué las rebanadas de Bobby y de Jill no son del mismo tamaño.
3. ¿Qué rebanadas de pizza crees que cuestan menos? Explica.
4. ¿Qué pasaría si las pizzas se dividieran en tercios? ¿Serían del mismo tamaño las rebanadas de pizza de Bobby y de Jill?

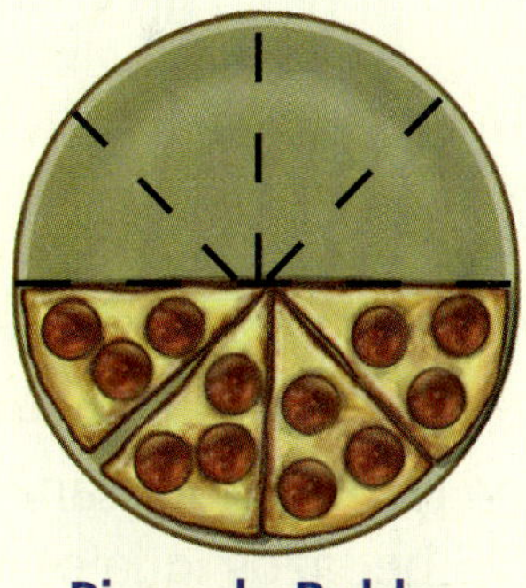

Pizza de Bobby

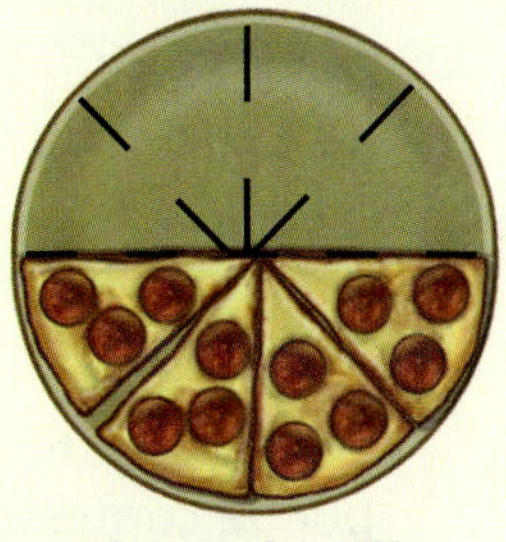

Pizza de Jill

LECCIÓN 5

Taller de resolución de problemas
Estrategia: Hacer un modelo

OBJETIVO: Resolver problemas usando la estrategia *hacer un modelo.*

Aprende la estrategia

Hacer un modelo te puede ayudar a entender un problema y a hallar una solución. Puedes usar barras de fracciones, rectas numéricas o círculos de fracciones para representar un problema de fracciones.

Barras de fracciones

Paula caminó $\frac{4}{5}$ de milla.
Jackie caminó $\frac{2}{3}$ de milla.
Greg caminó $\frac{1}{4}$ de milla.

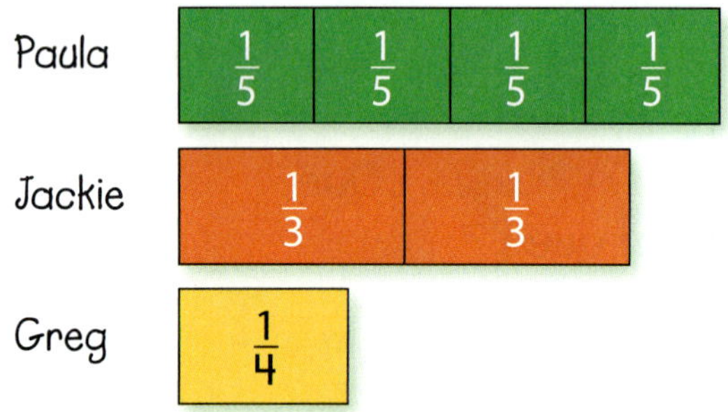

Rectas numéricas

Cameron bebió $\frac{1}{2}$ de su limonada.
Jason bebió $\frac{2}{6}$ de su limonada.

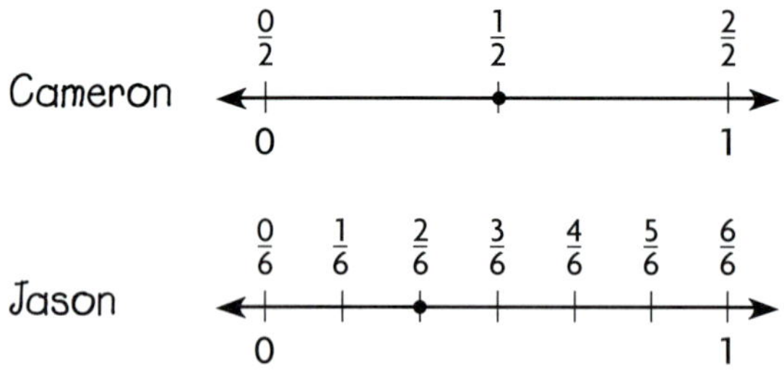

Círculos de fracciones

Una tarta de manzana está dividida en 6 pedazos iguales. Una tarta de cereza está dividida en 8 pedazos iguales. Unos niños se comieron $\frac{4}{6}$ de la tarta de manzana y $\frac{6}{8}$ de la tarta de cereza.

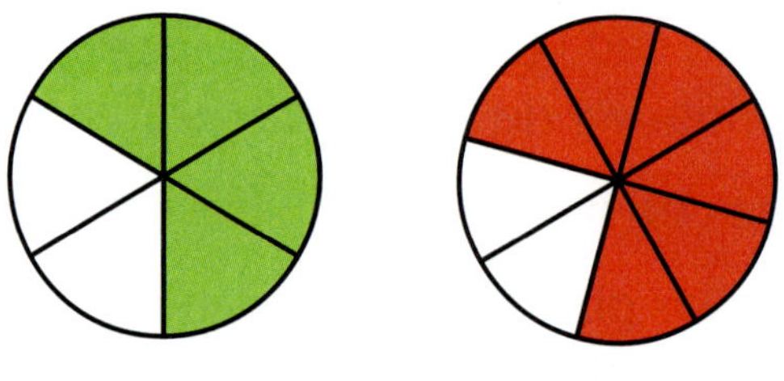
Tarta de manzana Tarta de cereza

COMENTA
¿Qué pregunta se puede contestar usando cada uno de los modelos de arriba?

NS 3.1 Comparar fracciones representadas por dibujos o materiales concretos para mostrar equivalencias y para sumar y restar fracciones simples en contexto. *también* **NS 3.0, MR 1.0, MR 1.1, MR 2.0, MR 2.3, MR 2.4, MR 3.0, MR 3.1, MR 3.2, MR 3.3**

Usa la estrategia

Lee para entender
Planea
Resuelve
Comprueba

PROBLEMA Emma y sus amigos escalaron una pared rocosa en el carnaval del pueblo. Emma escaló $\frac{3}{4}$ de la pared, Elijah escaló $\frac{3}{6}$ de la pared y Martin escaló $\frac{2}{3}$ de la pared. ¿Quién escaló más alto?

Lee para entender

Destreza de lectura

- **Visualiza el problema.**
- **¿Qué información te proporcionan?**

Planea

- **¿Qué estrategia puedes usar para resolver el problema?**
  Puedes *hacer un modelo* para ayudarte a resolver el problema.

Resuelve

- **¿Cómo puedes usar la estrategia para resolver el problema?**
  Representa el problema usando barras de fracciones.

  Alinea las barras de fracciones para $\frac{3}{4}$, $\frac{3}{6}$ y $\frac{2}{3}$.

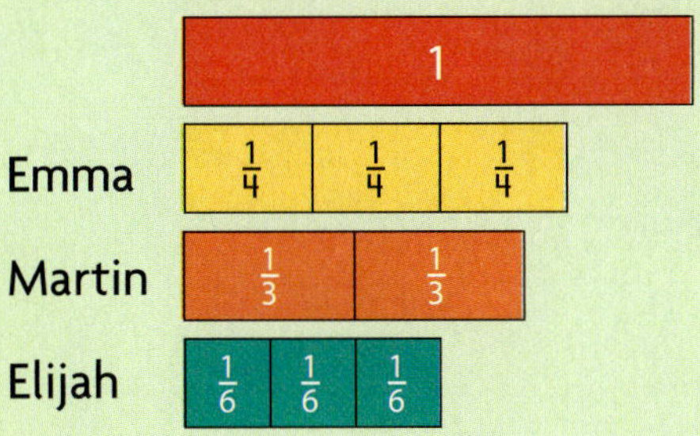

Compara las longitudes.

$\frac{3}{4} > \frac{2}{3} > \frac{3}{6}$ Por lo tanto, Emma escaló más alto.

Comprueba

- **¿De qué otras maneras podrías resolver el problema?**

Resolución de problemas con supervisión

Lee para entender
Planea
Resuelve
Comprueba

1. Tracy y Kim jugaron un juego de boliche para ver quién podía derribar más bolos. Tracy derribó $\frac{3}{5}$ de los bolos y Kim derribó $\frac{8}{10}$ de los bolos. ¿Quién derribó más bolos?

   Primero, haz un modelo.

   Después, compara las fracciones.

   Finalmente, halla la fracción más grande.

   $$\frac{3}{5} \bullet \frac{8}{10}$$

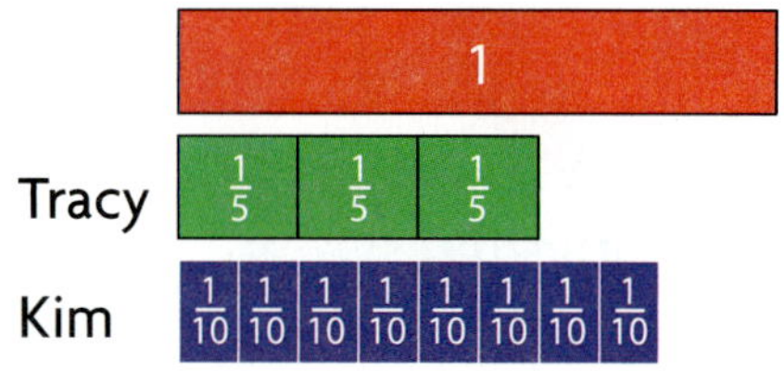

2. **¿Qué pasaría si** Cara también jugara y derribara $\frac{9}{10}$ de los bolos? ¿Quién hubiera tirado la mayoría de los bolos?

3. Lewis hizo una vela de cera en el carnaval. Hizo $\frac{2}{8}$ de vela de color azul, $\frac{1}{2}$ de vela de color verde y $\frac{1}{4}$ de vela de color amarillo, ¿Cuál fue el color que más usó?

Resolución de problemas • Práctica de estrategias

Haz un modelo para resolver.

4. Ángela, Heidi y Lynn compartieron una bolsa de palomitas de maíz. Ángela comió $\frac{1}{3}$, Heidi comió $\frac{3}{8}$ y Lynn comió $\frac{3}{12}$. ¿Quién comió más palomitas de maíz?

5. En el juego Subir la escalera en el carnaval, los jugadores suben por una escalera de cuerda y tocan una campana. Kyle subió $\frac{6}{10}$ de la escalera. Jesse subió $\frac{5}{6}$ de la escalera. ¿Quién se acercó más a la parte superior de la escalera?

6. ESCRIBE Lucy, Jaime y Meg fueron a nadar. Lucy nadó $\frac{2}{3}$ de la vuelta. Jaime nadó $\frac{6}{8}$ de la vuelta. Meg nadó $\frac{3}{6}$ de la vuelta. ¿Quién nadó más lejos? **Explica** cómo lo sabes.

Práctica de estrategias mixtas

7. Rick y Jerry lanzaron el mismo número de bolsas de frijoles para sumergir al payaso en el tanque de agua. De los lanzamientos, $\frac{1}{3}$ de los de Rick y $\frac{1}{4}$ de los de Jerry sumergieron al payaso. ¿Quién sumergió más veces al payaso?

8. La Feria del condado de Los Angeles es la feria de condados más grande de Norteamérica. Si los boletos para niños cuestan $\$10$ los fines de semana y $\$6$ entre semana, ¿cuánto cuestan tres boletos de fin de semana y 3 boletos entre semana?

ELIGE UNA ESTRATEGIA

Hacer un diagrama o dibujo
Hacer un modelo o una dramatización
Hacer una lista organizada
Buscar un patrón
Hacer una tabla o gráfica
Predecir y probar
Trabajar desde el final hasta el principio
Resolver un problema más sencillo
Escribir una ecuación
Usar el razonamiento lógico

USA LOS DATOS Para los ejercicios 9 a 11, usa la tabla.

9. Para el lanzamiento del Frisbee, los jugadores tienen la oportunidad de lanzar un Frisbee a través de una rueda. ¿Cuántos más Frisbees tendría que lanzar Emily a través de la rueda para igualar el total de Patrick y Sue?

10. **Formula un problema** Vuelve a ver el problema 9. Escribe un problema similar comparando jugadores diferentes.

11. **Problema abierto** Haz una gráfica de los resultados del lanzamiento de Frisbee. ¿Cuál es el mejor tipo de gráfica para mostrar los resultados?

12. Gwen, Mike, Portia y Chad están haciendo la fila del lanzamiento de Frisbee. Gwen no es la primera. Chad está enfrente de Mike. Portia es la tercera. ¿En qué orden están haciendo la fila?

Lanzamiento de Frisbee®

Nombre del jugador	Número de Frisbees lanzados a través de la rueda
Lisa	15
Patrick	11
Sue	9
Emily	12

ESFUÉRZATE

El Sr. Weaver es propietario de un puesto en el carnaval, que vende manzanas dulces, manzanas con caramelo y nueces tostadas. Tiene 40 manzanas y 30 bolsas de nueces.

13. De las manzanas del Sr. Weaver, $\frac{1}{2}$ son manzanas con caramelo. Él vendió $\frac{1}{2}$ de sus manzanas con caramelo. Si vende cada manzana a $\$4$, ¿cuánto ganó el Sr. Weaver de la venta de las manzanas con caramelo?

14. De las bolsas de nueces, $\frac{1}{3}$ son bolsas de maní. El resto son frutos secos mezclados. Si el Sr. Weaver vende 3 bolsas de maní, ¿cuántas bolsas de maní le quedarán?

Práctica adicional

Grupo A **Escribe una fracción en números y en palabras para nombrar la parte sombreada.** (págs. 412 a 415)

1. 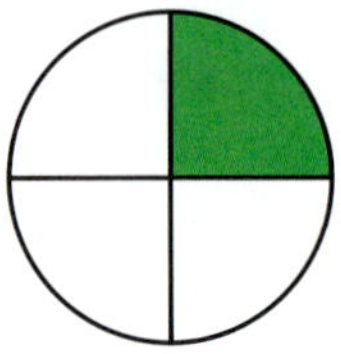

2. 

3. 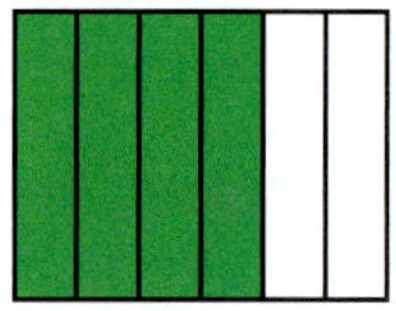

Usa piezas de círculos de fracciones para hacer un modelo de cada uno. Luego escribe la fracción usando los números.

4. siete octavos

5. uno dividido entre dos

6. tres de cinco

Grupo B **Escribe una fracción que nombre la parte roja de cada grupo.** (págs. 416 a 419)

1. 

2. 

Grupo C **Halla una fracción equivalente. Usa barras de fracciones.** (págs. 420 a 423)

1. 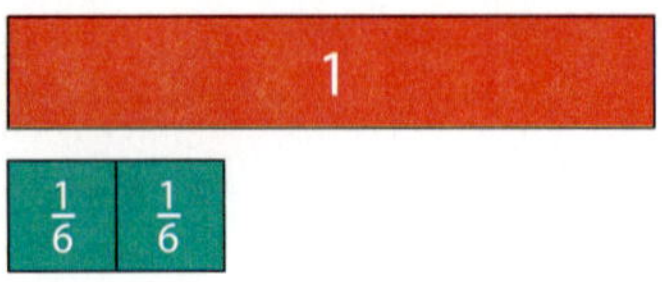

2. 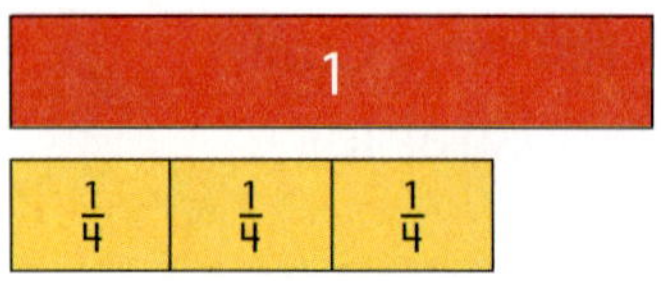

3. 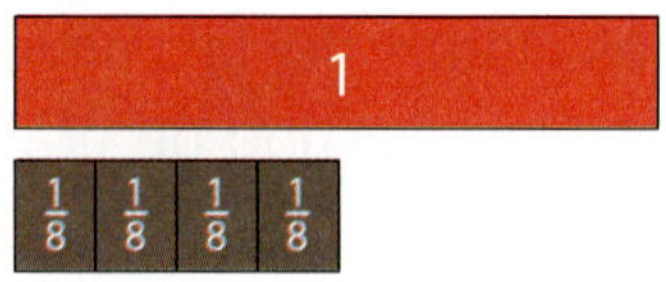

Grupo D **Compara. Escribe <, > o = para cada ●.** (págs. 424 a 427)

1. 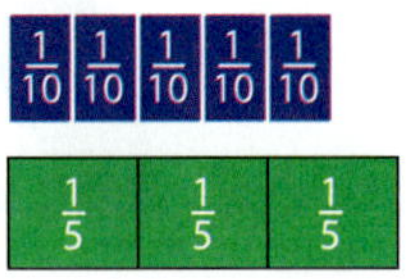

$\frac{5}{10}$ ● $\frac{3}{5}$

2. 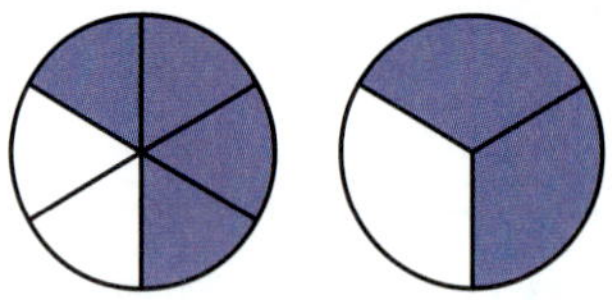

$\frac{4}{6}$ ● $\frac{2}{3}$

3. 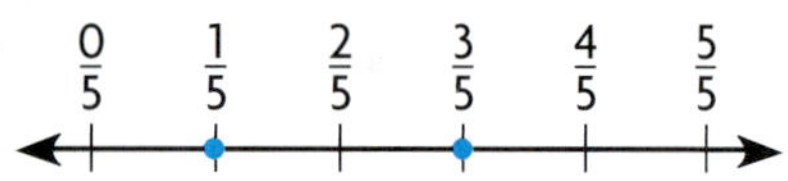

$\frac{3}{5}$ ● $\frac{1}{5}$

4. Soy mayor que $\frac{1}{2}$ y menor que $\frac{3}{4}$. Mi denominador es 3. ¿Qué fracción soy?

5. Soy mayor que $\frac{1}{3}$ y menor que $\frac{3}{5}$. Mi denominador es 4. ¿Qué fracción soy?

CD ROM **Tecnología**
Usa Harcourt Mega Math en español, Acciones con fracciones, *Explosiones con fracciones,* niveles B, C, D, F.

PRÁCTICA CON UN JUEGO

Acción con fracciones

¡Obsérvalo!

2 a 4 jugadores

¡Reúne las piezas!

- Tablero de juego
- Tarjetas de juego
- Cubo numerado
- Una ficha por jugador
- Tarjeta de fracciones y piezas de fracciones por jugador

¡Cúbrelos todos!

- Los jugadores colocan su ficha en cualquier espacio del tablero. Las tarjetas de juego se colocan boca abajo en un montón.
- El jugador 1 lanza el cubo numerado y se mueve ese número de espacios. Luego, toma una tarjeta.
- Si la fracción en la tarjeta es equivalente a la fracción de su lugar en el tablero, el jugador coloca 1 pieza de fracción sobre un círculo de fracción en su tarjeta de fracciones.
- Si la fracción en la tarjeta es mayor, el jugador 1 coloca 2 piezas de fracciones sobre los círculos de fracciones. Si es menor, el jugador 1 no puede cubrir ningún círculo.
- Los jugadores se turnan para lanzar el cubo numerado, moverse, tomar una tarjeta y comparar las fracciones.
- Gana el primer jugador que cubra los 3 círculos de fracciones en su tarjeta de fracciones.

Repaso/Prueba del Capítulo 18

Repasar el vocabulario y los conceptos

VOCABULARIO
denominador
fracciones equivalentes
fracción
numerador

Elige el mejor término del recuadro.

1. El _?_ indica cuántas partes se cuentan. (NS 3.0, pág. 412)
2. Dos o más fracciones que representan la misma cantidad se llaman _?_. (NS 3.1, pág. 420)
3. El _?_ indica cuántas partes iguales hay en el entero. (NS 3.0, pág. 412)

Repasar las destrezas

Escribe una fracción en números y en palabras para nombrar la parte azul. (NS 3.0, págs. 412 a 415, 416 a 419)

4. 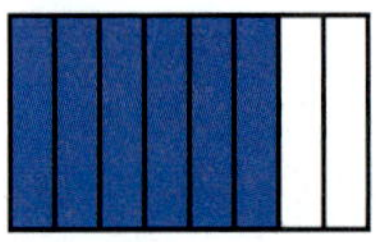

5. 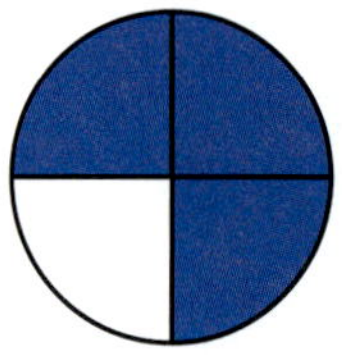

6. 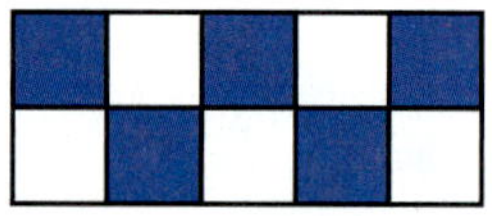

7. 

8. 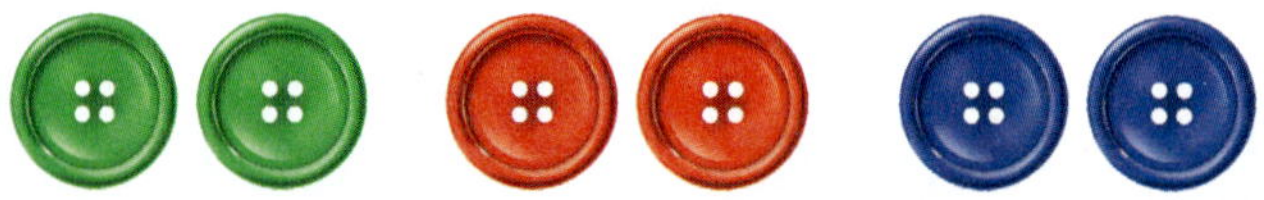

Halla el numerador que falta. Usa barras de fracciones. (NS 3.1, págs. 420 a 423)

9. $\frac{2}{8} = \frac{■}{4}$ **10.** $\frac{4}{10} = \frac{■}{5}$ **11.** $\frac{10}{12} = \frac{■}{6}$ **12.** $\frac{1}{3} = \frac{■}{9}$

Compara. Escribe <, > o = para cada ●. (NS 3.1, págs. 424 a 427)

13. $\frac{1}{2}$ ● $\frac{3}{4}$ **14.** $\frac{2}{3}$ ● $\frac{4}{5}$ **15.** $\frac{6}{10}$ ● $\frac{3}{5}$ **16.** $\frac{6}{8}$ ● $\frac{6}{12}$

Repasar la resolución de problemas

Resuelve. (NS 3.1, MR 1.1, págs. 428 a 431)

17. Colby, Fred y Jim corrieron durante seis minutos. Colby corrió $\frac{4}{6}$ de milla, Fred corrió $\frac{8}{10}$ de milla y Jim corrió $\frac{8}{12}$ de milla. ¿Quién corrió más lejos?

18. ESCRIBE Amy comió $\frac{3}{8}$ de una pizza y Sue comió $\frac{2}{4}$ de la pizza. ¿Quién comió más pizza? **Explica** cómo lo sabes.

Enriquecimiento • Patrones de fracciones

Aritmética Fraccionaria

El patrón 5, 10, 15, 20, . . . se crea sumando 5. El patrón 24, 21, 18, 15, se crea restando 3. Los patrones también se pueden crear sumando o restando fracciones repetidamente.

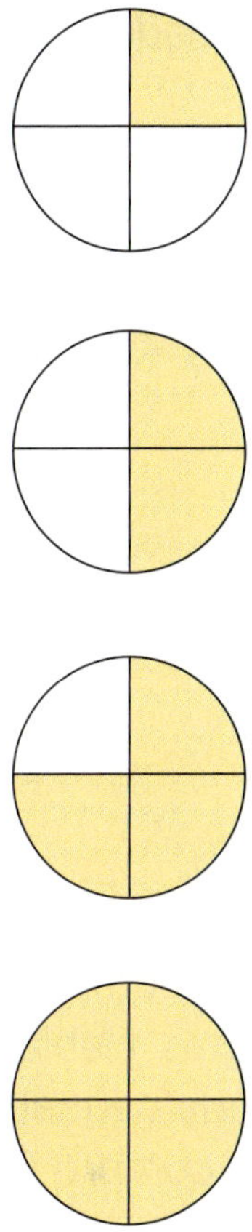

$\frac{1}{4}$

$\frac{2}{4}$

$\frac{3}{4}$

$\frac{4}{4}$ o 1

Ejemplo

Halla el número que falta en $7\frac{1}{3}$, ____, 8, $8\frac{1}{3}$.

Paso 1	Usa dos números que estén uno al lado del otro en el patrón. Halla la fracción que se suma a 8 para obtener $8\frac{1}{3}$. $8 + \frac{1}{3} = 8\frac{1}{3}$, por lo tanto, $\frac{1}{3}$ es la fracción que se suma a 8.
Paso 2	Suma la misma fracción al número que está antes del número que falta. $7\frac{1}{3} + \frac{1}{3} = 7\frac{2}{3}$.
Paso 3	Comprueba el patrón. Comienza con el primer número y suma $\frac{1}{3}$ a los números. $7\frac{1}{3} + \frac{1}{3} = 7\frac{2}{3}$; $7\frac{2}{3} + \frac{1}{3} = 7\frac{3}{3}$ u 8; $8 + \frac{1}{3} = 8\frac{1}{3}$ El patrón de sumar $\frac{1}{3}$ es correcto. Por lo tanto, $7\frac{2}{3}$ es el número que falta.

Inténtalo

Halla la fracción o el número entero que falta en cada patrón.

1. 2, $2\frac{1}{2}$, ____, $3\frac{1}{2}$

2. $\frac{2}{8}$, $\frac{4}{8}$, $\frac{6}{8}$, ____

3. $1\frac{2}{3}$, ____, 1, $\frac{2}{3}$

4. 1, $\frac{11}{12}$, ____, $\frac{9}{12}$

5. $\frac{1}{10}$, ____, $\frac{5}{10}$, $\frac{7}{10}$

6. $1\frac{2}{6}$, $1\frac{4}{6}$, 2, ____

7. $3\frac{7}{9}$, 4, $4\frac{2}{9}$, ____

8. ____, $4\frac{1}{3}$, $4\frac{2}{3}$, 5

Sigue intentando

ESCRIBE ¿Qué fracción falta en el patrón 7, $6\frac{8}{11}$, ____, $6\frac{2}{11}$? **Explica** cómo lo sabes.

Comprensión de los Estándares
Capítulos 1 a 18

Percepción numérica

1. ¿Qué fracción nombra la parte sombreada? (NS 3.0)

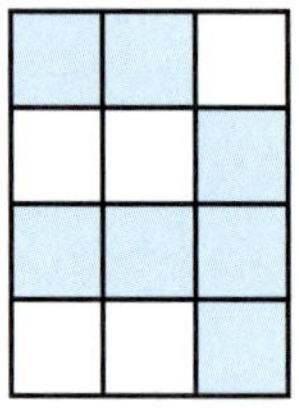

A $\frac{1}{7}$

B $\frac{5}{12}$

C $\frac{7}{12}$

D $\frac{7}{10}$

2. Charlie compró 6 paquetes de blocs de notas. Había 10 blocs de notas en cada paquete. ¿Cuántos blocs de notas compró Charlie? (O‑π NS 2.2)

A 4

B 16

C 54

D 60

3. ESCRIBE ¿Cuál es mayor, $\frac{5}{6}$ o $\frac{2}{3}$? **Explica** tu respuesta. (NS 3.1)

Álgebra y funciones

4. ¿Cuál enunciado numérico está en la misma familia de operaciones de $27 \div 9 = 3$? (O‑π AF 1.1)

A $27 \div 3 = 9$

B $3 \times 8 = 24$

C $3 \times 3 = 9$

D $9 \div 3 = 3$

Pista

Comprueba tu trabajo.

Lee el problema 5. Para comprobar tu trabajo, coloca tu respuesta en la tabla. Después asegúrate de que tu número continúe el patrón de la tabla.

5. ¿Qué número completa la tabla de abajo? (O‑π AF 2.1)

Carros	5	6	7	8	9
Ruedas	20	24	28	32	■

A 40

B 38

C 36

D 34

6. ESCRIBE Martina tenía 92 caracoles. Ella regaló 37 caracoles. ¿Cuántos caracoles le quedan a Martina? Escribe una ecuación para resolver. **Explica** cómo supiste qué operación usar. (O‑π AF 1.1)

Medición y geometría

7. El portarretratos de María tiene forma de rectángulo. ¿Qué opción DEBE ser verdadera? (Key MG 2.3)

   A Tiene 5 lados.

   B Tiene todos los ángulos rectos.

   C Todos sus lados tienen la misma longitud.

   D Algunos de sus ángulos son menores que los ángulos rectos.

8. ¿Qué figura tiene 6 lados? (Key MG 2.1)

   A pentágono

   B cuadrado

   C octágono

   D hexágono

9. **ESCRIBE** ¿Cuál es el área de esta figura? **Explica** cómo hallaste tu respuesta. (Key MG 1.2)

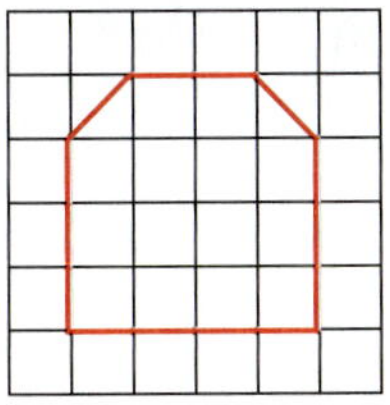

Estadísticas, análisis de datos y probabilidad

10. ¿Cuántos libros más leyó Julie que Stephen? (Grado 2 Key SDAP 1.0)

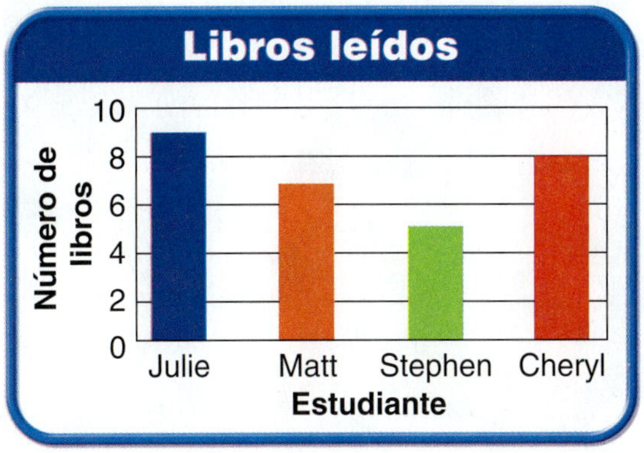

   A 2

   B 3

   C 4

   D 5

11. ¿Cuál es la moda de estos datos? (Grado 2 SDAP 1.3)

   9, 6, 15, 9, 12, 15, 8, 15

   A 6

   B 9

   C 12

   D 15

12. **ESCRIBE** Jennifer hizo una pictografía para mostrar los colores favoritos de sus compañeros de clase. La clave de la gráfica es: Cada  = 6 estudiantes. ¿Cuántos símbolos debería usar ella para mostrar que 12 estudiantes eligieron el rojo como su color favorito. **Explica**. (Grado 2 Key SDAP 1.0)

CAPÍTULO

19 Sumar y restar fracciones semejantes

La idea importante La suma y la resta de fracciones semejantes se pueden resolver usando modelos, recursos visuales y enunciados numéricos.

CALIFORNIA DATO BREVE

California cultiva más fresas cada año que cualquier otro estado. Si se colocaran todas las fresas que se cultivan en California en un año una tras otra, ¡le darían 15 veces la vuelta a la Tierra!

Investiga

Las fresas se pueden usar en diversas recetas. Usa la receta de ensalada de frutas para escribir un problema que se pueda resolver sumando o restando fracciones.

Receta de ensalada de frutas

- $\frac{3}{4}$ de taza de fresas
- $\frac{3}{4}$ de taza de arándanos
- $\frac{2}{4}$ de taza de frambuesas
- 1 taza de melón
- 1 taza de sandía
- $\frac{1}{4}$ de taza de kiwis

Muestra lo que sabes

Comprueba si has aprendido las destrezas importantes que se necesitan para completar exitosamente el Capítulo 19.

▶ Comparar fracciones

Compara. Escribe $<$, $>$ o $=$ para cada ●

1.

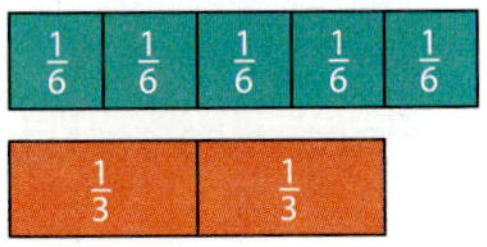

$\frac{5}{6}$ ● $\frac{2}{3}$

2.

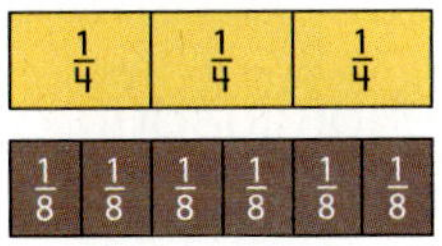

$\frac{3}{4}$ ● $\frac{6}{8}$

3.

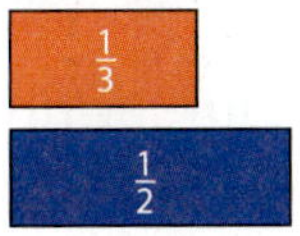

$\frac{1}{3}$ ● $\frac{1}{2}$

4.

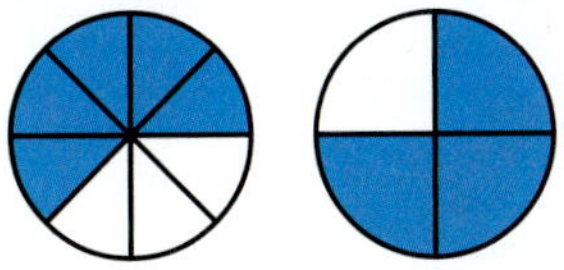

$\frac{5}{8}$ ● $\frac{3}{4}$

5.

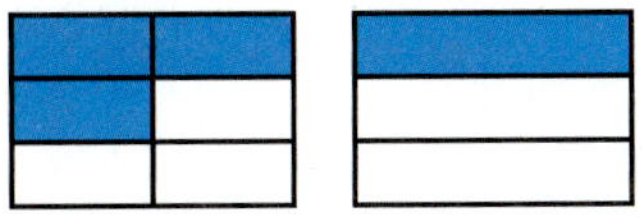

$\frac{3}{6}$ ● $\frac{1}{3}$

6.

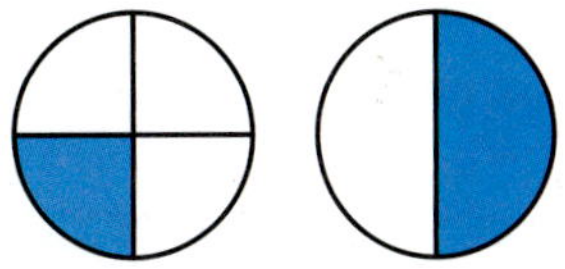

$\frac{1}{4}$ ● $\frac{1}{2}$

▶ Fracciones equivalentes

Halla la fracción equivalente. Usa barras de fracciones.

7.

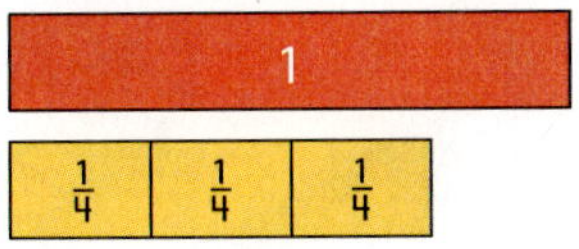

8.

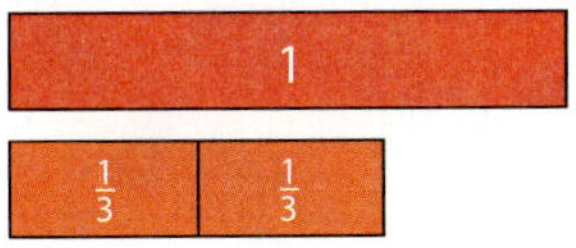

9.

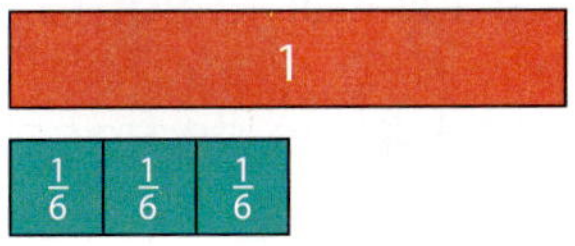

Enriquece tu vocabulario

VOCABULARIO DEL CAPÍTULO

denominador
fracciones equivalentes
fracción
fracciones semejantes
numerador
mínima expresión

PREPARACIÓN

fracción Un número que representa parte de un entero o parte de un grupo

fracciones semejantes Fracciones que tienen el mismo denominador

mínima expresión Cuando se hace un modelo de una fracción usando la barra o las barras de fracciones del mayor tamaño posible

1 Sumar fracciones semejantes

OBJETIVO: Sumar fracciones semejantes usando barras de fracciones.

Repaso rápido

Nombra una fracción equivalente para cada fracción.

1. $\frac{2}{6}$ **2.** $\frac{8}{10}$ **3.** $\frac{3}{4}$ **4.** $\frac{1}{2}$ **5.** $\frac{1}{5}$

Vocabulario

fracciones semejantes

Investigar

Materiales ■ barras de fracciones

Las fracciones que tienen el mismo denominador se llaman **fracciones semejantes**.

Puedes usar barras de fracciones para sumar fracciones semejantes.

Usa barras de fracciones para hallar $\frac{1}{5} + \frac{3}{5}$.

A Muestra la barra de 1. Alinea una barra de fracciones de $\frac{1}{5}$ debajo de la barra de 1.

B Coloca 3 barras de fracciones más de $\frac{1}{5}$ junto a la barra de $\frac{1}{5}$ que ya está ahí.

C Cuenta el número de barras de fracciones de $\frac{1}{5}$ para hallar la suma. Registra tu respuesta.

D Usa barras de fracciones para hallar $\frac{4}{12} + \frac{6}{12}$.

A

B

Sacar conclusiones

1. Explica cómo hallaste las sumas para C y D.
2. En tu modelo para C, compara la barra de fracciones de $\frac{1}{5}$ con la barra de 1 entero. ¿Cuántas barras de fracciones más de $\frac{1}{5}$ necesitarías para igualar una barra de fracción de 1 entero? ¿Cómo lo sabes?
3. **Análisis** Observa los denominadores de los sumandos y las sumas. ¿Qué le sucede al denominador cuando sumas fracciones semejantes?

NS 3.1 Comparar fracciones representadas por dibujos o materiales concretos para mostrar equivalencia y para sumar y restar fracciones simples en el contexto (ej. $\frac{1}{2}$ de una pizza es la misma cantidad que $\frac{2}{4}$ de otra pizza del mismo tamaño; mostrar que $\frac{3}{8}$ es mayor que $\frac{1}{4}$). *también* **NS 3.2, MR 1.1, MR 2.0, MR 2.3, MR 2.4, MR 3.2**

Relacionar

Puedes sumar fracciones semejantes sumando los numeradores.

Julie cortó una barra pequeña de pan en 8 rebanadas. Ella usó 2 rebanadas o $\frac{2}{8}$ de la barra para hacerse un sándwich. Después usó 3 rebanadas o $\frac{3}{8}$ de la barra para alimentar a los patos. ¿Qué fracción de la barra usó en total?

HAZ UN MODELO

Suma el número de rebanadas de $\frac{1}{8}$ que usó Julie.

$\frac{2}{8} + \frac{3}{8}$

REGISTRA

2 rebanadas + 3 rebanadas = 5 rebanadas

↓ ↓ ↓

$\frac{2}{8} + \frac{3}{8} = \frac{5}{8}$

Por lo tanto, Julie usó $\frac{5}{8}$ de la barra de pan.

COMENTA

Explica cómo sumar dos fracciones semejantes.

Practicar

Usa las barras de fracciones para hallar cada suma.

1. 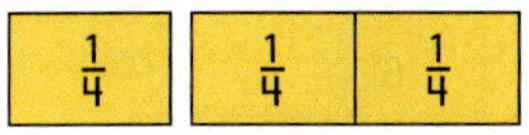

$\frac{1}{4} + \frac{2}{4} = ■$

2. 

$\frac{5}{8} + \frac{1}{8} = ■$

3. 

$\frac{3}{6} + \frac{2}{6} = ■$

Halla cada suma.

4. $\frac{5}{10} + \frac{3}{10} = ■$
5. $\frac{3}{12} + \frac{4}{12} = ■$
6. $\frac{2}{3} + \frac{1}{3} = ■$
7. $\frac{2}{5} + \frac{2}{5} = ■$
8. $\frac{2}{8} + \frac{5}{8} = ■$
9. $\frac{2}{6} + \frac{2}{6} = ■$
10. $\frac{1}{4} + \frac{1}{4} = ■$
11. $\frac{5}{10} + \frac{4}{10} = ■$
12. Rene hizo un collar y una pulsera. Ella usó $\frac{3}{6}$ de yarda de cuerda para el collar y $\frac{1}{6}$ de yarda de cuerda para la pulsera. ¿Cuánta cuerda usó en total?
13. **ESCRIBE** **¿Cuál es el error?** Al halló la suma de dos fracciones. Describe su error. Halla la suma correcta.

$\frac{1}{3} + \frac{1}{3} = \frac{2}{6}$

LECCIÓN 2

Sumar fracciones semejantes

OBJETIVO: Sumar fracciones semejantes y escribir la suma en su mínima expresión.

Repaso rápido

1. $\frac{1}{5} + \frac{1}{5}$
2. $\frac{5}{8} + \frac{2}{8}$
3. $\frac{3}{10} + \frac{4}{10}$
4. $\frac{1}{4} + \frac{2}{4}$
5. $\frac{4}{6} + \frac{1}{6}$

Vocabulario

mínima expresión

Aprende

Cuando sumas fracciones, puedes mostrar el total en su mínima expresión. Una fracción está en su **mínima expresión** cuando está representada usando la barra o las barras de fracciones del mayor tamaño posible.

PROBLEMA Jeb cortó una tarta de calabaza en 6 pedazos iguales. Jeb se comió 2 pedazos. Claire se comió 1 pedazo. ¿Cuánta tarta comieron en total?

Halla $\frac{2}{6} + \frac{1}{6}$ en su mínima expresión.

MANOS A LA OBRA Actividad

Materiales ■ barras de fracciones

Paso 1

Alinea 2 barras de fracciones de $\frac{1}{6}$ debajo de la barra de 1.

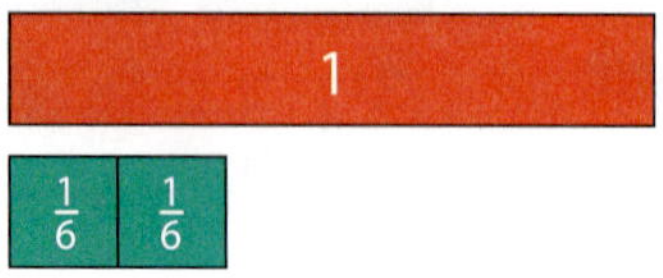

$\frac{2}{6}$

Paso 2

Agrega una barra de fracciones más de $\frac{1}{6}$.

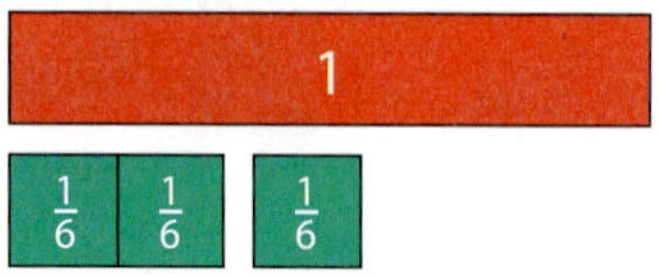

$\frac{2}{6} + \frac{1}{6} = \frac{3}{6}$

Paso 3

Halla la barra de fracciones más larga que sea equivalente a $\frac{3}{6}$.

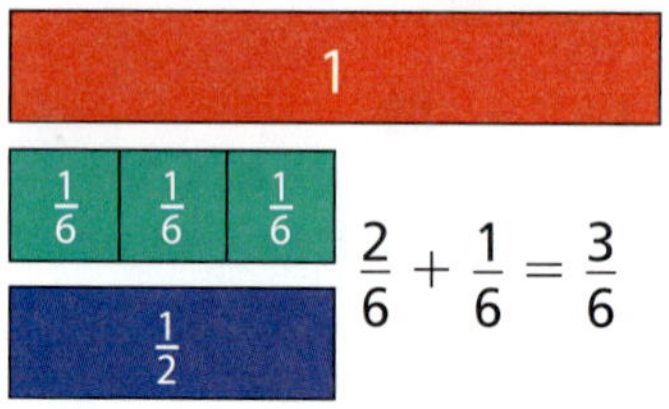

$\frac{2}{6} + \frac{1}{6} = \frac{3}{6}$

$\frac{3}{6}$ en su mínima expresión es $\frac{1}{2}$.

Por lo tanto, Jeb y Claire se comieron $\frac{1}{2}$ de la tarta de calabaza.

Idea matemática
El denominador permanece igual cuando se suman fracciones semejantes.

Práctica con supervisión

1. ¿Cuál es la suma de $\frac{4}{8}$ y $\frac{3}{8}$?
Piensa: $4 + 3 = 7$

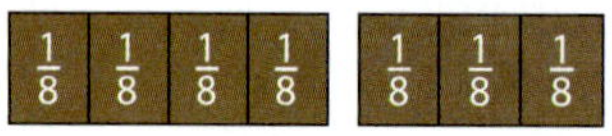

NS 3.2 Sumar y restar fracciones simples (por ej. Determinar que $\frac{1}{8}$ $\frac{3}{8}$ es lo mismo que $\frac{1}{2}$).
también NS 3.1, MR 1.1, MR 2.3, MR 2.4, MR 3.2

Halla cada suma. Escribe la respuesta en su mínima expresión.

2.

$\frac{2}{10} + \frac{4}{10} =$ ■ o ■

3.

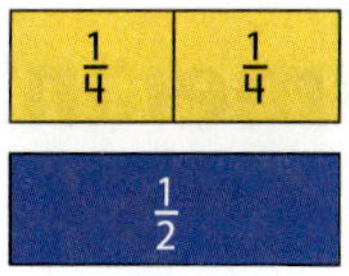

$\frac{1}{4} + \frac{1}{4} =$ ■ o ■

4.

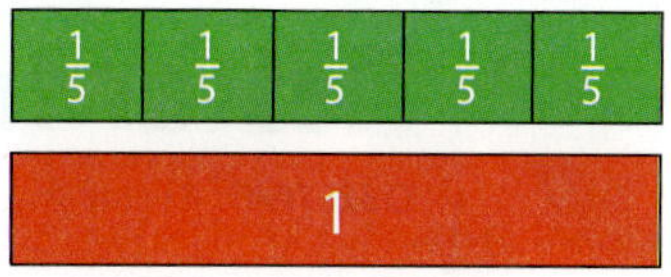

$\frac{3}{5} + \frac{2}{5} =$ ■ o ■

5. COMENTA **Explica** cómo hallar $\frac{5}{12} + \frac{3}{12}$ en su mínima expresión.

Práctica independiente y resolución de problemas

Halla cada suma. Escribe la respuesta en su mínima expresión.

6.

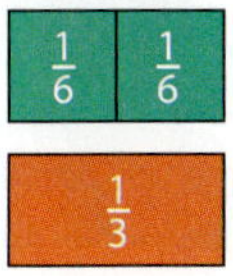

$\frac{1}{6} + \frac{1}{6} =$ ■ o ■

7.

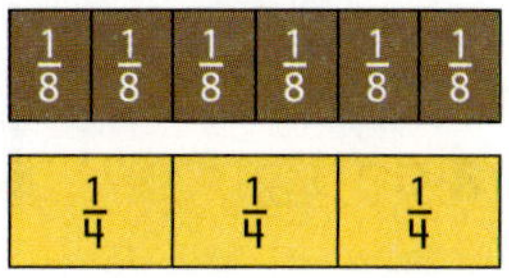

$\frac{4}{8} + \frac{2}{8} =$ ■ o ■

8.

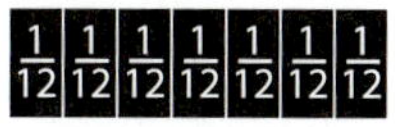

$\frac{3}{12} + \frac{4}{12} =$ ■

9. $\frac{2}{5} + \frac{1}{5} =$ ■

10. $\frac{3}{8} + \frac{2}{8} =$ ■

11. $\frac{1}{3} + \frac{1}{3} =$ ■

12. $\frac{2}{10} + \frac{2}{10} =$ ■

13. La Sra. Sánchez hizo un pastel. Le dio $\frac{2}{8}$ del pastel a cada uno de sus 2 vecinos. ¿Qué fracción del pastel les dio la señora Sánchez a sus vecinos?

14. Julia comió $\frac{2}{10}$ de una pizza. Magie comió $\frac{1}{10}$ y George comió $\frac{3}{10}$. ¿Qué fracción de la pizza comieron en total?

15. Una bolsa contiene $\frac{4}{6}$ de libra de semillas de calabaza. Otra bolsa contiene $\frac{2}{6}$ de libra de semillas de calabaza. ¿Cuál es el peso total de las semillas de calabaza?

16. ESCRIBE **¿Cuál es la pregunta?** Andy horneó 12 panecillos. Seis de estos eran de calabaza, 4 eran de arándanos y 2 eran de banana. La respuesta es $\frac{10}{12}$ o $\frac{5}{6}$.

Comprensión de los Estándares

17. $47 - 26 =$ (NS 2.1, pág. 74)

18. Escribe una fracción que sea equivalente a $\frac{1}{4}$. (NS 3.1, pág. 420)

19. ¿Cuál es el rango de los números? (Grado 2, SDAP 1.3)

2, 5, 7, 8, 8, 9, 11

20. **Preparación para la prueba** Kevin caminó $\frac{1}{6}$ de milla hasta la tienda y luego $\frac{2}{6}$ de milla hasta la casa de Luis. ¿Cuánto caminó Kevin en total?

A $\frac{1}{2}$ milla

B $\frac{3}{12}$ de milla

C $\frac{1}{12}$ de milla

D $\frac{4}{6}$ de milla

Restar fracciones semejantes

OBJETIVO: Restar fracciones semejantes usando barras de fracciones.

Repaso rápido

Halla cada diferencia.

1. 9 − 5
2. 14 − 7
3. 19 − 6
4. 23 − 8
5. 26 − 12

Materiales ■ barras de fracciones

Puedes usar barras de fracciones para restar fracciones semejantes.

Usa barras de fracciones para hallar $\frac{5}{6} - \frac{3}{6}$.

A Muestra la barra de 1. Alinea cinco barras de fracciones de $\frac{1}{6}$ debajo de la barra de 1.

B Quita tres barras de fracciones de $\frac{1}{6}$.

C Cuenta el número de barras de fracciones de $\frac{1}{6}$ que quedan. Registra tu respuesta.

D Usa barras de fracciones para hallar $\frac{6}{8} - \frac{1}{8}$.

Sacar conclusiones

1. Explica cómo hallaste las diferencias de C y D.
2. ¿Cómo usarías la suma de fracciones para comprobar tu respuesta para C?
3. **Análisis** ¿Qué le sucede al denominador cuando restas fracciones semejantes?

NS 3.1 Comparar fracciones representadas mediante dibujos u objetos para mostrar equivalencia y para sumar y restar fracciones simples en contexto (por ej., $\frac{1}{2}$ de una pizza es la misma cantidad que $\frac{2}{4}$ de otra pizza del mismo tamaño; mostrar que $\frac{3}{8}$ es mayor que $\frac{1}{4}$). *también* **NS 3.2, MR 1.1, MR 2.0, MR 2.3, MR 2.4, MR 3.2**

Relacionar

Puedes restar fracciones semejantes restando los numeradores.

A Molly le quedaban $\frac{7}{10}$ de un sándwich para compartir con sus amigos. Sus amigos comieron $\frac{4}{10}$ del sándwich. ¿Qué fracción del sándwich queda?

HAZ UN MODELO

Resta el número de pedazos de $\frac{1}{10}$ que comieron los amigos de Molly.

$\frac{7}{10} - \frac{4}{10}$

REGISTRA

7 partes − 4 partes = 3 partes

↓ ↓ ↓

$\frac{7}{10} - \frac{4}{10} = \frac{3}{10}$

Por lo tanto, quedan $\frac{3}{10}$ del sándwich.

COMENTA

Explica por qué el denominador no cambia cuando hallas $\frac{7}{10} - \frac{4}{10}$.

Practicar

Usa barras de fracciones para hallar cada diferencia.

1.

$\frac{1}{4}$	$\frac{1}{4}$	$\frac{1}{4}$

$\frac{3}{4} - \frac{2}{4} = ■$

2.

$\frac{1}{12}$	$\frac{1}{12}$	$\frac{1}{12}$	$\frac{1}{12}$	$\frac{1}{12}$	$\frac{1}{12}$	$\frac{1}{12}$	$\frac{1}{12}$	$\frac{1}{12}$

$\frac{9}{12} - \frac{5}{12} = ■$

3.

$\frac{1}{8}$	$\frac{1}{8}$	$\frac{1}{8}$	$\frac{1}{8}$	$\frac{1}{8}$	$\frac{1}{8}$	$\frac{1}{8}$

$\frac{7}{8} - \frac{2}{8} = ■$

Halla cada diferencia.

4. $\frac{4}{6} - \frac{1}{6} = ■$ **5.** $\frac{8}{10} - \frac{3}{10} = ■$ **6.** $\frac{4}{5} - \frac{2}{5} = ■$ **7.** $\frac{10}{12} - \frac{5}{12} = ■$

8. $\frac{5}{8} - \frac{4}{8} = ■$ **9.** $\frac{2}{3} - \frac{1}{3} = ■$ **10.** $\frac{9}{10} - \frac{5}{10} = ■$ **11.** $\frac{5}{6} - \frac{2}{6} = ■$

12. **Razonamiento** Un frasco tiene $\frac{3}{4}$ de taza de maníes adentro. Jill y Brad comieron cada uno $\frac{1}{4}$ de taza de maníes. ¿Cuánto queda?

13. **ESCRIBE** **Explica** cómo restarías $\frac{3}{8}$ de $\frac{6}{8}$. Registra la diferencia.

CD ROM **Tecnología**
Usa Harcourt Mega Math en español, Acciones con fracciones, *Explosiones con fracciones*, nivel H.

LECCIÓN 4

Restar fracciones semejantes

OBJETIVO: Restar fracciones semejantes y escribir la diferencia en su mínima expresión.

Repaso rápido

Halla cada suma. Escribe la respuesta en su mínima expresión.

1. $\frac{1}{4} + \frac{1}{4}$ **2.** $\frac{3}{10} + \frac{5}{10}$

3. $\frac{2}{6} + \frac{3}{6}$ **4.** $\frac{6}{12} + \frac{1}{12}$

5. $\frac{3}{8} + \frac{3}{8}$

Aprende

PROBLEMA Marta y Lucy compartieron 8 galletas. Martá comió 4 galletas o $\frac{4}{8}$ de estas. Lucy comió 2 galletas o $\frac{2}{8}$ de estas. ¿Qué fracción muestra cuántas más galletas comió Marta que Lucy?

Halla $\frac{4}{8} - \frac{2}{8}$ en su mínima expresión.

Número total de galletas

Galletas de Marta

Galletas de Lucy

Actividad **Materiales** ■ barras de fracciones

Paso 1

Alinea las barras de fracciones para $\frac{4}{8}$ y $\frac{2}{8}$ bajo la barra para el 1.

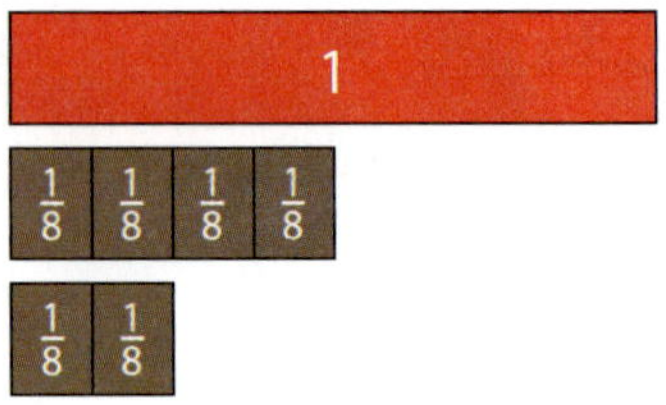

Paso 2

Compara las barras para hallar la diferencia.

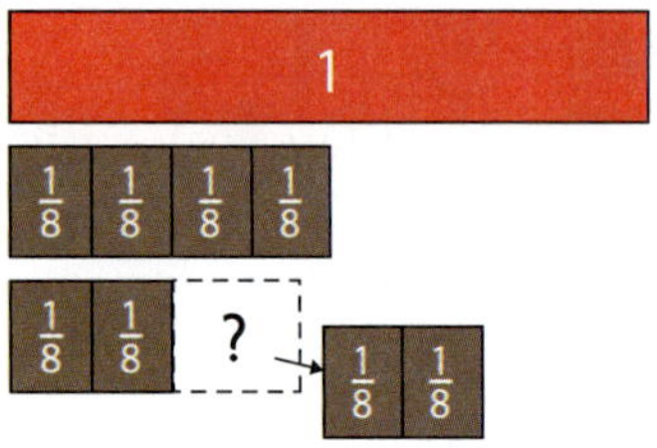

La diferencia es $\frac{2}{8}$.

Paso 3

Halla la mayor barra de fracciones equivalente a $\frac{2}{8}$.

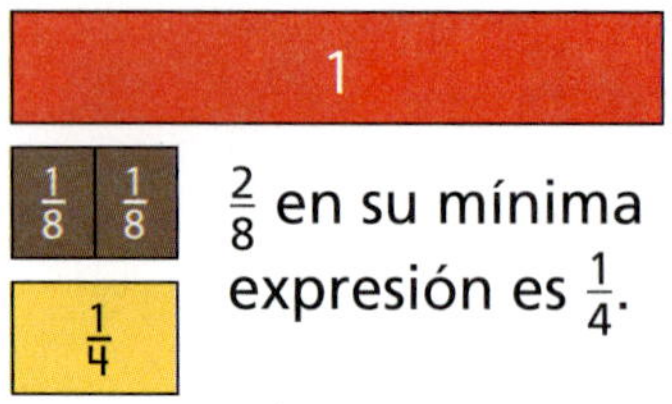

$\frac{2}{8}$ en su mínima expresión es $\frac{1}{4}$.

$\frac{4}{8} - \frac{2}{8} = \frac{2}{8}$ o $\frac{1}{4}$

Por lo tanto, Marta comió $\frac{1}{4}$ más de galletas que Lucy.

- ¿Qué fracción de las galletas comieron Marta y Lucy en total?

Práctica con supervisión

1. ¿Cuál es la diferencia? $\frac{3}{4} - \frac{1}{4} = $ ■
Piensa: $3 - 1 = 2$

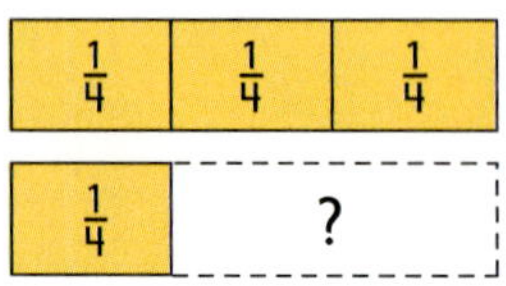

NS 3.2 Sumar y restar fracciones simples (por ej., determinar que $\frac{1}{8} + \frac{3}{8}$ es lo mismo que $\frac{1}{2}$).
también **NS 3.1, MR 1.1, MR 2.3, MR 2.4, MR 3.2**

Compara. Halla cada diferencia. Escribe la respuesta en su mínima expresión.

2. 

$\frac{9}{10} - \frac{5}{10} = ■$

3. 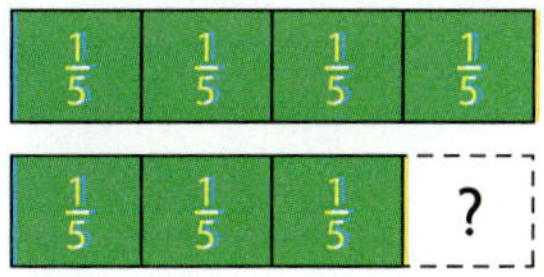

$\frac{4}{5} - \frac{3}{5} = ■$

4. 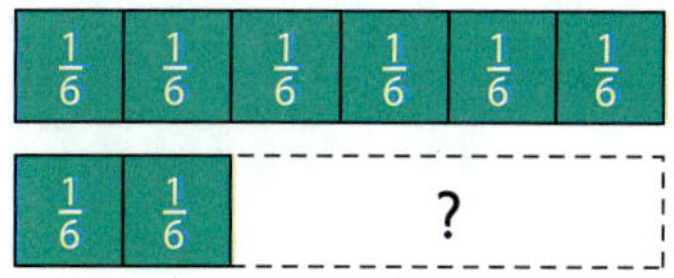

$\frac{6}{6} - \frac{2}{6} = ■$

5. **COMENTA** **Explica** cómo usar barras de fracciones para hallar $\frac{7}{8} - \frac{3}{8}$.

Práctica independiente y resolución de problemas

Compara. Halla cada diferencia. Escribe la respuesta en su mínima expresión.

6. 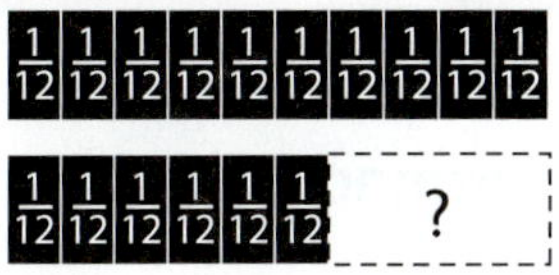

$\frac{10}{12} - \frac{6}{12} = ■$

7. 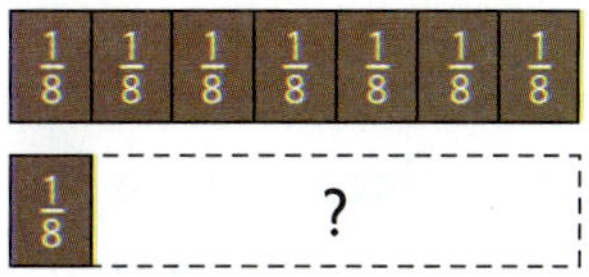

$\frac{7}{8} - \frac{1}{8} = ■$

8. 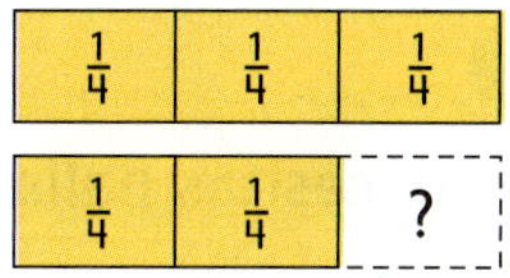

$\frac{3}{4} - \frac{2}{4} = ■$

9. $\frac{8}{10} - \frac{5}{10} = ■$ **10.** $\frac{5}{6} - \frac{2}{6} = ■$ **11.** $\frac{3}{5} - \frac{1}{5} = ■$ **12.** $\frac{6}{12} - \frac{4}{12} = ■$

13. George usó $\frac{5}{8}$ de lata de pintura azul y $\frac{2}{8}$ de lata de pintura blanca. ¿Cuánta más pintura azul usó que blanca?

14. **Formula un problema** Vuelve a leer el problema 13. Escribe un problema similar pero con fracciones diferentes.

15. Lori cortó un pastel en 12 pedazos iguales. Ella compartió 6 pedazos con su familia. ¿Qué fracción del pastel queda?

16. **ESCRIBE** En una bolsa de 9 globos, $\frac{5}{9}$ son azules y $\frac{1}{9}$ son rojos. El resto de los globos son verdes. ¿Qué fracción de los globos son verdes? **Explica**.

Comprensión de los Estándares

17. $\frac{5}{8} + \frac{2}{8} =$ (NS 3.2, pág. 442)

18. ¿Cómo se escribe 4,518 en forma desarrollada? (NS 1.5, pág. 12)

19. $42 \div 6 =$ (NS 2.0, pág. 238)

20. **Preparación para la prueba** ¿Cuál es la diferencia?

$$\frac{6}{12} - \frac{2}{12} = ■$$

A $\frac{1}{4}$ **B** $\frac{1}{3}$ **C** $\frac{2}{3}$ **D** $\frac{8}{12}$

Práctica adicional en la página 450, Grupo B

LECCIÓN 5

Taller de resolución de problemas
Destreza: Demasiada/Muy poca información

OBJETIVO: Resolver problemas usando la destreza *Demasiada/Muy poca información.*

- Lee para entender
- Planea
- Resuelve
- Comprueba

Usa la destreza

PROBLEMA Joe y Milly están leyendo un libro de 100 páginas. Joe leyó $\frac{1}{10}$ del libro el lunes, $\frac{3}{10}$ del libro el martes y $\frac{2}{10}$ del libro el miércoles. Milly ha leído $\frac{7}{10}$ del libro. ¿Qué fracción del libro ha leído Joe?

Un problema en palabras puede tener demasiada, muy poca o la cantidad adecuada de información.

Paso 1

¿Qué necesitas hallar?

La fracción del libro que Joe ha leído.

Paso 2

Haz una lista con la información que necesitas.
Joe leyó $\frac{1}{10}$ del libro el lunes, $\frac{3}{10}$ el martes y $\frac{2}{10}$ el miércoles.

Paso 3

¿Hay información que no necesitas?
El libro tiene 100 páginas. Milly leyó $\frac{7}{10}$ del libro.

Paso 4

Resuelve el problema.
Suma las cantidades que Joe ha leído.

$\frac{1}{10} + \frac{3}{10} + \frac{2}{10} = \frac{6}{10}$ Por lo tanto, Joe ha leído $\frac{6}{10}$ del libro.

Piensa y comenta

Destreza de lectura **Di si hay demasiada o muy poca información. Resuelve si hay suficiente información.**

a. La Sra. Charles cortó un pastel en pedazos de igual tamaño. Les dio 6 pedazos a Mike y sus amigos. ¿Qué fracción del pastel queda?

b. En una carrera de relevos, Tom corrió $\frac{1}{4}$ de milla, Lori corrió $\frac{3}{4}$ de milla y Raúl corrió $\frac{2}{4}$ de milla. ¿Cuánto corrieron Tom y Lori en total?

c. Isaiah compró 8 carros de juguete y 6 libros. Él le dio 3 carros de juguete a su hermano. ¿Qué fracción de los carros de juguete se quedó Isaiah?

MR 1.1 Analizar problemas al identificar relaciones, distinguir entre información relevante e irrelevante, ordenar en secuencia y priorizar información, y observar patrones. *también* **NS 3.2, MR 1.0, MR 2.0, MR 2.3, MR 2.4, MR 3.0, MR 3.1, MR 3.2, MR 3.3**

Resolución de problemas con supervisión

Resuelve.

1. Mary usó cinta roja, verde y azul para decorar una tarjeta. Ella usó $\frac{5}{12}$ de pie de cinta roja y $\frac{3}{12}$ de pie de cinta azul. ¿Cuánta cinta usó en total?
   - **a.** ¿Que necesitas hallar?
   - **b.** ¿Qué información necesitas para resolver el problema?
   - **c.** ¿Hay demasiada información? Si es así, ¿cuál?
   - **d.** ¿Hay muy poca información? Si es así, ¿cuál?
   - **e.** ¿Puedes resolver el problema? Explica.
2. **¿Qué pasaría si** Mary hubiera usado $\frac{2}{12}$ de pie de cinta verde? ¿Cuánta cinta hubiera usado en total?
3. Hay 8 libros en un estante. Tres de los libros son de historias cortas, algunos son libros para colorear y el resto son libros de deportes. ¿Qué fracción de los libros NO es de historias cortas?

Aplicaciones mixtas

4. Algunos niños comieron $\frac{4}{12}$ de una pizza con vegetales, $\frac{9}{12}$ de una pizza con pepperoni y $\frac{11}{12}$ de una pizza con queso. Las 3 pizzas tenían el mismo tamaño. ¿Qué fracción dice cuánta más pizza con queso que pizza con vegetales comieron los niños?
5. ***DATO BREVE*** El puente colgante más largo de Estados Unidos está en New York. Los conductores pagan $\$9$ para cruzarlo en carro y $\$4$ para cruzarlo en motocicleta. ¿Cuál es el costo total de 5 carros y 2 motocicletas?
6. Betty tiene $\$25.00$. Ella compra un libro por $\$5.25$ y un calendario por $\$6.50$. ¿Cuánto dinero tiene ahora?
7. Matt tiene 129 libros y Karly tiene 153 libros. Aproximadamente, ¿cuántos libros tienen en total?
8. Una caja está llena con 5 libros. Cada libro tiene 8 pulgadas de largo y 6 pulgadas de ancho. ¿Cuál es el perímetro de un libro?
9. **ESCRIBE** Luis leyó su libro durante 80 minutos el sábado. ¿Cuántas horas y minutos es eso? **Explica** cómo lo sabes.
10. La Sra. Totten tiene 48 lápices. Ella guarda 12 lápices y reparte el resto en partes iguales entre 9 estudiantes. ¿Cuántos lápices obtuvo cada estudiante?

Práctica adicional

Grupo A Halla cada suma. Escribe la respuesta en su mínima expresión.

(págs. 442 y 443)

1. 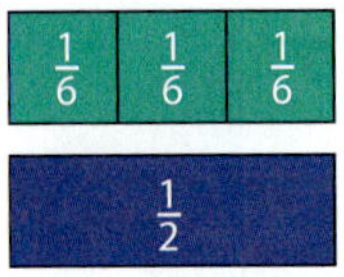

$\frac{2}{6} + \frac{1}{6} = $ ■ o ■

2. 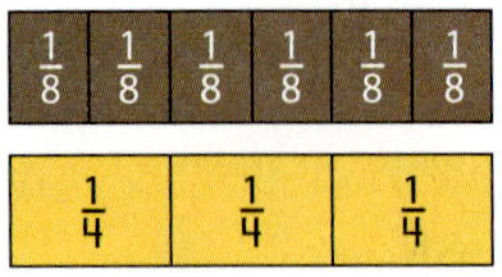

$\frac{3}{8} + \frac{3}{8} = $ ■ o ■

3. 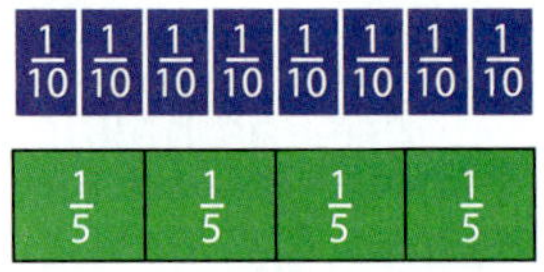

$\frac{6}{10} + \frac{2}{10} = $ ■ o ■

4. $\frac{1}{3} + \frac{1}{3} = $ ■

5. $\frac{3}{12} + \frac{4}{12} = $ ■

6. $\frac{2}{6} + \frac{2}{6} = $ ■

7. $\frac{1}{4} + \frac{2}{4} = $ ■

8. Bonnie pidió una pizza que tenía $\frac{1}{4}$ de salchicha, $\frac{1}{4}$ de queso, $\frac{1}{4}$ de pepperoni y $\frac{1}{4}$ de hongos. ¿Qué fracción de la pizza tiene salchicha u hongos?

9. Un sándwich fue cortado en 12 pedazos iguales. Peter comió $\frac{3}{12}$, Taj comió $\frac{2}{12}$ y Marissa comió $\frac{5}{12}$. ¿Qué fracción del sándwich comieron en total?

Grupo B Compara. Halla cada diferencia. Escribe la respuesta en su mínima expresión.

(págs. 446 y 447)

1. 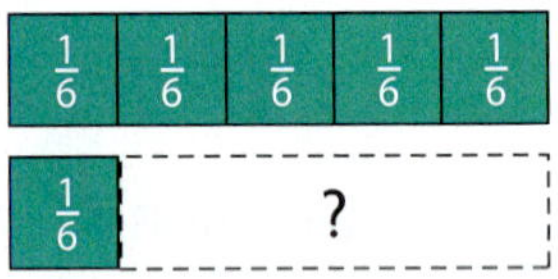

$\frac{5}{6} - \frac{1}{6} = $ ■

2. 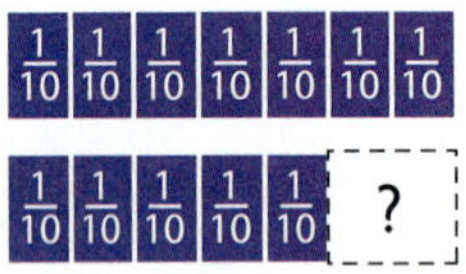

$\frac{7}{10} - \frac{5}{10} = $ ■

3. 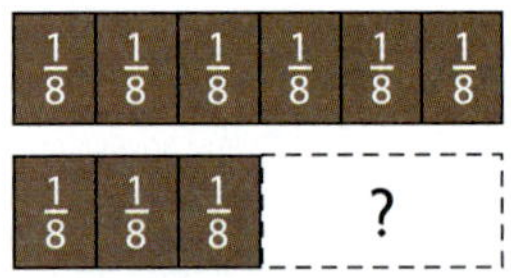

$\frac{6}{8} - \frac{3}{8} = $ ■

4. $\frac{9}{12} - \frac{5}{12} = $ ■

5. $\frac{3}{5} - \frac{2}{5} = $ ■

6. $\frac{7}{9} - \frac{4}{9} = $ ■

7. $\frac{6}{10} - \frac{1}{10} = $ ■

8. $\frac{5}{6} - \frac{4}{6} = $ ■

9. $\frac{4}{8} - \frac{2}{8} = $ ■

10. $\frac{11}{12} - \frac{6}{12} = $ ■

11. $\frac{2}{3} - \frac{1}{3} = $ ■

12. Julian bebió $\frac{6}{8}$ de su botella de agua. Clarence bebió $\frac{5}{8}$ de su botella de agua. ¿Cuánta más agua bebió Julian que Clarence?

13. Lori tiene $\frac{10}{12}$ de un pastel. Ella compartió $\frac{7}{12}$ de este con su familia. ¿Cuánto pastel le queda?

CD ROM **Tecnología**

Usa Harcourt Mega Math en español, Acciones con Fracciones, *Explosiones con fracciones,* niveles G, H.

PRÁCTICA CON UN JUEGO

Operación con fracciones

¡Listos!

2 jugadores

¡Apunten!

- Tablero de juego
- Una ficha por jugador
- Tarjetas de juego
- Barras de fracciones

¡A moverse!

- Cada jugador coloca una ficha en uno de los espacios de SALIDA.
- Los jugadores barajan y reparten las tarjetas en partes iguales entre ellos.
- Cada jugador voltea una de sus tarjetas.
- Cada jugador suma o resta las fracciones en su tarjeta. El jugador con el resultado mayor, avanza 1 espacio. Si las fracciones son equivalentes, ambos jugadores avanzan 1 espacio. Se pueden usar barras de fracciones como ayuda.
- Gana el primer jugador que caiga en la LLEGADA.

Repaso/Prueba del Capítulo 19

Repasar el vocabulario y los conceptos

Elige el mejor término del recuadro.

VOCABULARIO
fracciones semejantes
numerador
mínima expresión

1. Las fracciones que tienen el mismo denominador se conocen como _?_. (NS 3.1, pág. 440)
2. Cuando una fracción usa la mayor barra de fracciones o barras posibles, no está en su _?_. (NS 3.2, pág. 442)

Repasar destrezas

Halla cada suma. Escribe la respuesta en su mínima expresión. (NS 3.2, págs. 442 y 443)

3. $\frac{1}{4} + \frac{1}{4} = ■$ **4.** $\frac{3}{9} + \frac{2}{9} = ■$ **5.** $\frac{1}{5} + \frac{3}{5} = ■$ **6.** $\frac{2}{10} + \frac{6}{10} = ■$

7. $\frac{2}{8} + \frac{5}{8} = ■$ **8.** $\frac{3}{9} + \frac{3}{9} = ■$ **9.** $\frac{7}{12} + \frac{3}{12} = ■$ **10.** $\frac{2}{6} + \frac{1}{6} = ■$

Halla cada diferencia. Escribe la respuesta en su mínima expresión. (NS 3.2, págs. 446 y 447)

11. $\frac{3}{4} - \frac{2}{4} = ■$ **12.** $\frac{4}{6} - \frac{2}{6} = ■$ **13.** $\frac{2}{3} - \frac{1}{3} = ■$ **14.** $\frac{8}{8} - \frac{4}{8} = ■$

15. $\frac{11}{12} - \frac{4}{12} = ■$ **16.** $\frac{8}{9} - \frac{2}{9} = ■$ **17.** $\frac{4}{5} - \frac{1}{5} = ■$ **18.** $\frac{7}{10} - \frac{3}{10} = ■$

Repasar la resolución de problemas

Resuelve. (NS 3.2, MR 1.1, págs. 448 y 449)

19. Becky corta una pizza en 8 rebanadas. Ella comió 1 rebanada, Joe comió 2 rebanadas y Martha comió 1 rebanada. ¿Qué fracción de la pizza queda?

20. Una receta requiere de $\frac{1}{3}$ de taza de azúcar y $\frac{2}{3}$ de taza de harina. Requiere $\frac{3}{4}$ de cucharada de bicarbonato de sodio. ¿Cuánta harina y azúcar requiere en total la receta?

21. ESCRIBE La Srta. Larimore corta un pastel en pedazos iguales. Ella le dio 5 pedazos a Cayden y sus amigos. ¿Qué fracción del pastel queda? **Explica** si puedes resolver el problema.

Enriquecimiento • Adivinanzas con fracciones

EL ADIVINADOR

¿Qué tiene cuatro patas pero no camina?

Busca las respuestas en su mínima expresión de cada pregunta al final de la página. Copia las líneas y las fracciones en tu hoja de papel. Escribe en la línea encima de la respuesta la letra encerrada en un círculo que está al lado del problema.

¿Qué es más pesado, una libra de piedras o una libra de plumas? Ninguna, ambas pesan una libra.

Adivina esto

$\frac{7}{12} - \frac{5}{12}$ Ⓐ

Paso 1	Suma o resta los numeradores. $\frac{7}{12} - \frac{5}{12} = \frac{2}{12}$ El denominador permanece igual.
Paso 2	Simplifica la respuesta. $\frac{2}{12} = \frac{1}{6}$
Paso 3	Coloca la letra en la adivinanza. Coloca la letra A en cada línea que esté encima de $\frac{1}{6}$.

Adivina eso

Suma o resta para hallar la adivinanza.

1. $\frac{1}{5} + \frac{2}{5} = ■$ Ⓔ
2. $\frac{7}{10} - \frac{3}{10} = ■$ Ⓧ
3. $\frac{3}{6} - \frac{1}{6} = ■$ Ⓢ
4. $\frac{4}{8} + \frac{2}{8} = ■$ Ⓢ
5. $\frac{5}{9} + \frac{1}{9} = ■$ Ⓓ
6. $\frac{3}{8} - \frac{1}{8} = ■$ Ⓡ
7. $\frac{11}{12} - \frac{1}{12} = ■$ Ⓝ
8. $\frac{4}{8} + \frac{1}{8} = ■$ Ⓞ
9. $\frac{1}{4} + \frac{1}{4} = ■$ Ⓟ

? ? ? — $\frac{2}{3}$ $\frac{5}{8}$ $\frac{1}{3}$

? A ? ? ? — $\frac{1}{2}$ $\frac{1}{6}$ $\frac{1}{4}$ $\frac{3}{5}$ $\frac{1}{3}$

? ? — $\frac{2}{3}$ $\frac{1}{3}$

? A ? ? ? — $\frac{1}{2}$ $\frac{1}{6}$ $\frac{5}{6}$ $\frac{3}{5}$ $\frac{1}{3}$

Crea una adivinanza

ESCRIBE Escribe tu propia adivinanza usando fracciones. **Explíca**sela a un compañero y pídele que la resuelva.

Comprensión de los Estándares
Capítulos 1 a 19

Percepción numérica

1. John compró 7 aviones de juguete. Cada avión cuesta \$6.50. ¿Cuánto pagó John por los aviones? (NS 3.3)

   A \$6.57

   B \$13.50

   C \$42.50

   D \$45.50

Pista

Eliminar opciones

Lee el problema 2. El primer dígito en 2,097 está en el lugar de los millares y tiene un valor de 2 mil. Puedes eliminar cualquier opción de respuesta que no incluya 2,000 como primer término.

2. Hay 2,097 estudiantes en la escuela Lincoln. ¿Qué opción muestra 2,097 escrito en forma desarrollada? (NS 1.5)

   A $2{,}000 + 900 + 7$

   B $2{,}000 + 900 + 70$

   C $2{,}000 + 90 + 7$

   D $200 + 90 + 7$

3. ESCRIBE ¿Cuánto es $\frac{5}{6} - \frac{2}{6}$ en su mínima expresión? Explica tu respuesta. (NS 3.2)

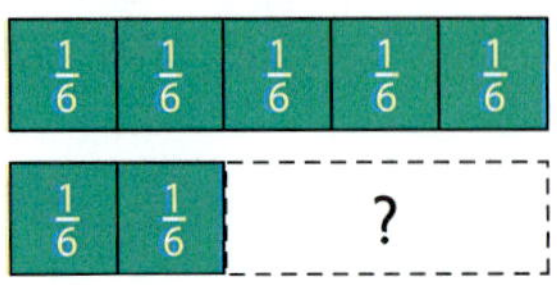

Álgebra y funciones

4. Linda compró 8 paquetes de semillas de vegetales. Ella compró 6 paquetes de semillas de flores. ¿Qué enunciado numérico puede ser usado para hallar el número de paquetes de semillas que Linda compró en total? (AF 1.1)

   A $8 \times 6 = ■$

   B $8 + 6 = ■$

   C $8 \div 6 = ■$

   D $8 - 6 = ■$

5. ¿Qué símbolo hace verdadero a este enunciado numérico? (AF 1.3)

   $$8 \bullet 5 = 40$$

   A $-$

   B $\div$

   C $+$

   D $\times$

6. ESCRIBE ¿Cuánto costarán 9 osos? **Explica** cómo obtuviste la respuesta. (AF 2.1)

Medición y geometría

7. ¿Cuál es el volumen de este cuerpo geométrico? (0━ MG 1.2)

A 8 unidades cúbicas

B 14 unidades cúbicas

C 24 unidades cúbicas

D 26 unidades cúbicas

8. ¿Cuál describe al triángulo? (0━ MG 2.2)

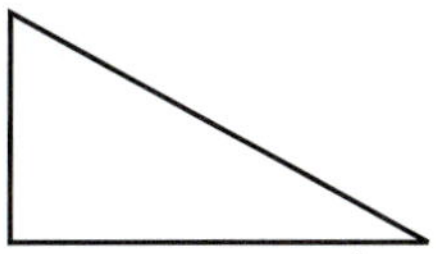

A rectángulo

B acutángulo

C isósceles

D obtusángulo

9. ESCRIBE ¿Qué cuerpo geométrico se muestra? **Explica** cómo lo sabes. (MG 2.5)

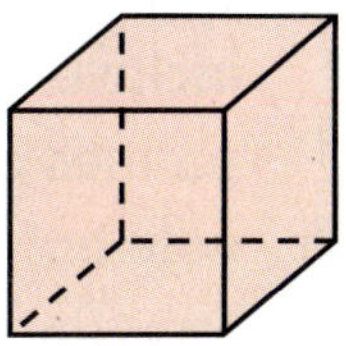

Estadísticas, análisis de datos y probabilidad

10. Danny encuestó a sus compañeros de clase sobre su comida favorita. ¿A cuántos más estudiantes les gusta más la pizza o los spaghetti que los tacos o los perros calientes? (Grado 2 0━ SDAP 1.0)

Comida favorita	
Pizza	𝍸 𝍸
Tacos	|||
Spaghetti	𝍸 |
Perros calientes	𝍸 ||

A 5

B 6

C 7

D 8

11. Una gráfica de barras muestra el número de millas que Alli condujo cada día en sus vacaciones. La barra del miércoles es la barra más alta. ¿Qué es verdadero? (Grado 2 0━ SDAP 1.0)

A Ella condujo la mayor cantidad de millas el miércoles.

B Ella condujo la menor cantidad de millas el miércoles.

C Ella condujo 55 millas el miércoles.

D Ella condujo la misma distancia el miércoles que el lunes.

12. ESCRIBE ¿Cuál es el rango de los datos? **Explica**. (Grado 2 SDAP 1.3)

112, 125, 144, 112, 119, 122

CAPÍTULO

20 Comprender los decimales

La idea importante Los valores posicionales a la derecha del punto decimal en un sistema de base diez nombran números menores que uno.

Investiga

La tabla muestra los 5 mejores corredores de la carrera de 100 metros. Los tiempos de los corredores están en decimales para mostrar 100 partes de un segundo. Elige dos de los corredores. Escribe cada uno de sus tiempos en palabras.

Olimpíadas especiales Carrera de 100 metros

Atleta	Tiempo en segundos
Rachel	17.24
Tim	17.37
Kayla	17.58
Caleb	18.84
Thomas	19.02

CALIFORNIA DATO BREVE

Los atletas de las Olimpíadas especiales de California compiten en más de 20 deportes, incluyendo gimnasia, patines con ruedas y voleibol.

Muestra lo que sabes

Comprueba si has aprendido las destrezas importantes que se necesitan para completar exitosamente el Capítulo 20.

Nombrar la fracción

Escribe una fracción para la parte sombreada.

1. 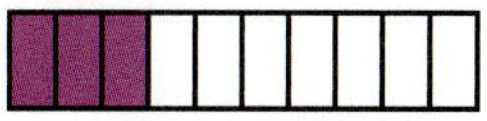

2. 

3. 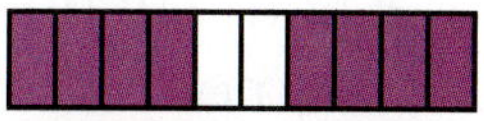

4. 

5. 

6. 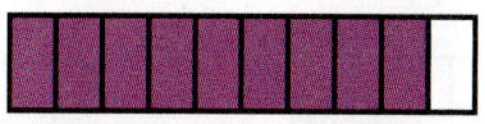

7. 

8. 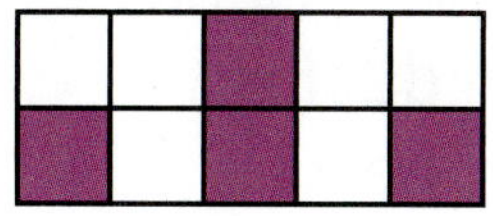

9. 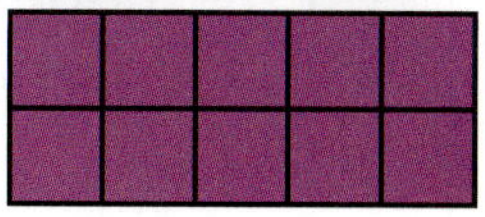

Nombrar la parte sombreada

Escribe una fracción para la parte sombreada.

10. 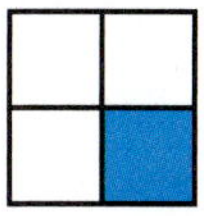

11. 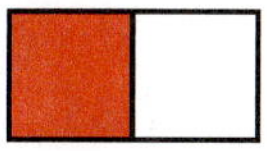

12. 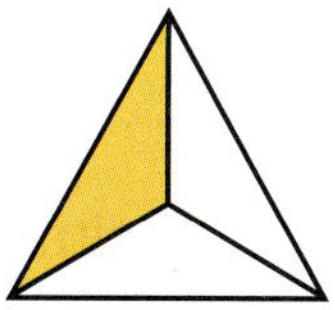

13. 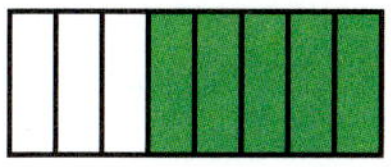

14. 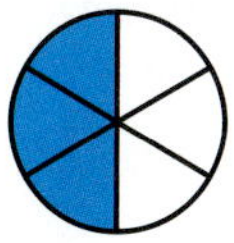

15. 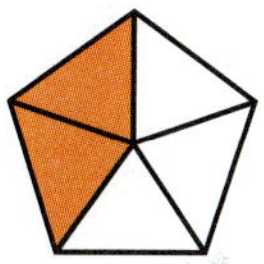

Enriquece tu vocabulario

VOCABULARIO DEL CAPÍTULO

decimal
centésima
décima

PREPARACIÓN

decimal Un número con uno o más dígitos a la derecha del punto decimal

décimo Uno de diez partes iguales

centésimo Uno de cien partes iguales

LECCIÓN 1

Representar décimas

OBJETIVO: Representar y escribir fracciones y decimales en décimas.

Repaso rápido

Escribe cada fracción en palabras.

1. $\frac{2}{5}$ **2.** $\frac{1}{2}$ **3.** $\frac{3}{4}$

4. $\frac{5}{8}$ **5.** $\frac{7}{10}$

Vocabulario

decimal

décimo

Aprende

Un **decimal** es un número con uno o más dígitos a la derecha del punto decimal. Un decimal usa el valor posicional para mostrar valores menores que uno, como las décimas.

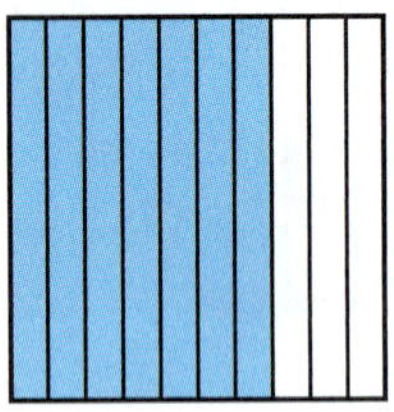

Este modelo tiene 10 partes iguales.
Cada parte igual es un **décimo**.
Siete partes están sombreadas.

Fracción

Escribe: $\frac{7}{10}$

Lee: siete décimos

Decimal

Escribe: 0.7 ← punto decimal

Lee: siete décimas

La fracción $\frac{7}{10}$ y el decimal 0.7 nombran la misma cantidad.

Puedes usar un modelo decimal para mostrar una parte de un entero.

Idea matemática

Un decimal es otra manera de escribir una fracción.

MANOS A LA OBRA

Actividad

Materiales ■ modelo decimal

Usa un modelo decimal para representar 0.3 o $\frac{3}{10}$.

Paso 1

Sombrea el modelo decimal para mostrar tres décimos.

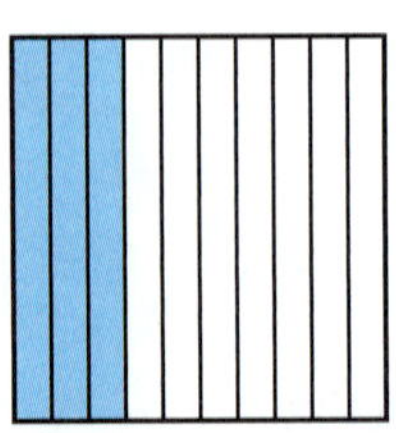

Paso 2

Escribe la fracción y el decimal para la cantidad del modelo que sombreaste.

Fracción: $\frac{3}{10}$

Decimal: 0.3

- **¿Qué pasaría si** sombrearas el modelo para representar 0.6? ¿Cuántas partes estarían sombreadas?

NS 3.4 Saber y comprender que las fracciones y los decimales son dos representaciones diferentes del mismo concepto (por ej., 50 centavos es $\frac{1}{2}$ de un dólar, 75 centavos es $\frac{3}{4}$ de un dólar). *también* **MR 2.3, MR 2.4, MR 3.2**

Ejemplo

Hay 10 cojines.
Cinco de los cojines son rojos.

¿Qué parte del grupo de cojines es rojo?

Fracción	**Decimal**
Escribe: $\frac{5}{10}$	**Escribe:** 0.5 (↑ punto decimal)
Lee: cinco décimos	**Lee:** cinco décimas

Por lo tanto, $\frac{5}{10}$ o 0.5 de los cojines son rojos.

Puedes mostrar décimos de diferentes maneras.

Usa un modelo.

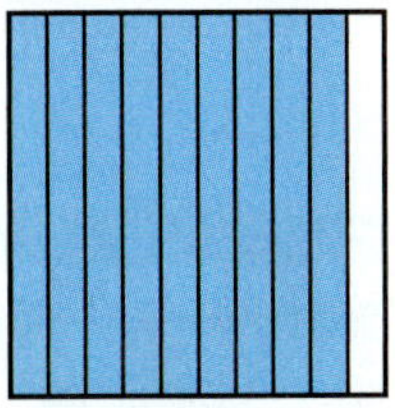

Usa una fracción

$\frac{9}{10}$

Usa una tabla de valor posicional.

UNIDADES	.	DÉCIMAS
0	.	9

Escribe: 0.9

Lee: nueve décimas

Práctica con supervisión

1. ¿Qué fracción del cuadrado está coloreada?
Piensa: ¿Cuántos décimos están coloreados?

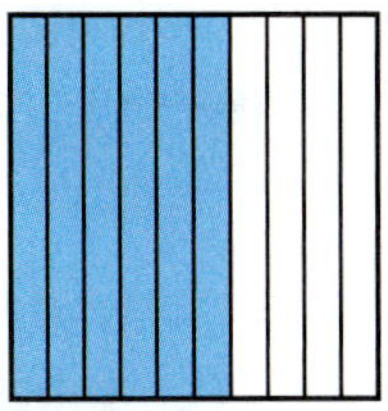

Escribe la fracción y el decimal de la parte coloreada.

2.

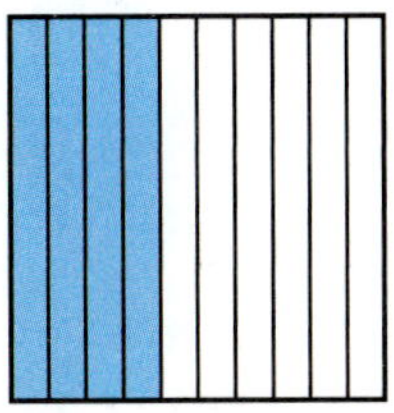

3.

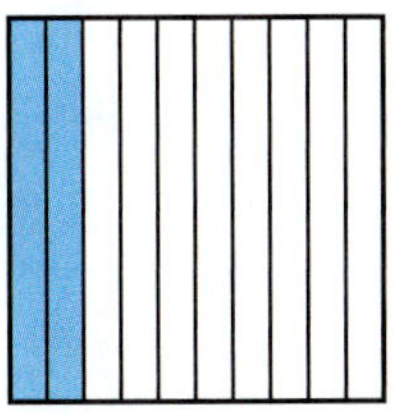

✓**4.**

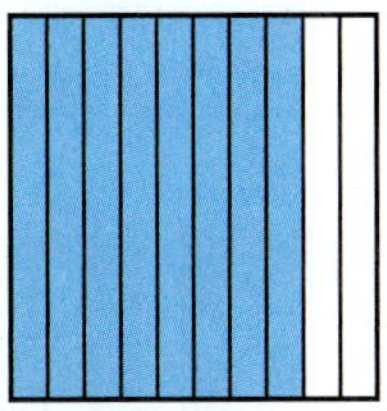

✓**5.**

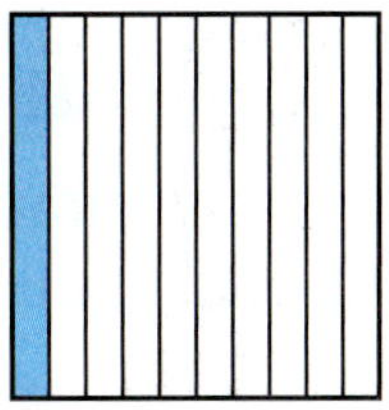

6. COMENTA **Explica** cómo se relacionan las fracciones y los decimales.

Práctica independiente y resolución de problemas

Escribe la fracción y el decimal que corresponde a la parte sombreada.

7. 

8. 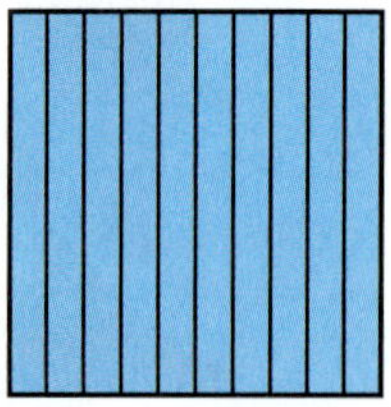

9. 

10. 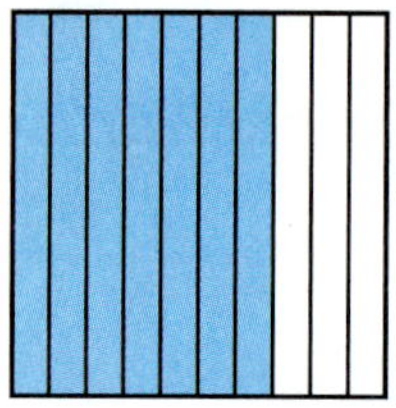

Escribe cada fracción como decimal.

11. $\frac{9}{10}$ **12.** $\frac{2}{10}$ **13.** $\frac{8}{10}$ **14.** $\frac{6}{10}$ **15.** $\frac{5}{10}$

Escribe cada decimal como fracción.

16.

UNIDADES	.	DÉCIMAS
0	.	4

17.

UNIDADES	.	DÉCIMAS
0	.	7

18.

UNIDADES	.	DÉCIMAS
0	.	1

19. 0.5 **20.** 0.2 **21.** 0.9 **22.** 0.3 **23.** 0.8

USA LOS DATOS **Para los ejercicios 24 a 26, usa la pictografía.**

24. Cada jugador lanzó 10 sacos de frijoles. La pictografía muestra la cantidad de sacos que cada persona metió en la meta. Escribe un decimal que muestre qué parte del grupo de sacos metió Travis en la meta.

25. **Formula un problema** Vuelve a leer el problema 24. Escribe un problema similar cambiando el nombre de la persona que lanzó los sacos de frijoles

26. Escribe un decimal para la parte de lanzamientos de Tina que NO entraron en la meta.

Resultados de lanzamientos de sacos

Nombre	Lanzamientos en la meta
Travis	◇◇◇◇◇
Lee	◇◇◇
Carter	◇◇◇◇◇◇
Trina	◇◇◇◇◇◇◇

Clave: Cada ◇ = **1 saco de frijoles.**

27. ESCRIBE **¿Cuál es la pregunta?** Lisa lanzó 10 sacos de frijoles y metió 4 en la meta. La respuesta es 0.6.

Comprensión de los Estándares

28. Escribe una fracción que nombre la parte sombreada. (NS 3.0, pág. 412)

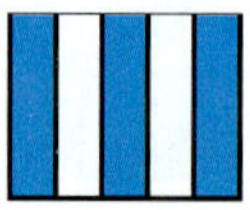

29. Si $6 \times 9 = 54$, entonces, ¿cuánto es 9×6? (AF 1.5, pág. 178)

30. $7{,}691 - 3{,}852 =$ (NS 2.1, pág. 78)

31. **Preparación para la prueba** ¿Qué opción muestra la fracción para 0.2?

A $\frac{0}{2}$ **B** $\frac{1}{2}$ **C** $\frac{2}{10}$ **D** $\frac{8}{10}$

Boliche

Destreza de lectura **Identificar los detalles**

El boliche es un juego donde los jugadores lanzan una bola para derribar diez bolos. Cada vez que derribas un bolo, ganas un punto.

Un jugador obtiene un *strike* cuando derriba los diez bolos en el primer lanzamiento. Esto se muestra en la tarjeta de puntuación con una X. El jugador que derriba los diez bolos en el segundo lanzamiento obtiene un *spare*. El spare se muestra en la tarjeta de puntuación con una /.

1	2	3	4	5	6	7	8	9	10
X	4 3	7 2	6 /	4 4	X	X	9 0	5 /	0 7

Observa la tarjeta de puntuación de arriba. ¿En qué fracción de los diez turnos el jugador anotó strike? Escribe tu respuesta como una fracción y como un decimal.

Puedes identificar los detalles para ayudarte a responder la pregunta.

Pregunta: ¿En qué fracción de los turnos el jugador anotó strike?

Detalles: Un juego de boliche se divide en 10 turnos. Un strike se muestra en la tarjeta de puntuación con una X.

▲ Un juego de boliche se divide en 10 turnos. En cada turno, el jugador tiene dos oportunidades de derribar los diez bolos.

Resolución de problemas **Identifica los detalles para resolver los problemas.**

1. Resuelve el problema de arriba. Explica tu respuesta.
2. Harvey fue a jugar boliche. En su primer juego, obtuvo dos strikes y tres spares. Escribe un decimal que muestre en qué fracción de los diez turnos Harvey derribó todos los bolos.

LECCIÓN 2

Representar las centésimas

OBJETIVO: Representar y escribir fracciones y decimales en centésimas

Repaso rápido

Escribe cada fracción como un decimal.

1. $\frac{3}{10}$
2. $\frac{1}{10}$
3. $\frac{8}{10}$
4. $\frac{5}{10}$
5. $\frac{7}{10}$

Vocabulario

centésimo

Aprende

Este modelo decimal tiene 100 partes iguales. Cada parte igual es un **centésimo**. En el modelo, 26 partes están sombreadas.

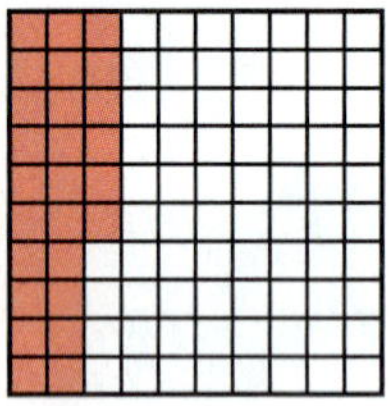

Puedes escribir las partes sombreadas como un decimal o como una fracción.

Escribe: 0.26 o $\frac{26}{100}$

Lee: veintiséis centésimas

MANOS A LA OBRA Actividad

Materiales ■ modelo decimal

Usa un modelo decimal para mostrar 0.08 o $\frac{8}{100}$.

Paso 1

Sombrea el modelo decimal para mostrar ocho centésimos.

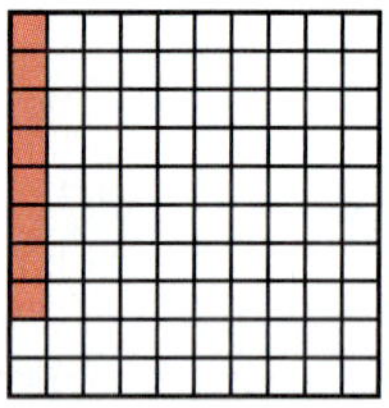

Paso 2

Escribe la fracción y el decimal de la cantidad que sombreaste.

Fracción: $\frac{8}{100}$

Decimal: 0.08

Puedes mostrar las centésimas de diferentes maneras.

Usa un modelo.

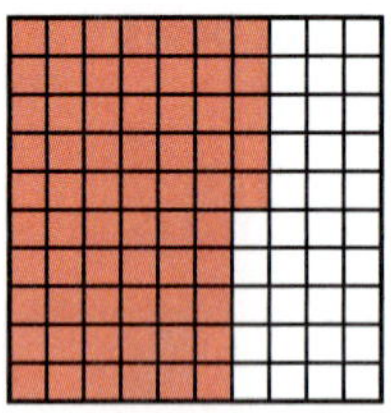

Usa una fracción.

$\frac{65}{100}$

Usa una tabla de valor posicional.

UNIDADES	.	DÉCIMAS	CENTÉSIMAS
0	.	6	5

Escribe: 0.65

Lee: sesenta y cinco centésimas

Forma desarrollada: 0.6 + 0.05

Práctica con supervisión

1. Escribe la fracción y el decimal del modelo.
   Piensa: ¿Cuántos centésimos están sombreados?

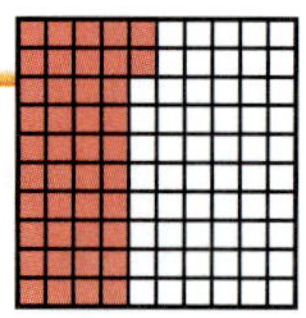

NS 3.4 Saber y comprender que las fracciones y los decimales son dos representaciones diferentes del mismo concepto (por eje., 50 centavos es $\frac{1}{2}$ de un dólar, 75 centavos es $\frac{3}{4}$ de un dólar 135 ÷ 5 = __). *también* **MR 2.3, MR 2.4, MR 3.2**

Usa un modelo decimal que muestre cada cantidad.
Después escribe cada fracción como un decimal.

2. $\frac{16}{100}$ **3.** $\frac{5}{100}$ **4.** $\frac{37}{100}$ **5.** $\frac{60}{100}$ **6.** $\frac{51}{100}$

7. COMENTA **Explica** cómo escribir 0.32 como una fracción.

Práctica independiente y resolución de problemas

Usa un modelo decimal para mostrar cada cantidad.
Luego escribe cada fracción como un decimal

8. $\frac{29}{100}$ **9.** $\frac{10}{100}$ **10.** $\frac{75}{100}$ **11.** $\frac{43}{100}$ **12.** $\frac{82}{100}$

Escribe cada decimal como una fracción.

13.

UNIDADES	.	DÉCIMAS	CENTÉSIMAS
0	.	1	2

14.

UNIDADES	.	DÉCIMAS	CENTÉSIMAS
0	.	5	9

Escribe cada decimal como fracción y en forma desarrollada.

15. 0.34 **16.** 0.18 **17.** 0.90 **18.** 0.03 **19.** 0.66

20. Hay 100 centímetros en 1 metro. Mide el clip en centímetros. Después escribe la longitud como una fracción y como un decimal de un metro.

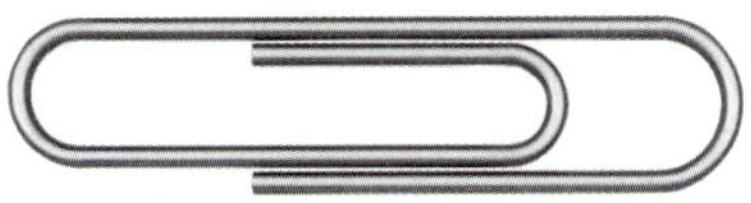

21. Lou encuestó a100 estudiantes. De los 100 estudiantes, 0.38 tenían un perro como mascota. ¿Cuántos estudiantes tienen un perro?

22. ESCRIBE **¿Cuál es el error?** Nikki dice que 0.20 es igual a $\frac{2}{100}$. Describe su error.

Comprensión de los Estándares

23. Kim vive a $\frac{9}{10}$ de milla de Lydia. Escribe la distancia como un decimal. (NS 3.4, pág. 458)

24. Un rectángulo tiene 5 unidades de largo y 3 unidades de ancho. ¿Cuál es su perímetro? (MG 1.3, pág. 318)

25. $27 \div 8 =$ (NS 2.0, pág. 240)

26. **Preparación para la prueba** ¿Qué decimal muestra ocho centésimas?

A 8.00 **C** 0.08

B 0.80 **D** 0.008

Práctica adicional en la página 476, Grupo B

CD ROM **Tecnología**
Usa Harcourt Mega Math en español, Acciones con fracciones, *Explosiones con fracciones,* nivel L.

LECCIÓN 3

Decimales mayores que uno

OBJETIVO: Leer y escribir decimales mayores que uno.

Repaso rápido

Escribe cada decimal en palabras.

1. 0.5 **2.** 0.9
3. 0.16 **4.** 0.72
5. 0.43

Aprende

PROBLEMA El Sr. Branson está pintando la cerca que está alrededor de su patio. Hay 10 secciones. Cada sección tiene 10 tablas. Hasta ahora, el Sr. Branson ha pintado 16 tablas. ¿Qué decimal muestra cuántas secciones ha pintado?

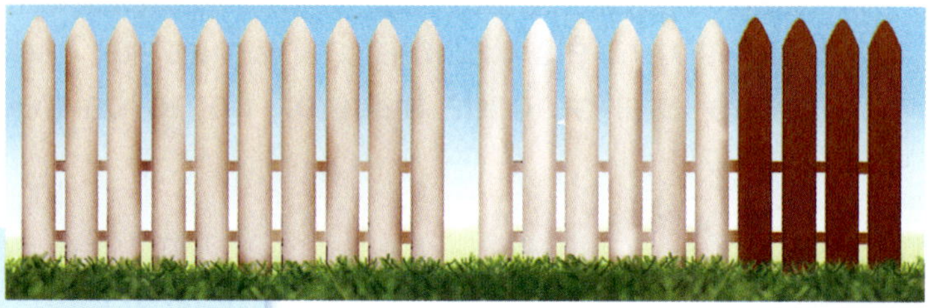

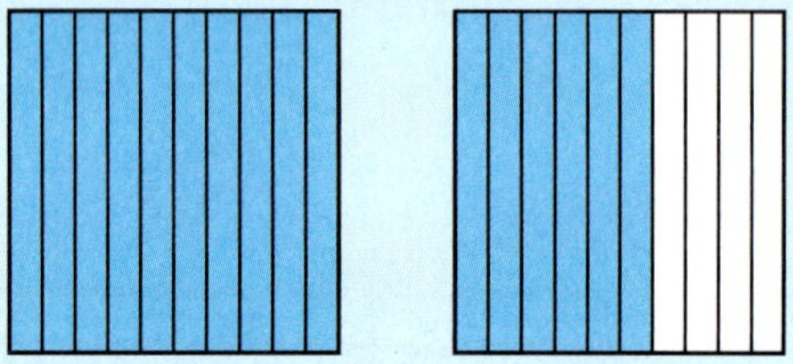

UNIDADES	.	DÉCIMAS
1	.	6

Escribe: 1.6
Lee: uno y seis décimas
forma desarrollada: 1 + 0.6

Por lo tanto, el Sr. Branson ha pintado 1.6 secciones de la cerca.

Ejemplo

Muestra 2.84 en diferentes maneras.

UNIDADES	.	DÉCIMAS	CENTÉSIMAS
2	.	8	4

forma normal: 2.84
En palabras: dos y ochenta y cuatro centésimas
forma desarrollada: 2 + 0.8 + 0.04

2.84 es igual que 2 unidades 8 décimas 4 centésimas.

ADVERTENCIA

Cuando lees un decimal, usa el lugar del dígito que está más a la derecha. 2.84 se lee como dos unidades y ochenta y cuatro centésimas, no como dos unidades y ochenta y cuatro décimas.

Práctica con supervisión

1. Escribe el decimal en forma desarrollada.

UNIDADES	.	DÉCIMAS
3	.	2

■ + ■

NS 3.4 Saber y comprender que las fracciones y los decimales son dos representaciones diferentes del mismo concepto (por eje., 50 centavos es $\frac{1}{2}$ de un dólar, 75 centavos es $\frac{3}{4}$ de un dólar). *también* **NS 1.5, MR 2.3, MR 2.4, MR 3.2**

Escribe cada ejercicio en palabras y en forma desarrollada.

2.

UNIDADES	.	DÉCIMAS
7	.	5

3.

UNIDADES	.	DÉCIMAS	CENTÉSIMAS
4	.	9	8

4. COMENTA **Explica** cómo escribir cinco y treinta y un centésimas como un decimal.

Práctica independiente y resolución de problemas

Escribe cada ejercicio en palabras y en forma desarrollada.

5.

UNIDADES	.	DÉCIMAS
6	.	4

6.

UNIDADES	.	DÉCIMAS	CENTÉSIMAS
9	.	7	0

7. 1.53 8. 8.6 9. 3.26 10. 5.9 11. 2.48

Escribe el decimal de cada ejercicio.

12. cuatro y tres décimas 13. siete y dos centésimas 14. nueve y una décima

15. La Sra. Rich comparte con su clase 2 cajas de marcadores y $\frac{7}{10}$ de otra caja de marcadores. Escribe un decimal para mostrar el número total de marcadores que comparte la Sra. Rich.

17. El Sr. Vo tiene 3 cajas llenas de crayolas y $\frac{85}{100}$ de otra caja de crayolas. Escribe un decimal que muestre el número total de crayolas que tiene el Sr. Vo.

16. **Razonamiento** Soy mayor que 1 pero menor que 3. Todos mis dígitos son pares. Mi dígito de las décimas es tres veces mayor que mi dígito de las unidades. Mi dígito de las centésimas es 8. ¿Qué decimal soy?

18. ESCRIBE ¿Seis y ochenta centésimas es la misma cantidad que seis y ocho décimas? **Explica**.

Comprensión de los Estándares

19. Josh tiene 3 monedas de 10¢, 2 monedas de 5¢ y 3 monedas de 1¢. ¿Qué cantidad de dinero tiene Josh? (Grado 2 NS 5.0)

20. ¿Cuál es el rango de estos números? 21, 24, 25, 26, 26, 32 (Grado 2 SDAP 1.3)

21. 584 + 617 = (NS 2.1, pág. 58)

22. **Preparación para la prueba** ¿Qué opción muestra 6.05 escrito en palabras?

A seiscientos cinco

B seis y cinco centésimas

C seis y cinco décimas

D seis y cincuenta centésimas

Práctica adicional en la página 476, Grupo C

LECCIÓN 4

Relacionar fracciones, decimales y dinero

OBJETIVO: Relacionar fracciones, decimales y dinero

Repaso rápido

Escribe cada fracción como un decimal.

1. $\frac{5}{10}$ **2.** $\frac{3}{10}$ **3.** $\frac{75}{100}$

4. $\frac{8}{100}$ **5.** $\frac{60}{100}$

Aprende

PROBLEMA Julie y Sarah tienen $1.00 en monedas de 25¢. Quieren compartir las monedas en partes iguales. ¿Cuántas debe obtener cada chica? ¿Cuánto dinero es?

Idea matemática

Las cantidades menores que un dólar se pueden escribir como una fracción de dólar.

$\$0.75 = \frac{75}{100}$

Ejemplo Puedes relacionar dinero y fracciones.

4 monedas de 25¢ = 1 dólar = $1.00

2 monedas de 25¢ son $\frac{2}{4}$ o $\frac{1}{2}$ de dólar.

$\frac{1}{2}$ dólar = $0.50 o 50 centavos.

Por lo tanto, cada chica debe obtener 2 monedas de 25¢ o $0.50.

Más ejemplos

3 monedas de 25¢ son $\frac{3}{4}$ de dólar.

$\frac{3}{4}$ de dólar = $0.75 o 75 centavos

1 moneda de 25¢ es $\frac{1}{4}$ de dólar.

$\frac{1}{4}$ de dólar = $0.25 o 25 centavos

10 monedas de 10¢ = 1 dólar = $1.00

7 monedas de 10¢ son $\frac{7}{10}$ de dólar.

$\frac{7}{10}$ de dólar = $0.70 o 70 centavos

100 monedas de 1¢ = 1 dólar = $1.00

40 monedas de 1¢ son $\frac{40}{100}$ de dólar.

$\frac{40}{100}$ de dólar = $0.40 o 40 centavos

NS 3.4 Saber y comprender que las fracciones y los decimales son dos representaciones diferentes del mismo concepto (por eje., 50 centavos es $\frac{1}{2}$ de un dólar, 75 centavos es $\frac{3}{4}$ de un dólar).
también **MR 2.3, MR 2.4, MR 3.2**

Combinaciones de monedas

Puedes escribir una cantidad de dinero como un decimal y como una fracción de un dólar.

$0.21 o $\frac{21}{100}$ de dólar

$0.57 o $\frac{57}{100}$ de dólar

La tabla muestra cómo se relacionan el dinero, las fracciones y los decimales.

Monedas	Cantidad de dinero	Fracción de dólar	Decimal
3 monedas de 1¢	$0.03	$\frac{3}{100}$	0.03
9 monedas de 10¢	$0.90	$\frac{90}{100}$ o $\frac{9}{10}$	0.90
1 moneda de 25¢	$0.25	$\frac{25}{100}$ o $\frac{1}{4}$	0.25
6 monedas de 5¢	$0.30	$\frac{30}{100}$ o $\frac{3}{10}$	0.30
2 monedas de 25 ¢ y 1 moneda de 10¢	$0.60	$\frac{60}{100}$ o $\frac{6}{10}$	0.60

Práctica con supervisión

1. Escribe la cantidad de dinero como un decimal.
5 monedas de $1¢ = \frac{5}{100} = ■$

Escribe la cantidad de dinero que se muestra. Luego escribe la cantidad como una fracción de dólar.

2.

3.

Escribe la cantidad de dinero para cada fracción de dólar.

4. $\frac{92}{100}$ **5.** $\frac{7}{100}$ **6.** $\frac{16}{100}$ **7.** $\frac{53}{100}$ **8.** $\frac{71}{100}$

9. COMENTA **Explica** cómo se relacionan $\$0.84$ y $\frac{84}{100}$.

Práctica independiente y resolución de problemas

Escribe la cantidad de dinero que se muestra. Luego escribe la cantidad como una fracción de dólar.

10. 

11. 

12. 

13. 

Escribe la cantidad de dinero para cada fracción de dólar.

14. $\frac{27}{100}$ **15.** $\frac{4}{100}$ **16.** $\frac{75}{100}$ **17.** $\frac{98}{100}$ **18.** $\frac{61}{100}$

19. $\frac{83}{100}$ **20.** $\frac{11}{100}$ **21.** $\frac{32}{100}$ **22.** $\frac{9}{100}$ **23.** $\frac{52}{100}$

Escribe cada cantidad de dinero como una fracción de dólar.

24. $0.68 **25.** $0.09 **26.** $0.20 **27.** $0.13 **28.** $0.47

29. $0.59 **30.** $0.70 **31.** $0.88 **32.** $0.35 **33.** $0.16

Escribe la cantidad de dinero.

34. seis centésimas de dólar

35. cincuenta y dos centésimas de dólar

36. noventa centésimas de dólar

USA LOS DATOS **Para los ejercicios 37 y 38, usa la tabla.**

37. La tabla muestra las monedas que tienen tres estudiantes. Escribe la cantidad total que tiene Nick como una fracción de dólar.

38. Kim gastó $\frac{40}{100}$ de dólar en un refrigerio. Escribe como decimal la cantidad que le queda.

Monedas en el bolsillo

Nombre	Monedas de 25¢	Monedas de 10¢	Monedas de 5¢	Monedas de 1¢
Kim	1	3	2	3
Tony	0	6	1	6
Nick	2	4	0	2

39. **Razonamiento** Travis tiene $\frac{1}{2}$ de dólar. Tiene al menos dos monedas diferentes en su bolsillo. Dibuja dos conjuntos posibles de monedas que pueda tener Travis.

40. ESCRIBE ¿Preferirías tener $0.25 o $\frac{3}{10}$ de dólar? **Explica** por qué.

 Práctica adicional en la página 476, Grupo D

Comprensión de los Estándares

41. $343 - 126 =$ (NS 2.1, pág. 78)

42. Skye hizo 4 tarjetas. Ella usó 3 calcomanías en cada tarjeta. ¿Cuántas calcomanías usó en total?
(NS 2.2, pág. 130)

43. Becky gana $7 por hora. Escribe un enunciado numérico para hallar cuántas horas debe trabajar Betty para ganar $56. (AF 1.1, pág. 206)

44. **Preparación para la prueba** ¿Qué cantidad es igual a $\frac{7}{10}$ de dólar?

A $0.07 **C** $0.70

B $0.17 **D** $7.00

45. **Preparación para la prueba** ¿Qué cantidad de dinero muestra el decimal $0.55?

A 

B 

C 

D 

PODER MATEMÁTICO Resolución de problemas y razonamiento

Puedes usar modelos decimales para mostrar partes de un dólar.

Usa un modelo de décimos.
Para mostrar $0.70, sombrea 7 partes del modelo.

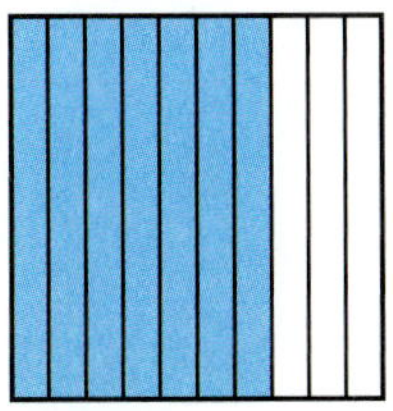

Usa un modelo de centésimos.
Para mostrar $0.38, sombrea 38 partes del modelo.

Escribe la cantidad de dinero mostrada por cada modelo.

1. 

2. 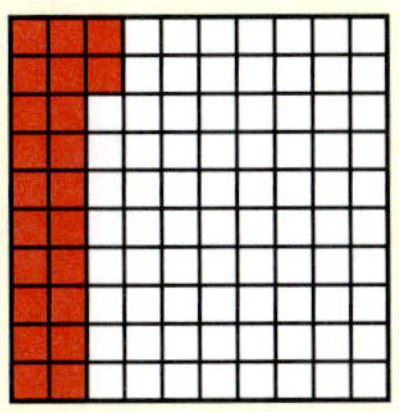

3. 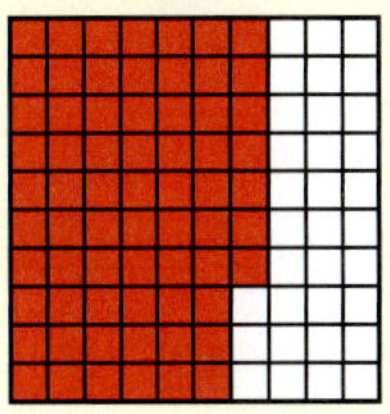

4. 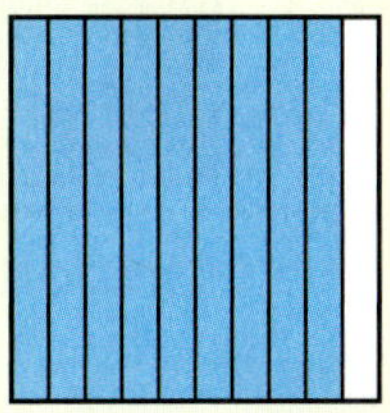

LECCIÓN 5

Sumar y restar decimales y dinero

OBJETIVO: Sumar y restar cantidades decimales.

Repaso rápido

Suma o resta.

1. 5 + 6 = ▢
2. 73 + 18 = ▢
3. 95 − 32 = ▢
4. 211 + 154 = ▢
5. 684 − 307 = ▢

Aprende

PROBLEMA Una tienda ofrece rebajas en materiales para fiestas. Josh compró un tarro por $0.59 y una matraca por $0.26. ¿Cuánto dinero gastó Josh en total?

Suma. $0.59 + $0.26

DE UNA MANERA Usa modelos decimales.

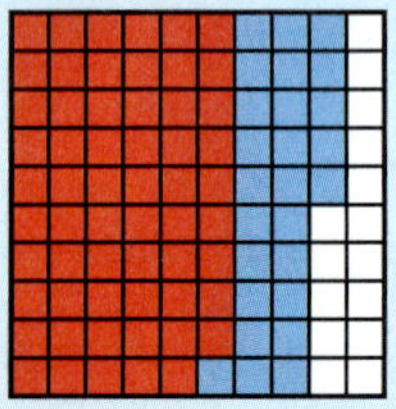

Sombrea 59 cuadrados para mostrar $0.59.
Sombrea 26 cuadrados para mostrar $0.26.
Suma el número total de cuadrados sombreados.

$0.59 + $0.26 = $0.85

DE OTRA MANERA Usa lápiz y papel

Paso 1

Alinea los puntos decimales.

puntos decimales ↓

```
  $0.59
+ $0.26
-------
```

Paso 2

Suma los decimales como números enteros. Reagrúpalos si es necesario.

```
    1
  $0.59
+ $0.26
-------
   0 85
```

Paso 3

Escribe el punto decimal y el signo de dólar en la suma.

```
    1
  $0.59
+ $0.26
-------
  $0.85
```

Por lo tanto, Josh gastó en total $0.85.

Más ejemplos

A

```
  0.3
+ 0.4
-----
  0.7
```

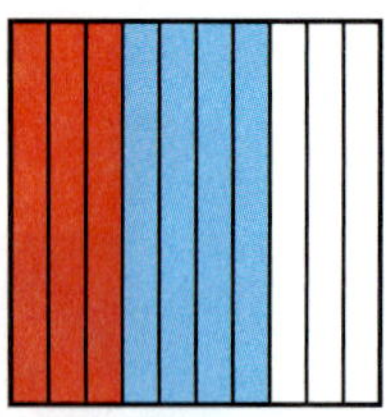

B

```
  1 1
  1.72
+ 0.39
------
  2.11
```

C

```
    1
  $3.16
  $2.55
+ $1.07
-------
  $6.78
```

• ¿Por qué es importante alinear los puntos decimales?

NS 3.3 Resolver problemas de suma, resta, multiplicación y división de cantidades de dinero en notación decimal, y multiplicar y dividir cantidades de dinero en notación decimal usando números enteros como multiplicadores y divisores. *también* **MR 2.3, MR 2.4, MR 3.2**

Resolución de problemas con supervisión

1. Reggie tenía $1.97. Compró una bebida de la cafetería por $1.10. ¿Cuánto dinero le queda?

   Primero, haz un modelo sombreando tantos cuadrados como dinero tenía Reggie.

   Después, quita los cuadrados equivalentes a la cantidad que gastó.

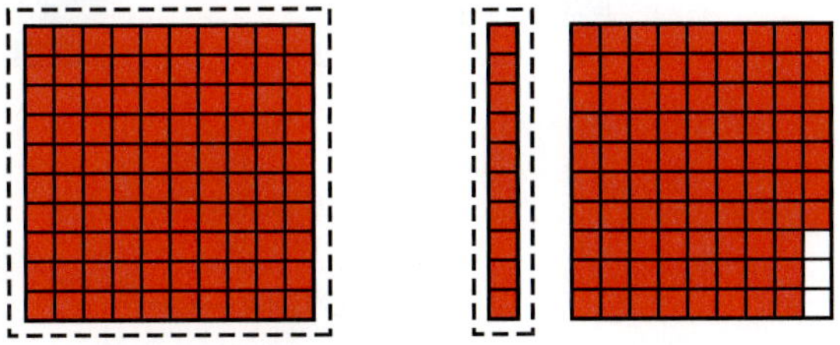

   Por último, registra la diferencia.

2. **¿Qué pasaría si** Reggie hubiera tenido $3.04 y hubiera comprado la bebida? ¿Cuánto dinero le habría quedado?

3. Beth compró palomitas de maíz y una botella de agua. Las palomitas de maíz cuestan $2.26 y el agua cuesta $1.56. ¿Cuánto gastó ella en total?

ELIGE UNA ESTRATEGIA

- Hacer un diagrama o dibujo
- Hacer un modelo o una dramatización
- Hacer una lista organizada
- Buscar un patrón
- Hacer una tabla o gráfica
- Predecir y probar
- Trabajar desde el final hasta el principio
- Resolver un problema más sencillo
- Escribir una ecuación
- Usar el razonamiento lógico

Práctica de estrategias mixtas

Para los ejercicios 4 a 6, usa las ilustraciones.

4. Lori compró un termo deportivo y un llavero. ¿Cuánto gasto en total?

5. Hay 9 jugadores en el equipo juvenil de béisbol. Si el entrenador compra una gorra para cada jugador, ¿cuánto gastará?

6. **Formula un problema** Usa los artículos de béisbol para escribir un problema que pueda ser resuelto sumando decimales.

7. **DATO BREVE** La Liga de Béisbol Infantil se fundó en 1939 con sólo 3 equipos. Imagina que había 6 equipos en 1940 y 9 equipos en 1941. Si el patrón continuó, ¿cuántos equipos habría habido en 1943?

8. **ESCRIBE** Sue tenía $15.00. Compró un paquete de tarjetas de colección y un libro. El libro costó $6.35. Le quedaron $4.65. **Explica** cómo hallar el costo de las tarjetas de colección.

Práctica adicional

Grupo A Escribe la fracción y el decimal de la parte sombreada. (págs. 458 a 461)

1. 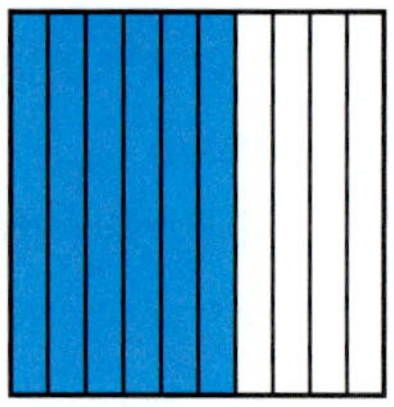

2. 

3. 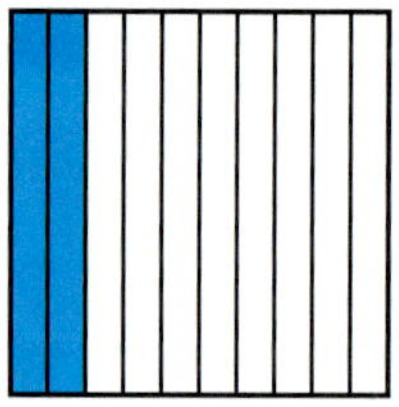

4. 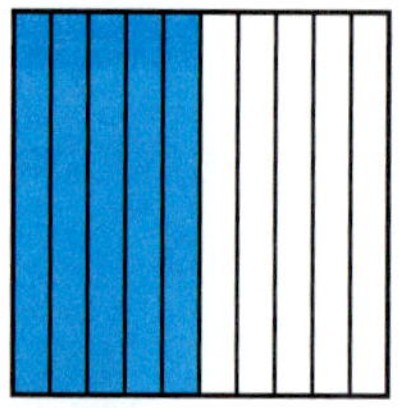

Escribe cada fracción como un decimal.

5. $\frac{7}{10}$ 6. $\frac{4}{10}$ 7. $\frac{1}{10}$ 8. $\frac{9}{10}$ 9. $\frac{3}{10}$

Grupo B Usa un modelo decimal para mostrar cada cantidad. Después escribe cada fracción como un decimal. (págs. 462 y 463)

1. $\frac{35}{100}$ 2. $\frac{17}{100}$ 3. $\frac{80}{100}$ 4. $\frac{62}{100}$ 5. $\frac{94}{100}$

Escribe cada decimal como una fracción y en forma desarrollada.

6. 0.55 7. 0.72 8. 0.05 9. 0.40 10. 0.27

Grupo C Escribe cada ejercicio en palabras y en forma desarrollada. (págs. 464 y 465)

1. 2.76 2. 3.15 3. 5.2 4. 9.61 5. 1.74

Grupo D Escribe la cantidad de dinero para cada fracción de dólar. (págs. 466 a 469)

1. $\frac{52}{100}$ 2. $\frac{82}{100}$ 3. $\frac{14}{100}$ 4. $\frac{61}{100}$ 5. $\frac{49}{100}$

Grupo E Suma o resta. (págs. 470 a 473)

1. $\begin{array}{r} 0.3 \\ +1.7 \\ \hline \end{array}$ 2. $\begin{array}{r} \$6.59 \\ +\$3.27 \\ \hline \end{array}$ 3. $\begin{array}{r} 5.50 \\ -2.75 \\ \hline \end{array}$ 4. $\begin{array}{r} \$9.49 \\ -\$7.30 \\ \hline \end{array}$ 5. $\begin{array}{r} 2.7 \\ +1.2 \\ \hline \end{array}$

6. Marla compró un libro por $5.79 y un CD por $9.97. ¿Cuánto gastó en total?

7. Karen corrió 3.1 millas ayer y 4.6 millas hoy. ¿Cuántas millas más corrió hoy?

Tecnología

Usa Harcourt Mega Math en español, Acciones con fracciones, *Explosiones con fracciones,* nivel L.

PRÁCTICA CON UN JUEGO

Trenes decimales

¡Dibújalas!
2 jugadores

¡Conéctalas!
- Tablero de trenes decimales para cada jugador
- Tarjetas de juego

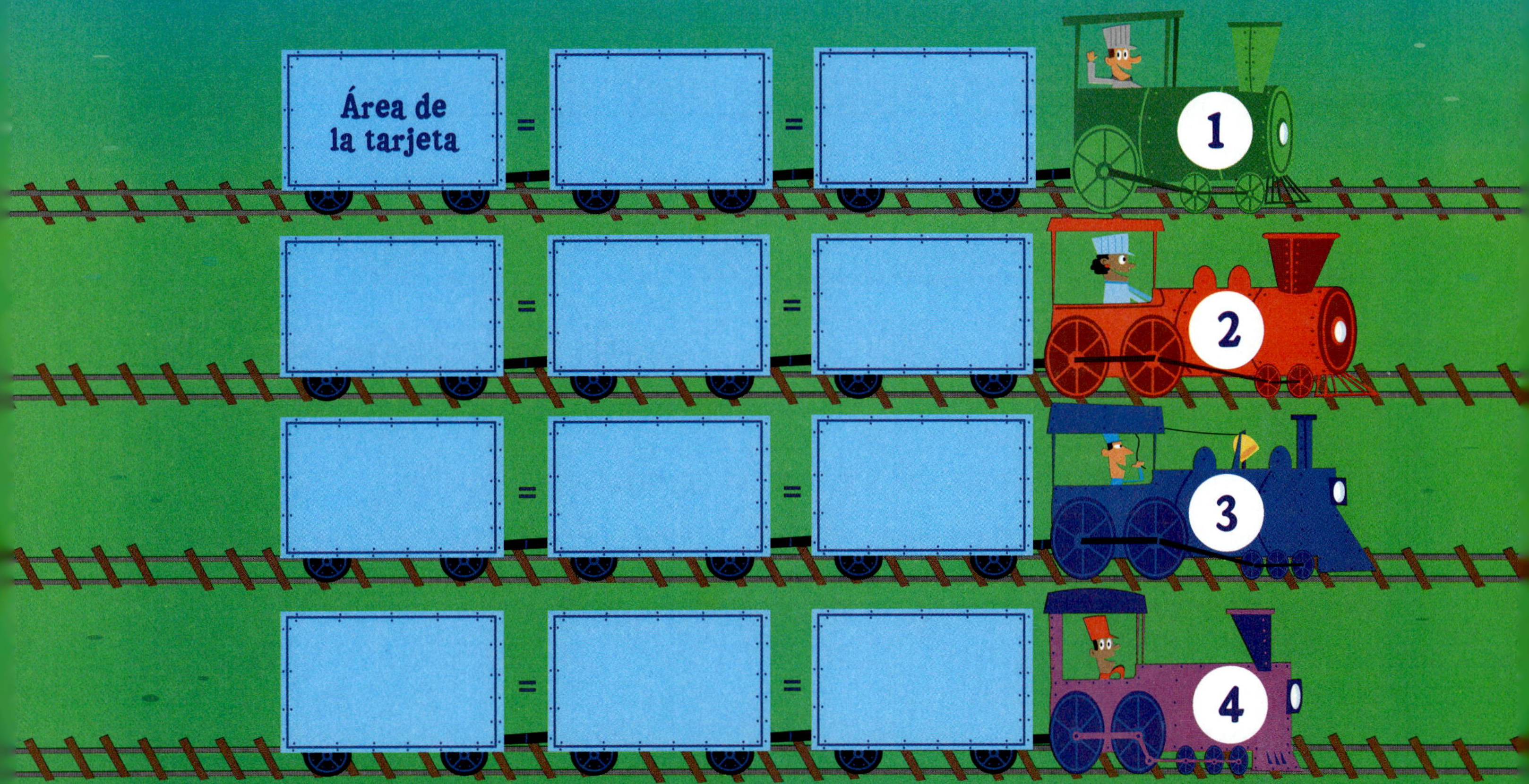

¡Crea el tren!

- Cada jugador recibe un tablero de juego.
- Baraja las tarjetas. Reparte 5 tarjetas a cada jugador. Coloca el resto de las tarjetas boca abajo en un montón.
- Los jugadores ven sus tarjetas y comienzan a crear trenes colocando fracciones semejantes, decimales y dinero en sus tableros.
- El jugador 1 toma una tarjeta del montón y puede comenzar un nuevo tren, agregarla a un tren o descartarla.
- El jugador 2 toma la última tarjeta del montón de descartar o toma la próxima carta del montón que está boca abajo. Los jugadores toman 1 tarjeta por turno.
- El juego continua hasta que un jugador haya completado 4 trenes. Las tarjeras en el mismo tren deben tener una fracción, un decimal y una cantidad de dinero iguales.
- Gana el primer jugador que complete los 4 trenes.

Repaso/Prueba del Capítulo 20

Repasar el vocabulario y los conceptos

VOCABULARIO
decimal
centésimo
décimo

Elige el mejor término del recuadro.

1. Un número con uno o más dígitos a la derecha del punto decimal se llama un __?__. (NS 3.0, pág. 458)
2. Un __?__ es uno de cien partes iguales. (NS 3.0, pág. 462)

Repasar las destrezas

Escribe cada fracción como un decimal. (NS 3.4, págs. 458 a 461, 462 y 463)

3. $\frac{4}{10}$ **4.** $\frac{7}{10}$ **5.** $\frac{61}{100}$ **6.** $\frac{28}{100}$ **7.** $\frac{95}{100}$

Escribe cada decimal como una fracción.

8.

UNIDADES	.	DÉCIMAS
0	.	9

9.

UNIDADES	.	DÉCIMAS	CENTÉSIMAS
0	.	3	1

Escribe cada ejercicio en palabras y en forma desarrollada. (NS 3.4, págs. 464 y 465)

10. 3.16 **11.** 1.22 **12.** 6.5 **13.** 9.93 **14.** 2.7

Escribe cada cantidad de dinero como una fracción de dólar. (NS 3.4, págs. 466 a 469)

15. \$0.65 **16.** \$0.20 **17.** \$0.84 **18.** \$0.05 **19.** \$0.32

Suma o resta. (🔑 NS 3.3, págs. 470 a 473)

20. $\begin{array}{r} 0.5 \\ +0.3 \\ \hline \end{array}$ **21.** $\begin{array}{r} \$7.60 \\ -\$6.23 \\ \hline \end{array}$ **22.** $\begin{array}{r} 1.79 \\ +3.44 \\ \hline \end{array}$ **23.** $\begin{array}{r} 0.22 \\ -0.15 \\ \hline \end{array}$

Repasar la resolución de problemas

Resuelve. (🔑 NS 3.3, MR 2.3, págs. 474 y 475)

24. Roselia ganó \$2.45 vendiendo limonada en la mañana. En la tarde, ganó otros \$4.10. ¿Cuánto dinero ganó Roselia en total de sus ventas de limonada?

25. ESCRIBE En la competencia de salto de longitud, el primer salto de Harvey fue de 2.97 metros. Su segundo salto fue de 3.86 metros. **Explica** cómo usar un modelo para hallar cuánto más largo fue el segundo salto de Harvey.

Enriquecimiento • Cuadrados de decimales sombreados

ALGO TENEBROSO

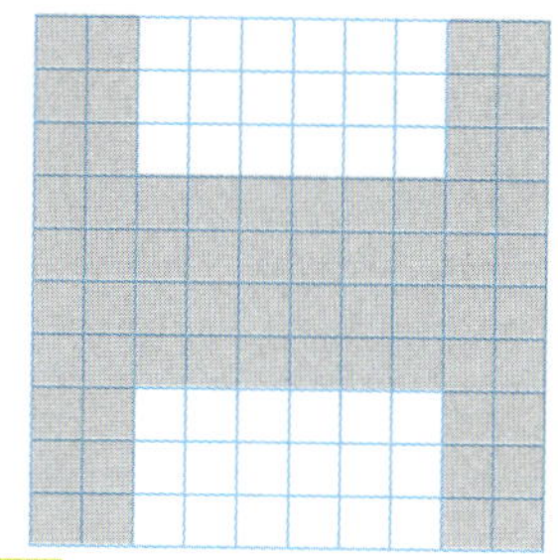

Cody sombreó esta cuadrícula. ¿Qué decimal muestra la parte sombreada de la cuadrícula? ¿Qué decimal muestra la parte que no está sombreada?

Cuadrados sombreados

Hay 100 cuadrados en la cuadrícula.

Paso 1

Cuenta el número de cuadrados que están sombreados.

Hay 64 cuadrados sombreados.

Por lo tanto, 0.64 de la cuadrícula está sombreada.

Paso 2

Cuenta el número de cuadrados que no están sombreados.
Hay 36 cuadrados que no están sombreados.

Por lo tanto, 0.36 de la cuadrícula no está sombreada.

Cuenta las sombras

Escribe un decimal para mostrar qué parte de cada cuadrícula está sombreada y qué parte no está sombreada.

1. 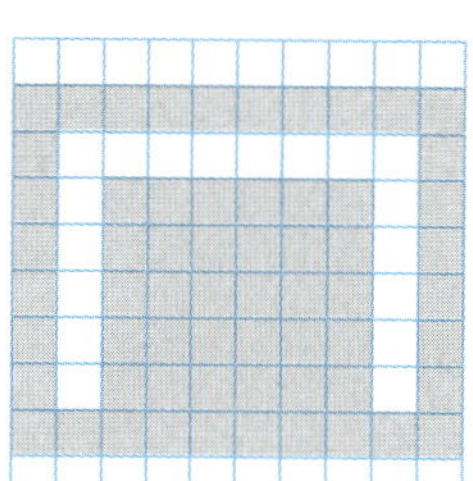

   Sombreada ?

   No está sombreada ?

2. 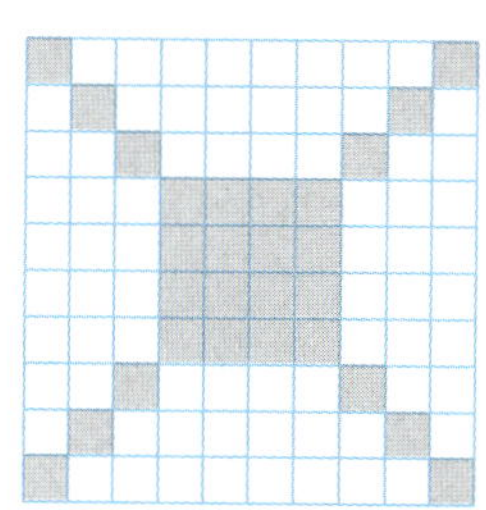

   Sombreada ?

   No está sombreada ?

3. 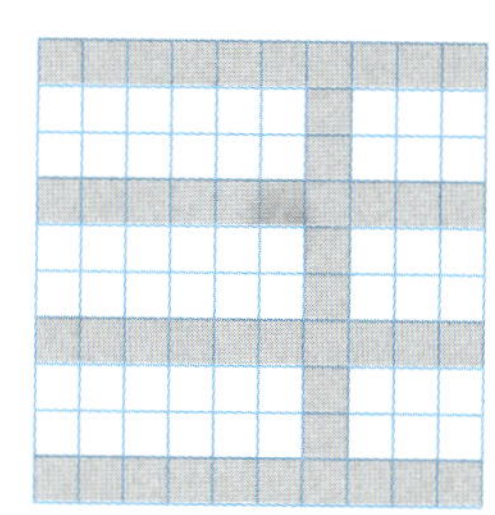

   Sombreada ?

   No está sombreada ?

Tantas sombras

ESCRIBE Kailynn sombreó las cuadrículas de la derecha. ¿Qué decimal muestra la parte total de ambas cuadrículas que ella sombreó? **Explica** cómo lo sabes.

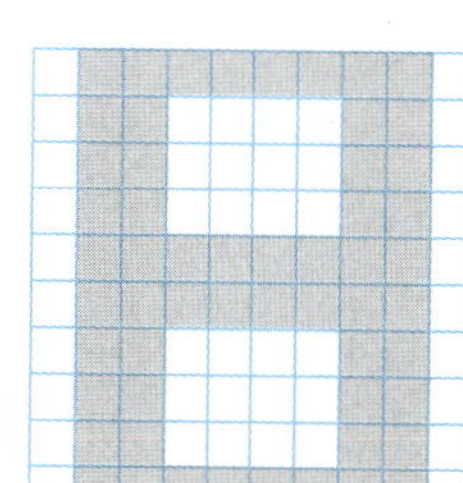

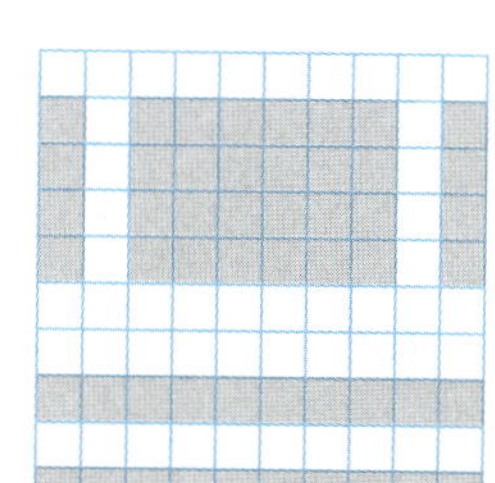

Repaso/Prueba de la unidad
Capítulos 18 a 20

Opción múltiple

1. ¿Qué opción enumera las fracciones en orden de menor a mayor?
(NS 3.1, pág. 424)

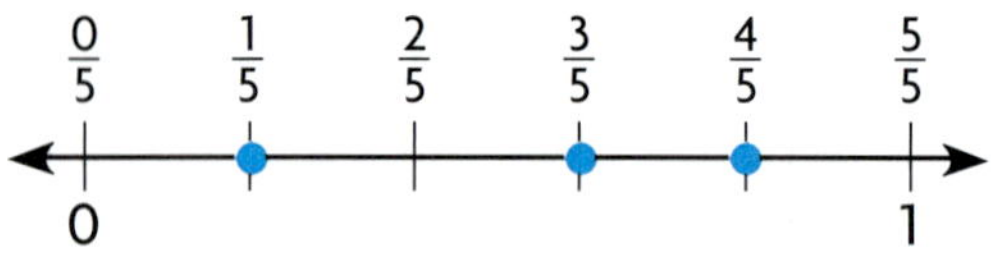

A $\frac{1}{5}, \frac{3}{5}, \frac{4}{5}$

B $\frac{1}{5}, \frac{4}{5}, \frac{3}{5}$

C $\frac{4}{5}, \frac{3}{5}, \frac{1}{5}$

D $\frac{3}{5}, \frac{4}{5}, \frac{1}{5}$

2. Gina sombreó $\frac{3}{10}$ de la figura.
(NS 3.4, pág. 458)

¿Qué decimal es igual a $\frac{3}{10}$?

A 0.03 C 0.33

B 0.3 D 3.0

3. Un pastel se dividió en sextos. Joey comió $\frac{1}{6}$ del pastel. Hanna comió $\frac{2}{6}$ del pastel. ¿Qué fracción del pastel comieron Joey y Hanna juntos?
(NS 3.2, pág. 442)

A $\frac{1}{6}$ C $\frac{3}{6}$

B $\frac{2}{6}$ D $\frac{4}{6}$

4. Mario gastó $5.89 en materiales para artesanías. Julia gastó $7.65 en juguetes. ¿Cuánto dinero más gastó Julia que Mario? (NS 3.3, pág. 470)

A $1.76

B $1.86

C $2.24

D $2.76

5. Mandy hizo 12 pastelillos. Ella puso chispas de chocolate en $\frac{1}{3}$ de estos. ¿Cuántos pastelillos tenían chispas de chocolate? (NS 3.0, pág. 416)

A 2

B 3

C 4

D 6

6. ¿Qué cantidad de dinero es igual a $\frac{1}{2}$ de dólar? (NS 3.4, pág. 466)

A $0.50

B $0.20

C $0.05

D $0.02

7. ¿Qué fracción es equivalente a $\frac{2}{5}$? (NS 3.1, pág. 420)

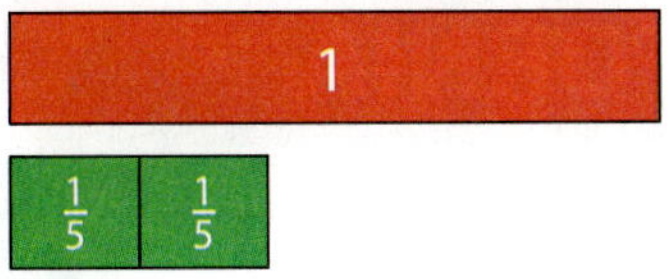

A $\frac{6}{10}$

B $\frac{1}{2}$

C $\frac{4}{10}$

D $\frac{2}{10}$

8. ¿Qué fracción de la figura está sombreada? (NS 3.0, pág. 412)

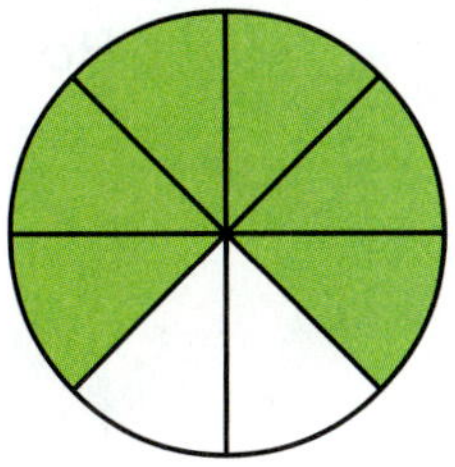

A $\frac{2}{10}$

B $\frac{2}{8}$

C $\frac{6}{10}$

D $\frac{6}{8}$

9. Len coloreó $\frac{7}{12}$ de su dibujo de rojo y $\frac{3}{12}$ de azul. ¿Qué tanto más coloreó Len de rojo que de azul? (NS 3.2, pág. 446)

A $\frac{3}{12}$

B $\frac{4}{12}$

C $\frac{5}{12}$

D $\frac{10}{12}$

Respuesta breve

10. Escribe la fracción y el decimal para la parte sombreada del modelo. (NS 3.4, pág. 462)

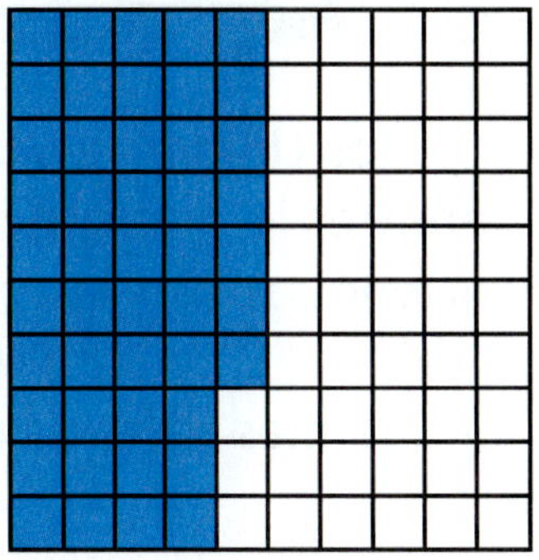

11. Hank gastó $\$4.85$ en su almuerzo. Él gastó $\$9.45$ en su cena. ¿Cuánto gastó Hank en su almuerzo y cena en total? (NS 3.3, pág. 470)

12. ¿Cuánto es $\frac{4}{8} + \frac{3}{8}$? (NS 3.2, pág. 442)

Respuesta desarrollada ESCRIBE

13. Lillianna le dio $\frac{1}{7}$ de los bizcochos de chocolate a su hermana. Ella llevó a su escuela $\frac{5}{7}$ de los bizcochos de chocolate. ¿Qué fracción indica cuántos bizcochos de chocolate más llevó Lillianna a su escuela de los que le dio a su hermana? **Explica** cómo lo sabes. (NS 3.2, pág. 446)

14. Trudy compró pollo por $\$2.50$ en el mercado. Compró pavo por $\$3.40$. ¿Cuánto más gastó Trudy en pavo que en pollo? **Explica** cómo lo sabes. (NS 3.3, pág. 470)

California

Resolución de problemas

de THE WORLD ALMANAC PARA NIÑOS

Hola, mundo

MANERAS DE DECIR HOLA EN CALIFORNIA

En Estados Unidos se usan aproximadamente 380 diferentes idiomas, incluyendo algunos lenguajes de señas. Las lenguas habladas más usadas en California se muestran abajo. El tagalo, un idioma de las Filipinas, es la cuarta lengua más hablada en California.

Decir hola en California

APLÍCALO

Pista: Las vocales son A, E, I, O y U

Para los ejercicios 1 a 3, usa los saludos de arriba.

1. ¿Cuántos de los saludos de arriba empiezan con la letra *H*? ¿Cuántos saludos se muestran en total? Escribe la fracción para el número de saludos que empiezan con *H*.
2. ¿Qué fracción de las letras del saludo en vietnamita son vocales?
3. ¿Qué fracción de los 5 saludos contiene la letra A?
4. Di hola a tu manera.
   - Trabaja con un compañero para inventar una nueva palabra para decir *hola*.
   - Lee tu nueva palabra para decir *hola*. ¿Qué fracción de las letras son vocales?
   - ¿Qué otra fracción puedes escribir sobre las letras de tu nueva palabra?

Dato del ALMANAQUE

La Escuela para sordos Riverside de California se fundó en 1951 en el sur de California.

LENGUAJE DE SEÑAS

Muchas personas que no pueden escuchar o hablar usan el lenguaje de señas para comunicarse. El lenguaje de señas estadounidense usa movimientos y posiciones de las manos y los brazos, y expresiones faciales. El alfabeto manual estadounidense se deletrea con las manos.

Alfabeto manual estadounidense

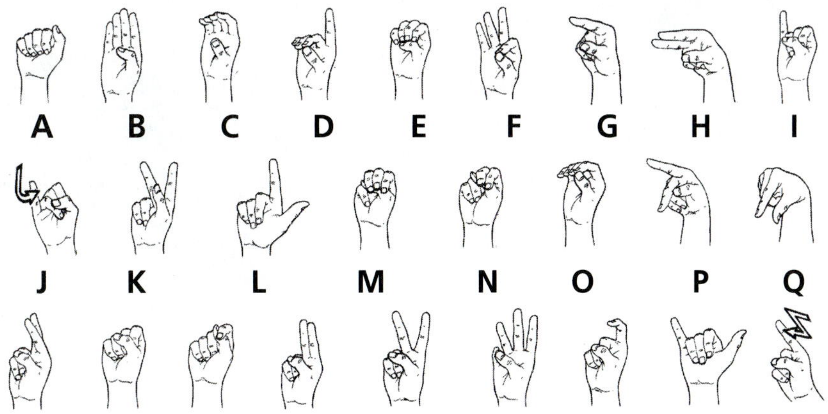

APLÍCALO

Usa la tabla del alfabeto de arriba para ayudarte a responder las preguntas.

1. Para hacer la seña de la letra *F*, ¿qué fracción de los dedos de una mano tienes que levantar?
2. Observa las vocales *A, E, I, O* y *U*. ¿Para qué vocal levantas $\frac{1}{5}$ de los dedos de tu mano? ¿Para qué vocal levantas $\frac{2}{5}$ de los dedos de tu mano?
3. ¿Para qué fracción de las letras de la palabra *hola* necesitas levantar dedos?
4. ESCRIBE **Explica** cómo hallaste la respuesta al problema 3.

UNIDAD

7 Datos y probabilidad, dinero y la hora

Math on Location

1

María comprueba que tendrá suficientes galones de cada sabor para satisfacer las necesidades de ese día.

2

Se registra el tiempo que transcurre entre limpiar la máquina y llenar con helado los recipientes.

3

El costo de los ingredientes que se usan afecta al costo del helado.

Enriquece tu vocabulario

COMENTA

¿Qué información se presenta y se comenta en las fotografías de **Math on Location**? ¿Cómo puedes hallar el tiempo que transcurre entre la limpieza de las máquinas y el llenado de los recipientes?

LEE

REPASO DEL VOCABULARIO Aprendiste las palabras de abajo cuando estudiaste la hora y los datos. ¿Cómo se relacionan éstas palabras con **Math on Location**?

gráfica una ilustración que representa una relación matemática

hora una unidad que se usa para medir el tiempo; en una hora, el horario de un reloj se mueve de un número al siguiente

ESCRIBE

Copia y completa un modelo de Freyer como el que se muestra abajo. Usa tus conocimientos acerca de los datos para agregar más palabras.

Definición
Ilustración que representa una relación matemática

Características
Muestra datos
Usa imágenes/palabras/números

Gráfica

Ejemplos
gráfica de barras
diagrama de puntos

Contraejemplos

APRENDE en línea

Tecnología
Glosario multimedia de Matemáticas
www.harcourtschool.com/hspmath

CAPÍTULO

21 Datos y probabilidad

La idea importante Los datos se pueden recolectar, analizar y mostrar en diversos formatos gráficos.

CALIFORNIA DATO BREVE

La Sierra Nevada es una cordillera. El récord estadounidense de más nieve en un mes se registró en esta cordillera. En enero de 1911, ¡cayeron 390 pulgadas de nieve en Tamarack, California!

Investiga

El lago Tahoe está en la Sierra Nevada. La tabla muestra el promedio en pulgadas de las nevadas que caen en el lago Tahoe, California. Muestra otra manera en que podrías mostrar los datos.

Promedio de nevadas mensuales en el lago Tahoe, California

Mes	Nevadas en pulgadas	Mes	Nevadas en pulgadas
Enero	44	Julio	0
Febrero	37	Agosto	0
Marzo	36	Septiembre	0
Abril	15	Octubre	3
Mayo	4	Noviembre	17
Junio	0	Diciembre	34

Muestra lo que sabes

Comprueba si has aprendido las destrezas importantes que se necesitan para completar exitosamente el Capítulo 21.

▶ Leer una tabla de conteo

Para los ejercicios 1 a 3, usa la tabla de conteo.

1. ¿Cuántos estudiantes tienen un perro?
2. ¿Cuántos estudiantes tienen un pez?
3. ¿Cuántos estudiantes respondieron la pregunta?

¿Qué mascota tienes?	
Perro	𝍸 𝍸 ||||
Gato	𝍸 𝍸 ||
Ave	||||
Pez	𝍸 |||

▶ Comparar partes de un entero

Escribe el color mostrado por la parte más grande de cada flecha giratoria.

4.

5.

6.

7.

Enriquece tu vocabulario

VOCABULARIO DEL CAPÍTULO

gráfica de barras
seguro
datos
igualmente probable
suceso
experimento
gráfica
gráfica de barras horizontales
imposible
probable
diagrama de puntos
moda
resultado
predecir
probabilidad
rango
escala
tabla de conteo
poco probable
gráfica de barras verticales

PREPARACIÓN

datos Información que se recopila acerca de personas o cosas

resultado La posible solución de un experimento

tabla de conteo Una tabla que usa marcas de conteo para registrar los datos

LECCIÓN 1

Registrar resultados

OBJETIVO: Recolectar, organizar y registrar datos en tablas de conteo y tablas de frecuencia.

Repaso rápido

Escribe números para las marcas de conteo.

1. 𝍸 |
2. |||
3. ||||
4. 𝍸
5. 𝍸 |||

Vocabulario

datos resultado tabla de conteo

Aprende

Los **datos** son la información que se recopila acerca de personas o cosas. Un **resultado** es una solución posible.

PROBLEMA El Sr. Martin puso 1 ficha roja, 1 ficha azul, 1 ficha verde y 1 ficha amarilla en una bolsa. Él agrupó a sus estudiantes de acuerdo con el color de la ficha que cada uno sacó de la bolsa. El Sr. Martin registró cada resultado. ¿Qué grupo tiene más estudiantes?

Lia	azul	Cara	rojo
Kim	rojo	Dee	azul
Shantee	rojo	Han	verde
Ralph	amarillo	Nina	amarillo
Tony	verde	Andy	amarillo
Lisa	azul	Brooke	rojo
Pedro	azul	Lucas	azul
Martin	amarillo	Matthew	verde
Amy	amarillo	Cheryl	amarillo
Bruce	amarillo	Darryl	verde

Puedes registrar los datos en una **tabla de conteo** haciendo marcas de conteo.

Número de estudiantes	
Color	**Marcas**
rojo	||||
azul	𝍸
verde	||||
amarillo	𝍸 ||

De menor a mayor, el número de estudiantes en cada grupo es de 4, 4, 5, 7. La ficha amarilla fue sacada con más frecuencia.

Por lo tanto, el grupo que sacó fichas amarillas tiene más estudiantes.

Actividad

MANOS A LA OBRA

Materiales ■ flecha giratoria de 4 secciones

Recolecta datos usando una flecha giratoria. Organiza los datos en una tabla de conteo.

Paso 1 Haz una flecha giratoria que tenga cuatro secciones iguales. Colorea cada sección con un color diferente.

Paso 2 Haz una tabla de conteo. Escribe un título y encabezamientos. Haz una lista de los colores de la flecha giratoria.

Paso 3 Gira la flecha 20 veces. Haz una marca de conteo por cada resultado. Cuenta las marcas de conteo.

SDAP 1.3 Resumir y presentar organizada y claramente los resultados de experimentos de probabilidad (por eje., usar una gráfica de barras o un diagrama de puntos). *también* **MR 1.0, MR 2.0, MR 2.3, MR 2.4, MR 3.2**

Práctica con supervisión

Para los ejercicios 1 a 4, usa los datos de la tabla.

Experimento con canicas	
Color	**Marca**
rojo	𝍸 ||
azul	||||
verde	𝍸 |||
amarillo	𝍸 |

1. ¿Cuántas canicas se sacaron?
2. ¿Cuántas canicas amarillas más se sacaron que canicas azules?
3. ¿Se sacaron más canicas azules y verdes o más canicas rojas y amarillas?
4. COMENTA **Explica** por qué una tabla de conteo es una buena manera de mostrar datos.

Práctica independiente y resolución de problemas

5. Los estudiantes de la clase de Kelly rodaron un carro de juguete por una rampa. Cada vez que lo hacían, medían las pulgadas que recorría el carro. Registraron cada suceso en una tabla. Copia y completa la tabla de conteo.

11 pulgadas	8 pulgadas	18 pulgadas
9 pulgadas	22 pulgadas	8 pulgadas
10 pulgadas	15 pulgadas	17 pulgadas
16 pulgadas	21 pulgadas	7 pulgadas

Distancia recorrida por el carro (en pulgadas)	
12 o menos	
13 a 18	
19 o más	

Para los ejercicios 6 a 8, usa los datos de la tabla.

6. ¿Cuántas veces recorrió el carro más de 12 pulgadas?
7. ¿El carro recorrió con más frecuencia 13 a 18 pulgadas o 19 o más pulgadas?
8. ESCRIBE **¿Qué pasaría si** el carro se rodara 3 veces más y recorriera 11 pulgadas, 18 pulgadas y 15 pulgadas? ¿Cómo cambiaría la tabla? **Explica.**

Comprensión de los Estándares

9. ¿Cuántos minutos hay en 1 hora? (Grado 2 MG 1.4)
10. Julie tenía 45 pulgadas de cinta. Ella cortó 9 pulgadas de cada extremo. ¿Cuántas pulgadas de cinta quedaron? (NS 2.1, pág. 74)
11. ¿Cuántas caras tiene un cubo? (MG 2.5, pág. 298)
12. **Preparación para la prueba** Una tabla de conteo de lanzamiento de monedas muestra 𝍸 𝍸 || junto a Cara. ¿Cuántas veces cayó la moneda en Cara?

   A 7 **B** 10 **C** 12 **D** 15

Práctica adicional en la página 512, Grupo A

LECCIÓN 2

Taller de resolución de problemas
Estrategia: Hacer una gráfica

OBJETIVO: Resolver problemas usando la estrategia *hacer una gráfica.*

Aprende la estrategia

Hay muchas maneras de mostrar datos. Algunas maneras son las listas, las tablas y las gráficas.

Puedes mostrar los datos de esta tabla en una gráfica de barras.

Resultados de la flecha giratoria

Color	Marcas
rojo	𝍸 𝍸 𝍸 𝍸 ||||
azul	𝍸 𝍸 𝍸 𝍸 𝍸 𝍸
amarillo	𝍸 𝍸 𝍸 𝍸 𝍸 |
verde	𝍸 𝍸 𝍸 𝍸

Paso 1

Escribe el título en la parte superior. Rotula el lado y la parte inferior de la gráfica.

Paso 2

Elige una escala que haga que la mayoría de las barras terminen en una línea. Empieza con 0. Puedes usar una escala de 0 a 32, contando de cuatro en cuatro.

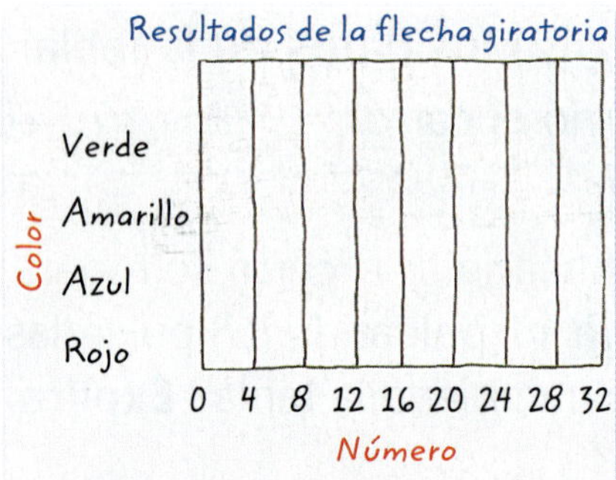

Paso 3

Completa la gráfica de barras. Dibuja una barra que coincida con cada color.

COMENTA

¿Cómo sabes que cada barra tiene la longitud correcta?

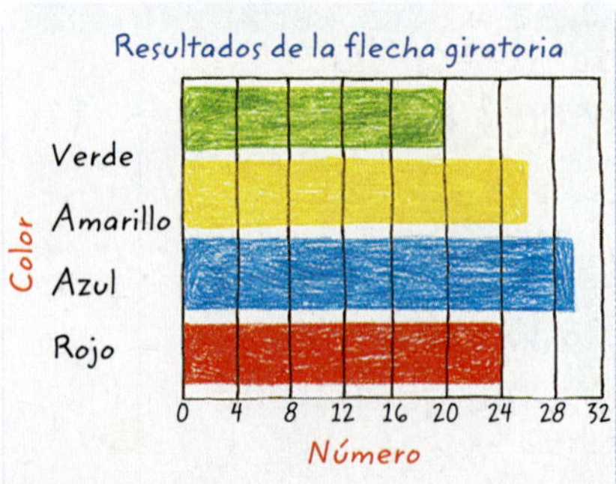

SDAP 1.3 Resumir y presentar organizada y claramente los resultados de experimentos de probabilidad (por eje., usar una gráfica de barras o un diagrama de puntos).
también **MR 1.0, MR 1.1, MR 2.0, MR 2.3, MR 2.4, MR 3.0, MR 3.1, MR 3.2, MR 3.3**

Usa la estrategia

PROBLEMA Elle sacó fichas de colores de una bolsa 40 veces. Registró los resultados en la tabla de conteo de abajo. ¿De qué otra manera puedes mostrar los resultados?

Lee para entender

- **¿Qué información te proporcionan?**

Experimento de fichas de colores	
Color	**Marca**
rojo	𝍸 𝍸 |
azul	𝍸 𝍸
verde	𝍸 ||
amarillo	𝍸 𝍸 ||

Planea

Destreza de lectura

- **¿Qué otro recurso visual puedes usar?**
- **¿Qué estrategia puedes usar?**

Puedes hacer una gráfica de barras

Resuelve

- **¿Cómo puedes usar la estrategia?**

Escribe un título en la parte superior y los rótulos a un lado y en la parte inferior.

Elige una escala que haga que la mayoría de las barras terminen en una línea. Haz la escala de 0 a 14 de dos en dos.

El rojo tiene 11 marcas de conteo. Dibuja una barra para el rojo que termine entre el 10 y el 12.

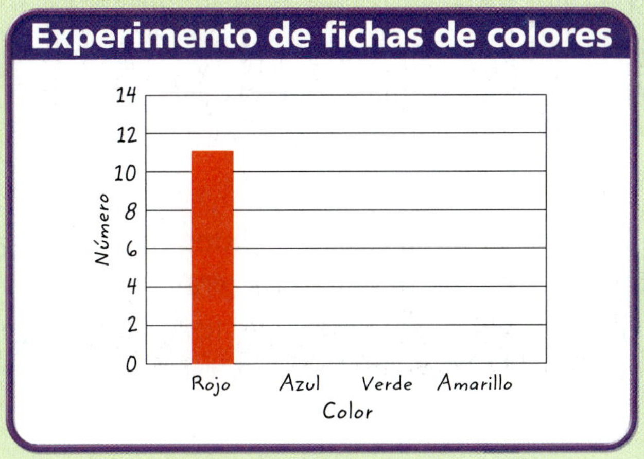

Ahora dibuja barras para los otros colores.

Comprueba

- **¿Cómo puedes comprobar tu gráfica de barras?**

Resolución de problemas con supervisión

Lee para entender
Planea
Resuelve
Comprueba

1. Jordan sacó canicas de una bolsa. Él registró los resultados de sacar canicas 40 veces en la tabla de conteo de la derecha. Muestra los resultados en una gráfica de barras.

   Primero, escribe los títulos y los rótulos. Escribe los colores en la parte inferior y después, en el lado, el número de canicas sacadas.

   Después, elige una escala que haga que la mayoría de las barras termine en una línea.

   Por último, dibuja las barras.

Canicas sacadas	
Color	**Marcas**
Azul	卌 卌 卌 |||
Amarillo	卌 |||
Rojo	卌 卌 ||||

2. **¿Qué pasaría si** 2 de las canicas azules que se sacaron fueran rojas? ¿Cómo cambiaría la gráfica?

3. Ben lanzó 30 veces un cubo numerado. Este cayó en uno 4 veces, en dos 6 veces, en tres 4 veces, en cuatro 8 veces, en cinco 3 veces y en seis 2 veces. Haz una gráfica de barras para mostrar los resultados de Ben. ¿Qué barra es el doble de larga que la barra del seis?

Resolución de problemas • Práctica de estrategias

4. Kayla usó la flecha giratoria de la derecha 25 veces. La flecha se detuvo en amarillo 13 veces y en rojo 8 veces. ¿Cuántas veces se detuvo la flecha en azul? Haz una gráfica de barras que muestre los resultados de Kayla.

5. La tabla de conteo de la derecha muestra los resultados de 50 giros de la flecha giratoria de abajo. ¿Cuántas veces se detuvo la flecha en un número par? Haz una gráfica de barras para mostrar los resultados.

Resultados de la flecha giratoria	
Número	**Marcas**
1	卌 卌 |||
2	卌 卌 卌 |
3	卌 卌 ||
4	卌 ||||

6. **ESCRIBE** Para tu gráfica de resultados de la flecha giratoria, **explica** cómo supiste cómo dibujar la barra del cuatro.

Práctica de estrategias mixtas

USA LOS DATOS Para los ejercicios 7 a 9, usa la información de la tabla.

7. Haz una gráfica de barras para mostrar la información de la tabla.

Equipos deportivos

Deporte	Número de jugadores en un equipo
Fútbol	𝍸 𝍸 |
Básquetbol	𝍸
Béisbol	𝍸 ||||
Fútbol americano	𝍸 𝍸 |
Voleibol	𝍸 |

8. ¿De qué deporte es la barra más corta?

9. ¿Qué deporte tiene más jugadores que un equipo de básquetbol pero menos jugadores que uno de béisbol?

10. Cuatro estudiantes esperan en fila para la práctica de bateo. Aaron está delante de Randy. James está detrás de Randy. Aaron está detrás de Griffin. ¿Quién es el primero de la fila?

11. **Problema abierto** Will recibió 26¢ de cambio en la cantina. ¿Qué combinación de monedas pudo haber recibido?

ELIGE UNA ESTRATEGIA

- Hacer un diagrama o dibujo
- Hacer un modelo o una dramatización
- Hacer una lista organizada
- Buscar un patrón
- Hacer una tabla o gráfica
- Predecir y probar
- Trabajar desde el final hasta el principio
- Resolver un problema más sencillo
- Escribir una ecuación
- Usar el razonamiento lógico

ESFUÉRZATE

Luis registró los resultados de un experimento de flecha giratoria en una tabla de conteo. La flecha se detuvo en verde 9 veces, en rojo 21 veces y en azul 10 veces.

12. Dibuja la flecha giratoria que Luis pudo haber usado en su experimento. **Explica** tu dibujo.

13. **¿Qué pasaría si** la flecha también se hubiera detenido en amarillo 20 veces? ¿Cómo cambiaría tu dibujo de la flecha giratoria? **Explica.**

LECCIÓN 3

Probabilidad: Probabilidades de sucesos

OBJETIVO: Decidir si un suceso es probable, poco probable, seguro o imposible.

Repaso rápido

¿Qué colores de canicas puede sacar Sarah de la bolsa?

Vocabulario

suceso	probabilidad
probable	poco probable
imposible	seguro

Aprende

Un **suceso** es algo que ocurre. La **probabilidad** es la posibilidad de que un suceso ocurra.

PROBLEMA Ted va a sacar un canica de esta bolsa sin mirar. ¿Es probable, poco probable, seguro o imposible que Ted saque una canica roja?

Usa estos ejemplos.

Es **probable** que saque rojo. Tiene una buena posibilidad de que ocurra.

Es **menos probable** que saque amarillo. No tiene una buena posibilidad de que ocurra.

Es **imposible** que saque verde. Nunca sucederá.

En esta bolsa, sacar rojo es **seguro**. Siempre sucederá.

Ted tiene en la bolsa más canicas rojas que azules o amarillas.

Por lo tanto, es probable que saque una canica roja.

- ¿Tiene Ted más probabilidad de sacar una canica azul o una amarilla?

Práctica con supervisión

1. ¿Qué color de canica es menos probable que saques?

Usa la flecha giratoria una vez y di si cada suceso es ***probable, poco probable, seguro*** **o** ***imposible*****.**

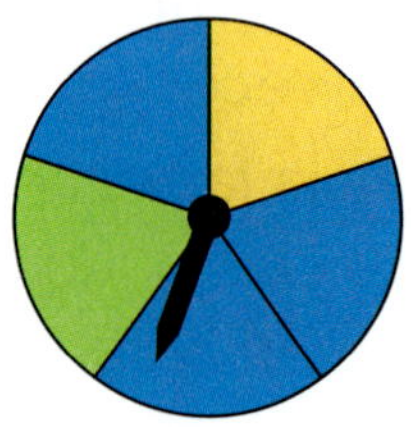

2. La flecha caerá en verde.
3. La flecha caerá en rojo.
4. La flecha caerá en azul.
5. La flecha caerá en azul, amarillo o verde.
6. COMENTA **Explica** por qué es poco probable que caiga en verde.

SDAP 1.1 Identificar sucesos comunes como seguros, probables, poco probables o improbables. *también* **MR 2.3, MR 2.4, MR 3.0, MR 3.2, MR 3.3**

Práctica independiente y resolución de problemas

Di si cada suceso es *probable, poco probable, seguro* o *imposible*.

7. sacar una canica roja

8. sacar una canica amarilla

9. sacar una canica azul

10. sacar una canica

Para los ejercicios 11 y 12, usa la flecha giratoria.

11. ¿En qué color es probable que caiga?

12. ¿En qué color es poco probable que caiga?

Álgebra **Halla el sumando que falta.**

13. $18 + \blacksquare = 24$

14. $\blacksquare + 79 = 92$

15. $205 + \blacksquare = 472$

USA LOS DATOS **Para los ejercicios 16 a 19, usa la tabla. Tom saca una media de su gaveta sin mirar.**

Medias de Tom

Color	Número
Negro	14
Marrón	12
Blanco	2

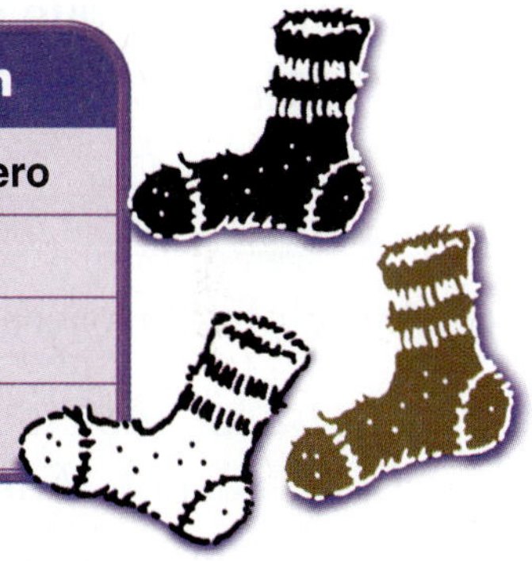

16. ¿Es probable o poco probable que Tom saque una media blanca?

17. ¿Es seguro o imposible que Tom saque una media azul?

18. **¿Qué pasaría si** Tom tuviera 16 medias negras más? ¿Cuántas más medias negras que marrones tendría?

19. ESCRIBE **¿Qué pasaría si** Tom tuviera 30 medias blancas más? **Explica** cómo cambiaría tu respuesta al problema 16.

Comprensión de los Estándares

20. La tabla de conteo que hizo Morgan de su experimento con la flecha giratoria tiene |||| || al lado del rojo. ¿Cuántas veces se detuvo la flecha en rojo? (SDAP 1.3, pág. 488)

21. Laura sacó 5 canicas verdes, 4 rojas, 9 blancas y 2 azules en un experimento. Ella hizo una gráfica de barras para mostrar sus resultados. ¿Qué color tiene la barra más corta? (SDAP 1.3, pág. 490)

22. ¿Cuántos ángulos rectos tiene un rectángulo? (MG 2.3, pág. 278)

23. **Preparación para la prueba** Sacar una canica verde de esta bolsa es __?__.

A probable

B poco probable

C seguro

D imposible

Práctica adicional en la página 512, Grupo B

4 Resultados posibles

OBJETIVO: Hallar los resultados posibles de sucesos sencillos.

Repaso rápido

Sin mirar, Roz sacó una canica de la bolsa. Nombra un suceso probable y un suceso imposible.

Vocabulario

igualmente probable **predecir**

Cuando lanzas una moneda al aire, hay dos resultados posibles. En probabilidad, una solución posible se llama **resultado**.

Los resultados posibles al lanzar una moneda al aire son cara o sello.

Los resultados *cara* o *sello* son **igualmente probables**, porque cada uno tiene la misma probabilidad de ocurrir.

Investigar

Materiales ■ moneda, tabla de conteo

Registra los resultados de lanzar una moneda al aire. Antes del primer lanzamiento, **predice** los resultados o menciona cuáles crees que serán.

A Predice el número de veces que la moneda caerá en cara.

B Lanza la moneda. Registra el resultado en una tabla de conteo.

C Lanza la moneda 25 veces. Registra cada resultado.

Sacar conclusiones

1. ¿Cuántas veces cayó en cara la moneda? ¿Y en sello?
2. ¿Cómo se compara tu predicción con los resultados?
3. **Síntesis** ¿Predecirías el mismo número si fueras a lanzar la moneda 25 veces más? **Explica**.

SDAP 1.2 Anotar los resultados posibles de un suceso simple (ejemplo: lanzar al aire una moneda) y registrarlos sistemáticamente cuando el suceso se repite mucha veces. *también* **SDAP 1.3, MR 2.0, MR 2.3, MR 2.4, MR 3.1, MR 3.2**

Relacionar

Puedes mostrar los resultados del lanzamiento de monedas en una gráfica de barras.

Paso 1

Jill lanzó una moneda al aire 25 veces. Registró los resultados en una tabla de conteo.

Resultados del lanzamiento de monedas	
Cara	**Sello**
~~IIII~~ ~~IIII~~ IIII	~~IIII~~ ~~IIII~~ I

Paso 2

Jill hizo una gráfica de barras con los datos de la tabla de conteo.

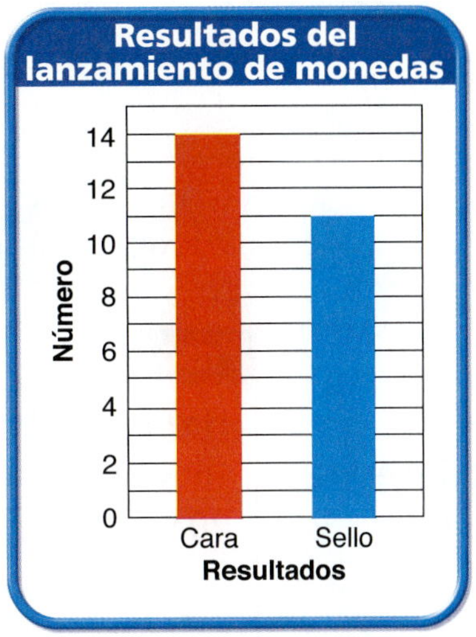

- ¿Por qué hay 25 marcas de conteo en la tabla?

COMENTA
¿Cómo te ayuda la gráfica de barras a comparar los resultados de Jill?

Practicar

Para los ejercicios 1 y 2, haz una lista de resultados posibles para cada uno.

1. Henry lanzará una moneda de 25¢.

2. Marsha usará la flecha giratoria.

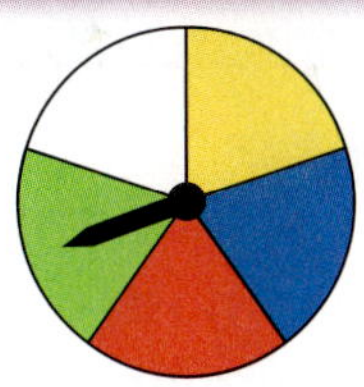

Para los ejercicios 3 y 4, usa la bolsa de canicas.

3. Billy va a sacar 1 canica de la bolsa. ¿Cuáles son los resultados posibles al sacar 1 vez?

4. **ESCRIBE** **¿Tiene sentido o no?** Billy dice que sacar una canica roja es igualmente probable que sacar una canica verde. ¿Tiene sentido su afirmación? **Explica.**

5. ¿Cuáles son los resultados posibles de lanzar un cubo numerado? ¿Cuáles resultados son igualmente probables?

6. **Razonamiento** Mario dibujó una flecha giratoria con 8 secciones iguales. Tres secciones son amarillas. Caer en amarillo y caer en rojo es igualmente probable. ¿Cuántas secciones son rojas? **Explica.**

LECCIÓN 5

Experimentos

OBJETIVO: Llevar a cabo experimentos de probabilidad, registrar los resultados y describir la probabilidad de los resultados.

Repaso rápido

Nombra un resultado posible para 1 giro de la flecha.

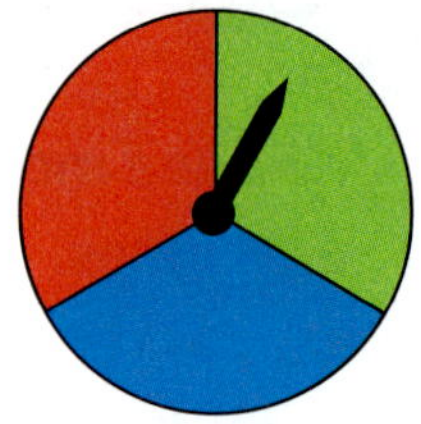

Vocabulario

experimento

Aprende

Un **experimento** es una prueba que se realiza para determinar algo. Puedes hacer experimentos de probabilidad para explorar lo probable que son los resultados.

MANOS A LA OBRA

Actividad

Materiales ■ patrón de flecha giratoria de 5 secciones, crayolas, tabla de conteo, gráfica de barras

Paso 1

Haz una flecha giratoria que tenga 5 secciones iguales. Colorea las secciones de amarillo, rojo, verde, morado y azul.

Paso 2

Haz una tabla de conteo. Haz una lista de todos los resultados posibles. Gira la flecha 20 veces. Registra los resultados en la tabla.

Experimento con flecha giratoria	
Color	Marcas
Amarillo	
Rojo	
Verde	
Morado	
Azul	

Paso 3

Haz una gráfica de barras con los datos para mostrar los resultados de tu experimento.

- ¿Cayó la flecha en cada color aproximadamente el mismo número de veces?
- **¿Qué pasaría si** 2 secciones de la flecha giratoria fueran azules? ¿Cómo cambiarían los resultados de tu experimento?

SDAP 1.3 Resumir y presentar organizada y claramente los resultados de experimentos de probabilidad (por eje., usar una gráfica de barras o un diagrama de puntos). *también* **SDAP 1.0, SDAP 1.1, SDAP 1.2, MR 2.0, MR 2.3, MR 2.4, MR 3.2, MR 3.3**

Más sobre experimentos

Mira la flecha giratoria A.
Hay 5 resultados posibles: verde, rojo, amarillo, azul o morado. Cada resultado es igualmente probable.

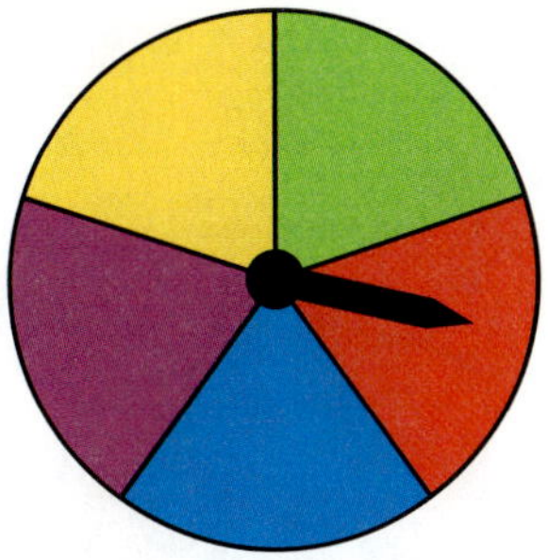

A

La probabilidad de que caiga en azul es 1 de 5.

Mira la flecha giratoria B.
Hay 5 resultados posibles: amarillo, amarillo, azul, azul o verde.

B

La probabilidad de que caiga en azul es 2 de 5.

- ¿Cuál es la probabilidad de que la flecha giratoria B caiga en verde?
- ¿Qué resultados son igualmente probables en la flecha giratoria B?

Práctica con supervisión

1. En la flecha giratoria C, ¿qué resultado es más probable? Piensa: ¿qué color se muestra más a menudo?

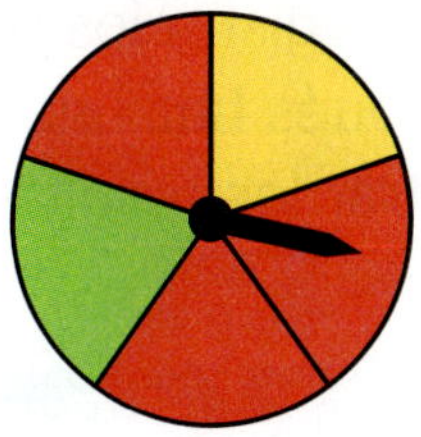

C

Para los ejercicios 2 a 7, usa las bolsas de fichas de la derecha.

Bolsa D

Bolsa E

2. Para la bolsa D, ¿qué resultados con igualmente probables?

3. ¿Cuáles son los resultados posibles si sacas 1 ficha de la bolsa D?

4. ¿Cuáles son los resultados posibles si sacas 1 ficha de la bolsa E?

5. ¿Cuál es la probabilidad de sacar una ficha verde de la bolsa D?

6. ¿Cuál es la probabilidad de sacar una ficha roja de la bolsa E?

7. COMENTA **Explica** por qué los resultados en la bolsa E son igualmente probables.

Práctica independiente y resolución de problemas

8. ¿Qué resultado es más probable?

9. ¿Cuál es la probabilidad de caer en rojo?

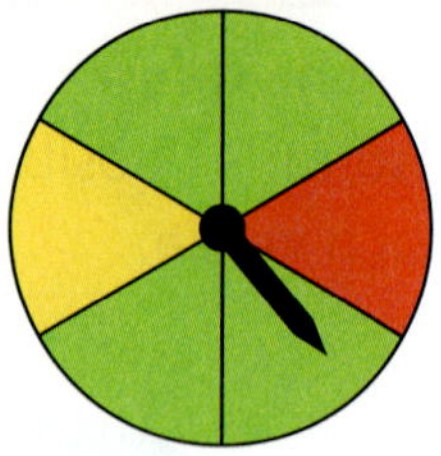

10. ¿Qué resultado es menos probable?

11. ¿Cuál es la probabilidad de sacar una ficha verde?

Para los ejercicios 12 a 15, usa la bolsa de canicas.

12. Cheryl está sacando 1 canica de la bolsa. ¿Cuáles son los resultados posibles?

13. ¿Qué resultados son igualmente probables?

14. ¿Cuál es la probabilidad de que Cheryl saque una canica roja?

15. **Formula un problema** Vuelve a leer el problema 14. Escribe un problema similar cambiando el color de la canica.

16. **ESCRIBE** Hay 6 fichas rojas, 1 verde, 2 azules y 3 amarillas en una bolsa. **Explica** cómo hallar la probabilidad de sacar una ficha amarilla.

17. Predice el número de veces que una moneda caerá en sello en un experimento. Lanza al aire la moneda 30 veces. Registra los resultados en una tabla. Después haz una gráfica de barras para mostrar los resultados.

18. ***DATO BREVE*** Las primeras canicas hechas a máquina fueron producidas en Akron, Ohio, en 1905. ¿Cuántos años hace de eso?

Comprensión de los Estándares

19. ¿Es seguro, probable, poco probable o imposible sacar una ficha roja de una bolsa que tenga 1 ficha azul, 2 verdes, 1 amarilla y 6 rojas? (SDAP 1.1, pág. 494)

20. Dalia compró papel para su impresora. El paquete tenía 500 hojas de papel. Dalia usó 112 hojas. ¿Cuántas hojas de papel le quedan? (NS 2.1, pág. 80)

21. ¿Qué signo iría en el recuadro para hacer verdadero este enunciado numérico? (AF 1.3, pág. 228) $56 \blacksquare \times 7 = 8$

22. **Preparación para la prueba** ¿Cuál es la probabilidad de sacar una ficha azul de esta bolsa?

A 1 de 10
B 2 de 8
C 4 de 8
D 4 de 10

Tecnología
Usa Harcourt Mega Math en español, Acciones con fracciones, *El cañón de la probabilidad,* nivel D.

 Práctica adicional en la página 512, Grupo C

Girar y girar

Destreza de lectura **Hacer una inferencia**

La tabla de la izquierda muestra los resultados de 30 giros en la flecha giratoria de Julie. La tabla de la derecha muestra los resultados de 30 giros en la flecha giratoria de Eve. ¿Qué inferencia puedes hacer acerca de la sección amarilla de la rueda giratoria de Eve?

Resultados de Julie

Color	Veces
Anaranjado	5
Amarillo	4
Azul	6
Verde	6
Rojo	5
Morado	4

Resultados de Eve

Color	Veces
Anaranjado	5
Amarillo	15
Azul	6
Verde	0
Rojo	4
Morado	0

Flecha giratoria de Julie

Flecha giratoria de Eve

Cuando haces una inferencia, desarrollas ideas basadas en información dada en el problema. Usa lo que sabes acerca de la probabilidad y los datos de la tabla para hacer una inferencia sobre la sección amarilla de la flecha giratoria de Eve.

Mira los resultados de la flecha giratoria de Julie. La flecha cayó en cada color aproximadamente un número igual de veces. Después mira los resultados de la flecha giratoria de Eve. La flecha de Eve cayó en amarillo aproximadamente 3 veces más frecuentemente de lo que cayó en otros colores.

Por lo tanto, puedes inferir que la sección amarilla de la flecha giratoria de Eve es más grande que las otras secciones.

Resolución de problemas Haz una inferencia para resolver los problemas.

1. ¿Cuántas veces cayó la flecha giratoria de Eve en morado o verde? ¿Qué inferencia puedes hacer?

2. ¿Cuántas veces cayó la flecha giratoria de Eve en anaranjado, azul o rojo? ¿Qué inferencia puedes hacer? **Explica**.

LECCIÓN 6

Diagrama de puntos

OBJETIVO: Leer y hacer diagramas de puntos.

Repaso rápido

Halla la diferencia.

1. 7 − 2 **2.** 16 − 9
3. 24 − 18 **4.** 35 − 27
5. 51 − 42

Vocabulario

diagrama de puntos moda rango

Aprende

PROBLEMA Sarah lanzó 20 veces un cubo numerado. Cada vez que sacó un número, lo registró en una tabla de conteo.

También puedes mostrar estos datos en un diagrama de puntos.

Experimento de Sarah

Número que sacó	Marca
1	||||
2	|||
3	||
4	|||
5	~~||||~~
6	|||

Un **diagrama de puntos** registra datos en una recta numérica.

MANOS A LA OBRA **Actividad** **Materiales** ■ recta numérica

Paso 1

Escribe un título para el diagrama de puntos. Rotula con números del 1 al 6 para mostrar los números del cubo numerado.

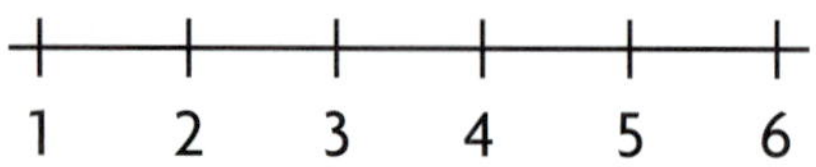

Experimento de Sarah

Paso 2

Dibuja una *x* sobre la recta numérica para mostrar las veces que Sarah sacó cada número.

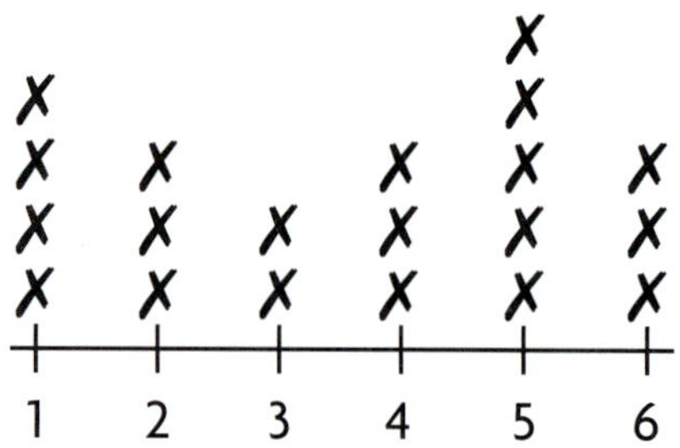

Experimento de Sarah

La **moda** es el número u objeto que se repite más a menudo en un conjunto de datos.

- En el experimento de Sarah, ¿qué número es la moda?

El **rango** es la diferencia entre el número mayor y el número menor en un conjunto de datos.

número mayor		número menor		rango
↓		↓		↓
6	−	1	=	5

El rango en el experimento de datos de Sara es 5.

- ¿En qué se parecen la tabla de conteo y el diagrama de puntos?

SDAP 1.3 Resumir y presentar organizada y claramente los resultados de experimentos de probabilidad (por eje., usar una gráfica de barras o un diagrama de puntos). *también* **MR 1.1, MR 2.3, MR 2.4, MR 3.1, MR 3.2**

Práctica con supervisión

Para los ejercicios 1 a 5, usa el diagrama de puntos.

1. ¿Qué número sacó Steve 4 veces?
2. ¿Cuál es el rango de los datos de Steve?
3. ¿Qué números sacó Steve el menor número de veces?
4. ¿Cuántas veces más sacó Steve un 5 que un 3?
5. COMENTA **Explica** cómo puedes hallar la moda en el experimento de Steve.

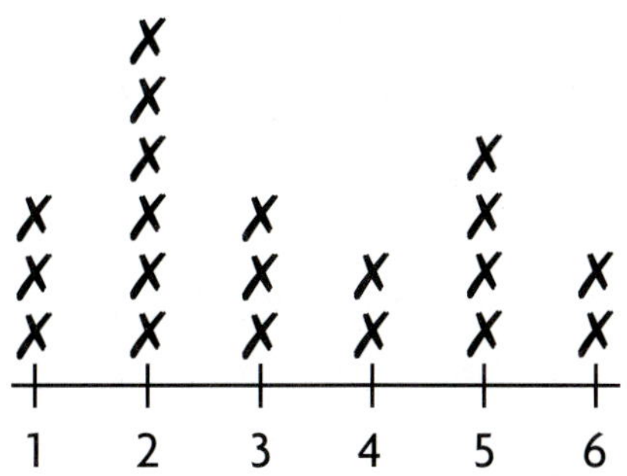

Experimento de flecha giratoria de Steve

Práctica independiente y resolución de problemas

Para los ejercicios 6 a 8, usa el diagrama de puntos. Sumas de cubo numerado.

Holly y Todd lanzaron dos cubos numerados 20 veces y registraron sus sumas. El diagrama muestra los resultados del experimento.

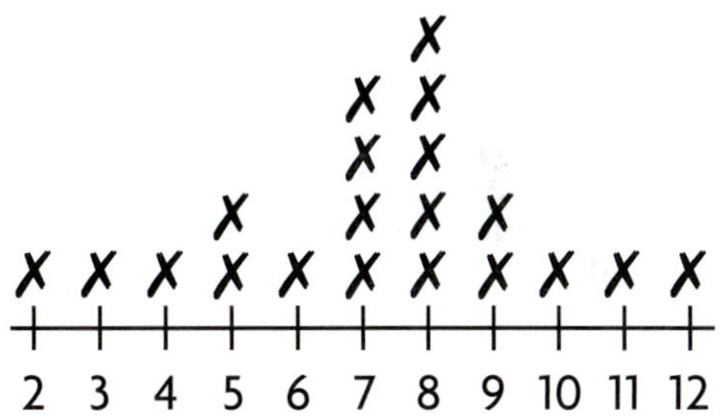

Sumas de cubo numerado

6. ¿Cuál es el rango de los datos?
7. ¿Qué suma se sacó con más frecuencia: menos que 7 o más que 7? **Explica.**
8. ESCRIBE **¿Cuál es el error?** Todd dice que la moda de los datos es 5. Describe su error. ¿Cuál es la moda?
9. La tabla de la derecha muestra los resultados de un experimento de flecha giratoria. Muestra los resultados en un diagrama de puntos.

Experimento de flecha giratoria	
Número	**Marca**
1	𝍸 IIII
2	𝍸 𝍸 I
3	𝍸 III
4	𝍸 𝍸 II

Comprensión de los Estándares

10. $\$34.71 - \$27.14 =$ (NS 3.3, pág. 470)
11. $56 \div 8 =$ (NS 2.5, pág. 240)
12. En una bolsa hay 6 canicas rojas y 1 canica azul. ¿Qué color tienes más probabilidad de sacar? (SDAP 1.4, pág. 494)
13. **Preparación para la prueba** En la tabla del experimento de flecha giratoria de arriba, ¿cuál es la moda?

A 4 **C** 11

B 9 **D** 12

LECCIÓN 7

Predecir sucesos futuros

OBJETIVO: Usar los resultados de experimentos de probabilidad para hacer predicciones.

Repaso rápido

¿Cuál es la moda de los datos?

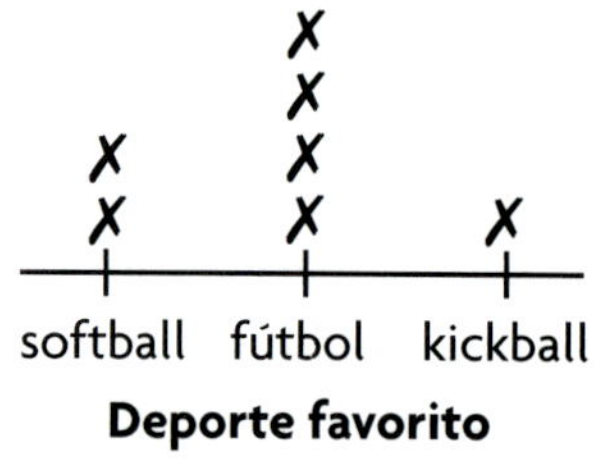

Aprende

Puedes usar los resultados de un experimento para predecir cuál será el resultado si realizas el experimento de nuevo.

MANOS A LA OBRA

Actividad 1

Materiales ■ termómetro

Paso 1

Registra cuál es la temperatura exterior a la misma hora durante 10 días.

Paso 2

Registra los resultados en un diagrama de puntos.

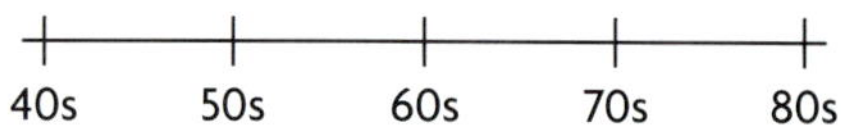

Paso 3

Usa los datos para predecir cuál será la temperatura al día siguiente.

Piensa: ¿Qué temperaturas ocurrieron con más frecuencia?
¿Qué temperatura tiene más probabilidad de ocurrir?

Paso 4

Registra la temperatura del día siguiente.

- ¿Cómo usar un diagrama de puntos te puede ayudar a predecir la temperatura?
- ¿Cómo se compara la temperatura del siguiente día con tu predicción?

SDAP 1.4 Usar los resultados de experimentos de probabilidad para predecir sucesos futuros (por eje., usar un diagrama de puntos para predecir el pronóstico del tiempo para el día siguiente). *también* **SDAP 1.1, SDAP 1.3, MR 2.0, MR 2.3, MR 2.4, MR 3.1, MR 3.2**

Actividad 2

Materiales ■ fichas de colores, bolsa de papel

Paso 1	Paso 2
Coloca en una bolsa de papel 9 fichas azules, 4 rojas y 2 amarillas. 	Saca una ficha de la bolsa. Registra su color en la tabla de conteo y regresa la ficha a la bolsa. Registra los resultados de sacar fichas 20 veces.
Paso 3	**Paso 4**
Predice de qué color tiene más probabilidad de ser la siguiente ficha.	Saca otra ficha. ¿Tu predicción fue correcta?

Práctica con supervisión

1. El diagrama de puntos muestra los resultados de sacar canicas de una bolsa 15 veces. Predice qué color tiene más probabilidad de ser el siguiente en salir. Piensa: ¿Qué resultado ocurrió con más frecuencia?

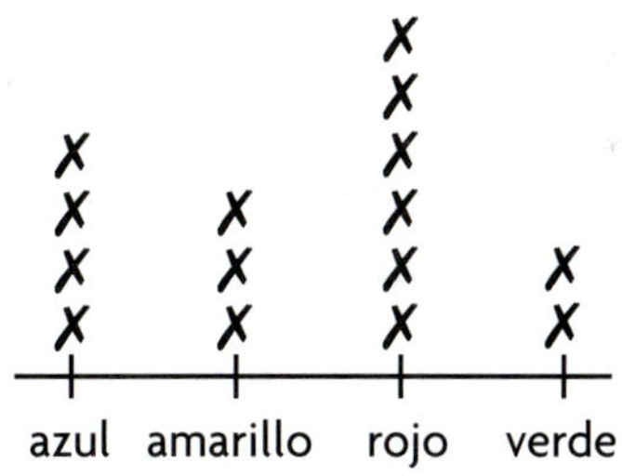

2. El diagrama de puntos muestra las temperaturas registradas a la misma hora durante 14 días. Predice la temperatura más probable para el día siguiente.

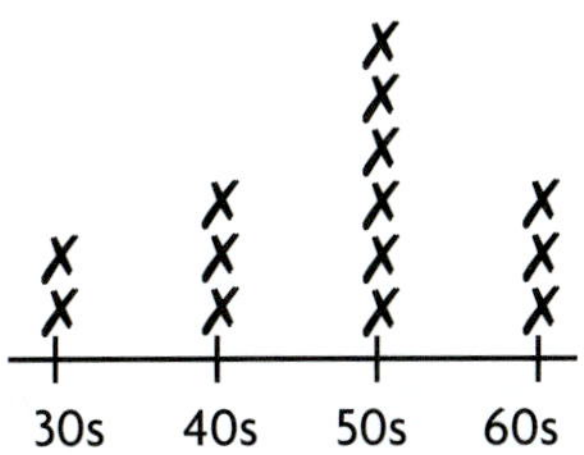

3. La tabla de conteo de abajo muestra los resultados de girar la flecha 22 veces. Predice el color que tiene más probabilidad de salir en el siguiente giro.

Resultados de flecha giratoria	
Color	**Marcas**
morado	卌 卌 ||||
verde	|||
rojo	卌

4. COMENTA **Explica** cómo te pueden ayudar los datos de una tabla de conteo o de un diagrama de puntos a hacer predicciones sobre lo que pasará cuando repitas el experimento.

Práctica independiente y resolución de problemas

5. El diagrama de puntos muestra los resultados de girar la flecha 12 veces. Predice el color más probable en el siguiente giro. Explica.

6. Paul compró una moneda de juguete en una tienda de monedas. Él lanzó la moneda al aire 40 veces y registró los resultados en una tabla. Predice el resultado más probable para el próximo lanzamiento. Explica.

Caras	Sellos
IIII	𝍸 𝍸 𝍸
	𝍸 𝍸 𝍸
	𝍸 I

USA LOS DATOS **Para los ejercicios 7 a 9, usa la gráfica de la derecha.**

7. La gráfica muestra los resultados de sacar 25 veces cubos de una bolsa. Roger va a sacar 1 cubo de la bolsa. Predice el siguiente color que más probablemente sacará.

8. Susan va a sacar 1 cubo de la bolsa. Predice el color que Susan tiene menos probabilidad de sacar.

9. ¿El número de veces que se sacó una ficha anaranjada fue mayor o menor que el número de veces que se sacó una ficha roja y azul? Explica.

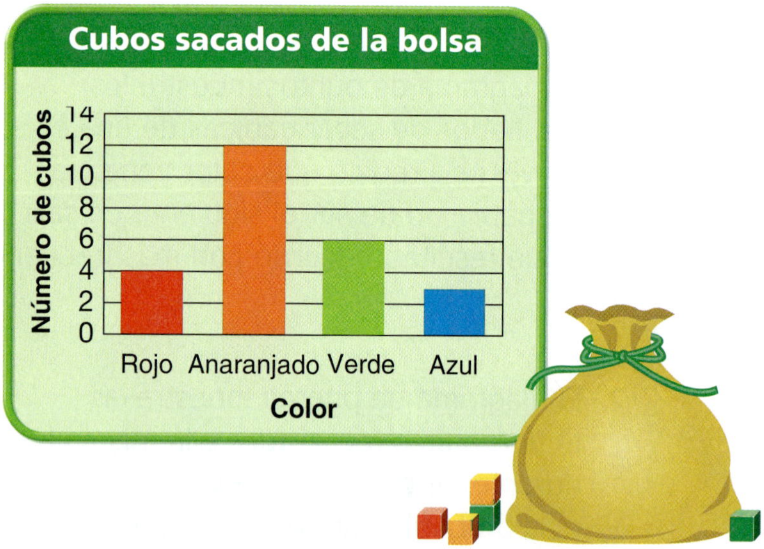

10. ESCRIBE **¿Tiene sentido o no?** La gráfica de barras muestra los resultados de un experimento con flecha giratoria. Molly predice que lo más probable es que el siguiente giro se detenga en rojo. ¿Tiene sentido su predicción? **Explica.**

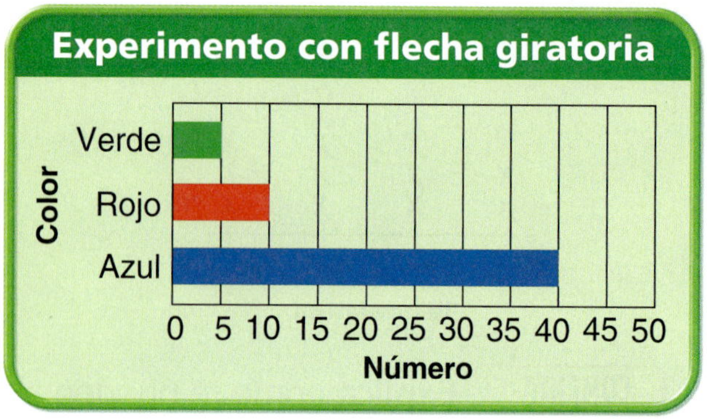

 Práctica adicional en la página 513, Grupo E

Comprensión de los Estándares

11. Lisa gastó $3.28 en lápices. Steven gastó $3.13 en crayolas. ¿Cuánto gastaron en total? (NS 3.3, pág. 470)

12. Moly comió $\frac{1}{4}$ de pizza. Jason comió $\frac{1}{3}$ de pizza. ¿Quién comió más? (NS 3.1, pág. 424)

13. Si $(6 \times 4) \times 3 = 72$, entonces, ¿cuánto es $(3 \times 6) \times 4$? (AF 1.5, pág. 176)

14. **Preparación para la prueba** El diagrama de puntos muestra los colores que se sacaron de una bolsa de fichas. Predice qué color tiene más probabilidad de ser sacado a continuación.

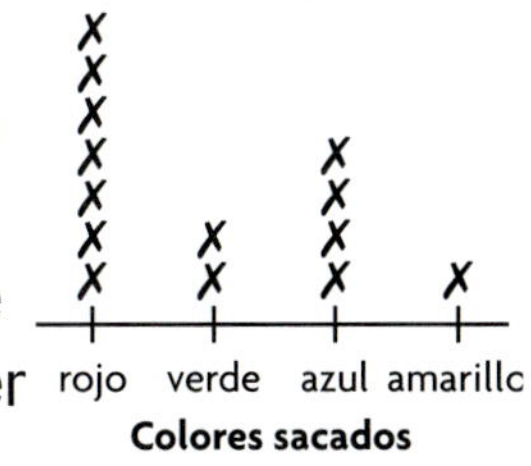

A verde **B** rojo **C** azul **D** negro

15. **Preparación para la prueba** Ginny giró la flecha 20 veces. Esta se detuvo en rojo 15 veces y en azul 5 veces. Predice en qué color tiene mayor probabilidad de detenerse a continuación.

F verde **G** azul **H** rojo **J** amarillo

Resolución de problemas Conexión con las Ciencias

HACER PREDICCIONES Las ventiscas son tormentas invernales con temperaturas frías, fuertes vientos y en las que nieva mucho. Los científicos usan las condiciones de abajo para predecir o pronosticar si una tormenta será una ventisca.

- velocidad del viento mayor que 35 millas por hora
- baja visibilidad (es muy difícil ver)
- cae nieve durante al menos 3 horas
- temperaturas bajo 20°F

Si se presentan TODAS estas condiciones, puedes predecir que la tormenta será una ventisca.

Usa el pronóstico del tiempo para predecir si la tormenta será una ventisca. Explica.

1. **PRÓNOSTICO DEL TIEMPO:** Mañana por la tarde estará soleado, con vientos de aproximadamente 20 millas por hora. Caerán de 1 a 2 pulgadas de nieve al iniciar la tarde y durará por lo menos una hora. La temperatura será de aproximadamente 25°F.
2. Usa las condiciones de la tabla para escribir tu propio pronóstico de ventisca.

LECCIÓN 8

Taller de resolución de problemas
Estrategia: Hacer una lista organizada

OBJETIVO: Resolver problemas usando la estrategia *hacer una lista organizada.*

Aprende la estrategia

Puedes hacer una lista organizada para ayudarte a resolver problemas.

Joy tiene 5 monedas de 1¢, 5 monedas de 5¢ y 5 monedas de 10¢. Hizo una lista de las diferentes maneras en que puede formar 20¢.

Maneras de formar 20¢

20¢ 2 monedas de 10¢
20¢ 1 moneda de 10¢, 2 monedas de 5¢
20¢ 1 moneda de 10¢, 1 moneda de 5¢, 5 monedas de 1¢
20¢ 3 monedas de 5¢, 5 monedas de 1¢
20¢ 4 monedas de 5¢

Allie está haciendo un experimento con un cubo numerado. Ella determinó los resultados posibles de lanzar el cubo 1 vez. Después hizo una lista de todos los resultados en orden de menor a mayor.

Allie

1
2
3
4
5
6

Scott les está sirviendo refrigerios y bebidas a sus amigos después de clases. Hizo una lista de las combinaciones posibles de refrigerios y bebidas.

rosquillas, jugo
rosquillas, agua

palomitas, jugo
palomitas, agua

papas fritas, jugo
papas fritas, agua

COMENTA
Mira la lista de Scott. ¿Cuántas combinaciones de 1 refrigerio y 1 bebida son posibles?

SDAP 1.2 Anotar los resultados posibles de un suceso simple (ejemplo: lanzar al aire una moneda) y registrarlos sistemáticamente cuando el suceso se repite mucha veces. *también* **MR 1.0, MR 1.1, MR 2.0, MR 2.3, MR 2.4, MR 3.0, MR 3.1, MR 3.2, MR 3.3**

Lee para entender
Planea
Resuelve
Comprueba

Usa la estrategia

PROBLEMA Sonya va a celebrar su cumpleaños. Planea servir panecillos de chocolate y de vainilla. Sus invitados pueden elegir merengue de chocolate, vainilla o fresa. ¿Cuántas combinaciones de panecillos y merengue hay?

Lee para entender

Destreza de lectura

- **Identifica los detalles del problema.**
- **¿Hay información que no vas a usar? Si es así, ¿cuál?**

Planea

- **¿Qué estrategia puedes usar para resolver el problema?** Puedes hacer una lista organizada de las combinaciones.

Resuelve

- **¿Cómo puedes usar la estrategia para resolver el problema?**
  Haz una lista de las posibles combinaciones. Empieza por el sabor de un panecillo. Empareja el panecillo con cada sabor de merengue.

  Empareja el otro panecillo con cada merengue.

  Después, halla las combinaciones.

  Por lo tanto, hay 6 combinaciones de panecillos y merengue.

chocolate, chocolate
chocolate, vainilla
chocolate, fresa

vainilla, chocolate
vainilla, vainilla
vainilla, fresa

Comprueba

- **¿Es razonable tu respuesta? Explica.**

Resolución de problemas con supervisión

Lee para entender
Planea
Resuelve
Comprueba

1. Sonya tiene regalos para sus invitados. Cada invitado recibirá 1 camiseta y 1 sombrero. Sonya tiene camisetas azules, rojas y blancas. Tiene sombreros morados, azules y verdes. ¿Cuántas combinaciones de 1 camiseta y 1 sombrero hay?

Primero, comienza con 1 camiseta. Empareja cada camiseta con cada sombrero.

Después, repite hasta que hayas incluido en la lista cada color de sombrero al lado de cada color de camiseta.

Por último, halla las combinaciones de camisetas y sombreros.

azul, morado
azul, azul
azul, verde

roja, morado
roja, azul
roja, verde

blanca, morado
blanca, azul
blanca, verde

2. **¿Qué pasaría si** Sonya también tuviera camisetas amarillas? ¿Cómo cambiaría el número de combinaciones de 1 camiseta y 1 sombrero?

3. La clase de Lana va a tener una fiesta. Cada estudiante puede elegir 1 lápiz y 1 cuaderno. Hay lápices de la carita feliz y de animales. Los cuadernos son azules y rojos. ¿Cuántas combinaciones de 1 lápiz y 1 cuaderno hay?

Resolución de problemas • Práctica de estrategias

USA LOS DATOS Para los ejercicios 4 a 6, usa la tabla.

Premios en la fiesta

Globos	Marcador de libro	Tarjetas de colección
rojos	cinta	béisbol
blancos	papel	superhéroes
azules		

4. Hay 3 bolsas de premios en la fiesta. Marty saca 1 premio de la bolsa de globos y 1 premio de la bolsa de tarjetas de colección. ¿Cuántas combinaciones de 1 globo y 1 tarjeta de colección hay?

5. Rico sacó 1 premio de la bolsa de marcadores de libro y 1 premio de la bolsa de tarjetas de colección. ¿Cuántas combinaciones de 1 marcador y 1 tarjeta hay?

6. ESCRIBE Sheree sacará un marcador de libro y 1 globo. Explica cómo hallar el número de combinaciones de marcadores y globos.

Práctica de estrategias mixtas

USA LOS DATOS Para los ejercicios 7 a 10, usa los dibujos y los precios.

7. Sonya está comprando paletas de dulce y yoyos para su fiesta. Quiere que cada invitado tenga uno de cada uno. Puede comprar paletas de naranja o de cereza y yoyos azules o verdes. Haz una lista para mostrar las combinaciones de 1 paleta y 1 yoyo que Sonya puede comprar.
8. ESCRIBE **¿Cuál es la pregunta?** Jared tenía $5.00 para gastar en la tienda. Compró 1 artículo. La respuesta es $3.45.
9. **Formula un problema** Vuelve a leer el problema 7. Escribe un problema similar agregando otro color de yoyo.
10. **Problema abierto** Imagina que tienes $10.00 para gastar en regalos para la fiesta. Habrá 10 invitados y cada invitado recibirá 2 regalos. Elige los regalos que darías y halla el costo total.
11. **Razonamiento** Una tienda de artículos para fiestas vendió 86 paquetes de sombreros en un día. Se vendieron 22 paquetes más en la tarde que en la mañana. ¿Cuántos paquetes se vendieron en la mañana?

ELIGE UNA ESTRATEGIA

- Hacer un diagrama o dibujo
- Hacer un modelo o una dramatización
- Hacer una lista organizada
- Buscar un patrón
- Hacer una tabla o gráfica
- Predecir y probar
- Trabajar desde el final hasta el principio
- Resolver un problema más sencillo
- Escribir una ecuación
- Usar el razonamiento lógico

ESFUÉRZATE

Ted invitó 12 amigos a su fiesta. Compró silbatos para regalarlos. Cada amigo recibirá un silbato. Los silbatos vienen en paquetes de 4 por $2 o paquetes de 10 por $3.

12. Ted quiere comprar los silbatos de manera que le cuesten la menor cantidad de dinero posible. Explica cómo hallar qué paquetes debería comprar y cuántos de cada paquete.
13. Cada amigo le compró a Ted una estampilla para su colección. Ahora él tiene 40 estampillas. Hay 12 estampillas más en su segundo álbum que en el primero. ¿Cuántas estampillas hay en cada álbum?

Práctica adicional

Grupo A **Para los ejercicios 1 a 3, usa la lista de canicas sacadas.** (págs. 488 y 489)

1. Anne Marie hizo esta lista de los colores de canicas que sacaron los estudiantes de su clase. Haz una tabla de conteo para organizar sus datos.
2. ¿Cuántos estudiantes sacaron una canica roja?
3. ¿Un mayor número de estudiantes sacaron canicas azules o rojas?

Canicas sacadas	
Jack	azul
Mike	rojo
Trisha	amarillo
Shelly	azul
Greta	verde
Manuel	rojo
Tyler	rojo
Samantha	amarillo
Hunter	azul
Morgan	rojo

Grupo B **Di si cada suceso es *probable, poco probable, seguro* o *imposible*.** (págs. 494 y 495)

1. sacar una manzana roja
2. sacar una manzana amarilla
3. sacar una manzana
4. sacar una naranja

Grupo C **Para los ejercicios 1 a 4, usa la flecha giratoria.** (págs. 498 a 501)

1. ¿Cuáles son los resultados probables de 1 giro?
2. ¿Qué resultado es menos probable?
3. ¿Qué resultados son igualmente probables?
4. ¿Cuál es la probabilidad de sacar azul?

CD ROM Tecnología

Usa Harcourt Mega Math en español, Juegos de números, *Aracnografía*, niveles B, C, E, F.

Grupo D Para los ejercicios 1 a 4, usa el diagrama de puntos. (págs. 502 y 503)

1. ¿Cuántas personas recogieron exactamente 5 canastas de zarzamoras?
2. ¿Cuál es el rango de los datos?
3. ¿Cuál es la moda de los datos?
4. ¿Cuántas personas recogieron más de 8 canastas de zarzamoras?

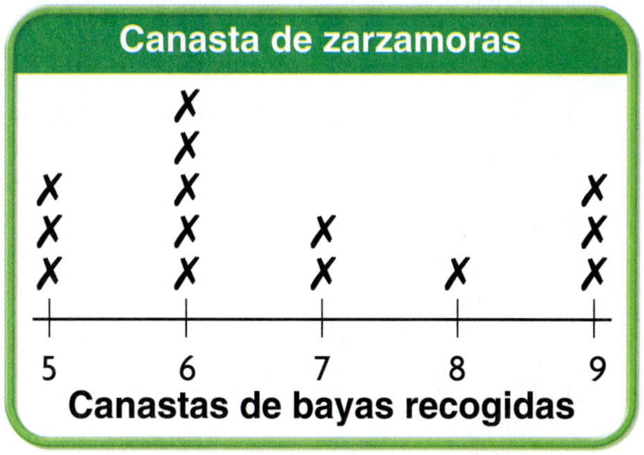

Grupo E Usa el diagrama de puntos y la tabla de conteo. (págs. 504 y 505)

1. El diagrama de puntos muestra los resultados de sacar 15 veces canicas de una bolsa. Predice qué color se sacará a continuación.

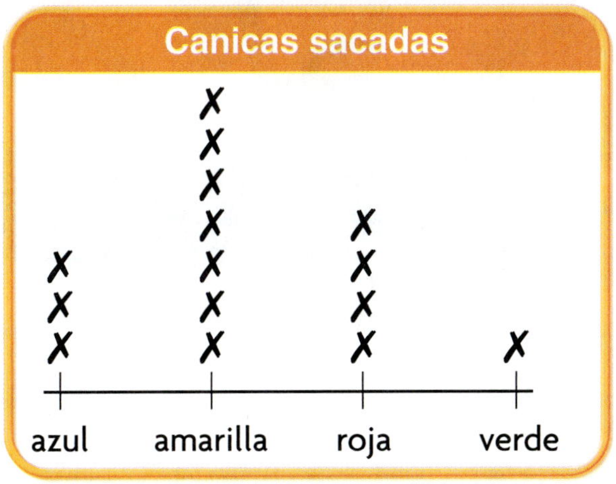

2. La tabla de conteo muestra los resultados de un experimento de flecha giratoria. Predice qué color es más probable que salga en el siguiente giro.

Resultados de flecha giratoria	
Color	**Marcas**
verde	卌 II
amarillo	卌 III
rojo	卌 卌 卌

Repaso/Prueba del Capítulo 21

Repasar el vocabulario y los conceptos

Elige el mejor término del recuadro.

VOCABULARIO
experimento
probabilidad
predecir
tabla de conteo

1. Un __?__ es una prueba que se realiza para determinar algo. **(SDAP 1.3, pág. 498)**

2. Al __?__, haces una conjetura razonable de lo que ocurrirá. **(SDAP 1.4, pág. 504)**

3. La __?__ es la posibilidad de que ocurra un suceso. **(SDAP 1.1, pág. 494)**

4. Una __?__ es una manera de registrar datos. **(SDAP 1.3, pág. 488)**

Repasar las destrezas

Para los ejercicios 5 a 8, di si cada suceso es *probable*, *poco probable*, *seguro* o *imposible*. **(SDAP 1.1, págs. 494 y 495)**

5. sacar un marcador anaranjado

6. sacar un marcador azul

7. sacar un marcador rojo

8. sacar un marcador

Para los ejercicios 9 a 12, usa el experimento de flecha giratoria de Tom. **(SDAP 1.3, págs. 502 y 503)**

9. ¿Cuántas veces sacó Tom 6?

10. ¿Cuántas veces más sacó Tom 1 o 2 que 5 o 6?

11. ¿Cuál es la moda de los datos?

12. ¿Cuál es el rango de los datos?

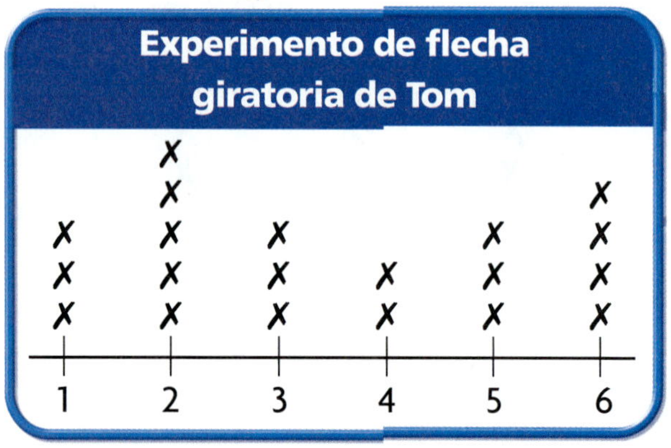

Repasar la resolución de problemas

Resuelve. **(SDAP 1.2, MR 2.3, págs. 508 a 511)**

13. Eva elige 1 fruta y 1 postre. ¿Cuántas combinaciones hay de 1 fruta y 1 postre?

14. ESCRIBE Dion elige 1 bebida y 1 postre. ¿Cuántas combinaciones hay de 1 bebida y 1 postre? **Explica**.

Comida de día de campo

Fruta	Bebida	Postre
sandía	té helado	pastel
naranja	limonada	galleta
banana		

Enriquecimiento • Arreglos

FIESTA DE POSIBILIDADES

Rory está planeando su fiesta de cumpleaños. Sus invitados jugarán, comerán pastel y tumbarán una piñata. ¿De cuántas maneras diferentes puede Rory planear el orden de las 3 actividades?

Cuando el orden de las actividades es importante necesitas un **arreglo**.

Para resolver el problema, selecciona cada actividad y luego combínala con cada una de las otras actividades.

Paso 1	Elige **juegos** de primero. Escribe todas las maneras de hacer las 3 actividades con los juegos de primero.
Paso 2	Luego, elige **pastel** de primero. Escribe todas las maneras de hacer las 3 actividades con el pastel de primero.
Paso 3	Después, elige la **piñata** de primero. Escribe todas las maneras de hacer las 3 actividades con la piñata de primero.

PRIMERO	SEGUNDO	TERCERO
juegos	pastel	piñata
juegos	piñata	pastel
pastel	juegos	piñata
pastel	piñata	juegos
piñata	pastel	juegos
piñata	juegos	pastel

Ahora cuenta las diferentes maneras. El orden de las actividades puede ser arreglado de 6 maneras.

Inténtalo

1. Paula está colocando sus libros en un estante. Tiene un libro de caballos, un libro de ballet y un libro de natación. ¿De cuántas maneras diferentes puede Paula ordenar sus libros?

2. Elige 4 números del 1 al 9. Usa cada número una vez, ¿de cuántas maneras puedes ordenar los números en un número de 4 dígitos?

ESCRIBE Jillian y Molly están de visita en la ciudad de New York. Quieren visitar los lugares de la lista a la derecha. ¿De cuántas maneras diferentes pueden visitar esos lugares? **Explica**.

LUGARES PARA VISITAR

Edificio Empire State
Times Square
Estatua de la Libertad
Central Park

Comprensión de los Estándares

Capítulos 1 a 21

Percepción numérica

1. Hailey y Eric vendieron su colección de libros de historietas en $18.00. Ellos quieren repartir el dinero en partes iguales. ¿Cuánto obtendrá cada uno? (NS 3.3)

   A $6.00

   B $9.00

   C $16.00

   D $36.00

2. Los animales del acuario de Monterey Bay comen 305 libras de alimento cada día. ¿Cómo se escribe 305 en forma desarrollada? (NS 1.5)

   A $300 + 5$

   B $100 + 3 + 5$

   C $3 + 0 + 5$

   D $30 + 5$

3. $2{,}491 \times 8 =$ (NS 2.4)

   A 16,228

   B 16,928

   C 19,228

   D 19,928

4. **ESCRIBE** Hay 96 estudiantes de tercer grado en la escuela de Mark. Estos estudiantes están repartidos equitativamente en 4 clases. ¿Cuántos estudiantes hay en cada clase? **Explica**. (NS 2.5)

Álgebra y funciones

5. ¿Qué número hace verdadero a este enunciado numérico?

   $$3 \times 8 > 4 \times \blacksquare$$ (AF 1.2)

   A 8

   B 7

   C 6

   D 5

Pista

Elige la respuesta.

Lee el problema 6. Halla el número total de fichas y luego mira cómo los círculos agrupan a las fichas. Esto te ayudará a elegir la respuesta correcta.

6. Escribe una expresión para mostrar el número de fichas. (AF 1.1)

   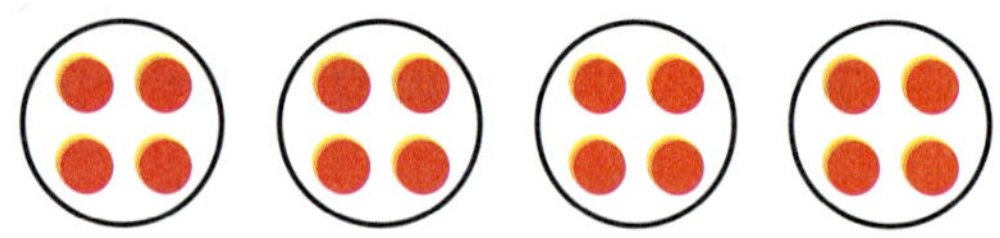

   A $4 \div 4$

   B $4 - 4$

   C 4×4

   D $4 + 4$

7. **ESCRIBE** Si los melocotones cuestan $1.29 por libra, ¿cuánto costarán 5 libras? **Explica** tu respuesta. (AF 2.1)

Medición y geometría

8. ¿Cuántos ángulos rectos tiene un cuadrado? (MG 2.3)

A 1
B 2
C 3
D 4

9. ¿Cuál es el área de esta figura? (MG 1.2)

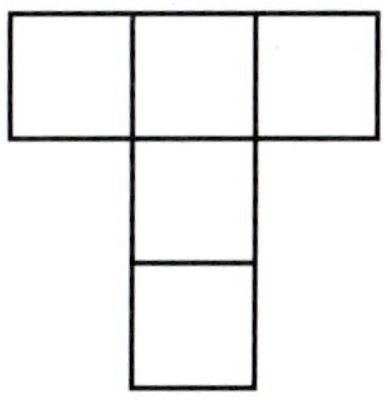

A 3 unidades cuadradas
B 4 unidades cuadradas
C 5 unidades cuadradas
D 6 unidades cuadradas

10. ESCRIBE ¿Cuál es el volumen de esta figura? **Explica** cómo lo sabes. (MG 1.2)

Estadísticas, análisis de datos y probabilidad

11. Heidi sacó lápices de colores de su caja de lápices. Ella registró los resultados de sacar 18 lápices. ¿Cuántas veces sacó Heidi un lápiz rojo? (SDAP 1.2)

A 2
B 3
C 6
D 7

<table>
<tr><th colspan="2">Lápices sacados</th></tr>
<tr><th>Color</th><th>Marca</th></tr>
<tr><td>amarillo</td><td>|||</td></tr>
<tr><td>azul</td><td>卌 ||</td></tr>
<tr><td>rojo</td><td>卌 |</td></tr>
<tr><td>verde</td><td>||</td></tr>
</table>

12. El diagrama de puntos muestra las temperaturas del agua del Océano Pacífico cerca de la costa de California durante 10 días. ¿Cuál predices que será la temperatura al día siguiente? (SDAP 1.4)

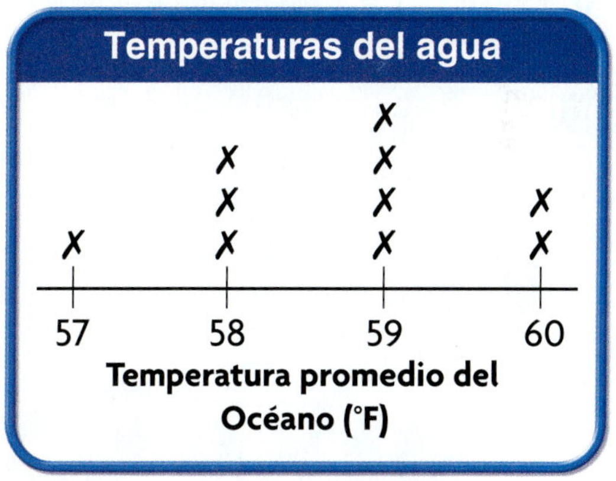

A 57°F
B 58°F
C 59°F
D 60°F

13. ESCRIBE ¿Qué color de canica es probable que saques de esta bolsa? **Explica**. (SDAP 1.1)

CAPÍTULO

22 Dinero y la hora

La idea importante Las cantidades de dinero se pueden sumar, restar y comparar igual que los números enteros; el tiempo es la duración de un suceso.

Investiga

Los relojes vienen en muchas formas y tamaños diferentes. Mira los tres relojes. Escribe la hora que se muestra en cada uno. Después menciona una actividad que realices a esa hora del día.

CALIFORNIA DATO BREVE

Todos los martes hay en Old Town Santa Barbara un mercado de agricultores donde los granjeros locales venden flores y productos agrícolas frescos.

Muestra lo que sabes

Comprueba si has aprendido las destrezas importantes que se necesitan para completar exitosamente el Capítulo 22.

▶ Contar monedas

Cuenta y escribe la cantidad.

1. 

2. 

3. 

4. 

▶ La hora a la media hora

Escribe la hora que se muestra.

5. 

6. 

7. 

▶ La hora al cuarto de hora

Escribe la hora que se muestra.

8. 

9. 

10. 

Enriquece tu vocabulario

VOCABULARIO DEL CAPÍTULO

A.M.
reloj analógico
calendario
cambio
punto decimal
reloj digital
dólar
tiempo transcurrido
media hora
hora
medianoche
minuto
mediodía
P.M.
cuarto de hora
secuencia

PREPARACIÓN

cambio El dinero que recibes de vuelta si pagaste por un artículo con monedas o billetes que tienen un valor mayor que el costo del artículo

tiempo transcurrido La cantidad de tiempo que pasa desde el comienzo de una actividad hasta el fin de la misma

calendario Una tabla que muestra los días, semanas y meses de un año

LECCIÓN 1

Comparar cantidades de dinero

OBJETIVO: Comparar cantidades de dinero con billetes y monedas.

Repaso rápido

Compara. Usa <, > o = para cada uno.

1. 6 ● 8
2. 11 ● 13
3. 15 ● 12
4. 134 ● 145
5. 229 ● 226

Aprende

PROBLEMA Sarah y Zoey compraron cada una un par de anteojos de sol. Pagaron las cantidades que se muestran a continuación. ¿Quién gastó más dinero?

Ejemplo 1 Cuenta y compara las cantidades de dinero.

Sarah

Sarah gastó $5.27

Zoey

Zoey gastó $5.30

$5.27 < $5.30 o $5.30 > $5.27

Por lo tanto, Zoey gastó más dinero.

- Si tienes un número mayor de billetes y monedas que otra persona, ¿tienes siempre la mayor cantidad de dinero? Explica.

Recuerda

< significa es menor que.

> significa es mayor que.

Ejemplo 2 Usa el valor posicional para comparar $3.56 y $3.54

DÓLARES	.	MONEDAS DE 10¢	MONEDAS DE 1¢
$3	.	5	6
$3	.	5	4

El número de dólares y monedas de 10¢ es igual.
Compara el número de monedas de 1¢.
6 > 4 o $3.56 > $3.54.

Práctica con supervisión

1. ¿Qué cantidad de dinero es mayor, 2 monedas de 25¢ o 6 monedas de 10¢?

AF 1.1 Representar relaciones de cantidades en forma de expresiones, ecuaciones o desigualdades matemáticas. *también* NS 3.3, MR 2.0, MR 2.3, MR 2.4, MR 3.2

Usa <, > o = para comparar las cantidades de dinero.

2.  

3.  

4. **COMENTA** **Explica** cómo comparar $5.28 y $5.41 usando el valor posicional.

Práctica independiente y resolución de problemas

Usa <, > o = para comparar las cantidades de dinero.

5.  

¿Qué cantidad es mayor?

6. $6.82 o $6.90
7. $1.10 o 5 monedas de 25¢
8. $1.90 o 7 monedas de 25¢
9. $3.26 o $2.63
10. 4 monedas de 10¢ o 4 monedas de 25¢
11. 3 monedas de 10¢, 3 monedas de 5¢ o 5 monedas de 10¢

USA LOS DATOS Para los ejercicios 12 y 13, usa la tabla.

12. Escribe los precios en orden de mayor a menor. ¿Cuál es la diferencia entre la cantidad mayor y la menor?
13. **ESCRIBE** Hayley tiene $5.00. ¿Qué artículo puede comprar en la tienda de la playa? **Explica** cómo lo sabes.

Tienda de la playa

Artículo	Precio
Toalla	$5.82
Botella de agua	$2.87
Protector solar	$5.12

Comprensión de los Estándares

14. ¿Qué instrumento debería usar Marcus para medir cuánta leche hay en su vaso? (Grado 2 MG 1.0)
15. Bianca estimó 688 − 432 redondeando a la centena más cercana. ¿Cuál fue su estimación? (NS 1.4, pág. 72)
16. Halla la diferencia. (NS 2.1, pág. 82)
    $100 - 52 =$
17. **Preparación para la prueba** Amber sólo tiene monedas de 25¢. Tiene más de 75¢. ¿Qué cantidad podría tener Amber?
    - **A** $0.85
    - **B** $1.05
    - **C** $1.50
    - **D** $1.70

Práctica adicional en la página 548, Grupo A

LECCIÓN 2

Dar cambio

OBJETIVO: Contar hacia adelante para dar cambio.

Repaso rápido

Julia tiene un billete de $1, 3 monedas de 1¢ y 1 moneda de 25¢. ¿Cuánto dinero tiene Julia en total?

Vocabulario

cambio

Aprende

PROBLEMA Marla compra un juguete para su gato por $3.68. Paga con un billete de $5.00. ¿Cuánto cambio debe recibir Marla?

El **cambio** es el dinero que recibes de vuelta si pagas un objeto con monedas o billetes que tienen un valor mayor al precio del artículo.

MANOS A LA OBRA Actividad 1 **Dar cambio de $5.00.**

Materiales ■ dinero de juguete

Comienza con el precio del artículo. Cuenta hacia adelante con las monedas y los billetes hasta la cantidad que pagó Marla.

precio del artículo ↓

$3.68 → $3.69 → $3.70 → $3.75 → $4.00 → $5.00 ← cantidad pagada

Luego cuenta el valor de los billetes y monedas que recibió.

Por lo tanto, Marla debe recibir $1.32 de cambio.

MANOS A LA OBRA Actividad 2 **Dar cambio de $10.00.**

Alex compra una correa para su perro por $7.70. Paga con un billete de $10. ¿Cuánto cambio debe recibir Alex?

precio del artículo ↓

$7.70 → $7.80 → $7.90 → $8.00 → $9.00 → $10.00 ← cantidad pagada

Por lo tanto, Alex debe recibir $2.30 de cambio.

NS 3.3 Resolver problemas de suma, resta, multiplicación y división de cantidades de dinero en notación decimal, y multiplicar y dividir cantidades de dinero en notación decimal usando números enteros como multiplicadores y divisores. *también* **MR 2.0, MR 2.3, MR 2.4, MR 3.2**

Práctica con supervisión

1. Cuenta hacia adelante desde $5.18 hasta $6.00. Nombra las monedas que faltan.

Halla la cantidad del cambio. Usa dinero de juguete como ayuda.

2. Brenda compra un libro de caricaturas por $3.42. Paga con un billete de $5.

3. Ivy compra un sándwich por $5.25. Paga con un billete de $10.

4. **COMENTA** **Explica** cómo contar hacia adelante desde $2.09 hasta $5.00.

Práctica independiente y resolución de problemas

Halla la cantidad del cambio. Usa dinero de juguete como ayuda.

5. Pete compra un diccionario nuevo por $4.59. Paga con un billete de $5.

6. Rose compra un pote de yogur por $0.68. Paga con un billete de $5.

7. Omar compra un collar para perros por $7.22. Paga con un billete de $10.

8. Morgan compra un peluche por $3.85. Paga con un billete de $10.

USA LOS DATOS Para los ejercicios 9 y 10, usa el dibujo.

9. Ed compra un yoyo. Paga con un billete de $5.00. ¿Cuánto cambio debería recibir?

10. **ESCRIBE** Mena compra un oso de peluche. Paga con un billete de $10. ¿Cuánto es el cambio de Mena? ¿Qué billetes y monedas recibe? **Explica** cómo lo sabes.

11. **Razonamiento** Jane compró un libro. Pagó con $3.00. Recibió de cambio 2 monedas de 25¢, 2 monedas de 10¢ y 3 monedas de 1¢. ¿Cuánto costó el libro?

Comprensión de los Estándares

12. Un año tiene por lo general 365 días. ¿Qué valor tiene el dígito 3 en 365? (NS 1.3, pág. 6)

13. Hay 328 niños y 182 niñas en el campamento. Estima el número total de campistas. (NS 1.4, pág. 52)

14. $514 + 223 =$ (NS 2.1, pág. 58)

15. **Preparación para la prueba** Kim compra el amuerzo por $4.17. Paga con un billete de $5.00. ¿Cuánto cambio recibe?

A $0.75
B $0.78
C $0.81
D $0.83

Práctica adicional en la página 548, Grupo B

LECCIÓN 3

Taller de resolución de problemas
Estrategia: Comparar estrategias

OBJETIVO: Comparar diferentes estrategias para resolver problemas.

PROBLEMA Dante tiene tres billetes de $1, 3 monedas de 25¢ y 4 monedas de 5¢. Quiere alquilar un par de patines de hielo por $3.35. ¿Cuánto dinero le quedará a Dante?

Lee para entender

Destreza de lectura

- **¿Qué información usarás?**

Planea

- **¿Qué estrategia puedes usar para resolver el problema?**
  Puedes usar recursos visuales.
  Haz un dibujo o escribe un enunciado numérico para resolver el problema.

Resuelve

- **¿Cómo puedes usar cada estrategia para resolver el problema?**

Haz un dibujo para hallar cuánto dinero le queda a Dante.

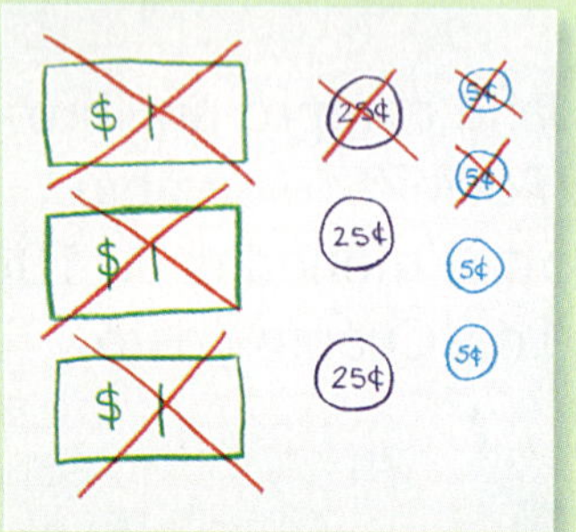

Tacha para restar $3.35. Por lo tanto, a Dante le quedan $0.60.

Escribe un enunciado numérico para hallar cuánto dinero le queda a Dante.

Dante tiene:
$3.00 + $0.75 + $0.20 = $3.95.

$3.95 − $3.35 = $0.60

Por lo tanto, a Dante le quedarán $0.60 después de alquilar los patines.

Comprueba

- **¿Cómo puedes comprobar tu respuesta?**

COMENTA
¿Qué estrategia usarías? Explica tu elección.

NS 3.3 Resolver problemas de suma, resta, multiplicación y división de cantidades de dinero en notación decimal, y multiplicar y dividir cantidades de dinero en notación decimal usando números enteros como multiplicadores y divisores. *también* **MR 1.0, MR 1.1, MR 2.0, MR 2.3, MR 2.4, MR 2.6, MR 3.0, MR 3.1, MR 3.2**

Resolución de problemas con supervisión

1. Amy tiene seis billetes de $1, 4 monedas de 25¢, 3 monedas de 10¢ y 4 monedas de 5¢. Ella debe pagar $6.85 para patinar en hielo durante una hora. ¿Cuánto dinero le quedará a Amy?

Haz un dibujo para mostrar cuánto dinero tiene Amy. Después tacha los $6.85 que pagó para patinar. Halla cuánto dinero le queda a Amy.

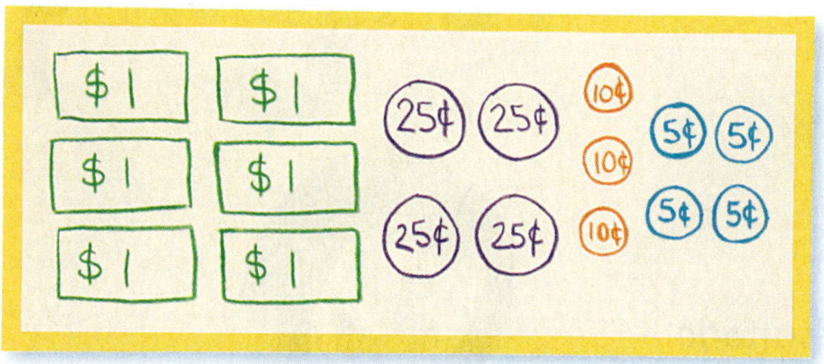

ELIGE UNA ESTRATEGIA

- Hacer un diagrama o dibujo
- Hacer un modelo o una dramatización
- Hacer una lista organizada
- Buscar un patrón
- Hacer una tabla o gráfica
- Predecir y probar
- Trabajar desde el final hasta el principio
- Resolver un problema más sencillo
- Escribir una ecuación
- Usar el razonamiento lógico

2. **¿Qué pasaría si** Amy tuviera un billete de $5, dos billetes de $1, 3 monedas de 25¢, 3 monedas de 10¢ y 3 monedas de 5¢? ¿Cuánto dinero le quedará a Amy si gasta $6.85 en patinar?

3. Tyler tiene 7 monedas de 25¢, 4 monedas de 10¢ y 6 monedas de 5¢. Él quiere comprar un perro caliente por $1.45. ¿Cuánto dinero le quedará a Tyler?

Resolución de problemas • Práctica de estrategias

4. **Razonamiento** Hay 50 monedas de 1¢ en un rollo de monedas de 1¢. Elias tiene 9 monedas de 5¢. Si cambia sus monedas de 5¢ por monedas de 1¢, ¿tendrá suficientes monedas de 1¢ para llenar un rollo? Explica.

5. Amber tiene 3 monedas de 25¢, 2 monedas de 10¢, 6 monedas de 5¢ y 4 monedas de 1¢. Lucy tiene 2 monedas de 25¢, 5 monedas de 10¢, 4 monedas de 5¢ y 16 monedas de 1¢. ¿Quién tiene más dinero?

6. **ESCRIBE** Duane anotó 2 goles durante la práctica de hockey sobre hielo. Robbie anotó 2 goles más que Duane. Jack anotó 1 gol menos que Robbie. Explica cómo hallar el número de goles que cada niño anotó.

7. Jen y Tina vendieron limonada y galletas para recaudar dinero para una clase de patinaje sobre hielo. Tenían 11 monedas que eran igual a $2.75. ¿Qué monedas tenían?

8. Casey compró equipos para hockey sobre hielo. Ella gastó $5.00 y compró tres artículos. ¿Qué artículos compró?

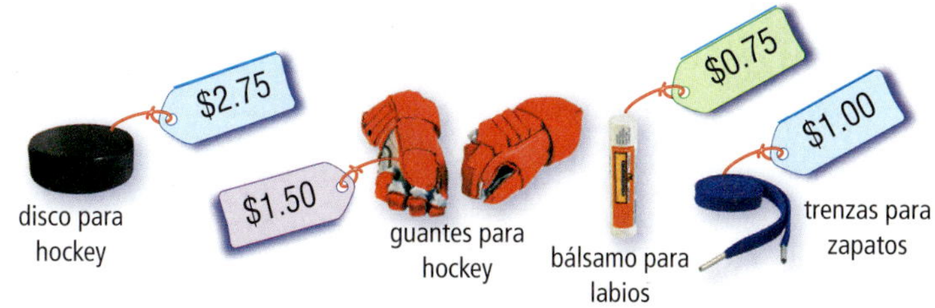

LECCIÓN 4

Sumar cantidades de dinero

OBJETIVO: Sumar cantidades de dinero con y sin reagrupación.

Repaso rápido

1. 31 + 57 = ■
2. 309 + 112 = ■
3. 224 + 15 + 9 = ■
4. 305 + 47 = ■
5. 1,251 + 3,070 = ■

Aprende

PROBLEMA Tony compró una linterna por $5.42 y un paquete de baterías por $3.82. ¿Cuánto dinero gastó Tony?

Ejemplo **Suma. $5.42 + $3.82**

Estima al dólar más cercano: $5 + $4 = $9.

Paso 1	Paso 2	Paso 3
Alinea los puntos decimales.	Suma el dinero como si fueran números enteros.	Escribe el resultado en dólares y centavos.
$\begin{array}{r} \$5.42 \\ +\ \$3.82 \\ \hline \end{array}$	$\begin{array}{r} {}^{1} \\ \$5.42 \\ +\ \$3.82 \\ \hline 9\ 24 \end{array}$	$\begin{array}{r} {}^{1} \\ \$5.42 \\ +\ \$3.82 \\ \hline \$9.24 \end{array}$

Por lo tanto, Tony gastó $9.24. Como $9.24 está cerca de la estimación de $9, la respuesta es razonable.

Más ejemplos

A Cantidades menores que $1.00

Suma. $0.52 + $0.27 + $0.39

Estima a los diez centavos más cercanos.
$0.50 + $0.30 + $0.40 = $1.20

Alinea los puntos decimales.	Suma.
$\begin{array}{r} \$0.52 \\ 0.27 \\ +\ 0.39 \\ \hline \end{array}$	$\begin{array}{r} {}^{1\ 1} \\ \$0.52 \\ 0.27 \\ +\ 0.39 \\ \hline \$1.18 \end{array}$

B Cantidades mayores que $10.00

Suma. $18.49 + $23.82

Estima al dólar más cercano.

$18 + $24 = $42

Alinea los puntos decimales.	suma.
$\begin{array}{r} \$18.49 \\ +\ \$23.82 \\ \hline \end{array}$	$\begin{array}{r} {}^{1\ 1\ \ 1} \\ \$18.49 \\ +\ \$23.82 \\ \hline \$42.31 \end{array}$

- ¿En qué difiere sumar cantidades de dinero de sumar números enteros?

NS 3.3 Resolver problemas de suma, resta, multiplicación y división de cantidades de dinero en notación decimal, y multiplicar y dividir cantidades de dinero en notación decimal usando números enteros como multiplicadores y divisores. *también* **MR 2.1, MR 2.3, MR 2.4, MR 3.2**

Práctica con supervisión

1. ¿Cómo alinearías los puntos decimales para sumar $1.53 y $0.17?. Halla la suma.

Estima. Halla la suma.

2. $0.45 + $0.31
3. $6.25 + $3.12
4. $3.81 + $1.29
5. $25.51 + $16.84

6. **COMENTA** **Explica** cómo puedes sumar $0.53 y $0.64.

Práctica independiente y resolución de problemas

Estima. Después halla la suma.

7. $0.27 + $0.71
8. $2.94 + $1.52
9. $4.34 + $3.51
10. $2.58 + $4.75
11. $28.62 + $14.87

12. $0.22 + $0.16
13. $4.16 + $0.31
14. $3.08 + $8.90 + $6.57
15. $0.18 + $0.35
16. $0.64 + $1.77
17. $20.54 + $9.90 + $0.65

Álgebra **Escribe <, > o = para cada ●.**

18. $21.25 + $5.75 ● $27.00
19. $1.64 + $1.66 ● $2.50

USA LOS DATOS **Para los ejercicios 20 a 22, usa las ilustraciones.**

20. Tony tiene un billete de $5. ¿Tiene suficiente dinero para comprar palitos para artesanía, escarcha y pegamento? Explica.

21. **ESCRIBE** **¿Cuál es la pregunta?** Shelly compró cartulina y palitos para artesanías. La respuesta es $2.06.

22. James compró marcadores. Pagó con 8 monedas de 25¢ y 3 monedas de 10¢. ¿Cuánto cambio le dieron?

Comprensión de los Estándares

23. 562 + 149 = (NS 2.1, pág. 58)

24. 394 − 276 = (NS 2.1, pág. 78)

25. Escribe 856 en forma desarrollada. (NS 1.5, pág. 12)

26. **Preparación para la prueba** Ron compró un libro de $16.95 y una pluma de $2.25. ¿Cuánto gastó en total?

A $18.20
B $19.15
C $19.20
D $20.15

Práctica adicional en la página 548, Grupo C

LECCIÓN 5

Restar cantidades de dinero

OBJETIVO: Restar cantidades de dinero con y sin reagrupación.

Repaso rápido

1. 756 − 403 = ■
2. 8,000 − 450 = ■
3. 531 − 32 = ■
4. 289 − 172 = ■
5. 5,455 − 3,813 = ■

Aprende

PROBLEMA Tony compra una nueva lonchera. La lonchera verde cuesta $12.25. La amarilla $9.80. ¿Cuánto más cuesta la lonchera verde?

Ejemplo **Resta.** $12.25 − $9.80

Estima al dólar más cercano: $12 − $10 = $2.

Paso 1

Alinea los puntos decimales.

```
 $12.25
−$ 9.80
```

Paso 2

Resta el dinero como si fueran números enteros.

```
    11
  0 1 12
 $1 2.2 5
−$  9.8 0
    2 4 5
```

Paso 3

Escribe la diferencia en dólares y centavos.

```
  0 11 12
 $1 2.2 5
−$  9.8 0
 $  2.4 5
```

Por lo tanto, la lonchera verde cuesta $2.45 más. Como $2.45 se acerca a la estimación de $2, la respuesta es razonable.

Más ejemplos

A Cantidades menores que $1.00

Resta. $0.81 − $0.27

Estima a los diez centavos más cercanos.

$0.80 − $0.30 = $0.50

Alinea los puntos decimales.

```
 $0.81
−$0.27
```

Resta.

```
    7 11
 $0.8 1
−$0.2 7
 $0.5 4
```

B Cantidades mayores que $10.00

Resta. $30.00 − $18.95

Estima a los diez dólares más cercanos.

$30 − $20 = $10.00

Alinea los puntos decimales.

```
 $30.00
−$18.95
```

Resta.

```
     9    9
   2 10  10 10
 $3 0 . 0  0
−$1 8 . 9  5
 $1 1 . 0  5
```

- ¿En qué difiere restar cantidades de dinero de restar números enteros?

NS 3.3 Resolver problemas de suma, resta, multiplicación y división de cantidades de dinero en notación decimal, y multiplicar y dividir cantidadews de dinero en notación decimal usando números enteros como multiplicadores y divisores. *también* **MR 2.1, MR 2.3, MR 2.4, MR 3.2**

Práctica con supervisión

1. Copia el problema de la derecha. Di qué está sucediendo en cada paso.

Paso 1	Paso 2	Paso 3
4 10	4 10	4 10
$2.5̸0̸	$2.5̸0̸	$2.5̸0̸
− $1.35	− $1.35	− $1.35
5	15	$1.15

Estima. Después halla la diferencia.

2. $\begin{array}{r} \$5.43 \\ -\$1.20 \\ \hline \end{array}$
3. $\begin{array}{r} \$6.20 \\ -\$2.15 \\ \hline \end{array}$
4. $\begin{array}{r} \$41.15 \\ -\$26.84 \\ \hline \end{array}$
5. $\begin{array}{r} \$15.00 \\ -\$\ 9.26 \\ \hline \end{array}$
6. $\begin{array}{r} \$7.48 \\ -\$3.49 \\ \hline \end{array}$

7. **COMENTA** **Explica** cómo hallar $33.42 − $13.31.

Práctica independiente y resolución de problemas

Estima. Después halla la diferencia.

8. $\begin{array}{r} \$3.19 \\ -\$1.01 \\ \hline \end{array}$
9. $\begin{array}{r} \$62.25 \\ -\$45.75 \\ \hline \end{array}$
10. $\begin{array}{r} \$25.19 \\ -\$16.12 \\ \hline \end{array}$
11. $\begin{array}{r} \$40.00 \\ -\$29.78 \\ \hline \end{array}$
12. $\begin{array}{r} \$0.70 \\ -\$0.17 \\ \hline \end{array}$

13. $5.91 − $3.10
14. $50.00 − $2.38
15. $46.87 − $29.19
16. $6.50 − $0.18
17. $36.18 − $3.45
18. $28.72 − $0.15

USA LOS DATOS **Para los ejercicios 19 y 20, usa la tabla.**

Materiales escolares	
Cuaderno	$0.89
Caja de lápices	$1.75
Diccionario	$14.79
Lápices de colores	$2.51

19. Robin compra un diccionario y un cuaderno. Ella paga con un billete de $20. ¿Cuánto le dan de cambio a Robin?

20. **ESCRIBE** **¿Cuál es el error?** Jim dice que una caja de lápices cuesta $1.24 menos que los lápices de colores. Describe el error de Jim. Halla la respuesta correcta.

$$\begin{array}{r} \$2.51 \\ -\$1.75 \\ \hline \$1.24 \end{array}$$

Comprensión de los Estándares

21. $8 \times 9 =$ ■ (NS 2.2, pág. 152)
22. $3{,}316 - 2{,}876 =$ ■ (NS 2.1, pág. 78)
23. 1 hora = ■ minutos (Grado 2 MG 1.4)

24. **Preparación para la prueba** Valerie está ahorrando para comprar una armónica que cuesta $20.00. Hasta ahora, ella ha ahorrado $12.51. ¿Cuánto dinero más debe ahorrar Valerie?

A $7.49 **C** $8.59
B $8.51 **D** $12.49

Práctica adicional en la página 548, Grupo D

LECCIÓN 6

Multiplicar y dividir cantidades de dinero

OBJETIVO: Multiplicar y dividir cantidades de dinero.

Repaso rápido

1. $3 \times 18 = ■$
2. $2 \times 39 = ■$
3. $5 \times 86 = ■$
4. $72 \div 3 = ■$
5. $116 \div 4 = ■$

Aprende

PROBLEMA Pal's Pet Store tiene camas para perro en oferta a $27.98. La familia de Aimee va a comprar una cama para cada uno de sus 2 perros. ¿Cuánto costarán las 2 camas para perro?

Ejemplo 1 **Multiplica.** $2 \times \$27.98$ **Estima.** $2 \times \$30.00 = \$60.00$

Paso 1

Escribe el problema usando números enteros. Multiplica las unidades. Reagrupa.

$$\begin{array}{r} \scriptstyle 1 \\ 2798 \\ \times \quad 2 \\ \hline 6 \end{array}$$

Paso 2

Multiplica las decenas. Suma. Reagrupa.

$$\begin{array}{r} \scriptstyle 1\,1 \\ 2798 \\ \times \quad 2 \\ \hline 96 \end{array}$$

Paso 3

Multiplica las centenas. Suma. Reagrupa.

$$\begin{array}{r} \scriptstyle 1\,1\,1 \\ 2798 \\ \times \quad 2 \\ \hline 596 \end{array}$$

Paso 4

Multiplica los millares. Suma. Escribe el signo de dólar y el punto decimal en el producto.

$$\begin{array}{r} \scriptstyle 1\,1\,1 \\ 2798 \\ \times \quad 2 \\ \hline \$55.96 \end{array}$$

Por lo tanto, las camas para perro costarán $55.96. Como $55.96 se acerca a la estimación, $60.00, la respuesta es razonable.

Dan compró 6 latas de comida para perro por $7.74. ¿Cuánto costó cada lata de comida para perro?

Ejemplo 2 **Divide.** $\$7.74 \div 6$ **Estima.** $\$7.50 \div 6 = \$1.25$

Paso 1

Divide los dólares.

$$\begin{array}{r} 1 \\ 6\overline{)\$7.74} \\ -6 \\ \hline 1 \end{array}$$

Paso 2

Divide las monedas de 10¢.

$$\begin{array}{r} 1\,2 \\ 6\overline{)\$7.74} \\ -6 \\ \hline 17 \\ -12 \\ \hline 5 \end{array}$$

Paso 3

Divide las monedas de 1¢.

$$\begin{array}{r} 129 \\ 6\overline{)\$7.74} \\ -6 \\ \hline 17 \\ -12 \\ \hline 54 \\ -54 \\ \hline 0 \end{array}$$

Paso 4

Escribe el signo de dólar y el punto decimal en el cociente.

$1.29

Por lo tanto, cada lata de comida para perro costó $1.29. Como $1.29 se acerca a la estimación, $1.25, la respuesta es razonable.

NS 3.3 Resolver problemas de suma, resta, multiplicación y división de cantidades de dinero en notación decimal, y multiplicar y dividir cantidades de dinero en notación decimal usando números enteros como multiplicadores y divisores. *también* **MR 2.1, MR 2.3, MR 2.4, MR 3.1, MR 3.2**

Práctica con supervisión

1. Multiplica 3×75. ¿En qué se parece a multiplicar $3 \times \$0.75$?

Halla el producto.

2. $\$8.11 \times 4$
3. $\$9.23 \times 2$
4. $\$4.59 \times 3$
5. $\$3.15 \times 5$
6. $\$6.13 \times 6$

Halla el cociente.

7. $4\overline{)\$8.96}$
8. $2\overline{)\$2.24}$
9. $4\overline{)\$3.72}$
10. $3\overline{)\$9.36}$

11. **COMENTA** **Explica** cómo hallar $3 \times \$1.25$.

Práctica independiente y resolución de problemas

Halla el producto.

12. $\$2.78 \times 2$
13. $\$3.87 \times 4$
14. $\$9.45 \times 3$
15. $\$0.79 \times 8$
16. $\$2.51 \times 6$
17. $\$4.59 \times 4$
18. $\$5.27 \times 6$
19. $\$1.68 \times 5$
20. $\$6.12 \times 7$
21. $\$2.03 \times 9$

Halla el cociente.

22. $4\overline{)\$2.60}$
23. $3\overline{)\$6.45}$
24. $2\overline{)\$5.56}$
25. $4\overline{)\$4.68}$
26. $5\overline{)\$2.55}$
27. $3\overline{)\$6.81}$
28. $4\overline{)\$5.88}$
29. $6\overline{)\$6.84}$

Práctica adicional en la página 548, Grupo E

Álgebra **Halla el factor que falta.**

30. $3 \times ■ = \$18.00$ **31.** $■ \times \$5.00 = \$40.00$ **32.** $7 \times ■ = \$56.00$

33. $■ \times \$6.00 = \$42.00$ **34.** $8 \times ■ = \$72.00$ **35.** $■ \times \$7.00 = \$63.00$

USA LOS DATOS Para los ejercicios 36 a 38, usa la tabla.

Productos para perros	
Huesos para masticar	$1.79 cada uno
Juguetes chirriantes	$2.99 cada uno
Plato para comida	$3.69
Cepillo	$5.98

36. Travis compró 3 huesos para masticar y 2 juguetes chirriantes para su perro. ¿Cuánto gastó Travis en total?

37. Lori compró 4 juguetes chirriantes y 2 huesos para masticar. Mark compró 4 huesos para masticar y 2 juguetes chirriantes. ¿Quién gastó más dinero? ¿Cuánto más?

38. **Razonamiento** Jacob compró un plato para comida, un cepillo, 2 huesos para masticar y una cama para perro que estaba rebajada a $19.99. Pagó con dos billetes de $20.00. ¿Cuánto cambio le dieron?

39. **ESCRIBE** Thomas tenía $3.40. Su mamá le dio 5 monedas de 25¢. ¿Cuánto dinero tenía Thomas antes? **Explica** tu respuesta.

Comprensión de los Estándares

40. Jonah quiere recolectar 200 tarjetas postales de diferentes lugares. Ya ha recolectado 159 tarjetas. ¿Cuántas más tarjetas necesita? (NS 2.1, pág. 82)

41. ¿Qué número debe ir en la ■ para que el enunciado numérico sea verdadero?

$58 + ■ = 146$ (AF 2.1, pág. 50)

42. Usa >, < o = para comparar. (NS 1.2, pág. 28)

35 ● 53

43. **Preparación para la prueba** Brooke quiere comprar 2 rebanadas de pizza. Cada rebanada cuesta $1.75. ¿Cuánto dinero necesita Brooke?

A $2.50 **C** $3.50

B $2.75 **D** $3.75

44. **Preparación para la prueba** Josh y sus dos hermanas repartieron $4.50 en partes iguales. ¿Cuánto dinero obtuvo cada uno?

A $1.25 **C** $1.50

B $1.40 **D** $1.75

Formular un problema

ESCRIBE
TALLER

Escribe taller: Escribir una conclusión

Escribir una conclusión te ayuda a usar la información que se te proporciona y lo que descubres para tomar una decisión.

Jessica y Alex están comparando los billetes y las monedas que tienen. ¿Tienen cantidades equivalentes de dinero?

Dinero de Jessica

Dinero de Alex

Jessica escribió este párrafo para explicar su respuesta.

Primero, conté mi dinero. Tengo \$3.00 + \$1.00 + \$0.20 + \$0.05. Tengo \$4.25.

Después conté el dinero de Alex. Él tiene \$2.00 + \$2.00 + \$0.10 + \$0.15. Él tiene \$4.25.

Luego, comparé ambas cantidades de dinero. Alex y yo tenemos cantidades equivalentes.

Pistas

- Para sacar una conclusión, primero, revisa la información que se te proporciona.
- Luego, escribe los pasos que seguiste para ayudarte a tomar una decisión.
- Usa palabras como primero y a continuación.
- Luego, expresa tu conclusión en la última oración.

Resolución de problemas Escribe una conclusión para cada problema.

1. Tina tiene 2 monedas de 25¢, 2 monedas de 10¢ y 2 monedas de 1¢. Jacob tiene 5 monedas de 10¢, 5 monedas de 5¢ y 2 monedas de 1¢. ¿Tienen cantidades equivalentes de dinero?
2. Ron tiene dos billetes de \$1, 3 monedas de 10¢ y 4 monedas de 5¢. Lois tiene un billete de \$1, 4 monedas de 25¢ y 5 monedas de 10¢. ¿Tienen cantidades equivalentes de dinero?

LECCIÓN 7

Decir la hora

OBJETIVO: Leer, escribir y decir la hora en relojes analógicos y digitales a la media hora, cuarto de hora y minuto más cercanos.

Repaso rápido

Roberto contó salteado de cinco en cinco hasta el 60. ¿Qué números contó Roberto?

Vocabulario

media hora	cuarto de hora
hora	minuto
reloj analógico	reloj digital

Aprende

En una **hora**, el horario del reloj se mueve de un número al siguiente. En un **minuto**, el minutero del reloj se mueve de una marca a la siguiente.

PROBLEMA Carrie alimentó a su cachorro, Buster, a las 3 horas que se muestran abajo. ¿A qué horas alimentó a Buster?

Ejemplo En la mañana

Una **media hora** tiene 30 minutos.
Escribe: 7:30
Lee:
- siete treinta
- treinta minutos después de las siete
- siete y media

En la tarde

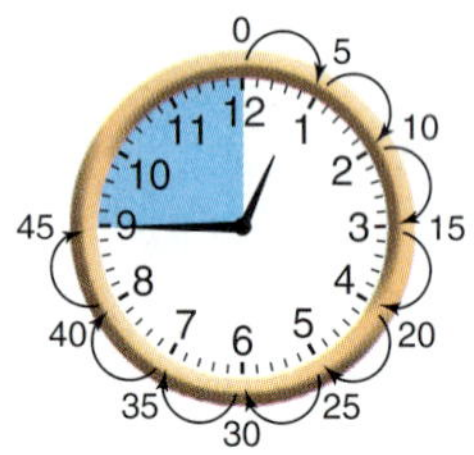

Un **cuarto de hora** tiene 15 minutos.
Escribe: 12:45
Lee:
- doce cuarenta y cinco
- quince minutos antes de la una
- un cuarto para la una

En la noche

El **horario** señala el 6.
El minutero señala el 12.
Escribe: 6:00
Lee:
- seis en punto

Por lo tanto, Carrie alimentó a Buster a las 7:30, 12:45 y 6:00.

- ¿Cómo se mueve el minutero cuando la hora pasa de 8:00 a 9:00?

LEE

Un **reloj analógico** tiene un minutero y un horario. Algunos relojes tienen segunderos.

Un **reloj digital** muestra la hora usando números. Los números de la izquierda muestran la hora. Los números de la derecha muestran los minutos después de la hora.

MG 1.4 Realizar conversiones de unidades simples dentro de un sistema de medidas (por eje., centímetros y metros, horas y minutos). *también* **MR 2.3, MR 2.4, MR 3.2**

Hora al minuto

Ejemplo 1
Minutos después de la hora

Para hallar el número de minutos después de la hora, cuenta de cinco en cinco y de uno en uno hacia donde apunta el minutero.

Escribe: 11:23

Lee:
- once veintitrés
- veintitrés minutos después de las once

Ejemplo 2
Minutos antes de la hora

Cuando un reloj muestra 31 o más minutos *después* de la hora, puedes leer la hora como un número de minutos *antes* de la siguiente hora.

Escribe: 2:48

Lee:
- doce minutos antes de las tres
- dos cuarenta y ocho

Más ejemplos

A **Minutos después de la hora**

Escribe: 3:26

Lee:
- tres veintiséis
- veintiséis minutos después de las tres

Piensa: 3:26 es casi tres y media.

B **Minutos antes de la hora**

Escribe: 4:52

Lee:
- cuatro cincuenta y dos
- ocho minutos antes de las cinco

Piensa: 52 minutos después de una hora son 8 minutos antes de la siguiente hora.

Práctica con supervisión

1. ¿Cómo leerías la hora mostrada en este reloj de dos maneras diferentes?

Escribe la hora. Después escribe dos maneras en que puedes leer la hora.

2. 

3. 

4. 

5. 

6. COMENTA **Explica** dónde están en un reloj el horario y el minutero cuando son 15 minutos después de las 9.

Práctica independiente y resolución de problemas

Escribe la hora. Luego escribe dos maneras de leer la hora.

7. 

8. 

9. 

10. 

Para los ejercicios 11 a 19, escribe la letra del reloj que muestre la hora.

a. 

b. 

c. 

d. 

11. siete y cincuenta

12. cuatro y cuarto

13. tres y veintisiete

14. diez minutos antes de las ocho

15. dieciséis minutos antes de las diez

16. 3:27

17. 9:44

18. cuatro y quince

19. 50 minutos después de las 7

Para los ejercicios 20 a 22, usa los relojes.

20. Bryan se despertó a las 8:30. ¿Este reloj muestra esa hora? Explica cómo lo sabes.

21. Tanya se fue a casa un cuarto después de las 10. ¿Este reloj muestra esa hora? Explica cómo lo sabes.

22. La clase de arte termina 5 minutos antes de las 2. ¿Este reloj muestra esa hora? Explica cómo lo sabes.

Tecnología

Usa Harcourt Mega Math en español, Cuenta en el campo, *Ahora, la hora,* niveles I y J.

Práctica adicional en la página 549, Grupo F

USA LOS DATOS Para los ejercicios 23 y 24, usa la tabla de las horas en que se alimenta a Buster.

23. Cuando Buster tenga 6 meses de edad, Carrie lo alimentará dos veces al día a las horas mostradas en los relojes. ¿A qué horas alimentará Carrie a Buster?

24. **ESCRIBE** **¿Cuál es el error?** Carrie dice que el reloj para el alimento de la mañana muestra siete y cuarto. Explica su error. Escribe la hora correcta.

Horas de alimentación de Buster

Los cachorros de 4 a 8 meses de edad: se alimentan dos veces al día.

Mañana

Noche

Comprensión de los Estándares

25. ¿Cuántos vértices tiene un octágono? (MG 2.1, pág. 274)

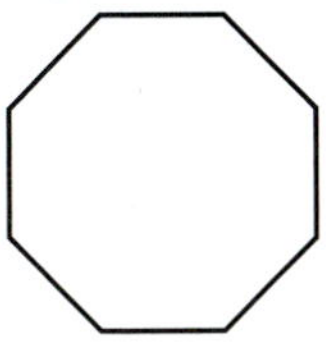

26. $\$3.17 + \$8.30 + \$6.89 =$ (NS 3.3, pág. 526)

27. Nombra dos cosas que haces después del desayuno. (Grado 2, MG 1.4)

28. **Preparación para la prueba** Son cinco minutos después de las seis. ¿Qué muestra el reloj digital de Alex?

A 5:06 **B** 5:16 **C** 6:05 **D** 6:50

29. **Preparación para la prueba** Laura comió su almuerzo a un cuarto para la una. ¿Cuál es una manera de escribir esa hora?

A 12:15 **B** 12:45 **C** 1:15 **D** 1:45

PODER MATEMÁTICO Resolución de problemas y razonamiento

PENSAR VISUALMENTE El sentido en que las cosas se mueven se puede describir usando las manecillas del reloj.

En sentido de las manecillas del reloj

Las manecillas del reloj se mueven en sentido de las manecillas del reloj.
Piensa: Se mueven hacia la derecha

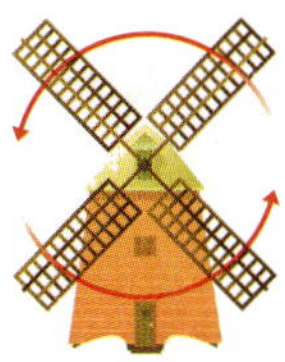

El molino de viento gira en sentido contrario de las manecillas del reloj o en dirección contraria de las manecillas del reloj.
Piensa: Se mueve hacia la izquierda

Di el sentido de cada giro. Escribe *en sentido de las manecillas del reloj o en sentido contrario de las manecillas del reloj.*

1. 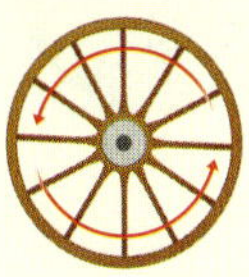

2. 

3. 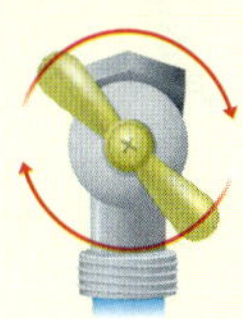

4. 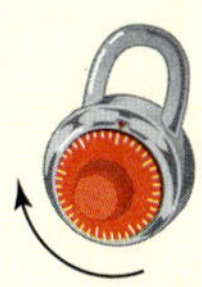

LECCIÓN 8

a.m. y p.m.

OBJETIVO: Leer, escribir y decir la hora en a.m. y p.m.

Repaso rápido

Tom ve esta hora en su reloj cuando se despierta. ¿Qué hora es?

Vocabulario

medianoche **a.m.**

mediodía **p.m.**

Aprende

PROBLEMA La familia de Kendra va de excursión mañana a las 8:00. Van en la mañana, no en la noche. ¿Cómo debería escribir la hora Kendra?

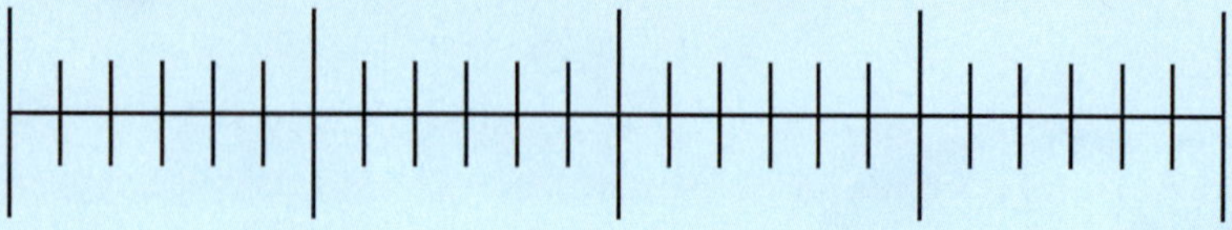

12:00 a.m. Medianoche | 6:00 a.m. | 12:00 p.m. Mediodía | 6:00 p.m. | 12:00 a.m. Medianoche

Una línea cronológica puede ayudarte a entender las horas de un día.

La **medianoche** es a las 12:00 de la noche. Para las horas de la medianoche al mediodía, escribe **a.m.** La medianoche es a las 12:00 a.m. Te despiertas, desayunas y te preparas para la escuela en las horas a.m.	El **mediodía** es a las 12:00 durante el día. Para las horas del mediodía a la medianoche, escribe **p.m.** El mediodía es a las 12:00 p.m. Regresas a casa de la escuela, cenas y te vas a dormir en las horas p.m.

Por lo tanto, Kendra debe escribir la hora de la excursión como las 8:00 a.m.

- ¿Cómo escribes la hora cuando es un minuto después del mediodía?

Práctica con supervisión

1. Nombra algo que haces en las horas a.m. Nombra algo que haces en las horas p.m.

Escribe la hora para cada actividad. Usa a.m. o p.m.

2. jugar fútbol

3. ir de compras

4. mirar las estrellas

5. ponerme la pijama

6. COMENTA **Explica** cómo decides si usar a.m. o p.m. cuando escribes la hora.

MG 1.4 Realizar conversiones de unidades simples dentro de un sistema de medidas (por eje., centímetros y metros, horas y minutos). *también* **MR 2.3, MR 2.4, MR 3.2**

Práctica independiente y resolución de problemas

Escribe la hora para cada actividad. Usa a.m. o p.m.

7. desayunar

8. la clase de matemáticas

9. jugar afuera

10. mirar la puesta de sol

Escribe la hora usando números. Usa a.m. o p.m.

11. un cuarto después de las 8 de la mañana

12. 5 minutos para las 9 de la noche

13. media hora después de la medianoche

14. 20 minutos para el mediodía

15. ***DATO BREVE*** El horario de verano comienza el segundo domingo de marzo a las 2:00 de la mañana. Escribe la hora y usa a.m. o p.m.

USA LOS DATOS Para los ejercicios 16 a 18, usa la tabla.

16. Ken quiere ir a la clase de arte en mosaicos. Escribe la hora de la clase usando a.m. o p.m.

17. Brad tomó las primeras clases de la mañana y de la tarde. ¿Qué clases tomó?

18. **ESCRIBE** Mary almuerza al mediodía. ¿Qué clases hay antes del almuerzo de Mary? Explica cómo lo sabes.

Clases de manualidades en la mañana y en la tarde	
Álbum de recortes	8:50
Arte en mosaicos	10:30
Estampado de tarjetas	1:00
Hacer jabones	2:45

Comprensión de los Estándares

19. Usa $<$, $>$ o $=$ para hacer verdadero este enunciado numérico.

$14 - 2 \bullet 10 + 2$ (AF 1.3, pág. 26)

20. Carlos tenía 17 marcadores. Encontró 4 más. Luego le dio 9 marcadores a Louis. ¿Cuántos marcadores tiene Carlos ahora? (NS 2.1, pág 74)

21. Escribe dos maneras de leer 12:15. (Grado 2 MG 1.4)

22. **Preparación para la prueba** ¿A qué hora duermen la mayoría de los alumnos de tercer grado?

A 8 a.m.

B 12:00 p.m.

C 7:00 p.m.

D 12:00 a.m.

Práctica adicional en la página 549, Grupo G

LECCIÓN 9

Representar el tiempo transcurrido

OBJETIVO: Usar un reloj para medir el tiempo transcurrido.

Repaso rápido

Escribe la hora usando a.m. o p.m.

1. 7:50 desayuno
2. 4:45 lección de piano
3. 3:10 jugar pelota
4. 7:15 despertar
5. 10:30 dormir

Vocabulario

tiempo transcurrido

Aprende

El **tiempo transcurrido** es la cantidad de tiempo que pasa desde el comienzo de una actividad hasta el fin de la misma.

PROBLEMA La Biblioteca del Congreso en Washington, D.C., es la biblioteca más grande del mundo. Uno de sus edificios es el Thomas Jefferson. Abre a las 10:00 a.m. y cierra a las 5:30 p.m. ¿Durante cuánto tiempo está abierto el edificio cada día?

Manos a la obra Actividad

Materiales ■ reloj con manecillas movibles

Representa 10:00 en tu reloj.	De 10:00 a 5:00 son 7 horas. Mueve el horario. Cuenta las horas.	De 5:00 a 5:30 son 30 minutos. Mueve el minutero. Cuenta los minutos.

Por lo tanto, el edificio está abierto durante 7 horas y 30 minutos.

▲ La Biblioteca del Congreso tiene más libros que ninguna otra biblioteca en el mundo.

Más ejemplos

A Horas y minutos

Empieza: 1:00
Termina: 3:30

Mueve el horario.
Cuenta las horas.

Mueve el minutero.
Cuenta los minutos.

Tiempo transcurrido: 2 horas y 30 minutos

B Minutos

Empieza: 5:10
Termina: 5:38

Mueve el minutero.
Cuenta los minutos.
Tiempo transcurrido: 28 minutos

MG 1.4 Realizar conversiones de unidades simples dentro de un sistema de medidas (por eje., centímetros y metros, horas y minutos). *también* MR 2.0, MR 2.3, MR 2.4, MR 3.2

Práctica con supervisión

1. ¿Cuánto tiempo transcurre desde las 4:15 p.m. hasta las 7:15 p.m.?

Usa un reloj para hallar el tiempo transcurrido.

2. Comienza: 8:30 a.m.
   Termina: 10:30 a.m.
3. Comienza: 4:20 a.m.
   Termina: 5:00 a.m.
4. Comienza: 11:50 a.m.
   Termina: 2:30 p.m.
5. COMENTA **Explica** cómo usar un reloj para hallar el tiempo transcurrido desde el mediodía hasta las 3:45 p.m.

Práctica independiente y resolución de problemas

Usa un reloj para hallar el tiempo transcurrido.

6. Comienza: 2:20 a.m.
   Termina: 5:30 a.m.
7. Comienza: 8:45 a.m.
   Termina: 2:00 p.m.
8. Comienza: 10:30 a.m.
   Termina: 6:15 p.m.

Di que hora será.

9. 15 minutos después de las 12:45 p.m.
10. 2 horas 30 minutos después de la 1:10 a.m.
11. 4 horas después de las 10:22 a.m.
12. 3 horas 10 minutos después de las 11:30 a.m.
13. Sam y su familia llegaron a la Biblioteca del Congreso a las 10:30 a.m. Hicieron un recorrido de sesenta minutos. ¿A qué hora terminó el recorrido?
14. ESCRIBE La familia de Sam recorrió la Casa Blanca desde las 2:15 p.m. hasta las 3:20 p.m. Explica cómo sabes que el recorrido duró menos de 2 horas.

Comprensión de los Estándares

15. Tim vio una tortuga muy grande. Aproximadamente, ¿cuánto pesa? (Grado 2 MG 1.0)
    779 libras   779 onzas
16. Olivia tiene 12 monedas de 5¢ y 4 monedas de 1¢. Toby tiene 5 monedas de 10¢ y 15 monedas de 1¢. ¿Quién tiene más dinero? ¿Cuánto más? (AF 1.1, pág. 520)
17. ¿Cuántos días tiene una semana? (Grado 2 MG 1.4)
18. **Preparación para la prueba** ¿Qué hora es 2 horas 30 minutos después de las 5:15 p.m.?
    A 7:15 p.m.   C 7:30 p.m.
    B 7:18 p.m.   D 7:45 p.m.

Práctica adicional en la página 549, Grupo H

LECCIÓN 10

Usar un calendario

OBJETIVO: Usar un calendario para determinar el tiempo transcurrido.

Repaso rápido

Charles contó salteado de siete en siete de 0 a 35. ¿Qué números contó Charles?

Vocabulario

calendario

Aprende

Un **calendario** muestra los días, horas y meses de un año. Un año tiene 12 meses. Puedes usar un calendario para hallar el tiempo transcurrido durante más de un día.

PROBLEMA La escuela primaria Sunrise va a presentar una obra de teatro escolar. La clase de Tom comienza a ensayar la obra el 3 de octubre. La obra se presenta en 3 semanas. ¿En qué fecha se presentará la obra escolar?

Octubre

Dom	Lun	Mar	Mié	Jue	Vie	Sáb
			1	2	(3)	4
5	6	7	8	9	10	11
12	13	14	15	16	17	18
19	20	21	22	23	(24)	25
26	27	28	29	30	31	

DE UNA MANERA

Cuenta por días.

Comienza el 3 de octubre y cuenta un día al 4 de octubre, dos días al 5 de octubre y así sucesivamente.

Cuenta todos los días que están sombreados. Hay 21 días. 21 días = 3 semanas.

Por lo tanto, la obra de teatro escolar se presentará el 24 de octubre.

DE OTRA MANERA

Cuenta por semanas.

Comienza el 3 de octubre. Cuenta hacia abajo una semana en la columna del viernes hasta el 10 de octubre, dos semanas hasta el 17 de octubre y tres semanas hasta el 24 de octubre.

Por lo tanto, la obra de teatro escolar se presentará el 24 de octubre.

- ¿Cómo hallarías el número de semanas que hay del 1 al 29 de octubre?

MG 1.4 Realizar conversiones de unidades simples dentro de un sistema de medidas (por eje., centímetros y metros, horas y minutos). *también* **MR 2.3, MR 2.4, MR 3.2**

Unidades de tiempo

El tiempo se puede medir en unidades pequeñas, como minutos y horas, usando un reloj. El tiempo también se puede medir en unidades más grandes, como días, semanas y meses, usando un calendario.

Unidades de tiempo
60 minutos = 1 hora
24 horas = 1 día
7 días = 1 semana
12 meses = 1 año
365 días = 1 año
52 semanas = 1 año

Ejemplo 1 Abby está visitando a su primo. El primer día de su visita es el 18 de junio. El último día es el 10 de julio. ¿Cuánto tiempo durará su visita?

Cuenta cada día de su visita. El primer día es el 18 de junio. El segundo día es el 19 de junio y así sucesivamente. Cuenta todos los días que están sombreados. Hay 23 días.

Junio

Dom	Lun	Mar	Mié	Jue	Vie	Sáb
1	2	3	4	5	6	7
8	9	10	11	12	13	14
15	16	17	(18)	19	20	21
22	23	24	25	26	27	28
29	30					

Julio

Dom	Lun	Mar	Mié	Jue	Vie	Sáb
		1	2	3	4	5
6	7	8	9	(10)	11	12
13	14	15	16	17	18	19
20	21	22	23	24	25	26
27	28	29	30	31		

Por lo tanto, la visita durará 23 días o 3 semanas y 2 días.

- ¿Cuántos días hay en 3 semanas y 4 días?

Ejemplo 2 Eric adora el béisbol. Imagina que es el lunes 4 de agosto, a las 3:00 p.m. El siguiente partido de béisbol de Eric será el martes 5 de agosto, a las 5:00 p.m. ¿Cuánto tiempo tendrá que esperar Eric para su siguiente partido de béisbol?

Agosto

Dom	Lun	Mar	Mié	Jue	Vie	Sáb
					1	2
3	4	5	6	7	8	9
10	11	12	13	14	15	16
17	18	19	20	21	22	23
24/31	25	26	27	28	29	30

Piensa:

Lunes   Martes   Martes

1 día = 24 horas   3:00 p.m. a 5:00 p.m. = 2 horas

24 horas + 2 horas = 26 horas

Por lo tanto, Eric tiene que esperar 26 horas o 1 día y 2 horas.

- ¿Cuántas horas hay en 1 día y 6 horas?

Práctica con supervisión

Septiembre						
Dom	Lun	Mar	Mié	Jue	Vie	Sáb
	1	2	3	4	5	6
7	8	9	10	11	12	13
14	15	16	17	18	19	20
21	22	23	24	25	26	27
28	29	30				

1. La feria de libros de la escuela dura 5 días comenzando el 15 de septiembre. ¿Cuándo es el último día de la feria?

Para los ejercicios 2 a 5, usa los calendarios.

Enero						
Dom	Lun	Mar	Mié	Jue	Vie	Sáb
		1	2	3	4	5
6	7	8	9	10	11	12
13	14	15	16	17	18	19
20	21	22	23	24	25	26
27	28	29	30	31		

Febrero						
Dom	Lun	Mar	Mié	Jue	Vie	Sáb
					1	2
3	4	5	6	7	8	9
10	11	12	13	14	15	16
17	18	19	20	21	22	23
24	25	26	27	28	29	

Marzo						
Dom	Lun	Mar	Mié	Jue	Vie	Sáb
						1
2	3	4	5	6	7	8
9	10	11	12	13	14	15
16	17	18	19	20	21	22
23/30	24/31	25	26	27	28	29

2. Hoy es 3 de enero. El cumpleaños de Bob es el 12 de enero. Contando desde hoy, ¿cuánto tiempo falta para el cumpleaños de Bob? Escribe tu respuesta de dos maneras.

3. Hoy es 11 de febrero. Nikki comenzó a leer su libro el 30 de enero. Ella lee su libro todos los días. Contando desde hoy, ¿durante cuántos días ha leído Nikki su libro?

4. Imagina que son las 8:00 a.m. del 6 de marzo. Julie se va de vacaciones a las 11:00 a.m. el 7 de marzo. ¿Cuánto tiempo debe esperar Julie a que empiecen sus vacaciones?

5. COMENTA **Explica** cómo hallar el número de días que hay del 10 al 25 de enero.

Práctica independiente y resolución de problemas

Para los ejercicios 6 a 8, usa los calendarios.

Abril						
Dom	Lun	Mar	Mié	Jue	Vie	Sáb
		1	2	3	4	5
6	7	8	9	10	11	12
13	14	15	16	17	18	19
20	21	22	23	24	25	26
27	28	29	30			

Mayo						
Dom	Lun	Mar	Mié	Jue	Vie	Sáb
				1	2	3
4	5	6	7	8	9	10
11	12	13	14	15	16	17
18	19	20	21	22	23	24
25	26	27	28	29	30	31

Junio						
Dom	Lun	Mar	Mié	Jue	Vie	Sáb
1	2	3	4	5	6	7
8	9	10	11	12	13	14
15	16	17	18	19	20	21
22	23	24	25	26	27	28
29	30					

6. El 11 de abril, la Sra. Hines anunció que habría un día de campo en 2 semanas. ¿En qué fecha tendrá su día de campo la clase?

7. Manny comenzó a practicar el piano el 26 de mayo. Él practicó durante 1 hora todos los días hasta el 10 de junio. ¿Durante cuántos días practicó Manny el piano?

8. **Razonamiento** Jon y su familia fueron a acampar a mediodía el 20 de mayo. Regresaron a su casa a las 5:00 p.m. del 22 de mayo. ¿Durante cuánto tiempo acampó la familia de Jon? Escribe tu respuesta de dos maneras.

Práctica adicional en la página 549, Grupo I

USA LOS DATOS **Para los ejercicios 9 y 10, usa el calendario.**

9. Imagina que hoy es el segundo lunes de febrero. ¿Cuántas semanas faltan para el Día del Presidente?

10. **ESCRIBE** **¿Cuál es el error?** Rob dice que el Día de San Valentín es el tercer jueves de febrero. Describe el error de Rob. ¿Qué afirmación correcta podría hacer Rob?

Febrero						
Dom	Lun	Mar	Mié	Jue	Vie	Sáb
					1	2
3	4	5	6	7	8	9
10	11	12	13	14 Día de San Valentín	15	16
17	18 Día del Presidente	19	20	21	22	23
24	25	26	27	28	29	

Comprensión de los Estándares

11. Beth señala el número 505 en una recta numérica. Si se mueve 10 a la derecha, ¿en qué número estará? (NS 2.1, pág. 32)

12. Della y Jasmine recolectaron 98 caracoles en la playa. Della contó 46 caracoles y después halló 4 más en su bolsillo. ¿Cuántos caracoles recolectó Jasmine? (NS 2.1, pág. 74)

13. Ordena los siguientes sucesos: desayunar, pasear en bicicleta, despertar. (Grado 2 MR 1.0)

14. **Preparación para la prueba** Imagina que son las 10:00 a.m. del viernes. La fiesta de Maggie será a la 1:00 p.m. del sábado. ¿Cuánto tiempo falta para la fiesta de Maggie?

A 3 horas **C** 24 horas
B 10 horas **D** 27 horas

15. **Preparación para la prueba** El cumpleaños de Tim es el 13 de marzo. El cumpleaños de Jena es el 20 de marzo. ¿Cuántos días después del cumpleaños de Tim es el de Jena?

A 5 días **C** 10 días
B 7 días **D** 13 días

PODER MATEMÁTICO Resolución de problemas y razonamiento

PENSAR VISUALMENTE Puedes usar los nudillos de tus manos para recordar el número de días que hay en cada mes.

Los meses de los nudillos tienen 31 días. Los meses entre los nudillos tienen 30 días, excepto febrero.

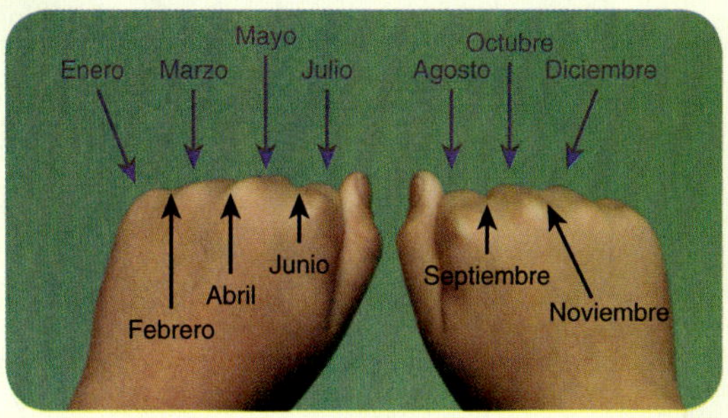

Escribe el número de días que hay en cada mes.

1. Septiembre
2. Agosto
3. Noviembre

LECCIÓN 11

Secuencia de sucesos

OBJETIVO: Usar un reloj, un calendario y una línea cronológica para determinar la secuencia de sucesos.

Repaso rápido

¿Cuál es mayor?

1. 13 o 24
2. 92 o 98
3. 334 o 343
4. 1,981 o 1,971
5. 2,000 o 1,999

Vocabulario

secuencia

Aprende

PROBLEMA Ben dibujó una línea cronológica para mostrar algunos sucesos en la vida de su gatito, Pogo. ¿Pogo empezó a caminar antes o después de que su peso se duplicó?

Una línea cronológica muestra la **secuencia** o el orden de los sucesos. Lee la línea cronológica de izquierda a derecha. Los sucesos de la izquierda ocurrieron antes o hace más tiempo que los sucesos de la derecha.

Ejemplo Usa una línea cronológica.

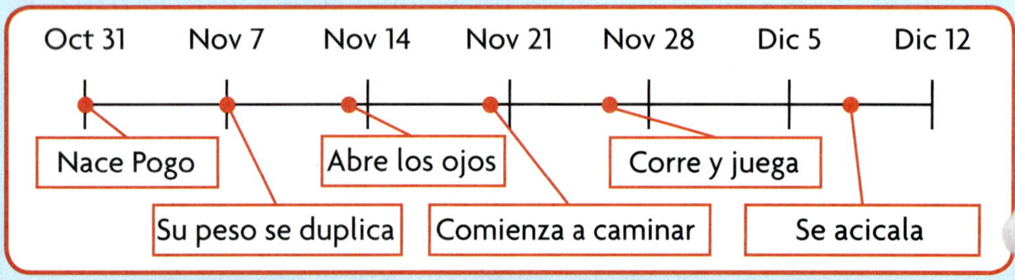

"Comienza a caminar" está a la derecha de "su peso se duplica". Por lo tanto, Pogo comenzó a caminar después de que su peso se duplicó.

- Pogo tenía 3 semanas de edad cuando sus dientes empezaron a salir. ¿Qué otro suceso de la línea cronológica ocurrió aproximadamente al mismo tiempo?

Más ejemplos

A Usa un calendario.

Abril						
Dom	Lun	Mar	Mié	Jue	Vie	Sáb
		1	2	3 Fútbol	4	5 Fiesta
6	7	8 Música	9	10	11	12
13	14 Zoológico	15	16	17	18	19
20	21	22	23	24	25	26
27	28	29	30			

El orden de las actividades de Judy es: partido de fútbol, fiesta de cumpleaños, lección de música y visita al zoológico.

B Usa un reloj.

4:20	6:15	7:00
Práctica de fútbol	cena	tarea

Tod usa un reloj para ordenar sus actividades.

¿Qué actividad realizará primero Todd?

MR 1.1 Analizar problemas al identificar relaciones, distinguir entre información relevante e irrelevante, ordenar en secuencia y priorizar información, y observar patrones. *también* **MG 1.4, MR 2.3, MR 2.4, MR 3.2**

Práctica con supervisión

Para los ejercicios 1 a 4, usa la línea cronológica.

Años en que se estrenaron estas películas

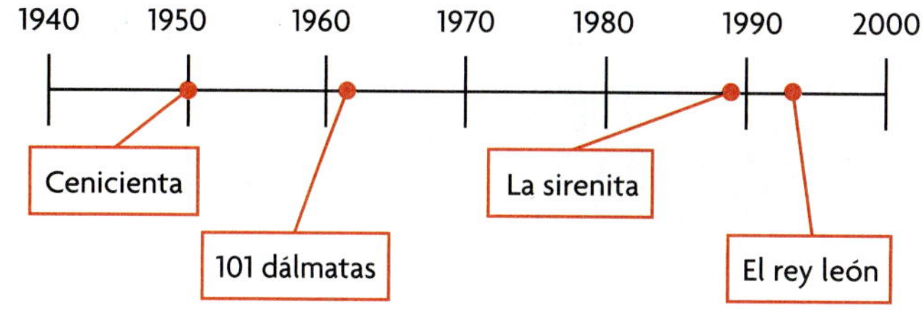

1. *El rey león* está a la derecha de las otras películas en esta línea cronológica. ¿Se estrenó antes o después de las otras películas?

¿Qué película se estrenó primero?

2. *La sirenita* o *Cenicienta*
3. *101 dálmatas* o *El rey león*
4. **COMENTA** **Explica** cómo usar la línea cronológica para saber qué película se estrenó antes que todas las demás.

Práctica independiente y resolución de problemas

Usa el calendario y los relojes.
¿Qué actividad es más temprano?

5. tenis o natación
6. música o kickball
7. película o informe del libro

Mayo						
Dom	Lun	Mar	Mié	Jue	Vie	Sáb
				1 Informe del libro	2	3 Película
4	5	6	7	8	9 Natación	10 Tenis

música	1:00
almuerzo	11:30
kickball	10:15

USA LOS DATOS **Para los ejercicios 8 y 9, usa la tabla.**

8. El cachorro de Sal nació el 2 de mayo. ¿Qué suceso es probable que ocurra el 16 de mayo?
9. **ESCRIBE** Haz una línea cronológica y explica cómo mostrar los sucesos del cachorro de Sal en la misma.

Cómo crece un cachorro

Suceso	Edad
abre los ojos	2 semanas
camina	3 semanas
juega con otros cachorros	4 semanas
come comida de cachorro	8 semanas

Comprensión de los Estándares

10. Heath tiene 8 monedas. Seis son monedas de 1¢. ¿Es probable o poco probable que elija una moneda de 1¢? (SDAP 1.0, pág. 494)
11. Jen llegó a la parada del autobús a las 7:56 a.m. El autobús llegó a las 8:20 a.m. ¿Cuánto tiempo esperó Jen al autobús? (MG 1.4, pág. 540)
12. ¿Cuántos minutos son igual a una hora? (MG 1.4, pág. 534)
13. **Preparación para la prueba** Usa los relojes. ¿Qué suceso hará primero Justin?

2:00	12:15	10:00	8:00
película	almuerzo	fútbol	desayuno

A desayunar **C** almorzar
B película **D** fútbol

Práctica adicional en la página 549, Grupo J

Práctica adicional

Grupo A **Usa <, > o = para comparar las cantidades de dinero.** (págs. 520 y 521)

1.  

¿Qué cantidad es mayor?

2. $\$8.61$ o $\$8.60$
3. $\$3.25$ o 3 billetes de 1 dólar
4. $\$4.32$ o $\$4.23$

Grupo B **Halla la cantidad de cambio. Usa dinero de juguete como ayuda.** (págs. 522 y 523)

1. Sofía compra un sándwich de $\$3.42$. Ella paga con un billete de $\$5$.
2. Kim compra una ensalada de frutas de $\$4.74$. Ella paga con un billete de $\$5$.
3. Tony compra un modelo con $\$6.70$. Él paga con un billete de $\$10$.
4. Matt compra un juguete para perros de $\$5.59$. Él paga con un billete de $\$10$.

Grupo C **Estima. Después halla la suma.** (págs. 526 y 527)

1. $\begin{array}{r} \$6.21 \\ +\$5.72 \\ \hline \end{array}$
2. $\begin{array}{r} \$3.65 \\ +\$2.17 \\ \hline \end{array}$
3. $\begin{array}{r} \$1.89 \\ +\$5.60 \\ \hline \end{array}$
4. $\begin{array}{r} \$36.45 \\ +\$21.16 \\ \hline \end{array}$
5. $\$48 + \$39$
6. $\$5.37 + \$0.83$
7. $\$4.46 + \$9.83$
8. $\$15 + \$65$

Grupo D **Estima. Después halla la diferencia.** (págs. 528 y 529)

1. $\begin{array}{r} \$4.54 \\ -\$2.09 \\ \hline \end{array}$
2. $\begin{array}{r} \$75 \\ -\$63 \\ \hline \end{array}$
3. $\begin{array}{r} \$27.18 \\ -\$18.43 \\ \hline \end{array}$
4. $\begin{array}{r} \$70.00 \\ -\$58.96 \\ \hline \end{array}$
5. $\$3.19 - \$2.07$
6. $\$7.45 - \$5.18$
7. $\$21.76 - \$14.19$
8. $\$1.19 - \$0.63$

Grupo E **Halla el producto.** (págs. 530 a 533)

1. $\begin{array}{r} \$4.17 \\ \times \quad 3 \\ \hline \end{array}$
2. $\begin{array}{r} \$3.12 \\ \times \quad 7 \\ \hline \end{array}$
3. $\begin{array}{r} \$8.06 \\ \times \quad 5 \\ \hline \end{array}$
4. $\begin{array}{r} \$6.39 \\ \times \quad 6 \\ \hline \end{array}$
5. $\begin{array}{r} \$5.28 \\ \times \quad 4 \\ \hline \end{array}$

Halla el cociente. (págs. 530 a 533)

6. $3\overline{)\$4.68}$
7. $5\overline{)\$6.55}$
8. $6\overline{)\$7.38}$
9. $2\overline{)\$6.90}$
10. $4\overline{)\$8.24}$

CD ROM Tecnología

Usa Harcourt Mega Math en español, Juegos de números, *Las ofertas de Buggy,* niveles D, G, I.

Grupo F Escribe la hora. Después escribe dos maneras en que puedes leer la hora. (págs. 534 a 537)

1. 

2. 

3. 

4. 

Para los ejercicios 5 a 8, escribe la letra del reloj que muestre la hora.

a. 

b. 

c. 

d. 

5. nueve y treinta y siete
6. 1:05
7. siete y veinticinco
8. 5:50

Grupo G Escribe la hora de cada actividad. Usa a.m. o p.m. (págs. 538 y 539)

1. 

clase de ciencias

2. 

partido de béisbol

3. 

desayunar

4. 

prepararse para ir a la cama

Grupo H Usa un reloj para hallar el tiempo transcurrido. (págs. 540 y 541)

1. **Comienza:** 6:40 a.m.
   Termina: 8:00 a.m.
2. **Comienza:** 2:45 p.m.
   Termina: 4:15 p.m.
3. **Comienza:** 11:50 a.m.
   Termina: 12:40 p.m.

Grupo I Para los ejercicios 1 y 2, usa el calendario. (págs. 542 a 545)

1. Marcie se va de vacaciones en 18 días a partir de hoy. Hoy es 3 de junio. ¿En qué fecha se va Marcie de vacaciones?
2. Rosa va a visitar a su tía del 16 al 25 de junio. ¿Cuántos días va a visitar Rosa a su tía?

Junio						
Dom	**Lun**	**Mar**	**Mié**	**Jue**	**Vie**	**Sáb**
1	2	3	4	5	6	7 desfile
8	9	10	11	12	13 visitar primo	14
15	16	17	18	19	20	21
22 playa	23	24	25 fútbol	26	27	28
29	30					

Grupo J Usa el calendario. ¿Qué actividad ocurre antes? (págs. 546 y 547)

1. ¿ir a la playa o al desfile?
2. ¿jugar fútbol o ir a la playa?
3. ¿visitar a los primos o jugar fútbol?

Repaso/Prueba del Capítulo 22

Repasar el vocabulario y los conceptos

VOCABULARIO
- reloj analógico
- tiempo transcurrido
- media hora
- p.m.

Elige el mejor término del recuadro.

1. Las horas del mediodía a la medianoche se indican escribiendo __?__ después de la hora. (MG 1.4, pág. 538)
2. __?__ son treinta minutos. (MG 1.4, pág. 534)
3. La cantidad de tiempo que pasa se llama __?__. (MG 1.4, pág. 540)

Repasar las destrezas

Estima. Después halla la suma. (NS 3.3, págs. 526 y 527)

4. $\$8.37 + \$6.29$
5. $\$53.25 + \$37.16$
6. $\$0.99 + \$1.50$
7. $\$5.00 + \$2.85$

Estima. Después halla la diferencia. (NS 3.3, págs. 528 y 529)

8. $\$65.71 - \$53.46$
9. $\$28.00 - \$\ 7.32$
10. $\$6.46 - \$3.88$
11. $\$14.98 - \$10.49$

Escribe la hora usando números. Usa a.m. o p.m. (MG 1.4, págs. 538 y 539)

12. 25 minutos después de las dos de la tarde
13. media hora después de las cinco de la tarde
14. 40 minutos después de las nueve de la mañana
15. 50 minutos después de la una de la tarde
16. 10 minutos después del mediodía
17. 15 minutos antes de las tres de la tarde

Repasar la resolución de problemas

Resuelve. (NS 3.3, págs. 524 y 525)

18. Ryan quiere comprar un globo de nieve de $2.17. ¿Cuáles son dos maneras de usar monedas y billetes para mostrar $2.17?
19. Ava tiene 1 billete de $5, 4 billetes de $1, 5 monedas de 25¢, 6 monedas de 10¢ y 2 monedas de 5¢. Tiene que pagar $5.95 por una nueva calculadora. ¿Cuáles son dos maneras en que Ava puede formar $5.95?
20. **ESCRIBE** Yolanda compró un mapa por $1.50, bloqueador solar por $4.75 y una botella de agua por $2.25. Escribe dos maneras en que Yolanda puede pagar los tres artículos. **Explica** cómo hallaste tus respuestas.

Enriquecimiento • Zonas horarias

Hora telefónica

Hay cuatro zonas horarias en los Estados Unidos continental. Hay una diferencia de una hora entre cada zona horaria.

Marca el telêfono

Beth vive en San Francisco y su hermana Shannon vive en Denver. Si Beth llama a Shannon cuando son las 9 a.m. en San Francisco, ¿qué hora será en Denver?

Paso 1	Halla San Francisco en el mapa. San Francisco está en la zona horaria del Pacífico.
Paso 2	Halla Denver en el mapa. Denver está en la zona horaria Montaña.
Paso 3	Halla la diferencia en horas entre las zonas horarias del Pacífico y Montaña. Es una hora más tarde en la zona horaria Montaña que en la zona horaria del Pacífico.

Por lo tanto, cuando son las 9 a.m. en San Francisco, serán las 10 a.m. en Denver.

¡Está repicando!

Usa el mapa para resolver.

1. Randy, el primo de Beth, vive en Dallas. Si Beth lo llama cuando son las 3:00 p.m. en San Francisco, ¿qué hora será en Dallas?
2. Beth llama a su abuela a las 8:00 a.m. todos los domingos. La abuela de Beth vive en Miami. ¿Qué hora es en Miami cuando Beth la llama?
3. Beth llama a su hermano Mike cuando son las 4:00 p.m. en Chicago. ¿Qué hora es en San Francisco cuando Beth llama a su hermano?
4. Los padres de Beth viven en Seattle. Si ellos la llaman a las 7:00 p.m. una vez a la semana, ¿qué hora es en San Francisco?

Cuelga

ESCRIBE Lewis, el hermano de Beth, vive en Boston. Si Lewis llama a Beth a las 9:00 p.m., hora Este, ¿qué hora será en San Francisco? **Explica** cómo sabes.

Repaso/Prueba de la unidad
Capítulos 21 y 22

Opción múltiple

1. Jessie usó la flecha giratoria de abajo. ¿Cuáles son los posibles resultados de 1 giro? (SDAP 1.2, pág. 496)

A verde, rojo o amarillo
B azul, rojo o negro
C amarillo, azul o verde
D rojo, amarillo o azul

2. Tara lanzó un cubo numerado 20 veces y presentó sus datos en un diagrama de puntos. ¿Cuál es la moda de los datos? (SDAP 1.3, pág. 502)

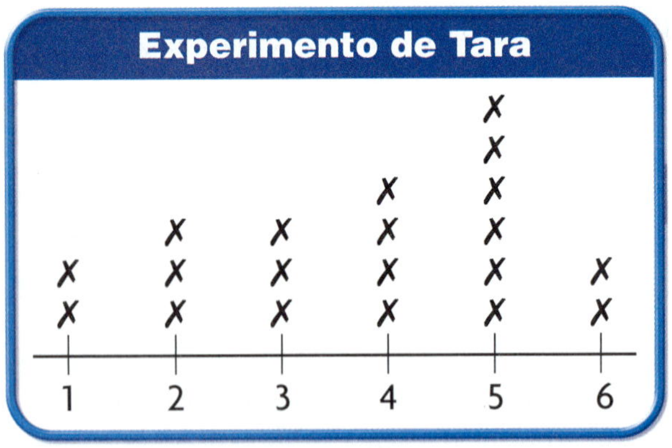

A 5
B 4
C 3
D 2

3. Tony compró una caja de marcadores de $2.49 y un cuaderno de $3.98. ¿Cuánto gastó en total? (NS 3.3, pág. 526)

A $5.37
B $5.47
C $6.37
D $6.47

4. Jake está haciendo una gráfica de barras para registrar los resultados de un experimento de flecha giratoria. ¿Dónde terminará la barra del amarillo? (SDAP 1.3, pág. 490)

Experimento de Jake	
Color	Marcas
azul	𝍸 |||
amarillo	𝍸 𝍸 ||
rojo	𝍸 ||||
verde	𝍸 𝍸 |

A 8
B 9
C 11
D 12

5. Kevin giró la flecha 30 veces. Esta se detuvo en azul 17 veces, en rojo 5 veces y en amarillo 8 veces. ¿En qué color es más probable que se detenga el siguiente giro? (SDAP 1.4, pág. 504)

A rojo
B amarillo
C azul
D verde

6. ¿Cuál es la mayor cantidad de dinero? (O┳ NS 3.3, pág. 520)

   A 2 monedas de 25¢, 1 moneda de 10¢, 2 monedas de 5¢

   B 3 monedas de 25¢

   C 4 monedas de 10¢, 3 monedas de 5¢, 10 monedas de 1¢

   D 2 monedas de 25¢, 2 monedas de 10¢

7. Kyle va a sacar 1 canica de esta bolsa. ¿Cuáles son los posibles resultados de sacar 1 canica? (O┳ SDAP 1.2, pág. 496)

   A roja, amarilla o azul

   B amarilla, verde o roja

   C azul, roja o verde

   D verde, amarilla o azul

8. Beth vió una patineta a $35.89 en Scooter World. Ella vió la misma patineta a $38.95 en Kid's Corner. ¿Cuánto más cuesta la patineta en Kid's Corner? (O┳ NS 3.3, pág. 528)

   A $3.06

   B $3.14

   C $3.79

   D $4.19

Respuesta breve

9. ¿Cuál es la probabilidad de que esta flecha giratoria se detenga en azul? (O┳ SDAP 1.3, pág. 504)

10. Jaime y Kathy compraron mapas en una venta de garaje. El mapa de Jaime costó $8.95 y el de Kathy $7.25. ¿Cuánto dinero gastaron en total? (O┳ NS 3.3, pág. 526)

11. Craig compra materiales escolares por $4.97. Paga con un billete de $10. ¿Cuánto cambio recibe? (O┳ NS 3.3, pág. 528)

Respuesta desarrollada ESCRIBE

12. La familia de Penny empezó a ver una película a las 8:30. La película duró dos horas 15 minutos. ¿A qué hora terminó la película? **Explica** cómo hallaste tu respuesta. (MG 1.4, pág. 540)

13. Lyla tiene una bolsa con 10 canicas. Hay 3 canicas verdes y 7 canicas negras. ¿Es probable o poco probable que Lyla elija una canica verde? **Explica** cómo hallaste tu respuesta. (SDAP 1.1, pág. 494)

California

Resolución de problemas

de THE WORLD ALMANAC PARA NIÑOS

Monedas de 1¢ en California

MONEDAS DE 1¢ DE AYER Y HOY

La moneda de 1¢ es la más antigua producida por la Casa de la Moneda de EE.UU. La primera moneda de 1¢ de cobre fue hecha en 1793. La Casa de la Moneda de San Francisco se inauguró en 1854, pero no produjo monedas de 1¢ hasta 1909. ¿Cómo sería la vida sin monedas de 1¢?

Una de las monedas de 1¢ más antiguas producidas en California.

Edificio de la Casa de la Moneda de San Francisco

APLÍCALO

Si no tuviéramos monedas de 1¢, los precios podrían ser más altos. Los vendedores aumentarían sus precios a la próxima moneda de 5¢. Lo que se vende por 72 centavos podría costar 75 centavos.

Usa la información de las imágenes para responder las preguntas.

1. ¿Qué artículos cuestan más cuando no se usan las monedas de 1¢?
2. ¿Cuál es el costo total por la chaqueta y los pantalones si se usan las monedas de 1¢? ¿Y si no se usan? ¿Qué costo total es más alto? ¿Cuánto más alto?
3. Quieres comprar una camisa por $9.95. ¿Cómo pagarías la cantidad exacta con la menor cantidad de billetes y monedas posibles?

Dato del ALMANAQUE

Algunas monedas de 1¢ del año 1969 de la Casa de la Moneda de San Francisco valen $100,000 porque se acuñaron dos veces. Esto significa que la imagen de la moneda se ve doble.

ENCUESTA: MONEDAS DE 1¢

En 1969, la Casa de la Moneda de San Francisco produjo por error una pequeña cantidad de monedas de 1¢ con imágenes dobles de las letras al frente de la moneda. Errores como este son los que hacen más valiosas las monedas para los coleccionistas.

Algunas personas creen que es hora de dejar de producir y de usar monedas de 1¢. La tabla muestra algunas de las razones para continuar haciéndolas y algunas razones para descontinuarlas.

¿Debemos dejar de producir y de usar monedas de 1¢?

Sí	No
1. Las máquinas expendedoras no aceptan monedas de 1¢.	1. Las monedas de 1¢ mantienen los precios bajos.
2. Las monedas de 1¢ se pierden en los sofás y en los asientos de los carros.	2. Los rollos de monedas de 1¢ se pueden intercambiar por dólares.
3. Las monedas de 1¢ son demasiado pesadas para llevarlas.	3. Las monedas de 1¢ han estado en circulación durante mucho tiempo.

APLÍCALO

¿Piensas que es hora de dejar de producir y de usar monedas de 1¢? ¿Qué piensan los otros estudiantes? Encuesta a 10 estudiantes.

1. Haz una lista de los 10 estudiantes que vas a encuestar.
2. Registra sus respuestas en una tabla de conteo.
3. Copia las casillas en una hoja de papel. Úsalas para hacer una gráfica de barras con tus resultados.
4. ¿Qué respuesta fue la que los estudiantes eligieron más?
5. ESCRIBE **Explica** qué se podría hacer con las monedas de 1¢ que ya tenemos si dejáramos de usarlas. Haz una lista de tres o más ideas.

UNIDAD 8

Medidas del sistema usual y del sistema métrico

Math on Location

1

Las tareas cotidianas del zoológico incluyen cortar, medir y mezclar la comida que mantiene saludables a los animales.

2

El león marino que está en la balanza pesa 180 libras. Nada en un tanque con capacidad para 1,000 galones de agua.

3

Midieron al puma para asegurarse que su área habitable fuera lo suficientemente grande para que pudiera moverse con facilidad.

Enriquece tu vocabulario

COMENTA

¿Qué operaciones matemáticas se usaron en las fotografías de **Math on Location**? ¿Qué operación podrías usar para hallar el peso del león marino en onzas?

LEE

REPASO DEL VOCABULARIO Aprendiste las palabras de abajo cuando estudiaste las medidas el año pasado. ¿Cómo se relacionan éstas palabras con **Math on Location**?

galón una unidad usual para medir capacidad

kilogramo una unidad métrica para medir masa

onza una unidad usual para medir peso

ESCRIBE

Copia un cuadrado mágico como el de abajo. Usa tus conocimientos sobre las medidas para rellenar el cuadrado. Completa el cuadrado a medida que estudias las medidas de esta unidad.

A	B	C
D	E	F
G	H	I

A. litro
B. kilómetro
C. cuarto
D. yarda
E. kilogramo
F. galón
G. pinta
H. pie
I. metro

1. es igual a 12 pulgadas
2. es igual a 1,000 mililitros
3. es igual a 4 cuartos
4. es igual a 2 pintas
5. es igual a 1,000 gramos
6. es igual a 2 tazas
7. es igual a 3 pies
8. es igual a 100 centímetros
9. es igual a 1,000 metros

APRENDE en línea

Tecnología
Glosario multimedia de Matemáticas
www.harcourtschool.com/hspmath

CAPÍTULO

23 Medidas del sistema usual

La idea importante Para medir se requiere la comparación de un atributo de un objeto o situación con una unidad que tenga el mismo atributo.

CALIFORNIA DATO BREVE

Los pingüinos son aves, pero no pueden volar. Pasan la mayor parte del tiempo bajo el agua. En el Zoológico de San Francisco puedes observar los pingüinos magallánicos. Un adulto mide 27 pulgadas de alto y pesa aproximadamente 9 libras.

Investiga

Existen 17 especies de pingüinos. La gráfica de barras muestra la altura de algunas especies de pingüinos. Elige un pingüino de la gráfica. Da su altura en pulgadas. Después compara la altura del pingüino con tu altura.

Alturas de los pingüinos

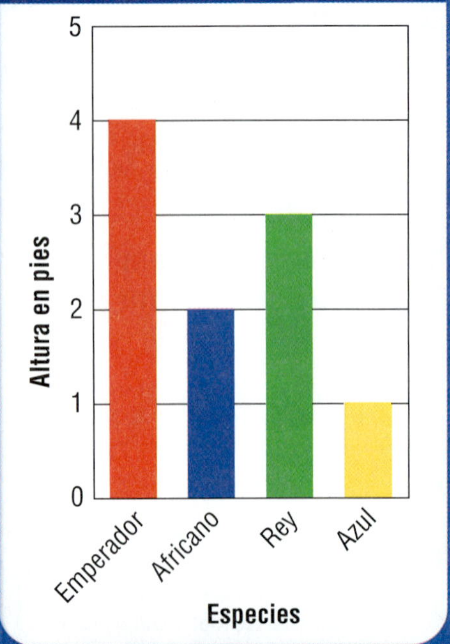

Muestra lo que sabes

Comprueba si has aprendido las destrezas importantes que se necesitan para completar exitosamente el Capítulo 23.

▶ Usar una regla del sistema usual

Usa una regla en pulgadas para medir.

1. 

2. 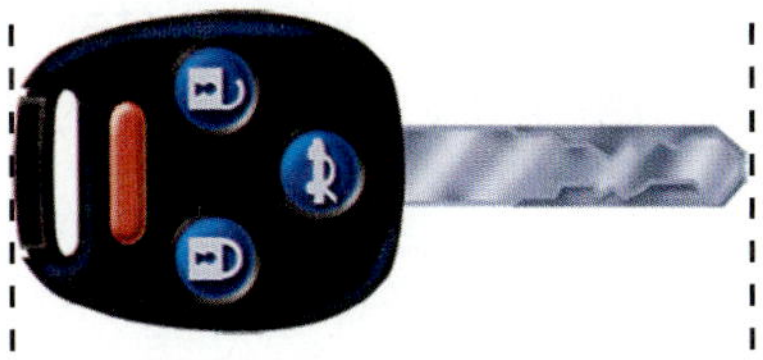

3. 

4. 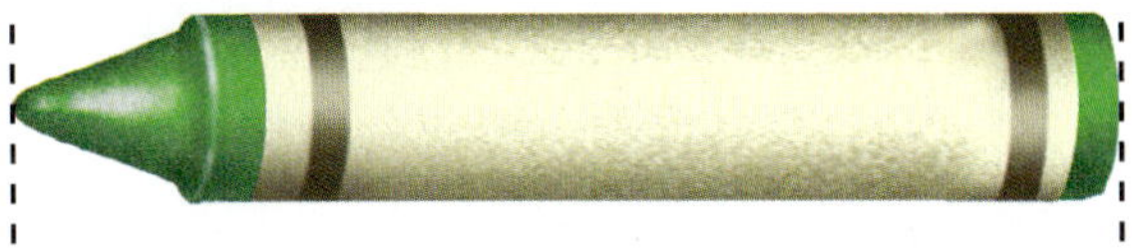

▶ Medir a la pulgada más cercana

Usa una regla en pulgadas para medir a la pulgada más cercana.

5. 

6. 

7. 

8. 

Enriquece tu vocabulario

VOCABULARIO DEL CAPÍTULO

capacidad
taza (t)
grados Fahrenheit (°F)
pie (ft)
galón (gal)
pulgada (pulg)
longitud
milla (mi)
onza (oz)
pinta (pt)
libra (lb)
cuarto (ct)
peso
yarda (yd)

PREPARACIÓN

longitud La medida de algo de extremo a extremo

pie Una unidad usual para medir longitud o distancia; 1 pie = 12 pulgadas

yarda (yd) Una unidad usual para medir longitud o distancia; 1 yarda = 3 pies

LECCIÓN 1

Longitud

OBJETIVO: Presentar las unidades usuales de longitud.

Repaso rápido

¿Cuál es más largo?

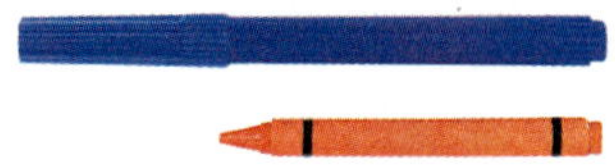

Vocabulario

longitud **pie (ft)**
yarda (yd) **milla (mi)**

Aprende

La **longitud** es la medida de la distancia entre dos puntos. Las unidades usuales de longitud y distancia son la pulgada (pulg), el **pie (ft)**, la **yarda (yd)** y la **milla (mi)**.

Un clip pequeño mide aproximadamente 1 pulgada de largo.

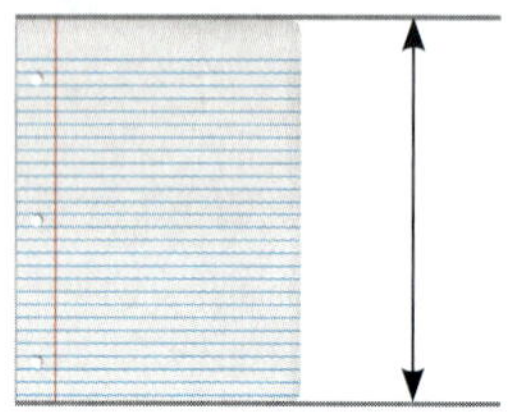

Una hoja de un cuaderno mide aproximadamente 1 pie de largo.

Un bate de béisbol mide aproximadamente 1 yarda de largo.

Toma aproximadamente 20 minutos caminar 1 milla.

Esta tabla muestra cómo las unidades usuales de longitud se relacionan.

Unidades usuales de longitud
12 pulgadas = 1 pie
3 pies = 36 pulgadas = 1 yarda
5,280 pies = 1 milla

Práctica con supervisión

1. ¿Medirías la longitud de un lápiz en pulgadas o en pies? **Piensa:** ¿Un lápiz es más largo o más corto que una hoja de un cuaderno?

Elige la unidad que usarías para medir cada uno. Escribe ***pulgada, pie, yarda*** o ***milla***.

2. 

3. 

4. 

5. **COMENTA** **Explica** qué unidad usarías para medir la longitud de tu salón de clases.

MG 1.1 Elegir los instrumentos adecuados y las unidades (métricas y comunes) adecuadas para estimar y medir la longitud, el volumen líquido y el peso/la masa de objetos dados. *también* **MR 2.3, MR 2.4, MR 3.2**

Práctica independiente y resolución de problemas

Elige la unidad que usarías para medir cada uno. Escribe *pulgadas, pies, yardas* o *millas*.

6. 

7. 

8. 

9. longitud de un billete de un dólar

10. distancia entre dos pueblos

11. longitud de una mesa de cocina

12. Annie va a caminar a casa de su amiga. Su amiga vive a tres casas de distancia. ¿Qué unidad mide mejor la distancia que debe caminar Annie?

13. **Razonamiento** Jack tiene 2 semanas de edad. Andy tiene 12 años. ¿Qué unidad usarías para medir la estatura de Jack? ¿Usarías la misma unidad para medir la estatura de Andy? **Explica**.

14. Toni vio una jirafa en el zoológico. ¿Qué unidad debe usar Toni para dar la altura de la jirafa?

15. **ESCRIBE** Madison visita a su abuela en otra ciudad. ¿Viaja 100 pies, 100 yardas o 100 millas? **Explica** tu respuesta.

Comprensión de los Estándares

16. Kristin horneó 24 panecillos en 3 bandejas. Escribe una expresión que muestre cómo hallar el número de panecillos en cada bandeja.

(AF 1.1, pág. 254)

17. Luis mostró en una gráfica de barras los resultados de un experimento con una flecha giratoria. La flecha se detuvo en el rojo 10 veces, en el azul 15 veces, en el verde 15 veces y en el amarillo 5 veces. ¿Qué barra es la más corta?

(SDAP 1.3, pág. 498)

18. Holly compró un libro que costaba $8.49. Pagó con un billete de $20. ¿Cuánto cambio recibió?

(NS 3.3, pág. 522)

19. **Preparación para la prueba** Kenny usa un pedazo grande de cartulina para hacer un dibujo. Aproximadamente, ¿cuánto mide la cartulina?

A 2 pulgadas
B 20 pulgadas
C 20 pies
D 20 yardas

Práctica adicional en la página 580, Grupo A

LECCIÓN 2

Estimar y medir pulgadas

OBJETIVO: Estimar y medir la longitud a la pulgada y media pulgada más cercanas.

Repaso rápido

Elige la unidad que usarías para medir cada uno. Escribe *pulgadas, pies, yardas* o *millas.*

1. patineta
2. banana
3. distancia entre dos ciudades
4. marco de fotografías
5. longitud de tu cama

Aprende

Puedes usar una regla en pulgadas para medir la longitud de un objeto a la pulgada más cercana y a la media pulgada más cercana.

Medir a la pulgada más cercana

MANOS A LA OBRA **Actividad** **Materiales** ■ regla en pulgadas

Paso 1

Copia la tabla.

Longitud del hilo		
Color	**Estimación**	**Medida**
rojo		
azul		
anaranjado		
morado		
verde		

Paso 2

Estima la longitud del pedazo de hilo rojo. Registra tu estimación en la tabla.

Paso 3

Usa una regla. Mide la longitud del hilo rojo a la pulgada más cercana. Registra tu medida en la tabla.

Paso 4

Repite los pasos 2 y 3 para los hilos azul, anaranjado, morado y verde.

- ¿El hilo de qué color mide 2 pulgadas más que el pedazo de hilo más corto?

Recuerda

Asegúrate siempre de que el extremo izquierdo del objeto que estás midiendo esté alineado con la marca 0 en la regla.

MG 1.1 legir los instrumentos adecuados y las unidades (métricas y comunes) adecuadas para estimar y medir la longitud, el volumen líquido y el peso/la masa de objetos dados. *también* **MR 2.0, MR 2.2, MR 2.3, MR 2.4, MR 2.5, MR 3.2**

Medir a la media pulgada más cercana

También puedes medir a la media pulgada más cercana.

Ejemplos

¿Cuál es la longitud de cada objeto a la media pulgada más cercana?

A

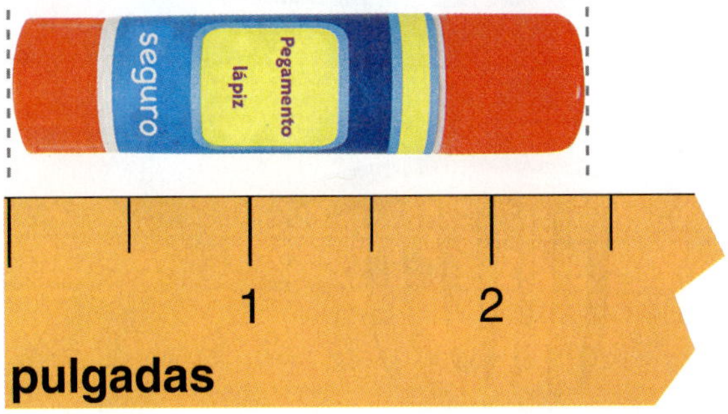

El extremo izquierdo del lápiz de pegamento está alineado con la marca 0 en la regla.

La marca de $\frac{1}{2}$ pulgada que está más cercana al extremo derecho del lápiz de pegamento es $2\frac{1}{2}$.

Por lo tanto, la longitud del lápiz de pegamento a la media pulgada más cercana es $2\frac{1}{2}$ pulgadas.

B

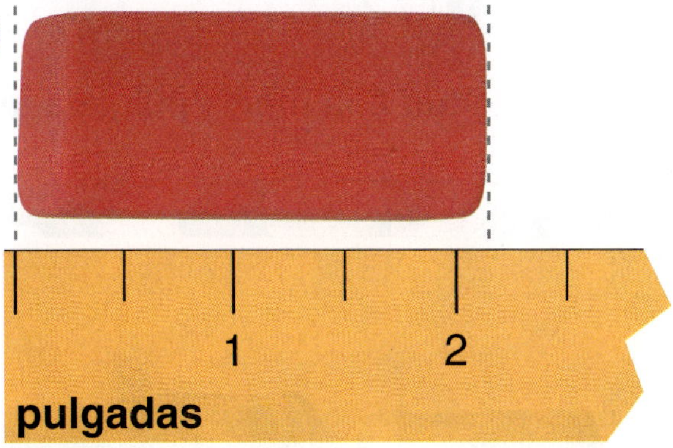

El extremo izquierdo de la goma de borrar está alineado con la marca 0 en la regla.

La marca de $\frac{1}{2}$ pulgada que está más cercana al extremo derecho de la goma es 2.

Por lo tanto, la longitud de la goma de borrar a la media pulgada más cercana es 2 pulgadas.

Práctica con supervisión

1. ¿La llave mide $1\frac{1}{2}$ pulgadas, 2 pulgadas o $2\frac{1}{2}$ pulgadas de largo?

Mide la longitud a la pulgada más cercana.

2. 

Mide la longitud a la media pulgada más cercana.

3. 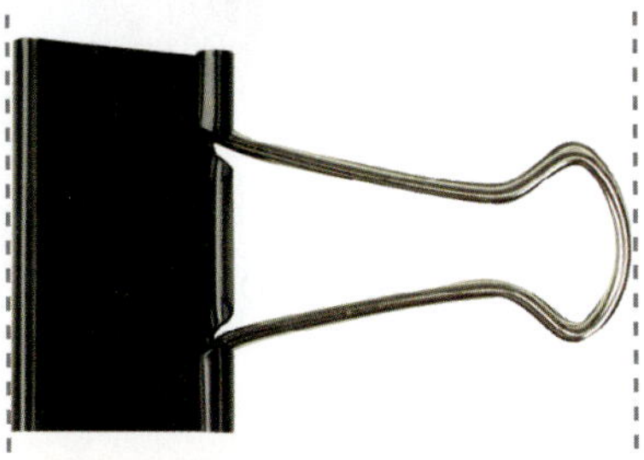

4. 

5. **COMENTA** **Explica** cómo mediste el caracol a la media pulgada más cercana.

Práctica independiente y resolución de problemas

Mide la longitud a la pulgada más cercana.

6. 

7. 

Mide la longitud a la media pulgada más cercana.

8. 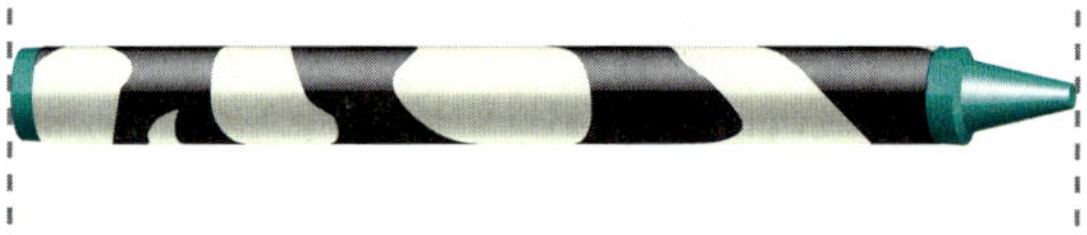

9. 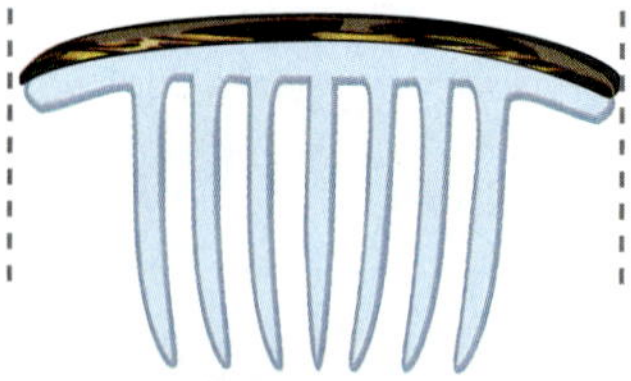

10. 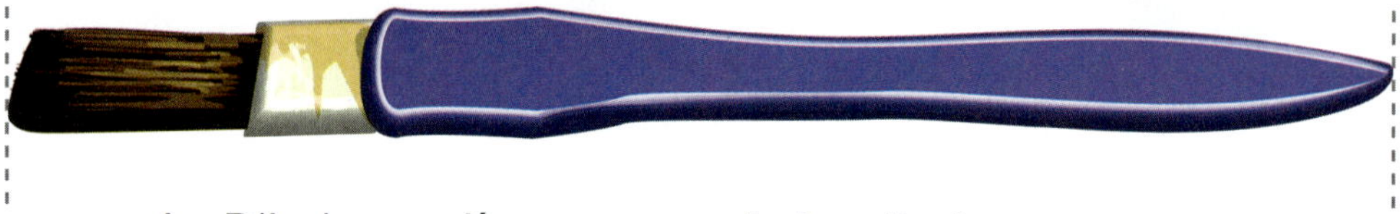

Usa una regla. Dibuja una línea para cada longitud.

11. 3 pulgadas **12.** $4\frac{1}{2}$ pulgadas **13.** 5 pulgadas **14.** $6\frac{1}{2}$ pulgadas

15. Emily está midiendo su cepillo. Mide $7\frac{1}{2}$ pulgadas de largo. ¿Entre cuáles dos marcas de pulgadas queda el extremo de su cepillo?

16. ESCRIBE **¿Cuál es el error?** Joni dijo que este pedazo de cinta mide 3 pulgadas de largo. Describe su error.

17. Halla dos objetos de distinto tamaño en tu pupitre. Mide la longitud de cada objeto a la media pulgada más cercana. Usa $<$ o $>$ para comparar las mediciones.

Comprensión de los Estándares

18. Julie viajó 2 horas en autobús hasta la casa de su tía. ¿Está la casa de su tía a 90 pies, 90 yardas o 90 millas de distancia? (MG 1.1, pág. 560)

19. Mary gastó $4.25 en un cuaderno. Pagó con un billete de $10. ¿Cuánto cambio recibió? (NS 3.3, pág. 522)

20. ¿Cuál es mayor: 36 o 4×10? (NS 2.2, pág. 128)

21. **Preparación para la prueba** ¿Cuál es la longitud de la curita a la media pulgada más cercana?

A $1\frac{1}{2}$ pulgadas **C** $2\frac{1}{2}$ pulgadas

B 2 pulgadas **D** 3 pulgadas

CD ROM Tecnología
Usa Harcourt Mega Math en español, Exploración ártica, *En el laboratorio*, niveles C y D.

 Práctica adicional en la página 580, Grupo B

ESCRIBE TALLER

Describe un error

Matthew dice: "La longitud del lápiz es 4 pulgadas a la media pulgada más cercana". ¿Qué error cometió Matthew? Sonia describió el error de Matthew de esta manera.

Matthew no alineó el extremo izquierdo del lápiz con la marca del cero de la regla. Lo alineó con la marca de $\frac{1}{2}$ pulgada. La punta del lápiz está cerca de la marca de 4 pulgadas, por lo tanto, Matthew dijo que la longitud del lápiz es 4 pulgadas a la media pulgada más cercana.

Matthew debe alinear el extremo izquierdo del lápiz con la marca del cero de la regla. Así la punta del lápiz estará cerca de la marca de $3\frac{1}{2}$ pulgadas.

La longitud del lápiz es $3\frac{1}{2}$ pulgadas a la media pulgada más cercana.

Pistas

Para describir un error:

- Primero, di qué error piensas que se cometió.
- Luego, explica cómo piensas que se cometió el error.
- Por último, describe cómo corregir el error.
- Escribe la respuesta correcta en el último enunciado.

Resolución de problemas **Describe el error. Explica cómo corregir el error y da la respuesta correcta.**

1. A la media pulgada más cercana, ¿cuál es la longitud del pincel?

Respuesta: $4\frac{1}{2}$ pulgadas

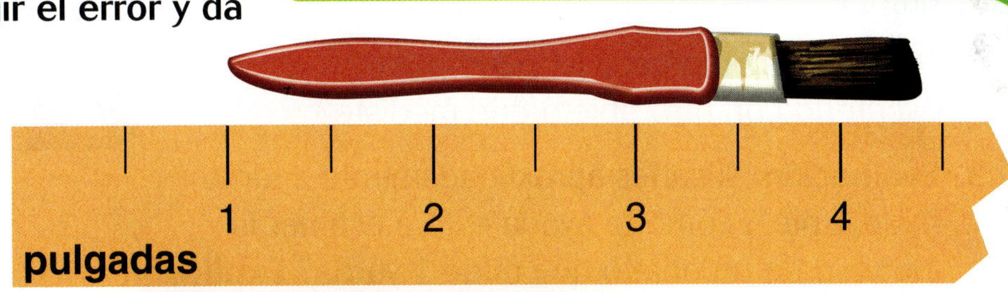

2. A la media pulgada más cercana, ¿cuál es la longitud de la crayola?

Respuesta: 3 pulgadas

3 Estimar y medir pies y yardas

OBJETIVO: Estimar y medir la longitud al pie y a la yarda más cercanos.

Repaso rápido

¿Tu libro de matemáticas mide de ancho aproximadamente 8 pies, 8 pulgadas u 8 yardas?

Puedes usar una regla o una regla de 1 yarda para medir longitudes más grandes.

Investigar

Materiales ■ regla en pulgadas y regla de 1 yarda

A Haz una tabla como la de la derecha.

Longitud de objetos en el salón de clases		
Objeto	Estimación	Medida
escritorio		

B Estima la longitud de tu escritorio y registra tu estimación en la tabla. Piensa: ¿Qué unidad debes usar?

C Mide la longitud de tu escritorio y registra la medida en tu tabla.

D Repite los pasos B y C con otros 2 objetos de tu salón de clases. Algunos ejemplos son la longitud del escritorio del maestro, la altura de la puerta y el ancho de una ventana.

C

Sacar conclusiones

1. ¿Cuándo usaste una regla de 1 yarda en vez de una regla en pulgadas para medir un objeto?
2. ¿Cómo se compara la longitud de tu escritorio con otro objeto que mediste?
3. **Evaluación** Si sabes aproximadamente cuánto mide 1 pie, ¿cómo te ayuda esto a estimar la longitud de un objeto que mide 1 yarda? **Explica**.

MG 1.1 Elegir los instrumentos adecuados y las unidades (métricas y comunes) adecuadas para estimar y medir la longitud, el volumen líquido y el peso/la masa de objetos dados. *también* **MG 1.4, MR 1.1, MR 2.0, MR 2.3, MR 2.4, MR 2.5, MR 3.2, MR 3.3**

Relacionar

Los objetos que miden más de 12 pulgadas pueden medirse usando una combinación de unidades.

Imagina que la longitud de tu escritorio es 16 pulgadas. Puedes escribir la longitud del escritorio en pulgadas o en pies y pulgadas.

16 pulgadas = ■ pies ■ pulgadas

Piensa: 12 pulgadas = 1 pie

16 pulgadas = 12 pulgadas + 4 pulgadas

Por lo tanto, 16 pulgadas = 1 pie 4 pulgadas.

Tabla de medidas
1 pie = 12 pulgadas
1 yarda = 3 pies
1 yarda = 36 pulgadas

COMENTA

Explica cómo escribes 40 pulgadas como una combinación de yardas y pulgadas.

Practicar

Elige la mejor unidad de medida.

1. el ancho de una ventana pequeña
   3 pies o 3 yardas
2. el largo de un carro
   9 pies o 9 yardas
3. la altura de un librero
   4 pies o 4 yardas
4. el largo de una tina de baño
   2 pies o 2 yardas

Usa la Tabla de medidas. Escribe la longitud en pies y pulgadas o en yardas y pies.

5. 28 pulgadas = ■ pies ■ pulgadas
6. 7 pies = ■ yardas ■ pie
7. 10 pies = ■ yardas ■ pie
8. 42 pulgadas = ■ pies ■ pulgadas

Álgebra Compara. Escribe <, > o = para cada ●.

9. 4 pies ● 30 pulgadas
10. 70 pulgadas ● 2 yardas
11. 24 pulgadas ● 2 pies

12. Karl está construyendo un corral para su conejo. Necesita 8 pies de alambre. Tiene 2 yardas de alambre. ¿Tiene suficiente alambre para construir el corral? **Explica**.

13. **ESCRIBE** **¿Cúál es el error?** Mary dijo que la longitud del campo de fútbol es de 100 pies. Describe su error.

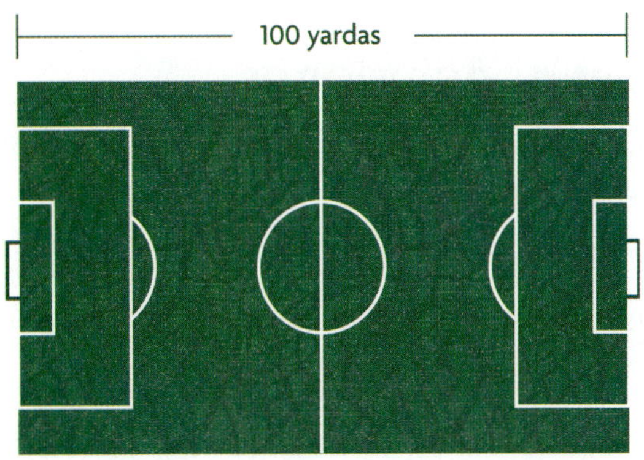

LECCIÓN MANOS A LA OBRA

4 Capacidad

OBJETIVO: Estimar y medir capacidad.

La **capacidad** es la cantidad que puede contener un recipiente. Las unidades usuales que se usan para medir la capacidad son la **taza (tz)**, la **pinta (pt)**, el **cuarto (ct)** y el **galón (gal)**.

1 taza (tz)	1 pinta (pt)	1 cuarto (ct)	1 galón (gal)

Repaso rápido

¿Qué recipiente contiene más?

Vocabulario

capacidad **taza (tz)**
pinta (pt) **cuarto (ct)**
galón (gal)

Investigar

Materiales ■ recipientes con medidas de 1 taza, 1 pinta, 1 cuarto y 1 galón; agua

A Haz una tabla como la que está a la derecha.

B Estima el número de tazas que se necesitan para llenar el recipiente de 1 pinta. Registra tu estimación.

C Llena una taza y vierte el agua en el recipiente de 1 pinta. Repite hasta que el recipiente se llene.

D Registra el número de tazas que se necesitaron para llenar el recipiente de 1 pinta.

E Repite los pasos B a D con los recipientes de 1 cuarto y de 1 galón.

Número de tazas		
	Estimación	**Medida**
tazas en 1 pinta		
tazas en 1 cuarto		
tazas en 1 galón		

E

Sacar conclusiones

1. ¿Cómo se comparan tus medidas con tus estimaciones?
2. ¿Cuántas tazas hay en 1 pinta? ¿En un cuarto? ¿En un galón?
3. **Síntesis** ¿Qué unidad usarías para medir la cantidad de agua necesaria para llenar una pecera? **Explica**.

MG 1.1 Elegir los instrumentos adecuados y las unidades (métricas y comunes) adecuadas para estimar y medir la longitud, el volumen líquido y el peso/la masa de objetos dados. *también* **MR 1.1, MR 2.0, MR 2.3, MR 2.4, MR 2.5, MR 3.0, MR 3.1, MR 3.2, MR 3.3**

Relacionar

Explica cómo puedes hallar el número de tazas que hay en 3 pintas 1 taza.

¿Cómo se relacionan las tazas, las pintas, los cuartos y los galones?

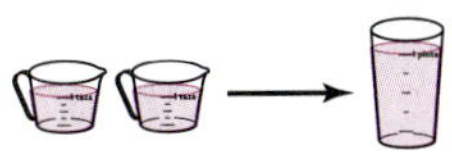

2 tazas en 1 pinta

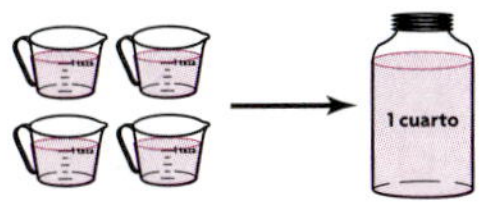

4 tazas en 1 cuarto

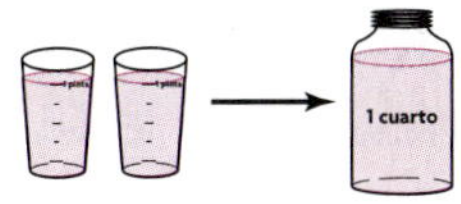

2 pintas en 1 cuarto

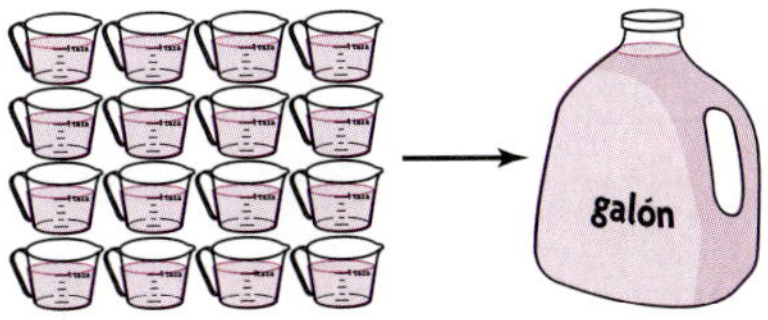

16 tazas en 1 galón

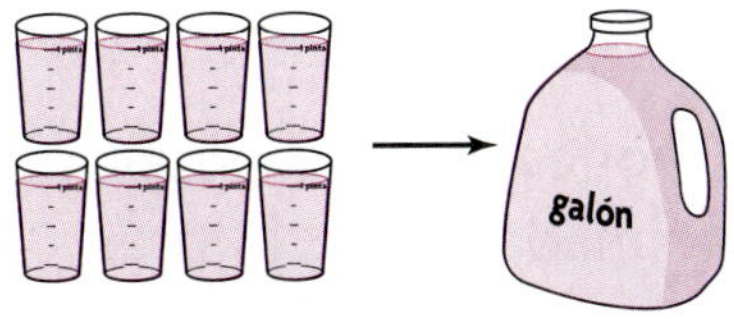

8 pintas en 1 galón

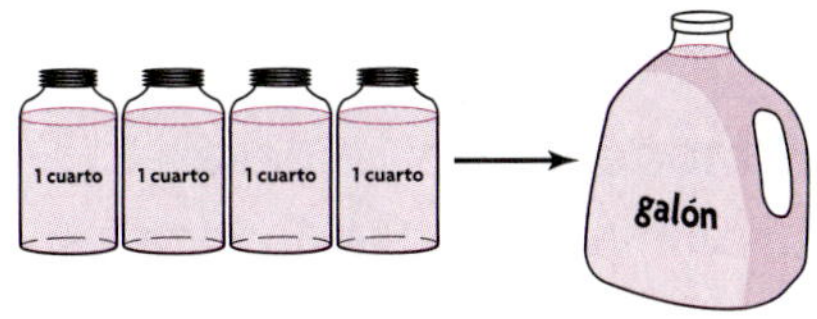

4 cuartos en 1 galón

Practicar

Elige la unidad que usarías para medir la capacidad de cada uno. Escribe *taza, pinta, cuarto* o *galón*.

1. 

2. 

3. 

✓**4.** 

Di cómo se relacionan las unidades.

5. 8 tazas = ■ pintas

6. 6 pintas = ■ cuartos

✓**7.** 2 galones = ■ cuartos

Álgebra **Compara. Escribe <, > o = para cada ●.**

8. 2 galones ● 7 cuartos

9. 3 tazas ● 2 pintas

10. 1 cuarto ● 5 tazas

11. Busca un recipiente en el salón de clases que contenga aproximadamente 2 pintas. Dibuja el recipiente.

12. Escribe estas cantidades en orden de mayor a menor: 2 cuartos, 6 pintas, 10 tazas.

13. ESCRIBE **¿Cuál es el error?** Connor dice que se necesitan 8 tazas para llenar un recipiente de 1 galón. ¿Tiene razón? **Explica**.

LECCIÓN MANOS A LA OBRA

5 Peso

OBJETIVO: Estimar y medir el peso.

El **peso** es la medida de qué tan pesado es un objeto. Las unidades usuales que se usan para medir el peso son la **onza (oz)** y la **libra (lb)**.

9 monedas de 1¢ pesan aproximadamente 1 onza.

144 monedas de 1¢ pesan aproximadamente 1 libra.

Repaso rápido

¿Qué objeto es más pesado?

1. ¿una mochila o un plato?
2. ¿una rosquilla o un vaso de leche?
3. ¿una pelota de béisbol o una pluma?
4. ¿un libro o una tarjeta postal?
5. ¿un reloj de pulsera o una televisión?

Vocabulario

peso **onza (oz)** **libra (lb)**

Investigar

Materiales ■ balanza, monedas de 1¢, objetos del salón de clases

A Coloca 9 monedas de 1¢ en un lado de una balanza. Busca objetos que creas que pesen aproximadamente 1 onza. Pesa los objetos. Escribe si pesan más, menos o igual que 1 onza.

B Pon 144 monedas de 1¢ en un lado de una balanza. Busca objetos que creas que pesen aproximadamente 1 libra. Pesa los objetos. Escribe si pesan más, menos o igual que 1 libra.

Sacar conclusiones

1. ¿Cómo se compara el peso de tu cuaderno con el peso de tu lápiz?
2. **Análisis** ¿Cómo puedes usar el peso de 144 monedas de 1¢ para ayudarte a estimar el peso de un cuaderno? **Explica**.

MG 1.1 Elegir los instrumentos adecuados y las unidades (métricas y comunes) adecuadas para estimar y medir la longitud, el volumen líquido y el peso/la masa de objetos dados. *también* **MR 1.1, MR 2.0, MR 2.3, MR 2.4, MR 2.5, MR 3.0, MR 3.1, MR 3.2, MR 3.3**

Relacionar

Puedes usar una balanza para pesar objetos más pesados. Estima el peso de cada objeto en libras. Después usa una balanza para pesar a la libra más cercana.

- carrete de cinta adhesiva
- caja de crayolas
- botella de agua
- caja de lápices

Unidades usuales de peso
1 libra = 16 onzas

COMENTA

Explica cómo puedes escribir 18 onzas como una combinación de libras y onzas.

Practicar

Elige la unidad que usarías para pesar cada uno. Escribe *onza* o *libra*.

1. 

2. 

3. 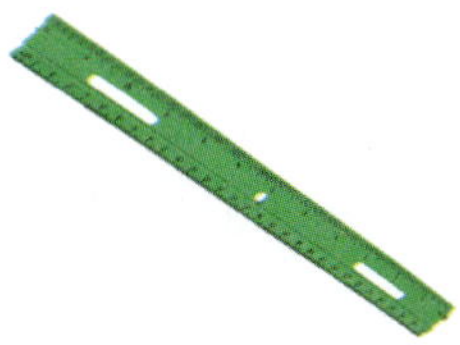

4. 

Halla dos objetos en el salón de clases que correspondan a cada peso. Dibújalos y rotula su peso.

5. aproximadamente 2 libras
6. aproximadamente 3 onzas
7. aproximadamente 8 onzas

Álgebra **Compara. Escribe $<$, $>$ o $=$ para cada ●.**

8. 10 onzas ● 1 libra
9. 21 onzas ● 1 libra
10. 15 onzas ● 1 libra
11. **DATO BREVE** Un dracma es una unidad usual de medida más pequeña que 1 onza. Hay 16 dracmas en 1 onza. ¿Cuántos dracmas hay en 2 onzas? **Explica**.
12. **ESCRIBE** **¿Tiene sentido o no?** Hank dice que 20 onzas es lo mismo que 1 libra 4 onzas. ¿Su afirmación tiene sentido? **Explica**.

LECCIÓN 6

Estimar o medir

OBJETIVO: Reconocer cuándo estimar o cuándo medir.

Repaso rápido

1. 1 yarda = ■ pies
2. 1 cuarto = ■ pintas
3. 1 pie = ■ pulgadas
4. 1 pinta = ■ tazas
5. 1 galón = ■ cuartos

Aprende

A veces necesitas una medida exacta.
A veces todo lo que necesitas es una estimación.

Ejemplo 1 El padre de Theresa prepara limonada. La receta requiere 6 tazas de agua, $\frac{3}{4}$ de taza de azúcar y el jugo de 4 limones. ¿Debería estimar o medir el agua y el azúcar?

Cuando usas una receta, deberías medir exactamente cada ingrediente.

Por lo tanto, el padre de Theresa debería medir el agua y el azúcar.

Ejemplo 2 Theresa quiere llenar 4 vasos de limonada con una jarra de 2 cuartos. Cada vaso puede contener una taza de limonada. ¿Debería Theresa medir la limonada que vierte en cada vaso o puede estimar si será suficiente?

Hay 4 tazas en 1 cuarto; por lo tanto, Theresa puede verter aproximadamente 8 vasos de la jarra de 2 cuartos.

Por lo tanto, Theresa no necesita medir la limonada que vierte en cada vaso.

- ¿Por qué es necesario medir cuando usas una receta?

MG 1.1 Elegir los instrumentos y las unidades (métricas y comunes) adecuadas para estimar y medir la longitud, el volumen líquido y el peso/masa de objetos dados. *también* **MR 1.0, MR 1.1, MR 2.3, MR 2.4, MR 2.5, MR 3.2**

Práctica con supervisión

1. Ty llenó un recipiente de 1 cuarto para regar 3 plantas. Cada planta necesita aproximadamente 1 taza de agua. ¿Debería medir el agua que riega en cada planta o puede hacer una estimación?

Elige *estimar* o *medir*.

2. Zach llena un tazón de agua para su gatito cada día. ¿Debería Zach estimar o medir el agua?

3. Morgan necesita 36 pulgadas de alambre para cada lado del corral de un conejo. ¿Debería Morgan estimar o medir el alambre?

4. Jenna corta pedazos de cinta para pegar en el marco de un cuadro. ¿Debería Jenna estimar o medir la cinta?

5. COMENTA Marta necesita mezclar 1 cucharada de cacao con 1 taza de leche para preparar chocolate caliente. **Explica** por qué es mejor que Marta mida estas cantidades en vez de estimarlas.

Práctica independiente y resolución de problemas

Elige *estimar* o *medir*.

6. Leigh está preparando galletas. La receta requiere $\frac{3}{4}$ de taza de azúcar moreno ¿Debería Leigh estimar o medir el azúcar moreno?

7. Jonas rasgó un cartel cuando lo quitó de la pared. Necesita 2 pedazos de cinta adhesiva para arreglar el cartel. ¿Debería Jonas estimar o medir la cinta adhesiva que necesita?

8. Nathaniel tiene que medir 48 pulgadas de alto para poder subir a la montaña rusa Super Loop. ¿Debería el parque temático estimar o medir su altura?

9. ESCRIBE Sandra y Kailyn están fabricando cuerdas para saltar. ¿Deberían estimar o medir la cuerda? **Explica.**

Comprensión de los Estándares

10. ¿El pececito de colores de Steve pesa aproximadamente 3 onzas o 3 libras? (MG 1.1, pág. 570)

11. La habitación de Rory mide 3 yardas 2 pies de largo. ¿Cuántos pies de largo mide su habitación? (MG 1.4, pág. 566)

12. Si una estampilla cuesta 39¢, ¿cuánto costarán 5 estampillas? (AF 2.1, pág. 376)

13. **Preparación para la prueba** ¿Qué cantidad deberías medir en vez de estimar?

    A la distancia a la que puedes lanzar una pelota

    B la cantidad de harina en una receta para pastel

    C la cantidad de agua en una bañera

    D la distancia desde de tu salón de clases hasta el patio de recreo

Práctica adicional en la página 580, Grupo C

LECCIÓN 7

ÁLGEBRA

Reglas para convertir unidades

OBJETIVO: Usar reglas para convertir unidades de medida.

Repaso rápido

1. 5×6
2. 7×2
3. $12 \div 4$
4. $15 \div 3$
5. 8×4

Aprende

PROBLEMA Erin usa 5 cuartos de agua para preparar ponche de frutas. ¿Cuántas tazas son?

Puedes usar reglas para convertir unidades. Para usar una regla, debes decidir primero la manera en que están relacionadas las unidades.

Tabla de medidas
Longitud
12 pulgadas = 1 pie
3 pies = 1 yarda
Capacidad
2 tazas = 1 pinta
4 tazas = 1 cuarto
2 pintas = 1 cuarto
8 pintas = 1 galón
4 cuartos = 1 galón
Peso
16 onzas = 1 libra

Ejemplo 1

5 cuartos = ■ tazas

Piensa: 1 cuarto = 4 tazas. Un cuarto es mayor que una taza.

cuartos	1	2	3	4	5
tazas	4	8	12	16	■

Para convertir una unidad mayor a una menor, necesitas *más* de las unidades menores. Por lo tanto, debes multiplicar por el número de unidades menores que hay en la unidad mayor.

Regla: Multiplicar el número de cuartos por 4.
$5 \times 4 = 20$

Por lo tanto, 5 cuartos = 20 tazas

Erin usó también 12 tazas de jugo de naranja. ¿Cuántas pintas son?

Ejemplo 2

12 tazas = ■ pintas

Piensa: 2 tazas = 1 pinta. Una taza es menor que una pinta.

tazas	2	4	6	8	10	12
pintas	1	2	3	4	5	■

Para convertir una unidad menor en una mayor, necesitas *menos* de las unidades mayores. Por lo tanto, debes dividir entre el número de unidades menores que hay en la unidad mayor.

Regla: Dividir el número de tazas entre 2.
$12 \div 2 = 6$

Por lo tanto, 12 tazas = 6 pintas

MG 1.4 Realizar conversiones de unidades simples dentro de un sistema de medidas.
también **AF 1.4, AF 2.1, AF 2.2, MR 1.1, MR 2.3, MR 2.4, MR 3.2, MR 3.3**

Práctica con supervisión

1. ¿Qué regla puedes usar para hallar el número de cuartos que hay en 8 pintas?
   Piensa: 1 cuarto = 2 pintas

pintas	2	4	6	8
cuartos	1	2	3	■

Copia y completa. Usa la Tabla de medidas.

2. 4 cuartos = ■ tazas
3. ■ yardas = 9 pies
4. ■ pintas = 12 tazas
5. **COMENTA** **Explica** cómo puedes saber si debes multiplicar o dividir para convertir unidades.

Práctica independiente y resolución de problemas

Copia y completa. Usa la Tabla de medidas.

6. 24 pulgadas = ■ pies
7. 28 tazas = ■ cuartos
8. ■ pies = 8 yardas
9. ■ cuartos = 4 galones
10. ■ pintas = 14 tazas
11. 12 pintas = ■ cuartos

Álgebra **Compara. Escribe <, > o = en cada ●.**

12. 6 cuartos ● 2 galones
13. 8 tazas ● 3 pintas
14. 3 yardas ● 9 pies
15. 9 tazas ● 3 cuartos
16. 8 pies ● 2 yardas
17. 12 pintas ● 7 cuartos

Para los ejercicios 18 y 19, usa la receta.

18. Sarah duplica las cantidades de la receta. ¿Cuántas tazas de harina usa? ¿Qué regla puedes usar para hallar la respuesta?
19. **ESCRIBE** Stephen preparó la receta de los pastelitos 3 veces. ¿Usó exactamente 1 cuarto de agua? **Explica.**

Comprensión de los Estándares

20. $4 \times 6 =$ (NS 2.2, pág. 110)
21. $42 \div 7 =$ (NS 2.5, p. 240)
22. ¿Cuál es el perímetro de un cuadrado que tiene lados de 4 pulgadas de largo? (MG 1.3, pág. 318)
23. ¿Qué regla puedes usar para hallar el número de pintas en 4 cuartos?
    - **A** Multiplicar el número de cuartos por 4.
    - **B** Multiplicar el número de cuartos por 2.
    - **C** Dividir el número de cuartos entre 2.
    - **D** Dividir el número de cuartos entre 4.

Práctica adicional en la página 580, Grupo D

LECCIÓN 8

Taller de resolución de problemas
Destreza: Elegir una unidad

OBJETIVO: Resolver problemas usando la destreza *elegir una unidad.*

Lee para entender
Planea
Resuelve
Comprueba

Lee para entender

PROBLEMA La clase de Ian está instalando una pecera de agua dulce. ¿Qué unidad usual debería usar Ian para medir la capacidad de la pecera?

Recuerda cómo se relacionan las unidades usuales de capacidad.

Una pinta es más grande que 1 taza.
Piensa: Hay 2 tazas en 1 pinta.

Un cuarto es más grande que 1 pinta.
Piensa: Hay 2 pintas en 1 cuarto.

Un galón es más grande que un cuarto.
Piensa: Hay 4 cuartos en 1 galón.

Por lo tanto, Ian debería usar galones para medir la capacidad de la pecera.

Tabla de medidas
Longitud
12 pulgadas = 1 pie
3 pies = 1 yarda
Capacidad
2 tazas = 1 pinta
4 tazas = 1 cuarto
2 pintas = 1 cuarto
8 pintas = 1 galón
4 cuartos = 1 galón
Peso
16 onzas = 1 libra

Piensa y comenta

Elige la mejor unidad de medida.

a. Marianna mide la longitud de un pez espada negro en la pecera del salón de clases. ¿Está la longitud más cerca de 2 pulgadas o de 2 pies?

b. Ned tarda 12 minutos en conducir de su casa a la tienda. ¿Es la distancia que recorre aproximadamente 7 yardas o 7 millas?

c. A Ben le gusta ver los pandas en el zoológico. ¿Qué unidad usarías para medir el peso de un panda: onzas o libras?

COMENTA
¿Cómo puedes decidir qué unidad es mejor para medir el peso de un objeto?

MG 1.1 Elegir los instrumentos adecuados y las unidades (métricas y comunes) adecuadas para estimar y medir la longitud, el volumen líquido y el peso/la masa de objetos dados. *también* **MR 1.0, MR 1.1, MR 2.0, MR 2.3, MR 2.4, MR 3.0, MR 3.1, MR 3.3**

Resolución de problemas con supervisión

1. Aproximadamente 2 carros, de extremo a extremo, caben en la entrada del garaje de Beth. ¿Qué unidad usual de longitud debe usar Beth para medir la longitud de la entrada del garage?

   Piensa en las unidades de longitud.

   ¿Qué unidad sería la mejor para medir la longitud de un carro?

   ¿Qué unidad sería la mejor para medir una distancia que es aproximadamente 2 carros de longitud?

   Resuelve el problema.

2. **¿Qué pasaría si** Beth ayudara a su papá a construir una pajarera pequeña? ¿Qué unidad usual de longitud podrían usar para estimar la cantidad de madera que necesitarían?

3. A Mary le gusta beber chocolate en la mañana. ¿Contiene su tarro 2 tazas o 2 cuartos?

Aplicaciones mixtas

4. ¿Qué unidad usarías para medir la cantidad de agua que hay en una tina de baño?

5. Una tina de baño mide el doble de largo que el perro de Kia. El perro de Kia mide 3 pies de largo. ¿Cuántas yardas mide la tina de baño?

Para los ejercicios 6 a 8, usa los artículos fotografiados.

6. Mike compró 2 bolsas de tierra para macetas y 3 lirios. ¿Cuánto gastó?

7. ¿Qué cuesta más: 4 margaritas amarillas o 3 margaritas? ¿Cuánto más?

8. Joe tiene $10. Nombra dos combinaciones de artículos que podría comprar.

9. **ESCRIBE** Judy compró 24 plantas de margaritas. Quiere plantarlas en 4 hileras iguales. ¿Cuántas margaritas habrá en cada hilera? **Explica** tu respuesta dibujando una matriz.

LECCIÓN MANOS A LA OBRA

9 Usar un termómetro

OBJETIVO: Usar un termómetro para estimar y medir la temperatura en grados Fahrenheit.

Repaso rápido

¿Qué está más frío?

Vocabulario

grados Fahrenheit (°F)

La temperatura es la medida de lo caliente o frío que está algo. **Los grados Fahrenheit (°F)** son las unidades usuales de temperatura.

Para leer un termómetro, halla el número más cercano a la parte superior de la barra roja. Usa la escala de los lados como una recta numérica. En la parte derecha del termómetro, cada línea de la escala representa 1 grado. La parte superior de la barra roja está en 67°F. La temperatura mostrada es de 67°F.

Escribe: 67°F   Lee: sesenta y siete grados Fahrenheit

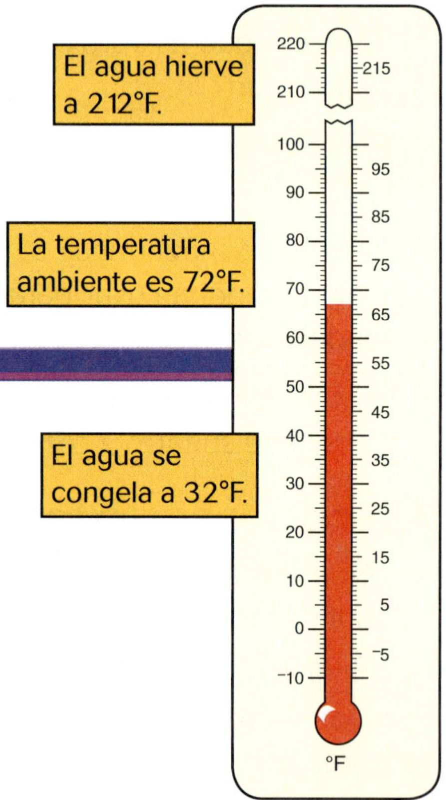

Investigar

Materiales ■ termómetro en grados Fahrenheit

A Estima cuál crees que será la temperatura exterior en grados Fahrenheit, 3 veces durante el día. Registra tus estimaciones.

B Usa un termómetro en grados Fahrenheit para medir la temperatura exterior a las horas establecidas. Registra la temperatura real.

Sacar conclusiones

1. ¿A qué hora la temperatura es más fría? ¿Más caliente? **Explica**.
2. ¿Cómo se compararon cada una de las temperaturas con la temperatura normal del ambiente?
3. **Análisis** ¿Cómo te ayudó conocer la temperatura dentro del salón de clases a estimar la temperatura en el exterior? **Explica**.

MG 1.0 Los estudiantes eligen y usan unidades apropiadas e instrumentos de medición apropiados para cuantificar las propiedades de los objetos. *también* MR 2.0, MR 2.3, MR 2.4, MR 2.5, MR 3.2

Relacionar

Abajo encontrarás actividades al aire libre que podrías realizar a temperaturas de 20°F, 90°F y 75°F.

20°F

90°F

75°F

COMENTA

Explica cómo conocer la temperatura exterior te puede ayudar a decidir qué ropa usar.

Practicar

Escribe cada temperatura en °F.

1. 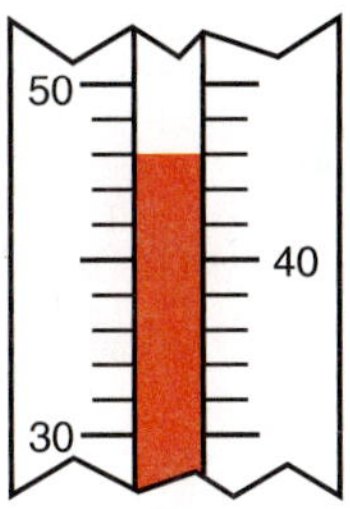

°F

2. 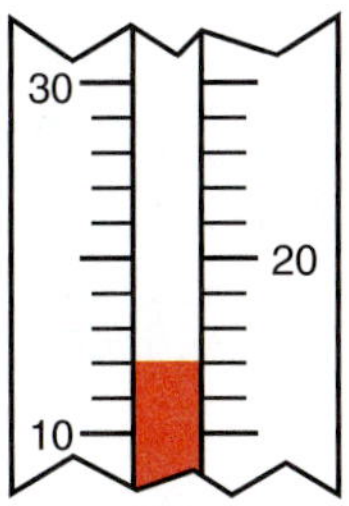

°F

3. 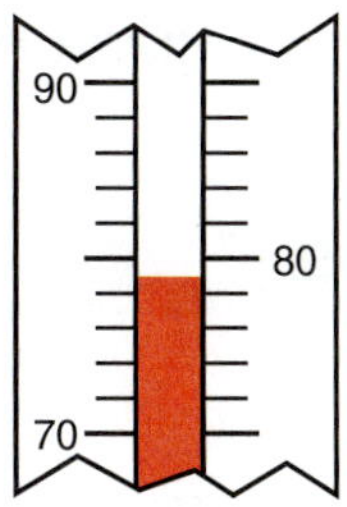

°F

4. 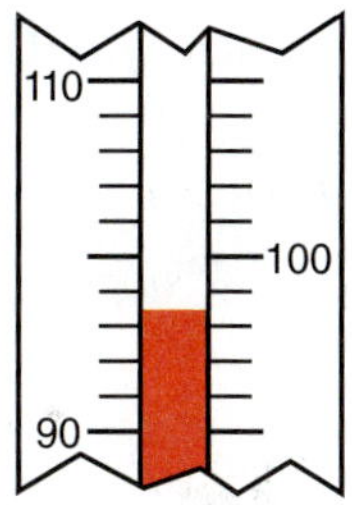

°F

Elige la mejor temperatura para cada actividad.

5. 

50°F u 80°F

6. 

75°F o 105°F

7. 

23°F o 53°F

8. 

90°F o 30°F

9. **ESCRIBE** El papá de Kenny enciende la chimenea. Aproximadamente, ¿qué temperatura habrá en el exterior? **Explica**.

10. La temperatura en el exterior es de 85°F. ¿Qué actividad podría hacer Paige a ésta temperatura? ¿Qué tipo de ropa piensas que podría usar?

Práctica adicional

Grupo A **Elige la unidad que usarías para medir cada uno.**
Escribe *pulgada, pie, yarda* o *milla*. (págs. 560 y 561)

1. 
2. 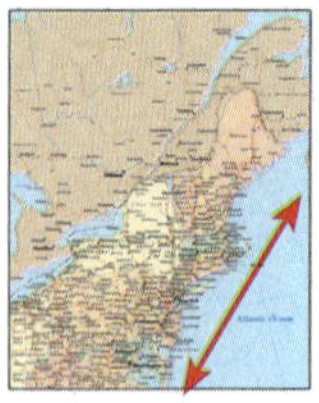
3. 
4. Sam camina hacia la escuela. ¿Qué unidad podría usar para medir cuánto tiene que caminar?
5. Helena va a medir su gatito para ver cuánto ha crecido. ¿Qué unidad debería usar?

Grupo B **Mide la longitud a la pulgada más cercana.** (págs. 562 a 565)

1. 
2. 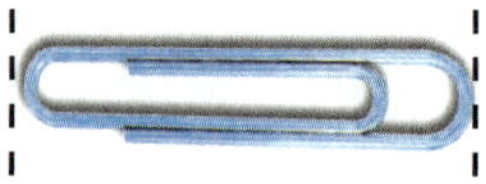

Mide la longitud a la media pulgada más cercana.

3. 
4. 

Grupo C **Elige *estimar* o *medir*.** (págs. 572 y 573)

1. Melanie quiere servir aproximadamente 1 taza de jugo de naranja a cada uno de sus 5 amigos. La jarra que está usando tiene capacidad para 2 cuartos. ¿Debería Melanie estimar o medir el jugo de naranja que va a servir?
2. Melanie prepara galletas para servirlas con el jugo de naranja. La receta requiere 1 taza de azúcar. ¿Debería Melanie estimar o medir el azúcar?

Grupo D **Copia y completa. Usa la Tabla de medidas.** (págs. 574 y 575)

Tabla de medidas
2 tazas = 1 pinta
4 tazas = 1 cuarto
2 pintas = 1 cuarto
4 cuartos = 1 galón

1. 24 tazas = ■ cuartos
2. ■ cuartos = 4 galones
3. 8 tazas = ■ pintas
4. ■ cuartos = 10 pintas

CD ROM **Tecnología**
Usa Harcourt Mega Math en español, Juegos de números, *Los cálculos de Tiny,* niveles N, O.

PRÁCTICA CON UN JUEGO ¡Mídelo!

Coloca el tablero!
2 jugadores y 1 lector

Elige tu pregunta!
- tablero de juego
- tarjetas de dinero
- hoja de respuestas

¡Tu respuesta, por favor!

- Coloca las tarjetas de dinero sobre las secciones del tablero de juego como se muestra arriba.
- El primer jugador elige la longitud, capacidad o peso, y comienza con la pregunta de $100. El lector descubre la pregunta y la lee en voz alta.
- El jugador 1 responde la pregunta. El lector usa la hoja de respuestas para comprobar la respuesta del jugador 1.
- Si la respuesta es correcta, el jugador 1 conserva la tarjeta de dinero y elige la próxima pregunta en la misma categoría. Si la respuesta del jugador 1 es incorrecta, el turno pasa al jugador 2.
- El jugador 2 puede continuar con la categoría del jugador 1 o comenzar una nueva categoría. Los jugadores sólo pueden responder 2 preguntas por turno.
- El juego continúa hasta que se respondan todas las preguntas. Gana el jugador con la mayor cantidad de dinero.

Repaso/Prueba del Capítulo 23

Repasar los conceptos

Resuelve.

1. ¿Qué elegirías para medir la cantidad de jugo en un vaso: tazas, pintas, cuartos o galones? (MG 1.1, págs. 568 y 569)
2. ¿Qué pesa más, una pelota de béisbol o una crayola? (MG 1.1, págs. 570 y 571)
3. ¿Estimarías o medirías la cantidad de agua necesaria para una receta? (MG 1.1, págs. 572 y 573)

Repasar las destrezas

Elige la unidad que usarías para medir cada uno.
Escribe *pulgada, pie, yarda* o *milla*. (MG 1.1, págs. 560 y 561)

4. 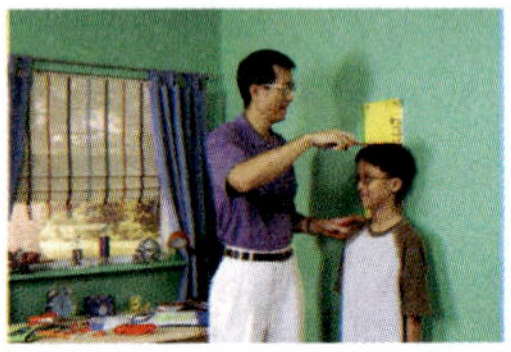

5. 

6. 

Mide la longitud a la media pulgada más cercana. (MG 1.1, págs. 562 a 565)

7. 

8. 

9. 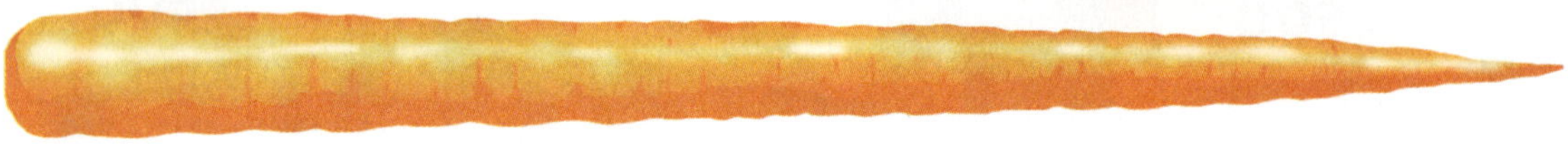

Copia y completa. Usa la Tabla de medidas de la página 574. (MG 1.4, págs. 574 y 575)

10. 10 tazas = ■ pintas **11.** ■ yardas = 12 pies **12.** 32 onzas = ■ libras

Repasar la resolución de problemas

Resuelve. (MG 1.1, págs. 576 y 577)

13. Carter está preparando limonada para una fiesta de 100 personas. ¿Qué unidad usual de capacidad debería usar para medir la limonada?

14. **ESCRIBE** El jardín de Christina tiene 6 hileras de maíz. ¿Qué unidad usual de longitud debería usar para medir la sección de maíz de su jardín? **Explica** tu respuesta.

Enriquecimiento • Combinar unidades de longitud

Mezclar medidas

Algunas medidas pueden escribirse como unidades mixtas.
La longitud 20 pulgadas puede escribirse en pies y en pulgadas.
Hay 12 pulgadas en un pie, por lo tanto, 20 pulgadas =
12 pulgadas + 8 pulgadas = 1 pie 8 pulgadas.

Puedes sumar unidades mixtas de longitud.

Ejemplo

Suma 2 pies 10 pulgadas a 2 pies 8 pulgadas.

Paso 1	Halla el número total de pulgadas.	2 pies 8 pulgadas + 2 pies 10 pulgadas 18 pulgadas
Paso 2	Reagrupa las pulgadas como pies y pulgadas. 18 pulgadas = 12 pulgadas + 6 pulgadas = 1 pie 6 pulgadas	
Paso 3	Suma los pies. Luego suma las pulgadas reagrupadas.	4 pies + 1 pie 6 pulgadas 5 pies 6 pulgadas

Por lo tanto, 2 pies 10 pulgadas + 2 pies 8 pulgadas =
5 pies 6 pulgadas.

Practica

Suma las unidades mixtas de longitud.

1. 17 pulgadas + 23 pulgadas

2. 3 pies 7 pulgadas + 2 pies 9 pulgadas

3. 1 pie 9 pulgadas + 1 pie 4 pulgadas

4. 20 pulgadas, 15 pulgadas + 21 pulgadas

5. 2 pies 8 pulgadas, 10 pulgadas + 1 pie 6 pulgadas

6. 2 pies 8 pulgadas, 2 pies 6 pulgadas + 2 pies 5 pulgadas

Resume

ESCRIBE Michael tiene 5 pies 6 pulgadas de alto. Escribe esta medida en yardas, pies y pulgadas. **Explica.**

Comprensión de los Estándares
Capítulos 1 a 23

Percepción numérica

1. El señor Tenant tiene 6 cajas de gomas de borrar. Hay 265 gomas de borrar en cada caja. ¿Cuántas gomas de borrar tiene en total el señor Tenant? (NS 2.4)

A 123,030

B 1,600

C 1,590

D 1,260

Pista

Elige la respuesta.

Lee el problema 2. Ordena mentalmente los números de mayor a menor. Después compara tu lista con las respuestas dadas. Si tu respuesta no coincide con ninguna de las respuestas dadas, resuelve de nuevo el problema cuidadosamente.

2. Uno de los libros de Liz tiene 374 páginas. Otro libro tiene 299 páginas. Un tercer libro tiene 390 páginas. ¿Qué opción presenta el número de páginas de mayor a menor? (NS 1.2)

A 299; 347; 390

B 347; 390; 299

C 390; 299; 347

D 390; 347; 299

3. ESCRIBE ¿Cuánto es $161 \div 7$? **Explica** cómo puedes usar la multiplicación para comprobar tu respuesta. (NS 2.3)

Álgebra y funciones

4. ¿Qué números hacen verdadero a este enunciado? (AF 1.4)

■ pies = ■ yardas

A 8; 24

B 24; 8

C 24; 6

D 8; 8

5. Ronny compró 9 paquetes de tarjetas de colección. Cada paquete costó $3.55. ¿Cuánto pagó Ronny por las tarjetas de colección? (AF 2.1)

A $3.64

B $12.55

C $27.55

D $31.95

6. ESCRIBE La familia de Melinda condujo 486 millas en 6 días durante sus vacaciones. Ellos condujeron el mismo número de millas cada día. Escribe un enunciado numérico para hallar el número de millas que la familia de Melinda condujo cada día. **Explica** cómo hallaste tu respuesta. (AF 1.1)

Medición y geometría

7. ¿Cuál de las siguientes figuras muestra un triángulo rectángulo? (MG 2.2)

A 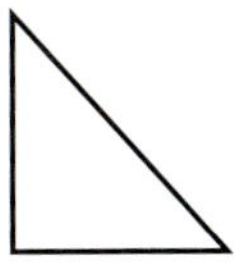

B 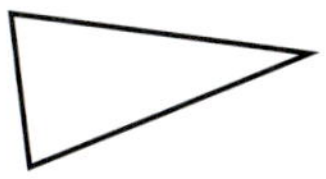

C 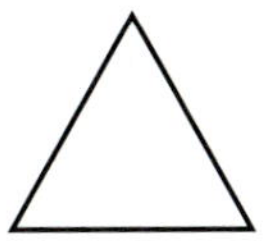

D 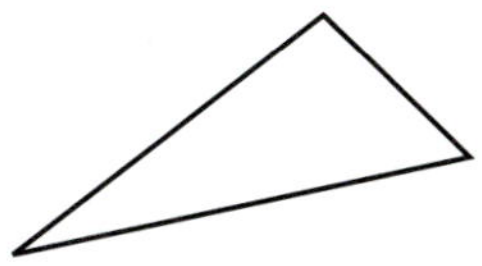

8. ¿Cuál es el área de la siguiente figura? (MG 1.2)

A 10 unidades cuadradas

B 12 unidades cuadradas

C 24 unidades cuadradas

D 96 unidades cuadradas

9. **ESCRIBE** ¿Cuál es el perímetro de la siguiente figura? Explica cómo obtuviste tu respuesta. (MG 1.3)

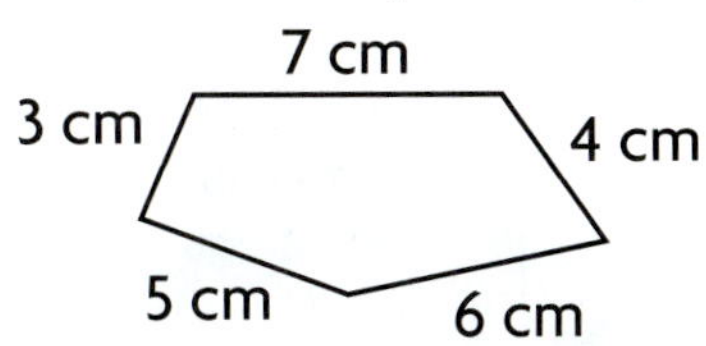

Estadísticas, análisis de datos y probabilidad

10. Julie sacó 20 canicas de una bolsa. Sacó una azul 12 veces, una roja 6 veces y una amarilla 2 veces. ¿Cuál de las siguientes tablas muestra sus resultados? (SDAP 1.2)

A

Nombre	Marca
roja	𝍸 𝍸 ||
amarilla	||
azul	𝍸 |

B

Nombre	Marca
roja	𝍸 |
amarilla	||
azul	𝍸 𝍸 ||

C

Nombre	Marca
roja	𝍸 |||
azul	𝍸 𝍸 ||

D

Nombre	Marca
roja	||
amarilla	𝍸 |
azul	𝍸 𝍸 ||

Para los ejercicios 11 y 12, usa la flecha giratoria.

11. Billy y Eric usan la flecha giratoria para jugar. ¿En qué color es menos probable que se detenga la flecha? (SDAP 1.1)

A azul

B verde

C amarillo

D rojo

12. **ESCRIBE** ¿Cuál es la probabilidad de que la flecha se detenga en el verde? **Explica** tu respuesta. (SDAP 1.2)

CAPÍTULO

24 Sistema métrico

La idea importante La medición implica la comparación de un atributo de un objeto o situación con una unidad que tenga el mismo atributo.

CALIFORNIA DATO BREVE

Badwater, en el Valle de la muerte, está a 86 metros bajo del nivel del mar. En el Valle de la muerte puedes encontrar iguanas del desierto. Las iguanas del desierto miden aproximadamente 40 centímetros de largo.

Investiga

La gráfica de barras muestra las longitudes de algunos animales encontrados en el Valle de la muerte. Elige un animal de la gráfica y compáralo con la longitud de una iguana del desierto. Halla la diferencia entre las dos longitudes.

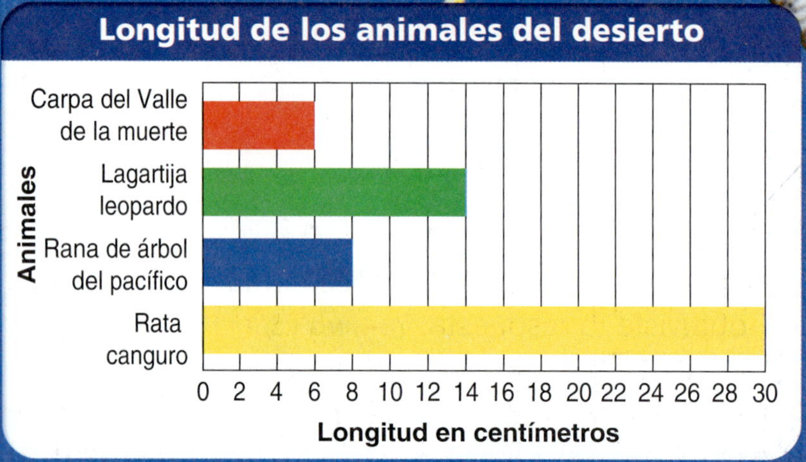

Muestra lo que sabes

Comprueba si has aprendido las destrezas importantes que se necesitan para completar exitosamente el Capítulo 24.

▶ Usar una regla métrica

Usa una regla en centímetros para medir.

1. 

2. 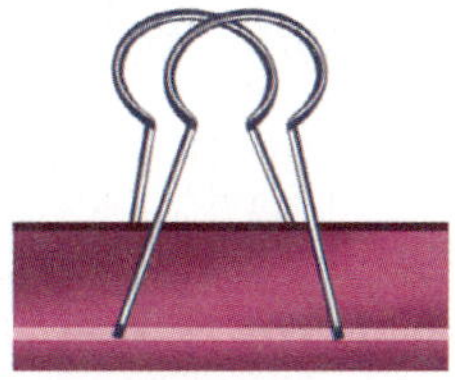

3. 

4. 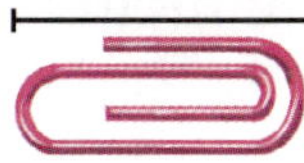

▶ Medir al centímetro más cercano

Usa una regla en centímetros para medir al centímetro más cercano.

5. 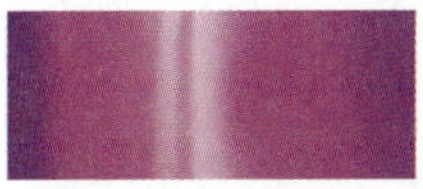

6. 

7. 

8. 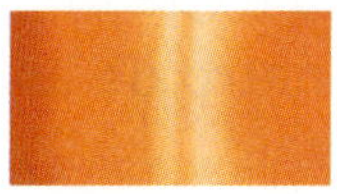

Enriquece tu vocabulario

VOCABULARIO DEL CAPÍTULO

centímetro (cm)
decímetro (dm)
gramo (g)
kilogramo (kg)
kilómetro (km)
longitud
litro (L)
masa
metro (m)
mililitro (mL)

PREPARACIÓN

centímetro (cm) Una unidad métrica que se usa para medir longitud o distancia

decímetro (dm) Una unidad métrica que se usa para medir longitud o distancia; 1 decímetro = 10 centímetros

metro (m) Una unidad métrica que se usa para medir longitud o distancia; 1 metro = 100 centímetros

LECCIÓN 1

Longitud

OBJETIVO: Presentar las unidades métricas de longitud.

Repaso rápido

¿Qué usarías para medir la longitud de un lápiz: una regla en pulgadas o una regla de 1 yarda?

Vocabulario

centímetro (cm)
decímetro (dm)
metro (m)
kilómetro (km)

Aprende

La unidades métricas que se usan para medir la longitud y la distancia son: **centímetro (cm)**, **decímetro (dm)**, **metro (m)** y **kilómetro (km)**.

PROBLEMA Aaron juega básquetbol en la universidad. Aproximadamente, ¿cuánto mide Aaron de alto: 2 centímetros, 2 decímetros, 2 metros o 2 kilómetros?

Mide las longitudes más cortas en centímetros y decímetros.

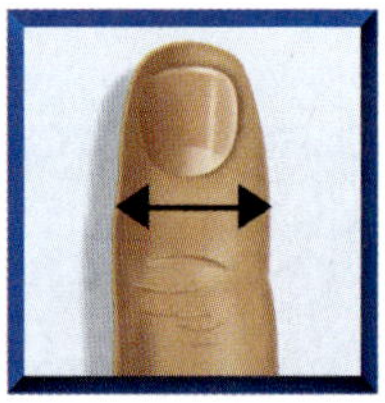

El dedo de un niño mide aproximadamente 1 centímetro de ancho.

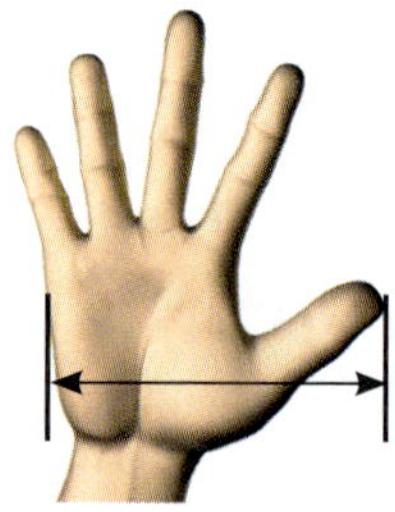

La mano de un adulto mide aproximadamente 1 decímetro de ancho.

Mide las longitudes más largas en metros y kilómetros.

El marco de una puerta mide aproximadamente 1 metro de ancho.

Toma aproximadamente 10 minutos caminar 1 kilómetro.

Por lo tanto, Aaron mide aproximadamente 2 metros de alto.

Práctica con supervisión

1. ¿Medirías la longitud de esta crayola en centímetros o decímetros?

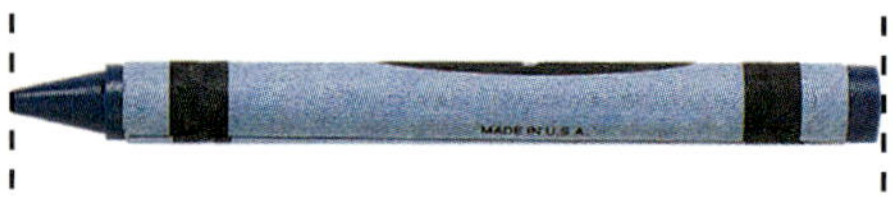

MG 1.1 Elegir los instrumentos adecuados y las unidades (métricas y comunes) adecuadas para estimar y medir la longitud, el volumen líquido y el peso/la masa de objetos dados. *también* **MR 2.3, MR 2.4, MR 3.1, MR 3.2**

Elige la unidad que usarías para medir cada uno.
Escribe *cm*, *m* o *km*.

2. 

3. 

4. 

5. COMENTA ¿Usarías centímetros o metros para medir el ancho de la fotografía de tu escuela? **Explica**.

Práctica independiente y resolución de problemas

Elige la unidad que usarías para medir cada uno.
Escribe *cm*, *m* o *km*.

6. 

7. 

8. 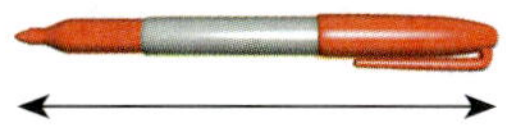

9. la distancia entre tu casa y la escuela

10. el ancho de un estante para libros

11. la altura de una montaña

12. Brad camina de su casa al parque todas las tardes para jugar básquetbol. Se tarda 20 minutos en llegar al parque. ¿Está el parqué a 2 dm, 2 m o 2 km de su casa?

13. ESCRIBE **¿Cuál es el error?** La planta de Nancy tiene aproximadamente el mismo ancho que la puerta principal. Ella dice que mide aproximadamente 1 dm de ancho. Describe el error de Nancy.

Comprensión de los Estándares

14. $7 \times 10 =$ (NS 2.2, pág. 128)

15. Hay 3 canicas rojas y 1 caninca azul en una bolsa. ¿Qué color de canica es más probable sacar? (SDAP 1.1, pág. 494)

16. ¿La pelota de fútbol de Eric mide aproximadamente 1 yarda o 1 pie de largo? (MG 1.1, pág. 560)

17. **Preparación para la prueba** Aproximadamente, ¿cuánto mide este caracol?

A 3 cm   **C** 3 m

B 3 dm   **D** 3 km

Práctica adicional en la página 602, Grupo A

LECCIÓN 2

Centímetros y decímetros

OBJETIVO: Estimar y medir longitudes al centímetro y decímetro más cercano.

Repaso rápido

¿Usarías *cm*, *m* o *km* para medir cada uno?

1. el ancho de un moneda de 1¢
2. la altura de una estantería
3. la distancia de una ciudad a otra
4. la longitud de un clip
5. la longitud de un carro

Aprende

Puedes usar una regla en centímetros para medir la longitud de un objeto al centímetro o decímetro más cercano.

Estima y mide las longitudes en centímetros y decímetros.

MANOS A LA OBRA Actividad

Materiales ■ regla en centímetros

Paso 1

Copia la tabla. Elige los tres objetos que vas a medir.

Paso 2

Estima la longitud de cada objeto en centímetros y decímetros. Registra tus estimaciones.

Paso 3

Usa una regla en centímetros para medir cada objeto al centímetro y decímetro más cercano. Registra tus mediciones.

- ¿Cómo se comparan tus estimaciones con las mediciones reales?
- Elige uno de los objetos que mediste. ¿Tiene más centímetros o más decímetros? Explica.

Unidades métricas de longitud
10 centímetros = 1 decímetro

Longitud de los objetos		
Objeto	Estimación	Medida

Recuerda

Para usar una regla:
- alinea un extremo del objeto con la marca del cero en la regla.
- halla la marca del centímetro que esté más cerca del otro extremo del objeto.

Práctica con supervisión

1. ¿Cuánto mide el marcador al centímetro y decímetro más cercano? Piensa: ¿Qué marca de centímetro está más cerca del extremo derecho del marcador?

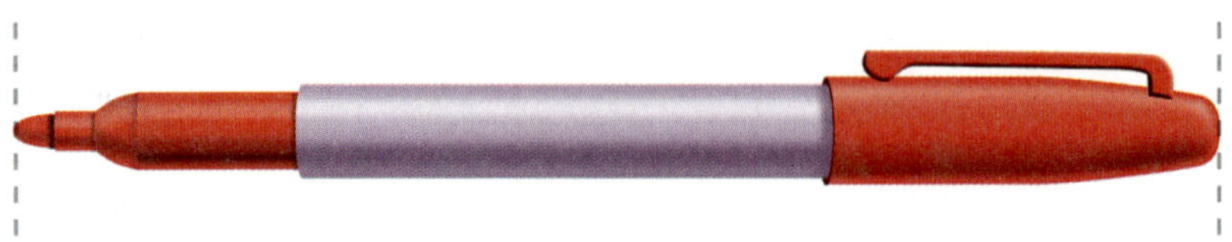

MG 1.1 Elegir los instrumentos adecuados y las unidades (métricas y comunes) adecuadas para estimar y medir la longitud, el volumen líquido y el peso/la masa de objetos dados. *también* **MR 2.1, MR 2.3, MR 2.4, MR 2.5, MR 3.1, MR 3.2**

Estima la longitud en centímetros. Después usa una regla en centímetros para medir al centímetro más cercano.

2. 

3. 

4. 

5. COMENTA **Explica** cómo puedes medir la longitud de tu cuaderno al centímetro y decímetro más cercano.

Práctica independiente y resolución de problemas

Estima la longitud en centímetros. Después usa una regla en centímetros para medir al centímetro más cercano.

6. 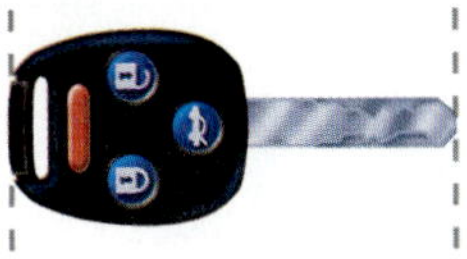

7. 

8. 

Elige la mejor estimación.

9. 

¿12 cm o 12 dm?

10. 

¿3 cm o 3 dm?

11. 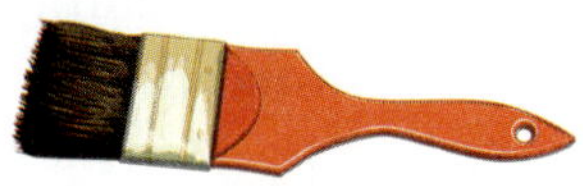

¿15 cm o 15 dm?

12. **Razonamiento** Peter mide 8 dm de altura. Mary mide 86 cm. Susan mide 9 dm y Jack mide 84 cm. ¿Quién es el más alto? **Explica**.

13. Imagina que midieras tu pupitre en centímetros y después en decímetros. ¿Habrá más centímetros o más decímetros? **Explica**.

14. ESCRIBE **¿Tiene sentido o no?** Justine dijo que 32 centímetros es lo mismo que 3 decímetros más 2 centímetros. ¿Estás de acuerdo? **Explica**.

Comprensión de los Estándares

15. $5 \times 1{,}000 =$ (NS 2.4, pág. 368)

16. $\frac{1}{8} + \frac{1}{3} =$ (NS 3.2, pág. 442)

17. ¿La longitud de un patio de juegos será aproximadamente 500 metros o 500 centímetros? (MG 1.1, pág. 588)

18. **Preparación para la prueba** El libro de June mide 40 centímetros de largo. ¿Cuántos decímetros es eso?

A 400 decímetros **C** 4 decímetros

B 40 decímetros **D** 4 centímetros

Práctica adicional en la página 602, Grupo B

LECCIÓN 3

Metros y kilómetros

OBJETIVO: Medir longitudes más largas en metros y kilómetros.

Repaso rápido

1. 10 cm = ▪ dm
2. 100 cm = ▪ m
3. 10 dm = ▪ m
4. 2 m = ▪ cm
5. 10 m = ▪ dm

Aprende

PROBLEMA Bobby vive en El Paso, Texas. Él y su familia conducen a San Simeón, California. Se tardan casi 15 horas en llegar. ¿La distancia será aproximadamente 1,500 metros o 1,500 kilómetros?

La ventana tiene aproximadamente 1 metro de ancho.

Toma aproximadamente 10 minutos caminar 1 kilómetro.

Un carro puede recorrer aproximadamente 100 kilómetros en 1 hora.

Por lo tanto, hay aproximadamente 1,500 kilómetros de El Paso a San Simeón.

Esta tabla muestra la relación entre las unidades métricas de longitud.

- ¿Cuántos kilómetros hay en 4,000 metros? Explica.

Tabla de medidas
1 metro = 100 centímetros
1 metro = 10 decímetros
1 kilómetro = 1,000 metros

Medir en metros

MANOS A LA OBRA **Actividad** **Materiales** ▪ papel cuadriculado en centímetros, crayolas, cinta adhesiva

Paso 1 Usa la Tabla de medidas para hallar el número de decímetros que hay en 1 metro.

Paso 2 Corta suficientes tiras de un decímetro del papel cuadriculado para hacer una tira de 1 metro.

Paso 3 Colorea cada tira de decímetro de un color distinto. Pega con cinta adhesiva las tiras sin que se encimen los extremos.

Paso 4 Estima la longitud de tu salón de clases. Después usa tu tira de un metro para hallar la medida real.

Práctica con supervisión

1. Louis camina aproximadamente 20 minutos para llegar a la escuela. ¿Camina 2 metros o 2 kilómetros?

MG 1.1 Elegir los instrumentos adecuados y las unidades (métricas y comunes) adecuadas para estimar y medir la longitud, el volumen líquido y el peso/la masa de objetos dados. *también* **MR 2.0, MR 2.1, MR 2.3, MR 2.4, MR 3.2**

Elige la unidad que usarías para medir cada uno. Escribe *m* o *km*.

2. la longitud de una entrada para carros
3. la longitud de un campo de fútbol
4. la distancia de Ohio a Texas

5. **COMENTA** ¿Hay más metros o kilómetros en una distancia de 10 kilómetros de largo? **Explica**.

Práctica independiente y resolución de problemas

Elige la unidad que usarías para medir cada uno. Escribe *m* o *km*.

6.

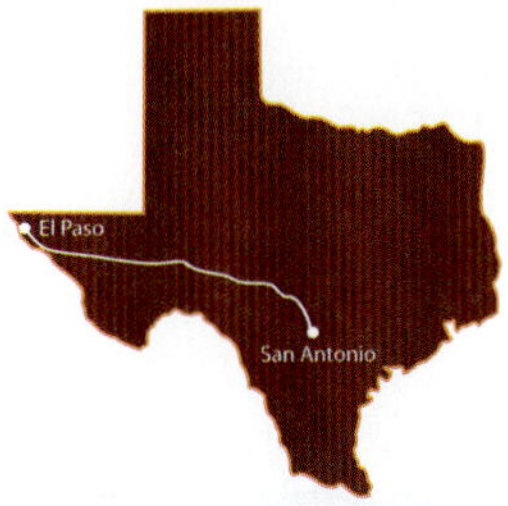

7.

8.

Halla dos objetos en el salón de clases que tengan una longitud que corresponda a la afirmación. Dibújalos y rotula su longitud.

9. menos de 1 metro
10. más de 1 metro
11. más de 5 metros

12. ***DATO BREVE*** El castillo de Windsor, que está cerca de Londres, en Inglaterra, es el castillo más grande del mundo. La avenida que lleva a la entrada se llama "Camino Largo" y tiene casi 5 kilómetros de largo. Aproximadamente, ¿cuántos metros tiene de largo?

13. **Razonamiento** Mia y su familia caminan 5 kilómetros alrededor del castillo de Windsor. Después caminan 3 kilómetros alrededor de la zona para picnic del castillo. ¿Cuántos metros camina la familia en total? **Explica**.

14. ¿Cuánto medirá uno de los cuartos del castillo: 15 m o 15 km de largo? **Explica**.

15. **ESCRIBE** Mia y su familia viajan en carro 2 horas de su casa a San Francisco, California. Aproximadamente, ¿cuánto recorren? **Explica**.

Comprensión de los Estándares

16. $5{,}000 - 3{,}419 =$ (NS 2.1, pág. 78)

17. Escribe la familia de operaciones de 3, 4 y 12. (NS 2.3, pág. 202)

18. ¿Medirías la longitud de un lápiz en centímetros o decímetros? (MG 1.1, pág. 588)

19. **Preparación para la prueba** ¿Cuántos metros hay en 3 kilómetros?

A 3 metros
B 30 metros
C 300 metros
D 3,000 metros

Práctica adicional en la página 602, Grupo C

LECCIÓN MANOS A LA OBRA

4 Capacidad

OBJETIVO: Estimar y medir capacidad.

Repaso rápido

¿Qué recipiente contiene más?

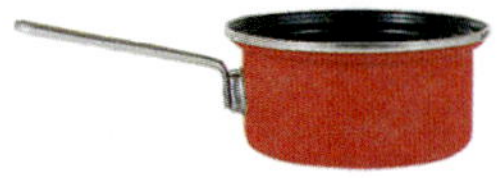

Vocabulario

mililitro (mL) **litro (L)**

Las unidades métricas que se usan para medir capacidad son el **mililitro (mL)** y el **litro (L)**.

Un gotero contiene aproximadamente 1 mL.

Un vaso contiene aproximadamente 250 mL.

Una botella de agua contiene aproximadamente 1 L.

Investigar

Materiales ■ vaso de plástico de 250 mL, recipiente de 1 litro, jarra

A Haz una tabla como la de la derecha para hallar la capacidad de diferentes recipientes.

Halla la capacidad		
Cuántos hay	**Estimación**	**Medida**
¿mililitros en un litro?		
¿litros en la jarra?		

B Estima el número de mililitros que hay en 1 litro. Usa el vaso. Vierte 250 mL de agua en el recipiente de 1 litro.

C Repite hasta que se llene el recipiente de 1 litro. Registra cuántos mililitros vertiste.

D Estima el número de litros que se necesitan para llenar la jarra.

E Vierte 1 litro de agua en la jarra. Repite hasta que se llene la jarra. Registra el número de litros que vertiste.

B

Sacar conclusiones

1. ¿Qué tan cerca estuvieron tus estimaciones de la capacidad real de los recipientes?
2. **Evaluación** Imagina que bebes un vaso grande de jugo de naranja. ¿Bebiste aproximadamente 4 mL o 400 mL de jugo de naranja? **Explica**.

MG 1.1 Elegir los instrumentos adecuados y las unidades (métricas y comunes) adecuadas para estimar y medir la longitud, el volumen líquido y el peso/la masa de objetos dados. *también* **MG 1.4, MR 1.1, MR 2.0, MR 2.3, MR 2.4, MR 2.5, MR 3.2**

Relacionar

En esta tabla puedes ver cómo se relacionan los litros y mililitros.

L	1	2	3	4	5
mL	1,000	2,000	3,000	4,000	5,000

COMENTA

Explica cuántos mililitros hay en 6 litros.

Practicar

Elige la unidad que usarías para medir la capacidad de cada uno. Escribe *mL* o *L*.

1. 

2. 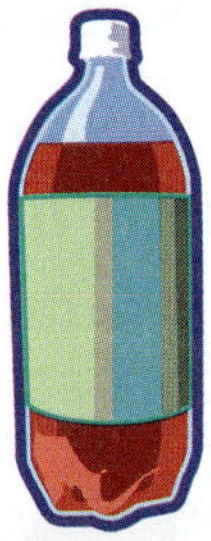

3. 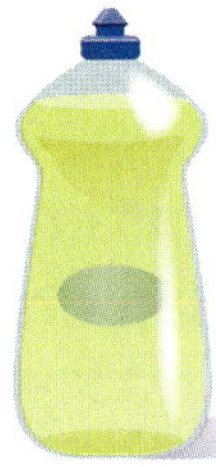

4. 

5. 

✓ **6.** 

Halla dos recipientes en el salón de clases que muestren cada capacidad. Dibújalos y rotula su capacidad.

7. menos de 250 mL

8. más de 1 L

9. más de 2 L

Álgebra **Halla cada número que falta.**

10. ■ mL = 4 L

11. 12,000 mL = ■ L

✓ **12.** 8 L = ■ mL

13. **Razonamiento** Jason preparó 1 litro de limonada. Bebió 450 mililitros de la misma. ¿Cuánta limonada queda? **Explica** cómo obtuviste la respuesta.

14. **ESCRIBE** En la pecera de Patrick caben 10 L de agua. Para llenar la pecera usa un recipiente de 500 mL. ¿Cuántas veces tiene que llenar Patrick su recipiente? **Explica**.

CD ROM **Tecnología**
Usa Harcourt Mega Math en español, Juegos de números, *Los cálculos de Timy*, nivel N.

LECCIÓN 5 MANOS A LA OBRA

Masa

OBJETIVO: Estimar y medir masa.

Repaso rápido

¿Cuál es más pesado?

Vocabulario

masa gramo (g) kilogramo (kg)

La **masa** es la cantidad de materia contenida en un objeto. Las unidades métricas que se usan para medir la masa son **gramo (g)** y **kilogramo (kg)**.

Un clip pequeño tiene una masa de aproximadamente 1 gramo.

Una caja de 1,000 clips tiene una masa de aproximadamente 1 kilogramo.

Investigar

Materiales ■ balanza, clips, objetos del salón de clases

Haz una tabla como la de la derecha para hallar la masa de algunos objetos del salón de clase.

Masa de los objetos		
Objeto	**Estimación**	**Medida**

A Estima la masa de un objeto. Regístrala en la tabla.

B Usa la balanza y los clips para comprobar. Registra la medición en la tabla.

C Repite los pasos A y B con otros 4 objetos.

Sacar conclusiones

1. Mira los objetos que usaste. ¿Cuáles tienen una masa menor que 10 gramos? ¿Y mayor que 10 gramos?
2. Coloca los 5 objetos en orden del de menor al de mayor masa.
3. **Síntesis** La masa total de los 5 objetos, ¿será mayor o menor que un 1 kilogramo? **Explica**.

MG 1.1 Elegir los instrumentos adecuados y las unidades (métricas y comunes) adecuadas para estimar y medir la longitud, el volumen líquido y el peso/la masa de objetos dados. *también* **MG 1.4, MR 1.1, MR 2.0, MR 2.3, MR 2.4, MR 2.5, MR 3.0, MR 3.2, MR 3.3**

Relacionar

Puedes usar una balanza para hallar la masa en kilogramos de objetos más pesados.

En esta tabla puedes ver cómo se relacionan los gramos y los kilogramos.

kilogramos	1	2	3	4	5
gramos	1,000	2,000	3,000	4,000	5,000

COMENTA

Explica cuál es mayor: 5,000 gramos o 6 kilogramos.

Practicar

Elige la unidad que usarías para hallar la masa de cada uno. Escribe *gramo* o *kilogramo*.

1. 

2. 

3. 

4. 

Halla dos objetos en el salón de clases que tengan una masa que corresponda a la afirmación. Dibújalos y rotula su masa.

5. menos de 50 gramos

6. más de 100 gramos

7. más de 1 kilogramo

Álgebra **Halla el número que falta.**

8. ■ g = 8 kg

9. 10,000 g = ■ kg

10. 9 kg = ■ g

11. El gato de Archie tiene una masa de 3 kilogramos. ¿Cuántos gramos es eso?

12. **Razonamiento** Los objetos que tienen aproximadamente el mismo tamaño, ¿tienen siempre aproximadamente la misma masa? **Explica**.

13. **ESCRIBE** Nikia compró 900 gramos de manzanas, 5 kilogramos de naranjas y 200 gramos de uvas. Escribe las masas de las frutas en orden de menor a mayor. **Explica** cómo obtuviste tu respuesta.

LECCIÓN 6

ÁLGEBRA

Reglas para convertir unidades

OBJETIVO: Usar reglas para convertir unidades de medida.

Repaso rápido

1. 7×10
2. $50 \div 10$
3. 6×100
4. $90 \div 10$
5. 8×100

Aprende

PROBLEMA Jackie visita el zoológico de San Diego. Ella ve una cría de jirafa que mide 4 metros de alto. ¿Cuál es la altura de la cría de jirafa en centímetros?

Puedes usar reglas para convertir unidades.

Ejemplo 1

Para convertir una unidad mayor en una menor, necesitas *más* unidades menores; por lo tanto, se multiplica.

4 m = ■ cm

Piensa: 100 cm = 1 m.

m	1	2	3	4
cm	100	200	300	■

Regla: Multiplicar el número de metros por 100.
$4 \times 100 = 400$

Por lo tanto, la altura de una cría de jirafa es de 400 centímetros.

Jackie aprende que la pata de una jirafa mide aproximadamente 30 centímetros de ancho. ¿Cuántos decímetros de ancho mide la pata de una jirafa?

Ejemplo 2

Para convertir una unidad menor en una mayor, necesitas *menos* unidades mayores; por lo tanto, se divide.

30 cm = ■ dm

Piensa: 10 cm = 1 dm.

cm	10	20	30
dm	1	2	■

Regla: Dividir el número de centímetros entre 10.
$30 \div 10 = 3$

Por lo tanto, la pata de una jirafa mide aproximadamente 3 dm de ancho.

Práctica con supervisión

1. ¿Qué regla puedes usar para hallar el número de gramos en 5 kilogramos?
Piensa: 1 kilogramo = 1,000 gramos.

kg	1	2	3	4	5
g	1,000	2,000	3,000	4,000	■

MG 1.4 Realizar conversiones de unidades simples dentro de un sistema de medidas.
también AF 1.4, AF 2.1, AF 2.2, MR 1.1, MR 2.3, MR 2.4, MR 3.2

Copia y completa. Usa la Tabla de medidas.

Tabla de medidas
Longitud
10 centímetros = 1 decímetro
100 centímetros = 1 metro
1,000 metros = 1 kilómetro
Capacidad
1,000 mililitros = 1 litro
Masa
1,000 gramos = 1 kilogramo

2. Convierte metros a centímetros.
unidad mayor: ____
6 m = ■ cm

3. Convierte kilogramos a gramos.
unidad mayor: ____
■ g = 9 kg

4. COMENTA ¿Deberías multiplicar o dividir para convertir 20 centímetros a decímetros? **Explica**.

Práctica independiente y resolución de problemas

Copia y completa. Usa la Tabla de medidas.

5. Convierte litros a mililitros.
unidad mayor ____
■ mL = 8 L

6. Convierte decímetros a centímetros.
unidad mayor ____
■ cm = 4 dm

7. Convierte kilómetros a metros.
unidad mayor ____
2 km = ■ m

USA LOS DATOS **En los ejercicios 8 a 10, usa la tabla.**

Datos sobre la jirafa	
Longitud del cuello	2 metros
Comida	34 kilogramos por día
Altura de un adulto	5 metros

8. ¿Cuántos centímetros de alto mide una jirafa adulta? ¿Qué regla puedes usar para hallar la respuesta?

9. ¿Cuántos metros más alta es una jirafa adulta que su cuello?

10. ESCRIBE ¿Qué regla puedes usar para hallar el número de gramos de comida que come una jirafa al día?

Comprensión de los Estándares

11. $8 \times 100 =$ (NS 2.4, pág. 368)

12. Jamie comió $\frac{1}{4}$ de manzana. Frank comió $\frac{1}{4}$ de la misma manzana. ¿Qué fracción quedó de la manzana?
(NS 3.2, pág. 446)

13. ¿La masa de la bicicleta de Abby es de 15 gramos o de 15 kilogramos?
(MG 1.1, pág. 596)

14. ¿Qué regla puedes usar para hallar el número de decímetros que hay en 5 metros?

decímetro	10	20	30	40	■
metro	1	2	3	4	5

A Dividir el número de metros entre 10.

B Dividir el número de metros entre 100.

C Multiplicar el número de metros por 10.

D Multiplicar el número de metros por 100.

LECCIÓN 7

Taller de resolución de problemas
Estrategia: Comparar estrategias

OBJETIVO: Comparar diferentes estrategias para resolver problemas.

Lee para entender · Planea · Resuelve · Comprueba

PROBLEMA Joey tiene una colección de caracoles. Tiene un caracol gigante de Australia que mide 3 dm de largo. ¿Cuántos centímetros mide de largo el caracol?

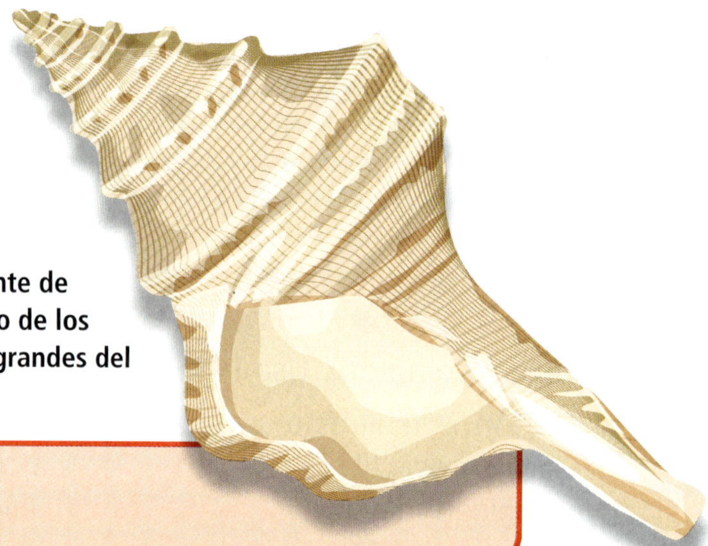

▲ El caracol gigante de Australia es uno de los caracoles más grandes del mundo.

Lee para entender

Destreza de lectura

- **Identifica los detalles del problema.**
- **¿Qué información te proporcionan?**

Planea

- **¿Qué estrategia puedes usar para resolver el problema?**

A veces puedes usar más de una estrategia para resolver un problema. Puedes *hacer una tabla* o *hacer una dramatización* para resolver este problema.

Resuelve

- **¿Cómo puedes usar las estrategias para resolver el problema?**

Haz una tabla.
Sabes que 1 dm = 10 cm.
Haz una tabla con esta información.

dm	1	2	3
cm	10	20	30

Haz una dramatización.
Dibuja una línea de 3 dm de largo para representar la longitud del caracol. Después mide la línea al centímetro más cercano.

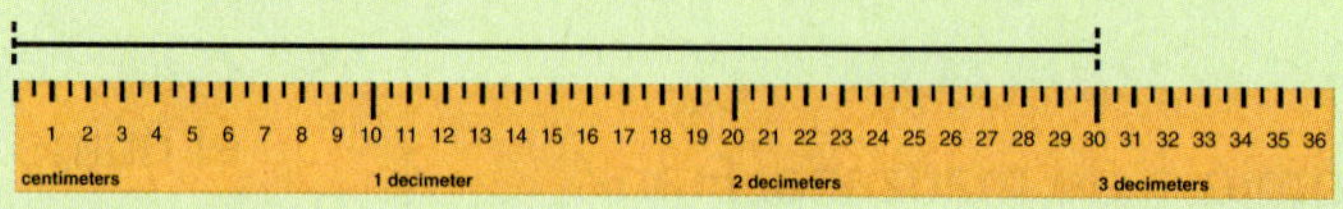

Por lo tanto, el caracol mide 30 cm de largo.

Comprueba

- **¿Cómo puedes comprobar tu respuesta?**

COMENTA
¿Qué estrategia usarías para resolver el problema? **Explica**.

MG 1.4 Realizar conversiones de unidades simples dentro de un sistema de medidas. *también* **AF 1.4, AF 2.1, MR 1.0, MR 1.1, MR 2.0, MR 2.3, MR 3.0, MR 3.1, MR 3.2, MR 3.3**

Resolución de problemas con supervisión

1. La caja de caracoles de Joey tiene una masa de 5,000 gramos. ¿Cuál es la masa de la caja en kilogramos?

   Primero, decide qué estrategia vas a usar. Puedes hacer una tabla o hacer una dramatización.

   Después, usa la estrategia para resolver el problema.

g	1,000	2,000	3,000	4,000	5,000
kg	1	2	3	■	■

   5,000 g = ■ kg

2. **¿Qué pasaría si** la caja de caracoles de Joey tuviera una masa de 8 kilogramos? ¿Cuál sería la masa de la caja en gramos?

3. La sala de la familia Tanner mide 6 metros de ancho. ¿Cuántos decímetros mide de ancho la sala?

ELIGE UNA ESTRATEGIA

- Hacer un diagrama o dibujo
- Hacer un modelo o una dramatización
- Hacer una lista organizada
- Buscar un patrón
- Hacer una tabla o gráfica
- Predecir y probar
- Trabajar desde el final hasta el principio
- Resolver un problema más sencillo
- Escribir una ecuación
- Usar el razonamiento lógico

Práctica de estrategias mixtas

Para los ejercicios 4 a 6, usa el dibujo.

4. ¿Es la altura de la margarita más de o menos de 1 decímetro?

5. Nina coloca 6 pétalos de una margarita de extremo a extremo. ¿Cuánto mide la línea de pétalos? **Explica.**

6. **Formula un problema** Vuelve a leer el problema 5. Escribe un problema similar cambiando el número de pétalos.

7. Larry planta una amapola, un tulipán y una margarita en una hilera en su jardín. No planta la amapola ni el tulipán primero. No coloca el tulipán junto a la margarita. ¿En qué orden planta Larry las flores?

8. Julie planta 1 margarita el lunes. Planta dos margaritas el martes. Planta 3 margaritas el miércoles. Si el patrón continúa hasta el viernes, ¿cuántas margaritas habrá plantado Julie en total? **Explica.**

Práctica adicional

Grupo A **Elige la unidad que usarías para medir cada uno.**
Escribe *cm, m,* o *km*. (págs. 588 y 589)

1. 

2. 

3. 

Grupo B **Estima la longitud en centímetros. Después usa una regla en centímetros para medir al centímetro más cercano.** (págs. 590 y 591)

1. 

2. 

Elige la mejor estimación.

3. Martin midió la altura de la ventana de su habitación. ¿La altura era de 8 cm o de 8 dm?

4. Bárbara midió la longitud de un broche. ¿La longitud era de 5 cm o de 5 dm?

Grupo C **Elige la unidad que usarías para medir cada uno.**
Escribe *m* o *km*. (págs. 592 y 593)

1. 

2. 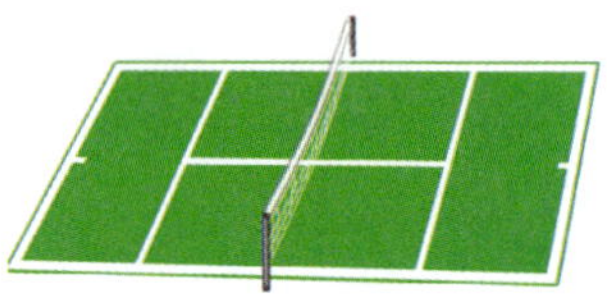

3. 

Grupo D **Copia y completa. Usa la Tabla de medidas.** (págs. 598 y 599)

1. Convierte centímetros a decímetros.
   Unidad mayor: ______
   ■ cm = 5 dm

2. Convierte mililitros a litros.
   Unidad mayor: ______
   ■ L = 2,000 ml

3. Convierte metros a kilómetros.
   Unidad mayor: ______
   ■ m = 5 km

4. Convierte kilogramos a gramos.
   Unidad mayor: ______
   3 kilogramos = ■ gramos

Tabla de medidas
10 centímetros = 1 decímetro
100 centímetros = 1 metro
1,000 metros = 1 kilómetro
1,000 mililitros = 1 litro
1,000 gramos = 1 kilogramo

CD ROM **Tecnología**
Usa Harcourt Mega Math en español en español, Exploración ártica, *En el laboratorio*, nivel H.

PRÁCTICA CON UN JUEGO

Gana un metro

Lánzalos Mídelos

2 a 4 jugadores

- Tablero de juego
- Reglas en centímetros
- Cubo numerado
- Ficha, papel y lápiz para cada jugador
- Tarjetas de acción

¡Colecciónalas!

- Los jugadores mezclan las tarjetas de acción y las colocan boca abajo en el medio del tablero de juego.
- Cada jugador coloca su ficha en una de las esquinas de SALIDA.
- El jugador 1 lanza el cubo numerado, se mueve el número de espacios lanzados, mide el dibujo del objeto en el espacio donde cayó y escribe la medida en una hoja de puntuaciones. Entonces es el turno del jugador 2.
- Cuando los jugadores caen en un espacio de acción, toman una tarjeta de acción y siguen las instrucciones.
- Gana el primer jugador en anotar un total de 100 centímetros.

Repaso/Prueba del Capítulo 24

Repasar los conceptos

Resuelve.

1. ¿Qué tiene una masa mayor, una fresa o una sandía? (MG 1.1, págs. 596 y 597)
2. ¿Elegirías mililitros o litros para medir la cantidad de sopa en un tazón? (MG 1.1, págs. 594 y 595)
3. ¿Qué longitud es mayor, un metro o un kilómetro? (MG 1.1, págs. 588 y 589)

Repasar las destrezas

Elige la unidad que usarías para medir cada uno.
Escribe *cm*, *m* o *km*. (MG 1.1, págs. 588 y 589)

4. la longitud de un río
5. la altura de un árbol
6. la longitud de una zanahoria
7. la distancia de una habitación a otra
8. la distancia de un país a otro
9. la distancia de tu nariz a tu boca

Elige la mejor estimación. (MG 1.1, págs. 590 a 593)

10.

¿20 cm o 20 dm?

11.

¿8 cm u 8 dm?

12.

¿3 m o 3 km?

Copia y completa. Usa la Tabla de medidas de la página 599. (MG 1.4, págs. 598 y 599)

13. Convierte metros a kilómetros.
    unidad mayor: ____
    3,000 m = ■ km
14. Convierte litros a mililitros.
    unidad mayor: ____
    ■ mL = 6 litros
15. Convierte centímetros a metros.
    unidad mayor: ____
    ■ m = 400 cm

Repasar la resolución de problemas

Resuelve. (MG 1.4, págs. 598 y 599)

16. La habitación de Becky mide 5 metros de largo. ¿Cuántos centímetros de largo mide su habitación?
17. ESCRIBE Michael bebió 1,500 mL de agua. Pauline bebió 2 L de agua. **Explica** cómo hallar quién bebió más.

Enriquecimiento • Pulgadas y centímetros

Comparar unidades

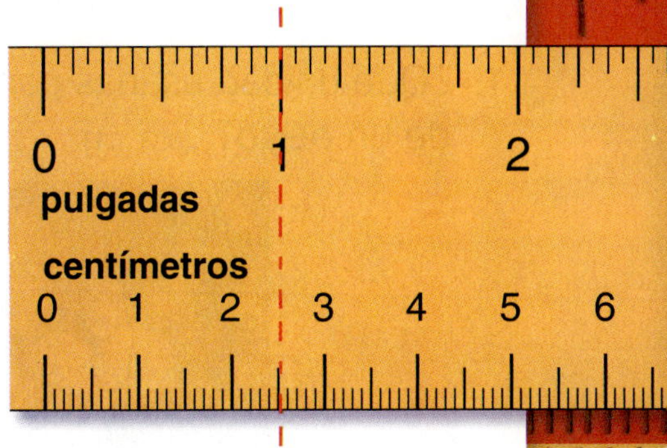

En los Estados Unidos, usamos el sistema usual de medida, el cual incluye las pulgadas como unidad de medida. La mayoría de los otros países usan el sistema métrico de medida, el cual incluye los centímetros como unidad de medida.

Puedes usar estimaciones para comparar medidas usando pulgadas y centímetros.

Comprende

Mira la regla.

Una pulgada es aproximadamente $2\frac{1}{2}$ centímetros.

¿Cuántos centímetros son aproximadamente cinco pulgadas?

Paso 1 Haz una tabla para comparar pulgadas y centímetros. 1 pulgada es aproximadamente $2\frac{1}{2}$ centímetros.

pulgadas	1	2	3	4	5
centímetros	$2\frac{1}{2}$	5	$7\frac{1}{2}$	10	$12\frac{1}{2}$

Paso 2 Halla 5 pulgadas en la tabla y la medida estimada en centímetros que le corresponda.

Por lo tanto, 5 pulgadas son aproximadamente $12\frac{1}{2}$ centímetros.

Aplica

Copia y completa cada comparación.

1. 4 pulgadas son aproximadamente ___■___ centímetros.
2. 5 centímetros son aproximadamente ___■___ pulgadas.
3. $17\frac{1}{2}$ centímetros son aproximadamente ___■___ pulgadas.
4. 10 pulgadas son aproximadamente ___■___ centímetros.

Explica

ESCRIBE **Explica** cómo comparar centímetros con 1 pie.

Repaso/Prueba de la unidad
Capítulos 23 y 24

Opción múltiple

1. ¿Qué unidad usarías para medir el peso de un perro? (MG 1.1)

A onza

B pie

C libra

D yarda

2. ¿Cuál es la mejor estimación de la longitud de tu pupitre? (MG 1.1)

A 2 pulgadas

B 2 pies

C 2 yardas

D 2 millas

3. Susan tiene una jarra que contiene 6 pintas de limonada. ¿Cuántos vasos de 1 taza de limonada puede llenar usando la jarra? (MG 1.4)

A 3

B 6

C 10

D 12

4. ¿Qué distancia es aproximadamente 10 kilómetros? (MG 1.1)

A

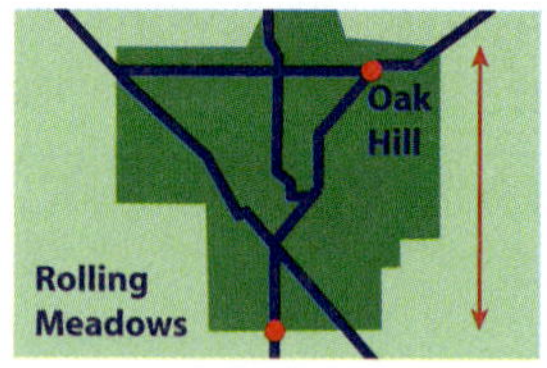

C

B

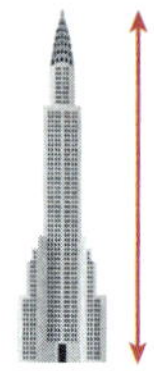

D

5. ¿Qué enunciado es verdadero? (MG 1.4, pág. 592)

A 700 centímetros = 700 metros

B 700 centímetros = 70 metros

C 700 centímetros = 7,000 metros

D 700 centímetros = 7 metros

6. ¿Qué regla puedes usar para hallar el número que falta en la tabla? (MG 1.4)

cuartos	4	8	12	16
galones	1	2	■	4

A Multiplicar el número de cuartos por 4.

B Dividir el número de cuartos entre 2.

C Dividir el número de cuartos entre 4.

D Multiplicar el número de cuartos por 2.

7. Una estatua mide 300 decímetros de alto. ¿Cuántos metros mide de alto la estatua? (MG 1.4, pág. 592)

A 3,000 metros

B 300 metros

C 30 metros

D 3 metros

8. ¿Qué temperatura se muestra en el termómetro? (MG 1.0, pág. 578)

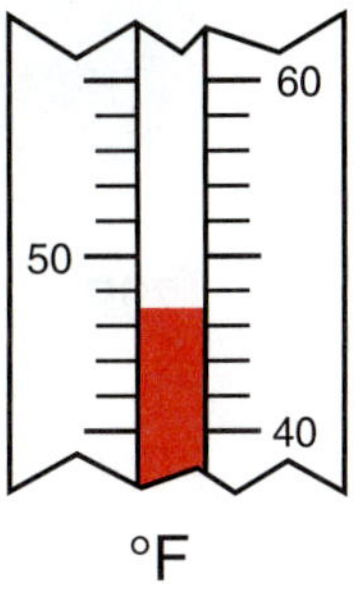

A 37°F

B 47°F

C 50°F

D 53°F

9. ¿Qué regla se puede usar para convertir gramos a kilogramos? (MG 1.4, pág. 598)

A Dividir el número de gramos entre 1,000.

B Multiplicar el número de gramos por 100.

C Dividir el número de gramos entre 100.

D Multiplicar el número de gramos por 1,000.

Respuesta breve

10. Ginny tiene una cinta que mide 24 pies de largo. ¿Cuántas yardas de largo mide la cinta? (MG 1.4, pág. 566)

11. ¿Qué unidad métrica usarías para medir la masa de una persona? (MG 1.1, pág. 596)

12. Annemarie tiene 20 tazas de jugo. Jerry tiene 6 cuartos de jugo. ¿Quién tiene más jugo? (MG 1.4, pág. 568)

Respuesta desarrollada ESCRIBE

13. Ted usó centímetros para medir la longitud de una tabla. Vanessa usó decímetros para medir la misma longitud. ¿Había más centímetros o más decímetros? **Explica**. (MG 1.1, pág. 590).

14. El papá de John mide la cantidad de aceite que necesita en una receta de pastelitos. ¿Debería usar una cantidad estimada o una cantidad exacta? **Explica** tu respuesta. (MG 1.1, pág. 572).

California

Resolución de problemas

de THE WORLD ALMANAC PARA NIÑOS

Historias de peces

ARRECIFES DE CORAL DE CALIFORNIA

Tanque del arrecife de coral del acuario Steinhart

El acuario Steinhart en San Francisco, California, tiene una de las exhibiciones más grandes de arrecifes de coral de Estados Unidos. Sus 20,000 galones de agua salada contienen muchos animales que se pueden encontrar en el océano Pacífico. El coral está formado por colonias de diminutos animales marinos llamados pólipos de coral. En éstas dos páginas se muestran algunos de los peces que viven en el arrecife de coral.

APLÍCALO

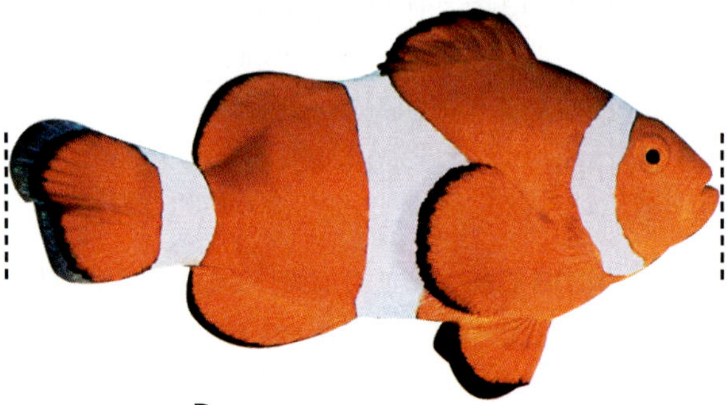

Pez payaso

Pez cardenal

Usa una regla para medir al centímetro más cercano.

1. Aproximadamente, ¿cuánto mide de largo el pez cardenal?
2. Aproximadamente, ¿cuánto mide de largo el pez payaso?
3. ¿Cuánto más pequeño es el pez payaso que el pez cardenal?
4. Elige un objeto que tenga aproximadamente la misma longitud que cada uno de éstos peces. Mide los objetos. ¿Cómo se comparan tus medidas con la longitud de estos peces?

Dato del ALMANAQUE

El tanque de arrecife de coral del acuario Steinhart mide más de 18 pies de profundidad. Los biólogos usan luz artificial en el tanque como sustituto de la energía solar.

TÚ Y EL PEZ

¿Alguna vez alguien te ha hablado acerca de la historia "del pez que se marchó"? Cuando las personas cuentan tales "historias de peces," algunas veces usan sus manos y brazos para mostrar la longitud del pez. Es más fácil entender cuánto mide de largo una cosa cuando la comparas con algo conocido, como la longitud de tus brazos.

El gran tiburón blanco mide aproximadamente 4 metros de largo.

APLÍCALO

Para los ejercicios 3 a 5, usa los datos de estas dos páginas.

1. Copia la tabla. Estima y registra cada longitud. Después, con un compañero, usa una regla en centímetros para medir al centímetro más cercano.

Aproximadamente, ¿cuántos centímetros?

Unidad corporal	Estimación	Medida real
Longitud del dedo índice		
Longitud del brazo		
Longitud del pie		

2. ¿Estuvieron cerca tus estimaciones?
3. ¿Qué pez mide de largo aproximadamente lo mismo que tu dedo índice?
4. ¿La longitud de tu pie es mayor o menor que la longitud de un pez payaso?
5. ¿La longitud de tu brazo junto con la del brazo de tu compañero es mayor o menor que la longitud de la medusa de rayas moradas que se muestra a la derecha?
6. **ESCRIBE** Mide el ancho de tu salón con una regla de un metro. **Explica** cómo comparar tu medida con la longitud del gran tiburón blanco que se muestra arriba, escribiendo un enunciado numérico que use <, > o =.

La medusa de rayas moradas mide aproximadamente 5 metros de largo.

Manual del estudiante

Estas páginas ofrecen un repaso de los estándares del estado para tu grado. Además, te ayudan a evitar errores que los estudiantes cometen con frecuencia.

Repaso de los Estándares

Valor posicional

NS.1.3 Identificar el valor posicional de cada dígito en números hasta el 10,000.

Un número está formado por uno o más dígitos. Cada dígito tiene un valor. Una tabla de valor posicional puede ayudarte a entender el valor de cada dígito. En el número siguiente, el 9 tiene un valor de 9,000 porque está en la posición de los millares.

MILLARES	CENTENAS	DECENAS	UNIDADES
9	3	7	4

Ejemplos

A ¿Qué dígito está en la posición de las unidades?

3,875

El 5 está en la posición de las unidades.

B ¿Cuál es el valor del 7?

4,876

El 7 está en la posición de las decenas. Por lo tanto, el valor del 7 es 7 decenas o 70.

ADVERTENCIA

Asegúrate de ver en la posición correcta para hallar el valor del dígito.

Pruébalo

Identifica el valor posicional del dígito subrayado.

1. $\underline{3}73$ **2.** $4{,}32\underline{3}$

3. $\underline{1}4$ **4.** $\underline{7},432$

Identifica el valor posicional del 6.

5. 5,645 **6.** 463

7. 6,113 **8.** 8,436

Responde las siguientes preguntas sobre el número 4,657.

9. ¿Qué dígito está en la posición de las decenas?

10. ¿Cuál es el valor posicional del 4?

11. Lee el problema siguiente. **Explica** por qué D no puede ser la respuesta correcta. **ERROR COMÚN**

¿Qué dígito tiene un valor de 600 en el número siguiente?

5,693

A 3

B 5

C 6

D 9

Repaso de los Estándares

Forma desarrollada

NS.1.5 Usar la notación desarrollada para representar números.

La forma desarrollada es una manera de escribir números mostrando el valor de cada dígito. Escribir números en forma desarrollada descompone números grandes en números más pequeños. También hace que el valor de cada dígito sea más fácil de ver.

$$3{,}507 = 3{,}000 + 500 + 7$$

Ejemplos

A Escribe el número 4,560 en forma desarrollada.

4,000 + 500 + 60 = 4,560

B Resuelve.

400 + 70 + 6 = ■

400 + 70 + 6 = 476

ADVERTENCIA

Asegúrate de incluir el número correcto de ceros cuando escribas números en forma desarrollada.

Pruébalo

Escribe cada número en forma desarrollada.

1. 307

2. 3,640

3. 1,876

4. 38

Resuelve.

5. 400 + 30 + 7 = ■

6. 1,000 + 300 + 8 = ■

7. 200 + 60 + 5 = ■

8. 100 + 90 + 9 = ■

9. 323 = ■ + 20 + 3

10. 444 = 400 + 40 + ■

11. 8,000 + 300 + 40 + 6 = ■

12. Lee el problema siguiente. **Explica** por qué C no puede ser la respuesta correcta. Después, elige la respuesta correcta.

ERROR COMÚN

¿Qué número en forma desarrollada es el mismo que 2,348?

A 2,000 + 300 + 40 + 6

B 3,000 + 200 + 40 + 8

C 200 + 30 + 4 + 8

D 2,000 + 300 + 40 + 8

Repaso de los Estándares

Sumar números enteros

NS.2.1 Hallar la suma de dos números enteros entre 0 y 10,000.

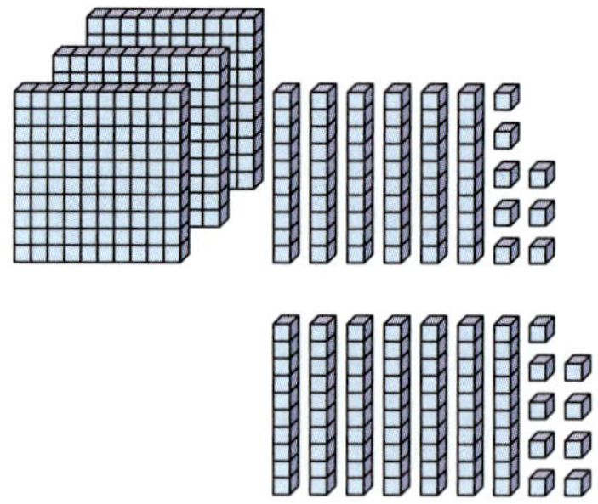

Cuando dos números se suman, la respuesta se llama suma o total. Cuando la suma o total de una columna es mayor que 9, debes reagrupar.

$$\begin{array}{r} {\scriptstyle 1\,1\,\,} \\ 368 \\ +\ 79 \\ \hline 447 \end{array}$$

Ejemplos

A Bobby tiene 1,290 tarjetas de béisbol. Su amigo Jack le da 306 tarjetas más. ¿Cuántas tarjetas de béisbol tiene ahora Bobby?

1,290 + 306 = 1,596

B Halla la suma o total.

5,273 + 2,617 = 7,890

7,890 es la suma.

ADVERTENCIA

Cuando reagrupes asegúrate de sumar el 1 reagrupado.

Pruébalo

Halla la suma o total.

1. 52 + 378 = ■

2. 8,876 + 231 = ■

3. 298 + 298 = ■

4. 1,010 + 3,009 = ■

5. 398 + 576 = ■

6. 45 + 97 = ■

Suma.

7. 374 + 98

8. 4,729 + 4,729

9. 48 + 79

10. 2,847 + 3,692

11. Lee el problema siguiente. **Explica** por qué B no puede ser la respuesta correcta. Después, elige la respuesta correcta.

ERROR COMÚN

Jane quiere contar los patos que están nadando en el lago. Hay dos grupos de patos. Hay 29 patos en el primer grupo y 12 patos en el segundo grupo. ¿Cuántos patos hay en total?

A 41

B 31

C 20

D 53

Repaso de los Estándares

Restar números enteros

NS.2.1 Hallar la diferencia de dos números enteros entre 0 y 10,000.

Cuando dos números se restan, la respuesta se llama diferencia. La resta es la operación opuesta a la suma. Puedes usar la suma para comprobar la respuesta de un problema de resta.

$$\begin{array}{r} 4{,}332 \\ -2{,}298 \\ \hline 2{,}034 \end{array}$$

Ejemplos

A Phillip tiene 358 canicas. Le da 93 a su hermana, Jenny. ¿Cuántas canicas tiene ahora Phillip?

$$\begin{array}{r} 358 \\ -\ 93 \\ \hline 265 \end{array}$$

B Resuelve.

3,446 + ■ = 7,171

7,171 − 3,446 = 3,725

3,446 + 3,725 = 7,171

ADVERTENCIA

Asegúrate siempre de empezar por la derecha y seguir a la izquierda cuando restes de manera vertical.

Pruébalo

Halla el número que falta.

1. 3,265 − 422 = ■
2. 9,569 − 7,428 = ■
3. 34 − 21 = ■
4. 123 − 97 = ■
5. 863 − 658 = ■
6. 393 + ■ = 413
7. 1,000 + ■ = 2,100
8. ■ + 865 = 3,450
9. 690 + ■ = 1,020
10. 276 + ■ = 300

11. Lee el problema siguiente. **Explica** por qué A no puede ser la respuesta correcta. Después, elige la respuesta correcta. **ERROR COMÚN**

Juan está haciendo 95 galletas para su fiesta de cumpleaños. Si ya hizo 47, ¿cuántas más galletas necesita hacer?

A 58

B 48

C 35

D 33

Repaso de los Estándares

Tablas de multiplicar

NS.2.2 Memorizar la tabla de multiplicación del 1 a 10.

Una tabla de multiplicar puede usarse para hallar los productos de operaciones de multiplicación básicas. El producto está donde se encuentran la hilera y la columna.

×	0	1	2	3	4	5	6	7	8	9	10
0	0	0	0	0	0	0	0	0	0	0	0
1	0	1	2	3	4	5	6	7	8	9	10
2	0	2	4	6	8	10	12	14	16	18	20
3	0	3	6	9	12	15	18	21	24	27	30
4	0	4	8	12	16	20	24	28	32	36	40
5	0	5	10	15	20	25	30	35	40	45	50
6	0	6	12	18	24	30	36	42	48	54	60
7	0	7	14	21	28	35	42	49	56	63	70
8	0	8	16	24	32	40	48	56	64	72	80
9	0	9	18	27	36	45	54	63	72	81	90
10	0	10	20	30	40	50	60	70	80	90	100

$3 \times 5 = \blacksquare$

$3 \times 5 = 15$

Ejemplos

A Kalima tiene 4 pilas de fotos. Cada pila tiene 3 fotos. ¿Cuántas fotos tiene en total?

$4 \times 3 = 12$

B Pierre vio 5 patas, cada una con 2 patitos. ¿Cuántos patitos vio en total?

$5 \times 2 = 10$

ADVERTENCIA

Dos factores pueden multiplicarse en cualquier orden y el producto siempre es el mismo.

Pruébalo

Usa una tabla de multiplicar o el cálculo mental.

1. $1 \times 4 =$

2. $5 \times 5 =$

3. $2 \times 5 =$

4. $4 \times 3 =$

5. $3 \times 3 =$

6. $2 \times 2 =$

7. $2 \times 4 =$

8. $2 \times 6 =$

9. $5 \times 2 =$

10. $4 \times 6 =$

11. $4 \times 4 =$

12. $1 \times 1 =$

13. Lee el problema siguiente. **Explica** por qué A no puede ser la respuesta correcta. Después, elige la respuesta correcta. **ERROR COMÚN**

Yasmin hizo 5 recuerdos de fiesta con 7 flores de papel en cada uno. ¿Cuántas flores hizo en total?

A 45 **C** 28

B 32 **D** 35

Repaso de los Estándares

Tablas de multiplicar

NS.2.2 Memorizar la tabla de multiplicación del 1 a 10.

×	0	1	2	3	4	5	6	7	8	9	10
0	0	0	0	0	0	0	0	0	0	0	0
1	0	1	2	3	4	5	6	7	8	9	10
2	0	2	4	6	8	10	12	14	16	18	20
3	0	3	6	9	12	15	18	21	24	27	30
4	0	4	8	12	16	20	24	28	32	36	40
5	0	5	10	15	20	25	30	35	40	45	50
6	0	6	12	18	24	30	36	42	48	54	60
7	0	7	14	21	28	35	42	49	56	63	70
8	0	8	16	24	32	40	48	56	64	72	80
9	0	9	18	27	36	45	54	63	72	81	90
10	0	10	20	30	40	50	60	70	80	90	100

Memorizar las operaciones de multiplicación básicas permitirá resolver problemas con números más grandes. Usar una tabla de multiplicar permite memorizar algunas operaciones.

$$6 \times 6 = \blacksquare$$

$$6 \times 6 = 36$$

Ejemplos

A Louise está ayudando a su papá en el taller. Hay 8 cajas de 10 tornillos. ¿Cuántos tornillos hay en total?

$8 \times 10 = 80$

B Frank trabaja en un taller de carros. Está trabajando en 7 carros y tiene que colocar 4 ruedas en cada carro. ¿Cuántas ruedas cambia Frank en total?

$7 \times 4 = 28$

ADVERTENCIA

Piensa en las operaciones de multiplicación que conoces. Úsalas para hallar una operación desconocida.

Pruébalo

Usa el cálculo mental o una tabla de multiplicar.

1. $9 \times 4 =$

2. $10 \times 5 =$

3. $6 \times 6 =$

4. $8 \times 8 =$

5. $8 \times 3 =$

6. $6 \times 4 =$

7. $9 \times 5 =$

8. $8 \times 5 =$

9. $7 \times 4 =$

10. $9 \times 6 =$

11. $7 \times 7 =$

12. $10 \times 4 =$

13. Lee el problema siguiente. **Explica** por qué A no puede ser la respuesta correcta. Después, elige la respuesta correcta.

ERROR COMÚN

Enrique decidió hacer panecillos para su familia. Hizo un total de 48 panecillos. Hizo 6 tandas de panecillos. ¿Cuántos panecillos hizo Enrique en cada tanda?

A 6

B 8

C 12

D 42

Repaso de los Estándares

Relación entre la multiplicación y la división

NS.2.3 Usar la relación inversa de la multiplicación y de la división para hacer cálculos y comprobar resultados.

La multiplicación y la división están relacionadas porque son opuestas. Cuando multiplicas, estás combinando grupos iguales y cuando divides, estás separando en grupos iguales.

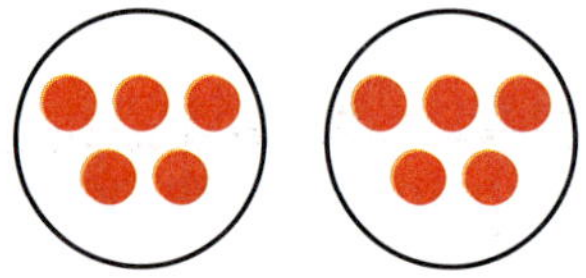

$$2 \times 5 = 10 \text{ y } 10 \div 5 = 2$$

Ejemplos

A William compró 2 cajas de manzanas. Cada caja contiene 3 manzanas. ¿Cuántas manzanas compró William en total?

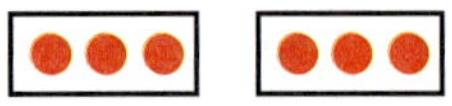

$2 \times 3 = 6$ Resuelve

El enunciado relacionado de división es:

$6 \div 2 = 3$

B Resuelve.

$3 \times ■ = 9$ Resuelve

$9 \div 3 = 3$ Usa un enunciado relacionado de división para resolver.

$3 \times 3 = 9$ Respuesta

ADVERTENCIA

Asegúrate de usar los números correctos del problema cuando multipliques o dividas para comprobar tu respuesta.

Pruébalo

Escribe un enunciado relacionado de división para resolver.

1. $2 \times 3 = ■$

2. $4 \times 2 = ■$

3. $1 \times 7 = ■$

4. $5 \times 3 = ■$

Halla el número que falta.

5. $4 \times ■ = 8$

6. $3 \times ■ = 9$

7. $2 \times ■ = 8$

8. $3 \times ■ = 6$

9. $10 \times ■ = 10$

10. $2 \times ■ = 10$

11. $1 \times ■ = 5$

12. $2 \times ■ = 4$

13. Lee el problema siguiente. **Explica** por qué D no puede ser la respuesta correcta. Después, elige la respuesta correcta.

ERROR COMÚN

La figura que se muestra a continuación es un modelo del enunciado de multiplicación $7 \times 3 = 21$.

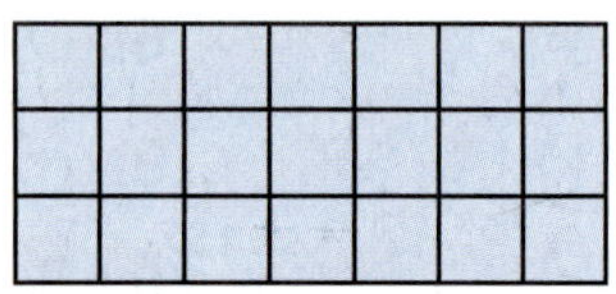

¿Qué enunciado de división está representado por la misma figura?

A 7×3

B $21 \div 21$

C $21 \div 3$

D $21 \div 4$

Repaso de los Estándares

Relación entre la multiplicación y la división

O‑n **NS.2.3** Usar la relación inversa de la multiplicación y de la división para hacer cálculos y comprobar resultados.

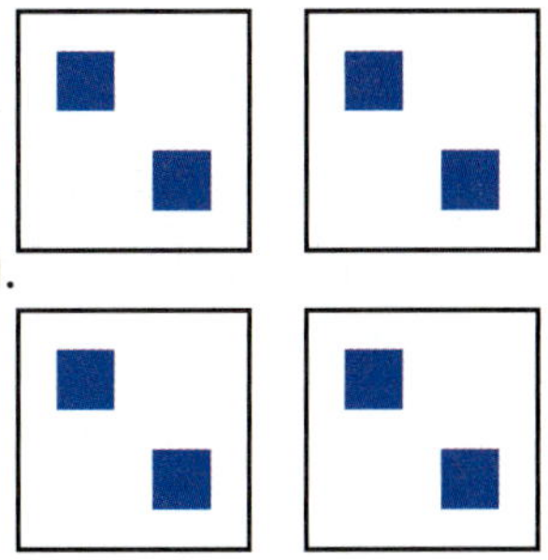

Como la multiplicación y la división son operaciones opuestas, la multiplicación puede usarse para comprobar un problema de división.

$$8 \div 4 = 2 \text{ y } 4 \times 2 = 8$$

Ejemplos

A La entrenadora Franco necesita dividir a sus estudiantes en 2 equipos iguales. Hay un total de 10 estudiantes. ¿Cuántos estudiantes puede poner en cada equipo?

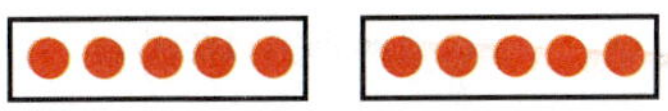

$10 \div 5 = 2$ Resuelve

El enunciado relacionado de multiplicación es:

$5 \times 2 = 10$

B Resuelve.

$\blacksquare \div 9 = 1$ Resuelve

$9 \times 1 = 9$ Usa un enunciado relacionado de multiplicación para resolver.

$9 \div 9 = 1$ Respuesta

ADVERTENCIA

Asegúrate de usar la operación correcta cuando compruebes problemas.

Pruébalo

Escribe un enunciado relacionado de multiplicación para resolver.

1. $10 \div 5 = \blacksquare$

2. $9 \div 3 = \blacksquare$

Halla el número que falta.

3. $\blacksquare \div 2 = 5$

4. $\blacksquare \div 4 = 2$

5. $\blacksquare \div 6 = 1$

6. $\blacksquare \div 3 = 3$

7. $\blacksquare \div 7 = 1$

8. $\blacksquare \div 2 = 2$

9. $\blacksquare \div 2 = 3$

10. $\blacksquare \div 2 = 8$

11. Lee el problema siguiente. **Explica** por qué C no puede ser la respuesta correcta. Después, elige la respuesta correcta. **ERROR COMÚN**

El modelo siguiente representa el enunciado de división $14 \div 2 = 7$.

¿Qué enunciado de multiplicación está representado también?

A 7×2

B 14×14

C $7 + 2$

D $14 \div 7$

Repaso de los Estándares

Multiplicar por números de un dígito

NS.2.4 Resolver problemas simples de multiplicación de números de varios dígitos por números de un dígito.

Para multiplicar números de dos dígitos por números de un dígito, primero alinea los números de manera vertical. El número de un dígito va a la derecha porque está en la posición de las unidades. Multiplica las unidades. Después, multiplica las decenas.

$$6 \times 2 = 12$$
$$2 \times 20 = 40$$
$$12 + 40 = 52$$

$$26 \times 2 \rightarrow \begin{array}{r} 26 \\ \times\ 2 \\ \hline 52 \end{array}$$

Ejemplos

A Janine compró 2 paquetes de goma de mascar. Si cada paquete tiene 24 piezas, ¿cuántas piezas hay en total?

$2 \times 24 = \blacksquare$

$$\begin{array}{r} 24 \\ \times\ 2 \\ \hline 48 \end{array}$$

B Si todas las clases en la escuela de Jake tienen 28 estudiantes, ¿cuántos estudiantes hay en 4 clases?

$28 \times 4 = \blacksquare$

$$\begin{array}{r} 28 \\ \times\ 4 \\ \hline 112 \end{array}$$

ADVERTENCIA

Siempre empieza por la derecha cuando multipliques, empezando con la columna de las unidades.

Para multiplicar números de tres dígitos y de cuatro dígitos por números de un dígito, multiplica las unidades primero, después las decenas, las centenas y luego los millares.

Ejemplos

C Un boleto de avión a Florida cuesta \$220. ¿Cuánto le cuesta a una familia de cuatro volar a Florida?

$\$220 \times 4 = \blacksquare$

$$\begin{array}{r} 220 \\ \times\ \ 4 \\ \hline \$880 \end{array}$$

D El ferry puede transportar 1,063 personas en un viaje. ¿Cuántas personas transporta el ferry en 5 viajes?

$5 \times 1{,}063 = \blacksquare$

$$\begin{array}{r} 1{,}063 \\ \times\ \ 5 \\ \hline 5{,}315 \end{array}$$

ADVERTENCIA

Asegúrate de reagrupar cuando multipliques.

Repaso de los Estándares

Multiplicar por números de un dígito

Pruébalo

Halla el producto.

1. $\begin{array}{r} 13 \\ \times\ 2 \\ \hline \end{array}$

2. $\begin{array}{r} 21 \\ \times\ 7 \\ \hline \end{array}$

3. $\begin{array}{r} 42 \\ \times\ 8 \\ \hline \end{array}$

4. $\begin{array}{r} 88 \\ \times\ 6 \\ \hline \end{array}$

5. $\begin{array}{r} 53 \\ \times\ 6 \\ \hline \end{array}$

6. $\begin{array}{r} 111 \\ \times\ 5 \\ \hline \end{array}$

7. Lee el problema siguiente. **Explica** por qué B no puede ser la respuesta correcta. Después, elige la respuesta correcta.

ERROR COMÚN

Chris compró 3 paquetes de tarjetas de béisbol. Si hay 32 tarjetas en cada paquete, ¿cuántas tarjetas compró?

A 62

B 69

C 96

D 906

Halla el producto.

8. $\begin{array}{r} 233 \\ \times\ 6 \\ \hline \end{array}$

9. $\begin{array}{r} 411 \\ \times\ 6 \\ \hline \end{array}$

10. $\begin{array}{r} 651 \\ \times\ 5 \\ \hline \end{array}$

11. $\begin{array}{r} 1,361 \\ \times\ 3 \\ \hline \end{array}$

12. $\begin{array}{r} 5,156 \\ \times\ 2 \\ \hline \end{array}$

13. $\begin{array}{r} 4,689 \\ \times\ 9 \\ \hline \end{array}$

14. Lee el problema siguiente. **Explica** por qué D no puede ser la respuesta correcta. Después, elige la respuesta correcta.

ERROR COMÚN

En la tienda de artículos para oficina, los lápices vienen en paquetes de 112. ¿Cuántos lápices hay en 7 paquetes?

A 784

B 392

C 105

D 16

Repaso de los Estándares

Sumar fracciones

NS.3.2 Sumar y restar fracciones simples.

Las fracciones semejantes tienen el mismo denominador. Cuando sumas fracciones semejantes, sólo sumas los números superiores, o numeradores. El número inferior, o denominador, permanece igual.

$$\frac{2}{3} + \frac{1}{3} = \frac{3}{3} \qquad \frac{3}{3} = 1$$

Ejemplos

A Trevor decidió hacer pastel de carne para la cena. Sus papás comieron $\frac{1}{4}$ del pastel de carne.

Sus amigos comieron la misma cantidad. ¿Cuánto pastel de carne comieron en total?

$$\frac{1}{4} + \frac{1}{4} = \frac{2}{4} = \frac{1}{2}$$

B Resuelve.

$$\frac{3}{6} + \frac{1}{6} = \blacksquare$$

Suma los numeradores.

$$\frac{3}{6} + \frac{1}{6} = \frac{4}{6} \text{ o } \frac{2}{3}$$

ADVERTENCIA

Asegúrate de sólo sumar los numeradores cuando sumes fracciones con el mismo denominador. El denominador permanece igual.

Pruébalo

Suma.

1. $\frac{3}{4} + \frac{1}{4} = \blacksquare$

2. $\frac{1}{8} + \frac{3}{8} = \blacksquare$

3. $\frac{2}{3} + \frac{1}{3} = \blacksquare$

4. $\frac{2}{5} + \frac{1}{5} = \blacksquare$

5. $\frac{3}{5} + \frac{2}{5} = \blacksquare$

6. $\frac{1}{5} + \frac{1}{5} = \blacksquare$

7. $\frac{4}{9} + \frac{2}{9} = \blacksquare$

8. $\frac{2}{8} + \frac{5}{8} = \blacksquare$

9. $\frac{2}{6} + \frac{3}{6} = \blacksquare$

10. $\frac{1}{4} + \frac{3}{4} = \blacksquare$

11. Lee el problema siguiente. **Explica** por qué C no puede ser la respuesta correcta. Después, elige la respuesta correcta. **ERROR COMÚN**

Una receta necesita $\frac{3}{8}$ de taza de azúcar. Hans quiere hacer 2 recetas. ¿Cuánta azúcar necesita Hans?

A $\frac{3}{8}$ de taza

B $\frac{6}{8}$ de taza

C $\frac{3}{16}$ de taza

D $\frac{9}{16}$ de taza

Repaso de los Estándares

Restar fracciones

PN.3.2 Sumar y restar fracciones simples.

Restar fracciones es como sumar fracciones. Cuando restas fracciones semejantes, restas los numeradores y el denominador permanece igual.

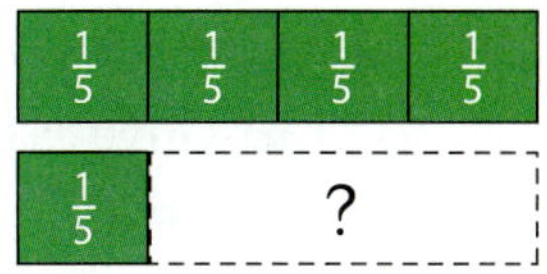

$$\frac{4}{5} - \frac{1}{5} = \frac{3}{5}$$

Ejemplos

A Resuelve.

$\frac{3}{4} - \frac{1}{4} = \frac{2}{4}$

$\frac{2}{4} = \frac{1}{2}$

B Resuelve.

$\frac{4}{9} + \underline{\quad} = \frac{7}{9}$

$\frac{7}{9} - \frac{4}{9} = \frac{3}{9} = \frac{1}{3}$

$\frac{4}{9} + \frac{3}{9} = \frac{7}{9}$

ADVERTENCIA

Asegúrate de sólo restar los numeradores y no restar los denominadores.

Pruébalo

Resuelve.

1. $\frac{5}{6} - \frac{2}{6} = \blacksquare$

2. $\frac{2}{6} - \frac{1}{6} = \blacksquare$

3. $\frac{3}{5} - \frac{2}{5} = \blacksquare$

4. $\frac{5}{8} - \frac{4}{8} = \blacksquare$

5. $\frac{6}{9} - \frac{2}{9} = \blacksquare$

6. $\frac{9}{10} - \frac{4}{10} = \blacksquare$

7. $\frac{8}{9} - \frac{7}{9} = \blacksquare$

8. $\frac{3}{4} - \frac{2}{4} = \blacksquare$

9. Lee el problema siguiente. **Explica** por qué A no puede ser la respuesta correcta. Después, elige la respuesta correcta. **ERROR COMÚN**

Scott caminó $\frac{7}{8}$ del sendero de montaña. Erin caminó $\frac{3}{8}$ del sendero. ¿Cuánto más caminó Scott que Erin, en su mínima expresión?

A $\frac{10}{8}$

B $\frac{1}{3}$

C $\frac{1}{2}$

D $\frac{6}{8}$

Repaso de los Estándares

Sumar y restar cantidades de dinero

NS.3.3 Resolver problemas de suma y de resta de cantidades de dinero en notación decimal.

Cuando se suman y se restan cantidades de dinero, es útil estimar primero la suma o la diferencia. Después, suma o resta el dinero como lo harías con números enteros. La respuesta se escribe en dólares y centavos.

$$\$2.33 + \$1.10 = \$3.43$$

Ejemplos

A Lois fue a la tienda y compró un paquete de pilas y un galón de leche. Las pilas costaron \$4.66 y la leche costó \$2.56. ¿Cuánto gastó Lois en total?

$\$4.66 + \$2.56 = \$7.22$

B Resuelve.

$\$10.37 - \$5.21 = ■$

$\$10.37 - \$5.21 = \$5.16$

ADVERTENCIA

Asegúrate de alinear los puntos decimales y de incluir el punto decimal y el signo de dólar en la respuesta.

Pruébalo

Resuelve.

1. $\$3.44 - \$3.26 = ■$
2. $\$6.76 + \$7.32 = ■$
3. $\$5.97 + \$8.20 = ■$
4. $\$11.00 - \$2.98 = ■$
5. $\$9.33 - \$2.77 = ■$
6. $\$21.30 + \$3.54 = ■$
7. $\$8.76 + \$4.76 = ■$
8. $\$14.87 - \$7.24 = ■$
9. $\$16.06 - \$13.23 = ■$
10. $\$37.34 + \$16.92 = ■$
11. $\$44.34 - \$9.26 = ■$
12. $\$11.56 + \$12.44 = ■$
13. $\$20.07 - \$19.52 = ■$

14. Lee el problema siguiente. **Explica** por qué D no puede ser la respuesta correcta. Después, elige la respuesta correcta. **ERROR COMÚN**

    ¿Cuál de las sumas siguientes da un total de \$100.00?

    A $34.87 + 62.54$

    B $\$23.70 + \$76.30$

    C $\$23.71 + \$75.23$

    D $2{,}370 + 7{,}630$

Repaso de los Estándares

Multiplicar y dividir cantidades de dinero

NS.3.3 Resolver problemas de multiplicación y de división de cantidades de dinero en notación decimal.

Para multiplicar o dividir cantidades de dinero, primero estima el producto o el cociente usando el redondeo. Después, multiplica como lo harías con números enteros. Usa tu estimación para colocar el punto decimal en el producto o el cociente.

$\$4.50 \times 3 = ■$

Estima: $\$5.00 \times 3 = \$15.00$

Resuelve:

$$\begin{array}{r} 450 \\ \times \quad 3 \\ \hline 1350 \end{array} = \$13.50$$

Ejemplos

A Juan fue al centro comercial y compró 3 camisas. Cada camisa costó $11.45. ¿Cuánto gastó Juan?

$3 \times \$11.45 = \$34.35$

B Resuelve.

$\$30.60 \div 6 = ■$

$6\overline{)30.60}$

$$\begin{array}{r} 5.10 \\ 6\overline{)30.60} \\ \underline{30} \\ 6 \\ \underline{6} \\ 0 \end{array}$$

Por lo tanto, $\$30.60 \div 6 = \$5.10$

ADVERTENCIA

Asegúrate de incluir el punto decimal en la posición correcta y el signo de dólar en tu respuesta.

Pruébalo

Resuelve.

1. $\$4.33 \times 4 = ■$
2. $\$2.10 \times 5 = ■$
3. $\$12.40 \div 2 = ■$
4. $\$18.54 \div 9 = ■$
5. $\$3.12 \times 3 = ■$
6. $\$9.50 \div 2 = ■$
7. $\$6.75 \times 7 = ■$
8. $\$14.70 \div 7 = ■$
9. $\$8.46 \times 8 = ■$
10. $\$25.68 \div 6 = ■$

11. Lee el problema siguiente. **Explica** por qué B no puede ser la respuesta correcta. Después, elige la respuesta correcta.

ERROR COMÚN

¿Cuál de las operaciones siguientes es igual a $51.00?

A $\$25.50 \times 2$

B $\$2,550 \times 2$

C $\$25.50 \div 2$

D $\$12.50 + 2$

Repaso de los Estándares

Expresiones

AF.1.1 Representar relaciones de cantidades en forma de expresiones, ecuaciones o desigualdades matemáticas.

Una expresión está formada por números, signos de operación y algunas veces variables. Una variable es una letra o un símbolo que representa un número. Una expresión no tiene un signo de igual.

$3 + x$

Si x representa 8, entonces la expresión es $3 + 8$.

Ejemplos

A James pesa 100 libras. Su amigo Gabriel pesa x libras. Escribe una expresión que represente el peso total de ambos.

peso de James + peso de Gabriel

$100 + x$

B Reemplaza la x con 118. Luego escribe una ecuación para resolver.

$100 + x$

$100 + 118$

$100 + 118 = 218$

ADVERTENCIA

Cuando escribas una expresión con una variable, asegúrate de usar la operación correcta.

Pruébalo

Escribe una expresión para describir cada problema.

1. 48 estudiantes divididos en x grupos
2. 9 sillas en k hileras
3. 40 más que un número c
4. un número d dividido entre 2
5. un número x menos que 12

Reemplaza la y con 9 y resuelve.

6. $y - 3$
7. $9 \div y$
8. $y + 11$
9. $4 \times y$

10. Lee el problema siguiente. **Explica** por qué C no puede ser la respuesta correcta. Después, elige la respuesta correcta. **ERROR COMÚN**

Un carro va por la autopista a 50 millas por hora. Escribe una expresión para la distancia que el carro habrá recorrido después de y horas.

A $50 - y$

B $50 \times y$

C $x + 50$

D $50 \div y$

Repaso de los Estándares

Ecuaciones y desigualdades

AF.1.1 Representar relaciones de cantidades en forma de ecuaciones o desigualdades matemáticas.

Una ecuación siempre tiene un signo de igual que significa que las dos cantidades son iguales. Una desigualdad siempre tiene un signo de mayor que o menor que porque una cantidad es mayor o menor que otra cantidad.

$3 + 4 = 7$ es una ecuación.

$3 < 4$ es una desigualdad

Ejemplos

A Escribe la ecuación siguiente:

diez más cuarenta y cuatro es igual a cincuenta y cuatro.

$10 + 44 = 54$

B ¿Cuál de estas desigualdades es verdadera, $12 < 7$ o $12 > 7$?

$12 > 7$, porque 12 es mayor que 7.

ADVERTENCIA

Asegúrate de usar signos de igual para las ecuaciones y signos de mayor que o menor que para las desigualdades.

Pruébalo

Escribe una ecuación para describir cada problema.

1. 5 menos que un número x es igual a 31.
2. 62 es menor que el producto de 9 y y.
3. 18 canicas divididas en 2 grupos es igual a un número x.
4. 108 más que un número c es 310.
5. \$8.10 la hora por un número h is \$324.

Compara los números. Usa <, > para cada ●.

6. 48 ● 9
7. 121 ● 124
8. 23 ● 7
9. 6 ● 12
10. 5×6 ● 4×8
11. 9,654 ● 9,564
12. $36 \div 6$ ● $42 \div 6$
13. $15 \div 3$ ● $28 \div 7$

14. Lee el problema siguiente. **ERROR COMÚN** **Explica** por qué A no puede ser la respuesta correcta. Después, elige la respuesta correcta.

    La Sra. Santos compró 3 cartones con 12 huevos cada uno. ¿Qué enunciado numérico muestra cómo hallar el número de huevos que compró?

    A $3 \times 12 = 32$

    B $3 + 12 = 15$

    C $3 \times 12 = 36$

    D $36 \times 3 = 108$

Repaso de los Estándares

Relaciones de cantidades

AF.2.1 Resolver problemas sencillos que incluyan una relación funcional entre dos cantidades.

Puedes hallar el costo de 3 camisas, si conoces el costo de 1 camisa. Si quieres hallar el costo de 3 camisas, puedes multiplicar el costo de 1 camisa por 3.

Camisas	1	2	3
Costo	$12	$24	$36

3 camisas × $12 (costo por camisa) = $36

ADVERTENCIA

Si una cantidad cambia, entonces el costo total también cambiará.

Ejemplos

A Una tarjeta de béisbol cuesta $0.25. Dos tarjetas cuestan $0.50. Tres tarjetas cuestan $0.75. Si el precio de cada tarjeta se mantiene igual, ¿cuánto costarían cuatro tarjetas de béisbol?

4 × $0.25 = $1.00

B ¿Qué cuesta más, un par de botas de $50 o dos pares de zapatos de $23 el par?

1 par de botas de $50

2 pares de zapatos de $23 el par

2 × $23 = $46

$50 > $46

Las botas cuestan más.

Pruébalo

Resuelve.

Si los tomates cuestan $3 la libra, entonces:

1. ¿Cuánto cuestan tres libras?

2. ¿Cuánto cuestan nueve libras?

Si dos libras de mandarinas cuestan $4, entonces:

3. ¿Cuánto cuesta una libra?

4. ¿Cuánto cuestan cuatro libras?

5. Lee el problema siguiente. **Explica** por qué B no puede ser la opción correcta. Después, elige la respuesta correcta.

ERROR COMÚN

María fue de compras. Quería comprar dos pares de pantalones por $34 el par. Si tiene $60, ¿cuánto más necesita para comprar los pantalones?

A $6

B $7

C $8

D $9

Repaso de los Estándares

Polígonos

MG.2.1 Identificar, describir y clasificar polígonos (incluyendo pentágonos, hexágonos y octágonos).

Un polígono es una figura plana cerrada con lados rectos. Recibe el nombre del número de lados y ángulos que tiene. A continuación están los nombres y las descripciones de algunos polígonos.

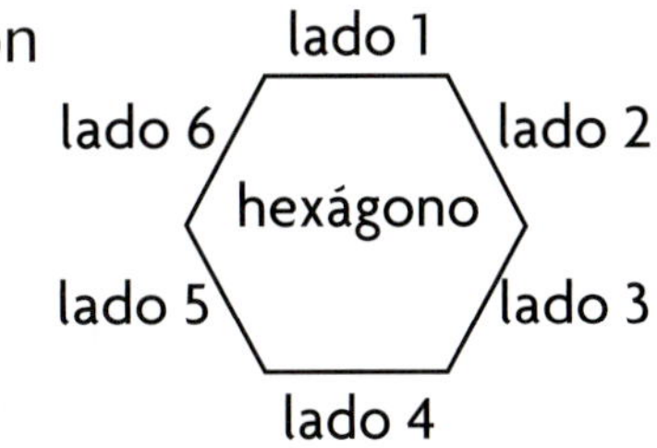

Nombre	Número de lados	Número de ángulos	Forma
Triángulo	3	3	
Cuadrado	4	4	
Pentágono	5	5	
Hexágono	6	6	
Octágono	8	8	

Ejemplos

A Derek recortó una figura que tenía 5 lados. ¿Cuál es el nombre de la figura?

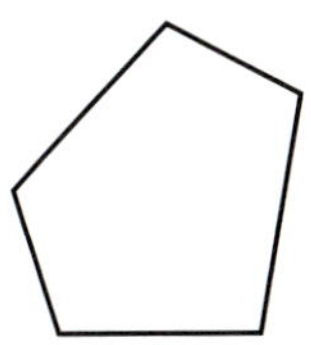

pentágono

B El patio de Julio tiene 4 lados iguales. ¿Cuál es el nombre de la forma del patio de Julio?

cuadrado

ADVERTENCIA

Cuando clasifiques un polígono, cuenta tanto los lados como los ángulos.

Pruébalo

Resuelve.

1. Un hexágono tiene ■ lados.
2. Un ■ es un polígono de 8 lados.
3. Un triángulo tiene ■ ángulos.
4. Un cuadrado tiene ■ lados y ■ ángulos.
5. Un ■ tiene 5 ángulos.
6. Un ■ tiene 3 lados.
7. Un octágono tiene ■ ángulos.
8. Lee el problema siguiente. **Explica** por qué D no puede ser la opción correcta. Después, elige la respuesta correcta. **ERROR COMÚN**

   ¿Cuál de los polígonos siguientes tiene 8 lados?

   A octágono

   B cuadrado

   C pentágono

   D círculo

Repaso de los Estándares

Área

MG.1.2 Estimar o determinar el área y el volumen de cuerpos geométricos cubriéndolos con cuadrados o contando el número de cubos que los llenarían.

El área es el número de unidades cuadradas necesarias para cubrir una superficie. Cuenta el número de unidades cuadradas necesarias para cubrir la superficie para hallar el área.

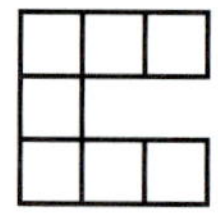

□ = una unidad cuadrada

El área de la figura = 7 cuadrados = 7 unidades cuadradas

ADVERTENCIA

Usa unidades cuadradas cuando midas el área.

Ejemplos

A Kate tiene una colcha de retazos cuadrada que tiene tres parches de un pie cuadrado en cada lado. ¿Cuál es el área de la colcha de retazos?

Área = 9 cuadrados = 9 pies^2

B Si cada unidad de la figura siguiente mide 1 pulgada cuadrada, ¿cuál es el área de la figura?

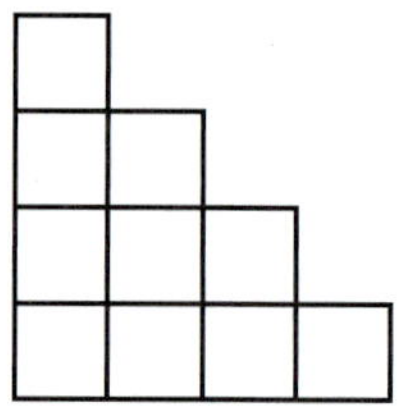

Área = 10 unidades = 10 pulg^2

Ejemplos

C Escribe el área en unidades cuadradas.

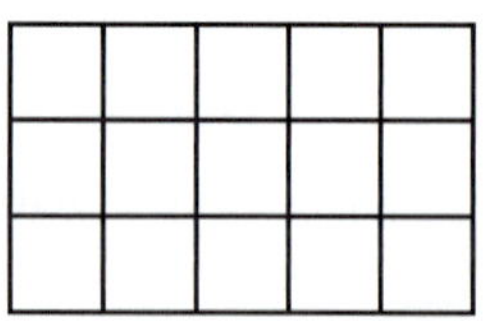

Cuenta el número de unidades o multiplica 3 × 5.

15 unidades cuadradas

D Halla el área de la figura.

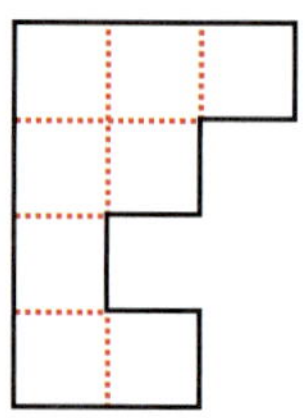

□ = 1 unidad cuadrada

Usa líneas punteadas para marcar la figura con cuadrados. Luego, cuenta los cuadrados.

La figura tiene un área de 8 unidades cuadradas.

ADVERTENCIA

Asegúrate de contar todos los cuadrados que cubren la figura.

Repaso de los Estándares

Área

Pruébalo

Halla el área.

□ = 1 pie cuadrado

1.

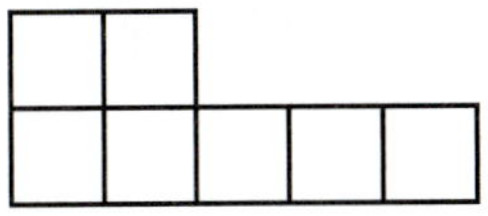

2.

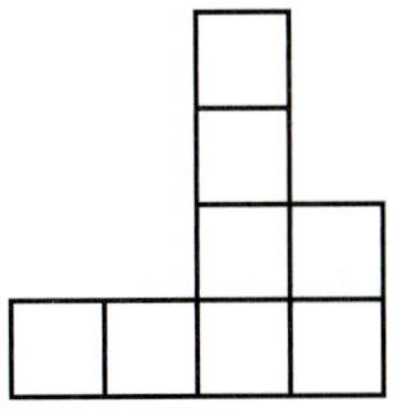

3.

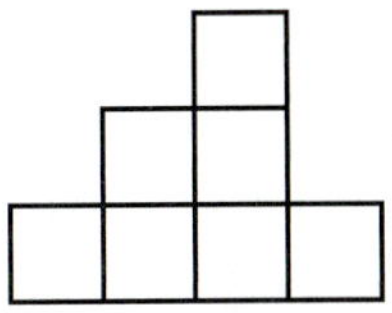

4.

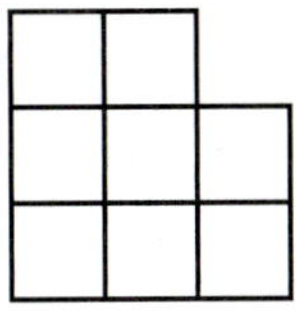

5. Lee el problema siguiente. **Explica** por qué A no puede ser la respuesta correcta. Después, elige la respuesta correcta.

ERROR COMÚN

La figura siguiente es un dibujo de la nueva alfombra que compró Andrea. Cada cuadrado mide un pie cuadrado. ¿Cuál es el área de la alfombra?

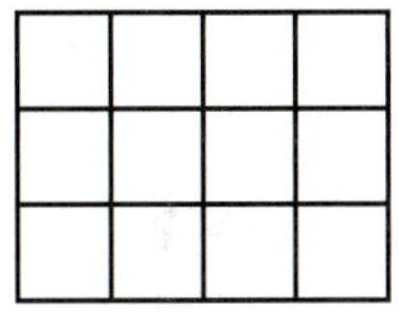

A 12 pies cúbicos

B 12 pies cuadrados

C 7 pies cuadrados

D 10 pies cúbicos

Halla el área de cada figura.

□ = 1 unidad cuadrada

6.

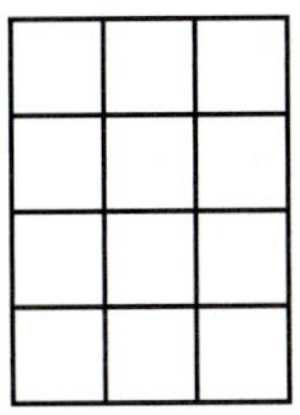

7.

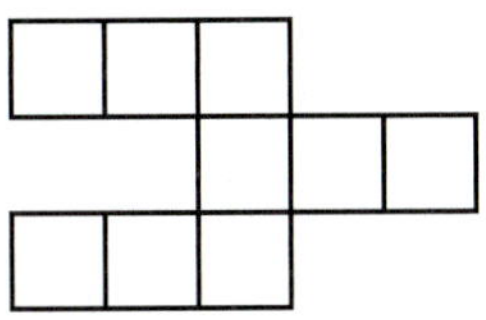

Estima el área de cada figura.

8.

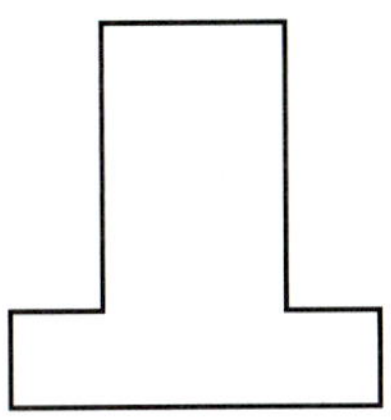

9.

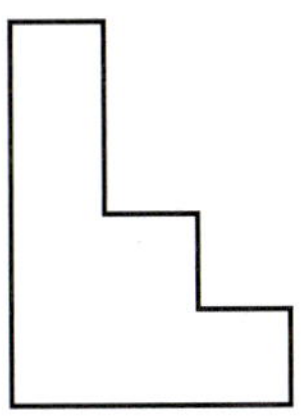

10. Lee el problema siguiente. **Explica** por qué B no puede ser la respuesta correcta. Después, elige la respuesta correcta.

ERROR COMÚN

¿Cuál es el área de esta figura?

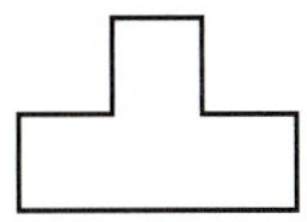

□ = 1 unidad cuadrada

A 2 unidades cuadradas

B 3 unidades cuadradas

C 4 unidades cuadradas

D 6 unidades cuadradas

Repaso de los Estándares

Volumen

O—m **MG.1.2** Estimar o determinar el área y el volumen de cuerpos geométricos cubriéndolos con cuadrados o contando el número de cubos que los llenarían.

El volumen es la cantidad de espacio que ocupa una figura y se mide en unidades cúbicas. Para hallar el volumen, puedes contar el número de unidades cúbicas.

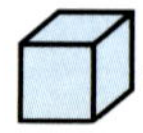 = un pie cúbico

El volumen de la figura = 8 cubos = 8 pies cúbicos

Ejemplos

A Naomi apiló algunos bloques para formar la figura siguiente. ¿Cuál es el volumen?

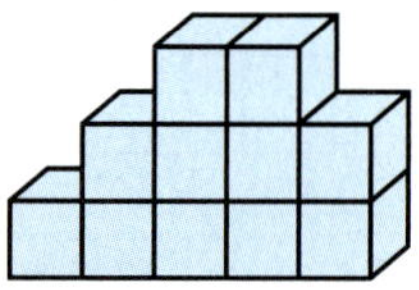

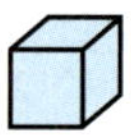 = un pie cúbico

Volumen = 11 cubos = 11 pies cúbicos

B Si cada cubo de la figura siguiente mide un pie cúbico, ¿cuál es el volumen?

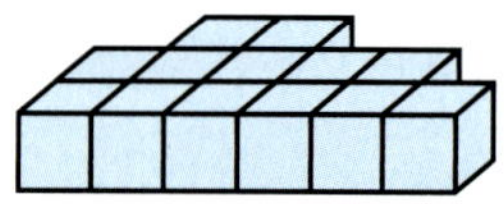

Volumen = 13 cubos = 13 pies cúbicos

ADVERTENCIA

Usa unidades cúbicas cuando midas el volumen.

Ejemplos

C Halla el volumen en unidades cúbicas.

Hay 4 cubos en la capa superior. Hay 2 capas. Por lo tanto, hay $4 + 4 = 8$ unidades cúbicas.

D Halla el volumen en unidades cúbicas.

Hay 16 cubos en la capa superior. Hay 2 capas. Por lo tanto, hay $16 + 16 = 32$ unidades cúbicas.

ADVERTENCIA

Asegúrate de contar las unidades cúbicas que pudieran estar "ocultas".

Repaso de los Estándares

Volumen

Pruébalo

Halla el volumen.

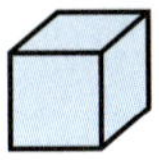 = **1 pie cúbico**

1. 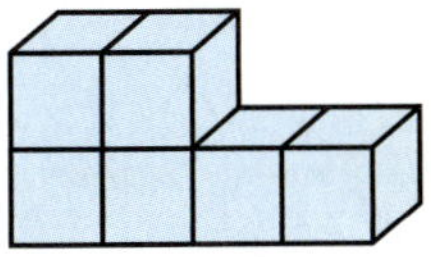

2. 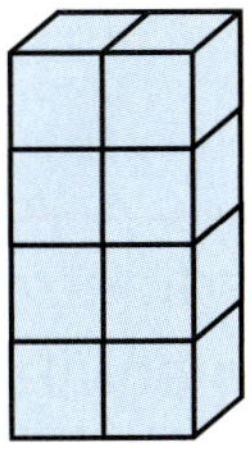

3. 

4. 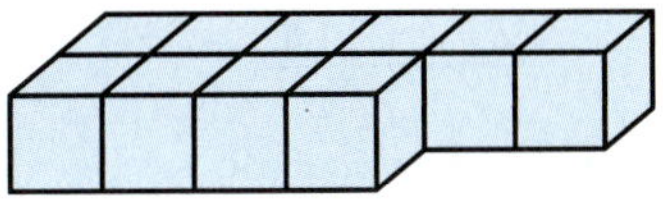

5. Lee el problema siguiente. **Explica** por qué C no puede ser la respuesta correcta. Después, elige la respuesta correcta.

ERROR COMÚN

Eduardo está llenando la caja siguiente con material de embalaje. Si un cubo mide un pie cuadrado, ¿cuál es el volumen de la caja? Pista: no olvides contar los cubos que no puedes ver.

A 7 pies cuadrados

B 4 pies cuadrados

C 8 pies cuadrados

D 8 pies cuadrados

Halla el volumen de cada figura.

6. 

7. 

8. 

9. 

10. Lee el problema siguiente. **Explica** por qué A no puede ser la opción correcta. Después, elige la respuesta correcta.

ERROR COMÚN

¿Cuál es el volumen de esta figura?

A 9 unidades cúbicas

B 15 unidades cúbicas

C 12 unidades cúbicas

D 18 unidades cúbicas

Repaso de los Estándares

Perímetro

MG.1.3 Hallar el perímetro de un polígono cuyos lados tienen medidas en números enteros.

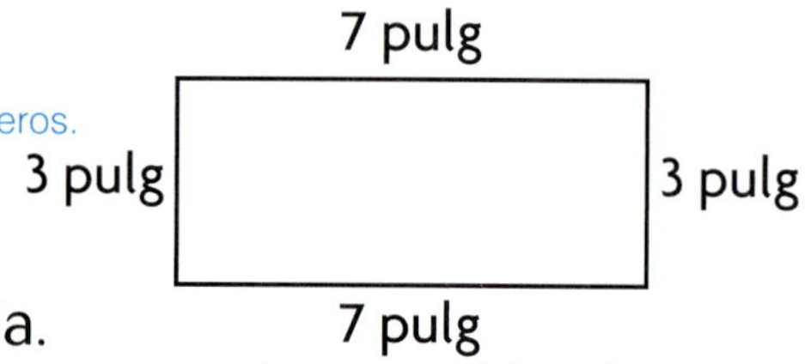

perímetro = 20 pulg

El perímetro es la distancia alrededor de una figura cerrada. Para hallar el perímetro, suma todos los lados de una figura.

Ejemplos

A El salón tiene la forma de un rectángulo. La longitud es 24 pies y el ancho es 12 pies.

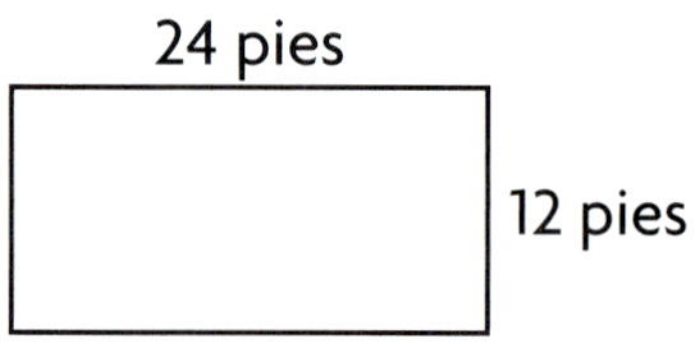

¿Cuál es el perímetro del salón?

24 + 12 + 24 + 12 = 72 pies

B ¿Cuál es el perímetro de este triángulo equilátero?

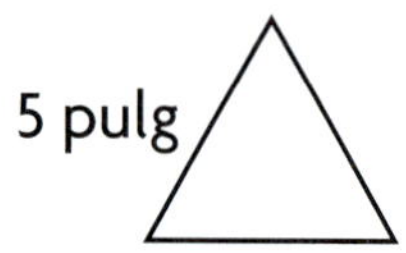

Como todos los lados tienen la misma longitud, puedes sumar 5 + 5 + 5 o multiplicar 3 × 5 = 15 pulg.

5 + 5 + 5 = 15 pulg

ADVERTENCIA

Asegúrate de sumar las longitudes de todos los lados, no sólo las longitudes de los lados que estén rotulados.

Pruébalo

Halla el perímetro de cada figura.

1.

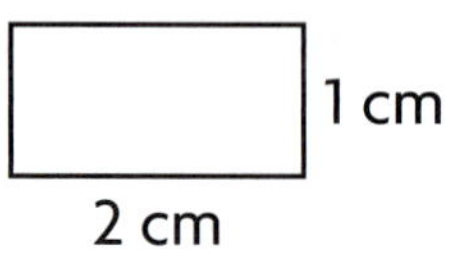

2.

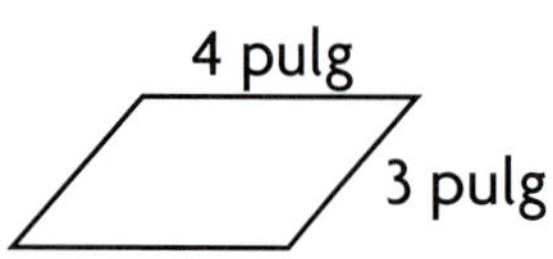

3.

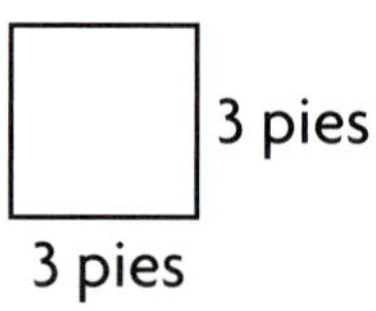

4.

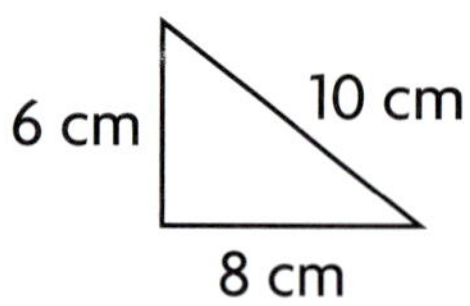

5. Un rectángulo mide 5 pulgadas de largo y 2 pulgadas de ancho. ¿Cuál es su perímetro?

6. La longitud de un lado de un cuadrado es 6 metros. ¿Cuál es su perímetro?

7. Lee el problema siguiente. **Explica** por qué A no puede ser la respuesta correcta. Después, elige la respuesta correcta.

ERROR COMÚN

Una cancha de básquetbol tiene la forma de un rectángulo. ¿Cuál es el perímetro de la cancha en metros?

A 30 metros

B 50 metros

C 60 metros

D 200 metros

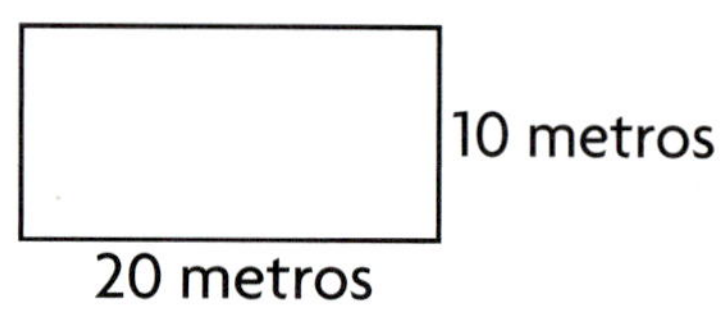

Repaso de los Estándares

Perímetro

MG.1.3 Hallar el perímetro de un polígono cuyos lados tienen medidas en números enteros.

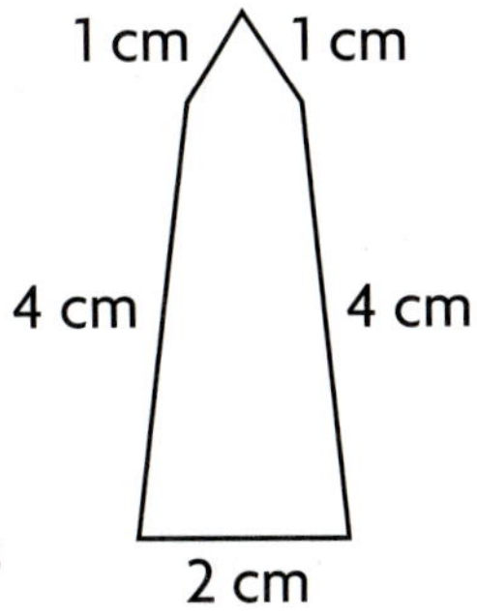

perímetro = 12 cm

El perímetro de una figura se halla sumando todas las longitudes de los lados.

Ejemplos

A Halla el perímetro de la figura.

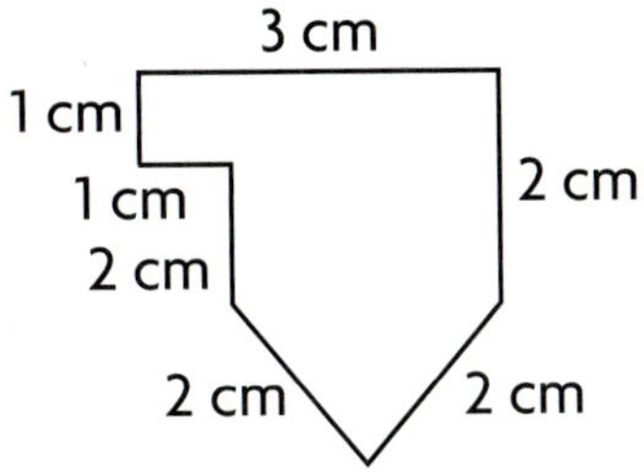

3 + 2 + 2 + 2 + 2 + 1 + 1 = 13 cm

B Halla el perímetro de un hexágono cuyos lados miden 6 cm.

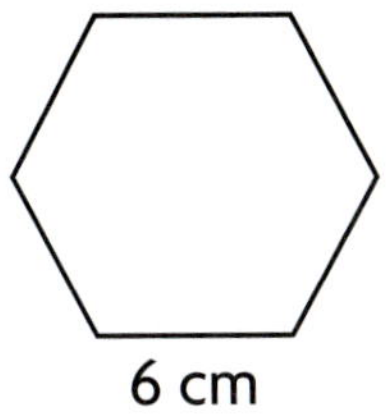

6 + 6 + 6 + 6 + 6 + 6 = 36 cm

o

6 × 6 = 36 cm

ADVERTENCIA

Asegúrate de sumar las longitudes de todos los lados.

Pruébalo

Halla el perímetro de cada figura.

1. 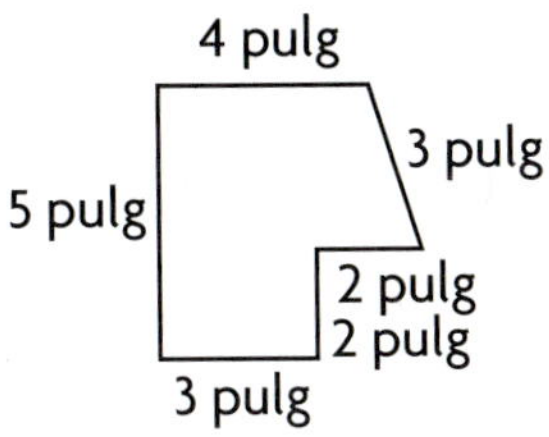

2. 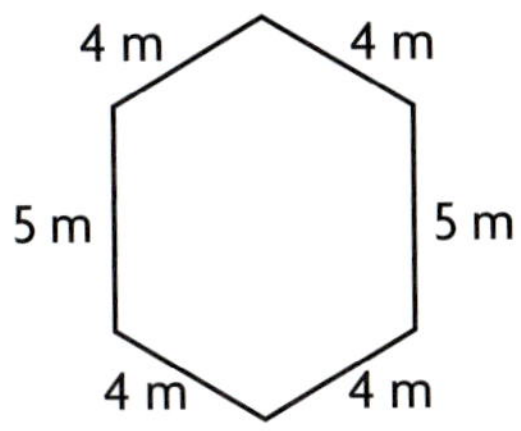

3. Halla el perímetro del pentágono cuyos lados miden 3 cm.

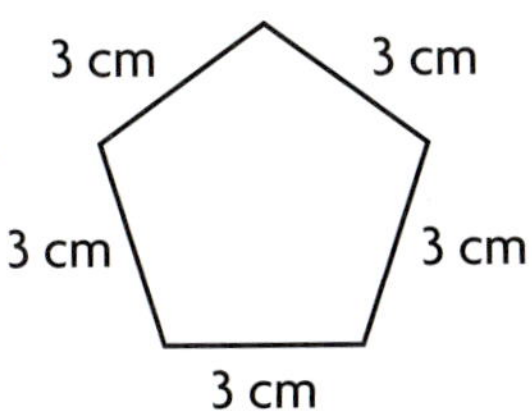

4. Lee el problema siguiente. **Explica** por qué B no puede ser la respuesta correcta. Después, elige la respuesta correcta.

ERROR COMÚN

¿Cuál es el perímetro de la figura?

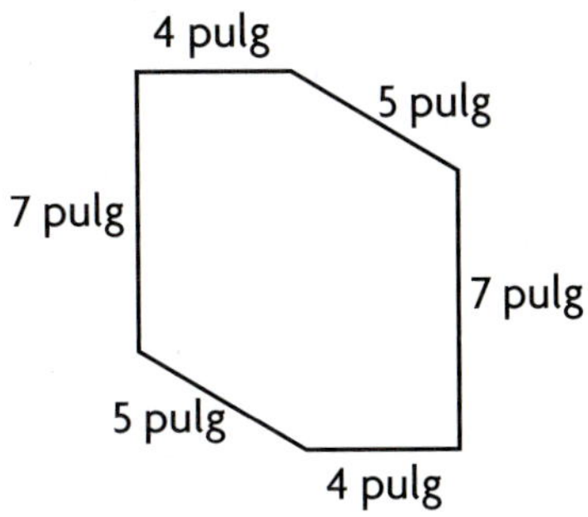

A 18 pulgadas

B 22 pulgadas

C 24 pulgadas

D 32 pulgadas

Repaso de los Estándares

equilátero

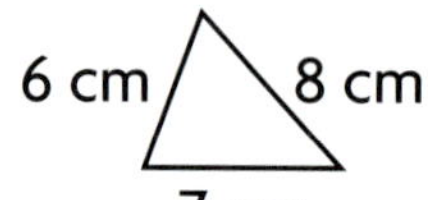

escaleno

Triángulos

MG.2.2 Identificar las características de los triángulos.

Puedes clasificar los triángulos por la longitud de sus lados. Un **triángulo escaleno** no tiene lados iguales. Un **triángulo isósceles** tiene dos lados iguales. Un **triángulo equilátero** tiene tres lados iguales.

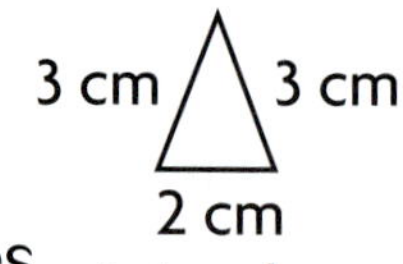

isósceles

Ejemplos

A ¿Es este triángulo equilátero, isósceles o escaleno? ¿Por qué?

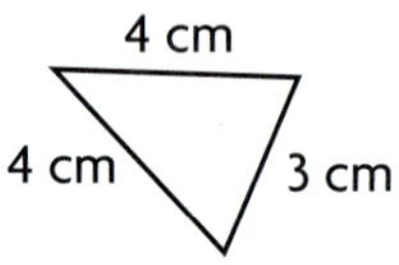

Isósceles. Tiene dos lados iguales.

B Un triángulo rectángulo tiene lados que miden 3 cm, 4 cm y 5 cm. ¿Es este triángulo equilátero, isósceles o escaleno? ¿Por qué?

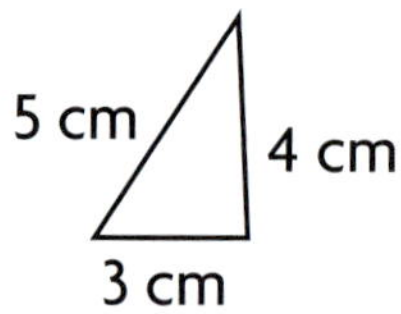

Escaleno. No tiene lados iguales.

ADVERTENCIA

Equilátero significa "lados iguales". Esto te ayudará a recordar que un triángulo equilátero tiene todos los lados iguales.

Pruébalo

Rotula cada triángulo como escaleno, isósceles o equilátero.

1.

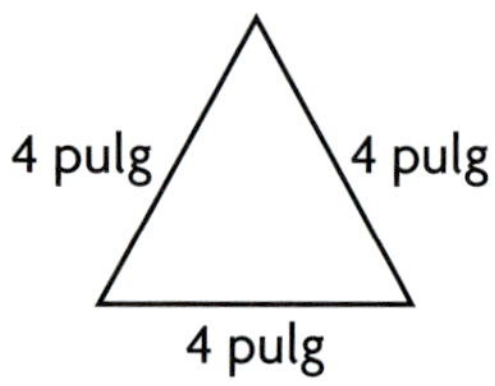

2.

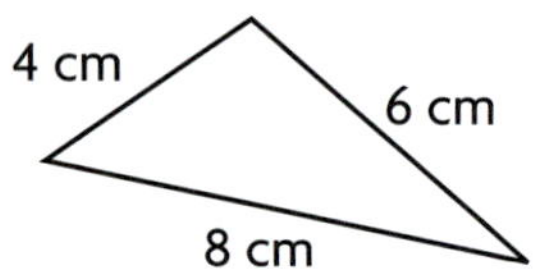

Usa los triángulos siguientes para responder las preguntas 3 a 5.

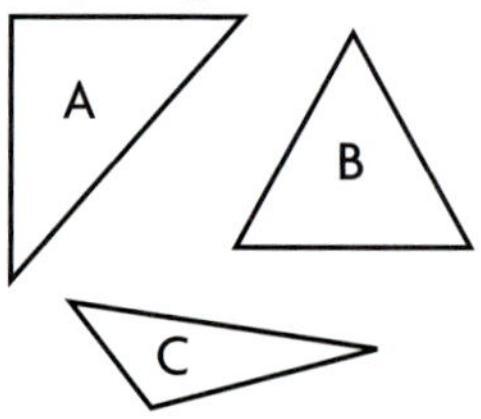

3. ¿Qué triángulo es escaleno?
4. ¿Qué triángulo tiene 2 lados iguales?
5. ¿Qué triángulo tiene 3 lados iguales?

6. Lee el problema siguiente. **Explica** por qué D no puede ser la respuesta correcta. Después, elige la respuesta correcta.

ERROR COMÚN

Un triángulo isósceles DEBE tener:

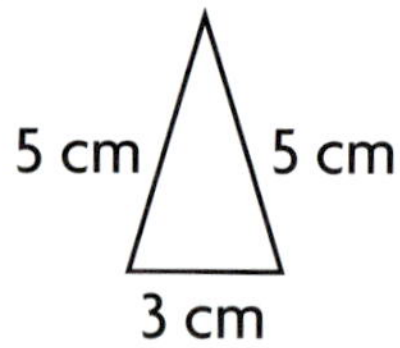

A 4 lados que tengan la misma longitud.

B 3 lados que tengan la misma longitud.

C 2 lados que tengan la misma longitud.

D ningún lado de la misma longitud.

Repaso de los Estándares

Triángulos

MG.2.2 Identificar las características de los triángulos.

ADVERTENCIA

Asegúrate de recordar que un ángulo recto es como el ángulo de la esquina de una hoja de papel.

Los triángulos también pueden describirse por sus ángulos.

Ejemplos

A triángulo rectángulo

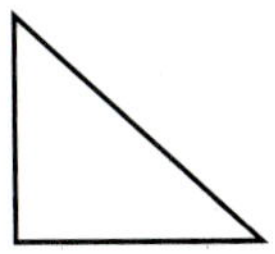

1 ángulo recto

B 1 ángulo mayor que un ángulo recto

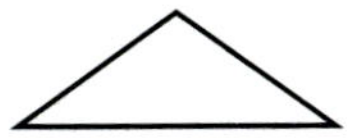

C 3 ángulos menores que un ángulo recto

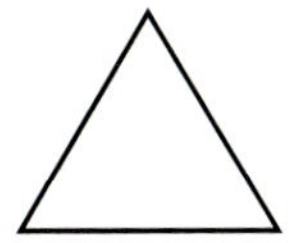

Pruébalo

¿Cuál es un triángulo rectángulo?

1.

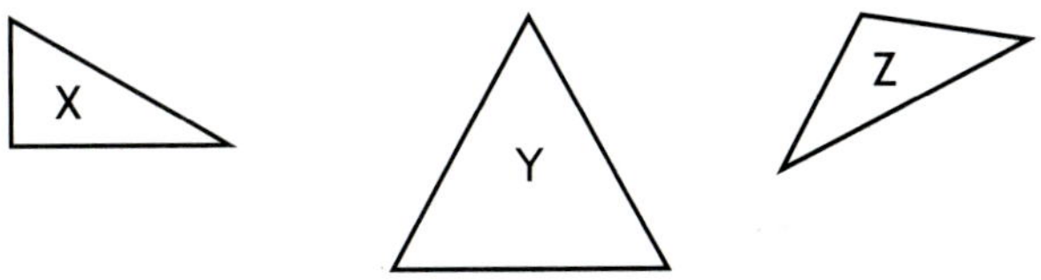

Usa los triángulos siguientes para responder las preguntas.

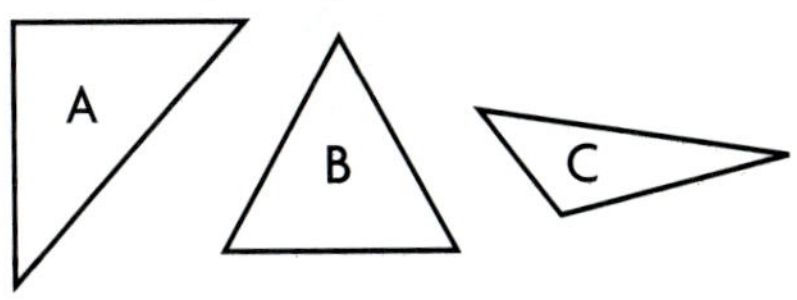

2. ¿Qué triángulo tiene 3 ángulos menores que un ángulo recto?

3. ¿Qué triángulo tiene 1 ángulo mayor que un ángulo recto?

4. ¿Qué triángulo es un triángulo rectángulo?

5. Lee el problema siguiente. **Explica** por qué A no puede ser la respuesta correcta. Después, elige la respuesta correcta.

ERROR COMÚN

¿Cuál de las opciones siguientes describe al triángulo?

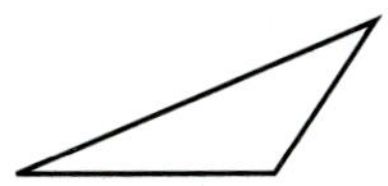

A un ángulo menor que un ángulo recto

B un ángulo recto

C un ángulo mayor que un ángulo recto

D los tres ángulos menores que un ángulo recto

Repaso de los Estándares

Cuadriláteros

MG.2.3 Identificar las propiedades de los cuadriláteros (ejemplo: lados paralelos en el paralelogramo, ángulos rectos en el rectángulo, lados iguales y ángulos rectos en el cuadrado).

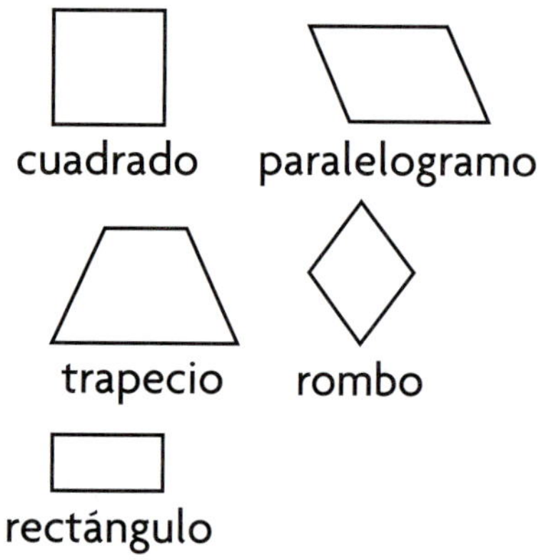

Todos los cuadriláteros tienen 4 lados y 4 ángulos. Los cuadriláteros pueden identificarse por sus lados y por sus ángulos.

Ejemplos

A Describe los lados y los ángulos de este cuadrilátero. ¿Qué otro nombre recibe?

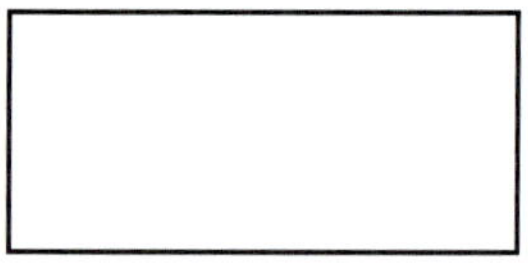

2 pares de lados paralelos
2 pares de lados iguales
4 ángulos rectos
Rectángulo

B ¿En qué se parecen estos cuadriláteros? ¿En qué se diferencian?

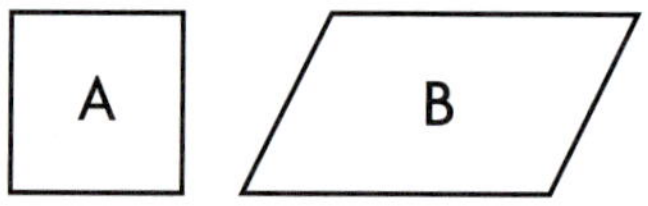

Ambos, A y B, tienen 2 pares de lados paralelos. A tiene 4 lados iguales. B tiene 2 pares de lados iguales.

ADVERTENCIA

Recuerda que los lados paralelos nunca se cruzan y siempre tienen la misma distancia entre ellos.

Los rectángulos, los paralelogramos, los rombos, los trapecios y los cuadrados se llaman cuadriláteros, porque tienen 4 lados y 4 ángulos.

Ejemplos

C Nombra y describe los cuadriláteros siguientes.

Rectángulo: 2 pares de lados paralelos, 2 pares de lados iguales, 4 ángulos rectos
Paralelogramo: 2 pares de lados paralelos, 2 pares de lados iguales

D Don dibujó un cuadrilátero con 4 ángulos rectos y 2 pares de lados paralelos. ¿Qué podría haber dibujado?

Podría haber dibujado un cuadrado o un rectángulo, ya que ambos tienen 4 ángulos rectos y 2 pares de lados paralelos.

ADVERTENCIA

Cuando conoces la longitud de 2 lados de un rectángulo que no sean opuestos, sabes que los otros 2 lados tienen esas mismas medidas.

Repaso de los Estándares

Cuadriláteros

Pruébalo

1. ¿Qué cuadrilátero tiene 4 lados iguales y 4 ángulos rectos?

2. ¿Puede un cuadrilátero no tener lados iguales? Haz un dibujo para explicarlo.

3. Anota todas las letras que describan a cada cuadrilátero.

   a) tiene 4 lados iguales

   b) tiene 2 pares de lados paralelos

   c) tiene 4 ángulos rectos

   d) tiene 2 pares de ángulos iguales

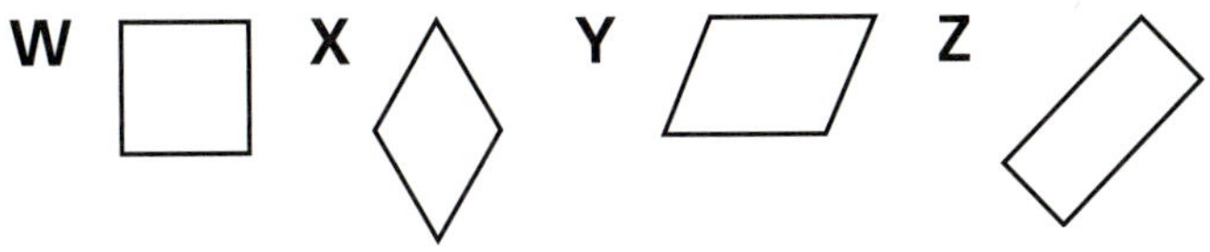

4. Lee el problema siguiente. **Explica** por qué C no puede ser la respuesta correcta. Después, elige la respuesta correcta.

   ERROR COMÚN

   ¿Cuántos pares de lados paralelos tiene la figura siguiente?

   A 0

   B 1

   C 2

   D 4

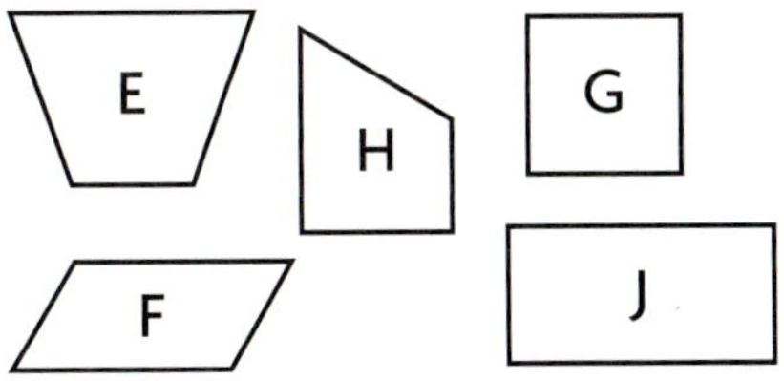

5. ¿Qué cuadriláteros tienen 2 pares de lados paralelos?

6. ¿Qué cuadriláteros tienen 2 o más ángulos rectos?

7. ¿Cuál es el nombre de la figura G?

8. ¿Cuál es el nombre de la figura F?

9. Lee el problema siguiente. **Explica** por qué A no puede ser la respuesta correcta. Después, elige la respuesta correcta.

   ERROR COMÚN

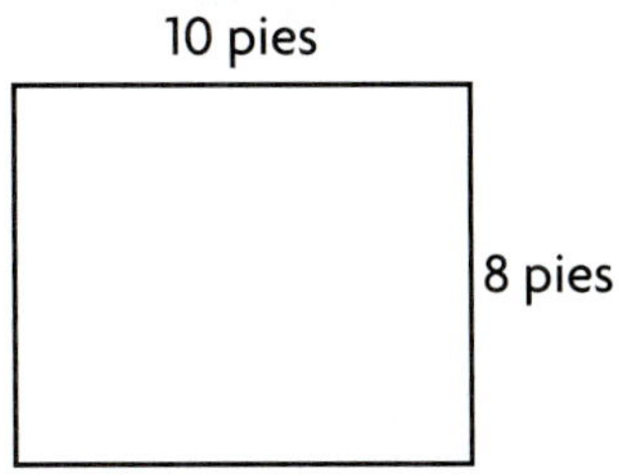

   Un lado de un rectángulo mide 8 pies de largo. Otro lado del rectángulo mide 10 pies de largo. ¿Cuáles son las longitudes de los otros 2 lados del rectángulo?

   A Podrían tener cualquier longitud.

   B 10 pies y 8 pies

   C 10 pies y 10 pies

   D 8 pies y 8 pies

Repaso de los Estándares

Resultados

SDAP.1.2 Anotar los resultados posibles de un suceso simple (ejemplo: lanzar al aire una moneda) y registrarlos sistemáticamente cuando el suceso se repite muchas veces.

Una tabla de conteo permite organizar los datos al llevar la cuenta de los sucesos y los resultados.

Ejemplos

A La tabla de conteo muestra las veces que se sacó una ficha de una bolsa que tiene 20 fichas de 4 colores. Predice qué color es más probable sacar.

Colores	Marcas
Rojo	𝍸
Azul	𝍸 𝍸 𝍸 ||
Verde	𝍸 ||
Amarillo	𝍸 ||

Azul; tiene más marcas.

B Susie sacó lo siguiente de una bolsa: 5 bloques amarillos, 3 azules y 2 rojos. Haz una tabla de conteo con estos datos.

Colores	Marcas

ADVERTENCIA

Anota y cuenta las marcas de conteo en grupos de cinco.

Pruébalo

Esta tabla de conteo muestra las canicas que se sacaron de una bolsa con canicas de 3 colores.

Colores	Marcas
Amarillo	𝍸
Verde	𝍸 |||
Azul	𝍸 |

1. Nombra el color de canica que sea menos probable que salga.
2. Nombra el color de canica que sea más probable que salga.
3. Lily saca clips de una bolsa y registra sus resultados. Haz una tabla de conteo con los datos de Lily. Saca 3 verdes, 6 azules, y 5 amarillos.
4. Lee el problema siguiente. **Explica** por qué B no puede ser la respuesta correcta. Después, elige la respuesta correcta.

ERROR COMÚN

La flecha giratoria paró en rojo 6 veces, azul 4 veces y verde 5 veces. ¿Qué tabla muestra estos resultados?

A

Resultados	
Rojo	𝍸 ||
Azul	𝍸
Verde	𝍸 |

B

Resultados	
Rojo	|||
Azul	𝍸
Verde	

C

Resultados	
Rojo	𝍸 |
Azul	𝍸
Verde	||||

D

Resultados	
Rojo	𝍸
Azul	𝍸
Verde	

Repaso de los Estándares

Probabilidad

SDAP.1.3 Resumir y presentar organizada y claramente los resultados de experimentos de probabilidad (por ej., usar una gráfica de barras o un diagrama de puntos).

Una gráfica de barras o un diagrama de puntos puede usarse para mostrar datos que reúnes en un experimento.

Ejemplos

A Annie hizo un diagrama de puntos para mostrar el número de pizzas que se vendió cada día durante los últimos 7 días. ¿Cuántas pizzas predices que se venderán al día siguiente?

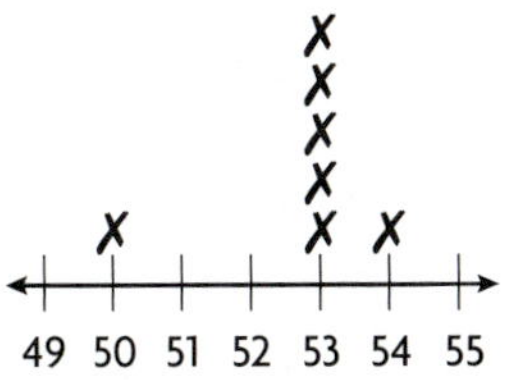

53, porque es el número que se vendió con más frecuencia.

B Bob sacó canicas de una bolsa y anotó sus resultados abajo. Haz una gráfica de barras para representar estos datos.

Colores	Marcas
Rojo	||||
Azul	卌 ||||
Verde	卌 ||

ADVERTENCIA Si una tabla de conteo y una gráfica de barras deben mostrar la misma información, asegúrate de que las marcas de conteo de la tabla coincidan con los números de la gráfica.

Pruébalo

1. John dibujó la gráfica de barras siguiente para mostrar parte de los resultados de un experimento. Sacó una ficha de una bolsa con fichas de colores, la regresó y sacó otra. Predice qué color de ficha sacará a continuación

2. **Explica** por qué A no puede ser la respuesta correcta. Después, elige la respuesta correcta. **ERROR COMÚN**

Cada columna de este diagrama de puntos tiene el mismo número de *X*. Predice qué número es más probable que salga si lanzas un cubo numerado.

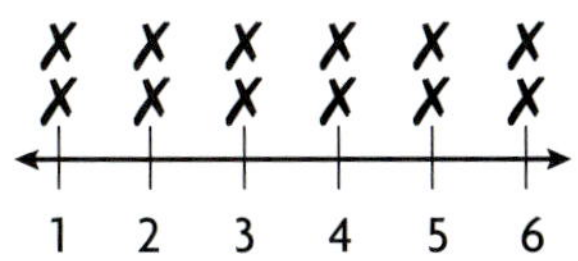

A Cualquier número mayor que 2.

B Es igualmente probable que salgan todos los números.

C Cualquier número mayor que 1.

D Cualquier número entre 2 y 5.

Estrategias para tomar la prueba

Sugerencias para tomar las pruebas de Matemáticas

Estar bien preparado para las pruebas es como saber resolver problemas. Cuando respondes las preguntas de una prueba, estás resolviendo problemas. Recuerda ENTENDER, PLANEAR, RESOLVER y COMPROBAR.

ENTENDER

Lee el problema.

- Busca términos matemáticos y recuerda sus significados.
- Vuelve a leer el problema y piensa en la pregunta.
- Usa los detalles del problema y de la pregunta.

1. El producto de dos números es 24. Un factor es par y el otro factor es impar. Ambos factores tienen un dígito. ¿Cuáles son los factores?

A 1×24 **C** 3×8

B 2×12 **D** 4×6

Pista **Entiende el problema.**

Recuerda los significados de *producto, factor, par, impar* y *dígito.* Como todas las opciones tienen un producto de 24, busca las opciones que tengan un número de 1 dígito impar y uno par. La respuesta es **C**.

- Cada palabra es importante. Omitir una palabra o leerla de manera incorrecta podría conllevar a una respuesta equivocada.
- Pon atención a las palabras que están en **negrita,** todas en MAYÚSCULAS o en *cursiva*.
- Algunas otras palabras que hay que buscar son *alrededor, aproximadamente, sólo, mejor* o *de menor a mayor.*

2. ¿Qué figura NO tiene $\frac{1}{2}$ sombreado?

A 

C 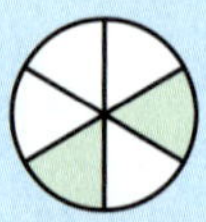

B 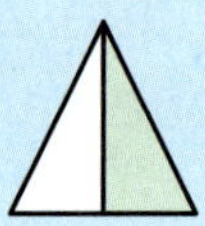

D 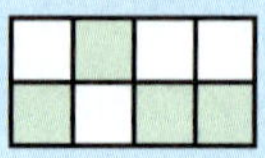

Pista **Busca palabras importantes.**

La palabra NO es importante. Sin la palabra NO, las respuestas serían A, B y D. La respuesta es **C**.

PLANEAR

Piensa en cómo puedes resolver el problema.

- Ve si puedes resolver el problema con la información que se da.
- Las ilustraciones, los cuadros, las tablas y las gráficas pueden tener la información que necesitas.
- Tal vez necesites pensar en la información que ya conoces.
- Las opciones pueden tener la información que necesitas.

3. ¿Cuántas más niñas que niños eligieron fútbol como su deporte favorito?

A 2 **C** 4

B 3 **D** 5

Deportes favoritos		
	Niños	**Niñas**
Fútbol	4	6
Béisbol	8	3

Pista

Obtén la información que necesitas.

Usa la tabla para hallar cuántas niñas y cuántos niños eligieron fútbol. Halla la diferencia restando. La respuesta es **A**.

- Tal vez necesites escribir un enunciado numérico y resolverlo.
- Algunos problemas tienen dos o más pasos.
- En algunos problemas necesitas ver las relaciones en lugar de calcular una respuesta.
- Si el camino hacia la solución no es claro, elige una estrategia de resolución de problemas y úsala para resolver el problema.

4. Jeremy compró 3 libros que costaban la misma cantidad. Pagó con un billete de $20 y recibió $2 de cambio. ¿Cuánto costó cada libro?

A $3 **C** $5

B $4 **D** $6

Pista

Decide un plan.

Empieza con la cantidad del cambio. Resta el cambio de $20. Luego, divide la diferencia entre 3 para hallar cuánto costó cada libro. La respuesta es **D**.

RESOLVER

Sigue tu plan, trabajando con lógica y cuidado.

- Estima tu respuesta. Busca las opciones que no sean razonables.
- Razona para hallar las opciones más probables.
- Resuelve todos los pasos necesarios para responder el problema.
- Si la respuesta no coincide con ninguna de las opciones, comprueba tus números y tus cálculos.

5. Los estudiantes de tercer grado fueron a una excursión en 6 autobuses. En cada autobús hay 68 estudiantes. ¿Cuántos estudiantes fueron a la excursión?

A 74 **C** 420

B 408 **D** 3,400

Pista **Elimina opciones.**

Estima el producto (6 × 70). Las únicas opciones razonables son B y C. Como 6 multiplicado por el dígito de las unidades, 8, es 48, la respuesta debe terminar en 8. Si todavía no estás seguro, multiplica y comprueba tu respuesta contra B y C. La respuesta es **B**.

- Si tu respuesta todavía no coincide, busca otra forma del número, como un decimal en lugar de una fracción.
- Si las opciones se dan como ilustraciones, mira cada una por separado mientras tapas las otras tres.
- Lee las opciones que sean enunciados y relaciónalas con el problema una por una.
- Si tu estrategia no está funcionando, intenta con otra.

6. Lauren está cociendo un borde de encaje alrededor de un mantel. El mantel mide 60″ de ancho y 80″ de largo. ¿Cuántas pulgadas de encaje necesita?

A 20 pulgadas **C** 220 pulgadas

B 140 pulgadas **D** 280 pulgadas

Pista **Elige una respuesta.**

El encaje va alrededor de los 4 lados del mantel. Suma las longitudes de los 4 lados (60 + 80 + 60 + 80). Busca la opción que muestra este total. La respuesta es **D**.

COMPROBAR

Dedica tiempo a descubrir tus errores.

- Asegúrate de haber respondido la pregunta que se hacía.
- Comprueba que no hayas omitido palabras importantes.
- ¿Usaste toda la información que necesitabas?
- Comprueba tus cálculos usando un método diferente.
- Haz un dibujo cuando no estés seguro de tu respuesta.

7. Grant compró 2 camisas y una corbata. Cada camisa costó $24 y la corbata costó $15. Le dio al encargado $100. ¿Cuánto cambió recibió?

A $63 **C** $47

B $61 **D** $37

Pista **Comprueba tu trabajo.**

Asegúrate de hallar el costo total de las dos camisas ($2 \times \$24$). Luego, suma el costo de la corbata ($\$48 + \$15$) antes de restar. La respuesta correcta es **D**.

No olvides	
Antes de la prueba	**Durante la prueba**
• Escucha las indicaciones del maestro y lee las instrucciones.	• Trabaja rápido pero con cuidado. Si no estás seguro de cómo responder una pregunta, déjala en blanco y regresa a ella más adelante.
• Anota la hora de terminación si la prueba es por tiempo.	• Si no puedes terminar a tiempo, lee las preguntas que falten. Responde primero las más sencillas. Luego, responde las demás.
• Averigua dónde y cómo marcar tus respuestas.	• Completa cada espacio de respuesta con cuidado. Borra por completo si cambias alguna respuesta. Borra cualquier marca fuera de lugar.
• Averigua si debes escribir en la hoja de la prueba o usar otra hoja.	• Comprueba que el número de respuesta corresponda al número de pregunta, sobre todo si pasas una pregunta.
• Haz cualquier pregunta que tengas antes que empiece la prueba.	

Operaciones de suma

	K	L	M	N	O	P	Q	R
A	3 + 2	0 + 6	2 + 4	5 + 9	6 + 1	2 + 5	3 + 10	4 + 4
B	8 + 9	0 + 7	3 + 5	9 + 6	6 + 7	2 + 8	3 + 3	7 + 10
C	4 + 6	9 + 0	7 + 8	4 + 10	3 + 7	7 + 7	4 + 2	7 + 5
D	5 + 7	3 + 9	8 + 1	9 + 5	10 + 5	9 + 8	2 + 6	8 + 7
E	7 + 4	0 + 8	3 + 6	6 + 10	5 + 3	2 + 7	8 + 2	9 + 9
F	2 + 3	1 + 7	6 + 8	5 + 2	7 + 3	4 + 8	10 + 10	6 + 6
G	8 + 3	7 + 2	7 + 0	8 + 5	9 + 1	4 + 7	8 + 4	10 + 8
H	7 + 9	5 + 6	8 + 10	6 + 5	8 + 6	9 + 4	0 + 9	7 + 1
I	4 + 3	5 + 5	6 + 4	10 + 2	7 + 6	8 + 0	6 + 9	9 + 2
J	5 + 8	1 + 9	5 + 4	8 + 8	6 + 2	6 + 3	9 + 7	9 + 10

Operaciones de resta

	K	L	M	N	O	P	Q	R
A	$9 - 1$	$10 - 4$	$7 - 2$	$6 - 4$	$20 - 10$	$7 - 0$	$8 - 3$	$13 - 9$
B	$9 - 9$	$13 - 4$	$7 - 1$	$11 - 5$	$9 - 7$	$6 - 3$	$15 - 10$	$6 - 2$
C	$10 - 2$	$8 - 8$	$16 - 8$	$6 - 5$	$18 - 10$	$8 - 7$	$13 - 3$	$15 - 6$
D	$11 - 7$	$9 - 5$	$12 - 8$	$8 - 1$	$15 - 8$	$18 - 9$	$14 - 10$	$9 - 4$
E	$9 - 2$	$7 - 7$	$10 - 3$	$8 - 5$	$16 - 9$	$11 - 9$	$14 - 8$	$12 - 6$
F	$7 - 3$	$12 - 10$	$17 - 9$	$6 - 0$	$9 - 6$	$11 - 8$	$10 - 9$	$12 - 2$
G	$15 - 7$	$8 - 4$	$13 - 6$	$7 - 5$	$11 - 2$	$12 - 3$	$14 - 6$	$11 - 4$
H	$7 - 6$	$13 - 5$	$12 - 9$	$10 - 5$	$13 - 8$	$11 - 3$	$16 - 10$	$14 - 7$
I	$5 - 0$	$10 - 8$	$11 - 6$	$9 - 3$	$14 - 5$	$5 - 4$	$7 - 7$	$14 - 9$
J	$15 - 9$	$9 - 8$	$13 - 7$	$8 - 2$	$7 - 4$	$13 - 10$	$10 - 6$	$16 - 7$

Operaciones de multiplicación

	K	L	M	N	O	P	Q	R
A	2×7	0×6	6×6	9×2	8×3	3×4	2×8	6×1
B	7×7	5×9	2×2	7×5	2×3	10×8	4×10	8×4
C	4×5	5×1	7×0	6×3	3×5	6×8	7×3	9×9
D	0×9	6×4	6×10	1×6	9×8	4×4	3×2	9×3
E	0×7	9×4	1×7	9×7	2×5	7×9	5×6	5×8
F	4×3	6×9	1×9	7×6	7×10	6×0	2×9	10×3
G	5×3	1×5	7×1	3×8	3×6	8×10	3×9	6×7
H	7×4	7×2	3×7	2×4	7×8	4×7	5×10	8×6
I	4×6	5×5	5×7	3×3	9×6	8×0	4×9	8×8
J	8×9	6×2	4×8	9×5	5×4	0×5	10×6	9×10

Operaciones de división

	K	L	M	N	O	P	Q	R
A	1)1	3)9	2)6	2)4	1)6	3)12	5)15	7)21
B	6)24	8)56	5)40	6)18	6)30	7)42	9)81	5)45
C	5)30	2)16	3)21	7)35	3)15	9)9	8)16	9)63
D	4)32	9)90	4)8	8)48	9)54	3)18	10)50	6)48
E	7)28	3)0	5)20	4)24	7)14	3)6	5)50	10)60
F	9)18	4)36	5)25	7)63	1)5	8)32	9)45	6)54
G	2)14	8)24	4)4	5)40	3)9	4)12	7)56	8)72
H	5)35	1)4	8)64	5)10	8)40	2)12	6)42	10)70
I	7)49	9)27	10)90	3)27	9)36	4)20	9)72	8)80
J	8)0	4)28	2)10	7)70	1)3	10)80	6)60	10)100

Tabla de medidas

SISTEMA MÉTRICO	SISTEMA INGLÉS (USUAL)
Longitud	
1 decímetro (dm) = 10 centímetros	1 pie (ft) = 12 pulgadas (pulg)
1 metro (m) = 100 centímetros	1 yarda (yd) = 3 pies o 36 pulgadas
1 metro (m) = 10 decímetros	1 milla (mi) = 1,760 yardas o 5,280 pies
1 kilómetro (km) = 1,000 metros	
Masa/Peso	
1 kilogramo (kg) = 1,000 gramos (g)	1 libra (lb) = 16 onzas (oz)
Capacidad	
1 litro (L) = 1,000 mililitros (mL)	1 pinta (pt) = 2 tazas (tz)
	1 cuarto (ct) = 2 pintas
	1 galón (gal) = 4 cuartos

TIEMPO	
1 minuto (min) = 60 segundos (seg)	1 año = 12 meses o 52 semanas
1 hora (hr) = 60 minutos	1 año = 365 días
1 día = 24 horas	1 año bisiesto = 366 días
1 semana = 7 días	

DINERO
moneda de 1¢ = 1 centavo (¢)
moneda de 5¢ = 5 centavos
moneda de 10¢ = 10 centavos
moneda de 25¢ = 25 centavos
1 moneda 50¢ = 50 centavos
1 dólar ($) = 100 centavos

SÍMBOLOS
< es menor que
> es mayor que
= es igual a
°F es grados Farenheit

Tercer grado Estándares de Matemáticas para California

Al terminar el tercer grado, los estudiantes deberán haber profundizado su comprensión del valor posicional y de la suma, resta, multiplicación y división de números enteros. Los estudiantes deberán estimar, medir y describir objetos en el espacio. Usarán patrones como ayuda para resolver problemas. Representarán relaciones entre números y realizarán experimentos simples de probabilidad.

Percepción numérica

1.0 Los estudiantes deben comprender el valor posicional de los números enteros:

1.1 Contar, leer y escribir los números enteros hasta el 10,000.

¿Cuál es el menor número entero que puedes formar con los dígitos 4, 3, 9 y 1? Usa cada dígito solo una vez. (Adaptado de TIMSS gr. 3–4, T-2).

1.2 Comparar y ordenar los números enteros hasta el 10,000.

¿Cuál de estos grupos de números está ordenado de mayor a menor? (Pregunta de acceso público de CST, 2004)

(a) 147, 163, 234, 275
(b) 275, 234, 163, 147
(c) 275, 163, 234, 147
(d) 163, 275, 234, 147

O┳ **1.3** Identificar el valor posicional de cada dígito en los números hasta el 10,000.

1.4 Redondear los números hasta el 10,000 a la decena, centena y millar más próximos.

Redondea 9,582 hasta el millar más próximo.

O┳ **1.5** Usar la notación desarrollada para representar números (por ej., 3,206 = 3,000 + 200 + 6).

Sophie tiene 527 conchitas de mar en su colección. ¿Cuál de los siguientes equivale a 527?
(Pregunta de acceso público de CST, 2004)

(a) 5 + 2 + 7
(b) 5 + 20 + 700
(c) 500 + 20 + 7
(d) 500 + 200 + 7

2.0 Los estudiantes deben calcular y resolver problemas de suma, resta, multiplicación y división:

O┳ **2.1** Hallar la suma o la diferencia de dos números enteros entre 0 y 10,000.

1. 562 + 27 = ?
2. 5,286 + 2,845 = ?
3. 3,215 – 2,876 = ?

Los símbolos O┳ y ● identifican los estándares esenciales para el tercer grado.

Michael juntó todas las botellas vacías que tenía en su casa para reciclarlas el lunes. Halló 8 de color verde oscuro, 8 transparentes que aún tenían líquido, 11 de color marrón que se usaron para jugo, 2 de aceite que aún tenían la tapa y 4 de tamaño gigante. ¿Cuántas botellas juntó Michael en total? (Este problema también se relaciona con el estándar de razonamiento matemático 1.1)

2.2 Memorizar la tabla de multiplicación del 1 al 10.

2.3 Usar la relación inversa de la multiplicación y de la división para hacer cálculos y comprobar resultados.

Usar la multiplicación para expresar 24 dividido entre 8 = 3.

John dividió 135 entre 5 y como respuesta obtuvo 29. Usa la multiplicación para saber si esta división fue resuelta correctamente.

La figura que se muestra abajo es un modelo para este enunciado de multiplicación: $8 \times 4 = 32$.

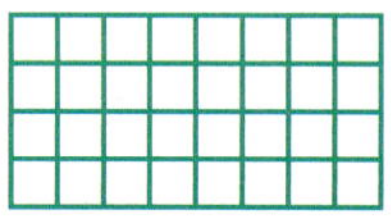

¿De qué enunciado de división se puede hacer un modelo usando la misma figura? (Pregunta de acceso público de CST, 2004)

(a) $8 \div 4 = 2$ (b) $12 \div 4 = 3$ (c) $24 \div 8 = 3$ (d) $32 \div 8 = 4$

2.4 Resolver problemas simples de multiplicación de números de varios dígitos por números de un dígito ($3{,}671 \times 3 =$ __).

2.5 Resolver problemas de división en los cuales un número de varios dígitos se divide exactamente entre un número de un dígito ($135 \div 5 =$ __).

2.6 Comprender las propiedades especiales de 0 y 1 en la multiplicación y división.

¿Verdadero o falso?
1. $24 \times 0 = 24$
2. $19 \div 1 = 19$
3. $63 \times 1 = 63$
4. $0 \div 0 = 1$

2.7 Determinar el costo por unidad cuando se provee el costo total y el número de unidades.

2.8 Resolver problemas que requieran dos o más de las destrezas mencionadas anteriormente.

En una tienda, una lista de precios dice: sets de bolígrafos, $3; imanes, $4; sets de adhesivos, $6. ¿Cuánto costaría comprar 5 sets de bolígrafos, 7 imanes y 8 sets de adhesivos?

Se sembró un árbol 54 años antes de 1961. ¿Qué edad tiene el árbol en 1998?

Una clase de 73 estudiantes va a una excursión. La escuela alquila varias camionetas con capacidad para sentar a 10 estudiantes cada una. La escuela planea sentar la mayor cantidad posible de estudiantes en cada camioneta antes de usar otra. ¿Cuántas camionetas se necesitan?

3.0 Los estudiantes deben comprender las relaciones entre los números enteros, las fracciones simples y los decimales:

3.1 Comparar fracciones representadas mediante dibujos u objetos para mostrar equivalencia y para sumar y restar fracciones simples en contexto (por ej., $\frac{1}{2}$ de una pizza es la misma cantidad que $\frac{2}{4}$ de otra pizza del mismo tamaño; mostrar que $\frac{3}{8}$ es mayor que $\frac{1}{4}$).

El círculo muestra $\frac{1}{4}$ sombreado. (Pregunta de acceso público de CST, 2004)

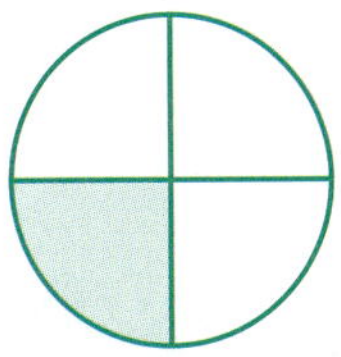

$= \frac{1}{4}$

¿Qué parte fraccionaria de alguno de los círculos equivale a $\frac{1}{4}$? (Pregunta de acceso público de CST, 2004)

$= \frac{3}{8}$

(a)

$= \frac{2}{8}$

(c)

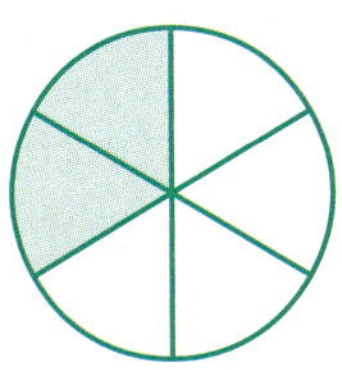

$= \frac{2}{6}$

(b)

$= \frac{1}{6}$

(d)

3.2 Sumar y restar fracciones simples (por ej., determinar que $\frac{1}{8} + \frac{3}{8}$ es lo mismo que $\frac{1}{2}$).

Halla los valores:

1. $\frac{1}{6} + \frac{2}{6} = ?$
2. $\frac{7}{8} + \frac{3}{8} = ?$

3.3 Resolver problemas de suma, resta, multiplicación y división de cantidades de dinero en notación decimal, y multiplicar y dividir cantidades de dinero en notación decimal usando números enteros como multiplicadores y divisores.

Pedro compró 5 bolígrafos, 2 gomas de borrar y 2 cajas de crayolas. Los bolígrafos cuestan 65 centavos cada uno, los borradores 25 centavos cada uno y la caja de crayolas $1.10. Los precios incluyen el impuesto y Pedro pagó con un billete de diez dólares. ¿Cuánto recibió de cambio?

3.4 Saber y comprender que las fracciones y los decimales son dos representaciones diferentes del mismo concepto (por ej., 50 centavos es $\frac{1}{2}$ de un dólar, 75 centavos es $\frac{3}{4}$ de un dólar).

Álgebra y funciones

1.0 Los estudiantes deben seleccionar los signos adecuados y las operaciones y propiedades adecuadas para representar, describir, simplificar y resolver relaciones numéricas simples:

1.1 Representar relaciones de cantidades en forma de expresiones, ecuaciones o desigualdades matemáticas.

Escribe una desigualdad, una igualdad o una expresión que muestre cada una de las siguientes relaciones:

1. 12 más un número es menos que 30.
2. 4 veces 6 es igual a 3 veces un número.

El señor Guzmán compró 48 donas empacadas en 4 paquetes iguales. ¿Qué enunciado numérico muestra cómo hallar el número de donas en cada caja? (Pregunta de acceso público de CST, 2004)

(a) 48 − 4 = __ (c) 48 + 4 = __
(b) 48 ÷ 4 = __ (d) 48 × 4 = __

1.2 Resolver problemas con ecuaciones o con desigualdades numéricas.

Si 6 + *N* > 9, encierra en un círculo todos los números que podrían ser *N*: 3, 2, 4, 1, 0, 8, 5.

¿Qué número hace que este enunciado numérico sea verdadero: 3 + 5 = __ × 2? (Pregunta de acceso público de CST, 2004)

1.3 Seleccionar los signos operacionales y de relaciones apropiados para hacer que una expresión sea verdadera (por ej., si 4 __ 3 = 12, ¿Qué signos de operaciones va en el espacio en blanco?).

1.4 Expresar conversiones simples de unidades en forma simbólica (por ej., __ pulgadas = __ pies × 12).

Si número de pies = número de yardas × 3, y número de pulgadas = número de pies × 12, ¿cuántas pulgadas hay en 4 yardas?

1.5 Reconocer y usar las propiedades conmutativa y asociativa de la multiplicación (por ej., si 5 × 7 = 35, entonces, ¿cuánto es 7 × 5? y si 5 × 7 × 3 = 105, entonces, ¿cuánto es 7 × 3 × 5?).

2.0 Los estudiantes deben representar relaciones funcionales simples:

2.1 Resolver problemas simples que incluyan una relación funcional entre dos cantidades (por ej., hallar el costo total de varios artículos cuando se da el costo por unidad).

John quiere comprar una docena de lápices. Una tienda ofrece 6 lápices por $1. Otra ofrece 4 lápices por 65 centavos. Una tercera vende cada lápiz a 15 centavos. ¿Dónde debería comprar John sus lápices para ahorrar la mayor cantidad de dinero?

Una estampilla cuesta 34¢. Dos estampillas cuestan 68¢. Tres estampillas cuestan $1.02. Si el costo de cada estampilla permanece igual, ¿cuánto costarían 4 estampillas? (Pregunta de acceso público de CST, 2004)

2.2 Extender y reconocer un patrón lineal por sus reglas (por ej., el número de patas en un número dado de caballos puede calcularse contando de 4 en 4 o multiplicando el número de caballos por 4).

Este es el comienzo de un patrón de fichas. Si se asume que el patrón continúa en forma lineal, ¿cuántas fichas habrá en la sexta figura?
(Adaptado de TIMSS gr. 3–4, K-6)

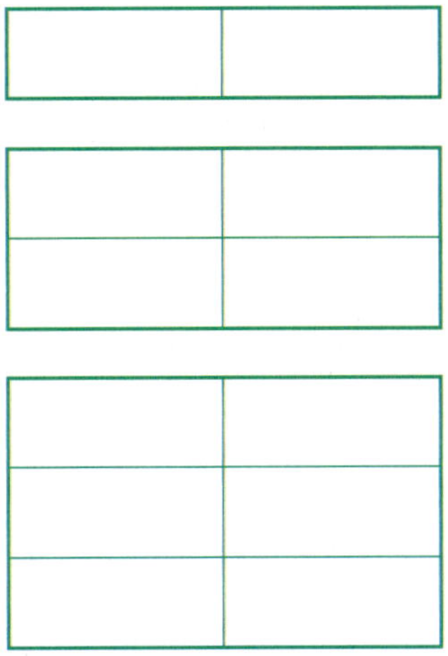

Medición y geometría

1.0 Los estudiantes deben elegir y usar unidades apropiadas y los instrumentos de medición apropiados para cuantificar las propiedades de los objetos:

1.1 Elegir los instrumentos adecuados y las unidades (métricas y comunes) adecuadas para estimar y medir la longitud, el volumen líquido y el peso/la masa de objetos dados.

1.2 Estimar o determinar el área y el volumen de cuerpos geométricos cubriéndolos con cuadrados o contando el número de cubos que los llenaría.

1.3 Hallar el perímetro de un polígono cuyos lados tienen medidas en números enteros.

1.4 Realizar conversiones de unidades simples dentro de un sistema de medidas (por ej., centímetros y metros, horas y minutos).

2.0 Los estudiantes deben describir y comparar las propiedades de figuras planas y de cuerpos geométricos y usar sus conocimientos para mostrar relaciones y resolver problemas:

2.1 Identificar, describir y clasificar polígonos (incluyendo pentágonos, hexágonos y octágonos).

2.2 Identificar las características de los triángulos (por ej., dos ángulos iguales en el triángulo isósceles, tres lados iguales en el triángulo equilátero, ángulo recto en el triángulo rectángulo).

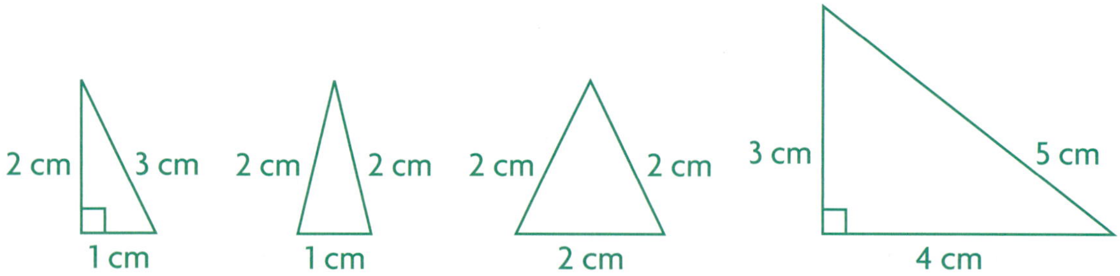

(a) (b) (c) (d)

1. ¿Cuál triángulo tiene solo 2 lados iguales?
2. ¿Cuál triángulo tiene tres lados iguales?
3. ¿Cuál triángulo(s) tiene un ángulo recto?

2.3 Identificar las propiedades de los cuadriláteros (ejemplo: lados paralelos en el paralelogramo, ángulos rectos en el rectángulo, lados iguales y ángulos rectos en el cuadrado).

2.4 Identificar ángulos rectos en figuras geométricas o en objetos apropiados y determinar si otros ángulos son mayores o menores que un ángulo recto.

¿Cuál de los siguientes triángulos tiene un ángulo mayor que un ángulo recto?

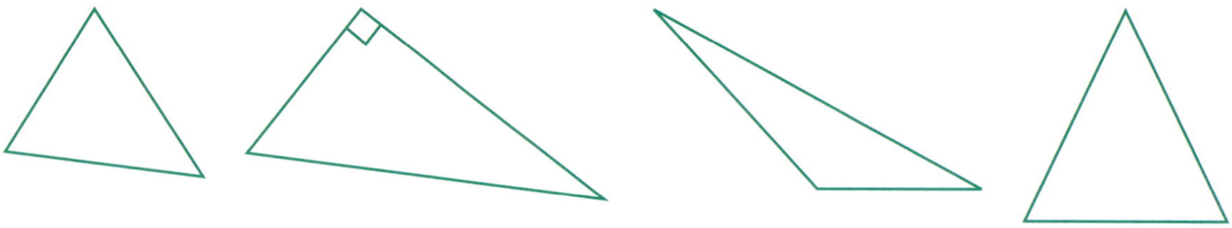

(a) (b) (c) (d)

2.5 Identificar, describir y clasificar objetos geométricos tridimensionales comunes (por ej., cubo, cuerpo geométrico rectangular, esfera, prisma, pirámide, cono, cilindro).

2.6 Identificar objetos sólidos comunes que sean los componentes que se necesiten para formar un objeto sólido más complejo.

Estadísticas, análisis de datos y probabilidad

1.0 Los estudiantes deben realizar experimentos simples de probabilidad determinando el número de resultados posibles y haciendo predicciones simples:

1.1 Identificar sucesos comunes como seguros, probables, poco probables o improbables.

¿Es alguna de las situaciones siguientes segura, probable, poco probable o imposible?

1. Toma dos cubos que tengan los números 1, 2, 3, 4, 5 y 6 escritos en sus seis caras. Los lanzas al azar y la suma de los números de las caras que quedan arriba es 12.
2. Cae una nevada el día de Año Nuevo.
3. Un partido de béisbol se juega en alguna parte de este país en cualquier domingo de julio.
4. Es soleado en junio.
5. Eliges cualquier dos números de un dígito y su suma es 17.

1.2 Anotar los resultado posibles de un suceso simple (ejemplo: lanzar al aire una moneda) y registrarlos sistemáticamente cuando el suceso se repite mucha veces.

1.3 Resumir y presentar organizada y claramente los resultados de experimentos de probabilidad (por ej., usar una gráfica de barras o un diagrama de puntos).

1.4 Usar los resultados de experimentos de probabilidad para predecir sucesos futuros (por ej., usar un diagrama de puntos para predecir el pronóstico del tiempo para el día siguiente).

Razonamiento matemático

1.0 Los estudiantes deben decidir cómo plantear problemas:

1.1 Analizar problemas al identificar relaciones, distinguir entre información relevante e irrelevante, ordenar en secuencia y priorizar información, y observar patrones.

1.2 Determinar cuándo y cómo dividir un problema en partes más simples.

2.0 Los estudiantes deben usar estrategias, destrezas y conceptos para hallar soluciones:

2.1 Usar la estimación para verificar si los resultados calculados son razonables.

Probar o desaprobar la afirmación de un compañero de clase de que 49 es mayor que 21 porque 9 es mayor que 1.

2.2 Aplicar las estrategias y los resultados de problemas simples a problemas más complejos.

2.3 Usar una variedad de métodos, tales como palabras, números, signos, cuadros, gráficas, tablas, diagramas y modelos para explicar el razonamiento matemático.

2.4 Expresar la solución clara y lógicamente usando notaciones y términos matemáticos apropiados y un lenguaje claro; respaldar las soluciones con evidencias verbales y simbólicas.

2.5 Indicar las ventajas relativas de obtener soluciones exactas o aproximadas a problemas, y expresar las respuestas en los términos matemáticos que se especifiquen.

2.6 Hacer cálculos precisos y comprobar la validez de los resultados basándose en el contexto del problema.

3.0 Los estudiantes deben ir más allá de un problema en particular y hacer generalizaciones para aplicarlas en otra situaciones:

3.1 Evaluar la sensatez de la solución basándose en el contexto de la situación original.

3.2 Indicar el método para obtener la solución y demostrar una comprensión conceptual de ese método resolviendo problemas similares.

3.3 Desarrollar generalizaciones a partir de los resultados obtenidos, y aplicarlas en otras circunstancias.

Glosario

A

a.m. **a.m.** Las horas entre la medianoche y el mediodía (pág. 538)

ángulo **angle** Una figura formada por dos segmentos o rayos que tienen un extremo común (pág. 269)
Ejemplo:

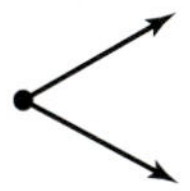

Origen de la palabra

La palabra ***ángulo*** poviene del latín ***angulus***, que significa "encorvado".

ángulo recto **right angle** Un ángulo especial que forma una esquina cuadrada (pág. 269)
Ejemplo:

área **area** El número de unidades cuadradas que se necesitan para cubrir una superficie plana (pág. 322)
Ejemplo:

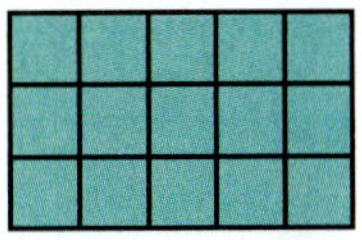

área = 15 unidades cuadradas

arista **edge** Un segmento que se forma donde coinciden dos caras (pág. 298)
Ejemplo:

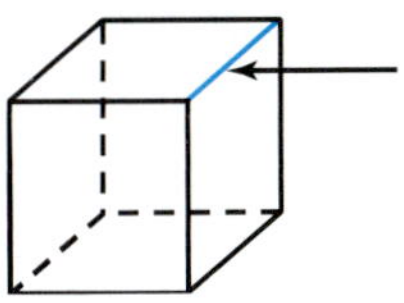

C

calendario **calendar** Una tabla que muestra los días, las semanas y los meses de un año (pág. 542)

capacidad **capacity** La cantidad que puede contener un recipiente (pág. 568)
Ejemplo:
medio galón = 2 cuartos

cara **face** Una superficie plana de un cuerpo geométrico (pág. 298)
Ejemplo:

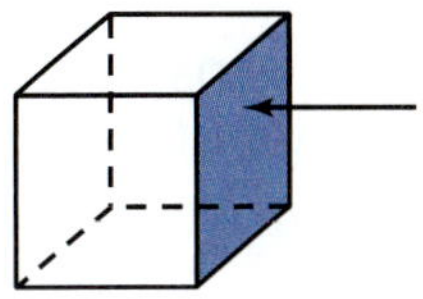

centésimo **hundredth** Uno de cien partes iguales. (pág. 462)
Ejemplo:

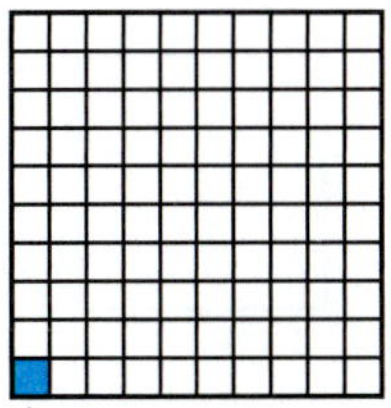

centímetro (cm) **centimeter** Una unidad métrica que se usa para medir longitud o distancia (pág. 588)
Ejemplo:

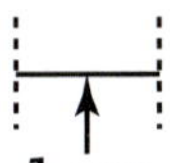

cilindro **cylinder** Un cuerpo geométrico u objeto hueco que tiene la forma de una lata (pág. 296)
Ejemplo:

cociente **quotient** El número, sin incluir el residuo, que resulta de la división (pág. 200)
Ejemplo: $8 \div 4 = 2$
↑ cociente

comparar **compare** Determinar si un número es igual a, menor que o mayor que otro (pág. 26)

cono **cone** Un cuerpo geométrico puntiagudo que tiene una base plana y redonda (pág. 296)
Ejemplo:

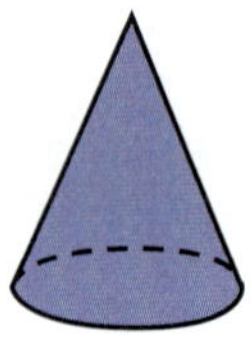

costo por unidad **unit cost** El costo de un artículo cuando se venden varios artículos a un solo precio (pág 252)

cuadrado **square** Un cuadrilátero que tiene 2 pares de lados paralelos, 4 lados iguales y 4 ángulos rectos (pág. 279)
Ejemplo:

cuadrilátero **quadrilateral** Un polígono con cuatro lados y cuatro ángulos (pág. 274)
Ejemplo:

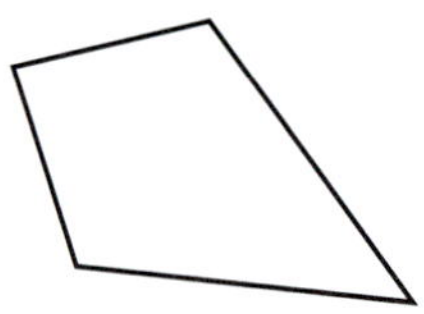

cuarto (ct) **quart** Una unidad usual de capacidad;
1 cuarto = 2 pintas (pág 568)

cuarto de hora **quarter hour** 15 minutos (pág. 534)
Ejemplo: Entre las 4:00 y las 4:15 hay un cuarto de hora.

cubo **cube** Un cuerpo geométrico que tiene seis caras cuadradas (pág. 296)
Ejemplo:

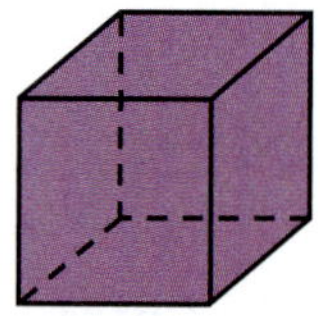

cuerpo geométrico **solid figure** Una figura que tiene longitud, ancho y altura (pág. 296)
Ejemplo:

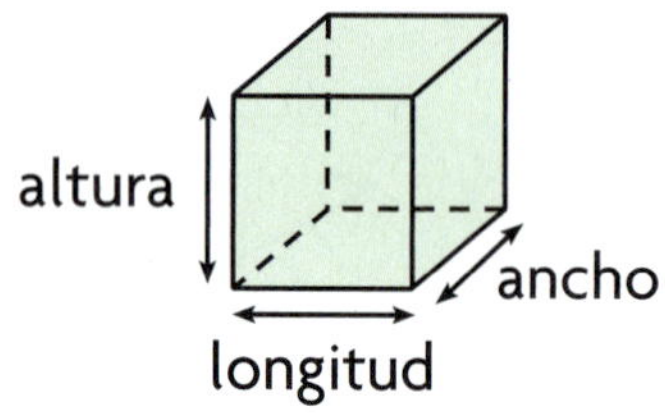

D

datos **data** La información que se recopila acerca de personas o cosas (pág. 488)

decímetro (dm) **decimeter** Una unidad métrica que se usa para medir longitud o distancia;
1 decímetro = 10 centímetros (pág. 588)

decimal **decimal** Un número que tiene uno o más dígitos a la derecha del punto decimal. (pág. 458)

décimo **tenth** Una de diez partes iguales (pág. 458)
Ejemplo:

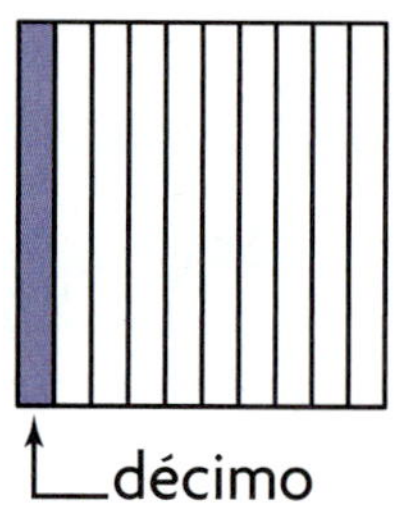

denominador **denominator** En una fracción, el número que está debajo de la barra y que indica cuántas partes iguales hay en el entero (pág. 412)
Ejemplo: $\frac{3}{4}$ ← denominador

diagrama de puntos **line plot** Un tipo de gráfica que registra datos en una recta numérica (pág. 502)
Ejemplo:

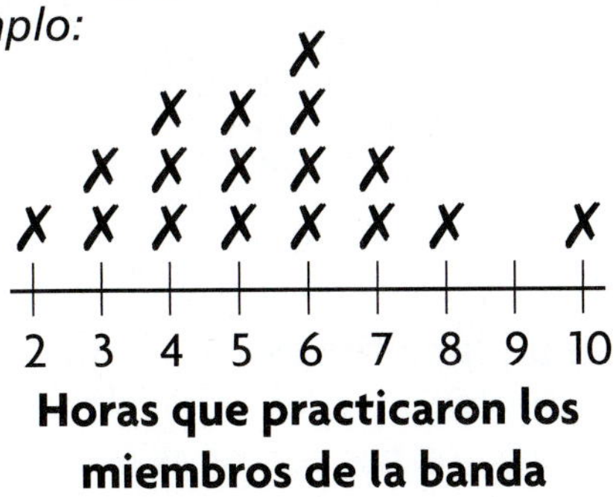

diagrama de Venn **Venn diagram** Un diagrama que muestra las relaciones entre conjuntos de elementos (pág. 281)
Ejemplo:

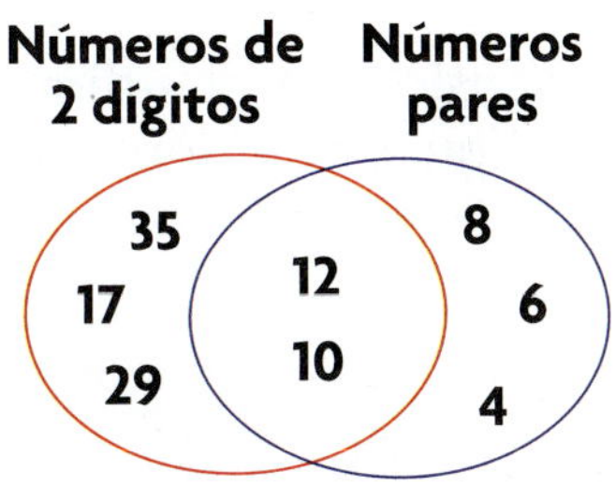

diferencia **difference** La respuesta a un problema de resta (pág. 72)
Ejemplo: $6 - 4 = 2$ ← diferencia

dígitos **digits** Los signos 0, 1, 2, 3, 4, 5, 6, 7, 8 y 9 (pág. 6)

dividendo **dividend** El número que se divide en un problema de división (pág. 200)
Ejemplo: $35 \div 5 = 7$ (35 ← dividendo)

dividir **divide** Separar en grupos iguales; la operación opuesta a la multiplicación (pág. 194)

división **division** El proceso de repartir un número de objetos para determinar cuántos grupos podrán formarse o cuántos objetos habrá en cada grupo; la operación opuesta a la multiplicación (pág. 194)

divisor **divisor** El número que divide al dividendo (pág. 200)
Ejemplo: $35 \div 5 = 7$ (5 ← divisor)

dólar **dollar** Papel moneda que equivale a 100 monedas de 1¢; $1.00 (pág. 528)
Ejemplo:

E

ecuación **equation** Un enunciado numérico en el que se usa el signo de igual para demostrar que dos cantidades son iguales (pág. 254)
Ejemplo:
$3 + 7 = 10$
$4 - 1 = 3$
$12 + n = 21$

en palabras **word form** Una manera de escribir los números usando palabras (pág. 6)
Ejemplo: El número 212 escrito en palabras es doscientos doce.

en sentido contrario a las manecillas del reloj **counterclockwise** En dirección opuesta a la que se mueven las manecillas del reloj (pág. 537)

en sentido de las manecillas del reloj **clockwise** En la misma dirección en la que se mueven las manecillas de un reloj (pág. 537)

enunciado numérico **number sentence** Un enunciado que incluye números, signos de operaciones y un signo de mayor que, de menor que o de igual (pág. 206)
Ejemplo: $5 + 3 = 8$ es un enunciado numérico.

escala **scale** Los números en una gráfica de barras que te sirven para leer la cantidad que muestra cada barra (pág. 490)

esfera **sphere** Un objeto redondo cuya superficie curva tiene la misma distancia desde el centro hasta todos sus puntos (pág. 296)
Ejemplo:

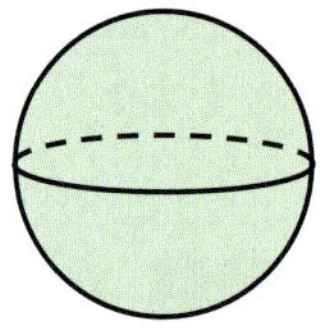

estimación (s) **estimate** Un número que se aproxima a una cantidad exacta (pág. 52)

estimar (v) **estimate** Hallar aproximadamente qué cantidad o cuánto (págs. 34, 52)

experimento **experiment** Una prueba que se realiza para determinar algo (pág. 498)

expresión **expression** La parte de un enunciado numérico que combina números y signos de operaciones, pero que no tiene un signo de igual (pág. 254)
Ejemplo: 5 x 6

F

factor **factor** Un número que se multiplica por otro número para hallar un producto (pág. 105)
Ejemplo: $3 \times 8 = 24$
3 ↑ factor, 8 ↑ factor

familia de operaciones **fact family** Un conjunto de enunciados numéricos relacionados de suma y resta o de multiplicación y división (pág. 202)
Ejemplo:

$4 \times 7 = 28$ $28 \div 7 = 4$
$7 \times 4 = 28$ $28 \div 4 = 7$

figura abierta **open figure** Una figura que no comienza ni termina en el mismo punto (pág. 274)
Ejemplos:

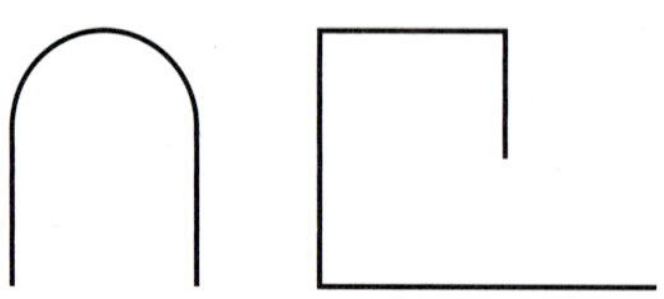

figura cerrada **closed figure** Una figura que empieza y termina en el mismo punto (pág. 274)
Ejemplos:

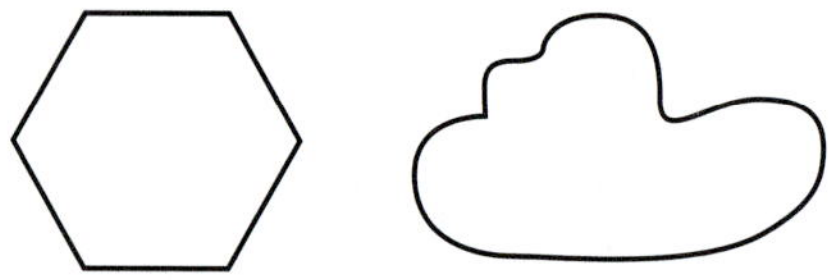

figura plana **plane figure** Una figura que está en un plano y que está formada por líneas curvas, rectas o ambas (pág. 274)
Ejemplo:

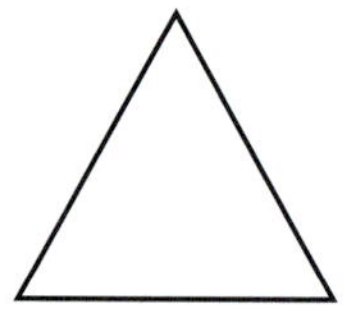

figura tridimensional **three-dimensional figure** Una figura que tiene longitud, ancho y altura (pág. 296)
Ejemplo:

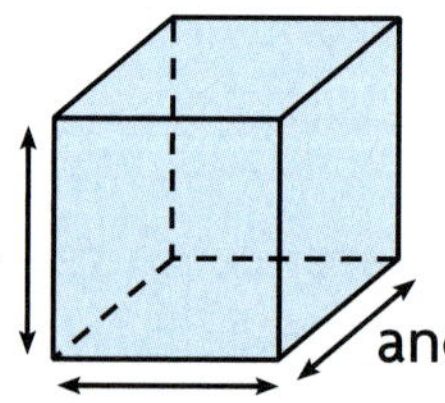

forma desarrollada **expanded form** Una manera de escribir los números que muestra el valor de cada dígito (pág. 12)
Ejemplo: 7,201 = 7,000 + 200 + 1

forma normal **standard form** Una manera de escribir los números usando los dígitos del 0 al 9, en la cual cada dígito tiene un valor posicional (pág. 6)
Ejemplo:

345 ← forma normal

fracción **fraction** Un número que representa parte de un entero o parte de un grupo (pág. 412)
Ejemplos:

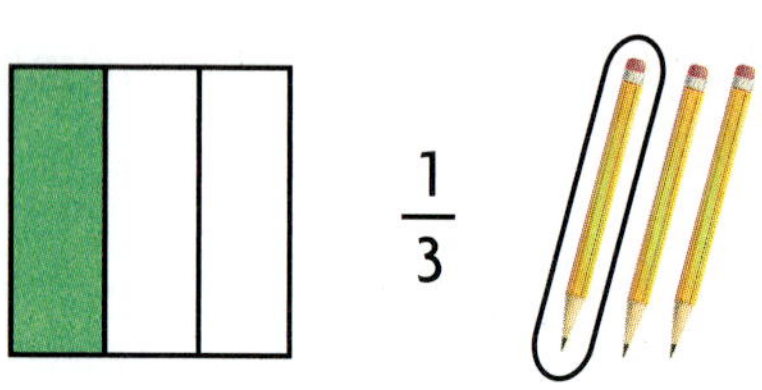

Origen de la palabra

Una ***fracción*** es una parte de un entero o de un todo que está dividido en partes. *Fracción* proviene del latín *fractio,* que significa "romper".

fracciones equivalentes equivalent fractions Dos o más fracciones que representan la misma cantidad (pág. 420)
Ejemplo:

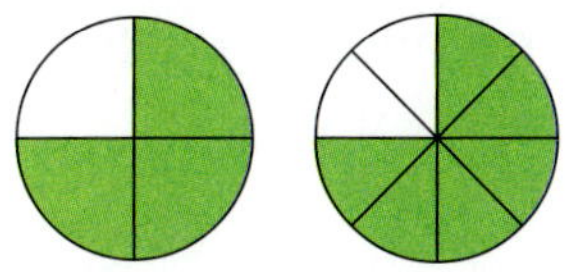

$\frac{3}{4} = \frac{6}{8}$

fracciones semejantes like fractions Fracciones que tienen el mismo denominador. (pág. 440)
Ejemplo: $\frac{3}{8}$ y $\frac{7}{8}$

G

galón (gal) gallon Una unidad usual para medir capacidad;
1 galón = 4 cuartos (pág. 568)

grado Fahrenheit (°F) degree Fahrenheit Una unidad usual para medir la temperatura (pág. 578)

gráfica de barras bar graph Una gráfica que usa barras para mostrar los datos (pág. 490)
Ejemplo:

gráfica de barras horizontales horizontal bar graph Una gráfica de barras en la que las barras van de izquierda a derecha (pág. 490)

gráfica de barras verticales vertical bar graph Una gráfica de barras en que las barras van de abajo hacia arriba (pág. 490)

gramo (g) gram Una unidad métrica que se usa para medir masa (pág. 596)

H

hexágono hexagon Un polígono que tiene seis lados y seis ángulos (pág. 274)
Ejemplos:

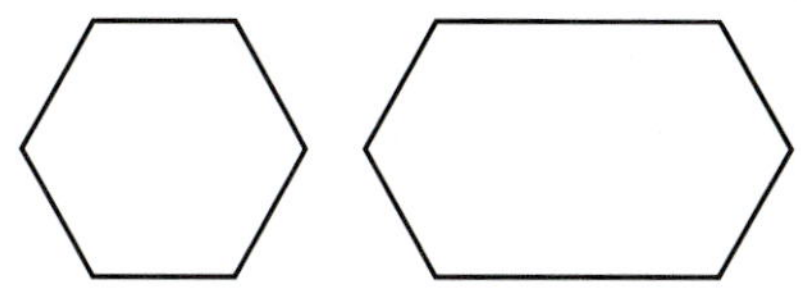

hora (hr) hour Una unidad que se usa para medir el tiempo; en una hora, el horario de un reloj se mueve de un número al siguiente;
1 hora = 60 minutos (pág. 534)

horario hour hand La manecilla corta de un reloj analógico (pág. 534)

I

igual a (=) equal to Que tiene el miso valor (pág. 27)
Ejemplo: 4 + 4 es igual a 3 + 5

igualmente probable equally likely Que tienen la misma probabilidad de ocurrir (pág. 496)

impar odd Un número entero que tiene un 1, 3, 5, 7 o 9 en la posición de las unidades (pág. 5)

imposible impossible Un suceso que nunca ocurrirá (pág. 494)

K

kilogramo (kg) **kilogram** Una unidad métrica para medir masa; 1 kilogramo = 1,000 gramos (pág. 596)

kilómetro (km) **kilometer** Una unidad métrica para medir longitud o distancia; 1 kilómetro = 1,000 metros (pág. 588)

L

libra (lb) **pound** Una unidad usual para medir peso; 1 libra = 16 onzas (pág. 570)

línea **line** Un trayecto recto en un plano, que se extiende en ambas direcciones y que no tiene extremos (pág. 268)
Ejemplo:

Origen de la palabra

La palabra *línea* viene de *lino*, un hilo que se saca de las fibras de la planta del lino. En la Antigüedad, este hilo se sujetaba tenso para marcar una línea recta entre dos puntos.

líneas paralelas **parallel lines** Líneas que nunca se entrecruzan y que siempre están separadas por la misma distancia (pág. 272)
Ejemplo:

líneas secantes **intersecting lines** Líneas que se entrecruzan (pág. 272)
Ejemplo:

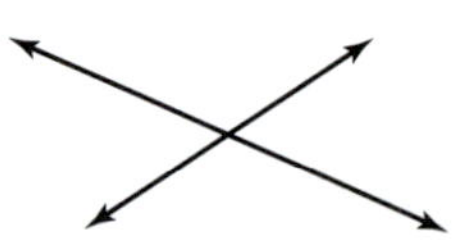

línea cronológica **time line** Un dibujo que muestra cuándo y en qué orden ocurrieron los sucesos (pág. 546)

litro (L) **liter** Una unidad métrica que se usa para medir capacidad; 1 litro = 1,000 mililitros (pág. 594)

longitud **lenght** La medida de algo de extremo a extremo (pág. 560)

M

masa **mass** La cantidad de materia contenida en un objeto (pág. 596)

matriz **array** Un conjunto de objetos colocados en hileras y columnas (pág. 104)
Ejemplo:

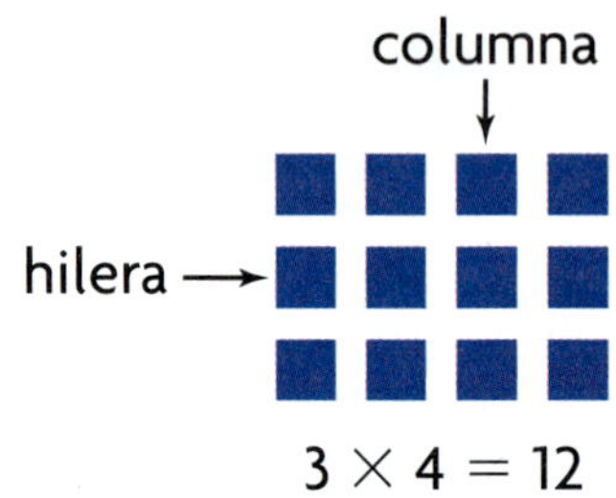

mayor que (>) **greater than** Un símbolo que se usa para comparar dos números, enumerando primero el número mayor (pág. 27)
Ejemplo: 6 > 4

media hora **half hour** 30 minutos (pág. 534)
Ejemplo: Entre las 4:00 y las 4:30 hay media hora.

medianoche **midnight** Las 12:00 de la noche (pág. 538)

mediodía **noon** Las 12:00 del día (pág. 538)

menor que (<) **less than** Un símbolo que se usa para comparar dos números, enumerando primero el número menor (pág. 27)
Ejemplo: 3 < 7

metro (m) **meter** Una unidad métrica que se usa para medir longitud o distancia; 1 metro = 100 centímetros (pág. 588)

mililitro (mL) **milliliter** Una unidad métrica que se usa para medir capacidad (pág. 594)

milla (mi) **mile** Una unidad usual para medir longitud o distancia; 1 milla = 5,280 pies (pág. 560)

mínima expresión **simplest form** Cuando se hace un modelo de una fracción usando la barra o las barras de fracciones del mayor tamaño posible (pág. 442)

minutero **minute hand** La manecilla larga de un reloj analógico (pág. 534)

minuto (min) **minute** Una unidad que se usa para medir períodos cortos de tiempo; en un minuto, el minutero se mueve de una marca a la siguiente (pág. 534)

moda **mode** El número u objeto que se repite más a menudo en un conjunto de datos (pág. 502)

moneda de 10¢ **dime** Una moneda que vale 10 centavos y que equivale a 10 monedas de 1¢; 10¢ (pág. 522)
Ejemplo:

moneda de 25¢ **quarter** Una moneda que vale 25 centavos y que equivale a 25 monedas de 1¢; 25¢ (pág. 522)
Ejemplo:

moneda de 5¢ **nickel** Una moneda que vale 5 centavos y que equivale a 5 monedas de 1¢,;5¢ (pág. 522)
Ejemplo:

moneda de 1¢ **penny** Una moneda que vale 1/100 de dólar, o sea un centavo; 1¢ (pág. 522)
Ejemplo:

moneda de 50¢ **half dollar** Una moneda que vale 50¢ y que equivale a 50 monedas de 1¢; 50¢
Ejemplo:

multiplicación **multiplication** Un proceso para hallar el número total de objetos organizados en grupos iguales o el número total de objetos en un número dado de grupos. Es la operación opuesta a la división (pág. 102)

multiplicar **multiply** Cuando combinas grupos iguales, puedes multiplicar para determinar cuántos hay en total. La operación opuesta a la división (pág. 102)

múltiplo **multiple** Un número que es el producto de un número dado y un número entero (pág. 132)
Ejemplo:

$$\begin{array}{r} 10 \\ \times\ 1 \\ \hline 10 \end{array} \quad \begin{array}{r} 10 \\ \times\ 2 \\ \hline 20 \end{array} \quad \begin{array}{r} 10 \\ \times\ 3 \\ \hline 30 \end{array} \quad \begin{array}{r} 10 \\ \times\ 4 \\ \hline 40 \end{array} \leftarrow \text{múltiplos de 10}$$

N

numerador **numerator** En una fracción, el número que está encima de la barra y que indica cuántas partes iguales del entero se están tomando en cuenta (pág. 412)
Ejemplo: $\frac{3}{4}$ ← numerador

número cuadrado **square number** Un producto de dos factores que son iguales (pág. 159)
Ejemplo: 3 x 3 = 9; 9 es un número cuadrado.

número entero **whole number** Uno de los números 0, 1, 2, 3, 4, ... El conjunto de números enteros continúa infinitamente.

O

octágono **octagon** Un polígono que tiene ocho lados y ocho ángulos (pág. 274)
Ejemplos:

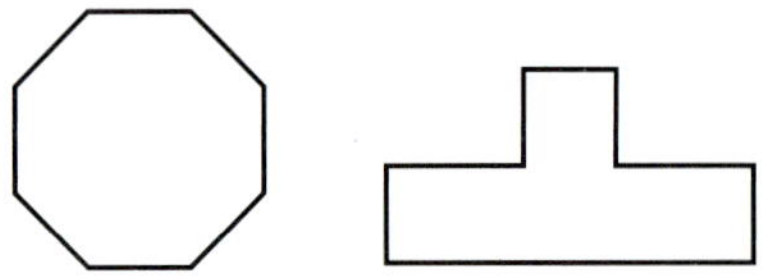

onza (oz) **ounce** Una unidad usual para medir peso (pág. 570)

operaciones inversas **inverse operations** Operaciones que se anulan una a la otra, como la suma y la resta o la multiplicación y la división (pág. 202)

orden **order** Un arreglo particular o una colocación de cosas de manera que estén una después de la otra (pág. 30)

ordenar **sequence** Escribir sucesos en un orden. (pág. 546)

P

p.m. **P.M.** Las horas entre el mediodía y la medianoche (pág. 538)

par **even** Un número entero que tiene un 0, 2, 4, 6 u 8 en la posición de las unidades (pág. 5)

paralelogramo **parallelogram** Un cuadrilátero cuyos lados opuestos son paralelos y tienen la misma longitud (pág. 278)
Ejemplo:

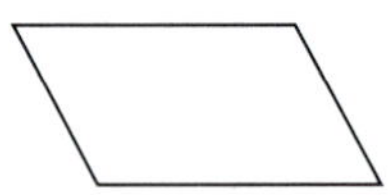

patrón **pattern** Un conjunto ordenado de números u objetos; el orden te ayuda a predecir qué viene después (pág. 4)
Ejemplos:
2, 4, 6, 8, 10

pentágono **pentagon** Un polígono que tiene cinco lados y cinco ángulos (pág. 274)
Ejemplo:

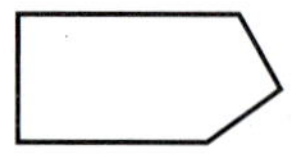

perímetro **perimeter** La medida del contorno de una figura (pág. 316)
Ejemplo:

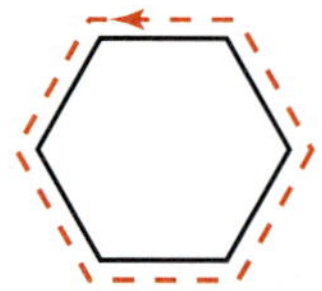

peso **weight** Qué tan pesado es un objeto (pág. 570)

pictografía **pictograph** Una gráfica que usa dibujos para mostrar y comparar información
Ejemplo:

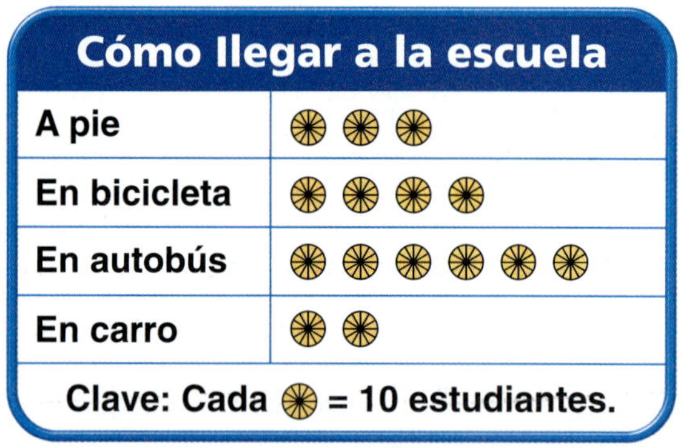

pie (ft) **foot** Una unidad usual para medir longitud o distancia;
1 pie = 12 pulgadas (pág. 560)

pinta (pt) **pint** Una unidad usual para medir capacidad;
1 pinta = 2 tazas (pág. 568)

pirámide cuadrada **square pyramid** Un cuerpo geométrico puntiagudo con una base plana que es un cuadrado (pág. 296)
Ejemplo:

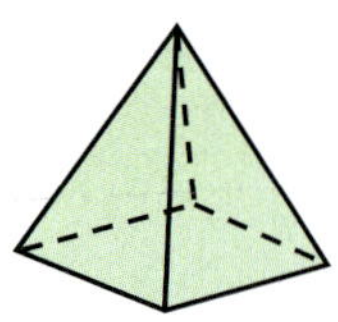

plantilla **net** El patrón bidimensional de una figura tridimensional o de un cuerpo geométrico. (pág. 300)
Ejemplo:

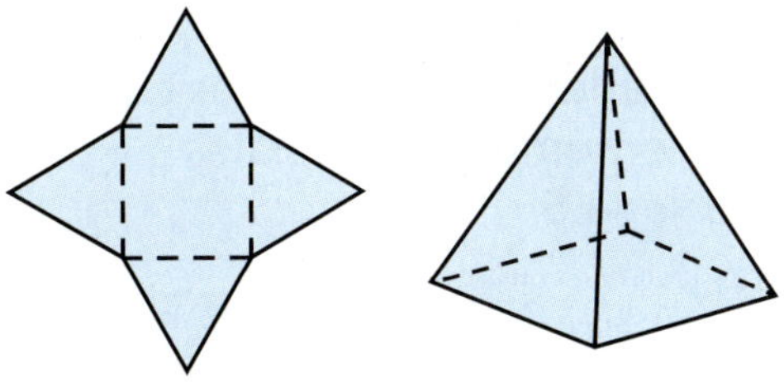

poco probable **unlikely** Un suceso es poco probable si hay muy poca posibilidad de que ocurra (pág. 494)

polígono **polygon** Una figura plana cerrada que tiene lados rectos que son segmentos (pág. 274)
Ejemplos:

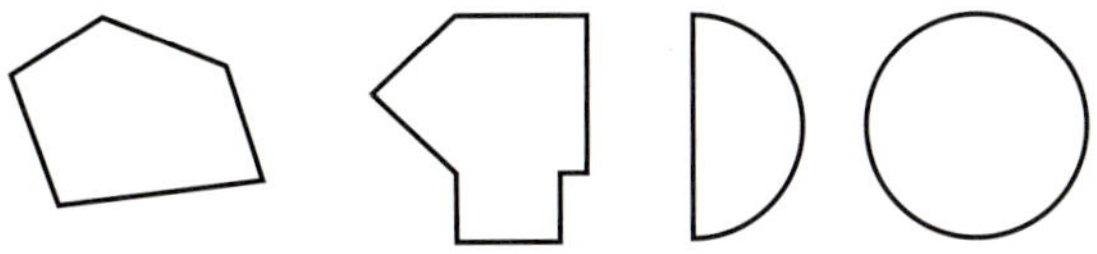

son polígonos   no son polígonos

Origen de la palabra

¿Te has fijado alguna vez que un *polígono* parece un grupo de rodillas dobladas? De aquí obtuvo su nombre. *Poli-* proviene del griego *poly* que significa "muchos". La terminación de la palabra *–gono* proviene del latín *gonus,* que significaba "doblar la rodilla".

predecir **predict** Hacer una conjetura razonable de lo que ocurrirá (pág. 496)

prisma rectangular **rectangular prism** Un cuerpo geométrico que tiene seis caras que son rectángulos (pág. 296)
Ejemplo:

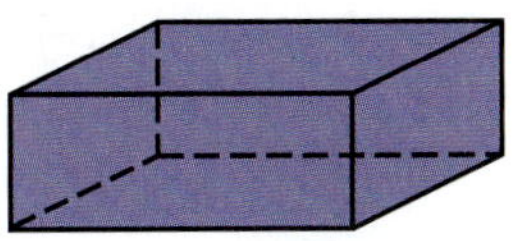

probabilidad **probability** La posibilidad de que ocurra un suceso (pág. 494)
Ejemplo:

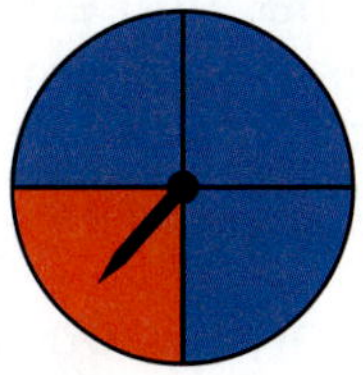

Probabilidad de rojo: 1 de 4

probable **likely** Un suceso es probable si la posibilidad de que ocurra es muy grande. (pág. 494)

problema de varios pasos **multistep problem** Un problema que requiere más de un paso para resolverse (pág. 180)

producto **product** El resultado de un problema de multiplicación (pág. 105)
Ejemplo: $3 \times 8 = 24$
↑ producto

propiedad asociativa de la multiplicación **associative property of multiplication** La propiedad que establece que cuando se cambia la agrupación de los factores, el producto sigue siendo el mismo (pág. 176)
Ejemplos:
$(3 \times 2) \times 4 = 24$
$3 \times (2 \times 4) = 24$

propiedad asociativa de la suma **associative property of addition** La propiedad que establece que aunque se agrupen los sumandos de cualquier manera, la suma seguirá siendo la misma. (pág. 48)
Ejemplos:
$4 + (2 + 5) = 11$ y
$(4 + 2) + 5 = 11$

propiedad conmutativa de la multiplicación **commutative property of multiplication** La propiedad que establece que se pueden multiplicar dos factores en cualquier orden y obtener el mismo producto (pág. 105)
Ejemplos: $2 \times 4 = 8$
$4 \times 2 = 8$

propiedad conmutativa de la suma **Commutative Property of Addition** La propiedad que establece que se pueden sumar dos o más números en cualquier orden y obtener la misma suma (pág. 48)
Ejemplos: $6 + 7 = 13$
$7 + 6 = 13$

propiedad de agrupación de la multiplicación **grouping property of multiplication** Ver propiedad asociativa de la multiplicación

propiedad de agrupación de la suma **grouping property of addition** Ver propiedad asociativa de la suma

propiedad de identidad de la multiplicación **identity property of multiplication** La propiedad que establece que el producto de cualquier número por 1 es ese número (pág. 112)
Ejemplos: $5 \times 1 = 5$
$1 \times 8 = 8$

propiedad de identidad de la suma **identity property of addition** La propiedad que establece que cuando se le suma cero a un número, el resultado es el mismo número (pág. 48)
Ejemplo: $24 + 0 = 24$

propiedad de orden de la multiplicación **order property of multiplication** Ver propiedad conmutativa de la multiplicación

propiedad de orden de la suma **order property of addition** Ver propiedad conmutativa de la suma

propiedad del cero de la multiplicación **zero property of multiplication** La propiedad que establece que el producto de cero y cualquier otro número es cero (pág. 113)
Ejemplo: $0 \text{ X } 6 = 0$

pulgada (pulg) **inch** Una unidad usual para medir longitud o distancia (pág. 560)
Ejemplo:

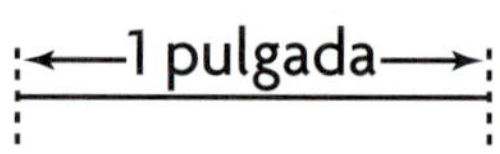

punto **point** Una posición o ubicación exacta

punto decimal **decimal point** Un signo que se usa para separar dólares de centavos cuando se trata de dinero, y para separar las unidades de los décimos cuando se trata de números decimales (pág. 458)
Ejemplo: 4.5
↑ punto decimal

R

rango **range** La diferencia entre el número mayor y el número menor en un conjunto de datos (pág. 502)

rayo **ray** Una parte de una línea; tiene un extremo y se extiende infinitamente en una dirección (pág. 268)
Ejemplo:

reagrupar **regroup** Intercambiar cantidades de igual valor para nombrar un número de otra manera (pág. 54)
Ejemplo: $5 + 8 = 13$ unidades o 1 decena 3 unidades

rectángulo **rectangle** Un cuadrilátero que tiene 2 pares de lados paralelos, 2 pares de lados iguales y 4 ángulos rectos (pág. 279)
Ejemplo:

redondear **round** Sustituir un número por otro que indica aproximadamente cuánto o qué cantidad (pág. 34)

reloj analógico **analog clock** Un aparato que sirve para medir el tiempo. Al mover las manecillas alrededor de una esfera muestra las horas, los minutos y a veces, los segundos (pág. 534)
Ejemplo:

reloj digital **digital clock** Un reloj que muestra la hora en punto y los minutos por medio de dígitos (pág. 534)
Ejemplo:

residuo **remainder** La cantidad sobrante cuando un número no se puede dividir entre partes iguales (pág. 398)

resta **subtraction** El proceso de hallar cúantos quedan al quitar un número de elementos de un grupo; el proceso de hallar la diferencia cuando se comparan dos grupos. La operación opuesta a la suma (pág. 72)

resultado **outcome** La posible solución de un experimento (pág. 488)

resultado posible **possible outcome** Un resultado que tiene la posibilidad de ocurrir (pág. 496)

rombo **rhombus** Un cuadrilátero que tiene 2 pares de lados paralelos, 4 lados iguales y 4 ángulos (pág. 279)
Ejemplo:

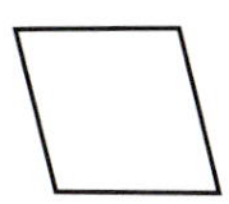

S

segmento **line segment** Una parte de una línea que incluye dos puntos, llamados extremos, y todos los puntos entre ellos (pág. 268)
Ejemplo:

seguro **certain** Un suceso es seguro si siempre ocurrirá. (pág. 494)

signo de igualdad (=) Un signo que se usa para mostrar que dos números tienen el mismo valor (pág. 27)
Ejemplo: 384 = 384

suceso **event** Algo que ocurre (pág. 494)

suma **addition** El proceso de hallar el número total de elementos cuando se unen dos o más grupos; la operación opuesta a la resta (pág. 48)

suma o total **sum** El resultado de un problema de suma (pág. 48)

sumando **addend** Cualquiera de los números que se suman (pág. 48)
Ejemplo: 2 + 3 = 5
↑ ↑
sumando sumando

T

tabla de conteo **tally table** Una tabla que usa marcas de conteo para registrar datos (pág. 488)
Ejemplo:

Deporte favorito	
Deporte	Marca
Fútbol	𝍸 |||
Béisbol	|||
Fútbol Americano	𝍸
Básquetbol	𝍸	

taza (t) **cup** Una unidad usual para medir capacidad (pág. 568)

termómetro **thermometer** Un instrumento para medir la temperatura (pág. 578)

tiempo transcurrido **elapsed time** El tiempo que pasa desde el comienzo de una actividad hasta el fin de la misma (pág. 540)

trapecio **trapezoid** Un cuadrilátero que tiene un par de lados paralelos y cuatro ángulos (pág. 278)
Ejemplo:

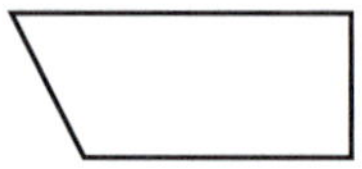

triángulo **triangle** Un polígono que tiene tres lados y tres ángulos (pág. 274)
Ejemplos:

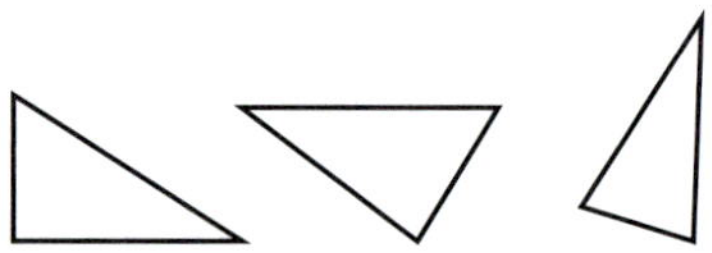

triángulo equilátero **equilateral triangle** Un triángulo que tiene tres lados iguales y tres ángulos iguales (pág. 276)
Ejemplos:

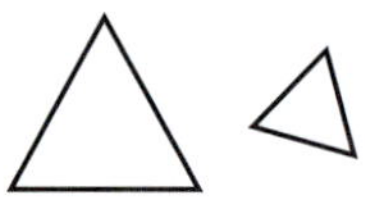

triángulo escaleno **scalene triangle** Un triángulo que no tiene lados iguales (pág. 276)
Ejemplo:

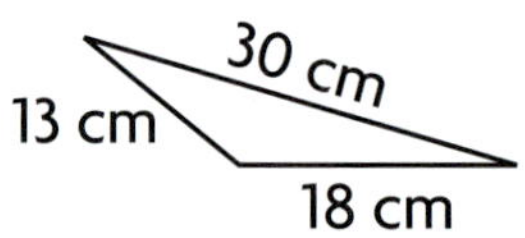

triángulo isósceles **isosceles triangle** Un triángulo que tiene dos lados iguales (pág. 276)
Ejemplo:

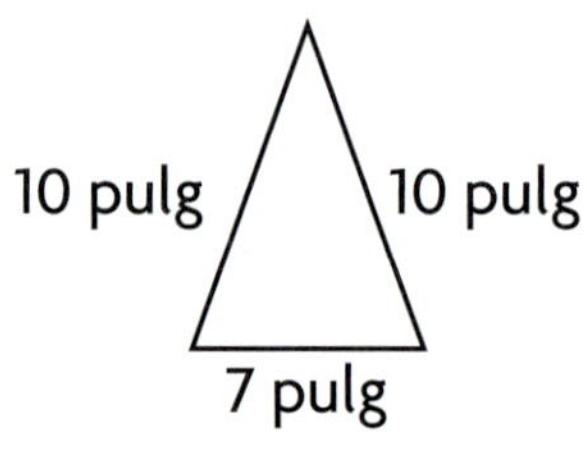

triángulo rectángulo **right triangle** Un triángulo que tiene un ángulo recto (pág. 276)
Ejemplo:

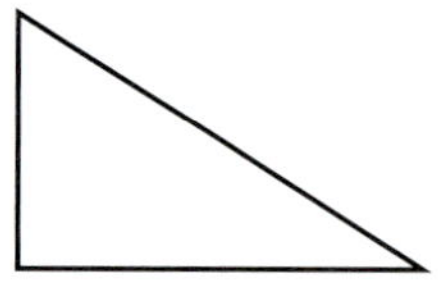

U

unidad cuadrada **square unit** Un cuadrado con un lado que mide una unidad; se usa para medir área (pág. 322)

unidad cúbica **cubic unit** Un cubo con un lado que mide una unidad; se usa para medir volumen (pág. 328)

unidad de patrón **pattern unit** La parte de un patrón que se repite (pág. 284)
Ejemplo:

V

valor posicional **place value** El valor que se le da a un dígito en un número, basándose en la posición del dígito (pág. 6)

variable **variable** Una letra o un signo que representa un número desconocido (pág. 174)

Origen de la palabra

La palabra *variable* proviene del latín *variabilis*, que significa "que varía". Al principio, la palabra se aplicaba a cambios de color, como en el pelaje moteado de los animales. Posteriormente, la palabra se usó para cosas que involucraban cambios de cualquier tipo.

vértice **vertex** El punto de intersección de dos o más segmentos en una figura plana; el punto de intersección de tres (o más) aristas de un cuerpo geométrico (págs. 296, 298)
Ejemplos:

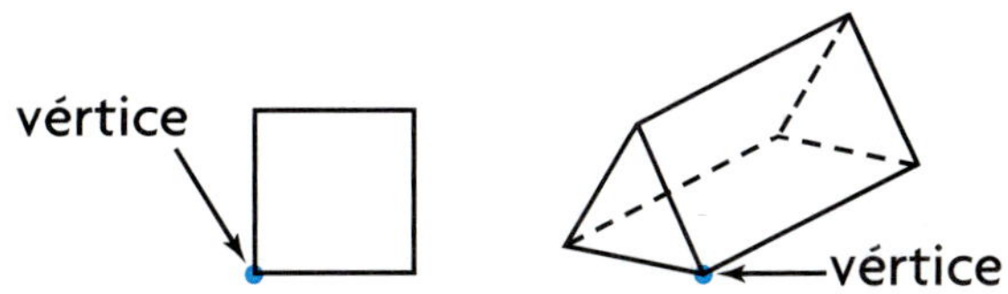

volumen **volume** La cantidad de espacio que ocupa un cuerpo geométrico (pág. 328)

Y

yarda (yd) **yard** Una unidad usual para medir longitud o distancia;
1 yarda = 3 pies (pág. 560)

Índice

A

B

C

D

E

F

G

N

O

P

R

S

T

U

V

Y

Photo Credits

KEY: (t) top, (b) bottom, (l) left, (r) right, (c) center, (bg) background, (fg) foreground

Front Cover: (r) Lew Robertson/Jupiter Images; (l) Randy Faris/CORBIS;
Back Cover: (r) Art Wolfe/Getty Images; (l) Lew Robertson/Jupiter Images;

Front Endsheet: p. 1 & 2 Gallo Images ROOTS Collection/Getty Images; p. 3 MEHDI/Agence Images/Veer.
Back Endsheets: p. 1 James Randklev/Getty Images; p. 2 & 3 Photodisc/Getty Images.

Title Page: (r) Lew Robertson/Jupiter Images; (l) Randy Faris/CORBIS.
Copyright Page: Lew Robertson/Jupiter Images.

Table of Contents: iv (l) Pete Saloutos/CORBIS; vi (l) ImageState-Pictor; viii (l) Phil Schermeister/CORBIS; x (l) Steve Vidler/SuperStock; xii (l) Larry Brownstein/Ambient Images; xiv (l) Ed Young/CORBIS; xvi (l) Neil Setchfield/Alamy; xviii (l) Royalty-Free/CORBIS; xx-xxi (bg) © Macduff Everton/CORBIS.

Unit 1: 1 (t) The Futures Channel; 1 (c) The Futures Channel; 1 (b) The Futures Channel; 2 Richard Price/Getty Images; 6 Adam Jones Photography; 12 Ron Niebrugge/Alamy; 16 (bl) (bc) Alamy; 21 (bg) ©Rian Hughes/Digital Vision/Getty Images; 24 Pete Saloutos/CORBIS; 26 Doris De Witt/Getty Images; 30 Pat Doyle/CORBIS; 32 CORBIS; 33 John Warden/Getty Images; 34 STEPHEN DALTON/Minden Pictures; 36 Bill Heinsohn/Alamy; 38 (inset) Veer; 38 (bg) Chris Wood-Tank; 39 Getty/Harcourt; 46 Pixtal/age footstock; 48 Lynn Stone/Index Stock Imagery, Inc.; 49 Getty/Harcourt;; 50 Digital Vision/ Getty Images; 52 WildCountry/CORBIS; 54 Hein van den Heuvel/zefa/CORBIS; 58 age fotostock; 59 Roy Ooms/Masterfile; 61 John Giustina/ Getty Images; 62 Jeff Greenberg/Age photostock; 63 AP Photo/Don Knight,The Herald Bulletin, Don Knight, File; 70 Johnny Johnson/Getty Images; 74 Royalty-Free/CORBIS; 75 Dorling Kindersley; 78 Royalty-Free/CORBIS; 80 (t) Christopher Groenhout/Getty Images; 80 (inset) Kevin Schafer/CORBIS; 83 (t) Christopher Groenhout/Getty Images; 83 (inset) Kevin Schafer/CORBIS; 85 Michael Newman/Photo Edit; 88 George Hall/CORBIS; 89 Mark Erickson/Getty Images; 93 (t) David Young-Wolff/Photo Edit; 96–97 Robert Harding/Getty Images; 97 Philip James Corwin/CORBIS.

Unit 2: 99 (t) The Futures Channel; 99 (c) The Futures Channel; 99 (b) The Futures Channel; 100 Howard Koby Photography/Photographers Direct; 102 (r) Alberto Biscaro/Masterfile; 103 (t) Getty Images/Harcourt; 117 Sean Justice/Getty Images; 119 Getty Images; 123 (bg) Royalty-Free/CORBIS/Harcourt; 126 QT Luong/terragalleria.com; 128 Digital Vision/Getty Images (Royalty-free); 129 Royalty-Free/CORBIS; 132 John T. fowler/Alamy; 134 Purestock/Getty Images; 136 Brand X/SuperStock; 141 Skip Dean/Stockfood; 145 (bg) Peter Arnold, Inc./Alamy; 148 ImageState-Pictor; 150 Paul & Joyce Berquist/Animals Animals-Earth Scenes; 153 USGS/Photo Researchers, Inc.; 154 Dale C. Spartas/CORBIS;; 156 Chris Clinton/Getty Images; 158 CORBIS/Harcourt; 161 Getty/Harcourt; 162 Neal Mishler/Getty Images; 170 Michael Pimentel/ISI; 172 David Young-Wolff/Photo Edit; 173 C.S. Bettencourt/ age fotostock;; 176 Joel Rogers Photography/Coaster Gallery; 178 Phillip Roberts/Alamy; 188 (tl) ROGER ARCHIBALD/Animals Animals - Earth Scenes; 188 (tc) Jupiterimages; 188 (tr) Michael Sewell/Peter Arnold, Inc.; 188 (cl) Getty Images; 188 (c) James H. Robinson/Photo Researchers, Inc.; 188 (cr) DALE & MARIAN ZIMMERMAN/Animals Animals - Earth Scenes; 189 (tr) Gary Crabbe/Alamy; 189 (br) Getty Images.

Unit 3: 191 (t) The Futures Channel; 191 (b) The Futures Channel; 191 (c) The Futures Channel Inc; 192 Streeter Lecka/Getty Images; 194 David Toase/Getty Images; 195 SuperStock; 200

Doug Menuez/Getty images; 213 (tl), (bg) Royalty-Free/CORBIS; 216 Phil Schermeister/CORBIS; 218 Larry Ditto/Bruce Coleman USA; 219 (l) Bob & Clara Calhoun/Bruce Coleman USA; 227 (tr) Rob Walls/Alamy; 227 (cr) Oakland Museum of California; 228 Rayman/Getty Images; 229 Dirk Anschutz/Getty Images; 236 SeaPics.com; 245 Stock Connection Distribution/Alamy;; 246 AP Photo/John Bazemore; 247 Gary Bell/Getty Images; 248 Altrendo Nature/Getty Images; 250 (t) Getty/Harcourt; 250 (tc) Kevin Schafer/CORBIS; 250 (c) Bob Bennett/Jupiter Images; 250 (bc) Bob Bennett/Jupiter Images; 250 (b) Rosemary Calvert/Jupiter Images; 259 (tr) Royalty-Free/CORBIS; 262 (tr) age footstock; 262 (t) Index Stock Imagery; 262 (tc) CORBIS; 262 (c) age footstock; 262 (c) Dinodia Images/Alamy; 262 (bc) NASA/Science Photo Library; 262 (b) Alamy; 262-263 (b) Joanna B Pinneo/Getty Images; 263 (tr) Lawrence Migdale.

Unit 4: 265 (t) The Futures Channel; 265 (c) The Futures Channel; 265 (b) The Futures Channel; 266 (inset) John Wang/Getty Images (Royalty-free); 266 Steve Vidler/SuperStock; 270 John C. Panella Jr./Shutterstock; 275 (l) photolibrary.com pty. ltd./Index Stock Imagery, Inc.; 275 (cr) Harris Shiffman/iStockPhoto; 275 (r) photolibrary.com pty. ltd./Index Stock Imagery, Inc.; 276 "Moondog". 1997.137.1./SC: Tony Smith. Gift of the Morris and Gwendolyn Cafritz Foundation, Image © Board of Trustees National Gallery of Art, Washington, model 1964, fabricated 1998–1999, painted aluminum, 5.213 x 4.680 x 4.674; Weight: 4200 lb; each of three sections: 1400 lb.; 278 Andrew McKim/Masterfile; 291 (tr) M.C. Esher's "Sun and Moon" © 2007 The M.C. Escher Company-Holland. All rights reserved. www.mcescher.com/ Art Resource, NY; 294 (t) Tom Prettyman/Photo Edit; 294 (br) ALAN OLIVER/Alamy; 296 Tina Rencelj/iStockPhoto; 297 (tr) Peter Steiner/Alamy; 297 (cl) iStockphoto; 297 (cr) Odin Eidskrem/ iStockphoto; 297 (b) Gary Jochim Photography; 303 (cl) Terry Wilson/iStockphoto; 311 (tr) Bob Krist/CORBIS; 311 (bg) Royalty-Free/CORBIS; 314 Joseph Sohm/Visions of America/CORBIS; 326 Stefano Bianchetti/CORBIS; 338–339 (bg) David Muench/CORBIS.

Unit 5: 341 (t) The Futures Channel; 341 (c) The Futures Channel; 341 (b) The Futures Channel; 342 AP Photo/Eric Risberg; 344 (br) Dorling Kindersley/Getty Images; 351 (tl) AP Photo/Rick Smith; 351 (tc) AP Photo/Steve Rasmussen; 351 (tr) William Thomas Cain/Getty Images; 351 (cr) Michael Newman/Photo Edit; 355 (c) Felicia Martinez/Photo Edit; 355 (r) Andy Crawford/Getty Images; 359 Michael Newman/Photo Edit; 366 Larry Brownstein/Ambient Images; 369 Alamy; 372 CORBIS; 375 Jeff Greenberg/Alamy; 376 Joel W. Rogers/CORBIS; 384 Will Funk/Alpine Aperture; 386 Myrleen Ferguson Cate/PhotoEdit; 388 Andrew Leyerle/Getty Images; 390 Tim Pannell/Masterfile; 391 (t) CORBIS/Harcourt Index; 391 (tc) Getty/Harcourt Index; 391 (c) CORBIS/Harcourt Index; 391 (bc) Getty/Harcourt; 392 Ambient Images; 394 Masterfile; 395 Julie Toy/Getty Images; 398 (cr) Getty Images/PhotoDisc/Harcourt Index; 406 (tl) NiKreationS/Alamy; 406 (tr) Anthony Ridenhour/SDMRM; 406 (cr) Anthony Ridenhour/SDMRM; 406–407 (bg) vario images GmbH & Co.KG/Alamy; 407 (tr) Anthony Ridenhour/SDMRM; 407 (tr) Jeff Kieffer Photography/PhotographersDirect; 407 (bl) Rodney Todt Photography/PhotographersDirect; 407 (bcl) John Rattle/PhotographersDirect; 407 (bcr) CORBIS; 407 (br) Thomas Stevenson Grant/ PhotographersDirect.

Unit 6: 409 (t) The Futures Channel; 409 (c) The Futures Channel; 409 (b) Rare Coin Wholesalers/The Futures Channel; 410 Frederick M. Brown/Getty Images; 417 Mary Godleski/ Associated Press; 418 (br) Getty Images/Harcourt; 430 Getty/Harcourt; 435 (bg) ©Royalty-Free/ CORBIS; 438 Ed Young/CORBIS; 453 (bg) ©Diego Lezama Orezzoli/CORBIS; 453 (tl) ©Royalty-Free/CORBIS; 456 (bg) Lawrence Migdale/Photo Researchers, Inc.; 461 (t) WireImageStock/ Masterfile; 461 (b) iStockphoto; 470 CORBIS/Harcourt; 479 (bg) Royalty-Free/CORBIS; 482 (l) Getty Images; 482 (cl) Michael Prince/CORBIS; 482(c) Getty Images; 482 (cr) CORBIS; 482 (r) Rob Howard/CORBIS; 482–483 (b) Getty Images.

Unit 7: 484 (t) The Futures Channel; 484 (c) The Futures Channel; 484 (b) The Futures Channel; 486 Getty/Harcourt; 507 AP Photo/Michael Dwyer; 510 Tom Bean/Getty Images;; 515 (tl) Royalty-Free/CORBIS; 515 (tr) Ronnie Kaufman/CORBIS; 515 (bg) Royalty-Free/CORBIS; 518 Neil Setchfield/Alamy; 520 (r) Creatas/Jupiter Images; 523 (cl) Spencer Grant/Photo Edit; 525 (br) American Scapes/Photographers Direct; 527 (br) Michael Newman/PhotoEdit; 529 (cr) CORBIS/Harcourt; 529 (br) Steve Gorton/Dorling Kindersley; 530 Steve Shott/Getty Images; 534 Ghislain & Marie David de Lossy/Getty Images; 537 Getty/Harcourt; 538 Getty/Harcourt; 540

Wendell Metzen/ Index Stock Imagery, Inc.; 546 Robert J. Bennett/age footstock; 547 Dorling Kindersley/Getty Image; 551 CORBIS/Harcourt; 554 (tl) Richard Strange; 554 (tr) Richard Strange; 554 (inset) Bettman/CORBIS; 554 (cl) Felicia Martinez/PhotoEdit; 554 (cr) Stockdisc Classic/Alamy; 554 (bl) Getty Images; 554 (br) Dorling Kindersley/Getty Images ; 554–555 (b) Sundell Larsen/Getty Images; 555 (tr) Toby Kroner Photography/PhotographersDirect.

Unit 8: 557 (t) The Futures Channel; 557 (c) The Futures Channel; 557 (b) The Futures Channel; 558 Royalty-Free/CORBIS; 560 (tcr) Getty Images/PhotoDisc/Harcourt Index; 560 (bl) George Doyle & Ciaran Griffin/Getty Images; 560 (bc) Siede Preis/Getty Images; 560 (br) Getty Images/ PhotoDisc/Harcourt Index; 561 (tr) Alamy; 568 (tcl) David Young-Wolff/PhotoEdit; 568 (tcr) iStockphoto; 571 (cr) Image Club Graphics/Harcourt; 576 (br) Brian Bevan/ardea London; 577 (cl) iStockphoto; 577 (bl) Perfect Picture Parts/Alamy; 577 (br) Jan Tyler/istock Photo;; 580 (tl) pierre d'alancaisez/Alamy; 580 (tc) Map Resources; 580 (tr) Alan Schein Photography/ CORBIS; 582 (c) CORBIS/Harcourt; 583 (bg) Medioimages/Getty Images; 586 Dan Suzio/ Photo Researchers, Inc.; 597 (cl) Getty Images/PhotoDisc/Harcourt Index; 598 Kevin Schafer/ Agefotostock; 599 CORBIS/Harcourt Index; 602 (tl) Louie Psihoyos/Getty Images; 604 (r) AP Images; 605 (bg) PhotoLink/Getty Images; 606 (tl) age fotostock; 608 (tr) Dong Lin © California Academy of Sciences; 608 (cr) BIOS Duclos Alexis/Peter Arnold, Inc.; 608–609 Douglas David Seifert/Ardea; 609 (t) JAMES WATT/Animals Animals - Earth Scenes; 609 (b) SeaPics.com.

Student Handbook: H1 Jim Brandenburg/Minden Pictures.

All other photos © Harcourt School Publishers. Harcourt photographers; Weronica Ankarorn, Eric Camden, Don, Couch, Doug Dukane, Ken Kinzie, April Riehm, and Steve Williams.

La línea de mareas de California mide 3,427 millas de largo.

El litoral costero de California
tiene 1,264 millas de playa y puertos.